RELIGIONS
DE L'ANTIQUITÉ.

PARIS. — TYPOGRAPHIE DE FIRMIN DIDOT FRÈRES,
IMPRIMEURS DE L'INSTITUT, RUE JACOB, 56.

RELIGIONS
DE L'ANTIQUITÉ,

CONSIDÉRÉES PRINCIPALEMENT DANS LEURS FORMES
SYMBOLIQUES ET MYTHOLOGIQUES;

OUVRAGE TRADUIT DE L'ALLEMAND

DU Dr FRÉDÉRIC CREUZER,

REFONDU EN PARTIE, COMPLÉTÉ ET DÉVELOPPÉ

PAR J. D. GUIGNIAUT,

Membre de l'Institut, Professeur à la Faculté des Lettres de Paris,
Secrétaire général du Conseil de l'Université de France.

TOME DEUXIÈME,

TROISIÈME PARTIE,

ou

Seconde partie, deuxième section : Études historiques, mythologiques et archéologiques, pour servir de Notes et d'Éclaircissements aux Religions de l'Asie occidentale et de l'Asie Mineure, de la Grèce et de l'Italie.

PARIS,

LIBRAIRIE DE FIRMIN DIDOT FRÈRES,

IMPRIMEURS DE L'INSTITUT, RUE JACOB, 56.

M DCCC XLIX.

AVERTISSEMENT
POUR CETTE TROISIÈME PARTIE,
OU SECONDE PARTIE, DEUXIÈME SECTION,
DU TOME DEUXIÈME.

Il y a plus de sept ans (1841-1842), nous terminâmes, par une quatrième livraison de deux volumes, la publication du texte des *Religions de l'antiquité*, d'après la seconde édition de la *Symbolique*, et, du même coup, celle de la nouvelle *Galerie mythologique*, composée de près de 300 planches et de 1000 sujets, qui devait, disions-nous alors, lui servir déjà de commentaire perpétuel. Aujourd'hui nous venons, après un intervalle dont la longueur ne peut être compensée que par le succès de nos efforts pour remplir jusqu'au bout notre laborieuse tâche, soumettre au public savant le travail complémentaire que nous avions promis sur les tomes II et III de ce grand ouvrage, et dont le but principal est de l'élever à la hauteur de la science contemporaine par l'analyse critique des recherches les plus importantes qui ont été faites jusqu'à ces derniers temps, soit en Allemagne, soit ailleurs.

Nous publions donc en ce moment, sous le titre de *troisième partie* ou *seconde partie, deuxième section, du tome deuxième* (pour éviter tout malentendu et tout désaccord avec nos annonces précédentes), un avant-dernier volume, formé des *Notes et Éclaircissements* sur les livres IV, V et VI de l'ouvrage, c'est-à-dire sur les religions de l'Asie occidentale et de l'Asie Mineure, sur les premières époques des religions de la Grèce et de l'Italie, notamment sur la civilisation religieuse des Étrusques, et sur les grandes divinités de la Grèce et de Rome, moins Bacchus, Cérès et Proserpine, objet, avec leurs mystères, des livres VII et VIII. Les compléments de ces deux livres, et le livre IX, dans lequel nous résumons l'ouvrage entier, formeront, sous le titre de *troisième partie* ou *seconde partie, deuxième section, du tome troisième*, une dernière et très-prochaine livraison, dont la moitié est déjà imprimée, et à laquelle nous joindrons les deux *Discours* qui doivent trouver place, soit en tête du premier tome, soit au-devant de l'explication des planches, partie intégrante du tome quatrième, qu'elle compose avec les planches elles-mêmes. Les *Religions de l'antiquité* comprennent déjà et compléteront ainsi quatre tomes, dont la pagination se continue sans interruption, pour les trois premiers, du texte aux notes et éclaircissements, dont le quatrième embrasse toutes les planches à la suite de leur explication. Ces quatre tomes parferont maintenant dix parties ou volumes, qui, au moyen des titres et avant-titres qui y sont appliqués, pourront être distribués de telle sorte que le tome I fasse deux volumes, les tomes II et III chacun trois volumes, l'explication des planches un volume, et les planches un volume.

Les circonstances mêmes dans lesquelles nous achevons de publier un livre de cette étendue et de cette importance, prouveront, nous l'espérons du moins, que si le cours du temps et les difficultés de tout genre qu'il devait amener, nous ont entraînés loin de nos prévisions, ni la persévérance ni le courage ne nous ont fait défaut. Le traducteur et l'éditeur, ils peuvent le dire ici hautement, ont rivalisé de désintéressement et de sacrifices pour mener à fin une entreprise où l'honneur de l'érudition française, qui avait à regagner sur l'Allemagne vingt années et plus de travaux mythologiques, n'était pas moins engagé que leur propre honneur. Rien ne leur a coûté en fait d'abnégation et de dévouement. Non-seulement le traducteur a mis presque partout ses propres recherches en commun avec celles de l'illustre savant à qui il en devait l'hommage, puisqu'elles ont été inspirées de lui; mais, ne pouvant à lui seul, comme il l'avait fait jusque-là, suffire à la longue tâche des *Notes et Éclaircissements*, il n'a pas hésité à la partager, pour que ses engagements à cet égard fussent pleinement tenus. Ils l'ont été et le seront, grâce à la rare longanimité de l'éditeur, grâce au zèle et au savoir des deux habiles archéologues qui ont bien voulu accepter les indications, les directions, la révision attentive et assidue du traducteur. Les services qu'ont rendus à la *Symbolique* française MM. A. Maury et E. Vinet parleront au surplus d'eux-mêmes, puisque les articles de plus en plus nombreux dont ils se sont chargés, sont signés de leurs initiales. Le traducteur, outre ses travaux plus personnels, que l'on reconnaîtra aux siennes, a pris sur lui de reproduire les précieuses additions que M. Creuzer a faites à son ouvrage dans la troisième édition allemande ; et il a eu à cœur de maintenir jusqu'à la fin à l'édition française le double caractère d'une traduction fidèle, bien que libre, et d'un commentaire aussi complet qu'indépendant.

J. D. Guigniaut

et L. Ch. Soyer, *propriétaire-éditeur.*

1er septembre 1849.

TABLE

DES NOTES ET ÉCLAIRCISSEMENTS

COMPOSANT LA TROISIÈME PARTIE,

OU SECONDE PARTIE, DEUXIÈME SECTION,

DU TOME DEUXIÈME.

NOTES ET ÉCLAIRCISSEMENTS DU LIVRE QUATRIÈME.

NOTE 1. Sur les Phéniciens : § 1. Origine et premiers établissements des Phéniciens, p. 819. § 2. Commerce, colonies, établissements étrangers des Phéniciens ; influences religieuses exercées et subies par ce peuple, p. 826.

NOTE 2. Sources de la religion phénicienne, p. 839.

NOTE 3. Sur la cosmogonie et la théogonie des Phéniciens, et sur le système religieux de ce peuple et des peuples de la Syrie en général, p. 858.

NOTE 4. Sur la cosmogonie et la théogonie des Babyloniens, et sur le système religieux et astrologique des Chaldéens, p. 885.

NOTE 5. Sur Thammuz-Adonis, en Orient et en Occident ; sur ses fêtes et ses représentations figurées ; sur son rapport avec Priape, p. 917.

NOTE 6. Principales opinions modernes sur le mythe de Cybèle et Attis ; idée fondamentale de cette déesse et ses représentations figurées, p. 944.

NOTE 7. Sur Anaïtis, Tanaïs, Tanaïtis et sa véritable origine ; le caractère, les rapports et l'extension de son culte, p. 952.

NOTE 8. Sur le dieu Men, Lunus et Mensis, p. 962.

NOTE 9. Sur les Amazones, leur origine, les mythes et les représentations figurées qui les concernent, p. 979.

NOTE 10. Exposé des opinions de K. O. Müller sur Apollon et sur Diane, et nouvelles remarques de M. Creuzer sur le même sujet, p. 991.

NOTE 11. Différents systèmes sur Persée, Hercule et leurs origines, p. 1001.

NOTE 12. Nouveaux éclaircissements sur la Vénus de Paphos, p. 1019.

NOTE 13. De la religion des Carthaginois. — Baâl-Khamou. — Interprétation de la légende de Didon, suivant M. Movers. — Triade punique. — Religion des Numides et des Libyens. — Monuments carthaginois, p. 1029.

NOTES ET ÉCLAIRCISSEMENTS DU LIVRE CINQUIÈME.
Ire SECTION.

NOTE 1. Sur l'origine et les époques primitives de la population, de la religion, de l'art, et, en général, de la civilisation en Grèce : § 1. Coloni[es] étrangères en Grèce ; relations supposées avec l'Orient et le Nord, p. 104[3]. § 2. Véritables origines de la population, de la religion et de la civilisatio[n] des Grecs ; époques successives de leur histoire et de leur mythologie ; P[é]lasges et Thraces, Achéens, Hellènes, p. 1052. § 3. Époques de l'art grec, da[ns] ses rapports avec la mythologie ; influences qui ont présidé à son développ[e]ment, p. 1061.

Note additionnelle. Sur Abaris et Zamolxis, p. 1067.

Note 2. Des dieux Cabires : analyse des principaux travaux dont ces d[i]vinités ont été l'objet, au double point de vue des monuments écrits [et] figurés ; origine des dieux Cabires ; triade cabirique ; les Cabires phénicie[ns] et égyptiens ; caractère à la fois élémentaire et sidérique de ces divinité[s], p. 1072.

Addition a la note 2. Sur les Cabires et les Dioscures, p. 1096.

Note 3. Sur Jasion, Trophonius, les Aloïdes et les Molionides, p. 110[?].
Addition a la note 3. Sur le mythe d'Actéon, p. 1109.

Note 4. Des différents systèmes d'interprétation du mythe d'Esculap[e,] p. 1111.

Note 5. De la théogonie d'Hésiode, du caractère de ce poëme, et d[es] différentes interprétations qui en ont été données. Remarques compléme[n]taires sur plusieurs points de l'analyse qu'en a faite M. Creuzer, p. 1117.

Note 6. De la famille de Japet et du mythe de Prométhée ; examen [du] système de M. Völcker, p. 1130.

Note 7. D'Homère et d'Hésiode dans leurs rapports avec l'ancienne re[li]gion des Grecs, et des interprétations mythologiques de l'Iliade et de l'Od[ys]sée, p. 1136.

Note 8. Des mythes astronomiques chez Homère et Hésiode. — De la ps[y]chologie homérique. — De la théologie d'Homère, p. 1147.

NOTES ET ÉCLAIRCISSEMENTS DU LIVRE CINQUIÈME.
IIe Section.

Note 1*. Aperçu des divers systèmes relatifs à l'histoire des ancienn[es] populations de l'Italie, et à l'origine des Étrusques en particulier ; mon[u]ments, sources, caractères de la religion de ce peuple, de celle des Latins [et] des Romains, et travaux dont elles ont été l'objet, p. 1167.

Note 2*. Système chronologico-théologique des Étrusques, p. 1185.

Note 3*. Des éléments de la théologie étrusco-romaine, p. 1193.

Note 4*. Sur la véritable origine du dieu Janus. — Usages qui se ratt[a]chaient au temple de ce dieu à Rome. — Systèmes comparés de MM. Cre[u]zer et Böttiger, Buttmann, O. Müller, Hartung, Ambrosch et Klause[n,] p. 1208.

Note 5*. De la discipline étrusque. — Division du ciel ; séjour assigné [à] chaque dieu ; tracé des temples, des camps ; direction et orientation des m[o]numents religieux et civils, p. 1216.

NOTE 6°. Des notions que fournissent les monuments découverts dans le territoire de l'Étrurie sur la civilisation, la religion et les arts des Étrusques. — Retour sur les représentations figurées de Tagès, et sur ce personnage considéré en lui-même, p. 1224.

NOTE 7°. Développements, éclaircissements, additions concernant la religion des Latins en elle-même et dans ses rapports avec celles des autres nations italiques. — Du culte d'Apollon sur le mont Soracte; l'Apollon étrusque et sabin, p. 1236.

ADDITION A LA NOTE 7°. Sur Anna Perenna et les dieux Paliques, p. 1243.

NOTE 8° ET DERNIÈRE. Sur le nom mystérieux de Rome, p. 1252.

NOTES ET ÉCLAIRCISSEMENTS DU LIVRE SIXIÈME.

NOTE 1. Analyse des principales théories sur Zeus ou Jupiter, p. 1256.

NOTE 2. Sur le Jupiter-Lycæus, p. 1261.

NOTE 3. Sur les deux Dodones et sur le culte de Jupiter à Dodone. — De Jupiter-Ammon et de l'introduction de son culte en Grèce, p. 1265.

NOTE 4. Du Jupiter crétois, p. 1269.

NOTE 5. Sur les rapports de Jupiter avec les Parques et les Heures, p. 1274.

NOTE 6. De l'étymologie du nom de Jupiter, p. 1279.

NOTE 7. Sur Jupiter considéré comme protecteur de l'hospitalité, p. 1281.

NOTE 8. Sur le Jupiter Ctésius, ses analogies et ses représentations figurées, p. 1283.

NOTE 9. Ruines et topographie d'Olympie, p. 1287.

NOTE 10. Sur l'origine de Junon, p. 1291.

NOTE 11. Sur les images et les attributs de Junon, p. 1298.

NOTE 12. Analyse de quelques opinions sur l'origine de Neptune; ses représentations figurées, p. 1311.

NOTE 13. De la Minerve Tritogénie ou Tritonide, p. 1317.

NOTE 14. Sur quelques surnoms caractéristiques de Minerve, p. 1319.

NOTE 15. Des idées émises par M. Creuzer sur la Minerve Coryphasia et Coria, et sur le caractère de cette déesse considérée comme l'auteur du salut spirituel, p. 1322.

NOTE 16. Sur le temple de Minerve-Poliade, son culte et ses représentations, p. 1327.

ADDITION AUX NOTES ET ÉCLAIRCISSEMENTS DU LIVRE SIXIÈME.

1. Sur Jupiter en général, et en particulier sur le Jupiter de Dodone, p. 1336.

II. Sur Héra-Junon et sur quelques formes particulières de cette déesse, p. 1340.

III. Sur Poseidon-Hippios et Consus, dieu des eaux et du conseil, p. 1341.

IV. Hermès, l'esprit des eaux, le formateur et l'ordonnateur vivifiant, p. 1344.

V. Athéné, Aphrodite-Némésis, Érichthonius, p. 1346.

NOTES ET ÉCLAIRCISSEMENTS

SUR LE TOME DEUXIÈME.

Livre quatrième : Religions de l'Asie Occidentale et de l'Asie Mineure. Note 1re : *Sur les Phéniciens* (chap. II, pag. 8 ; chap. V, pag. 171 et 192, etc.)

§ 1. *Origine et premiers établissements des Phéniciens.*—Le nom des *Phéniciens*, Φοίνικες, qui fut étendu par les Grecs aux Carthaginois, désignés par les Romains sous celui de *Pœni*, le même au fond, comme ses adjectifs φοινίκιος et *pœnicus* ou *punicus*, plus usité, φοινίκεος, *phœniceus, pœniceus, puniceus*, sont identiques : ce nom, qui passa au pays appelé Φοινίκη, *Phœnice, Phœnicia*, est d'origine purement grecque, et signifie *Rouges, les hommes rouges*, de φοινὸς, φοίνιος, rouge de sang, venant de φόνος, meurtre. Quelques-uns, suivant Strabon[1], le dérivaient de la mer *Érythrée* ou *Rouge*[2], des bords

---

[1] I, p. 42, coll. XVI, p. 784 Casaub.

[2] Ἐρυθρὰ θάλασσα, *mare Erythræum* ou *Rubrum*, dénomination dont les anciens ont cherché l'origine, tantôt dans un fait historique ou mythologique, tantôt dans un phénomène naturel propre à cette mer, dans la coloration au moins périodique de ses eaux, qu'ils avaient certainement observée (Strab. XVI, p. 779 Cas., et les autres auteurs cités par Forbiger, *Handbuch der alten Geographie*, II, p. 6, n. 12). Ils se sont trompés sur la cause de ce phénomène; et cela n'est pas étonnant, puisque, de nos jours seulement, l'on est parvenu à s'en rendre compte par le développement d'une végétation microscopique d'une belle couleur rouge et d'une prodigieuse fécondité, flottant à la surface des eaux. Ce phénomène, au reste, n'est pas exclusivement propre au golfe Arabique et au golfe d'Oman, quoiqu'il se renferme ordinairement dans la région intertropicale, et il ne se borne pas non plus aux eaux marines;

de laquelle les Phéniciens seraient venus; d'autres l'expliquaient par les nombreux palmiers (φοίνικες, à cause de leurs fruits *rouges*) de la côte de Syrie, où ils s'établirent[1]. Il est plus probable que les Phéniciens furent ainsi appelés, dans les îles et sur les côtes de la Grèce qu'ils visitaient sans cesse, d'après la couleur de leurs vêtements, ou d'après cette industrie même de la *pourpre*, dont ils portaient en tous lieux les produits. Les Juifs les rangeaient parmi les peuples du *Canaan* ou du *bas pays*, par rapport à l'*Aram*, le *haut pays*; et, selon toute apparence, eux-mêmes se donnaient le nom de *Cananéens*, ce que faisaient encore les paysans africains autour de Carthage, du temps de saint Augustin[2]. *Chna* fut le premier père des Phéniciens, et le même que le *Phœnix* des Grecs, suivant le Sanchoniathon de Philon de Byblos[3], c'est-à-dire la personnification mythique de la race et du pays tout à la fois, puisque le pays même était appelé *Chna*[4]. C'est en ce sens que la Genèse parle des *enfants de Canaan*, et de *Sidon*, son premier-né[5].

Rien de plus vague que la tradition antique recueillie par Hérodote[6], selon laquelle les Phéniciens auraient émigré ori-

---

d'un autre côté, il peut être l'effet d'une création d'animalcules aussi bien que de plantes, ou même d'êtres mixtes entre les deux règnes. *Voy.*, sur ce sujet curieux, les belles *Recherches sur la rubéfaction des eaux, et leur oxygénation par les animalcules et les algues*, par Aug. et Ch. Morren, Bruxelles, 1841, où sont résumés les travaux antérieurs, notamment ceux de M. Ehrenberg; et l'extrait d'un *Mémoire sur le phénomène de la coloration des eaux de la mer Rouge*, par M. Montagne, dans les *Comptes rendus de l'Académie des sciences*, tome XIX, 1844, p. 171 sqq.

[1] Callisthen. ap. Aristot. de Mirabil. Auscult., c. 144, *ibi* Beckmann.
[2] Exposit. Epist. ad Roman., § 13.
[3] Pag. 40 Orelli, et *ci-après*, p. 850, n. 3.
[4] Hecat. ap. Steph. Byz., *s. v.*
[5] Genes., X, 15.
[6] I, 1, coll. VII, 89, *ibi* Bæhr.

ginairement des rivages de la *mer Érythrée*, nom si vague lui-même, qui s'applique au golfe Persique comme au golfe Arabique, et qui n'a d'autres limites que celles de l'océan Indien ou de la *mer d'Hippalus*, ainsi qu'elle paraît s'être appelée encore chez les anciens, d'après le hardi navigateur qui, profitant de la mousson, en fit connaître le premier toute l'étendue[1]. Les noms de *Tyros* ou *Tylos* et d'*Arados*, qui se retrouvaient dans deux îles du golfe Persique, les Baharein d'aujourd'hui[2], où existèrent, en effet, des établissements phéniciens, peuvent avoir contribué à fixer dans ces parages cette tradition incertaine. A l'époque de Strabon[3], les uns l'interprétaient en ce sens, et faisaient venir de ces lieux les habitants de Sidon, de Tyr, d'Aradus; les autres y reconnaissaient, au contraire, des colonies postérieures de ces grandes métropoles. L'abréviateur de Trogue-Pompée, Justin[4], d'après des sources que nous ignorons, ou par une extension arbitraire du récit d'Hérodote, raconte que les Phéniciens, chassés de leurs premières demeures par des tremblements de terre, allèrent d'abord s'établir sur le *marais Assyrien;* par où l'on peut entendre, soit les bords marécageux de l'Euphrate qu'ils avaient traversé, soit le lac Sirbonis aux frontières de la Syrie, d'où ils passèrent plus tard sur les côtes de la Méditerranée pour y fonder Sidon, leur première ville.

Avec des documents si insuffisants, les modernes ne pouvaient pas être moins divisés que les anciens sur la question de l'origine des Phéniciens et de leurs premières demeures. Seulement ils ont agrandi cette question, en y faisant entrer les considérations ethnographiques, les rapports des races at-

---

[1] Itinerar. Alexandri, § 110 ed. Maio, coll. Plin. H. N., VI, 26, p. 327 Harduin., et Arrian. Peripl. mar. Erythr., p. 32, Hudson. Chez ces deux derniers auteurs, le nom d'*Hippalus* est donné à la mousson elle-même.

[2] *Voy.* la savante et solide discussion de Heeren, *Politique et Commerce des peuples de l'antiquité*, tome II, p. 264 et suiv. de la traduction française de M. Suckau.

[3] *Voy.* les deux premiers passages déjà cités.

[4] XVIII, 3.

testés surtout par les caractères physiques, par les analogies des langues et des religions. De ce point de vue, ils sont parvenus à donner de la tradition, soit biblique, soit profane, une interprétation à la fois large et judicieuse, qui concilie tous les principaux témoignages en les expliquant. Personne ne doute aujourd'hui que les Phéniciens n'appartiennent à la grande famille des peuples sémitiques, et par conséquent à la race caucasique de l'espèce humaine, à la race blanche. Mais en même temps ils semblent se rattacher à la branche la plus ancienne de cette famille de peuples répandue dans toute l'Asie antérieure, des sources de l'Euphrate et du Tigre au fond de l'Arabie, des bords du golfe Persique à ceux de la Méditerranée, et sur les deux rivages du golfe Arabique en Afrique et en Asie. Cette branche ancienne de la famille sémitique, partie la première du berceau commun, c'est-à-dire des montagnes du nord, la première aussi parmi cette foule de hordes longtemps nomades, se fixa, puis s'éleva à la civilisation en Chaldée, en Éthiopie, en Égypte, en Palestine, pour devenir à ses frères demeurés pasteurs un objet d'envie et d'exécration tout à la fois. De là cette scission entre les enfants de *Sem* et ceux de *Cham*, ces derniers au sud et à l'ouest, les autres à l'est et au nord ; quoique tous fussent les membres d'une même famille originaire, parlant une même langue divisée en de nombreux dialectes, professant une même religion sous des symboles divers, et qu'on est autorisé à nommer ethnographiquement dans son ensemble *famille sémitique*, syro-arabique ou syro-éthiopienne, par opposition à la *famille japhétique*, indo-persique ou indo-germanique, autre grande section de la race caucasique[1].

[1] Telle est l'opinion que nous nous sommes formée dès longtemps sur cette question difficile, et que nous avons développée avec toutes ses preuves, en exposant l'histoire de la géographie ancienne à la Faculté des lettres de Paris, dans notre cours de l'année 1836. Indépendamment des travaux plus anciens, depuis Bochart jusqu'à Michaëlis, on peut consulter à ce sujet, parmi les travaux récents, les *Recherches nouvelles sur l'Histoire ancienne*, de Volney, tom. Ier ; le *Commentaire*

Ce que nous venons de dire fera comprendre peut-être la confraternité et pourtant l'inimitié profonde des Cananéens, fils de Cham, et des Hébreux, fils de Sem, les uns et les autres arrivés sur le Jourdain d'au delà de l'Euphrate, après des migrations semblables, mais à des époques différentes; les Hébreux nomades encore, quand déjà les Cananéens étaient depuis longtemps fixés et civilisés. L'inimitié est prouvée par l'histoire; la confraternité ne ressort pas avec moins d'évidence de la comparaison des langues hébraïque et phénicienne, reconnues presque identiques, et qui de plus en plus s'expliquent l'une par l'autre[1].

Il n'est donc pas besoin de recourir à l'hypothèse du docteur Bellermann[2], qui, frappé de cette similitude des deux langues, admettait que les Phéniciens et les Hébreux formèrent dans l'origine un seul et même peuple, ayant habité sur le golfe Persique, sur l'Euphrate, en Mésopotamie et en Chaldée. Cette hypothèse est trop restreinte, trop peu d'accord avec les témoignages historiques; et nous croyons que la nôtre, à laquelle nous ne saurions donner ici tous ses développements, les concilie mieux, soit entre eux, soit avec les faits linguistiques.

Pour nous en tenir aux Phéniciens, de même famille que les

---

historique et critique sur la Genèse, de Bohlen (en allem.), et l'*Introduction à l'Histoire de l'Asie occidentale*, cours professé à la Faculté des lettres par M. Ch. Lenormant, Paris, 1838.

[1] *Voy.*, sur les monuments qui restent de la langue phénicienne, les travaux dont cette langue a été l'objet, ses rapports avec l'hébreu et son vrai caractère, le grand ouvrage de Gesenius, *Scripturæ linguæque phœniciæ monumenta*, Lipsiæ, 1837, surtout liv. I, chap. I, et liv. IV, *passim*, spécialement le chap. I, §§ 1, 2 et 3, pag. 329 sqq. *Confér.*, sur l'état actuel de cette étude, en ce qui concerne les inscriptions, les renseignements joints à la note 2 de ces Éclaircissements, *ci-après*.

[2] *Versuch einer Erklærung der Punischen Stellen im Pœnulus des Plautus, drei Programme*, Berlin, 1808 : sujet curieux, sur lequel il faut voir maintenant Gesenius, ouvrage cité, liv. IV, chap. III, pag. 357-382.

Hébreux et de même origine, mais non pas de même branche, de même date, ni de mêmes mœurs, ils n'étaient autres, avons-nous dit, que les Cananéens, ou du moins une portion d'entre eux. Les Cananéens, selon les livres mosaïques, ici la plus sûre des autorités, constituaient une nation unique, partagée en de nombreuses tribus, toutes fixées dans des villes et déjà civilisées depuis longtemps, à l'époque de l'invasion des Israélites sous la conduite de Josué, dans le quinzième siècle avant notre ère. Par cette invasion et par d'autres semblables qui l'avaient précédée, il furent exterminés en partie, en partie forcés de se disperser dans les contrées voisines. Seuls du peuple entier, les Cananéens maritimes demeurèrent en possession de leurs places fortes sur la côte ou dans les îles adjacentes. M. Movers, le plus récent et le meilleur historien des Phéniciens et de leur religion[1], distribue ces Cananéens maritimes en trois branches ou plutôt en trois rameaux d'une même branche primitive, qu'il distingue par leurs cultes dominants comme par leurs demeures :

1° Les *Sidoniens* ou les *Phéniciens* proprement dits, fondateurs de *Sidon*, la *ville des pêcheurs*, métropole de la plupart des autres cités phéniciennes, et avant toutes de la fameuse *Tyr* ou *Tsor*, qui n'est pourtant nommée ni par Moïse ni par Homère, quoiqu'elle le soit dans le livre de Josué. Hérodote, sur la foi des prêtres du temple de Melkarth, l'Hercule phénicien, la faisant, ainsi que ce temple, par une exagération ou une confusion plus que probable, de 2300 ans antérieure à lui-même, la reporte à 2700 ans et davantage avant Jésus-Christ; selon Josèphe, elle aurait été fondée 240 ans seulement avant le temple de Salomon, et, d'après Justin, un an avant la prise de Troie, conséquemment vers 1200 avant notre ère; ce qui, d'un autre côté, ne saurait guère s'entendre que de

---

[1] *Die Phœnizier*, von Dr F. C. Movers, vol. 1, Bonn, 1841, pag. 1 sqq. On attend avec impatience le tome second de ce livre profond et ingénieux, dont nous avons tiré le plus grand profit, non-seulement pour cette note, mais pour les suivantes.

la *nouvelle* Tyr, de la Tyr insulaire, distincte de *l'ancienne*, et beaucoup plus ancienne elle-même que l'époque de Nabuchodonosor, où on la place ordinairement[1]. Astarté, qui fut portée par les Tyriens à Carthage, était la grande divinité tutélaire des Phéniciens ou de la tribu cananéenne la plus puissante, échelonnée de Sidon à Acca, ou Ptolémaïs, au centre de la côte, entre deux autres tribus principales :

2° Les *Syro-Phéniciens*, au N., mélange de Cananéens ou Phéniciens purs avec des Syriens ou Araméens, anciennement établis sur la côte ou dans la montagne du Liban. Ils occupaient *Byblus* ou *Gebal* de la Bible, ville très-ancienne, et la non moins ancienne *Béryte*, *Berotha* ou *Berothai*, aujourd'hui *Beyrouth* ; et ils étaient soumis aux Phéniciens de Sidon et de Tyr. Ils avaient en propre les cultes syriens ou assyriens d'Adonis et de Baaltis, la même que Mylitta. Les villes, plus septentrionales encore, d'*Aradus* ou *Arvad*, et de *Tripolis*, étaient, la première, un antique établissement d'exilés de Sidon; la seconde, comme son nom l'indique, une triple colonie d'Aradus, de Sidon et de Tyr, les trois cités phéniciennes les plus importantes à l'époque relativement récente de sa fondation, et qui la destinèrent à servir de lieu de réunion aux députés chargés par elles de délibérer sur les intérêts communs.

3° Les *Phéniciens-Philistéens* ou simplement les *Philistins*, au S., étaient, au contraire, indépendants, et devinrent souvent redoutables, non-seulement aux Hébreux, mais aux Sidoniens eux-mêmes, plus forts que ceux-ci sur terre, et d'abord leurs rivaux sur mer. Ce fut seulement après Moïse qu'ils s'établirent définitivement dans la petite contrée qui prit leur nom, étendu plus tard à la *Palestine* entière; et ils y occupèrent ou fondèrent les cinq villes de *Gat*, *Ekron*,

---

[1] *Voy*. la note de Bæhr sur le liv. II, chap. 44 d'Hérodote, pag. 586 de son édition, avec Larcher, Chronol. d'Hérodote, chap. II, auquel il se réfère; Gesenius sur Isaïe, XXIII, 4 et 7, pag. 728, 730; et l'ouvrage cité de Heeren, t. II, p. 10 sqq. de la trad. fr.

Ascalon, *Asdod* ou *Azotus*, et *Gaza*, étroitement unies entre elles, dans une sorte de confédération républicaine, quoique ayant chacune son chef. Antérieurement, ils avaient accompli de longues migrations, d'où ils rapportèrent le nom de *Philistins, Philistiim, Pelischthim*, qui veut dire *émigrés* ou *voyageurs*, ἀλλόφυλοι dans la version des Septante; et ils paraissent s'être nommés eux-mêmes *Chretim*, nom auquel se rattacherait celui de l'île de Crète, un de leurs anciens séjours, selon une célèbre hypothèse sur laquelle nous reviendrons bientôt. Leurs divinités nationales, caractérisées par des formes de poisson, étaient Dagon et Dercéto, ou Atergatis.

§ 2. *Commerce, colonies, établissements étrangers des Phéniciens; influences religieuses exercées et subies par ce peuple.* — On sait que les Phéniciens ont été le peuple navigateur, industrieux et commerçant par excellence de l'antiquité ; que le génie voyageur et marchand de leur race, ce génie qui se retrouve chez les Juifs et chez les Arabes au moyen âge, joint à leur position géographique sur une côte riche en ports et semée de petites îles, à proximité des forêts du Liban qui leur offrait ses bois de construction, et au voisinage des tribus nomades dont ils se firent d'utiles auxiliaires, les tourna de bonne heure, d'une part vers les grandes entreprises maritimes, d'autre part vers les expéditions par caravanes. On sait, de plus, que, mettant à profit les accidents heureux de leur sol et ceux de leurs rivages, ils créèrent ces merveilleuses industries du verre et de la pourpre, qui charmèrent le monde ancien, et que dans leur petit territoire, devenu une immense manufacture, se transformaient incessamment les matières premières qu'ils allaient chercher de tous côtés sur leurs vaisseaux ou sur leurs dromadaires. On sait enfin qu'indépendamment des stations nombreuses qu'ils avaient établies pour leurs navires, soit dans la Méditerranée, soit dans la mer des Indes, indépendamment des comptoirs qu'ils entretenaient dans toutes les grandes villes des pays civilisés d'alors, ils avaient fondé de puissantes colonies, faites pour leur assurer le commerce des contrées barbares encore, mais riches en produits divers, de l'Afrique et de l'Europe, et qui y devinrent à leur tour des foyers de civilisation.

Ces établissements extérieurs des Phéniciens, entre lesquels brillèrent Carthage, cette seconde Tyr, et Gadès, qui subsiste encore aujourd'hui dans Cadix; ces colonies ou ces comptoirs qui s'étendirent, vers l'orient jusqu'au golfe Persique et peut-être jusqu'à la Colchide, vers l'occident jusque sur les bords du Guadalquivir et peut-être, le long des côtes de l'Atlantique, d'une part jusqu'aux Sorlingues et au Cornouailles, d'où venait l'étain, d'autre part jusque dans les parages de la Baltique, d'où venait l'ambre jaune, furent aussi des foyers de religion. Partout où les Phéniciens se dirigeaient, sur terre et sur mer, ils portaient avec eux leurs divinités tutélaires; partout où ils se fixaient, ils élevaient des temples et des autels en leur honneur, ils instituaient leur culte. Ainsi Melkarth, l'Hercule de Tyr, sous les auspices duquel cette ville propagea son commerce et fonda ses nombreuses colonies, se retrouve, de station en station, à Tarse, à Amathonte, à Thasos, à Érythres, à Héraclée de Sicile, et dans mainte autre cité de ce nom, soit autour du Pont-Euxin, soit ailleurs; à Carthage, à Malte, à Gadès, dont le temple, qui datait de 1100 ans avant J.-C., conserva sa célébrité jusque sous les Romains; enfin, si l'on en croit d'obscurs indices, aussi loin que s'aventurèrent les navires tyriens ou carthaginois sur l'Océan, en dehors des fameuses Colonnes que le dieu lui-même avait posées, et que lui seul semblait pouvoir franchir.

Ces faits, dès longtemps connus, exagérés d'abord par l'érudition profonde, mais confuse, de Samuel Bochart, ramenés ensuite dans des limites plus étroites, mais plus sûres, par la critique de Heeren, ont été soumis à un nouvel examen par M. Movers, dont nous avons déjà cité l'ouvrage récent et spécial. M. Movers pense que le commerce de Sidon et de Tyr, et les colonies qui en furent la suite, ne suffisent point à rendre compte de la propagation si ancienne et si générale des cultes phéniciens en Asie-Mineure, en Grèce, dans les îles et sur les côtes de la Méditerranée, sur celles de la mer Noire, et jusqu'aux extrémités de l'Occident. Ici encore il prend les Phéniciens d'ensemble, les rattache aux Cananéens dont ils faisaient partie, ainsi que nous l'avons vu plus haut, et introduit la distinction importante des établissements réguliers, et relativement récents, que formèrent au dehors les Sidoniens et les Tyriens, ou les Phéniciens proprement dits, en vue de leur commerce ou par des motifs politiques, et des émigrations antérieures, beaucoup plus anciennes, de différentes tribus cananéennes ou phéniciennes, au sens général du mot, qui se refoulèrent les unes les autres, à une époque où elles n'étaient point encore complètement fixées, ou qui furent forcées de s'expatrier par de nouveaux arrivants. Il se représente la Palestine, dès les temps les plus reculés, comme le rendez-vous d'une multitude de peuples venus de l'Arabie, de la Syrie, de la Haute-Asie, qui harcelèrent maintes fois les habitans des côtes, et les obligèrent d'émigrer par terre ou par mer dans les contrées et dans les îles voisines, quelquefois même de chercher au loin de nouvelles demeures. Les traces d'une dispersion des enfans de Canaan, antérieure à celle que causa la conquête de la Terre-Promise par les Israélites, ne manquent pas, en effet, dans la Bible, soit lorsqu'on voit arriver les patriarches hébreux d'au delà de l'Euphrate, soit lorsque descendent avec eux de la Haute-Asie les Ammonites, les Moabites et les Édomites, soit lorsque fondent sur le pays, au temps d'Abraham, des ennemis plus éloignés encore, tels que le roi d'Élam, dans des incursions accidentelles[1]. Plus tard, à peine les enfants d'Israël, revenant d'Égypte, ont-ils exterminé une grande partie des Cananéens, que surviennent, par un retour semblable, mais opéré sur mer et probablement à travers l'île de Crète, au moins pour une portion d'entre eux[2], les Philistins avec leurs

[1] Genes. XIV, 1 sqq.
[2] Genes. X, 14, d'après l'inversion proposée par Michaëlis (*Chasluim*

cinq chefs; qu'arrivent, comme une pluie de sauterelles, des déserts de l'Arabie, les Amalécites et les Madianites, tandis que débouchent par le Nord les tribus syriennes, qui s'intercalent parmi les Phéniciens et les Hébreux[1].

Cette distinction, souvent fort difficile à justifier dans le détail, mais que nous croyons vraie en la prenant dans une certaine généralité, conduit M. Movers à reconnaître trois directions principales suivies par les émigrations cananéennes ou phéniciennes, antérieures aux colonies parties de Sidon, de Tyr, ou des autres villes de la Phénicie propre; émigrations qui lui paraissent avoir exercé une grande influence sur l'état religieux et intellectuel des pays où elles se portèrent, et dont elles dominèrent ou renouvelèrent en partie la population.

La première de ces directions embrasse les côtes S. et O. de l'Asie-Mineure, en y joignant les rivages voisins de la Thrace et les îles jetées sur toutes ces côtes, à commencer par l'île de Cypre, toute pleine de religions phéniciennes, soit pures, soit mélangées avec les cultes grecs apportés plus tard par les colonies helléniques. L'Aphrodite ou la Vénus-Uranie y vint, ou d'Ascalon, ou de Byblos, et fut portée de là, sous les noms de *Cypris* et de *Cupra*, en Grèce, et jusque chez les Pélasges de l'Italie[2]. Sur la côte de Cilicie, voisine

---

et Caphtorim, *de quibus egressi sunt Philistiim*), et les observations de D. Calmet et de Lakemacher sur *Caphtorim* ou *Caphtor*, qui serait la Crète, et nullement la Cappadoce. Le prophète Amos, IX, 7, assimile les deux retours l'un à l'autre; Jérémie, XLVII, 4, appelle Caphtor une île d'où sont sortis les Philistins; le Deutéronome vient à l'appui, II, 23. Que Caphtor soit précisément l'île de Crète, c'est ce que M. Movers ne veut point décider; mais il n'en regarde pas moins comme certain que les Philistins, avant les Phéniciens proprement dits, avaient visité cette île, et qu'ils lui laissèrent leur autre nom de *Chretim* ou *Chreti* (Ezechiel, XXV, 16; Zephan. II, 5; I Sam., XXX, 16).

[1] Judic. VI, 3, 5; III, 8, 10.

[2] *Voy.* le chap. VI de ce livre, et la note 12 de ces Éclaircissements, ci-après.

de Cypre, mêmes importations successives, même mélange de religions phéniciennes et grecques, ici combinées avec un élément nouveau, l'élément assyrien, par suite des conquêtes du peuple de ce nom, étendues jusqu'en Asie-Mineure. Tarse passait à la fois pour une colonie des Aradiens, pour une fondation de Sardanapale, et pour un établissement grec dû à Persée ou à Triptolème. Les monuments, les monnaies surtout, comme les cultes, comme les mythes, confirment cette triple origine. Les principales divinités de cette ville, demi-orientales, demi-helléniques, mais plus helléniques de nom que de fait, Hercule, Persée, Apollon, Athéné, en sont tout ensemble le produit et la preuve.

M. Movers pense qu'en Cilicie des colonies phéniciennes s'établirent au milieu d'une tribu cananéenne venue antérieurement dans ce pays. Il retrouve positivement une pareille tribu dans ces fameux *Solymes*, connus depuis les temps homériques, qui habitaient à l'O. des Ciliciens, qui parlaient la langue phénicienne, et qui adoraient Saturne, c'est-à-dire Baal. Ils disparurent de bonne heure, exterminés par les Lyciens et les colons hellènes ligués contre eux; ou bien, fondus parmi les peuples voisins, ils ne laissèrent qu'une trace brillante, mais fugitive, dans la mythologie grecque. Les vestiges de l'influence des Phéniciens sont moins marqués sur le prolongement ultérieur des côtes de l'Asie-Mineure; mais on observe à la place une parenté générale de race, de religion, de traditions, entre plusieurs nations de l'intérieur, notamment les Lydiens, et la branche sémitique du Nord, ou la famille araméenne, à laquelle la Genèse rattache ces derniers. Les Cariens, au contraire, tiendraient à la branche du Sud, et seraient une tribu cananéenne, d'abord répandue dans les îles de l'Archipel avec les Phéniciens, puis fondue dans ces îles ou sur le continent voisin avec les Lélèges et les Pélasges de la famille de Japhet, lorsque parurent en conquérants dans la Crète, d'où ils les chassèrent, et dans les Cyclades, les Doriens de Minos. Tous les traits caractéristiques de la langue, du culte, des mœurs des Cariens, les rattachent, en effet, à la race phénicienne, comme leur histoire semble montrer en eux plus spécialement des Philistins, ces Pélasges du Canaan, ainsi que les nomme ingénieusement M. Movers, qui partirent de cette contrée pour se disperser sur les mers, suivant la Bible, qui occupèrent la Crète sous leur nom national de *Chretim* ou *Chreti*, resté à cette île, et qui rapportèrent dans la Palestine ce nom nouveau d'*émigrés* ou d'*étrangers* qu'elle prit d'eux [1].

De nombreux vestiges des religions phéniciennes ou sémitiques, en général, se remarquent également sur les côtes occidentales et septentrionales de l'Asie-Mineure : ici dus principalement à des établissements phéniciens ou cananéens ; là plutôt, comme le mythe célèbre des Amazones, et le culte de la grande Artémis ou de la Diane d'Éphèse, à l'influence immédiate de la Lydie et de la Phrygie. Le mythe de l'aveugle Phinée, dans la Bithynie et dans la Thrace voisine, se rapporte aux exploitations antiques des mines de ces deux pays par les Phéniciens [2] ; et les noms associés de Thasus et de

---

[1] Movers I, p. 17 sqq., 27 sqq., 4 et 34 sqq. Sur les Cariens, on peut comparer Soldan (*Ueber die Karer u. Leleger*, dans le *Rheinisches Museum für Philologie*, III, 1835, p. 87 sqq.), qui, les rattachant de près aux Lydiens et aux Mysiens dont ils se disaient frères, les distingue, au contraire, par leur origine barbare (βαρβαρόφωνοι), et des Lélèges et des Pélasges, quoiqu'ils aient été, en divers lieux et à différentes reprises, mêlés ou associés aux uns et aux autres.

[2] Phinée est fils de Bélus, d'Agénor ou de Phénix. Plusieurs lieux des noms de *Phinion* ou *Phinopolis* (Stephan. Byz., *s. v.* ; Plin. H. N., IV, 1) se trouvaient dans les deux pays ; et *Phinon*, qui veut dire *obscurité*, désigne déjà, dans la Genèse, une mine encore exploitée du temps de Dioclétien par les chrétiens condamnés en cette qualité (Hieronym. Oper. t. II, p. 442, coll. 424). Nonnus, plein de traditions phéniciennes, appelle Phinée « orgueilleux de ses mines recélant des trésors dans leurs profondeurs. » (Dionysiac. II, 687.) Suivant les Argonautiques, Phinée, non-seulement avait aveuglé ses fils, mais de plus les avait à demi ensevelis dans la terre, où il les faisait battre de verges, ce qui rappelle le traitement infligé par les Phéniciens à leurs esclaves dans le travail des mines (Diodor. IV, 43, 44, coll. V, 38, et le Scholiaste

Cadmus nous font suivre la trace de ce peuple, de ses explorations et de ses travaux, depuis le mont Pangée et l'île de Thasos, avec son temple de l'Hercule Tyrien, jusque dans la Béotie. De là encore le culte d'Adonis, aussi bien que celui d'Hercule, et ceux d'Astarté ou *Zaretis* [1], la Vénus *Zerynthia*, et de Dionysus, surnommé *Bassareus* et *Sabos*, naturalisés ou importés, soit en Macédoine, soit en Thrace. Enfin les Cabires de Lemnos, d'Imbros et de Samothrace, à la suite desquels se retrouve Cadmus, le même qui fut le fondateur de Thèbes aux sept portes; ces Cabires, que l'on adorait dans un temple de cette ville [2], achèvent de nous montrer l'influence de la religion phénicienne pénétrant par le Nord jusqu'au cœur de la Grèce, où elle arrivait d'un autre côté par le Sud, des îles de Rhodes et de Crète.

C'est ici la seconde direction des émigrations phéniciennes ou cananéennes qui, parties des côtes de la Syrie ou de celles de l'Asie-Mineure, couvrirent les deux îles que nous venons de citer, occupèrent celle de Cythère, et de là passèrent dans le Péloponnèse. A Rhodes, comme en Cilicie et en Cypre, les cultes grecs ne furent que des rejetons entés sur une tige plus ancienne, et que tout annonce avoir dû être sémitique, à commencer par le culte du Soleil, qui avait là son char, comme à Hiérapolis, son autel, et sa statue colossale, dans le goût babylonien. Saturne y réclamait, comme en Phénicie et à Carthage, des victimes humaines; et le mont Atabyrien ou Tabyrien était un autre Tabor, avec un temple du Jupiter de

---

d'Apollonius de Rhodes, II, 207). Movers, I, p. 20 sq. *Voy.* sur Phinée passé dans les mythes de la Grèce, et représenté sur les monuments avec les Harpyies vengeresses, dont les fils de Borée le délivrèrent, notre planche CLXXI *bis*, 644 *a*, avec l'explication, t. IV, p. 276.

[1] *Voy.* la note 7 de ces Éclaircissements, *ci-après*.

[2] Il en est traité au long, ainsi que de Bacchus *Bassareus* et *Sabos*, dans le livre V, sect. I, chap. II, avec la note 2 des Éclaircissements qui s'y rapporte, et dans le livre VII, chap. IV, art. III, avec la note 19 des Éclaircissements sur ce même livre.

même nom, auquel des taureaux d'airain étaient consacrés. Des Phéniciens paraissent, en outre, avoir apporté à Lindos le culte de la Minerve égyptienne, reconnue pour telle par le pharaon Amasis. C'est à ce peuple encore qu'il faut rapporter, selon toute apparence, et les Telchines et les Héliades, au nombre de sept, qui jouent un si grand rôle dans l'histoire de la première civilisation de l'île [1].

Quand la tradition nous représente Minos repoussant dans la Carie, la Lycie, la Syrie, la Palestine, et même l'Afrique, les barbares qui occupaient avant lui l'île de Crète, ce sont surtout des Cananéens, c'est-à-dire des Phéniciens et des Philistins qu'il faut entendre. Caphtor, d'où Jehova ramène ces derniers, comme les Israélites d'Égypte, selon le prophète Amos, paraît n'être pas différent de la Crète, non plus que le Jupiter Crétois du *Mar* ou *Marnas* de Gaza, surnommée elle-même *Minoa*, par un autre souvenir de l'île d'où ses habitants étaient revenus, et à laquelle ils avaient laissé le nom de *Chreti* [2]. Bien d'autres liens traditionnels rattachent la Crète à la Palestine et à la Phénicie, soit directement, soit indirectement. Le mythe de la Phénicienne Europe, enlevée par le dieu-taureau crétois, où se réfléchit l'image d'Astarté, la déesse lunaire, assise sur le taureau, comme la montrent encore les médailles de Sidon, demeure un des plus sensibles et des mieux constatés de ces liens. Le Minotaure dévorant des enfants est encore une autre légende de la même origine, qui se fonde sur le culte du terrible Moloch, représenté avec une tête de taureau; et le géant d'airain Talos, qui, trois fois par jour, parcourt la Crète, et qui consume dans ses étreintes brûlantes les étrangers sur les rivages de l'île, nous indique à la fois le symbole

---

[1] Tous ces points, tous ces rapprochements, et ceux qui suivent, sont traités et discutés, soit dans le texte, soit dans les Éclaircissements de cet ouvrage, comme on peut s'en assurer en consultant ou les tables de chaque partie, ou la Table générale des matières.

[2] *Cf. ci-dessus*, p. 828 sq., et le texte de ce livre IV, p. 22, avec les indications de la note 3 au bas de la page.

connu de ce culte affreux, commun aux Cananéens et aux Carthaginois, et son caractère solaire. Les trois frères, Minos, Sarpédon, Rhadamanthe, naturalisés dans la Crète et passés dans son histoire mythique, se ramènent eux-mêmes, et par l'étymologie de leurs noms, et par divers traits des récits qui les concernent, à la triade divine et toute sémitique du *Seigneur du ciel* (*Baal Mein*), du *Prince de la terre* (*Sarphadan*), et du *roi de l'Amenthes* ou de l'*enfer*, *Rhadamanthys*, se retrouvant sous ce nom même en Égypte, sous celui de *Mouth* en Phénicie, sous celui de *Mantus* chez les Étrusques.

Par une troisième direction, et avec des effets plus vastes encore, sinon plus frappants, que ceux des précédentes, les tribus phéniciennes, cananéennes, arabes, parties de la Palestine et des pays voisins, se portèrent en Égypte, et de là le long de la côte septentrionale de l'Afrique, ainsi que dans plusieurs îles et sur plusieurs points des côtes méridionales de l'Europe. Ce sont, en effet, des nomades de cette race que M. Movers voit dans les fameux *Hycsos*, dans ces Pasteurs, dont les rois forment les XVe, XVIe et XVIIe dynasties de Manéthon, qui firent de Memphis la capitale de leur empire, et qui dominèrent pendant plus de 500 ans sur l'Égypte, en totalité ou en partie. Manéthon les appelait tantôt Phéniciens et tantôt Arabes, ce qui revient au même, et désigne des Cananéens ou des Philistins. Ils sont indiqués, d'un autre côté, dans un récit mythique d'Hérodote, par le nom symbolique de *Philitis*, ce pasteur qui faisait paître ses troupeaux dans la basse Égypte, au temps des fondateurs exécrés des pyramides [1]. Aussi la Genèse rattache-t-elle indirectement ou

---

[1] *Cf.* les Éclaircissements du liv. III, p. 781 sqq. et 787 du tome Ier. La version des listes de Manéthon, de Jules l'Africain dans le Syncelle, suivie par M. Movers et préférée à celle d'Eusèbe, sans doute à raison de son accord avec les extraits que donne Josèphe de l'historien égyptien, explique la différence de chronologie dont on sera frappé. Les variantes de ces listes, et la difficulté de les accorder, soit entre elles, soit avec les monuments hiéroglyphiques, ont donné lieu, depuis Champollion comme avant lui, à de nombreux systèmes que nous n'a-

directement les Philistins et Canaan tout entier à Mizraïm ou à l'Égypte.

De ce point de vue, et par suite de cette longue domination des Hycsos, M. Movers accorde aux religions sémitiques en général, et à la religion phénicienne en particulier, une grande influence sur la religion égyptienne. Il admet, comme preuves de cette influence, les nombreux rapports qu'il signale entre cette dernière et les précédentes; rapports qui, selon nous, viendraient avant tout de la communauté de race des Égyptiens et des Sémites, principalement des Sémites méridionaux ou de ceux de la branche de Cham, d'après la distinction que nous avons établie plus haut. Du reste, le séjour des tribus phéniciennes ou cananéennes dans la Basse-Égypte jusque vers l'an 1600 avant Jésus-Christ, et leur dispersion à cette époque en diverses contrées, eurent, suivant M. Movers, qui renouvelle ici l'opinion de Fréret, adoptée par plusieurs savants français et étrangers, cette autre conséquence importante, de donner lieu aux célèbres colonies de Danaüs et de Cadmus, sources fécondes, dans cette opinion que nous devons discuter ailleurs[1], d'une grande partie de la religion et de la civilisation de la Grèce Pélasgique. Ces émigrations d'Égypte en Grèce par les îles seraient contemporaines de celle des Philistins d'Égypte à Caphtor ou en Crète, d'où ils retournèrent plus tard en Palestine, quand les Hellènes commencèrent à s'étendre dans ces parages. Tandis qu'une portion des Cananéens-Égyptiens dispersés fuyaient

---

vons point à juger en ce moment. Les travaux récents de M. Bœckh (*Manetho und die Hundsternperiode*, Berlin, 1845) et de M. Bunsen (*Ægyptens Stelle in der Weltgeschichte*, Hambourg, 1845), ne seront pas les derniers sur ce sujet. M. Bunsen, au liv. III, sect. I, p. 3-49, de l'ouvrage important que nous venons de citer, traite de la période des Hycsos, qu'il fait résider 929 ans à Memphis, et sur l'origine desquels il partage, du reste, complétement l'opinion de M. Movers, qui est aussi la nôtre. On sait que Champollion a vu en eux des Scythes.

[1] *Voy.* la note 1re, § 1, dans les Éclaircissements du liv. V, sect. I, ci-après.

ainsi sur les mers, d'autres prenaient leur route par terre, et se répandaient de proche en proche sur toute la côte de Libye, où, se mêlant aux indigènes et faisant prévaloir leur langue, ils devenaient les Numides et les Mauritaniens. De là le culte de Baal-Ammon dominant chez ces peuples ; de là, même avant le Melkarth de Tyr ou de Carthage, le *Makar* égypto ou phénico-libyque poussant jusqu'aux Colonnes sa course victorieuse.

De savoir maintenant ce que les Phéniciens, qui donnèrent tant aux autres peuples en fait de religion, purent emprunter à quelques-uns d'entre eux, et quelles influences ils subirent à leur tour de la part de l'Égypte et des grandes nations orientales qui les environnaient, avec lesquelles ils avaient des relations ou d'origine ou de commerce, c'est ce que M. Movers a recherché également avec soin. La Phénicie ne lui paraît pas devoir, à beaucoup près, autant à l'Égypte que l'Égypte à la Phénicie, et surtout aux tribus phéniciennes ou cananéennes qui l'envahirent si anciennement et l'occupèrent si longtemps. Les expéditions du grand Sésostris ne laissèrent pas de traces durables, et la soumission de Cypre et de la Phénicie par Séthosis, selon Manéthon, fut un événement passager. Les Phéniciens, il est vrai, formèrent, dès les temps antérieurs à Moïse, des liaisons commerciales avec l'Égypte ; les marchands tyriens, en particulier, avaient leur quartier à Memphis ; mais la circoncision même qu'ils s'imposaient ne fut qu'une concession locale faite aux mœurs égyptiennes, un moyen de se naturaliser dans le pays, afin de l'exploiter à leur aise. Ce que la Phénicie semble avoir principalement emprunté à l'Égypte dans les temps anciens, c'est le modèle de ses temples, qu'elle transmit aux Juifs, sous Salomon ; c'est la décoration de ses édifices sacrés, la pompe extérieure de son culte, le costume de ses prêtres, et quelques-uns de ses symboles religieux, qui se retrouvent également dans le temple de Jérusalem. Plus tard, quand les conquérants orientaux, Assyriens et Chaldéens, menacèrent tour à tour la Palestine et l'Égypte à la fois, la politique des Phéniciens, comme celle des Juifs, s'appuya sur ce dernier pays, et l'influence égyptienne se fit de plus en plus sentir en Phénicie. Les villes phéniciennes et Cypre, leur grande colonie, tombèrent même, par la force des armes, aux mains des Égyptiens, sous les pharaons Apriès et Amasis. C'est de cette époque, et par conséquent des VIIe et VIe siècles avant Jésus-Christ, que date l'assimilation toujours plus marquée des divinités de la Phénicie à celles de l'Égypte ; c'est alors que plusieurs de celles-ci commencent à s'introduire en leur propre nom parmi les cultes phéniciens. Sous les Ptolémées, ce fut bien autre chose : l'on vit, au gré des intérêts commerciaux et politiques, la religion phénicienne entièrement subordonnée à l'égyptienne : Adonis, par exemple, identifié avec Osiris ; Baaltis, sa divine épouse, avec Isis ; et Byblos, l'antique Byblos, consacrant par son adoption le syncrétisme de la moderne Alexandrie, comme en fait foi maint détail ajouté à la légende d'Isis et d'Osiris, telle que nous la rapporte le Pseudo-Plutarque[1]. Même mélange, même fusion de symboles sur les monuments de l'art découverts dans les villes phéniciennes ou dans leurs colonies, et qui appartiennent à cette époque.

Ces faits plus ou moins récents, signalés par M. Movers, après d'autres, sont mieux établis que son hypothèse favorite d'une antique transformation de la primitive religion de l'Égypte par l'influence supérieure de celle qu'y auraient apportée autrefois les Phéniciens ou les Philistins, confondus avec les Pasteurs ; transformation qui aurait préparé de loin et singulièrement facilité, suivant lui, l'amalgame définitif des deux religions. Plus certaine est l'action religieuse, non-seulement sur la Phénicie, mais sur la Palestine, la Syrie, et sur toute l'Asie occidentale, qu'il reconnaît aux grands peuples de la Haute-Asie, qui tour à tour y portèrent leurs armes et y étendirent leur domination, aux Assyriens, aux Babyloniens ou Chaldéens, aux Perses. Une circulation générale et comme

---

[1] *Cf.* liv. III, chap. II, art. I, p. 389 sqq. du tome Ier.

un courant de tribus et de cultes s'était formé de bonne heure entre les deux extrémités du monde sémitique, et avait pris sa direction d'est en ouest, des pays du Tigre et de l'Euphrate vers les bords de la Méditerranée, et du golfe Persique au golfe Arabique, avec les migrations des Cananéens ou Phéniciens, des Hébreux, des Ammonites, des Moabites, des Édomites, et de bien d'autres. De là cette communauté d'idées et de formes religieuses, de noms divins, de symboles et de rites, qu'on observe entre tous les membres de cette famille de peuples, quelque distantes que soient leurs demeures. Vinrent ensuite, et les premiers de tous, les conquérants assyriens, partis de Ninive, qui, à deux époques successives, et en dernier lieu au VIIIe siècle avant notre ère, parurent en Syrie et en Palestine, subjuguèrent la plupart des villes phéniciennes, et répandirent la terreur de leur nom jusqu'en Égypte. Dès lors commence à s'exercer, sur les cultes de la Phénicie et de la Syrie, l'influence des religions, à quelques égards plus avancées, de la Haute-Asie ; et cette influence se poursuit, se fortifie même, quand, des mains des Assyriens, l'empire passe dans celles des Chaldéens de Babylone, et enfin des Perses. A l'adoration antique des forces de la nature et de ses phénomènes, personnifiés dans un polythéisme symbolique et idolâtrique, tel qu'il exista jadis chez les peuples Syriens et Cananéens, s'associe le culte, de plus en plus dominant, de plus en plus pur et exclusif, du soleil, de la lune et de toute l'armée des cieux, le culte du feu et de la lumière. M. Movers remarquant que les Assyriens, par leur race comme par leur position géographique, paraissent tenir le milieu entre la famille sémitique et la famille indo-persique, forme à ce sujet une conjecture qui semble près de se réaliser, grâce aux belles découvertes faites à Khorsabad par M. Botta [1]. « Peut-être, dit-il, découvrira-t-on quelque jour, dans les ruines de l'an-

---

[1] Voy. Lettres de M. Botta sur ses découvertes à Khorsabad, près de Ninive, publiées par M. J. Mohl, Paris, 1845 (extrait du Journal asiatique, années 1843-1845).

tique Ninive, des monuments qui montreront ici le centre de la vieille civilisation asiatique, centre d'où le courant des idées religieuses s'est répandu, d'une part chez les Indo-Perses, les Lydiens, dans l'Asie Mineure, d'autre part chez les nations sémitiques. » (J. D. G.)

Note 2 : *Sources de la religion phénicienne* (ch. II, p. 9-12, etc.).

Il est hors de doute que les Phéniciens, aussi bien que les Carthaginois, leurs fils, eurent une littérature [1], et que les inventeurs de l'écriture alphabétique, quelque exclusivement préoccupés qu'on les suppose, avec Platon [2], de la vie pratique et positive, n'employèrent pas seulement ce grand art à servir les intérêts journaliers de leur politique ou de leur commerce, à tracer ces inscriptions de monuments votifs et funéraires, et ces légendes de monnaies courantes, dont le nombre, encore peu considérable, commence à s'augmenter [3]. Les villes phéniciennes avaient leurs archives, probablement établies dans les temples de leurs dieux, et où les souvenirs nationaux, les actes publics, l'histoire enfin, étaient consignés dans des livres, dans des annales, sous l'autorité de l'État et de la main des prêtres [4]. On cite, comme ayant puisé à ces archives, indépendamment de *Sanchoniathon*, sur lequel nous reviendrons tout à l'heure, *Théodotus*, *Hypsicratès*, *Mochus*, dont les ouvrages, ainsi que les noms des deux premiers, selon toute apparence, avaient été traduits du phénicien en grec par un certain *Lætus* [5]. On cite encore *Hestiæus* et l'Égyptien *Hiéronymus*,

---

[1] *Voy.* sur la littérature de Carthage, le chapitre complémentaire de ce livre IV, p. 126 sq. *ci-dessus*.

[2] De Republic. IV, p. 436 Steph., 195 Bekker.

[3] *Voy. ci-après*, vers la fin de cette note.

[4] Joseph. contra Apion. I, 6 et 17; Euseb. Præpar. Evangel. I, 9 Viger., ex Porphyr.

[5] Tatian. Orat. ad Græc., § 37; Euseb. Præp. Ev. X, p. 493 B, coll. Clem. Alex. Strom. I, p. 387 Potter.

comme ayant composé des histoires phéniciennes, sans parler de *Dius* et de *Ménandre* d'Éphèse, qui rédigèrent en grec les annales de Tyr[1]. *Mochus* ou *Moschus*, forme de son nom moins autorisée, qui l'a fait rapprocher de Moïse, et qui doit peut-être son origine à cette hypothèse même[2], était de Sidon ; et, si l'on en croit Posidonius, il aurait, dès les temps antérieurs à la guerre de Troie, exposé le dogme des atomes[3]. Ni ce fait, ni le fragment cosmogonique qui nous reste de Mochus, ne sont des raisons suffisantes pour distinguer avec Mosheim deux personnages de ce nom, un historien et un philosophe, comme nous le voyons par l'exemple de Sanchoniathon, associé à Mochus en qualité d'historien de son pays[4], renvoyé aussi bien que lui avant la guerre de Troie, et dont l'histoire toute primitive débutait par cette cosmogonie, dans les fragments de laquelle quelques modernes ont cru trouver aussi le caractère matérialiste

---

[1] Joseph. Antiq. Jud. I, 3, § 9, et contra Apion. I, 17. La liste est longue des écrivains de tout genre originaires de Sidon, de Tyr, de Béryte, de Byblus, dans les périodes grecque et romaine, aussi bien que des étrangers qui s'étaient occupés des antiquités de la Phénicie. *Voy.* seulement Lobeck, *Aglaophamus*, p. 1267, et Movers, *Phœnizier*, I, p. 6.

[2] Selon la conjecture de Fabricius, ad Sext. Empiric., p. 621, quoique Mosheim sur Cudworth, System. intell. I, p. 14, ait préféré Μόσχος, sans aucune intention de ce genre. Aux divers passages cités par Fabricius, et qui donnent Μῶχος d'après les meilleurs mss. (Ὦχος, dans Diogène de Laërte et Suidas, implique cette forme), il faut ajouter Damascius de Princip., p. 261 Wolf., 385 Kopp.

[3] Ap. Strabon. XVI, p. 757 Cas., et Sext. Empiric. lib. IX, I adv. Physic., p. 615 Fabric. *Cf.* Tzschucke ad Strab., tom. VI, p. 340, et Bake Posidon. Reliq. p. 177 sq. H. Ritter (Hist. de la philos. anc., I, p. 145 sq. de la traduction de M. Tissot) révoque en doute le fait, comme se fondant sur une simple conjecture de Posidonius. Il n'y a rien de pareil dans la cosmogonie rapportée par Damascius, d'après Mochus, et que l'on trouvera dans la note suivante.

[4] Athen. III, p. 126 Cas.

de la philosophie atomistique [1]. Moïse lui-même, dans la Genèse, ne place-t-il pas la cosmogonie à la tête de l'histoire primordiale du genre humain et de celle de son peuple? Et n'est-il pas conforme au génie de ces temps antiques de réunir dans la même personne la mission de l'historien, celle du prêtre ou docteur de la loi, et celle du philosophe identifié avec le théologien?

De tous ces auteurs phéniciens ou autres, en exceptant quelques lignes traduites de Mochus, quelques extraits de Dius et de Ménandre, il ne nous reste que le nom. Mais sous celui de *Sanchoniathon*, plus ancien que tous les autres, s'il remontait jusqu'au temps de Sémiramis [2], nous avons des fragments étendus, au sujet desquels s'est élevée une controverse qui dure encore, et dont nous devons compléter l'historique, rapidement esquissé par M. Creuzer. Cette controverse, ranimée un instant par M. Lobeck, dans son acrimonieuse polémique contre notre auteur et contre les mythologues de l'école symbolique en général, s'est réveillée avec une nouvelle force à l'occasion de la supercherie, peu attendue de nos jours, du faussaire plus artificieux qu'habile qui prétendit, il y a quelques années, avoir retrouvé le manuscrit grec du Sanchoniathon de Philon de Byblos, qui réussit un instant à faire illusion à quelques savants hommes, mais dont l'œuvre toute factice, enfin publiée, n'a pu tenir sous l'œil de la critique, et a décelé de toutes les manières le vice honteux de son origine [3].

---

[1] Fr. Schlegel, *Weisheit der Indier*, p. 118; Tennemann, Manuel de l'hist. de la Philos., I, p. 73 de la traduction de M. Cousin. Eusèbe les avait précédés, comme on le verra plus loin, en y signalant l'athéisme.

[2] Porphyr. ap. Euseb. Præp. Ev. I, 9, et X, 9. Porphyre, toutefois, fait Sémiramis, ou antérieure à la guerre de Troie, ou contemporaine de cette guerre, ce que le chronographe chrétien est loin d'admettre, et ce qui est pourtant la seule raison de la date du treizième siècle avant notre ère, assignée à Sanchoniathon.

[3] *Voy. Sanchuniathons Urgeschichte der Phœnizier in einem Auszuge...*

La question qui concerne les fragments qu'Eusèbe nous a transmis, sous l'autorité de Porphyre et sous la sienne, comme extraits de l'*Histoire phénicienne* de Sanchoniathon, traduite en grec par *Philon de Byblos*[1], le même que le grammairien *Herennius Philon*, au commencement du second siècle de notre ère[2]; cette question tant débattue est précisément de savoir si ces fragments, qui sont ceux d'une théologie, comme l'appelle Eusèbe, en réalité d'une cosmogonie et d'une histoire primitive, dans laquelle se résoudrait presque toute la religion des Phéniciens, ne doivent pas eux-mêmes être regardés comme l'ouvrage d'un faussaire, non plus mo-

---

Nebst Bemerkungen von Fr. Wagenfeld. *Mit einem Vorworte von* G. F. Grotefend, Hannover, 1836; et la préface que M. Ph. Lebas a jointe à la traduction française de ce livre, Paris, 1836. Le texte prétendu original parut l'année suivante à Brême, sous ce titre : *Sanchuniathonis historiarum Phœniciæ libros novem græce versos a Philone Byblio edidit latinaque versione donavit* F. Wagenfeld, 208 pag. in-8°, et devint aussitôt l'objet des critiques aussi sévères que fondées, d'hellénistes tels qu'O. Müller (*Gœtting. Gelehrte Anzeigen*, n° 52), et d'orientalistes comme M. Movers, si compétent sur la question (*Jahrbüch. für Theologie und Christl. Philosophie*, Band II, Heft 1), sans parler de beaucoup d'autres.

[1] *Voy.* ces fragments recueillis par Orelli, Lips. 1826, p. 2 et 4, coll. Porphyr. de Abstin. II, 56, p. 201 Rhœr. Il est mention ici de *huit* livres seulement, chez Eusèbe de *neuf*, ce qui peut s'expliquer de différentes manières, et ne fait rien au fond de la question.

[2] Lydus de Ostentis, p. 274 Hase, citant un passage de ses Φοινικικά qu'Orelli aurait dû joindre à sa collection, ainsi que quelques autres; Origenes contra Celsum, I, p. 13 Hœschel, qui lui attribue le livre *Sur les Juifs*, dont Eusèbe nous a conservé un fragment, suivi d'un extrait plus étendu d'un autre écrit *Sur les lettres* ou *les éléments des Phéniciens*, peut-être en partie d'après Porphyre, du moins le premier, mais l'un et l'autre bien certainement de Philon de Byblos, quoi qu'en pense Orelli, qui les rapporte p. 42, 44; Suidas, *v.* Παῦλος; Eudociæ Viol., p. 424. *Cf.* Salmas. ad Solin., p. 1227; Dodwell's *Works*, p. 84 sqq.; Lobeck, *Aglaoph.*, p. 1267, 1269, 1339 sq.; et Movers, *Phœn.* I, p. 116 sq., 120.

derne, mais ancien, si ce faussaire est Philon ou un autre, s'il y a jamais eu un Sanchoniathon, et si, dans tous les cas, soit le livre de Philon, soit les fragments qui passent pour des extraits de ce livre, ont été puisés en tout ou en partie à des sources phéniciennes.

Quand même on admettrait que le nom de Sanchoniathon existait chez les Phéniciens, avec une valeur ou historique ou symbolique, il n'en serait pas moins possible qu'il eût été employé à couvrir une fraude littéraire ; il n'en serait pas moins difficile de soutenir l'authenticité des fragments qui nous restent sous ce nom. Personne ne serait tenté aujourd'hui d'y voir avec Eusèbe, et, à ce qu'il paraît, avec Porphyre, comme le firent sans hésiter Scaliger, Grotius, Bochart, Selden, Huet, Goguet, Mignot et bien d'autres, une traduction tant soit peu fidèle d'un original phénicien. Dès le dix-septième siècle, puis au dix-huitième, Ursinus, Dodwell, Van Dale, Richard Simon, le Clerc, D. Calmet, Meiners, Hissmann, y trouvèrent tous les caractères d'une supposition récente ; et la plupart d'entre eux s'accordèrent à regarder comme l'auteur de cette supposition, Philon de Byblos, le prétendu traducteur de Sanchoniathon[1]. De nos jours, Gesenius, ce grand connaisseur des antiquités phéniciennes, a donné à cette opinion une nouvelle autorité en la résumant ainsi, sous sa forme la plus circonspecte et par cela même la moins exclusive : « Il faut avouer, dit-il, qu'en considérant, d'une part, le caractère général de ces fables, qui est celui de l'époque alexandrine, d'autre part le génie du siècle de Philon, si porté aux fraudes de ce genre, on sent naître en soi bien des soupçons. Comme plusieurs, on incline à penser, ou que Sanchoniathon a vécu à une époque récente, ou

---

[1] Cf., dans la Bibliothèque grecque de Fabricius, avec les additions de Harles, t. I, p. 222 sqq., la notice littéraire sur Sanchoniathon, reproduite à la tête du recueil d'Orelli. On y trouvera les indications nécessaires sur les écrivains cités ici, et sur plusieurs autres qui se sont occupés de la question.

que l'ouvrage mis sous son nom était un composé de fables phéniciennes, de dogmes théologiques et d'allégories de cet âge récent, fabriqué à Alexandrie par un Grec, et attribué après coup à cet antique historien. Ce qu'il y a de sûr, c'est que les fragments qui nous ont été transmis en grec par Eusèbe ne sentent point assez le tour propre de la langue phénicienne, pour qu'on puisse admettre qu'ils en ont été traduits littéralement, et qu'en aucune façon ils ne sauraient être rapportés au douzième siècle avant J.-C. C'est ce que nous accorderont aisément tous ceux qui les examineront sans préjugé [1]. »

Entre ces sentiments opposés, dont l'un ne paraissait plus soutenable, et dont l'autre semblait excessif, se sont placés sur une ligne moyenne ceux qui pensent, avec Foucher, Heyne, Beck, Orelli [2], que Philon a eu réellement sous les yeux, en tout ou en partie, un livre antique, un livre phénicien, mais qu'en le traduisant il y a fait, à en juger du moins par le peu que nous possédons, des changements et des interpolations ou additions considérables; qu'il a présenté les idées anciennes sous des couleurs modernes, et qu'il a donné à l'ensemble cette forme systématique et historique qui trahit une intention, un but particulier. Ce but, qui jette un grand jour sur l'œuvre entière de Philon, œuvre de falsification sans doute, mais non pas de pure invention, puisqu'elle se fondait en définitive sur des documents phéniciens altérés, aurait été de fournir de nouvelles armes à l'évhémérisme, c'est-à-dire, à cette doctrine, si on peut la nommer ainsi, selon laquelle les dieux du paganisme n'auraient été que des hommes des temps anciens déifiés après leur mort par la reconnaissance, la flatterie, ou la crainte superstitieuse des peuples [3]. Philon, comme on le voit par

---

[1] *Scripturæ linguæque Phœniciæ monumenta*, p. 343.

[2] *Voy.* la préface et les additions à la notice littéraire en tête du recueil de ce dernier, p. IV, XIV-XVI.

[3] *Cf.*, sur Évhémère, sa tentative et son influence, le livre VI,

plus d'un passage des fragments de son livre¹, opposait son système, d'une part aux fictions des poëtes grecs, à la vieille mythologie hellénique, d'autre part aux interprétations symboliques et allégoriques des mythes par les prêtres ou par les philosophes. Sapant toute religion par la base, il montrait dans les fables phéniciennes et égyptiennes d'où, suivant lui, étaient dérivées les grecques et celles des nations plus récentes, une suite de récits historiques remontant à l'origine du genre humain et du monde lui-même, issus l'un et l'autre de principes matériels. C'est pour échapper à la responsabilité de cet athéisme, mal déguisé par un compromis entre les dieux mortels, les plus grands de tous, et les dieux immortels, réduits aux dieux de la nature, aux éléments et aux astres décorés des noms de ces dieux mortels et subordonnés à eux, que Philon avait mis en avant Sanchoniathon et son histoire phénicienne, donnée comme traduite, mais de fait travestie par lui.

Cette opinion intermédiaire, à laquelle se rattache en grande partie celle de M. Creuzer², ne pouvait plaire à

---

chap. I, art. V, p. 584 sqq. de ce tome II, et Bœttiger cité là même. Depuis, M. Creuzer, dans sa troisième édition, t. I, p. 113-119, a beaucoup ajouté aux recherches antérieures, et a donné sur ce point important des développements que nous reproduirons en leur lieu.

¹ *Voy.* p. 6, 8, 16, 40, du recueil d'Orelli.

² Il s'est tenu, dans le t. II, p. 339 sqq. de sa troisième édition, à ce que nous avons reproduit d'après la deuxième. Dans le tome Ier, p. 110 sq., il s'exprime ainsi sur le même sujet: « Quelque jugement que l'on puisse porter sur les fragments cosmogonico-théologiques de Sanchoniathon, qui nous sont parvenus de la troisième ou quatrième main dans les extraits en grec de Philon de Byblos, il restera toujours singulier d'être obligé de voir un athée dans ce Phénicien, contemporain de Sémiramis; car, selon lui, tout le panthéon punique aurait été peuplé d'hommes des temps anciens. Bien que dans les données qui nous ont été transmises sous son nom, il s'en trouve beaucoup où l'on ne saurait méconnaître un caractère antique et oriental, ce qui semble exclure la possibilité d'une supposition récente, toutefois les vues polé-

M. Lobeck. Il admet, par hypothèse au moins, qu'il y ait eu un Sanchoniathon, que Philon ait découvert son livre et qu'il l'ait traduit plus ou moins fidèlement, quoique aucun de ces faits ne lui semble suffisamment attesté : mais le doute qu'il semble ôter d'un côté, il le porte de l'autre, et c'est Eusèbe qu'il soupçonne d'avoir fabriqué de toutes pièces cette prétendue théologie phénicienne, alléguée par lui comme extraite de l'ouvrage de Philon, ou, si l'on veut, de Sanchoniathon. Philon donc n'est plus le faussaire, c'est Eusèbe; lui seul a eu intérêt à la fraude, en qualité d'apologiste chrétien, d'adversaire du paganisme; lui seul l'a commise : l'évhémérisme, disons mieux, l'athéisme des fragments est de son fait, et ne saurait se concilier avec les éloges que Porphyre, ennemi des chrétiens, défenseur de l'ancienne religion, prodiguait à l'histoire phénicienne traduite par Philon. D'ailleurs, il faut bien que les apologistes antérieurs à Eusèbe n'y aient rien trouvé de pareil, puisqu'ils n'en ont fait aucune mention, eux qui citent sans cesse Évhémère et ses adeptes à l'appui de leur cause[1].

Tels sont les arguments que fait valoir M. Lobeck, pour établir une idée déjà mise en avant par Beck[2], mais sous la forme beaucoup plus modérée d'une interpolation possible

miques manifestes dont furent animés en des sens divers les différents auteurs à qui nous les devons, ne peuvent que rendre suspecte au plus haut degré l'idée que les divinités de la Phénicie n'auraient été que des rois et des reines. En effet, Philon le premier s'en fit des armes contre Josèphe (d'après Bœttiger, *Kunstmythologie*, I, 375, dit notre auteur; ce qu'avait pensé longtemps auparavant Dodwell, et ce qui dut être tout au plus pour Philon un but accessoire); Porphyre s'en servit contre les chrétiens, et, à leur tour, Eusèbe et les autres Pères de l'Église contre les païens, trouvant commode de leur prouver, par de si vieux témoignages, le néant de leurs croyances. »

[1] *Aglaophamus*, p. 1268 sqq.

[2] Dans le mémoire intitulé : *Commentatio de fontibus unde sententia et conjecturæ de creatione et prima facie orbis terrarum ducuntur*, p. VII.

par Eusèbe de l'extrait qu'il donne de Philon, lui-même interpolateur de Sanchoniathon. Quelque jugement qu'on puisse porter sur la véracité d'Eusèbe en général, nous avouons qu'il nous est aussi difficile qu'il l'a paru à M. Movers[1], de la révoquer en doute dans ce cas particulier. Eusèbe ne donne pas seulement la théologie phénicienne comme empruntée à l'ouvrage de Philon; il cite textuellement plusieurs passages de la préface du premier livre de cet ouvrage, à la suite desquels vient cette théologie qui en était tirée; et il ne s'y trouve absolument rien qui soit en désaccord avec celle-ci, bien au contraire. C'est le même esprit, ce sont les mêmes vues, comme c'est un style et un langage qui tranchent nettement sur ceux du Père de l'Église. Il trouvait là ses armes toutes forgées contre le paganisme, et il n'a eu nul besoin d'en forger lui-même, pas plus que les autres Pères qui se sont autorisés des doctrines évhéméristes pour battre en brèche les anciennes croyances. Quant aux éloges de Porphyre, lui aussi, en attaquant les chrétiens, profitait des avantages que semblait donner contre eux la manière dont Philon, sous le nom de Sanchoniathon, avait présenté les antiquités juives[2]; et cela lui suffisait pour vanter l'écrivain dont il se faisait une autorité. Tel est l'esprit de parti, clairvoyant sur tout ce qui peut servir la passion du

---

[1] I, p. 119 sq.

[2] Dans cet écrit περὶ Ἰουδαίων dont nous avons parlé plus haut, qui paraît avoir été distinct de l'*Histoire phénicienne*, et pour lequel, suivant Porphyre, au quatrième livre de son ouvrage contre les chrétiens, cité par Eusèbe, Sanchoniathon, d'après Philon sans doute, aurait employé les mémoires de *Hiérombal*, prêtre du dieu *Jeuo* ou *Jehovah*, que Bochart, Huet, Jackson, et M. Movers encore, identifient avec Gédéon, appelé en effet *Jerubbaal*, chap. VII, 1, VIII, 29 et 35, du livre des Juges. Est-ce cet Hiérombal qui aurait dédié au roi de Béryte Abibal, peu après le temps de Moïse, son histoire reconnue si véridique, ou bien faut-il l'entendre de Sanchoniathon? Le texte d'Eusèbe, au livre I, est fort équivoque à cet égard; mais le premier fait nous semble résulter de la discussion chronologique qu'il institue au livre X.

moment, aveugle sur tout le reste. Le silence des apologistes, entre le temps de Philon et celui d'Eusèbe, ne prouve pas davantage; tout au plus implique-t-il, selon l'observation de M. Movers, que le livre de Philon était peu connu hors de la Palestine.

Personne n'a traité d'une manière aussi large et aussi approfondie la question qui nous occupe, que le savant qui vient d'être cité, et qui a consacré à la discuter le troisième et le quatrième chapitres de son ouvrage sur la religion des Phéniciens. Nous nous bornerons à donner ici une rapide analyse des résultats de son travail, d'après l'étude attentive que nous en avons faite. Les Phéniciens eurent des livres sacrés, comme tous les autres grands peuples de l'Asie antérieure, comme les Babyloniens et les Égyptiens, auxquels ils tiennent de plus près. Ces livres, ils les attribuaient à leur dieu *Taaut*, le même que le dieu *Thoth* d'Égypte, et le scribe sacré du dieu *El*, *Bel* ou *Saturne*, en d'autres termes le chef mythique de la caste sacerdotale qui, des croyances du peuple épurées, avait formé un corps de doctrine[1]. Cette doctrine, enveloppée de mystères, voilée sous des allégories, fut, après bien des générations, interprétée par le dieu *Surmo-Bel* et la déesse *Thuro* ou *Chusarthis*, c'est-à-dire développée et éclaircie dans des commentaires, ouvrages des prêtres, qui les avaient fait passer sous les noms de ces deux divinités, analogues, l'une au second *Thoth* ou *Agathodémon*, le *bon Serpent*, au Phénicien *Cadmus*, l'autre à son épouse *Harmonie*, et symboles, celui-là de l'esprit, de la parole de vie qui anime le monde, celle-ci de la beauté et de l'ordre harmonieux qui y règnent en vertu de cette parole[2]. Le dieu premier principe de cette révélation successive, l'antique *Bel*

---

[1] Sanchon. Fragm., p. 42, coll. 26 Orelli.
[2] M. Movers, p. 505 sq., explique, d'après l'hébreu et les autres dialectes sémitiques, Σουρμουβηλός, comme il faut lire, *Serpens Beli*; Gesenius, p. 415, *Beli Semen*. Les deux orientalistes s'accordent à voir dans Θουρώ, la *loi*; dans Χούσαρθις, l'*union* ou l'*harmonie*.

ou *Chijun*, ou *Saturne*, est identique à *Chon* ou à l'*Hercule de Tyr*, sage aussi bien que fort, et gravant sa sagesse sur des colonnes dans les temples, ou la déposant dans des livres sacrés[1]. C'est de lui que ces livres auraient pris le nom de *San-Chon-Iáth*[2], qui veut dire *la loi entière de Chon*, et représente le canon sacerdotal, existant à la fois dans toutes les villes principales de la Phénicie, comme le mythique Sanchoniathon, collecteur supposé de ces écrits antiques, et pendant du *Vyâsa* ou *Véda-Vyâsa* (collecteur des Védas) de l'Inde, est dit originaire, non-seulement de Béryte, mais aussi de Tyr et de Sidon[3]. Le titre de *Physiologie d'Hermès* ou de *Taaut*, conservé par Suidas, comme celui d'un des livres de Sanchoniathon, indique le caractère fondamental de ce livre tout cosmogonique, sur la forme mythique duquel

---

[1] Les γράμματα Ἀμμουνέων (*Ammounim*, colonnes) et les ἱεραὶ γραφαί, consultés par Sanchoniathon, p. 6 et 44 Orelli. *Cf.* Movers, p. 96 sqq., 345 sq.

[2] סך, *loi*, *instruction*, d'où la *Sunna* des mahométans; כון, *Chon*, nom de Baal-Hercule; יהת, féminin de יהד, pour יהדת, *entière*. Cette explication, en supprimant le nom de *Chon*, rend compte de la forme Σουνιάθων, chez Athénée, III, p. 176, le premier auteur en date qui cite Sanchoniathon, depuis Philon de Byblos; *Suniatus*, qui y répond, est le nom d'un Carthaginois chez Justin, XX, 5. Les étymologies de Bochart, d'où résulte le sens *lex zelus ejus*, et de Hamaker, préférée par Gesenius, *cujus manus firma est*, c'est-à-dire *cujus fides sincera et integra est*, ont pour principe commun le φιλαλήθης ou *l'ami de la vérité*, supposé la traduction de Σαγχουνιάθων ou Σαγχωνιάθων, chez Porphyre dans Eusèbe corrigé d'après Théodoret, son copiste; mais les deux passages d'Eusèbe, au premier et au dixième livre, portent φιλαλήθως, peut-être mieux d'accord avec le sens général. Nous renvoyons, au surplus, à M. Movers, p. 99 sqq., pour les développements et les preuves de son opinion, d'accord elle-même avec l'esprit de toute la haute antiquité.

[3] De Béryte chez Porphyre; de Tyr chez Suidas, et implicitement chez Athénée; de Sidon dans une addition à Suidas, II, p. 324 Gaisford, où ἀιδώνιος est habilement corrigé en Σιδώνιος, par M. Creuzer.

Philon prit ou voulut prendre le change dans son *Histoire phénicienne*, en supposant qu'il ne l'ait pas trouvé déjà très-altéré lorsqu'il le consulta[1].

Telle est l'origine que M. Movers assigne au nom de *Sanchoniathon*; telle est l'idée qu'il se fait, d'après Porphyre[2], des livres sacrés des Phéniciens, réunis sous ce nom collectif à l'origine, mais entendu plus tard comme individuel. Cette idée ne diffère pas au fond de celle qu'en donne Philon de Byblos, dans les fragments textuels qu'Eusèbe nous a transmis : seulement, le Sanchoniathon tout historique qu'il introduisait, dont il prétendait avoir retrouvé et traduit les ouvrages, avait, selon lui, retrouvé lui-même les antiques écrits de *Taaut* et de *Cabires*, allégorisés, c'est-à-dire falsifiés par les prêtres[3], et les avait rétablis dans leur intégrité primitive, dans leur sens originel, également tout historique. Ce Sanchoniathon-là, sauf le nom, est l'invention pure de Philon; et son *Histoire phénicienne*, celle même dont nous avons des fragments, celle que Philon disait avoir traduite, n'était qu'une mythologie phénicienne et asiatique, rédigée par lui dans le système d'Évhémère, et où les légendes des dieux étaient travesties en des histoires humaines, pour servir à des vues polémiques dirigées à la fois contre les croyances helléniques et contre les traditions juives. Ce travestissement

---

[1] Il nous paraît évident, quoi qu'en dise M. Movers, que ce livre ne peut être différent de celui qui servit à Philon pour l'introduction de son histoire, si ce n'est pas cette introduction même détachée.

[2] En supposant que le début du court extrait du περὶ Ἰουδαίων de Philon, donné par Eusèbe, p. 42 Orell., soit réellement de Porphyre. La distinction introduite par M. Movers dans ce passage, nous semble un peu subtile.

[3] Et avant tout, est-il dit, par le *fils de Thabion*, le premier hiérophante des Phéniciens, sur qui renchérirent ses successeurs les prophètes et les initiés, parmi lesquels *Isiris*, l'inventeur des trois lettres (du nom mystique *Iao*), fils de *Chna*, le premier qui porta ce nom ou celui de *Pœhnix*, comme ont traduit les Grecs. Sanchon. Fragm., p. 38 et 40.

était d'autant plus facile que, dès longtemps, ces légendes avaient été localisées, et leurs acteurs personnifiés dans le culte populaire. Outre son but principal, son but théologique, ou plutôt philosophique, de prouver que les dieux, ainsi ramenés aux proportions humaines, n'avaient été que des hommes à l'origine, Philon était encore guidé par un intérêt patriotique, non moins clairement manifesté dans ce qui nous reste de lui; il cherchait à établir l'antériorité des dieux de la Phénicie sur tous les autres, et en faisait dériver spécialement les dieux de la Grèce. Pour le même motif et dans le même esprit, il avait altéré, non pas dans les lieux ni dans les noms, mais dans les choses, les traditions hébraïques, afin de les rapporter aussi aux phéniciennes, et d'en tirer également l'Évhémérisme [1]. Cet athée patriote voulait réduire toute religion à l'histoire primitive du genre humain, et trouver exclusivement cette histoire dans celle de son pays.

Ce que nous venons de dire fait comprendre ce mélange d'éléments si divers, et au premier abord si hétérogènes, phéniciens, juifs, grecs, égyptiens même, que l'on remarque dans les fragments du *Pseudo-Sanchoniathon*. Les derniers de ces éléments, M. Movers les signale surtout dans la partie proprement cosmogonique, dont les traits principaux lui paraissent porter le caractère d'abstractions empruntées à la nature et aux productions du sol de l'Égypte. Nous y reviendrons dans la note suivante. Quant aux éléments phéniciens, non-seulement M. Movers les reconnaît pour tels, mais il les croit directement puisés à des sources phéniciennes; il y voit les débris épars, défigurés, mais d'autant plus précieux pour nous, des livres perdus de *Taaut* et du *Sanchoniathon* cano-

---

[1] On en a un exemple frappant dans le mythe de Cronos-*Israël*, roi de Phénicie, consacré après sa mort dans la planète de Saturne, et immolant lui-même *Ieoud*, le fils *unique* qu'il avait eu de la nymphe *Anobret* (Sanchon. Fragm., p. 42). Ce mythe avait sans doute un fondement phénicien; mais si on le compare, tel qu'il est rapporté d'après le περὶ Ἰουδαίων, au récit analogue de l'*Histoire phénicienne* (*ibid.* p. 36), l'intention n'en paraîtra que plus évidente. *Cf.* Movers, p. 127 sqq.

nique et symbolique, auquel Philon substitua son *Sanchoniathon historique*, fondé sur le premier. Pas plus que les autres Évhéméristes, Philon n'a inventé les noms, les mythes, les légendes sacerdotales ou populaires qu'il tourne à son but; il les a seulement présentés par le côté qui pouvait le mieux y servir, par le côté grossier, odieux ou ridicule. Son livre était rempli d'un savoir dont il aurait pu faire un beaucoup meilleur usage; mais l'usage qu'il en a fait ne doit pas nous prévenir contre la valeur des documents qu'il a si mal employés, et qu'il s'agit seulement de tâcher de rendre à leur sens primitif, en les dégageant, autant qu'il est possible, d'un alliage impur [1].

Quant aux autres sources écrites de la religion des Phéniciens, aux sources étrangères, tant hébraïques que grecques et romaines, nous n'y insisterons pas. Elles sont plus connues, plus accessibles; elles ont été l'objet d'une savante et judicieuse critique, dont Selden, au commencement du dix-septième siècle, donna, dans ses *Syntagmata*, un exemple qui, à certains égards, n'a pas été surpassé. Le point de vue de cette critique s'est quelquefois rétréci outre mesure, même de notre temps; mais récemment M. Movers, en élargissant l'horizon trop étroit où l'avaient enfermée plusieurs hébraïsants, a fait voir tout ce que peut jeter de lumières nouvelles, sur un sujet en apparence épuisé, l'intelligence des idées unie à l'étude approfondie des textes de toutes les époques. Les sources dont nous parlons, aussi bien que les travaux modernes auxquels elles ont donné lieu, sont relatées, d'ailleurs, presque à chaque page, soit dans les notes de M. Creuzer, soit dans les nôtres. Ce qui fait surtout leur importance, c'est le petit nombre des documents originaux qui sont parvenus jusqu'à nous, et l'état équivoque de transformation dans

[1] Ce point de vue large et impartial nous paraît bien plus sûr, bien plus fécond pour la science, que la critique toute négative de M. Hengstenberg, qui, pour soutenir l'authenticité du Pentateuque, croit avoir besoin de refuser toute autorité, soit extrinsèque, soit intrinsèque, au Sanchoniathon de Philon, dans ses *Beiträge zur Einl. ins alte Testam.*, II, p. 209-214.

lequel une partie d'entre eux nous sont arrivés. Les plus authentiques de tous, mais malheureusement aussi les plus stériles, sont les inscriptions des monuments phéniciens ou puniques découverts dans différents pays, et dont la connaissance de l'hébreu et des autres dialectes sémitiques, jointe à une analyse paléographique de plus en plus exacte, amène peu à peu le déchiffrement. On sait les travaux de l'illustre Barthélemy, de Swinton, de Perez Bayer, d'Akerblad, de Bellermann, de Hamaker, de Kopp et de bien d'autres, sur cette matière épineuse. Ils ont été rappelés, discutés, contrôlés par Gesenius, dans son grand recueil d'épigraphie et de linguistique phénicienne, qui paraissait devoir les effacer tous ; mais voici que Gesenius à son tour, malgré son incontestable savoir, commence à trouver des juges sévères dans quelques-uns de ses émules et de ses continuateurs. M. E. Quatremère, qui avait déjà fait justice des lectures hasardées de Hamaker, a montré depuis combien celles du célèbre professeur de Halle laissent encore à désirer pour la rigueur de la méthode et pour la certitude des résultats [1]. Dans cette question, du reste, où nous sommes loin d'être compétent, où nous cherchons seulement ce qui peut éclairer d'un jour plus sûr la religion et la mythologie des Phéniciens, nous ne pouvons mieux faire que d'emprunter à un de nos amis, M. de Saulcy, qui porte dans l'épigraphie punique la sagacité et la pénétration dont il a fait une application si heureuse à l'épigraphie égyptienne [2], l'appendice suivant,

---

[1] *Voy.* Nouveau Journal asiatique, tom. I, 1828, p. 11 sqq.; et Journal des Savants, 1838, p. 624-638, et 1842, p. 513-531. On attend avec impatience la suite de cet examen critique, contenant des lectures nouvelles d'inscriptions existantes ou inédites par le savant académicien.

[2] *Voy.* ses *Recherches sur la numismatique punique*, deux mémoires lus en 1842 à l'Académie des inscriptions et belles-lettres, et insérés dans son nouveau Recueil, tom. XV, p. 46 et 177; sa *Lettre sur l'inscription bilingue de Thougga*, dans le Nouveau Journal asiatique, 4ᵉ série, tom. I, p. 85 ; sa *Note sur une inscription bilingue gréco-phénicienne*, découverte à Athènes en 1841, dans les Annales de l'In-

qu'il a bien voulu rédiger sur notre prière et pour notre objet.

« Les épigraphes ou inscriptions des deux dialectes phénicien et punique, jusqu'ici découvertes et réellement lues, se rapportent presque exclusivement, celles des médailles exceptées, aux deux classes suivantes : 1° les textes votifs ; 2° les textes funéraires. Les textes votifs ont été retrouvés à Malte, à Citium en Chypre, à Carthage et ailleurs en Afrique. Ils sont eux-mêmes de deux espèces. Ainsi l'écriture dans laquelle ils sont conçus est ou phénicienne pure, ou punique des bas-temps (celle que Gesenius a nommée à tort numidique). Ces inscriptions votives sont adressées : 1° à *Melkart, souverain de Tyr* (candélabre de Malte) ; 2° à *Tanit la toute-puissante*, et *au Baâl, Baâl-Khamon*, quelquefois nommé *Baâl-Mon*, par aphérèse (inscriptions de Carthage, de Guelma, de Constantine). Il est certain que le véritable nom du dieu solaire était complexe, et formé des deux mots accolés, *Baâl-Khamon*. *Tanit* est toujours qualifiée notre maîtresse, *Rabbetna* ; et *Baâl-Khamon*, notre seigneur, *Adonna*. Jusqu'ici aucune autre divinité n'est invoquée dans les textes votifs phéniciens et puniques. Il n'en est pas moins vrai que plusieurs autres noms divins entrent en composition dans les noms propres d'hommes ou de femmes, sur les inscriptions de toutes les classes ; ce sont : *Astaroth, Achmoun* (ce nom signifie *le huitième*), *Aser, Nabou* (*Neb*, seigneur, souverain, en égyptien), *Sousim* (*les chevaux sacrés*), *Khodesch* (la nouvelle lune, la néoménie), *Molokh*. Quant au mot *Baâl*, seigneur, il s'applique à toutes les divinités, aussi bien aux divinités femelles qu'aux mâles ; ainsi *Tanit* est appelée *Baâlet*, la dame. *Baâl* est donc un qualificatif générique des divinités des deux sexes, et, selon moi, ne doit jamais être pris comme nom propre ; il faut dire le *Baâl*, la *Baâlet*. Si, lorsqu'il entre en composition à son tour, comme dans *Abd-Baâl*, il semble par lui-même avoir un sens individuel ; ce sens, qui est celui de *souverain sei-*

---

stitut archéologique, tome XV, premier cahier, p. 31 ; son *Analyse grammaticale du texte démotique de l'inscription de Rosette*, tome Ier, partie Ire, 1845, etc., etc.

gneur, s'applique à une divinité déterminée, et sans doute à *Baâl-Khamon* exclusivement[1].

« Les inscriptions funéraires sont aussi de deux systèmes différents d'écriture, phénicien ou punique des bas-temps. Elles sont fort simples en général, comme les précédentes, et ne contiennent guère que le nom du défunt et ses qualités ou titres. Il en est une toutefois qui renferme une formule précative, le seul exemple de ce genre constaté jusqu'ici, et qui nous offre en même temps un nom nouveau de divinité, le nom phénicien du *Sardus pater* des médailles romaines de la Sardaigne[2]. Elle a été trouvée à Nora dans cette île, et contient la phrase suivante, qui a rapport à une femme : *Ab Sardon Selimha*, « que le *père Sardon* lui fasse paix[3] ! » Ces inscriptions, du reste, ont besoin d'être étudiées encore, et elles ne sont pas en assez grand nombre pour que l'on puisse se permettre de dire que le sens en est désormais fixé. Notre possession de l'Algérie en procurera certainement beaucoup, et elles s'éclairciront alors par la comparaison.

« Il est une troisième classe d'inscriptions, les inscriptions historiques proprement dites, parmi lesquelles les épigraphes numismatiques forment une subdivision particulière. Celles-ci mises à part, je ne connais qu'une inscription punique historique; c'est une plaque de marbre qui fut encastrée dans le piédestal d'une statue de Germanicus, et qui a été trouvée à Sulcis en Sardaigne (Sant-Antioco[4]). Quant à la numismatique,

---

[1] *Conf.*, sur ce point fondamental des religions sémitiques, et sur les divinités nommées ici, les résultats de la comparaison des documents divers, écrits ou figurés, à la fin de la note 3 de ces Éclaircissements.

[2] *Cf.* notre pl. LVI, 224 *a*.

[3] On en doit la découverte à M. le général de la Marmora, qui l'a publiée dans son Atlas des Antiquités de la Sardaigne, pl. XXXII, fig. 2, avec une autre inscription un peu plus étendue de Nora, depuis longtemps connue, et qui a été lue de tant de manières différentes. *Cf.* le Voyage en Sardaigne du même auteur, tome II, chap. VII, p. 342 sqq.; et E. Quatremère, Journal des Sav., 2ᵉ art. cité, p. 521 sqq.

[4] Publiée également par M. de la Marmora, même planche, fig. 3;

elle est, en ce moment même, étudiée avec le plus grand soin, et, il faut le dire, avec le plus grand succès, par M. le duc de Luynes; d'un autre côté, MM. Lindberg et Falbe s'occupent d'un travail considérable sur toute la numismatique phénicienne et punique. Enfin, M. le docteur Judas, secrétaire du conseil de santé des armées, auteur de plusieurs opuscules sur la langue phénicienne, prépare un examen critique fort étendu des travaux de Gesenius, dans lequel se trouveront, nous en avons la certitude, des aperçus neufs et importants. »

Une épigraphe curieuse, encore inédite, que M. de Saulcy nous signale en terminant cette communication, est celle que notre confrère M. Ampère a copiée tout récemment sur l'un des colosses d'Ipsamboul en Nubie. Elle n'appartient précisément à aucune des divisions précédentes; mais elle est, en phénicien, un exemple jusqu'ici unique d'une de ces inscriptions de visiteurs dont certains monuments de l'Égypte, et surtout le fameux colosse de Memnon, offrent tant d'exemples en grec et en latin. Elle présente, de plus, cette particularité non moins rare d'un nom hybride composé d'un mot phénicien et du nom d'une des grandes divinités de l'Égypte, *Abd-Ftah*, le serviteur de Phtah; comme si le Phénicien qui le portait eût été consacré au dieu égyptien, ou eût adopté son culte, par suite de l'un des fréquents établissements d'hommes de cette nation sur les bords du Nil, dont nous avons parlé plus haut [1].

Une dernière source d'instruction pour la connaissance de la religion phénicienne, ce sont les monuments figurés, phéniciens ou puniques, dont nous n'avons, jusqu'ici du moins,

expliquée par M. de Saulcy dans un travail lu à l'Académie des inscriptions, et inséré dans la Revue archéologique, 2ᵉ année. Ce dernier savant donne, en ce moment même, dans la Revue de philologie, tom. I, p. 503 sqq., ses interprétations de deux inscriptions phéniciennes nouvellement rapportées de l'île de Chypre par M. Ross.

[1] Note 1, § 2, p. 836 sq.

qu'un bien petit nombre, surtout si l'on s'attache à ceux qui sont complétement originaux, et qui n'ont pas subi l'influence grecque ou romaine. Les monuments à épigraphes, stèles et autres, puis les médailles, recueillis par Gesenius dans les planches jointes à son ouvrage, fournissent cependant déjà d'assez nombreuses représentations, dont beaucoup de symboles religieux et quelques figures de divinités. Nous en avons extrait, ou nous avons pris ailleurs pour nos propres planches[1], ce qui nous a paru le plus essentiel à l'éclaircissement des recherches de M. Creuzer et des nôtres. Le premier, ou l'un des premiers, nous avons fait usage d'une classe de monuments qui n'étaient point encore entrés dans le domaine de l'archéologie, et qui, pour être d'une exécution grossière et de formes bizarres, n'en sont pas moins significatifs, n'en gardent peut-être que plus fidèlement le caractère primitif, tout symbolique et sidérique, des cultes phéniciens d'origine. Nous voulons parler des idoles de bronze trouvées dans l'île de Sardaigne, de ces statuettes barbares, souvent très-compliquées, surchargées d'attributs, quelquefois aussi portant de courtes inscriptions d'apparence phénicienne, statuettes dont notre savant et excellent ami, M. le général comte de la Marmora, nous autorisa à publier plusieurs dans notre recueil de planches[2], en 1839, et dont il a lui-même depuis publié, décrit, commenté un beaucoup plus grand nombre avec un soin infini, une consciencieuse érudition, et des rapprochements pleins d'intérêt, tant dans l'atlas d'antiquités que dans la seconde partie du texte de son magnifique *Voyage en Sardaigne*[3], Paris et Turin, 1840. Nul doute que quelque jour, et par suite des découvertes qui vont se multipliant dans notre siècle sur le terrain des anciens peuples et des ancien-

---

[1] *Voy.* l'Explicat. des pl., section IV, p. 103 sqq. du tome IV, et les figures qui y sont décrites ou expliquées, pl. LIV-LVI.

[2] Pl. LVI et LVI *bis*, fig. 213 et suiv., avec l'explicat., p. 107 sqq. du tome IV.

[3] *Voy.* chap. VI, p. 171-341.

nes langues de l'Asie et de l'Afrique, l'attention des érudits, ramenée sur ces idoles, ne leur assigne une place importante parmi les monuments les plus propres à éclairer l'histoire des religions sémitiques, et la propagation de ces religions dans le midi de l'Europe, sous l'influence des établissements phéniciens et carthaginois. (J. D. G.)

Note 3 : *Sur la cosmogonie et la théogonie des Phéniciens, et sur le système religieux de ce peuple et des peuples de la Syrie en général.* (Chap. II, p. 12-15, etc.; chap. III, *passim.*)

Nous avons, de la cosmogonie phénicienne, au moins trois versions différentes, dont nous devons deux à Damascius, platonicien éclectique du sixième siècle de notre ère, qui les rapporte dans son livre *Des premiers Principes*[1], d'après Eudémus, disciple d'Aristote; la troisième à Eusèbe, qui l'a extraite de l'Histoire phénicienne que Philon de Byblos, au commencement du deuxième siècle, prétendit avoir traduite de Sanchoniathon (voyez la note précédente). Ces trois versions ont donc passé par des mains grecques, et l'on s'en aperçoit, non-seulement au langage, mais aux interprétations philosophiques ou historiques qu'elles ont subies dans le cours de leur transmission. Suivant la première, qui nous est parvenue fort altérée, et qui de toutes porte le caractère le plus abstrait, les Sidoniens supposent antérieurs à toutes choses le *Temps*, le *Désir* et la *Nue* (Χρόνος, Πόθος, Ὀμίχλη). Le *Désir* et la *Nue* s'étant unis l'un à l'autre, comme les deux principes par excellence, de leur union naquirent l'*Air* et la *Brise* (Ἀήρ[2], Αὔρα). Par l'*Air*, ajoute l'interprète, ils désignent l'intelligible pur;

---

[1] Ἀπορίαι καὶ λύσεις περὶ τῶν πρώτων ἀρχῶν, d'abord extrait par J. Chr. Wolf dans ses *Anecdota*, et de nos jours publié en entier, d'après les deux mss. de Hambourg et de Munich, par Jos. Kopp, ainsi qu'on le verra dans notre texte.

[2] A cette leçon, qui est celle des mss., M. Creuzer, comme nous l'avons dit, substitue Αἰθήρ. Nous la discuterons plus loin.

par la *Brise*, le prototype de la vie animale, qu'elle met en mouvement. De ces deux autres principes naquit *Otos* (ὦτον à l'accusatif dans le texte [1]), par la vertu, je pense, dit encore le platonicien, de l'intelligence intelligible. La seconde cosmogonie est plus développée et en même temps plus mythique, caractère que lui reconnaît Damascius, qui l'appelle « mythologie des Phéniciens, » la qualifie pour cette raison d'exotérique, et nous apprend, en outre, qu'Eudémus l'attribuait à Mochus (note précédente). L'*Éther* (Αἰθήρ), y est-il dit, fut d'abord, et aussi l'*Air* (Ἀήρ); ce sont les deux principes, desquels naquit *Ulomus* (Οὐλωμός), le dieu intelligible; je le tiens, ajoute Damascius, pour le suprême intelligible. S'unissant à lui-même, il mit au jour *Chusorus* (Χουσωρός), le premier *ouvreur*, et ensuite *un œuf*. Par cet œuf ils entendent, selon moi, poursuit l'interprète, l'intelligence intelligible, et par l'ouvreur Chusorus la puissance intelligible, qui, la première, divise la nature, jusque-là indivise. Mais, après les deux principes, ils mettent encore au sommet un *Vent* (souffle) unique, au milieu les deux vents *Lips* et *Notus* (le sud-ouest et le sud), placés également avant *Ulomus* [2]; celui-ci alors devient l'intelligence intelligible, et l'ouvreur *Chusorus* le premier ordre après l'intelligible : quant à l'œuf, c'est le Ciel. On dit, en effet, que cet œuf s'étant brisé en deux moitiés, une de ces moitiés forma le ciel, et l'autre la terre.

La troisième cosmogonie est de beaucoup la plus étendue, la plus riche, la plus variée; et quoique cette variété même soit suspecte, quoiqu'elle semble provenir d'un amalgame d'éléments divers, puisés à différentes sources; quoique les documents originaux, plus ou moins mythiques, plus ou

---

[1] M. Crenzer lit ὠόν, *un œuf*, d'après ce qui suit ; mais il se trompe, dans sa troisième édition, en prêtant cette leçon à Kopp, dont le texte, que nous avons sous les yeux, porte ὦτον, sans aucune variante. Nous verrons également plus loin.

[2] Nous croyons que c'est là le vrai sens d'un texte assez obscur, et qui n'a pas toujours été compris.

moins antiques, y soient tournés à des vues systématiques toutes modernes, et travestis plutôt que traduits, ce n'en est pas moins un document précieux dans son ensemble, et digne encore d'être étudié. Celui qui le rapporte dans Eusèbe, Philon de Byblos, le fait remonter par Sanchoniathon, son auteur prétendu, jusqu'à Taaut, qui aurait révélé cette cosmogonie dans ses écrits, après l'avoir tirée des indices saisis (dans la nature) par son intelligence, et des conjectures (ou des inductions) qu'ils lui suggérèrent [1]. Sanchoniathon, d'après Taaut, c'est-à-dire d'après les livres sacrés des Phéniciens, ouvrages de leurs prêtres, pose comme le principe de l'univers un *Air ténébreux et plein du souffle* (de l'esprit), ou bien le *Souffle d'un air ténébreux* et un *Chaos confus enveloppé d'une obscurité profonde*. L'un et l'autre étaient infinis et sans limites dans le cours des âges. Mais quand le *Souffle* ou l'*Esprit* (Πνεῦμα), ajoute-t-il, se fut épris de *ses propres principes*, et qu'ils se furent unis entre eux, cette union fut appelée l'*Amour* (Πόθος), et telle fut l'origine de la création de l'univers. Mais l'*Esprit* ne connaissait pas sa propre création, et de l'union qu'il contracta naquit *Môt*, que les uns interprètent par le limon [2], les autres par une eau bourbeuse en putréfaction. C'est d'elle (de cette matière première) que procéda toute semence de création et la génération du monde entier. Il y avait certains animaux dépourvus de sentiment, desquels naquirent des animaux doués d'intelligence; et ils furent appelés *Zophasemin* (Ζωφασημίν), c'est-à-dire *contemplateurs du ciel* [3], et ils reçurent la figure d'un *œuf*; et du sein de *Môt* resplendirent le soleil et la lune, les étoiles et les grands astres (les constellations). L'air s'étant illuminé, par l'embrasement

---

[1] Sanchoniath. Fragm., p. 12 Orelli.

[2] Nous maintenons ici provisoirement l'explication et les rapprochements de notre note 1 sur le texte, p. 14 de ce tome.

[3] Pour obtenir ce sens, il aurait fallu Σωφεσάμην, en hébreu *tsophe samaim*, comme l'observe Bochart, Opp. tom. I, p. 705. Cf. Movers, I, p. 135.

de la mer et de la terre se formèrent les vents et les nuages, puis vinrent d'immenses épanchements des eaux célestes tombant avec impétuosité. Et ces choses ayant été ainsi séparées et déplacées par les feux du soleil, et s'étant de nouveau rencontrées dans l'air et violemment heurtées, le tonnerre et les éclairs se firent; et au fracas du tonnerre les animaux intelligents décrits plus haut s'éveillèrent, et ils furent épouvantés par le bruit, et ils commencèrent à se mouvoir sur la terre et dans la mer, tant mâles que femelles [1].

Nous passons sur ce qu'ajoute ici Philon, d'après son système sans doute plutôt que d'après les idées des anciens Phéniciens, sur le culte des premiers hommes compris, ce semble, dans cette génération d'animaux, et qui, dans la faiblesse et la bassesse de leur esprit, dit-il, déifiaient et adoraient les fruits de la terre dont ils faisaient leur nourriture. A ce propos, il introduit comme une autre génération d'hommes, premiers habitants de la Phénicie, et auteurs d'un culte nouveau, celui du soleil. Cette prétendue génération d'hommes, que Philon présente ainsi selon ses vues, n'est, suivant toute apparence, qu'un autre lambeau, ou même une autre version de la cosmogonie phénicienne, arbitrairement rattachée à la précédente, où nous inclinerions avec M. Movers à reconnaître un emprunt fait à quelque livre hermétique de l'Égypte [2], quand nous la comparons avec les idées que Diodore de Sicile et d'autres attribuent aux prêtres égyptiens [3], sans les noms, sans les traits évidemment phéniciens qu'elle renferme aussi, sans son air de ressemblance avec le

---

[1] Nonnus (Dionysiac. XL, 430) fait naître de la même manière les premiers habitants de Tyr, c'est-à-dire, suivant lui, les premiers hommes. Personne, du reste, n'a mieux saisi le vrai sens de Sanchoniathon que Wagner (*Ideen zur Mythol. der alten Welt*, p. 277), qui, par ces animaux d'abord dépourvus de sentiment et sous la forme d'œuf, qui s'éveillent ensuite à l'intelligence, entend *les monades sommeillantes* (nous dirions *les embryons*) de la vie organique.

[2] *Voy.* ses ingénieux rapprochements, *Phœnizier*, I, p. 133-138.

[3] Diodor. I, 7, 10; Mela, I, 9, etc.

début de la Genèse de Moïse [1], sans tout ce qui nous porte à soupçonner plutôt ici un pastiche fabriqué par Philon lui-même, pour servir de début à sa mythologie, transformée en histoire primitive de l'humanité et de son pays tout à la fois.

Ici donc commencerait, par une sorte de dédoublement, une quatrième version de la cosmogonie phénicienne, et certainement la plus mythique, peut-être même la plus antique de toutes, si l'on fait abstraction du travestissement sous lequel elle nous est parvenue. La voici telle que nous la donne Philon : Ensuite, dit-il, naquirent du *vent Kolpia* et de sa femme *Baau*, nom qui veut dire *nuit* [2], *Æon* et *Protogonos* (le *temps* et le *premier-né*), hommes mortels ainsi appelés ; ce fut *Æon* qui découvrit la nourriture provenant des arbres ; ceux qui naquirent d'eux se nommaient *Genos* et *Genea* (*genre* et *race*), et ils habitèrent la Phénicie. Une grande sécheresse étant survenue, ils élevèrent leurs mains aux cieux, vers le soleil, dans lequel ils virent le maître unique du ciel, l'appelant *Beelsamen*, qui veut dire en phénicien *Seigneur du ciel*, le Zeus (Jupiter) des Hellènes....... Puis de la race d'Æon et de Protogonos naquirent à leur tour des enfants mortels, ayant nom *Lumière*, *Feu* et *Flamme*. Ceux-ci, ajoute Philon, dans son parti pris de convertir tous ces agents physiques ou métaphysiques de la création en hommes déifiés plus tard pour leurs bienfaits, découvrirent le feu par le frottement du bois, et en enseignèrent l'usage. Nous sommes conduits ainsi jusqu'aux grandes montagnes de la contrée, au *Casius*, au *Liban*, à l'*Anti-Liban*, lesquels par analogie auraient reçu les noms d'hommes au corps gigantesque qui les occupèrent [3]. A ces noms en suc-

---

[1] I, 2. Le mélange confus du chaos (*tohu bohu*), le ténébreux abîme, le souffle ou l'esprit planant sur les eaux, fécondant la matière première, sont des idées communes aux deux Genèses ; et nous retrouverons les mots également communs qui expriment ces idées.

[2] On verra plus loin jusqu'à quel point cette traduction de Philon peut être justifiée.

[3] A la suite de ces montagnes déifiées ou consacrées, comme les

cèdent d'autres, tantôt donnés en phénicien, tantôt traduits en grec, comme les précédents, et dans la foule desquels on reconnaît les dieux, les symboles et les mythes de la Phénicie, bizarrement amalgamés avec ceux de la Grèce, et toujours rapportés à l'humanité, à l'histoire, à l'invention successive des arts de la vie, au développement d'une religion presque uniquement fondée sur l'apothéose. Ce sont *Memroumos* ou *Hypsouranios*[1] (celui qui habite au haut des cieux), et son frère *Usoüs*, instituteur du culte du feu et de celui du vent, auxquels il dressa deux colonnes; viennent ensuite le premier *Chasseur* et le premier *Pêcheur*; après eux, deux autres frères, inventeurs du fer et de l'art de le travailler, dont l'un, *Chrysor*, est assimilé à *Hephæstus* ou Vulcain, mais se rapproche bien plus du *Phtha* de l'Égypte, par l'importance et la diversité de ses attributions. Dans *Agros*, *Agroueros* ou *Agrotes*, pères des laboureurs et des chasseurs, on devine, sous des formes diverses, Adonis, bien caractérisé comme le grand dieu par excellence, le Baal de Byblos. Viennent ensuite *Misor* et *Sydyk*, le *souple* ou l'*adroit* et le *juste*, celui-là

---

hauts lieux en général dans la Palestine, est nommé le *Brathy* (τὸ Βραθύ), qu'on ne rencontre point ailleurs en ce sens, et que Lobeck (*Aglaophamus*, p. 1272) explique par un mauvais rapprochement de Philon, qui aurait trouvé plaisant d'associer l'*herba sabina*, ainsi désignée en effet, au *libanus* et à la *casia*, arbrisseaux odoriférants, que lui rappelaient les monts homonymes. Mais le nom de *Brathy* est aussi, peut-être même avant tout, celui des *cyprès*, toujours verts comme la sabine (*cypressus cretica*), et révérés comme ces montagnes qu'ils couvraient avec les cèdres. Il pourrait donc y avoir là un fond plus sérieux que Lobeck ne l'imagine. *Voy.*, au reste, Movers, I, p. 575 sqq.

[1] Nous sommes portés, avec Scaliger et Bochart, à lire ὁ καὶ au lieu de καὶ ὁ Ὑψουράνιος, et à voir, par conséquent, dans ce nom grec la traduction du phénicien Μημροῦμος ou Σαμημροῦμος. M. Movers, p. 395 et 667, y trouve, en distinguant les deux noms, une personnification du lac *Merom* (*Me-merom*, Jos. XI, 5, 7), le *Samochonitis* de la géographie classique.

père de *Taaut*, l'inventeur des lettres, celui-ci des *Cabires*, qui perfectionnèrent les instruments de la navigation, déjà ébauchés par Usoüs et par Chrysor, et auxquels est rattachée en outre la découverte des simples et celle d'autres procédés de la médecine antique [1]. Ici se place la partie de cette cosmogonie ou plutôt de cette théogonie la plus fortement assimilée à celle des Grecs, à celle d'Hésiode et des poëtes cycliques, si elle n'en est pas empruntée en grande partie, ou s'il ne faut pas la considérer, avec M. Movers, comme une dernière version de la cosmogonie phénicienne, à la fois plus locale et plus hellénisée que toutes les autres. Pourtant des éléments, des noms phéniciens s'y remarquent encore, et d'abord *Elioun*, le *Très-Haut*, avec sa femme *Berouth* [2], qui vivaient, est-il dit, au temps de Sydyk et des Cabires, et de qui prirent naissance *Ouranos* et *Gé* (le Ciel et la Terre), présentés avec une affectation évidente comme des personnages historiques appartenant au pays. Ouranos épouse sa sœur Gé, et il a d'elle *Ilos*, le même que *Cronos* ou Saturne, *Bétyle* ou la pierre vivante, *Dagon* ou *Siton*, et enfin *Atlas*, sans parler d'une multitude d'autres enfants nés d'autres femmes. Aussi la Terre s'irrite-t-elle et se sépare-t-elle du Ciel, son infidèle époux; interprétation évhémeristique, selon toute apparence, du dogme cosmogonique rapporté plus haut d'après Mochus, et que nous retrouverons chez les Chaldéens, à savoir, l'union primitive, puis la division par le démiurge des deux moitiés de l'œuf du monde ou de l'être symbolique qui le représente. Bientôt paraît Cronos, devenu homme, pour soutenir, pour venger sa mère, pour mettre un terme aux violences de son père, aux nombreux mais infructueux essais d'une création informe et

---

[1] Sans doute par *Asclépius*, c'est-à-dire *Esmoun*, le *huitième* des Cabires, qui est nommé deux fois plus loin (p. 32 et 38, Orelli). *Cf.* p. 242, 285, 336 de ce tome, et les renvois au tome Ier.

[2] M. Movers pense que *Berouth* est la même que *Brathy*, adorée dans le cyprès, et répondant à l'*Aschera* de l'Ancien Testament. Nous y reviendrons plus loin.

avortée. Cronos, fort des conseils d'*Hermès* et d'*Athéna*, de l'intelligence et de la sagesse, prépare ses armes, la lance et la redoutable harpé, symbole originairement oriental comme le dieu lui-même [1], et peut-être aussi comme ces autres mythes cosmogoniques du détrônement, plus tard de la mutilation d'Ouranos par Cronos, c'est-à-dire par *Ilos* ou *El*, entouré de ses compagnons les *Elohim* [2]. Quoi qu'il en soit, la création se poursuit, plus régulière et plus durable, par l'œuvre de Cronos, le principe ordonnateur du monde; mais non pas sans efforts, sans luttes, sans violences nouvelles. Cronos ensevelit son frère Atlas dans les profondeurs de la terre, par le conseil d'Hermès; il immole son fils *Sadid* de sa propre main, il décapite une de ses filles, sans doute pour former du sang des dieux l'espèce humaine, par ces terribles sacrifices dont il donne l'exemple, trop fidèlement suivi de ses adorateurs. D'un autre côté, il épouse successivement toutes les filles de son père, *Astarté*, la grande déesse de la Phénicie comme il en est le grand dieu, *Rhéa, Dioné,* la même que *Baaltis;* enfin, la *Destinée* et la *Beauté*, attributs divins de l'ordre désormais immuable du monde. Dans les sept filles qu'il eut d'Astarté, puis dans les sept fils que lui donna Rhéa, on entrevoit les astres, qui naissent pour compléter cet ordre et pour y présider aux cieux, de concert avec *Pothos* et *Éros*, le

---

[1] *Cf.* Movers, p. 271 sqq.
[2] Οἱ δὲ σύμμαχοι Ἴλου τοῦ Κρόνου Ἐλοεὶμ ἐπεκλήθησαν, ὡς ἂν Κρόνιοι (Sanchon. Fragm. p. 28), ce qui rappelle tout à fait les *Elohim* associés à Jehova au second chapitre de la Genèse, et sur lesquels on a tant disserté. *El Elion* est à la fois dans la Bible le nom du dieu suprême de Melchisedech (Genes. XIV, 18), et celui du dieu suprême de Babel ou Babylone (Is. XIV, 13). Damascius (ap. Phot., p. 343) donne Ἤλ et Βήλ comme noms de Cronos chez les Phéniciens et les Syriens, et l'on vient de voir *Elioun* à la tête de tous ces dieux phénico-helléniques de Sanchoniathon. Remarquons, de plus, que cet *Elioun* est dit contemporain de *Sydyk* et des *Cabires*, du *Juste* et des *Forts*, qui répondent à *Melchisedech* et aux *Elohim*, ce dernier nom ayant le même sens que celui de Cabires.

Désir et l'*Amour,* ces vieilles puissances cosmogoniques, devenues les enfants d'Astarté, la reine du ciel. Trois fils, en qui Cronos se décompose, un second *Cronos, Jupiter-Bélus* et *Apollon,* semblent clore la cosmogonie par une triade divine [1], où se manifestent les trois grands attributs par lesquels la Divinité, incarnée dans le monde depuis la création, le vivifie, le conserve et le renouvelle incessamment. Ce qui suit n'est qu'un complément tout mythique, où, l'ordre étant établi sur la mer aussi bien qu'au ciel et sur la terre par la victoire définitive de Cronos, on voit commencer son fabuleux empire, cet âge d'or durant lequel les dieux régnaient ici-bas, et que Philon, compilant les légendes locales des villes phéniciennes, veut bien prendre à la lettre, comme le règne réel d'anciens rois déifiés, en dépit des traits significatifs qui percent de toute part à travers cette enveloppe grossière. *Astarté,* dit-il, *la très-grande, Zeus Demarous* (ou *Demaroon,* père de *Melicarthos* ou *Melkarth,* l'Hercule phénicien) et *Adodos* (*Adod* ou *Adad*), roi des dieux, règnent sur le pays, du consentement de Cronos. Astarté met sur sa propre tête, comme insigne de la royauté, la tête d'un taureau; puis, parcourant la terre, elle trouve une étoile tombée du ciel, qu'elle recueille et consacre dans l'île sainte de Tyr (Astarté-Lune-Vénus, et l'étoile de ce nom qui l'accompagne). Cronos aussi parcourt la terre, et il donne à sa fille Athéna la royauté de l'Attique (assimilation d'une déesse phénicienne que nous verrons plus loin avec la déesse grecque, pour rattacher l'Attique à la Phénicie). Ensuite le dieu, par une répétition telle qu'il s'en trouve beaucoup de toute sorte dans l'œuvre indigeste de Philon, en immolant dans une peste son fils unique, comme holocauste à son père Ouranos, institue de nouveau les sacrifices humains, si fréquents chez les Phéniciens dans les fléaux publics; et il inaugure en même temps l'usage de la circoncision, autre coutume nationale. Peu après,

---

[1] Nous la retrouverons chez les Babyloniens, note suivante de ces Eclaircissements.

il consacre mort un fils qu'il avait eu de Rhéa, *Mouth*, qui n'est autre que *Thanatos*, le dieu de la mort, ou le *Pluton* des Phéniciens.

Nous terminerons ici cette analyse, qui complétera et éclaircira, nous l'espérons, celle que nous avons donnée, trop rapide et un peu confuse, dans notre texte, d'après M. Creuzer. Ajoutons cependant, comme un indice précieux de l'art perdu des Phéniciens, art tout symbolique, et qui se rapprochait à la fois, selon toute apparence, de l'art de l'Égypte et de celui de la Babylonie et de l'Assyrie, la description que Philon nous a laissée des images divines fabriquées par *Taaut*, le scribe et l'artiste sacré en même temps, ainsi que les prêtres dont il est le chef. Il imagina, est-il dit, pour Cronos, comme insigne de sa royauté, quatre yeux, tant par devant que par derrière, dont deux étaient ouverts et deux fermés; il lui mit aussi quatre ailes aux épaules, deux étendues comme pour voler, et les deux autres repliées. Le sens du symbole était, pour les yeux, que Cronos voyait en dormant, et dormait éveillé; pour les ailes, qu'il volait en se reposant, et se reposait tout en volant. Des autres dieux, chacun n'avait que deux ailes aux épaules, comme pour suivre Cronos dans son vol. Celui-ci portait, en outre, deux ailes à la tête, l'une désignant l'intelligence souveraine, l'autre la sensibilité. Sans accepter cette dernière interprétation, qui sent le platonisme, nous remarquerons que les monuments figurés de Ninive, de Babylone, de Persépolis, sans parler de ceux de l'Égypte, et en particulier les représentations des cylindres [1], viennent presque de tout point à l'appui des descriptions précédentes.

Maintenant, nous n'avons pas la prétention de retrouver, à l'aide des fragments que nous venons de réunir, et parmi toutes ces versions si différentes en apparence, en réalité si

---

[1] *Voy.* tome IV, nos pl. XXIV, 123, 124, 124 *a*, XXII, 125 *a*. *Cf.* les pl. XVI, XX, et surtout XXXVIII, accompagnant les Lettres de M. Botta sur ses découvertes à Khorsabad.

altérées, de la cosmogonie phénicienne (qui d'ailleurs peut bien avoir eu ses variantes originaires), le sens véritable et l'ordonnance primitive de cette cosmogonie. Nous nous bornerons donc à quelques rapprochements qui en feront ressortir l'esprit, les idées essentielles, et tout ce que le parallèle du système analogue et plus explicite des Chaldéens de Babylone, développé dans la note suivante, mettra dans une plus grande évidence.

En reprenant, pour les comparer, ces versions ou ces variantes de la cosmogonie des Phéniciens, d'où découle et à laquelle se rattache étroitement leur théogonie, caractère commun à toutes les religions de la nature, fondées sur le panthéisme, nous voyons dans la version sidonienne un premier principe antérieur à tout autre, le *Temps,* forme nécessaire de la création, qui nous rappelle à la fois le *Temps illimité, infini,* du Zend-Avesta, et le *Temps,* également placé en tête de la cosmogonie vulgaire des Orphiques [1]. C'est le *Père,* c'est l'*Éternel,* c'est l'unité irrévélée, ineffable, que nous retrouverons chez les Babyloniens, et qui, avec le *Désir* ou l'*Amour,* et la *Nue* ou les *Ténèbres primitives,* le *Chaos ténébreux,* fait une première triade. Le Désir est le médiateur, le premier agent de la création, le premier principe, prototype de l'esprit, se portant vers le second, prototype de la matière, vers la *Mère,* pour la féconder, et formant avec elle la première dyade, qui procède de l'unité. A son tour, une seconde dyade procède de la première et la reproduit, mais plus déterminée, sous les noms d'*Air* (que nous croyons devoir maintenir [2]) et de *Brise*; c'est, à vrai dire, l'esprit, l'âme universelle,

---

[1] *Cf.* liv. II, chap. II, p. 322 du tome Ier, et liv. VII, chap. III, p. 203, tome II.

[2] Dans l'ignorance où nous sommes du terme phénicien, y a-t-il une raison suffisante pour substituer ici Αἰθήρ à Ἀήρ, comme l'ont fait MM. Creuzer, Gœrres et Movers? Nous ne le pensons pas. L'*Éther* se trouve, il est vrai, dans la cosmogonie suivante; mais l'*Air* y est aussi, et tous deux comme première dyade, non pas comme seconde.

qui circule dans tous les êtres, et son mouvement, qui leur donne la vie. Le fruit qui naît de cette nouvelle union, et qui résume tous les principes précédents dans une unité nouvelle, entièrement déterminée, que ce soit *Otos* et le *Môt* de Sanchoniathon, le *Mahat* ou *Mout* de la cosmogonie indienne, ou que ce soit l'*œuf*, son symbole [1], n'en est pas moins le monde ou la matière du monde s'organisant par le Démiurge, par l'intelligence créatrice qui se développe et se révèle avec son œuvre. C'est ce qu'explique très-bien la seconde version, la cosmogonie mythique de Mochus. Le premier principe y était passé sous silence en tant qu'irrévélé, à ce qu'il paraît, bien qu'il soit question d'un *Vent*, d'un souffle unique, divisé ensuite en deux, mais, est-il dit, après les deux principes, la dyade première d'*Éther* et de l'*Air*. *Oulomos*, qui en naît, si ce nom signifie le *temps*, l'*éternité* [2], serait un renversement de la cosmogonie précédente, et dans tous les cas correspondrait au *Protogonos* ou au Premier-né de Sanchoniathon, aussi bien qu'à son *Æon*, tous deux enfants du vent *Kolpia*, tous deux donnant la naissance à *Genos* et *Genea*, et représentant par cette dualité le caractère d'androgyne attribué à *Oulomos*, mâle et femelle tout ensemble. L'hymen fécond qu'il forme avec lui-même produit à la fois l'*œuf* du monde et celui qui l'ouvre, *Chousoros* [3], l'esprit créa-

---

L'*Air*, d'ailleurs, est parfaitement associé à *Aura*, la *Brise*, qui répond au *Vent* ou au *Souffle* des autres cosmogonies, et qui rappelle en outre le mouvement de l'*Esprit* sur les eaux, au début de la Genèse, selon certains interprètes le *Vent violent* qui les agitait.

[1] Ici nous serions tenté d'admettre la correction d'ὦτον en ᾠόν, non pas tant à cause de l'*œuf* de la cosmogonie suivante, que parce que tous les termes phéniciens sont traduits en grec dans celle-ci, et que ce mot étranger ferait seul disparate.

[2] Venant de עולם. Gesenius et Movers s'accordent à le traduire en ce sens.

[3] *Chusor*. De quelque manière qu'on le lise, חֹשֶׁר avec Movers, ou קוֹשֶׁר avec Gesenius, il emporte toujours l'idée d'*union*, d'*ordre*, d'*arrangement*, τάξις.

teur, intimement uni à la matière, qu'il vivifie et qu'il organise. Il est assez probable que c'est le *Chrysor* de Sanchoniathon [1], et qu'il répond, ainsi que lui, au Phtha égyptien, l'artisan du monde, comme *Oulomos* à Kneph, l'âme universelle : resterait, selon l'opinion de Gœrres [2], comme troisième hypostase de cette grande triade, ou comme troisième kaméphis, pour parler le langage égyptien, *Beelsamen*, le roi des cieux, pendant de Phré, le soleil visible, révélation définitive de la Divinité au sein de la nature.

La troisième version, ou la première de celles qui portent le nom de Sanchoniathon, se rapproche beaucoup de la version sidonienne, et offre avec elle des rapports si frappants qu'ils s'aperçoivent d'eux-mêmes, et qu'il est inutile d'y insister. Le Temps n'y figure point expressément ; mais le *Souffle* ou l'*Esprit* et le *Chaos*, enveloppés de ténèbres, y sont donnés tous deux comme infinis dans la durée et dans l'espace. L'*Amour* y préside à l'union des deux principes, d'où résulte la création, laquelle s'opère d'abord fatalement et sans conscience, par une sorte de développement mécanique des germes contenus dans la matière ; la figure de l'*œuf* ne manque pas, quoique multipliée ; puis l'intelligence s'éveille au milieu du désordre de la nature, et avec elle tout se distingue, tout se meut, tout vit de la vie véritable, au ciel et sur la terre.

La quatrième version, au contraire, est à certains égards, comme nous venons de le faire voir, une contre-épreuve de celle qui est attribuée à Mochus, si ce n'est que le *vent Kolpia* et sa femme *Baau*, interprétée la *Nuit* [3], y rappellent encore plus

---

[1] Non pas pour le nom toutefois, que Bochart explique *Chores ur*, πυριτεχνίτης, avec l'assentiment de Gesenius, et qui ne représente qu'une des attributions inférieures de ce dieu cosmogonique. *Voy.* plus haut.

[2] *Mythengeschichte*, p. 454.

[3] Gesenius juge cette interprétation incertaine, et il aime mieux, avec Grotius et Scaliger, rapprocher Βάαυ du *Bohu* de la Genèse, que de l'expliquer avec Bochart, en lisant Βάαυτ, par *but*, *pernoctare*, et *bauta*, *noctua*.

le Souffle primitif et le Chaos ténébreux qu'il féconde, dans la cosmogonie précédente. *Baau* ou *Baaut* fait songer au *Bohu* de la Genèse, au *Baoth* ou Βυθός des Gnostiques, à la *Buto-Latone* des Égyptiens, à la Vénus *Boeth* d'Aphaca dans le Liban; rapprochements indiqués par M. Movers après d'autres [1]. Quant aux enfants de ce premier couple (*Protogonos*, le Premier-né, et le Temps, la Durée, *Æon*, qui enseigne à se nourrir des fruits des arbres), enfants formant un second couple, de qui naissent toutes les générations (*Genos* et *Genea*), ils semblent, indépendamment de leur signification cosmogonique et tels que Philon les présente, calqués sur Adam et Ève eux-mêmes, serait-on tenté de croire, comme l'*Oulomos* de Mochus, mâle et femelle en un corps avant d'être séparés [2]. Il y a, du reste, chez Philon, dans tout ce qui suit, outre son constant évhémérisme, il y a, dans l'invention successive des arts comme dans les combats des dieux, un tel amalgame d'éléments phéniciens, hébraïques et grecs, une intention si manifeste de plier tour à tour les premiers aux derniers, afin

---

[1] Movers, I, p. 279 sq. Il pense que Βάζυ et Βάαυτ, ou plutôt Βαώθ, d'où Βυθός, ne sont que des différences de dialecte, le premier étant la forme phénicienne et hébraïque, le second la forme syriaque, laquelle, en outre, *in statu emphatico*, donne *Baauthe*, d'où la *Buto* égyptienne, comme *tohu*, associé à *bohu* dans la Genèse, donne *Tauthe*, déesse cosmogonique de Babylone, identique à la *Baau* de Phénicie, et dont le nom implique le même sens. Pareillement *tohu* et *bohu* rentrent l'un dans l'autre, exprimant les idées de *vide*, de *désert*, de *confus*, d'*informe* et d'*invisible*, κένωμα καὶ οὐδέν, selon Aquila et Théodotion, ἀργὸν καὶ ἀδιάκριτον, selon Symmaque, ἀόρατος καὶ ἀκατασκεύαστος, selon les Septante; ce qui nous ramène à la notion de *nuit*, de *ténèbres*, comme le *chaos sans fond et sans limites* se lie à l'*abîme ténébreux*, dans la Genèse et dans Sanchoniathon. *Cf.* le Pentateuque traduit par MM. Glaire et Franck, I, Genèse, p. 7.

[2] Genes., I, 27, *masculum et feminam creavit eos* ; ce qu'on peut, il est vrai, entendre d'une simple anticipation sur le chap. II, 21, 22, où la création de la femme est détaillée. On sait, du reste, qu'*Adam* est un nom collectif qui désigne l'homme en général, et qu'*Ève* ou *Chava* veut dire la *vie*.

de subordonner plus aisément les traditions bibliques de la Genèse et les récits théogoniques d'Hésiode aux mythes de la théologie phénicienne, que ceux-ci en sont nécessairement très-obscurcis, très-altérés, et qu'il nous paraît impossible de les rétablir dans l'intégrité de leur sens et de leur enchaînement primitif. Raison de plus pour nous en tenir, soit aux rapprochements que nous venons de faire, soit aux remarques dont nous avons semé çà et là l'analyse qui les avait précédés.

Reste à savoir jusqu'à quel point, indépendamment de la cosmogonie et de la partie de la théogonie qui s'y rattache, l'on peut de ce pêle-mêle d'éléments si divers, si corrompus, en s'aidant des documents puisés à d'autres sources, faire sortir le vrai système religieux des Phéniciens, leur théologie nationale et populaire, qui se rapproche à tant d'égards de celle des autres peuples de la Syrie. C'est ce que nous tâcherons de montrer en terminant cette longue note.

La tâche que nous ne pouvons qu'effleurer ici nous est singulièrement facilitée par les recherches approfondies de M. Movers, qui ont jeté sur les cultes des nations sémitiques en général, sur leur vrai caractère, et sur les rapports qui les unissent entre eux, tant de lumières nouvelles. Un seul et même Dieu de la nature, distingué d'elle à l'origine, mais bientôt absorbé dans son œuvre, était adoré sous un seul et même nom, mais avec des épithètes diverses et dans des personnifications non moins variées, chez les Assyriens et les Babyloniens, en Syrie, en Phénicie, à Carthage. Ce Dieu, principe de vie et de lumière, était mis en rapport avec les éléments, surtout avec l'air et le feu, avec les astres, surtout avec le soleil et les planètes, avec le ciel et le temps. Il habitait au plus haut des cieux, mais aussi sur les montagnes, les hauts lieux de la terre, et il était représenté de préférence par une ou plusieurs colonnes, pyramides ou obélisques, dans les temples ou au-devant des temples. Il se nommait *El* ou *Elioun*, le Très-Haut, *Bel* ou *Baal*, le Maître, désigné ainsi par ses serviteurs ou ses adorateurs; et il recevait les épithètes, souvent considérées elles-mêmes comme des noms propres, d'*Adon*, le seigneur, de *Moloch*, le roi, d'*Adod* ou *Adad*, le souverain des dieux, le Dieu suprême. L'idée de Dieu, dans cette conception purement théocratique, ne fait qu'un avec celle de *Maître*, et elle est principalement représentée par le nom de *Baal* ou *Bel*, qui entre comme élément fondamental dans un si grand nombre de noms composés, répondant aux points de vue divers, aux déterminations individuelles, ou aux applications locales, de cette divinité générale, une à la fois et multiple, des Sémites [1].

En tête de ces noms composés est celui de *Belitan*, *Baalithon*, *Bolathen*, qui, sous ces simples variantes de prononciation, veut dire *Bel* ou *Baal l'ancien* [2], le même que *Baal-Chijun*, *Chewan*, *Chon* [3], ou *Baal-Ram* et *Ra-*

---

[1] *Baal*, *Beel*, sont la forme phénicienne ou cananéenne; *Bel*, d'où *Bélus*, est la forme araméenne et babylonienne, toutes deux nettement distinguées par les Septante, d'un seul et même nom. Quant au sens de ce nom et à sa valeur théologique, nous nous rangeons à l'opinion de M. Movers contre celle de MM. Creuzer, Münter et de Saulcy (p. 19 sq., et 854 sq. de ce tome). Nous n'y voyons point une simple épithète, un simple titre, donné indifféremment à toutes les divinités; mais le nom à la fois propre et appellatif, individuel et générique, de la Divinité; le nom de *Maître* ou *Seigneur*, pris comme celui de *Dieu*, et seulement transporté aux différentes modifications d'un seul et même dieu, *le Maître*, *le Seigneur* ou *le Baal* par excellence. *Cf.* Gesenius, p. 387; Movers, p. 170, 172, 185, et *ibi* citat.

[2] *Itan*, *Eithan*, ἀρχαῖος, *priscus*. *Voy.* Ctesias ap. Phot., p. 39 (p. 69 Bæhr, τὸν Βελιτανᾶ τάφον), coll. Ælian. Var. hist. XIV, 3 (Βήλου τοῦ ἀρχαίου); Strab. XVII, p. 834 Cas. (le promontoire d'*Ammon-Balithon*, ce qui semble indiquer une association de l'*Ammon* égyptien avec le suprême *Baal* phénicien et punique), coll. Reines. Syntagm. inscript., p. 477 (*Balitonis filius*); Damascius ap. Phot., p. 343 (Φοίνικες καὶ Σύροι τὸν Κρόνον Ἤλ καὶ Βὴλ καὶ Βωλαθὴν ἐπονομάζουσι). *Cf.* Movers, p. 173, 256, 263; et *ci-dessus*, p. 229.

[3] *Voy.* les autorités alléguées par M. Movers, et sa discussion à l'appui de ces formes plus ou moins contestables et contestées d'un même nom de *Baal l'ancien* ou *Saturne*, p. 289 sqq. de son livre. Il y trouve

*mas*¹, probablement aussi *Aglibol* des inscriptions de Palmyre². C'est *El* ou *Bel*, considéré comme le temps, l'éternité, et adoré, au moins à partir d'une certaine époque, dans la planète de Saturne, dont la sphère est la plus haute et la révolution la plus lente de toutes ³. C'est le Démiurge qui tire le monde de son sein fécond, qui l'organise, le conserve et le gouverne, par lui-même ou par les autres dieux, ses enfants et ses auxiliaires ⁴. Vient ensuite *Baal-Chammon* ou *Baal-le-brûlant*, identique à *Baal-Moloch* et au *Malachbel* de Palmyre, à l'*Apollon-Chomæus* de Babylone, au *Camosch* ou à l'*Ariel* des Moabites, à l'*Urotal* et au *Dusares* des tribus arabes, tous dieux du feu en même temps que du soleil, tous, plus ou moins, ayant trait à la planète de Mars et à ses influences supposées destructives⁵. L'*Azar* ou *Asar*, le *Sar-Azar*, le *Nergal-*

---

l'origine de Γίγων, épithète d'Hercule que nous connaissons (p. 283, 296, ci-dessus), et le sens de χίων, colonne, pour exprimer l'idée de la force immuable qui soutient et conserve le monde, τὸ ἑστὼς καὶ μόνιμον τοῦ θεοῦ, comme dit Clément d'Alexandrie, Strom. I, p. 418, Potter. Aussi cherche-t-il à prouver que ce dieu, soutien de l'univers, et son représentant Hercule, étaient figurés par des colonnes, se fondant, entre autres passages, sur le chap. V, vs. 26, du prophète Amos.

¹ *Voy.* l'inscript. numid. VIII, p. 453 Gesen., confirmée par ces mots d'Hésychius : Ῥαμὰς ὁ ὕψιστος θεός. Movers, p. 173.

² Ἀγλιβῶλος, comme Βωλαθήν ci-dessus, encore un Saturne-Hercule, représenté un volume dans la main, en qualité de dieu de la science, et dont M. Movers explique le nom avec doute : *Revelatio Beli*, p. 99; coll. 401.

³ Sanchoniath. Fragm., p. 42; Tacit. Histor. V, 5; et Lydus, cité p. 229 ci-dessus. L'*Ancien* ou le *Vieux* des Carthaginois avait son image comme tel dans la Kaaba, chez les Arabes, qui le nommaient en ce sens *Hobal*, et l'appelaient encore *Aud*, le Temps, *Ab-Aud*, le père du Temps, *Obodas* associé à *Dusares* (Movers, p. 263, *ibi* citat.).

⁴ *Voy.* le passage de Sanchoniathon cité plus haut, p. 865, n. 2. *Cf.* Movers, p. 268 et 286 sqq.

⁵ *Baal-Chammon* ou *Khamon* est bien connu par les inscriptions puniques, où il se rencontre perpétuellement associé à la déesse *Tanit*, forme d'Astarté, et nommé après elle (p. 854 *ci-dessus*). M. Movers le

Sar-Azar, l'*Adar* et l'*Adrammelech* de la Chaldée et de l'Assyrie, sont des divinités analogues ¹. *Baal-Samin*, le Maître du ciel, *Baal-Semes* d'une inscription de Palmyre, *Inibal* ou l'œil de Baal, désignent plus particulièrement Baal en qualité de dieu du soleil, *Jarubbaal* de soleil vainqueur ou de héros solaire, tous se réunissant dans le *Melkarth* de Tyr, assimilé par les Grecs à leur Jupiter olympien aussi bien qu'à leur Hercule, et qui se rapproche, à bien des égards, de *Baal-Chammon* ou *Baal-Moloch*, si même il ne se confond pas avec lui ². *Baal-Gad* et *Baalzedek*, le maître du bonheur, selon les rabbins, peuvent se rapporter à la planète de Jupiter, nommée, par excellence, l'étoile de Baal ³. *Baal-Zephon* est le dieu des enfers ou des ténèbres, *Baal-Berit*, le dieu de l'alliance, *Baal-Peor* et *Baal-Hermon*, les dieux des monts sacrés ainsi appelés ; et tous ces *Baalims*, avec plusieurs autres que nous omettons ⁴, ne sont, au fond, que le même dieu envisagé sous

---

rapproche justement, selon nous, de l'Apollon-*Chomœus* (*Baal-Chom*) ou de l'Apollon armé de Babylone, qui rappelle le *Comœus* de Naucratis, et le *Djom* ou *Gom*-Hercule de l'Égypte, et qu'il retrouve dans l'Apollon phénicien de Philon de Byblos, le même sans doute que l'Apollon de Carthage et d'Utique (p. 113, 116, 168, 230, 866 de ce tome; et Movers, p. 347, citant pour l'Apollon-*Chomœus*, Amm. Marcell. XXIII, 7, coll. Jul. Capitol. vit. Ver., 8, et Dion. Cass. XXXI, 17, 2). Quant aux autres dieux du feu nommés ici, on peut voir le même Movers, p. 323, 333, 339 sqq.

¹ *Azar* ou *Azer*, nom de la planète de Mars chez les Chaldéens, se trouve également en composition dans les noms phéniciens. *Voy*. p. 854 ci-dessus, et la note 4 de ces Éclaircissements, ci-après.

² Movers, p. 174, 176 sqq., 385 sqq.

³ Κώχεϐ Βάαλ, ap. Epiphan. Hæres. XVI, 2, p. 34. *Baal-Gad*, Jos. XI, 17, XII, 7. *Gad* est ailleurs dans l'Écriture, avec un sens analogue, la planète de Vénus, ou l'étoile d'Astarté, rapprochée de *Meni*, la lune, et, comme elle, une sorte de Fortune, μοίρα ou τύχη, selon les Septante.

⁴ *Baal-Zebul*, devenu le prince des démons, après avoir été le maître de la demeure céleste et le roi des dieux, et qu'il ne faut pas confondre avec *Baal-Zebub* (p. 20); *Baal-Meon*, qui paraît être, avec le

des aspects, dans des rapports divers, et manifesté sous différentes formes.

Ces formes semblent pouvoir se ramener à trois principales, représentées dans Sanchoniathon par la triade divine du *second Cronos*, de *Jupiter-Bélus* et d'*Apollon* [1], que M. Movers regarde comme babylonienne, et qu'on rendrait complétement phénicienne en l'exprimant par *Belitan* ou Baal l'ancien, *Baal-Samin*, ou, si l'on veut, *Adonis*, et *Baal-Chammon* ou *Moloch*. Ces trois dieux ou ces trois pouvoirs rentrent l'un dans l'autre, et sont toujours le même *Baal* sous des points de vue divers; aussi se retrouvent-ils dans le soleil des trois saisons primitives de l'année (l'hiver, le printemps, l'été), dans celui des trois parties du jour (le matin, le midi, le soir), tout comme dans les rapports de cet astre avec les planètes de Saturne et de Mars, peut-être encore de Jupiter [2]. Procédant d'une dualité primordiale, d'un couple cosmogonique mâle et femelle, comme nous l'avons vu, ces dieux s'unissent à

---

même sens, identique à *Baal-Samin*, par conséquent distinct de *Baal-Mon* (p. 854); *Baal-Thamar*, que l'on verra plus loin, etc., etc. *Cf.* Movers, p. 173-175, 255, 260 sq.

[1] P. 32 Orelli, avec l'interprétation que nous en donnons ci-dessus, p. 866, et que nous croyons la vraie.

[2] Au-dessus de ces triades solaires et planétaires, qui se résolvent dans les trois attributs fondamentaux du dieu à la fois générateur et organisateur, conservateur et gouverneur, destructeur et rénovateur du monde, nous entrevoyons, chez Sanchoniathon, comparé avec Mochus, les deux triades cosmogoniques des *trois Feux* ($\varphi\tilde{\omega}\varsigma$, $\pi\tilde{\upsilon}\rho$, $\varphi\lambda\acute{o}\xi$) et des *trois Vents*, résumées dans la dyade du *Vent* et du *Feu* (p. 859, 862, 863 ci-dessus), sans parler des triades antécosmogoniques qui, par diverses autres dyades, se ramènent à l'unité de l'être primitif, de ce *Souffle* ou *Esprit*, principe de vie et de mouvement, air et feu tout ensemble, un d'abord et irrévélé, puis révélé dans son œuvre et successivement divisé. On peut rapprocher les triades et dyades chaldéennes, note suivante de ces Éclaircissements, et les idées de M. Movers, qui diffèrent peu des nôtres, p. 184, 188-190, 346. Il faut voir aussi la note 5 *ci-après* sur *Adonis*.

trois déesses qui leur correspondent, et qui mettent dans une nouvelle évidence leur unité, puisque Cronos ou *El* est dit les avoir prises tour à tour pour femmes [1]. Ce sont Rhéa ou *Atergatis*, qui répond plus spécialement à Cronos-Saturne; Dioné ou *Baaltis,* la même que *Mylitta,* à Adonis ou Jupiter-Bélus; Vénus-Uranie ou la déesse céleste, la reine des cieux, *Astarté* ou *Astaroth* (*Belisama*), *Melechet, Tanit,* à Moloch ou Baal-Chammon, tout ensemble Apollon, Hercule, Mars et Dionysus-Bacchus, comme sa divine épouse est à la fois Junon, Vénus, Athéna-Minerve et Artémis-Diane [2]. La première a trait à l'eau et à la terre, mais aussi à la lune; la seconde, à la terre et prin-

---

[1] P. 862, 865, 868 sqq., *ci-dessus.*

[2] Rien n'est plus difficile que de distinguer nettement, l'une de l'autre, les grandes déesses phénico-syriennes et leurs variétés. Ici encore les indications de Sanchoniathon, combinées avec celles de l'Ancien Testament, sont le meilleur guide, et M. Movers a bien fait de les suivre, ainsi que M. Creuzer en général. M. Movers toutefois n'admet point qu'*Aschera* ou *Ascherah* soit la même qu'*Astarté* ou *Astaroth,* quoiqu'elle se trouve aussi rapprochée de Baal-Adonis. Il voit en elle le principe femelle de la vie physique, l'*idole* par excellence, comme l'exprime son nom, idole qui était de bois, et tantôt une colonne ou un phallus dressé, tantôt un arbre. *Berouth,* l'épouse mythique d'*Elioun,* qui est Adonis exalté, lui semble la même, d'autant plus qu'il l'identifie avec *Brathy,* représentée par un cyprès, avec la Vénus-*Boeth* d'Aphaca et du Liban (p. 863 sq. et p. 80, *ci-dessus*). Ces déesses, ou mieux cette déesse de la nature, analogue à la Cybèle de Phrygie, nommée aussi Rhéa, se confond avec *Baaltis,* avec *Mylitta,* avec *Atergatis-Dercéto,* dont le vrai nom, donné par Strabon (p. 27 *ci-dessus*), serait *Athara,* ou plutôt *Tirata, Tirgata,* comme le Talmud de Babylone appelle la déesse d'Hiérapolis. Quant à l'étymologie de ce nom, M. Movers rejette à la fois celle de *grand poisson* (*Addirdag,* p. 35 *ci-dessus*) et celle de *grande Fortune* (*Adargad,* à cause de la planète de Vénus, selon Gesenius sur Isaïe, II, p. 342); et il y trouve le sens de Cteis ou d'Yoni, *pudendum muliebre,* comme qui dirait une Bhavani syrienne. Il croit même, d'après divers rapprochements, que ce dut être là un symbole de cette déesse, aussi bien que de Mylitta à Babylone. *Cf.* Movers, chap. XV, p. 559-600, XVI, p. 603, et les notes 4 et 5 de nos Éclaircissements, *ci-après.*

cipalement à la lune; la troisième, tantôt à la lune, tantôt à la planète de Vénus, mais surtout au feu pur qui brille dans les étoiles [1]. Du reste, comme les dieux auxquels elles sont associées, ces déesses échangent fréquemment leurs attributions; fréquemment aussi elles rentrent l'une dans l'autre, et se concentrent en une seule et même déesse de la nature, en une grande *Mère* ou *Maîtresse*, soit *Mylitta*, soit *Baaltis*, soit encore *Atergatis* ou *Dercéto*, soit même *Astarté*, d'ordinaire sa fille, en qualité de *Sémiramis*.

Ces dieux et ces déesses, en effet, ont comme leurs incarnations sur la terre, dans ces héros divins et ces divines héroïnes qui en sont le reflet et qui remontent jusqu'à eux. De ce nombre est *Melkarth* ou l'Hercule de Tyr, révélation my-

---

[1] C'est là, nous sommes fondés à le dire après un long examen, le résultat le plus précis auquel on puisse arriver sur un point non moins délicat que le précédent. M. Movers range toutes les déesses de la Phénicie, de la Syrie et même de la haute Asie, en deux classes, les unes avec une puissance tellurique (terre et eau), les autres avec une puissance sidérique prédominante, selon ses expressions. Dans la première classe, il met *Aschera*, *Baaltis*, *Berouth*, *Salambo*, *Tirata* ou *Atergatis*, sans parler de *Mylitta* et de *Cybèle*; dans la seconde, *Astarté* et ses nombreuses modifications ou personnifications, à commencer par *Didon* ou *Elissa*, personnage, selon lui, purement mythique, aussi bien que *Sémiramis*, appelée encore *Zeripha* à Ascalon. Du reste, il pense avec nous qu'Astarté était adorée, soit dans la lune, soit dans la planète de Vénus qui lui était consacrée, recevant dans ce dernier cas les noms de *Naama* ou *Nemanoun*, d'*Astronoé* ou *Astronomé*. Ces deux points de vue, il est vrai, et l'opposition qu'il remarque entre les témoignages sur Astarté, le portent à distinguer deux déesses originairement différentes, confondues sous ce nom, la Vierge céleste de Sidon et de Carthage, la *Tanit* des inscriptions, la *Tanaïs* ou *Tanaïtis* des textes, qu'il fait venir de l'Assyrie et de la Perse, et qui serait l'Artémis grecque; l'autre, combinée de bonne heure avec la Mylitta de Babylone, prenant la place de Baaltis à côté d'Adonis, et qui serait une Vénus, soit *Astérie*, mère d'Hercule à Tyr, soit l'*Uranie* d'Ascalon, à la fois voluptueuse et guerrière comme Sémiramis. Nous reviendrons sur plusieurs de ces divinités et sur d'autres analogues, dans les notes 4, 5, 7, 12 et 13 des Éclaircissements sur ce livre.

thique de *Bel l'ancien*, en même temps que du maître des cieux, *Beelsamen*, et du brûlant *Moloch* ou *Baal-Chammon*, principe conservateur et destructeur tour à tour, dont la dualité semble personnifiée dans ces deux frères ennemis de Sanchoniathon, *Hypsouranios*, le fondateur de Tyr, qui n'est autre que *Baal-Saturne*, nommé encore *Israël*, et *Usoüs* ou *Moloch-Mars*, qui rappelle à plusieurs égards l'*Esaü* de la Genèse [1]. Mais *Melkarth* est, par-dessus tout, le « fort devant le Seigneur », le héros solaire, qui combat pour le maintien de l'ordre du monde contre les puissances des ténèbres, et qui, s'il faillit un instant dans la lutte, se relève plus glorieux du bûcher où il a laissé sa dépouille mortelle. Comme *Baal-Chon*, *Chijun*, *Gigon*, ou comme l'*Acmon* de Phrygie, comme le *Bélus* de Babylone, à la fois sage et fort, c'est lui qui donne la science en même temps que la vie, et à ses côtés, ainsi qu'à ceux de Baal, sont *Taaut-Hermès*, *Onka-Athéné* [2], *Jubal-Jol-Jolaüs* [3], personnification d'*Esmoun-Esculape*, sans parler des *Cabires* dont il est le premier, *Esmoun* le *huitième* et le dernier. *Misor*, père de Taaut, et *Sydyk* des Cabires, paraissent, comme Hypsouranius et Usoüs, et en rapport avec eux, être deux manifestations, deux faces d'une même divinité, vraisemblablement de *Chrysor-Hephæstus*, où nous soup-

---

[1] *Cf.* p. 851 et 863 *ci-dessus*, et les ingénieux rapprochements de Movers dans son chap. X, p. 388 sqq. Nous donnerons une idée plus étendue de ses recherches sur l'Hercule phénicien et assyrien, qui ne remplissent pas moins de trois chapitres, dans la note 11 de ces Éclaircissements, *ci-après*.

[2] P. 865 *ci-dessus*. *Onka*, *Siga*, *Saosis*, noms sur lesquels il y a plus d'une difficulté, paraissent avoir désigné en Phénicie une forme d'Astarté ou de *Tanit*, analogue à l'*Athéna* grecque, une déesse pure et lumineuse, qui n'est peut-être pas non plus sans rapport avec la *Neith* ou *Saïs* de l'Égypte, et avec la *Minerve* (*Men-rfa*) étrusco-romaine, considérée comme lune (*Mene*). *Voy.* Movers, p. 642-650.

[3] *Cf.* Movers, p. 536 sqq., qui montre en lui un dieu, non pas un héros, comme l'entendaient les Grecs. Nous y reviendrons dans la note 11 *ci-après*.

çonnons une forme de *Baal-Moloch*, en qualité de dieu du feu au physique et au moral [1].

A côté des dieux de la nature prennent donc place les dieux de l'intelligence, comme leurs serviteurs et leurs ministres, ayant, de même qu'eux, leurs incarnations ou manifestations terrestres et leurs légendes mythiques. Ainsi encore *Cadmus* ou *Cadmiel*, analogue au dieu *Surmo-Bel*, à *Taaut-Hermès*, et dont l'épouse *Harmonie* répond à *Thouro-Chousarthis*, l'ordre harmonieux du monde résultant de la loi immuable qui le gouverne, à cette *Destinée* et à cette *Beauté* de Sanchoniathon, deux filles du Ciel, que Cronos retient près de lui pour l'assister dans son œuvre avec Hermès et avec Athéna [2]. *Nebo*, nom de la planète de Mercure chez les Babyloniens et probablement aussi chez les Phéniciens [3]; le *Monimos* d'Édesse qui y correspond, et qui, de concert avec *Aziz*, la planète de

---

[1] Cf. p. 863 sq. *ci-dessus*. Notre soupçon se fonde à la fois sur ce fait, que le Vulcain phénicien était adoré à Tyr conjointement avec la Minerve phénicienne (Achill. Tat. II, 14, coll. Nonnus, III, 109), et sur le rôle élevé qu'il joue dans Sanchoniathon (p. 18, 20), où Philon le nomme en outre, à l'accusatif, Διαμίχιον, c'est-à-dire, par une altération probable du texte qu'a déjà entrevue Montanus, Δια μειλίχιον, un *Jupiter-Moloch*, comme le *Milichus* de Silius Italicus (III, 184) est un *Moloch-Dionysus*.

[2] Cf. p. 848 et 865 *ci-dessus*. Movers, dans son chap. XIII, a traité en détail de ces *Ophions* ou dieux aux formes de serpent, en y joignant *Esmoun-Esculape*, que nous venons de voir, et *Typhon*, son contraste, que nous verrons bientôt. Ils lui paraissent, à commencer par *Taaut*, que Varron (de Ling. lat., V, 10) associe en cette qualité à *Astarté*, personnifier le Ciel ou le Monde (Οὐρανός, κόσμος), ou plutôt, selon nous, cette fatalité, tantôt intelligente et tantôt aveugle, tantôt providentielle et tantôt satanique, du bon et du mauvais génie, du bon et du mauvais serpent (ainsi que le représentaient les Phéniciens et les Égyptiens), qui y domine tour à tour.

[3] *Voy.* l'Éclaircissement suivant, et *ci-dessus*, p. 854, *Nabou, Nabo* dans les noms composés des inscriptions phéniciennes, aussi bien que dans ceux des rois chaldéens. Selden l'a montré (p. 264) appliqué à diverses localités dans l'Écriture, et *Nib-Chaz* à tête de chien (*ci-dessus*, p. 23 sq.) rappelle *Neb* ou *Anubis* d'Égypte.

Mars, peut-être le même que *Sadid*, signifiant également le fort [1], dispensait à la terre les influences du soleil; enfin *Oannès* ou *Annos*, l'instituteur des Chaldéens, qui est lui-même un Taaut, un Hermès, un Mercure [2], montrent que ces dieux révélateurs et prophètes n'étaient pas non plus sans rapport avec la nature et avec les corps célestes, dans ces religions tout imprégnées d'un panthéisme sidéral.

L'*Oannès* de Babylone, avec ses formes de poisson, le nom d'*Odacon*, l'un de ces *Annedotos* sur lesquels nous reviendrons également dans la note suivante, ont déjà rappelé à M. Creuzer *Dagon*, adoré comme un dieu demi-homme et demi-poisson, non-seulement à Azotus, mais dans les autres villes des Philistins, et qui doit avoir été distinct de la déesse *Atergatis* ou *Dercéto*, quoique rapproché d'elle par l'idée et dans les mythes, selon toute apparence, aussi bien que par la figure et sur les monuments de l'art [3]. Philon de Byblos, d'après une de ces fausses étymologies [4] qu'il a multipliées, traduisant *Dagon*

---

[1] *Cf.* p. 865 *ci-dessus*, et Movers, p. 655, 657.

[2] Dans les noms de *Monimos* et d'*Oannès*, M. Movers découvre la même racine, et l'idée de prophétie, de divination, que S. Jérôme sur Isaïe, XLVI, trouvait dans celui de *Nabo*.

[3] *Cf.* p. 34, 27, 32, du texte de ce tome, avec la fig. 202, pl. LIV, expliquée p. 104 du tome IV. Pourquoi *Dagon*, dont le nom vient de *Dag*, poisson, plus sûrement que celui d'*Atergatis* (p. 877 *ci-dessus*), ne serait-il pas ἰχθύς, son fils, le même qu'*Oannès* ou l'Hermès babylonien, représenté à côté de la grande déesse analogue à *Mylitta*-Vénus, comme elle en rapport avec les eaux, avec la mer? Pourquoi n'auraient-ils pas été tour à tour séparés en deux personnes, et réunis cosmogoniquement sous la forme de l'Hermaphrodite, selon l'idée de Selden qui concilierait tout, et terminerait peut-être les hésitations de Movers, p. 144 et 590? Il est remarquable, dans tous les cas, de voir un *Dagon* mâle dans Sanchoniathon, comme le nom de cette divinité construit au masculin dans le premier livre des Rois, VI, 3, 4.

[4] Ζεὺς ἀρότριος, à cause de Σίτων venant de σῖτος, *frumentum*, et donné comme la traduction de Δαγών, par la confusion de ce nom avec le mot hébreu voisin, mais bien distinct, qui veut dire *blé*, confusion qu'a faite également S. Jérôme dans son lexique des noms hébraïques. Le

par *Siton*, en fait un Jupiter ou un Baal agricole, inventeur du blé et de la charrue; ce qu'il pourrait avoir été à la rigueur, indépendamment de toute interprétation verbale. Il met en rapport intime avec lui, dans un mythe généalogique qui n'a peut-être pas une base plus solide, un autre Baal, ce Jupiter *Demarous*, qu'il place à côté d'*Astarté* et d'*Adod*, comme un des grands dieux de la Phénicie ou de la Syrie, et qu'il donne pour père à *Melkarth-Hercule* [1]. M. Movers, le rapprochant ingénieusement du fleuve *Damouras* ou *Tamyras*, qui lui aurait été consacré selon l'usage phénicien [2], et du *Tamyras*, père de la famille sacerdotale des *Tamirades* à Paphos [3], y trouve un *Baal-Tamyras* ou *Baal-Thamar* [4], et une forme priapique de Moloch-Dionysus, analogue au *Baal-Peor* ou *Belphégor* des Ammonites et des Moabites. Ce qui nous frappe surtout, c'est de le voir, c'est de voir *Melkarth* chez Sanchoniathon, comme Dionysus-Bacchus et *Mélicerte*-Palémon dans les légendes gréco-phéniciennes de Thèbes, en relation avec les dieux de la mer, en lutte avec eux ou entouré d'eux [5]. Ceux-ci, dont Philon de Byblos nous transmet malheu-

fait allégué par Beier sur Selden, les rats d'or consacrés par les Philistins (I Reg., V, 4. coll. VI, 4, 5), ne prouve rien en faveur de cette étymologie; car ils l'étaient à Jéhova, non à Dagon, comme l'observe justement Movers.

[1] Sanchon. Fragm., p. 28, 32, 34. *Dagon* n'est que le père putatif de *Demarous*, fils réel d'*Ouranos* ainsi que lui-même : mais qu'est *Ouranos* en phénicien? Comme suprême Baal, est-il *Elioun*, est-il *Taaut*, ce qui nous paraît beaucoup moins probable?

[2] Polyb., V, 68; Strab., XVI, p. 756 Cas. C'est aujourd'hui le *Nahr-Damur*. Ainsi les fleuves *Bélus*, *Adonis*, etc. *Cf.* Movers, 661, 665.

[3] *Cf.* p. 211 *ci-dessus*.

[4] Judic. XX, 33, coll. Jerem. X, 5, *ibi* interpret.

[5] Sanchon., p. 32, et notre livre VII, chap. II, p. 59, 67 sqq. du tom. III. *Mélicerte*, comme nous l'avons déjà remarqué (p. 209 *ci-dessus*), et comme nous le prouverons plus loin (note 11 de ces Éclaircissem.), représente *Melkarth*. Il y a, dans les mythes thébains, bien d'autres analogies avec les mythes phéniciens. *Amphitryon* lui-même, dont le nom

reusement les noms sous la forme grecque, un seul excepté, sont *Pontus*, l'adversaire de *Demarous*, *Typhon* et *Nérée*, père de Pontus, qui a pour enfants *Poseidon* et *Sidon*, espèce de sirène à la voix enchanteresse, dite l'inventrice de la mélodie, ici comme ailleurs rapportée aux eaux [1]. Et ces divinités marines, et les figures monstrueuses d'hommes-poissons qui caractérisent plusieurs d'entre elles sur les monuments [2], étaient certainement d'origine phénicienne; ce qu'on peut étendre en toute assurance à l'*Océan*, dont le nom même, comme le personnage, ne sont peut-être pas sans rapport avec *Agénor*, frère de Bélus et fils de Neptune, avec *Ogen* ou *Ogenos*, avec *Ogygès*, ainsi que le pense M. Creuzer [3]. Quant

fait songer à *Amphitrite*, rappelle par son aventure celle de *Dagon*, père équivoque de *Demarous*, tout comme *Ino-Leucothée* se précipitant dans la mer avec son fils, devenu dieu marin, rappelle *Atergatis* ou *Dercéto*, et son *Ichthys*, qui est un *Dagon*, un dieu-poisson (p. 27, 32 sq. de ce tome).

[1] Sanchon., *ibid.*, et p. 38, où il est question des reliques de *Pontus*, consacrées dans la ville de Béryte.

[2] *Voy.* entre autres, d'après les antiques bas-reliefs d'Assos, *Nérée* représenté dans sa lutte contre *Hercule*, pl. CLXXX *bis*, 666, de notre tome IV; sujet dont le combat de *Pontus* avec *Demarous*, chez Sanchoniathon, forme une sorte de pendant. Compar. les figures des autres dieux marins nommés ici, pl. CXXIX, 510 c, CXXXII, 511, CCII, 762, etc.

[3] P. 245 *ci-dessus*. Notre auteur, toutefois, applique ces formes diverses d'un même nom au Neptune phénicien, ce que nous n'oserions faire, surtout quand nous voyons l'*Océan* figuré sur les médailles de Tyr avec une tête d'homme barbue et des cornes de taureau, comme le fleuve des fleuves, selon la notion homérique (*Voy.* Eckhel, Syllog., tab. VI, n. 5, et compar. notre pl. CXXXV, 526, 526 *a*, avec l'explicat. p. 216 sq.). Cette notion, et le nom auquel elle se rattache, déjà reconnu barbare, c'est-à-dire oriental, par quelques-uns des anciens (Phavorin. ap. Steph. Byz. *v.* Ὠκεανός), paraissent à M. A. de Humboldt, comme à nous, d'origine phénicienne, et il revient, avec Voss, à l'étymologie de Bochart, *Og*, ambiens, unde Oceanus, Ogeni domus. *Voy.* l'*Hist. de la Géogr. du Nouveau Continent*, I, p. 33 et 183.

à *Typhon*, et son nom, et ses formes de serpent, et les combats d'Hercule avec sa famille mythique, et le rôle de dieu de la mer qui lui est évidemment assigné, et sa caverne au pays des Arimes[1], tout semble indiquer la Phénicie et la Syrie. Nous en dirions autant d'*Atlas*; nous le rattacherions également aux divinités marines transportées de Phénicie en Grèce, d'après certains traits des mythes grecs qui le concernent et qui paraissent originairement phéniciens, si sa double fraternité avec le dieu du ciel, souverain de la terre, *El-Cronos*, avec le dieu des eaux, *Dagon*, et cette circonstance surtout qu'il fut précipité par le premier dans l'abîme souterrain, ne nous portaient à le considérer plutôt comme une divinité infernale[2]. Au moins n'avons-nous pas de doutes pour *Mouth*; son nom, aussi bien que sa légende, nous montrent en lui le dieu ou le génie de la mort chez les Phéniciens[3].

Nous avons passé en revue, dans cette note, tous les êtres

---

[1] Ἐν Ἀρίμοισι, l'*Aram*, l'*Aramœa*. *Voy.*, du reste, Movers, p. 522-527, qui l'identifie complétement avec le *Typhon* égyptien, et le compare au grand serpent médo-persique *Ahriman*.

[2] Sanchon., p. 26, 28. M. Movers, p. 660, voit en lui la *nuit du Chaos*, l'*Érèbe*, et trouve cette idée dans son nom. Du reste, la notion d'un dieu infernal et celle de l'*Atlas* d'Homère et d'Hésiode, qui connaît les abîmes de la mer entière, qui habite à l'extrême occident, région des ténèbres, qui soutient les colonnes de la terre et du ciel, aux lieux mêmes où le ciel et la terre, la mer et la nuit, ont leurs communes racines, sur les confins du chaos, ces notions pourraient bien s'être donné rendez-vous dans l'*Atlas* phénicien, dont le vrai nom, si nous l'osions conjecturer, se lit peut-être sur le miroir étrusque donné dans notre pl. CLXXXVI, 665 c, comme celui de *Thamuz*-Adonis sur un autre, cité dans la note 5 de ces Éclaircissements, *ci-après*.

[3] Sanchon., p. 36, *ibi* Orelli, d'après Münter. *Mouth* a le même sens en hébreu, Psalm. XLVIII, 15. En punique, *Muthumbal* veut dire le *Seigneur des morts*, et le nom de la ville insalubre d'*Adrumetum* ou *Hadroumout*, dans la Byzacène, signifie *Atrium mortis*, le *Vestibule de la mort*, d'où Plaute dans le *Pœnulus*: Acherontis ostium est in agro nostro. *Cf.*, du reste, p. 250 et 867, *ci-dessus*.

cosmogoniques, divins ou mythologiques, compris dans la théologie phénicienne de Sanchoniathon, et nous leur avons restitué, autant qu'il était en nous, leur caractère et leur enchaînement primitifs, en les rapprochant des données que nous fournissaient les autres documents, et surtout en cherchant à les dégager des combinaisons ou des altérations qu'ils ont subies sous des influences diverses, précédemment signalées. En cela nous n'avons pas eu la prétention de reconstruire de toutes pièces, et dans tous ses détails, le système religieux des Phéniciens; nous avons seulement voulu faire voir que ce système, simple dans son principe, est beaucoup plus riche dans ses développements qu'on ne le croit d'ordinaire [1]. Il en était de même, selon toute apparence, du système babylonien ou chaldéen, autre branche de la tige des religions sémitiques, qui a de grands rapports avec la branche phénicienne, et qui demande également quelques explications, plus étendues que M. Creuzer n'a pu les donner. On les trouvera dans la note suivante. (J. D. G.)

NOTE 4: *Sur la cosmogonie et la théogonie des Babyloniens, et sur le système religieux et astrologique des Chaldéens.* (Chap. II, p. 15 sq., et chap. III, *passim.*)

Nous prenons ici *Babyloniens* et *Chaldéens* comme synonymes, et sans distinction de race; tout au plus restreignons-nous le dernier nom à la caste sacerdotale de Babylone, et à cette célèbre corporation qui paraît avoir eu de grands rapports avec les institutions analogues de l'Assyrie, de la Médie et de la Perse, qui se divisait, à Babylone, en plusieurs classes, et dont une classe seulement semble s'être appelée *Chasdim* [2], quoique cette dénomination, qui désigne en même

[1] La note 13 et dernière des Éclaircissements sur ce livre fournira quelques nouvelles preuves à l'appui, tirées principalement des monuments figurés découverts en Afrique, en Sardaigne et ailleurs.

[2] Si ce sont bien des classes, et non pas de simples attributions, que représentent les qualifications diverses données aux *Sages* de Babylone

temps le peuple des *Chaldéens* dans l'Orient [1], ait passé de bonne heure dans l'Occident sous cette dernière forme, comme celle du corps entier de leurs prêtres, de leurs savants ou de leurs lettrés, ce qui est tout un.

Ces prêtres savants de Babylone, déjà sans doute bien déchus de leur gloire antique lors de la conquête d'Alexandre, se dispersèrent après sa mort dans le monde grec, puis dans

---

dans le livre de Daniel, et si celle de *Chasdim*, ajoutée aux autres, ne porte pas déjà sur l'ensemble, comme Gesenius penche à le croire (*Hallische Encyclop.*, XVI, 199).

[1] C'est, dans la Bible, à la fois le nom des habitants de Babel ou Babylone, et celui des habitants du pays, tantôt plus, tantôt moins étendu, de la Babylonie ou de la Chaldée. Quant à leur origine et à la distinction admise des anciens Babyloniens et des *Chasdim* ou Chaldéens, nouveaux venus, qui auraient fait prévaloir leur nom, leur langue, leur influence, à partir du VIIe siècle av. J.C., et qui auraient fondé le grand empire détruit par Cyrus, c'est une question qui ne nous semble pas encore complètement éclaircie, malgré les recherches de Vitringa, de Schlözer et autres. Il reste toujours la mention des rois mythiques qualifiés de *Chaldéens* chez Bérose, et la difficulté plus grande de ce même nom appliqué à la caste sacerdotale, aussi ancienne que la civilisation à Babylone. Une remarque importante, c'est que, tandis que la langue nationale des Babyloniens, identique à l'idiome dit *chaldaïque* de certaines parties des livres de Daniel et d'Esdras, et des traductions chaldaïques de l'Ancien Testament, des Targums, appartenait à la branche araméenne ou syrienne des langues sémitiques, les noms propres des rois et des grands paraissent se rattacher plutôt aux idiomes indo-persiques, et s'expliquent, en partie du moins, par les différents dialectes de ces idiomes, ce qui est également le cas des noms propres assyriens. Ceci mène droit à l'idée d'une caste dominante, rapprochée par la race de celle qui régnait à Ninive; caste qui, à une époque donnée, aurait enveloppé l'élite entière de la nation, les guerriers et les prêtres, sous le nom unique de *Chaldéens*, et qui probablement parlait la langue, voisine de l'assyrienne, que l'on retrouvera, il faut l'espérer, aussi bien que cette dernière, sous les inscriptions cunéiformes. La diversité des systèmes d'une même écriture correspondrait à celle des dialectes d'un même idiome.

le monde romain, et y portèrent avec leur nom, devenu synonyme de celui d'*astrologues*, cette fausse science née d'une science vraie, cette fille insensée d'une mère sage, comme disait Kepler, dont l'empire sur les esprits s'étendit même en Europe jusqu'au XVIe siècle. Sous les premiers Séleucides, et à Babylone, vivait l'un d'eux, *Bérose*, qui écrivit en grec et rédigea en trois livres une histoire de son pays, dont Josèphe, Eusèbe, George le Syncelle, nous ont conservé de précieux fragments, les derniers principalement d'après Alexandre Polyhistor, Apollodore et Abydène [1]. Les matériaux de cet ouvrage avaient été puisés aux sources, dans les annales babyloniennes, ou dans la partie des livres sacrés des Chaldéens, qui comprenait, avec l'histoire, une cosmogonie et une cosmologie, suivies de récits donnés comme historiques, mais bien certainement mythologiques, remontant, au gré d'une chronologie tout artificielle, à des temps prodigieusement reculés [2]. La tradition de ces livres sacrés y est elle-même rapportée sous la forme mythique que les prêtres lui avaient faite en la rattachant au chef symbolique de leur caste, au dieu-poisson *Oannès*, pendant du *Thoth* de l'Égypte et du

---

[1] *Voy.* sur Bérose les prolégomènes de la compilation médiocre, mais utile, de Richter. Wachler, dans le tome IX de la grande Encyclopédie allemande, citée plus haut, a essayé de présenter ce personnage sous le même jour que Sanchoniathon; mais rien n'autorise une telle hypothèse, et l'on ne voit pas pourquoi Bérose, à l'époque où le placent la plupart des témoignages, d'accord avec le sien, n'aurait pas fait tout ce que l'on attribue à l'auteur grec supposé de l'ouvrage qui portait son nom. La distinction de deux Bérose, l'un astrologue, l'autre historien, est plus spécieuse; peut-être n'est-elle pas mieux fondée. Le Chaldéen Bérose ne doit pas être envisagé autrement que l'Égyptien Manéthon, son contemporain.

[2] Les 10 premiers rois jusqu'au déluge de Xisuthrus, analogue à celui de Noé, pendant 120 sares ou cycles lunaires, chacun de 3,600 ans, conséquemment 432,000 ans, période qui n'a rien d'historique; puis 86 rois en 33,091 ans, jusqu'à la prise de Babylone par les Mèdes. *Cf.* Berosi Fragm., p. 55 et 6; Richter.

Taaut de la Phénicie, et, comme eux, auteur de toute civilisation et de toute science [1]. Ce dieu incarné sous la double figure de l'homme et du poisson, et qui rappelle ainsi l'un des Avatars du Vichnou indien [2], sortit des eaux pour tirer les premiers hommes de l'état sauvage. Il leur enseigna l'écriture, les sciences et les arts de toute sorte, la construction des villes et celle des temples, l'institution des lois, la géométrie, leur apprit à semer, à recueillir les fruits, et en général tout ce qui peut servir à la culture de la vie. Dans la suite apparurent encore d'autres êtres semblables à lui, qui, pendant le cours de l'immense période antérieure au déluge, développèrent successivement la parole sommaire d'Oannès. On en compte six, et avec Oannès sept, dont les noms aussi bien que le nombre semblent à M. Movers [3], par une conjecture pour le moins ingénieuse, représenter, comme il s'exprime, « l'Heptateuque sacerdotal, » c'est-à-dire les livres mêmes des prêtres de Babylone, composés d'un texte primitif et de longs commentaires qui l'expliquaient. Ces révélateurs successifs ou leurs révélations personnifiées, rapportées plus haut au seul *Oannès, Oen* ou *Annos*, toutes formes données par les anciens [4], ont en commun avec lui la dénomination d'*Annedotos* [5], qui se décompose dans les deux mots et dans les deux idées de *An*

---

[1] Berosi Fragm., ex Alexandr. et Apollod. ap. Syncell. p. 48 et 53 Richter. *Cf.* la note précédente de ces Éclaircissements, p. 881.

[2] Le *Matsyavatara* ou la descente du poisson, qui se rattache au déluge de Satyavrata, et à la perte puis au recouvrement des livres sacrés, lesquels jouent aussi un rôle dans le déluge de Xisuthrus. Le fond est commun; la forme seule des légendes varie. *Cf.* tom. Ier, p. 182 sq., et le récit d'Alexandre Polyhistor d'après Bérose, p. 56 sq. Richter.

[3] *Phœnizier*, I, p. 93 sqq.

[4] Dans les fragments de Bérose, chez Eusèbe et le Syncelle, Ὠάννης; dans Helladius chez Photius, Bibl., p. 535 Bekker, Ὠήν; dans Julien (Orat. V, p. 176), Ἄννος à côté de Βῆλος.

[5] Ὠάννην, τὸν Ἀννήδοτον; τὸν δεύτερον Ἀννήδοτον; Ἀννηδότους τέσσαρας, avec leurs noms particuliers que l'on va voir, ainsi que celui du septième. Berosi Fragm. ex Apollodor. et Abyden. ap. Syncell., p. 54 Richter.

ou *Ano*, et *Dot* ou *Doto*, *secret* et *loi*, *arcana legis*, les *secrets* ou les *mystères de la loi*. Quant aux dénominations particulières d'*Euedocos* ou plutôt *Enedocos* (Ἐνέδωχος au lieu de Εὐέδωχος), *Eneugamos*, *Eneuboulos*, *Anementos*, *Anodacos* ou *Anodacon*, mutilé en *Odacon*[1], M. Movers y retrouve, d'abord l'idée générale de *secret* ou d'*arcane*, exprimée par la syllabe ou les syllabes *An*, *Ano*, *Ene*, *Eneu*, qui ne diffèrent que par la prononciation, puis l'idée spéciale de chacun des livres, de chacune des instructions d'Oannès, dans le cours de ces apparitions ou incarnations successives qui le reproduisaient toujours le même et toujours divers. Ainsi *Eneugamos*, *Arcana collectionis* (*frugum*); *Eneuboulos*, *Arcana pluviæ*; *Anementos*, *Arcana mensurarum* (*geometriæ*), etc.

Oannès, le révélateur par excellence, l'inventeur de l'écriture et de l'astronomie, quoique celle-ci remonte jusqu'à *Bélus* lui-même, suivant quelques traditions[2], jusqu'à l'auteur de tout ordre et de toute harmonie dans la nature; Oannès, selon Bérose[3], écrivit sur l'origine du monde et sur l'établissement de la société. En d'autres termes, il composa une cosmogonie et une histoire primitive, une sorte de Genèse, dont voici l'exposé, plus complet que ne l'a donné M. Creuzer:

Il fut un temps où toutes choses n'étaient que ténèbres et eau, et dans cette eau et ces ténèbres étaient engendrés des animaux merveilleux, doués de formes et de figures singulières. C'étaient des hommes à deux ailes, quelques-uns à quatre ailes et à deux visages, ayant un seul corps et deux têtes, mâle et femelle, et réunissant les organes des deux sexes;

---

[1] Comme semble l'indiquer la leçon Ἀνώδαφος d'Abydène, si on la rapproche de l'Ὠδάκων d'Apollodore. Il est vrai que le rapprochement de ce dernier avec *Dagon* (p. 34 et 881 *ci-dessus*) en est affaibli.

[2] Helladius ap. Phot., *ubi supra*, coll. Senec. N. Q. III, 29; Plin. H. N. VI, 26; Martian. Capella de Nupt. philol. VI, p. 262.

[3] P. 49 sq. Richter.

puis d'autres hommes, ceux-ci avec des pattes et des cornes de chèvre, ceux-là avec des pieds de cheval; d'autres encore ayant les parties postérieures de chevaux, les antérieures d'hommes, de manière à figurer des hippocentaures. Il y naquit aussi des taureaux portant des têtes humaines, des chiens au quadruple corps se terminant en queue de poisson, des chevaux à tête de chien, et des hommes et des animaux ayant des corps et des têtes de chevaux, des queues de poisson; d'autres animaux enfin avec toute sorte de figures monstrueuses. En outre, il y avait des poissons, et des reptiles, et des serpents, et d'autres animaux merveilleux en grand nombre, échangeant entre eux leurs formes, et dont les images se voient dans le temple de Bélus [1]. Sur tous ces êtres régnait une femme du nom d'*Omorca*, nom qui est en chaldéen *Thalath*, et qui en grec se traduit *Thalatta* (c'est-à-dire la mer), ayant la même valeur que *Séléné* (la lune) [2]. Toutes

[1] Gesenius (*Hall. Encyclop.*, p. 193) observe avec raison que la vue de ces images, et les interprétations plus ou moins arbitraires qui en étaient données, doivent être pour beaucoup dans la formation des mythes rapportés ici.

[2] Ces derniers mots, qui ne se trouvent point dans la Chronique d'Eusèbe, mais seulement chez le Syncelle, sont supposés, avec peu de fondement, selon nous, avoir été ajoutés après coup au texte de Bérose. Quant à la traduction de Ὀμόρκα, comme Scaliger lit dans Eusèbe, ou Ὀμορῶκα d'après le Syncelle, en Θαλάτθ, mot chaldaïque, traduit à son tour par le grec θάλαττα, on en a conclu que l'auteur de cette cosmogonie a dû être un Grec qui n'entendait point le chaldéen. Mais d'abord, ainsi que le remarque Gesenius, Bérose a peut-être voulu plutôt gréciser que traduire Θαλάτθ; peut-être encore a-t-il été entraîné à un faux rapprochement de mots par la synthèse antique, qui combinait les idées d'eau et de lune avec celle de *génération* ou *génératrice* dans la grande *Mylitta*, dont le nom, aussi bien que son analogue *Thalath*, offre ce sens. Dans *Omorca* ou *Amorca*, on trouve le sens de *mère du firmament* ou *du solide* (Gesenius, *ibid.*, et Movers, p. 270), ce mot étant pris comme chaldaïque, de même que le suivant: mais Bérose, qui croit devoir le traduire en chaldéen par ce dernier, le prend-il ainsi?

choses étant en cet état, survint *Bélus*, qui coupa la femme en deux, et d'une moitié fit la terre, de l'autre le ciel; qui de plus anéantit les animaux contenus dans son sein.

C'est ici, poursuit Bérose, interprétant lui-même ces mythes cosmogoniques, une histoire allégorique de la nature. *Bélus*, en divisant les ténèbres, sépare l'un de l'autre le ciel et la terre, et organise le monde. Il assigne, comme dit Abydène [1], à chaque chose sa place déterminée. Quant aux animaux nés de l'humidité primitive, ils ne purent supporter le pouvoir de la lumière, et ils périrent. Alors *Bélus* voyant la contrée vide d'habitants, et cependant couverte de fruits, donna ordre à l'un des dieux de lui trancher la tête et de détremper la terre avec le sang qui s'en échapperait, pour en former et des hommes doués d'intelligence, et des animaux capables de vivre dans l'atmosphère. Ensuite *Bélus* forma les étoiles, le soleil, la lune et les cinq planètes; puis, ayant achevé son œuvre au ciel et sur la terre, ayant fondé *Babel* ou Babylone, et l'ayant entourée d'une muraille, il disparut.[2]

Telle est, dans ses traits principaux, la cosmogonie mythique des Chaldéens. Ils en avaient une autre, plus savamment élaborée, et d'un caractère plus abstrait sous ses formes symboliques, que Damascius nous a conservée d'après Eudémus, sans nous en faire connaître le premier auteur [3]. Parmi les Barbares, dit-il, les Babyloniens semblent passer sous silence le principe unique de l'univers, et en reconnaître deux, *Tauthe* et *Apason*, faisant *Apason* mari de *Tauthe*, et nommant celle-ci *mère des dieux*. De ce couple naquit un fils unique, *Moymis*, qui est, selon moi, le monde intelligible, procédant des deux principes. Un second couple vint en outre du premier, *Daché* et *Dachos*, puis un troisième, *Kissaré* et *Assoros*, de qui naquirent, au nombre de trois, *Anos*, *Illinos* et *Aos*.

---

[1] Ap. Euseb. Præpar. Ev. IX, 41.
[2] Abyden. ibid.
[3] Voy. Damasc. *de primis Principiis*, cap. 125, p. 384 Kopp.

D'*Aos* et de *Dauké* fut engendré *Bélus*, qu'ils disent être le Démiurge [1].

Ces derniers mots nous font voir que les douze puissances qui précèdent Bélus, y compris le premier principe, le dieu irrévélé, sont des puissances antécosmogoniques, qui, à cette époque du chaos où le monde n'était point encore formé, mais se préparait lentement, semblent correspondre aux douze dieux cosmiques des Babyloniens. En effet, *Tauthe* n'est-elle pas appelée la *mère des dieux*, et les êtres qui la suivent ne sont-ils pas dits naître d'elle? Chez Bérose même ou chez Oannès, comme on vient de le voir, il est question de dieux assistant le Démiurge dans le cours de son œuvre [2], avant que le soleil, la lune, les planètes, ces dieux visibles qui gouvernent le monde, eussent été créés. Ici la triade suprême du dieu irrévélé, uni à *Tauthe* par le médiateur *Apason*, se décompose en trois autres triades, qui se succèdent depuis le *fils* ou le *premier-né* jusqu'au Démiurge, et qui forment cette ennéade ou cette neuvaine sacrée, propre à la doctrine des Chaldéens [3]; comme, d'un autre côté, les sept premiers noms, si l'on ajoute le dieu sans nom qui les ramène à l'unité, forment une octade représentée par les huit étages de la tour de Bélus, et répondant aux huit dieux du premier ordre chez les Égyptiens [4]. La triade suprême de Babylone rappelle la primitive triade des Sidoniens, où le *Temps* (infini, sans limites) disparaît pour laisser la place au *Désir* s'unissant à la *Nue*.[5] Le *Désir* ou l'*Amour*, *Pothos*, comme dans le Sanchoniathon de Philon, n'est autre

---

[1] Voici les noms tels qu'ils sont transcrits en grec chez Damascius : Ταυθέ, Ἀπασών — Μωϋμῖς — Δαχή, Δαχύς — Κισσαρή, Ἀσσωρύς — Ἀνός, Ἰλλινος, Ἀός — Δαύκη — Βῆλος.

[2] Comme chez Sanchoniathon des *Elohim*, compagnons de *El*-Cronos (p. 865 ci-dessus).

[3] J. Lydus de Mensib. IV, 78, p. 280 Rœther; Damascius, de Princip. p. 865 Kopp. *Cf.* Münter, *Relig. der Babylonier*, p. 90.

[4] Herodot. I, 181. *Cf.* notre tom. 1er, p. 409, 510 sq., 831 sq.; et Movers, p. 277 sq.

[5] Pag. 858 ci-dessus.

DU LIVRE QUATRIÈME. 893

qu'*Apason*, dont le nom a le même sens [1], et *Tauthe* représente à la fois la *Nue* de la cosmogonie sidonienne, et le *Chaos ténébreux*, la *Nuit* primitive ou *Baau* de Sanchoniathon, comme *Tohu Bohu* sont associés dans la Genèse de Moïse [2]. De l'union d'*Apason* et de *Tauthe*, de l'esprit saisi du désir de créer et de la matière de la création, matière inerte et confuse, renfermant les germes de tous les êtres, et qui revient à *Môt*, le limon primitif, à *Omorca*, l'eau primitive et ténébreuse de Bérose sous l'image de la première femme, naît *Moymis*, ou, comme lit M. Movers, *Aoymis* [3], le fils par excellence, le principe de vie animant le *Chaos*, analogue au premier-né de Sanchoniathon, issu du vent *Kolpia*, le premier Souffle, et de sa femme *Baau* [4]. Les noms du couple suivant, placé sur la même ligne, *Daché* et *Dachos*, expriment, suivant M. Movers [5], les idées de frottement et de trituration; et ceux du troisième couple, *Kissaré* et *Assoros*, parallèle encore et qui clôt la première des trois triades après la suprême, renferment les notions d'enchaînement et d'ordonnance, comme si les éléments rudimentaires des êtres ne pouvaient parvenir à l'ordre et à l'union qu'après avoir été dégrossis et broyés par la puissance du principe de vie. *Kissaré* rappelle le *Chusoros* du phénicien Mochus [6], premier ordonnateur du monde; et de cet ordonnateur, ici conçu en deux personnes,

---

[1] De חפץ, *inclination*, *plaisir* (Isaïe, LXII, 4). Movers, p. 279.

[2] *Cf.* p. 871 *ci-dessus.*

[3] Ἀωϋμῖν au lieu de Μωϋμῖν, à l'accusatif, l'expliquant par הרים, *vie*, et allant jusqu'à rapprocher cet Ἀωυμ chaldéen du fameux monogramme ou monosyllabe de la Trimourti indienne, *Om*, *Aum*, espèce de λόγος ou de *Verbe*, qui se retrouverait, d'un autre côté, dans le non moins célèbre trigramme Ἰαώ, donné tantôt comme phénicien (p. 850, n. 3), tantôt comme chaldéen (Lydus de Mensib. IV,38), mais qui est surtout orphique et gnostique. *Cf.* Movers, p. 276, 280, 265 sq., surtout 539 sqq.; et notre tome Ier, p. 151, 271, 602, 644.

[4] *Cf.* p. 862 *ci-dessus.*

[5] Pag. 285 de l'ouvrage cité.

[6] *Ci-dessus*, p. 859 et 869.

procède la seconde triade, *Anos*, ce qui est en bas, *Illinos*, ce qui est en haut, et *Aos*, qui reproduit *Aoymis*, conçu probablement comme principe de lumière en même temps que de vie. *Aos* enfin, s'unissant à *Dauké*, où reparaît *Daké* par une modification légère, pour exprimer les éléments inférieurs et supérieurs, domptés et soumis, met au jour le Démiurge, l'ordonnateur définitif, *Bélus*, qui organise à la fois le monde et la société, qui forme l'homme et les animaux de son propre sang, après avoir fait le ciel et la terre du corps partagé d'*Omorca*, et qui règle le cours des astres sous la voûte céleste, comme il institue ici-bas les lois et les rois, dont il est le premier [1].

Et maintenant commence le règne des dieux sur la terre; maintenant se déroule la théogonie des Chaldéens placée à la tête de leur histoire, comme celle des Égyptiens et des Phéniciens. Cette théogonie toutefois, par ces dieux cosmogoniques ou antécosmogoniques que l'on vient de voir, qui se révèlent peu à peu avec le monde lui-même, qui se reproduisent à différents degrés, dans différentes hypostases, de triade en triade et de couple en couple, embrasse l'histoire entière de l'univers et de sa formation successive. Il n'est pas invraisemblable que cette formation et toute l'évolution des puissances primordiales, depuis *Aoymis*, le premier-né, jusqu'au démiurge *Bélus*, organisateur définitif du monde, constituaient une première période ou grande année de 120 sares et de 432,000 années solaires, semblable à celle que

---

[1] Nous reportons à M. Movers l'honneur comme la responsabilité de ces explications, vraisemblables en elles-mêmes, sans prétendre garantir l'exactitude des étymologies sémitiques sur lesquelles elles se fondent, et d'après lesquelles nous avons traduit avec lui les noms donnés chez Damascius. Il faut lire en entier l'ingénieux commentaire sur ces cosmogonies, qui occupe de la p. 268 à la p. 286 de son livre, et comparer Gœrres (*Mythengeschichte*, p. 307 sqq., 320 sqq.), qui avait déjà cherché à les expliquer, notamment celle de Damascius, par divers rapprochements plus ou moins hasardés. On peut consulter encore Münter (*Relig. der Babylon.*, p. 36-46), beaucoup plus circonspect.

nous savons positivement avoir été admise par les Chaldéens depuis Bélus jusqu'au déluge, ou à la destruction du monde par les eaux, et à celle qu'ils rêvaient ensuite jusqu'à sa destruction par le feu à la fin de l'âge actuel [1]. L'on aurait ainsi une triade de périodes, tout à fait conforme au génie du système entier [2]. Il est, jusqu'à un certain point, probable aussi que les douze dieux nationaux de Babylone étaient censés tous avoir régné sur la terre avant le déluge, avoir été successivement transportés au ciel, d'où ils gouvernent le monde. Ils doivent être cherchés, selon M. Movers, dans les dix rois antédiluviens de Bérose, précédés de *Bélus* et de *Beltis*, son épouse, et dont le dernier, *Xisuthrus*, contemporain du déluge, fut en effet, nous dit le même Bérose, admis au rang des dieux, avec sa femme, sa fille et son pilote, qui l'avait sauvé des eaux [3]. Ces rois divins de la terre, incarnations successives de Bélus, et qui remontent au ciel après lui, après Beltis, pour y former leur cortége, ne sont autres, selon toute apparence, que les signes du zodiaque, ou plutôt les génies qui y président, lesquels furent associés dans ces signes avec le soleil, la lune et les cinq planètes, par une combinaison à la fois mythique et astrologique que nous allons développer.

En effet, l'astrologie, du moins à partir d'une certaine époque, s'empara de toutes les conceptions religieuses des Babyloniens, analogues, dans leur principe, à celles des Phéniciens et des autres peuples de la Syrie [4], les réduisit en un corps de doctrine, les pénétra d'un esprit nouveau, et fit de ce sabéisme primitif et symbolique, de ce panthéisme sidérique, naïf et vivant, dont nous avons parlé, le culte de plus en plus exclusif, de plus en plus artificiel et

[1] Berosi Fragm., p. 52 Richter, coll., Senec. N. Q. III, 29; Censorin. de Die nat., III, 29.

[2] C'est encore une ingénieuse conjecture de M. Movers, mais que nous donnons pour telle, ainsi que la suivante. *V. Phœnizier*, I, p. 277.

[3] Berosi Fragm., p. 57.

[4] *Cf.* le précédent Éclaircissement, surtout p. 872 sqq.

abstrait, des astres, considérés comme les régulateurs du monde sublunaire. Une fois que les Chaldéens eurent commencé à étudier le ciel, ils furent extrêmement frappés de l'ordre constant qui règne dans les phénomènes divers dont il est le théâtre, et ils y virent la loi même, la loi invariable et éternelle des variables et passagers événements de la terre. Le cours du soleil et de la lune, les levers et les couchers des étoiles, leur avaient donné la vicissitude des jours, des mois, des saisons, des années, la règle des travaux de l'agriculture et des occupations de la vie civile. Le mouvement propre, si compliqué, et pourtant si régulier, des planètes, les circonstances variées de leur position, soit entre elles, soit par rapport au soleil et à la lune, qu'ils en distinguaient, leur donnèrent, ils le crurent du moins, le secret de la destinée humaine et des accidents de l'histoire. Ils allièrent leurs antiques croyances avec ces connaissances nouvelles, appliquèrent leurs dieux aux astres, ou les unirent plus étroitement à ceux-ci, et construisirent, selon le zodiaque et selon la sphère qu'ils avaient trouvés [1], leur religion devenue tout astrologique, et la divination dite *apotélesmatique* qu'ils y rattachèrent. Sans nul doute, le soleil et la lune restèrent à la tête des dieux dans le zodiaque comme parmi les planètes qui y prirent leurs domiciles, chacune en deux signes opposés, et d'après leur distance au soleil, ainsi que nous le verrons plus loin. Mais les planètes, et avant tout Saturne, la plus éloignée, acquirent une importance extraordinaire, lorsqu'on eut commencé à les considérer comme les *interprètes* des volontés divines, ou, pour mieux dire, des arrêts

---

[1] Diodor. Sic. II, 30, coll. Sext. Empiric. adv. Astrolog., p. 342. Il ne reste plus guère de doute à ce sujet, après les nouvelles recherches de M. Ideler dans les Mémoires de l'Académie de Berlin, année 1838, et les concessions de M. Letronne dans le Journal des Savants, 1839, qui leur accorde aujourd'hui la division de l'écliptique en dodécatémories, quoiqu'il persiste à leur refuser et les noms des signes et les figures, selon lui d'invention grecque, tandis que M. Ideler ne reconnaît comme grecques que les figures. *Cf.* nos Éclaire. sur le livre III, t. 1er, p. 912-931.

du destin ¹. Saturne, circulant au plus haut des cieux, fut l'*interprète* par excellence, le *révélateur*², et reçut des Chaldéens le nom de *El* ou *Bel*, qui lui devint commun avec le soleil et avec l'antique et suprême divinité de tous les peuples sémitiques, distincte ou non de cet astre ³. Il paraît s'être appelé aussi, du moins chez les Arabes, *Chewan* ou *Keiwan*, nom dont on croit retrouver les analogues, soit dans la Bible, soit dans les listes des rois babyloniens et assyriens ⁴. Jupiter devint un autre *Bel* ou *Bélus*, selon toute apparence, peut-être *Bel-Gad*, l'astre du bonheur, comme il le fut partout où se répandit l'astrologie ⁵. Mars se nomma probablement *Nergal*, comme ce dieu des Cuthéens, dont le symbole était un coq ⁶; ou *Nergal-Sar-Azar*, en qualité de prince du feu, nom qu'empruntaient de lui les chefs des Chaldéens ⁷; ou encore

---

¹ Ἑρμηνεὺς, Diodor., *ibid.*

² Ὁ φαίνων, *celui qui montre, qui manifeste*, comme il faut traduire ce mot, et non pas, avec M. Letronne, *celui qui se montre, se manifeste*. C'est encore ainsi qu'il faut entendre, dans le même passage de Diodore, ἐπιφανέστατον δὲ καὶ πλεῖστα καὶ μέγιστα προσημαίνοντα.

³ Diodore poursuit, après les dernières paroles citées : καλοῦσιν ἥλιον, à quoi Wesseling substitue Ἥλον, la planète de Saturne ne lui paraissant pas plus qu'à M. Letronne, avoir pu être appelée *Soleil*. Et pourtant, dans plusieurs autres auteurs, même sur un papyrus inédit que nous a fait connaître ce dernier savant, et qui renferme un abrégé de l'astronomie d'Eudoxe, Saturne est qualifié de ἥλιος ou ἡλίου ἀστήρ, circonstance qui s'explique, soit par la double application du nom de *El* ou *Bel*, donné tantôt au Soleil, tantôt à Saturne, soit par le rapport astrologique établi entre l'un et l'autre.

⁴ *Chijun*, chez le prophète Amos; *Chyn-il-adan*, *Con-coleros*, etc., sans parler de *San-chon-iath*, d'après l'étymologie proposée par M. Movers. *Cf.* Gesenius, Comment. sur Isaïe, II, p. 343 sq.; et *ci-dessus*, p. 849 et 873.

⁵ *Cf.* Gesenius, *ibid.*, p. 337, et *ci-dessus*, p. 875.

⁶ *Cf.* pag. 22 sq. de ce tome.

⁷ Jerem. XXXIX, 3. *Azar, Assar, Asar* ou *Esar, Adar*, qui paraissent être autant de variantes du nom du feu chez les Chaldéens et les Assyriens, se trouvent en composition dans une foule de noms de leurs rois,

Merodach, qui fut le nom d'un roi de Babylone [1], et que paraît reproduire celui de *Mirrich*, appliqué à la même planète chez les Arabes, tandis que, chez les Sabiens, *Nergal* était représenté par *Nerig* [2]. Ces deux derniers noms rappellent justement l'*Anerges*, dieu fort, associé à *Astara*, c'est-à-dire à *Astarté*, sur le monument de la reine Komosarye [3]. Si ce dieu fort est Mars, la déesse, son épouse, est Vénus, c'est-à-dire ici l'étoile de ce nom, étoile de bonheur, comme Jupiter, la même que *Naama*, *Nemanoun*, *Nanaia*, des livres hébreux, sans doute aussi que l'*Anaïtis* d'Arménie et l'*Anahid* de la Perse [4]. Enfin, Mercure était appelé *Nabou*, *Nabo*, qui se rencontre si fréquemment en composition dans les noms des rois chaldéens [5], ainsi que plusieurs des noms planétaires qui précèdent.

Avec le soleil et la lune, avec les cinq planètes et les divinités qui les régissaient, prirent place dans le zodiaque, une fois qu'il eut été formé de ses douze constellations, les

comme le dernier dans l'un des noms du double dieu de Sepharvaïm, *Adra-Melech* pour *Adar-Melech*, associé à *Ana-Melech* (p. 22 et 874 ci-dessus). *Cf.* Movers, p. 340 sqq. et 410.

[1] *Merodach*, nom d'une divinité chez Isaïe, XXXIX, 1, entre en composition avec d'autres noms divins dans *Merodach-Bal-Adan*, Reg. II (IV), c. XX, 12, et probablement aussi dans *Mardokempad*, etc.

[2] Le nom composé d'un des derniers rois chaldéens, *Neriglissar*, montre que les deux noms *Nergal* et *Nerig* sont réellement identiques, quoi qu'en puisse dire Münter. Quant au rapprochement de *Merodach* et *Mirrich*, soit entre eux, soit avec *Nerig*, nous le renvoyons à Gesenius sur Isaïe, p. 345.

[3] *Voy.* la dissertation de Kœhler citée dans notre texte, p. 23, et maintenant Bœckh, Corpus Inscript. II, n° 2119, qui, au lieu de ἰσχυροῖς θεοῖς Ἀνεργεῖ καὶ Ἀστάρᾳ, lit ἰσχυρῷ θείῳ Σανεργεῖ..., par où serait infirmée l'analogie avec *Nergal* ou *Nerig*. *Cf.* ses remarques, p. 157 *ibid.*

[4] *Cf.* p. 877 sqq. *ci-dessus*, et surtout la note 7 de ces Éclaire., *ci-après*.

[5] *Nabonassar*, *Nabopolassar*, etc.; et de même dans les noms phéniciens, p. 854 *ci-dessus*. *Nabo* se trouve à côté de *Bel*, l'un et l'autre comme dieux nationaux de Babylone, dans Isaïe, XLVI, 1. *Cf.* Gesenius, p. 342 sq.

douze *Maîtres* ou *Seigneurs des dieux*, comme les appelle Diodore [1], ayant chacun leur mois et leur signe, et se retrouvant dans la grande année comme dans la petite, s'il est vrai que les rois antédiluviens ne soient autres que ces souveraines puissances du Zodiaque. Les rois dont il s'agit, venus après *Bel* et *Beltis*, le premier roi et la première reine, auxquels semblent répondre Nemrod-Ninus et Sémiramis, au début des temps historiques, sont désignés par les noms suivants : *Alorus*, *Alaparus*, *Almelon*, *Ammenon*, *Amegalarus*, *Daon*, *Aedorachus*, *Amempsinus*, *Otiartes* et *Xisuthrus*, le Noé ou le Deucalion babylonien, sauvé des eaux du déluge [2]. Est-ce à cause de son rapport avec Xisuthrus que Deucalion fut placé par les Grecs dans le Zodiaque, en qualité de Verseau [3] ? D'un autre côté, les deux premiers noms signifient-ils, comme on le croit, le *bélier de lumière* et le *taureau de feu* [4] ? S'il en était ainsi, on aurait la preuve directe que les Chaldéens n'avaient pas seulement les signes, comme dodécatémories ou divisions de l'écliptique, mais qu'ils avaient aussi et les noms et très-probablement les figures des signes au vrai sens du Zodiaque [5]. Quoi qu'il en soit, ils avaient certainement divisé le jour, aussi bien que l'année, en douze parties, l'un en heures équinoxiales, l'autre en mois solaires [6]. Ils avaient subdivisé les douze signes du Zodiaque, régis par autant de dieux, ainsi que les mois correspondants, en trente-six parties, présidées à leur tour par autant d'étoiles subordonnées aux gran-

---

[1] Θεῶν κύριοι, *ibid.*

[2] Berosi Fragm., p. 52 sqq.

[3] Ampelius, Lib. Mem., 2.

[4] *Al-or-us*, *aries lucis*; *Alap-ar-us*, *taurus ignis*, suivant M. Movers, p. 165.

[5] S'ils eurent les noms, ces noms identiques à ceux des Grecs et aux nôtres, que leur accorde seuls M. Ideler, il est plus que probable, selon la remarque de M. Letronne, qu'ils durent par cela même avoir les figures : aussi M. Letronne leur refuse-t-il les uns comme les autres.

[6] Herodot. II, 109; Diodor. II, 30.

des divinités zodiacales, et nommées *Dieux conseillers* [1]. De ces dieux secondaires, est-il dit, la moitié habite au-dessus, l'autre moitié au-dessous de la terre, pour la surveiller; et tous les dix jours l'un d'eux est envoyé, en qualité de messager, de la région supérieure à l'inférieure; un autre passe de celle-ci dans celle-là par un invariable échange. Ces trente-six dieux sont les *Décans*, ainsi appelés, parce que chacun d'eux règne pendant dix jours sur un tiers de signe; et comme, chaque dixième jour, le tiers d'un signe, ou la trente-sixième partie du Zodiaque, monte au soir sur l'horizon, tandis qu'un autre descend au-dessous, on voit que l'échange précité n'est autre chose que le fait astronomique résultant du mouvement propre du soleil. Partageant la sphère entière en dehors du Zodiaque, comme ils avaient fait le Zodiaque lui-même, les Chaldéens, pour achever leur construction à la fois scientifique et religieuse, distinguaient douze étoiles ou constellations dans la partie boréale du ciel, et douze autres dans la partie australe, disant que celles-là qui se voient sont préposées aux vivants, et que les invisibles sont assignées aux morts, et les appelant *juges de l'univers* [2]. Ce sont, astronomiquement, les paranatellons des signes, c'est-à-dire, les étoiles qui montent sur l'horizon en même temps que chacun d'eux, de sorte que la sphère se trouve divisée en douze segments coupant obliquement le Zodiaque, et renfermant les paranatellons de chaque signe. Cette division de la circonférence du ciel en douze parties entraînait de toute nécessité, selon l'observation judicieuse d'un savant archéologue [3], la division de la révolution diurne, du jour naturel ou nycthémère, en douze et non en vingt-quatre heures, par conséquent les heures équinoxiales, justement nommées *babyloniennes* par quelques chronologistes

---

[1] Θεοὶ βουλαῖοι. Diodor., *ibid*.
[2] Δικασταὶ τῶν ὅλων. *Ibid*.
[3] M. Letronne, dans l'article déjà cité du *Journal des Savants*, auquel nous empruntons toute cette partie de notre exposition.

anciens [1]. Ainsi, comme les douze mois répondaient aux douze signes, dans l'année, non-seulement solaire, mais astronomique et zodiacale des Chaldéens, les douze heures, astronomiques aussi, et comptées d'un soleil à l'autre, répondaient à la fois aux douze mois de l'année et aux douze signes du Zodiaque. La révolution diurne et la révolution annuelle étaient en accord, se fondant l'une et l'autre sur le système duodécimal donné par l'ordre de la nature.

Maintenant, et pour revenir à la religion astronomique des Chaldéens, le soleil et la lune, distingués, comme nous l'avons vu, des autres planètes, y jouèrent toujours un rôle dominant, alors même qu'ils se combinèrent avec elles dans le Zodiaque et dans une classification des sept planètes, selon leur nature et leurs influences supposées, dont il nous reste à parler. Cette classification, qui ne paraît pas être d'une bien haute antiquité, dérivait de la conception vraiment antique, suivant laquelle le soleil et la lune, ou les grandes divinités, mâle et femelle, qui les représentaient chez les Babyloniens, et en général chez les peuples d'origine sémitique, exerçaient sur la terre et sur les hommes une action tour à tour bienfaisante et malfaisante, propice ou funeste. Ils furent considérés, et bientôt avec eux les dieux ou déesses des planètes proprement dites, comme les auteurs de la génération et de la destruction de toutes choses [3]. L'astrologie s'empara de cette conception, et, la pliant à ses vues

---

1. Le papyrus inédit dont il a été question plus haut met hors de doute que les Grecs eurent connaissance de ces heures doubles dès le temps d'Eudoxe.

2. Il est certainement très-remarquable de voir ainsi, sur les points fondamentaux, le calendrier chaldéen s'écarter du calendrier des peuples sémitiques, tandis qu'au contraire il se rapproche de celui des peuples de race iranienne. C'est une induction de plus, et non pas la moins forte, à l'appui de la conjecture émise plus haut, relativement à l'origine de la caste sacerdotale et savante de Babylone. *Cf.* Letronne, *ibid.*

3. C'est ce qu'Eusèbe (Præpar. Evang. I, p. 27, coll. 26, 33) dit positivement de la doctrine des Phéniciens et de celle des Égyptiens.

58.

sur la nature intrinsèque des planètes, mise en rapport, ainsi que leur sexe, avec les principes constituants du monde, qui étaient, d'après les Chaldéens, l'humide et le sec, le chaud et le froid, le chaud et l'humide principes de bien, le froid et le sec principes de mal [1], elle en tira la distribution suivante des sept astres en question. Ils furent partagés en trois classes, deux bienfaisants, deux malfaisants, les trois autres mitoyens et communs, c'est-à-dire équivoques, tantôt bons, tantôt mauvais [2]. Jupiter et Vénus passèrent pour bienfaisants, qualifiés plus tard de *grande* et de *petite fortune* chez les Sabiens; Saturne, au contraire, appelé la *grande*, et Mars la *petite infortune*, passèrent pour malfaisants; le soleil, la lune et Mercure furent regardés comme équivoques [3]. Ces idées, ces distinctions de bien et de mal, également appliquées aux signes du Zodiaque, et diversifiées entre elles selon les différents aspects des planètes et leurs rapports avec les signes ou leurs divisions, les décans, formèrent un ensemble singulièrement compliqué. Au centre du système, et comme chez Ptolémée, qui tient en principe des Chaldéens cette ordonnance établie sur leurs observations, demeura le soleil, placé entre les trois planètes supérieures et les trois inférieures [4],

[1] Cl. Ptolem. Tetrabibl., I, fol. 5. *Cf.* Stuhr, *Religionsformen der heidnischen Vœlker*, I, p. 421 sqq. La doctrine chaldéenne sur les principes du monde, élevée à une plus haute généralité et sous une forme plus antique, nous est donnée dans le passage suivant des *Philosophumena*, attribués à Origène (p. 38 ed. Wolfii) : « Diodore d'Érétrie et Aristoxène le Musicien disent que Pythagore visita le Chaldéen Zaratas. Il apprit de lui qu'il existe deux principes originels des êtres, le père et la mère ; le père qui est lumière, la mère qui est ténèbres. Les parties de la lumière sont le chaud, le sec, le léger, le prompt; celles des ténèbres, le froid, l'humide, le lourd, le lent. Le monde se compose de tous ces éléments, ramenés aux deux principes mâle et femelle. »

[2] Plutarch. de Isid., c. 48.

[3] *Cf.* Norberg, Onomastic. Cod. Nasaræi, p. 76 sqq.

[4] Cette ordonnance, déjà connue de Pythagore, et qui mettait le soleil *au milieu*, a donné à croire que ce philosophe faisait du soleil le

prenant avec chaque heure, chaque jour, chaque mois, un caractère différent, suivant qu'il se trouvait sous l'influence de telle ou telle des planètes, dont chacune avait aussi son heure, son jour, son mois déterminés, et son signe dans le Zodiaque. A la planète sous l'invocation de laquelle avait été placée la première heure du jour, à partir de minuit, fut aussi consacré le jour entier; et de là vint cette attribution des jours de la semaine aux sept planètes, la *semaine planétaire*, fondée certainement sur l'astrologie. La première heure était assignée à Saturne, la seconde à Jupiter, et ainsi de suite, d'après la distance des planètes à la terre, selon l'ordonnance qui vient d'être dite, jusqu'à ce que toutes les heures du jour eussent été épuisées; et alors on recommençait, la première heure du jour suivant, et avec elle le jour entier, étant attribués au soleil, la première du troisième à la lune, etc.[1]. Sur le même principe, nous l'avons déjà dit, les douze signes du Zodiaque, et avec eux les douze mois de l'année, furent distribués entre les sept planètes, dont les cinq proprement ainsi nommées eurent chacune deux signes, le soleil et la lune un signe chacun : c'est ce qu'on appela leurs *mai-*

---

centre du monde et des mouvements célestes, idée qui n'était pas même celle de Philolaüs, à qui on l'a également attribuée. *Voy.* les excellentes *Études sur le Timée de Platon*, par M. H. Martin, tom. II de sa traduction, p. 92 sqq., 101 sqq.

[1] *Voy.* sur la semaine planétaire le passage classique de Dion Cassius, XXXVII, 19. M. Letronne, qui insiste fortement sur la distinction de la semaine planétaire, tout astrologique, et de la période de sept jours, très-ancienne en Orient et liée au cours de la lune, trouve, du reste, peu vraisemblable l'explication de la première, donnée par Dion. Il l'explique par la correspondance établie entre les planètes et les décans du Zodiaque, comme sur le planisphère dit de Bianchini, où, en prenant les noms des planètes qui commencent chaque signe, on a l'ordre des jours de la semaine désignés par les planètes. *Cf.* ses *Observat. sur l'objet des représentations zodiacales qui nous restent de l'antiquité*, p. 98 sqq., et son écrit sur l'*Origine grecque des Zodiaques prétendus égyptiens*, Revue des Deux-Mondes, 15 août 1837. p. 487 sq.

sons ou leurs *domiciles*. Ceux du soleil et de la lune leur furent assignés au point culminant du premier de ces astres, d'où vient que la lune résida dans le Cancer, le soleil dans le Lion. Tous les autres domiciles, répartis entre les cinq planètes propres, ayant été subordonnés à ces deux principaux, les cinq, à partir du Cancer, comptés en arrière, formèrent la partie lunaire du Zodiaque; les cinq qui suivaient le Lion, la partie solaire, le tout en observant la distance au soleil [1]. C'est ce qui des sept planètes en fit douze, six solaires et six lunaires, se correspondant entre elles dans le Zodiaque, et soumises ainsi aux douze *seigneurs* ou *maîtres des dieux*, dont nous avons parlé d'après Diodore, c'est-à-dire, aux génies des douze signes et des douze mois, aux douze *puissances des dieux* ou *souverains du Zodiaque*, comme ils sont encore nommés [2], dont le soleil, la lune et les planètes revêtent le caractère, selon qu'ils se trouvent dans tel ou tel des domiciles présidés par eux [3]. Le soleil, la lune, les planètes, et toute l'armée des cieux, furent, dès la haute antiquité, les principaux objets de l'adoration des Chaldéens [4]; mais, par

[1] *Voy.*, entre autres, Porphyr. de Antro Nymphar., c. 22, p. 20. Mercure, le plus près du soleil, eut son double domicile dans la Vierge et dans les Gémeaux; Vénus, dans le Taureau et dans la Balance; Mars, dans le Bélier et le Scorpion; Jupiter, dans les Poissons et dans le Sagittaire; Saturne, dans le Verseau et le Capricorne. Les sept planètes occupant leurs domiciles propres, et représentant ainsi le *thème natal* du monde, au début de la grande année, se voient sur les médailles d'Antonin, savamment expliquées par l'abbé Barthélemy, et dont l'une est gravée dans la pl. LI, 195, de notre tome IV. *Cf.* l'explic., p. 101 sq., et notre tome I, p. 924 sqq.

[2] Θεῶν δυνάμεις, Julian. in Sol., p. 148; ζωδιοκράτορες, Jamblich. de Myster. Ægypt. II, 9.

[3] Procl. in Tim. I, p. 33.

[4] Les Juifs, à l'époque où ils étaient tombés sous l'influence des Assyriens et des Chaldéens de Ninive et de Babylone, dans le cours du VIIe siècle avant J. C., sacrifiaient au *soleil*, à *la lune*, aux *hôtelleries* (*Mazzaloth*), et à *l'armée entière du ciel*, II Reg. (IV), c. XXIII, 5. M. Movers

l'astrologie, par cette sympathie merveilleuse qu'ils crurent reconnaître entre les phénomènes célestes et les événements de la terre, leur religion fut de plus en plus subordonnée à l'astronomie, qui ne faisait qu'un avec elle, aux conceptions et aux constructions communes à la vraie et à la fausse science.

Personne n'a mieux caractérisé que Philon le Juif, dans le passage qui vient d'être indiqué et qui mérite d'être cité ici en entier, l'esprit de cette religion astrologique des Chaldéens; personne n'en a mieux fait ressortir le côté séduisant, et en même temps le vice fondamental. « Les Chaldéens, dit-il, avant tous les autres peuples, paraissent avoir perfectionné l'art astronomique et généthliaque. En rattachant les choses terrestres aux choses d'en haut, et le ciel au monde inférieur, ils ont montré dans cette sympathie mutuelle des parties de l'univers, séparées quant aux lieux, mais non pas en elles-mêmes, l'harmonie qui les unit par une sorte d'accord musical[3].

pense que les planètes ne pouvant manquer ici, à la suite du soleil et de la lune, les *hôtelleries* dont il s'agit ne sont autres que leurs domiciles dans les signes du Zodiaque, d'après l'arrangement que nous venons de voir, et il les retrouve sous la même dénomination dans le livre de Job (XXXVIII, 32). Un siècle auparavant, l'astrologie chaldéenne aurait été introduite en Égypte, par Pétosiris et Nechepso, le second prédécesseur de Psammétichus (Seyffarth, *System. Astron. ægypt.*, p. 3 et 212, coll. Movers, *Phœn.*, I, p. 82 sq.); et c'est précisément au VIII° siècle que M. Ideler, en vertu de divers rapprochements, croit pouvoir fixer l'invention du Zodiaque, instrument de l'astrologie, à Babylone (Mém. cité p. 896 *ci-dessus*).

[1] Συμπάθειαν τὰ ἐπίγεια τοῖς οὐρανίοις, Sext. Empir. adv. Mathem., V, p. 338, coll. Phil. de Abraham., p. 260.

[2] Dans l'exposition qui précède, du système astrologique des Chaldéens, nous avons suivi Gœrres, *Mythengesch.*, p. 277 sqq., et surtout Movers, *Phœniz.*, I, p. 161 sqq.

[3] Cette idée d'un accord musical, d'une harmonie du monde, serait également attribuée aux Chaldéens, à la fin du passage des *Philosophumena* d'Origène cité plus haut, si c'est d'eux qu'il faut entendre : Εἶναι δὲ τὸν κόσμον φασὶν καὶ μουσικὴν ἁρμονίαν.

Ils ont conjecturé que le monde qui tombe sous les sens est dieu, ou en soi, ou tout au moins par l'âme universelle qui le vivifie ; et, en consacrant cette âme sous le nom de *destinée* ou de *nécessité*, ils ont flétri la vie humaine d'un véritable athéisme ; car ils ont donné à croire que les phénomènes n'ont pas d'autre cause que ce qui est visible, et que c'est du soleil, de la lune et du cours des étoiles que dépendent le bien et le mal de chacun. » Il ne faut, du reste, pas plus prendre à la lettre l'athéisme dont parle Philon et le matérialisme qui en serait la conséquence, que le langage, différent seulement en apparence, de Diodore de Sicile, quand il s'exprime ainsi : « Les Chaldéens disent que le monde, par sa nature est éternel, qu'il n'a point eu de commencement et qu'il n'aura pas de fin. Quant à l'ordre et à la beauté qui règnent dans l'univers, ils les attribuent à une *Providence divine*, et ils prétendent que maintenant (pendant l'âge actuel) les phénomènes, quels qu'ils soient, qui se passent aux cieux, s'accomplissent, non pas au hasard ni spontanément, mais en vertu d'une décision des dieux, fixée d'avance et fermement arrêtée[1]. » La Providence dont il s'agit ici n'est autre, on le voit, que l'intelligence ordonnatrice, non créatrice, du monde, se conciliant d'une part avec son éternité, d'autre part avec la marche régulière, invariable, des astres, soumis à une volonté, à une loi suprêmes. Cette loi, cette volonté sont au fond la même chose que la *destinée* ou la *nécessité* de Philon le Juif, la *destinée* et la *beauté* de Philon de Byblos, c'est-à-dire, la *Thouro-Chousarthis* de la théologie phénicienne, double symbole de l'ordre immuable et de l'admirable harmonie qui se révèlent dans l'univers[2]. Quant à la Providence ou à l'intelligence ordonnatrice qui organisa le monde au commencement des temps, nous la connaissons également par ce qui précède ; c'est *Bel* ou *Bélus*, c'est le Démiurge, principe de vie et de lumière, résidant par delà les sept

---

[1] Diodor. II, 30.
[2] *Cf.* les deux précédents Éclaircissements, p. 848, 865, 880.

firmaments ou les sept sphères que reconnaissait la cosmologie des Chaldéens[1], manifesté au milieu d'elles par le soleil, son représentant, et descendu sur la terre, nous l'avons vu, pour y former l'homme et la société, après avoir formé le monde[2].

Du reste, nous pensons, avec M. Movers, que l'astrologie, dont Gesenius a voulu faire l'essence, non-seulement de la religion chaldéenne, mais de toutes les religions des peuples de l'Asie occidentale[3], ne put jamais être l'élément primitif d'une religion quelconque. C'est un système beaucoup trop artificiel, beaucoup trop arbitraire, qui ne dut se former que successivement, après des observations réitérées sur le cours des astres, et au sein d'une caste sacerdotale, s'occupant avec prédilection d'astronomie. A plus forte raison ne saurions-nous admettre que les deux grandes divinités, mâle et femelle, des Babyloniens, des Phéniciens et des autres nations sémitiques n'aient été autre chose, soit dans leur principe, soit dans leur développement, que les deux planètes d'heureux augure, Jupiter et Vénus[4]. En émettant une pareille théorie, on a tacitement supposé, mais sans s'inquiéter de le faire comprendre, comme dit ingénieusement M. Movers, que la notion d'un Être suprême peut se rattacher n'importe à

---

[1] Au-dessus était une huitième sphère, celle des fixes, et au-dessus encore le séjour de l'âme universelle, à la fois lumière, feu, éther, et qui anime tous les mondes, le monde supérieur et divin, le monde intermédiaire qui est le nôtre, et le monde inférieur ou l'Enfer, tout cela si l'on s'en rapporte aux témoignages de Proclus ap. Simplic. in Aristot. de Cœlo, et de Cedrenus, Chronic., admis, mais cités peu exactement par Gœrres, p. 311 sq. On peut comparer aussi sur la hiérarchie des dieux supérieurs ou inférieurs des Chaldéens, en rapport avec le ciel et le monde, Jamblique, de Myst. Ægypt., p. 2, 7, 29, 32 sqq., 41 sqq. et *passim*, avec les notes de Th. Gale.

[2] *Cf.* p. 891, *ci-dessus*.

[3] Dans le second *Excursus*, déjà cité plus d'une fois, à la fin de son Commentaire sur Isaïe, II, p. 327 sqq.

[4] Münter, *Relig. d. Babyl.*, p. 16 sqq., s'était déjà élevé contre cette idée.

quel objet de la nature. Quand on assigne un tel rang à deux planètes, on méconnaît, non-seulement l'essence de la religion et de l'idée divine dans l'antiquité en général, et en particulier chez les peuples susdits, dont les grands dieux ne furent rien moins que de simples étoiles; mais on présente sous un point de vue trop étroit même le système de religion astrologique qui a été exposé plus haut. Lorsqu'il se fut développé chez les Chaldéens, ses premiers auteurs, le soleil et la lune, auxquels étaient subordonnées toutes les étoiles, demeurèrent, ou plutôt devinrent d'une manière exclusive leurs principales divinités. Toutes les puissances des planètes, du Zodiaque et de l'armée entière des cieux, furent considérées comme procédant du soleil. Parmi les planètes, les unes (Jupiter et Vénus) reçurent de lui les bonnes, les autres (Saturne et Mars) les mauvaises influences; ou bien, d'après une manière de voir différente, les influences mauvaises, innées en elles, dominèrent les bonnes transmises du soleil, et celles-là comme celles-ci se répandirent ensuite sur les domiciles des planètes dans le Zodiaque, par où elles réagirent sur le soleil lui-même [1]. Il ne faut donc pas chercher aux dénominations de *grande* et de *petite fortune*, de *grande* et de *petite infortune*, usitées chez les Sabiens pour les planètes de Jupiter et de Vénus, de Saturne et de Mars, une importance exagérée, pas plus qu'il ne faut entendre des deux premières planètes les noms de *Jupiter* et de *Vénus*, que les écrivains grecs et romains donnent à *Bel* et à *Mylitta* ou *Beltis*, au grand dieu et à la grande déesse de la nature chez les Babyloniens [2].

La religion vraiment antique et vraiment nationale de ce peuple fut, en effet, quoique avec un élément sidérique déjà prédominant, une religion de la nature, dans un sens beaucoup plus large, plus naïf et plus élevé à la fois, et sous des

---

[1] *Voy. ci-dessus*, p. 902, la raison donnée, avec plus de certitude peut-être, des bonnes et des mauvaises influences planétaires.
[2] Movers, p. 167 sqq., coll. Münter, p. 18 sq.

formes beaucoup plus symboliques, plus riches, plus poétiques qu'on ne serait tenté de le croire, d'après la transformation astrologique qu'elle subit, et que nous font surtout connaître les documents écrits qui nous sont parvenus. Toutefois, on entrevoit, chez les prophètes hébreux qui vécurent à Babylone, comme un reflet de ce symbolisme oriental qui nous a frappés dans les fragments cosmogoniques de Bérose; et que nous retrouvons sur les cylindres, sur les pierres gravées, et sur les autres monuments, malheureusement trop peu nombreux encore, provenant des ruines de cette grande cité. Les visions d'Ézéchiel, celles de Daniel, sont remplies d'images puisées à cette source; et Jérémie s'écrie[1]: « C'est un pays d'idoles, et ils font gloire d'être idolâtres! » Zacharie[2], de son côté, relègue dans la contrée de Sinéar le démon lui-même de l'idolâtrie. Si nous consultons les auteurs profanes, ils nous donnent la plus haute idée de la magnificence colossale de l'art babylonien et de son caractère significatif, dans la représentation des symboles divins comme dans la structure des temples qui les recélaient. La tour ou pyramide du temple de Bélus, laquelle servait d'observatoire à ses prêtres astronomes, possédait, au rapport d'Hérodote[3], dans le plus élevé des huit étages, bien certainement emblématiques[4], dont elle se composait, une grande chapelle où était dressé un grand lit; à côté duquel se trouvait une table d'or; mais on n'y voyait aucune statue; le dieu était censé y visiter chaque nuit en personne la vierge qu'il avait choisie, comme faisait aussi dans son temple d'Égypte le Jupiter de Thèbes, donnant l'un et l'autre l'exemple des voluptés sacrées qu'ils prescrivaient à leurs adorateurs. Au bas était une autre

[1] I, 38.
[2] V, 11.
[3] I, 181—183, *ibi* Bæhr.
[4] Nous venons de voir les huit plutôt que les sept sphères, et nous avons trouvé plus haut (p. 892) une octade cosmogonique qui semble y correspondre.

chapelle où l'on voyait, au contraire, une grande statue d'or de Bélus, ayant auprès d'elle une table d'or, et assise sur un trône d'or également, ainsi que son marchepied; le tout de la valeur énorme de huit cents talents d'or. Hérodote parle encore d'une autre statue, probablement aussi de Bélus, située dans l'enceinte du temple, et qui, d'or massif, n'avait pas moins de douze coudées de haut, au rapport des prêtres; car il ne l'avait pas vue. Quant à Diodore, dont les récits sont moins sûrs, quoiqu'ils viennent de Ctésias, et en partie pour cela, il dit que sur le pinacle de la tour étaient trois statues d'or, travaillées au marteau, par conséquent non massives, représentant *Jupiter*, *Rhéa* et *Junon*, c'est-à-dire, selon toute apparence, *Bel* ou *Bélus*, *Atergatis* ou *Dercéto*, et *Mylitta* ou *Beltis*. La statue de Jupiter était debout, et dans l'attitude de la marche; elle avait quarante pieds de hauteur, et pesait mille talents babyloniens. Celle de Rhéa, du même poids, était assise sur un char d'or, ayant sur ses genoux deux lions, et près d'elle deux serpents d'argent d'une grandeur extraordinaire, dont chacun pesait trente talents. Cette image rappelle à plusieurs égards celle de la déesse de Syrie à Hiérapolis, et celle de Cybèle, accompagnées également de deux lions[2]. Enfin la statue de Junon était debout, et pesait huit cents talents; dans la main droite, elle tenait un serpent par la tête; dans la gauche un sceptre orné de pierreries. On peut croire que les serpents, comme les lions, représentaient ici les forces malfaisantes ou destructives de la nature, les mauvais génies ou les mauvais principes, domptés et soumis par le pouvoir supérieur des deux grandes déesses. On peut croire aussi que les figures hybrides, monstrueuses de toute sorte, qui, suivant Bérose, étaient exposées dans le temple de Bélus, et auxquelles il

---

[1] *Voy.* Diodor. II, 8, coll. Ctesiæ fragm. pag. 406 sq., ed. Bæhr, qui défend (p. 35 sqq.) d'une manière trop absolue l'autorité de Ctésias, trop rabaissée, il est vrai, par d'autres.

[2] *Voy.* le texte de ce tome, p. 29 et 67, avec nos pl. LIV, 207, LV, 207 a, LVII, 229, et l'Explicat. p. 105, 115, tome IV.

donne un sens purement cosmogonique¹, n'étaient sans rapport, ni avec la théologie plus ou moins mystique, ni avec les croyances populaires des Babyloniens, et avec leur démonologie, qui paraît avoir été très développée². Ce qu'il y a de sûr, c'est que les images d'hommes à deux et à quatre ailes, à deux visages sur un même corps, les hermaphrodites, les figures composées de l'homme et de divers animaux, tels que les pans ou les satyres, les hippocentaures, les taureaux à tête humaine, les hommes ou femmes finissant en queue de poisson, et bien d'autres de ce genre, se montrent à chaque instant sur les cylindres et les pierres gravées babyloniennes ou assyriennes; et y jouent un rôle dans des scènes mythologiques et dans des cérémonies religieuses. Il y a là, sans aucun doute, des dieux et des déesses, des démons, des génies, comme il y a des héros et des héroïnes, des prêtres, des initiés, des rois et des reines assimilés aux divinités nationales de l'un et de l'autre sexe. On y rencontre aussi des symboles qui, de même que plusieurs de ces figures, se retrouvent, d'une part, sur les monuments de Persépolis, imités de ceux de Ninive et de Babylone; d'autre part, sur les monuments de la Phénicie, de la Syrie et même de l'Égypte, formant ainsi entre toutes ces contrées un lien mystérieux de religion et d'art.

Qu'il nous suffise de citer, en preuve de ce que nous venons d'avancer, un petit nombre de monuments, parmi lesquels nous mettons au premier rang, comme les copies ou comme les types de ceux de Babylone, les statues colossales de taureaux à face humaine qui ornaient les portes d'un des palais de Ninive, retrouvé par M. Botta³, et les

¹ *Cf.* p. 889 sqq. *ci-dessus*.
² *Cf.* Münter, p. 87 sqq. Il conjecture, p. 63 sq., que ces figures étaient principalement représentées sur les fameux tapis babyloniens, *Babylonica belluata*, comme les nomme Plaute.
³ *Voy.* ses Lettres à M. J. Mohl, déjà citées, planches I, XVI, XX, XXXVI, XXXVIII, L surtout, en attendant les beaux dessins, plus nombreux et plus complets, de M. Flandin.

figures des dieux mêlées à celles des rois, des prêtres, des guerriers, dans les scènes historiques qui en décoraient les murailles. Plusieurs de ces figures, du reste entièrement humaines, sont munies de grandes ailes; mais l'une d'elles, qui accompagne les taureaux, symboles de la vie et de la création terrestres, porte sur un corps d'homme, ailé aussi, une tête d'aigle ou de vautour : ce doit être, si nous ne nous trompons, *Nisroch*, dont le nom signifie *aigle*, et qui était à Ninive le dieu tutélaire des rois[2]. Une figure à peu près semblable paraît sur un des cylindres publiés dans nos planches, ayant entre les ailes une étoile à nombreux rayons, et accompagnée d'une autre figure divine que surmonte un croissant, et qui porte sur sa poitrine des emblèmes de vie et de lumière[3]. Les Hamiarites adoraient, sous le nom de *Nesruachi*, une idole à forme de vautour, et les Sabiens donnaient à la planète de Jupiter la tête de cet oiseau[4]. Chez les Perses, l'aigle était à la fois le symbole d'Ormuzd et celui du grand roi; et nous avons vu que le grade suprême dans les mystères de Mithra s'appelait du nom de l'aigle ou de l'épervier[5]. Une autre figure ailée, mais à quatre ailes, sur un autre cylindre[6], étouffe, en les serrant par le cou, deux autruches dressées contre elle; et des luttes analogues contre des oiseaux, des griffons,

---

[1] *Conf.* nos Éclaircissements sur le livre II, p. 718, 721, 724 du tome I, et les monuments auxquels nous renvoyons, dans nos planches et ailleurs.

[2] Isaïe, XXXVII, 38, et II des Rois (IV), XIX, 37. *Cf.* Selden, de Diis Syris, édit. de Beyer, 1680, avec les additions de ce dernier, p. 254, 323 sqq.; et surtout Gesenius, Comment. d'Isaïe, I, 2, p. 975 sq.

[3] *Voy.* notre tome IV, planche XXII, 125 a. Nous ne saurions tenir aujourd'hui à aucune des conjectures hasardées par nous sur les représentations des cylindres, dans les Éclaircissements du livre II; mais nos réflexions générales, p. 726 sqq., subsistent, et peuvent encore être utiles pour l'interprétation de ces curieux monuments.

[4] *Cf.* Gœrres, *Mythengesch.*, p. 292, *ibi* citat.

[5] *Cf.* livre II, p. 341 et 360 du tome I.

[6] Tome IV, pl. XXIV, 124, 124 a.

des lions, des taureaux, qui se reproduisent sur une foule de monuments du même genre[1], et où triomphe un personnage mitré ou non, qui semble le symbole de la force héroïque, conduisent à l'idée d'un Hercule assyrien ou babylonien, le même que l'Hercule phénicien, cilicien, lydien, incarnation du dieu solaire Bel ou Baal, et que nous savons avoir porté les noms de *Sandan* ou *Sardan*, avoir tour à tour vaincu par le courage et succombé par la volupté, avoir été de tout point le type divin de Sardanapale, mort comme lui sur un bûcher, et confondu avec lui dans une même légende et dans un même nom[2]. Quelquefois le personnage qui combat le lion, emblème probable du mauvais principe, a lui-même les parties inférieures du taureau, représentant alors le bon principe[3]. Sur des cylindres trouvés à Babylone, comme plusieurs de ceux qui offrent les images précédentes, se voient des scènes d'initiation et de sacrifice où figurent des dieux à formes tout à fait humaines, mais en rapport manifeste avec les astres, avec le soleil et la lune, vraisemblablement aussi avec les planètes. Un de ces dieux est monté sur une licorne, l'animal pur par excellence, selon le Zendavesta, et remet un insigne symbolique à un personnage, probablement un roi, au-dessus duquel plane son bon génie, et que suit un second dieu, armé de toutes pièces comme le premier, et tenant un collier à la main[4]. Un autre dieu, assis sur un siége à pieds de bœuf et précédé d'un croissant, accueille une femme que lui présente une prêtresse richement parée, et fait songer involontairement à Bélus[5]. Un homme à genoux, placé entre un prêtre, selon toute apparence, et le dieu qu'il implore,

---

[1] *V.* notre pl. XXVII *bis*, 124 *b* et *c*, 122 *a* et *b*; Münter, *Relig. der Babylon.*, tab. II, fig. 15, 19, 20—24; F. Lajard, Recherches sur le culte de Vénus, pl. I, fig. 2, 3, 4, 5.

[2] *Cf.* le texte de ce tome II, p. 179, et notre note 11 dans les Éclaircissements qui s'y rapportent, ci-après.

[3] Pl. XXVII *bis*, 122 *b*.

[4] Pl. XXIII, 120. Une scène du même genre se voit sur un des cylindres publiés par M. Lajard, *ibid.*, pl. I, fig. 16.

[5] Pl. XXI, 121.

reçoit d'en haut comme le baptême des eaux célestes, qui lui sont versées par un dieu dont le symbole est un poisson[1]. Ceci nous rappelle le dieu de l'intelligence, Oannès, demi-homme et demi-poisson, en effet; et les dieu et déesse à formes de poisson, *Dagon* et *Atergatis* ou *Dercéto*, qui furent communs à la Phénicie et à Babylone, et que nous pensons retrouver sur une pierre gravée venue de cette ville[2]. Du reste, les déesses comme les dieux, nous en avons déjà vu des exemples, furent souvent représentés sous des formes purement humaines, ainsi qu'en témoignent d'autres monuments. L'on croit voir, par exemple, assise sur un trône que décorent deux chiens en sautoir, et posant ses pieds sur un lion couché, la grande déesse de la nature, *Mylitta*, coiffée d'une riche tiare, entourée de tiges, d'épis et de graines qui lui forment une sorte d'auréole, ayant un tétragone sur la poitrine et un sceptre dans la main; au-devant d'elle sont les deux flambeaux de la nuit et du jour, surmontant un autel où l'on remarque la tête d'un bélier déjà immolé en l'honneur de la déesse; une femme, déesse elle-même ou prêtresse, coiffée de cornes de vache, lui amène un homme dont la tête est rasée comme celle des prêtres, et qui porte dans ses bras une autre victime encore vivante, probablement une gazelle; suit une seconde femme à la tête tiarée, tenant un arbrisseau, et accompagnée d'un chien[3]. Ailleurs, l'image de la grande déesse, de la Vénus

---

[1] Münter, *ibid.*, tab. I, fig. 8.

[2] *Cf.* p. 881 ci-dessus, et notre pl. LIV, 202, avec l'explicat.

[3] Cylindre publié d'abord dans les Mines de l'Orient, III, 3, tab. II, fig. 11, et reproduit par M. Münter, tab. I, fig. 5. Une autre scène d'offrande et de supplication, sur un autre cylindre (Mines, III, 1, tab. III, fig. 3, et Münter, tab. I, fig. 10), devant un dieu debout et armé, à l'aspect terrible, avec quatre têtes coupées entre deux lignes de caractères cunéiformes, pourrait s'adresser à *Nergal* ou *Nerig*, surtout quand on se rappelle que le dieu de la planète de Mars, chez les Arabes, était représenté tenant d'une main par les cheveux une tête coupée, de l'autre un glaive (Gesenius sur Isaïe, p. 344 sq.).

assyrienne ou orientale, comme on l'appelle, espèce de Bhavani, semble remonter par la figure à la fois mâle et femelle, type de l'hermaphrodite, et par divers attributs non moins caractéristiques, jusqu'au couple primordial dans lequel *Omorca* ou *Tauthe*, principe de toute génération matérielle, coexistait d'abord avec le principe supérieur qui se sépara d'elle en la fécondant, qui la divisa pour créer le monde ¹. Il est probable qu'à Babylone comme à Paphos eu Cypre, comme en Phénicie et en Syrie, elle était représentée par une figure conique et par le Ctéis ou Yoni, uni ou non au phallus ². Le triangle, symbole manifeste de la

¹ *Voy.* p. 891 sqq. *ci-dessus*, et le Mémoire de M. F. Lajard *Sur une représentation figurée de la Vénus orientale androgyne*, dans les Nouvelles Annales de l'Institut archéologique, tome I, et plus complètement dans ses Recherches sur le culte de Vénus, p. 31 sqq., avec la pl. I, n° 1. *Cf.* le dieu *Vénus* ou *Aphroditos* de l'île de Cypre, d'origine certainement phénicienne ou chaldéenne, androgyne aussi, et qui est peut-être le véritable sujet de cette représentation, dans le texte de ce livre IV, ch. III, p. 85 sq. *ci-dessus*.

² Le Ctéis accompagne l'image qui vient d'être mentionnée, et se retrouve sur d'autres pierres gravées ou des cylindres. Quant au cône, qui est la forme même de la pierre gravée qui la porte, et de beaucoup d'autres du même genre, on le voit sur les monuments babyloniens aussi bien que sur les phéniciens, et quelquefois doublé comme sur ceux-ci. (*Cf.* le texte de ce tome, p. 221 sq., avec la note 12 de ces Éclaircissements, *ci-après*; nos pl. LIV et LV, fig. 204—206, 209—211, avec l'explication; et le Mémoire cité de M. Lajard, p. 52, 63, 69 sqq., avec les figures qui y sont indiquées, surtout pl. I, n°ˢ 2, 8, 10—12, et la pierre de Tak Kesra, vulgairement nommée le *Caillou de Michaux*, dont la gravure a été donnée par Millin, Mon. ant. inéd., tom. I, pl. VIII et IX.) M. Movers, ainsi que nous l'avons vu plus haut, p. 877, découvre dans le nom de la déesse de Syrie, identique à Mylitta, l'idée du Ctéis, où il reconnaît également l'un des symboles de cette divinité; le phallus, on le sait d'ailleurs, lui était consacré, et ce savant soupçonne, dans l'un ou dans l'autre de ces emblèmes de la puissance génératrice, l'idole cachée des *Succoth Benoth*, de ces tabernacles de la *Vénus* babylonienne, asiles du culte voluptueux que lui rendaient les femmes

triade, si chère aux Chaldéens, ne manque non plus ni sur les cylindres, ni sur les pierres gravées ¹; et sur ces monuments, ainsi que sur les médailles et même sur les vases, depuis l'Assyrie jusqu'à la Phénicie et à l'Égypte, et de l'Asie-Mineure jusqu'en Étrurie, se reproduit, sous la forme de la croix ansée, longtemps regardée comme exclusivement égyptienne, l'emblème de la vie divine, qui semble attester ainsi l'unité primitive de toutes les religions aussi bien que de tous les peuples sémitiques ². (J. D. G.)

du pays, et dont *Sicca Venerea*, siége d'un semblable culte en Afrique, reproduisait vraisemblablement le nom et l'idée (p. 23 *ci-dessus*, et la note dernière des Éclaircissements sur ce livre). — M. Creuzer, dans sa 3ᵉ édition, revenant sur le passage d'Hérodote qui concerne le tribut de volupté payé à Mylitta par les femmes de Babylone (p. 25 du texte de ce tome), adopte avec M. Bœckh (*Metrologische Untersuchungen*, p. 43 — 45) l'interprétation de ce passage, proposée par Fr. Jacobs dans un excellent morceau de ses Mélanges (*Vermischte Schriften*, VI, p. 23—53). Il retranche, en conséquence, *au moins* avant *une fois, dans leur vie*. Chaque Babylonienne mariée devait, en vertu de cette croyance religieuse que toutes les femmes de la ville étaient dévouées au service de la grande déesse Mylitta, s'en racheter une fois pour toutes, par l'abandon de son corps à un étranger.

¹ *V.* Münter, *Relig. der Babylon.*, tab. I, fig. 4, 6, 7; Lajard, *ibid.*, pl. I, 8. Ce triangle, objet d'adoration, porté ici sur un piédestal, un autel, un animal sacré, surmonté ou accompagné d'une étoile à huit rayons, du disque de la lune et d'autres emblèmes, se voit, aussi bien que les deux cônes, sur la pierre de Tak Kesra, où il est élevé sur une base à deux colonnes, et escorté de deux monstres accroupis, dont on n'aperçoit que la partie antérieure, couverte d'écailles.

² Il se montrait déjà, surmonté d'un oiseau, sur un cylindre publié par Caylus, Recueil, V, pl. XIII, 4. Tout récemment, M. Raoul Rochette, dans un Mémoire qui fait partie du tome XVI de la nouvelle série du Recueil de l'Académie des Inscriptions et Belles-Lettres, l'a signalé sur une foule de monuments divers, et a mis ainsi hors de doute l'important résultat que nous constatons ici, sans l'expliquer. M. Lajard va plus loin, dans un autre Mémoire lu à la même compagnie, et publié dans les Annales de l'Institut Archéologique, tome II de la

Note 5 : *Sur Thammuz-Adonis, en Orient et en Occident; sur ses fêtes et ses représentations figurées; sur son rapport avec Priape.* (Chap. III, art. II, p. 42-56.)

M. Creuzer remarque lui-même, dans la troisième des Additions *(Nachträge)*, au tome II, chapitre IV, de sa 3ᵉ édition, nouvelle série, 1845, pag. 13 —37. Regardant la croix ansée comme originairement chaldéenne ou assyrienne, il y découvre le symbole de la triade primitive du Temps sans bornes ou du Dieu irrévélé, de Bélus et de Mylitta, et en quelque sorte la tachygraphie de la figure composée qu'on nomme d'ordinaire le *Ferouer du roi* sur les monuments de Persépolis, mais qui se retrouve sur les cylindres babyloniens, ainsi qu'on s'en assure en comparant nos pl. XXII et XXIII, 117, 120. Le Temps sans bornes serait représenté par l'anneau ou le cercle; Bélus, devenu Ormuzd chez les Perses, par le personnage humain qui y est passé; et Mylitta, devenue Mithra, par les ailes et la queue de la colombe, leur commun emblème, qui y sont attachées. L'idée est certainement ingénieuse; est-elle vraie, et Mithra surtout, malgré la *Mitra* d'Hérodote, peut-il être identifié avec Mylitta, avec Vénus? peut-il procéder de la déesse babylonienne, quoiqu'il paraisse avoir été adoré à Babylone et à Ninive aussi bien qu'en Perse? C'est sur quoi nous gardons des doutes violents, comme aussi probablement M. Movers, qui, faisant de Mithra un dieu assyrien, y voit une forme de Bélus analogue à Hercule, et dérive, au reste, de Babylone plutôt que de la Perse, le culte et les mystères de Mithra, tels qu'ils se répandirent dans l'occident en passant par l'Asie-Mineure. *Cf.* Movers, *Phœniz.*, I, p. 69, 180—189, surtout 390 sqq. — M. Creuzer, dans les Additions *(Nachtræge)* au chap. IV du tome II de sa 3ᵉ édition, a donné un court extrait, qu'il est inutile de reproduire ici, des deux Mémoires de M. F. Lajard *Sur le système théogonique et cosmogonique des Chaldéens d'Assyrie*, et *Sur les représentations figurées de Vénus*, contenus dans la partie publiée des *Recherches* de ce savant, plus d'une fois citées par nous, et dont on attend la suite depuis 1837. En 1839, à Halle, comme nous l'apprenons de M. Creuzer, Jo. Carol. Thilo a donné deux parties d'une *Commentatio de cœlo empyreo*, où, après un abrégé préliminaire de la théologie des Chaldéens, l'auteur entreprend une critique des sources de cette théologie encore si mal connue, mais sans faire mention des travaux antérieurs de M. Lajard. A la vérité, notre ingénieux confrère, en exposant le système chaldéen tel qu'il le conçoit dans son ensemble, n'a pas cru devoir

que depuis la publication de la 2ᵉ, et par conséquent aussi de notre traduction, le mythe d'Adonis a reçu de notables accroissements en monuments écrits et figurés, surtout en miroirs étrusques, la plupart avec des inscriptions, et en vases grecs offrant de ce mythe des représentations variées. Ces acquisitions précieuses pour la science se multiplient de jour en jour, et avec elles des interprétations, tantôt plus hardies, tantôt plus circonspectes, sur lesquelles nous reviendrons dans la seconde partie de cette note.

Nous voulons, avant tout, faire observer que, depuis l'excellente monographie de Groddek, principalement suivie par notre auteur, depuis Sainte-Croix et son illustre commentateur Silvestre de Sacy, depuis le vénérable J. L. Hug, qu'il a consultés aussi et cités, la critique des sources proprement dites, des sources historiques et littéraires du mythe en question, a fait, de son côté, des progrès fort considérables. Elle ou pouvoir, jusqu'ici du moins, justifier des sources où il en a puisé les éléments, ni des principes de critique qui l'ont guidé dans l'usage qu'il en a fait. Ce sont là deux points fort essentiels, et qui nous obligent encore une fois à suspendre notre jugement sur ses idées, quelque séduisantes qu'elles soient. Quant à Vénus, M. Creuzer rapporte aux Chaldéens, avec M. Lajard, les caractères suivants de cette déesse, et les retrouve soit en Grèce, soit en Italie. D'abord la Vénus androgyne, représentée par l'Hermaphrodite de l'Asie antérieure, par le *Venus almus* de l'ancienne Italie, etc. Puis les deux Vénus, céleste et terrestre, avec deux Amours qui leur sont subordonnés, et que connaît également Platon. Une troisième Vénus, l'infernale, se rencontre dans l'*Aphrodite epitymbia*, asiatique-grecque, et dans la *Venus Libitina* italique. Mylitta figurant à la tête du système chaldéen comme *Gâd*, comme Destinée et comme Fortune, se rapproche de l'*Aphrodite-Mœra* et de l'*Aphrodite-Némésis* des Grecs, de la *Fortuna-Primigenia* d'Italie, mère et nourrice de Jupiter à Préneste. Deux points sont encore à remarquer : le caractère indéterminé de cette personnification asiatique, lequel se perpétue dans divers cultes; et ce fait que, dès le principe, la Vénus dont il s'agit n'est pas seulement une déesse de la nature ou une puissance élémentaire, mais, en tant que *Gâd*, passe dans le domaine de l'esprit, et étend son pouvoir sur les êtres doués de liberté.

doit beaucoup sans doute aux recherches de M. Creuzer, et, dans sa seconde et dans sa troisième édition, à celles de savants archéologues français et étrangers que nous citerons plus loin; mais elle doit davantage encore au travail approfondi de l'histoire des Phéniciens, M. Movers, fait du point de vue oriental, et à celui de M. Engel, l'historien de l'île de Cypre, conçu au contraire dans un point de vue exclusivement grec. Ces deux travaux ont paru la même année, en 1841; ils ont dû par conséquent échapper à M. Creuzer, qui publiait le tome II de sa troisième édition en 1840; raison de plus pour nous d'y insister ici, aussi bien que sur le morceau emprunté en grande partie à son opuscule, *Zur Gallerie der alten Dramatiker* [1], morceau où, dans ses *Nachträge*, il a résumé presque tout ce qui avait été donné sur Adonis entre cette édition et la seconde.

Personne ne voudrait plus soutenir aujourd'hui, au moins directement, avec Sainte-Croix, avec Silvestre de Sacy, avec Hug, l'origine égyptienne d'Adonis et son identité avec Osiris, quelques rapports d'idées que puissent avoir entre eux ces deux personnages divins, quelques liaisons, quelques échanges qui se soient formés entre leurs légendes, entre leurs cultes, par suite des relations de l'Égypte avec la Phénicie, avec Byblos et l'île de Cypre, depuis Psammétichus d'abord, et surtout depuis la fondation d'Alexandrie, sous les Ptolémées. Le nom comme le culte d'Adonis est essentiellement phénicien ou syrien dans son principe; c'est un titre, une épithète d'honneur, donnée indifféremment aux diverses formes de Bel ou Baal, le dieu multiple des Araméens et des Cananéens, aussi bien qu'à Jéhovah lui-même, le dieu simple et unique des Hébreux : *Adoni*, *Adonaï*, *mon Seigneur*, *notre Seigneur* [2]. Cette épithète, appliquée en particulier au Baal de

---

[1] *Choix de Vases grecs inédits, appartenant à la collection du grand-duc de Bade à Carlsruhe, avec des explications du Dr Fr. Creuzer*, Heidelberg, 1839.

[2] *Voy.* maintenant Gesenius, *Scriptur. linguæq. Phœnic. Monum.*, p. 400.

Byblos, époux de Baaltis, passa pour un nom propre, soit là, soit en Cypre, autre siége principal du culte de ce dieu, et partout où ce culte se répandit en partant de cette île. Quant au nom de *Thammuz, Thamuz* ou *Thammus*, dont on a, mal à propos, contesté l'origine sémitique, aussi bien que l'identité du dieu qui le portait avec Adonis [1], on sait que ce fut le nom du quatrième mois de l'année syro-chaldéenne, en comptant de la nouvelle lune d'avril ou de l'équinoxe du printemps, mois sans aucun doute consacré à ce dieu, dont la fête était célébrée et la mort pleurée après le solstice d'été[2]. M. Movers, d'après une étymologie que nous laissons aux orientalistes à apprécier en elle-même, trouve dans le nom de *Thammuz* l'idée de *séparation*, idée tout à fait conforme au sens du mythe, qu'on l'entende d'Adonis séparé d'avec son amante, ou bien ravi à la lumière du jour[3]. Si l'on regarde

---

[1] Après Corsini, M. Engel (*Kypros*, II, p. 623 sq.) a révoqué en doute cette identité, quoique plus faiblement; tandis que MM. Benfey et Stern (*Ueber die Monatsnamen einiger alten Vælker*, p. 166 sqq.) rapportent à la Perse et au Zend le nom et la chose. M. E. Burnouf, juge si compétent, croit le mot sémitique, quoique la racine n'en ait point encore été dégagée, suivant lui (dans la *Lettre de M. de Witte à M. Gerhard*, Nouvelles Annales archéolog., I, p. 543); aussi M. Silvestre de Sacy le regardait-il comme égyptien. Gesenius y voit le nom propre d'Adonis. Récemment un autre interprète d'Isaïe, M. Hitzig (sur le chap. XVII, 8, p. 204 sqq.), d'après un passage du prophète Zacharie (XII, 11), nous a révélé un nom nouveau de ce dieu, qu'il croit être son nom syrien, *Hadad-Rimmon*, traduit dans les Septante κοπετὸς ῥοῶνος, la *plainte* ou le *deuil pour les pommes de grenade*, qui auraient été un symbole d'Adonis ainsi que d'Attis, et de bien d'autres divinités analogues. Cf. Movers, *Phœnizier*, I, p. 196 sqq.

[2] Movers, *ibid.*, p. 209 sq., avec les citat., particulièrement le Targum Jonathan. *Thammuz* devint le dixième mois de l'année syro-macédonienne, quand *Tisri* ou octobre fut le premier; mais il ne cessa pas de répondre à juillet, non à juin, comme l'ont cru S. Jérôme et d'autres, par un calcul erroné.

[3] *Ibid.*, p. 195 sq. Cf. la note de M. Lenormant sur M. de Witte, *ubi supra*.

avec nous comme un travestissement de la légende antique ce récit, conservé dans les livres Sabiens, d'un prêtre des idoles, appelé *Thammus*, que son roi mit à mort parce qu'il lui prêchait l'adoration des planètes et du zodiaque, et qui, la nuit suivante, fut pleuré par tous les dieux de la terre, réunis dans le temple du Soleil à Babylone [1], on ne doutera pas que les Babyloniens n'aient révéré Adonis sous le même nom que les Syriens et les Phéniciens. Que si, d'un autre côté, l'on se rappelle le roi égyptien *Thamus*, en relation avec le dieu Theuth chez Platon [2], et le pilote égyptien homonyme, également engagé dans une légende mythique, et dans la légende de la mort d'un dieu, chez Plutarque [3], on sera tenté de revenir à l'idée d'un rapport primitif de Thammuz-Adonis avec l'Égypte aussi bien qu'avec Babylone, et, ici encore, de la connexité originaire des symboles religieux de tous les peuples de la famille sémitique.

Après la question de l'origine historique d'Adonis vient celle de l'époque, de la nature et de la durée de sa fête, points d'où dépend en grande partie l'idée qu'on doit se faire du dieu, et sur lesquels il y a aussi plus d'une difficulté. On a vu dans le texte les raisons qui ont porté Corsini à distinguer la fête d'Adonis et celle de Thammuz, et par conséquent les deux divinités. La première de ces raisons, c'est que, suivant lui, les Adonies, à Athènes comme en Cypre, se célébraient au printemps, tandis que la fête de Thammuz, en Syrie ou à Babylone, avait lieu après le solstice d'été. Indépendamment des explications de cette différence données par M. Creuzer et M. de Sacy, M. Engel croit pouvoir couper la difficulté par la racine, en faisant observer que Corsini a mal interprété les passages de Plutarque sur lesquels il se fonde. La flotte athénienne qui mit à la voile pendant la célébration des Adonies

---

[1] *Voy.* Moïse Maimonide, *More Nebochim*, part. III, cap. 29. *Cf.* Selden, de Diis Syr., p. 256, et Münter, *Relig. der Babyl.*, p. 28.
[2] Phædr., p. 96 Bekker.
[3] De Oracul. defect., tom. VII, p. 650 Reiske.

partit au milieu de l'été¹, et c'est dans cette même saison, suivant Platon et Théophraste, qu'on semait les fameux *jardins d'Adonis*². La fête d'Athènes était donc solsticiale, comme celle de Syrie, dont l'époque est si bien attestée par les Pères de l'Église qui en avaient été spectateurs, par saint Jérôme entre autres³. Cette époque était en rapport intime et suivi avec l'idée, avec le mythe tout entier d'Adonis, dieu du printemps, qui empruntait du mois de mai un de ses noms, *Zevan* ou *Sivan*, tandis que juin s'appelait le *mois du porc*, du *sanglier*, à cause du dieu ennemi qui lui avait donné la mort sous cette forme, et que le mois suivant, juillet, où l'on pleurait cette mort et celle de la nature dévorée par les feux de l'été, se nommait *Thammuz*, d'après un autre nom d'Adonis maintenant ravi à la lumière⁴.

M. Movers, qui reconnaît ce fait capital, n'en pense pas moins qu'outre cette fête de la fin du printemps, il en faut admettre une seconde, sinon une troisième, soit dans le cours de l'automne, soit à l'équinoxe même, et au renouvellement voisin de l'année syrienne, suivant une conception d'Adonis et une forme de calendrier différentes. Ici Adonis aurait été conçu, ou comme le dieu de l'automne dont la puissance défaille aux approches de l'hiver, ou comme le dieu solaire et calendaire, qui meurt avec l'ancienne et ressuscite avec la nouvelle année. De là les Adonies d'Antioche, qui se célébraient,

---

¹ Θέρους μεσοῦντος, dit positivement Thucydide, VI, 30.

² Plat., Phædr., p. 99 Bekker, θέρους; Theophr. Hist. plant. VI, 7, τοῦ θέρους. Cf. Engel, *Kypros*, II, p. 562 sq.

³ Ad Ezechiel. VIII, tom. III, p. 750 Martianay, coll. tom. IV, part. II, p. 564. Il s'agit de la fête de Thammuz, le même qu'Adonis, fête que Maimonide, de son côté (III, 20), place au premier du mois homonyme.

⁴ Cf. Movers, p. 209 et 216 sq., *ibi* citat. Il remarque justement que le nom de Ζαυάνας (et aussi celui de Γαύας), donné à Adonis, trouve son explication naturelle dans *Zevan* ou *Zavan*. Cf. Jean le Lydien cité dans notre texte, p. 52, n. 2.

selon Ammien-Marcellin, après le cours de l'année accompli [1]; de là le dieu lui-même, chez Théocrite, ramené de l'Achéron par les Heures au douzième mois [2]; de là enfin le mythe bien connu, d'Adonis passant auprès d'Aphrodite la moitié de l'année qui s'écoule de l'équinoxe du printemps à celui d'automne, l'autre moitié dans les enfers, auprès de Proserpine, de l'automne au printemps. Cette double fête de l'année, vieillie et renouvelée avec le dieu qui y préside, put seule, dans l'opinion de M. Movers, faire succéder la joie au deuil, les Adonies de la fin du printemps ayant dû être exclusivement une fête de douleur, selon l'ordre de la nature. M. Movers suppose de plus, d'après les rites des funérailles observés dans l'Orient, et d'après d'autres circonstances mentionnées plus loin, que la partie funèbre de la fête d'automne ne durait pas moins de sept jours, au terme desquels la fête d'allégresse était immédiatement célébrée avec les emportements de joie et de plaisir qu'on sait [3].

De toute sa longue et un peu obscure discussion sur ce

[1] Ammian. Marcell. XXII, 2. Ce serait la forme d'année dont il a été question plus haut, l'année syro-macédonienne.
[2] Theocrit. Idyll. XV, 103.
[3] *Cf.* Movers, p. 200, 205 sqq., 211 sqq. La fête du deuil aurait commencé à l'équinoxe même, 23 septembre; et la fête de la résurrection aurait eu lieu huit jours après, le 1er *Tisri* ou octobre. A Byblos l'époque aurait été plus tardive, la mort d'Adonis étant mise en rapport avec l'ouverture de la saison des pluies, qui rougissaient les eaux du petit fleuve Adonis, en détrempant la terre ocreuse de ses rives, vers la fin d'octobre ou au commencement de novembre. Ajoutons, pour apporter un élément de plus à l'examen ultérieur d'une question aussi compliquée que peu éclaircie encore, ce fait, que les habitants de Paphos en Cypre avaient un mois appelé *Aphrodisios*, du nom d'Aphrodite, lequel était le premier mois de leur année commençant au 23 septembre, et un autre mois appelé vraisemblablement *Aöos*, d'un des noms d'Adonis, précédant celui-là et terminant l'année. Ce qui donne quelque force à la conjecture d'Engel (*Kypros*, II, p. 562, n. 61), qui substitue *Aöos* à *Romaios*, c'est le mois *Adonisios* de Séleucie, tombant également d'août en septembre. *Cf.* Ideler, *Handbuch der Chronologie*, t. I, p. 427 sq. et 434.

point délicat, M. Movers conclut qu'il y eut dans l'antiquité, selon les temps et les lieux, deux fêtes distinctes d'Adonis: l'une au passage du printemps à l'été, ou en été même, vers l'époque de la moisson; l'autre vers celle de la récolte des fruits et du vin, ou vers celle des semailles, en automne, et à la fin comme au renouvellement de l'année. Il y rattache deux notions non moins distinctes du dieu, dont on solennisait dans le premier cas la mort seulement, par la dent du sanglier de Mars, c'est-à-dire par les ardeurs du soleil ou le souffle pestilentiel du samoun en été; dans le second cas, la mort et la résurrection successivement. Adonis aurait été, ou le dieu jeune et beau du printemps, passager comme le printemps lui-même, ou le dieu solaire de l'année, qui passe aussi, mais pour renaître aussitôt et recommencer une vie nouvelle. Adonis aurait été en outre, non-seulement à Byblos, mais en Cypre, un dieu de l'agriculture; et il se serait élevé en Phénicie jusqu'au rang du dieu suprême, *El* ou *Elioun*, porté, dans les processions, sur un char traîné par des taureaux [1].

Ces derniers faits ne paraissent pas douteux; mais quant à la distinction établie plus haut par M. Movers, nous avons bien peur qu'en voulant déduire la double idée d'Adonis de l'époque différente de ses fêtes, ainsi que des mythes non moins divers qui s'y liaient, il n'ait beaucoup trop accordé à des allégations équivoques, ou à des interprétations arbitraires de date plus ou moins récente. Il reconnaît lui-même qu'Adonis était par-dessus tout, en Orient comme en Occident, le dieu jeune et beau du printemps, le dieu moissonné dans sa fleur; et qu'il dut être, en Phénicie ou à Babylone, l'un des membres d'une triade divine, composée avec lui du dieu viril de l'été, fort et terrible, funeste ou favorable tour à tour, répondant à la fois à Mars, à Hercule, à Apollon, et du dieu vieilli, du dieu caché de l'hiver, Cronos ou Saturne, se retirant en lui-même, et recueillant ses forces épuisées pour des géné-

---

[1] *Cf.* Movers, p. 225 sq., citant Sanchoniathon, p. 20; et la note 3 de ces Éclaircissem., p. 863 *ci-dessus*.

rations nouvelles. Ce furent là, selon toute apparence, comme nous l'avons montré plus haut[1], trois formes différentes et corrélatives du même grand dieu solaire et planétaire, de Baal ou Bélus, formes représentant les trois grands pouvoirs de la nature et les trois saisons de l'année, formes impliquées par le mythe même d'Adonis tel que le racontait Panyasis[2]. C'est là en même temps ce qui explique qu'Adonis, incarnation de la divinité révélée non-seulement sous des formes mais à des degrés divers, ait pu être regardé tour à tour comme le dieu du printemps, le dieu de l'agriculture et le dieu suprême, comme le soleil dans son influence bienfaisante sur la terre et sur ses productions, ou comme le principe même de la lumière et de la vie.

M. Engel présente l'île de Cypre, dont il a écrit l'histoire, comme le foyer principal du culte d'Adonis. C'est de cette île qu'il le fait venir à Athènes, à Alexandrie, à Antioche sur l'Oronte, et même à Byblos, quoiqu'il remarque que, dans cette dernière ville, la fête du dieu commençait par la cérémonie funèbre, à la différence d'Alexandrie, où elle débutait par la cérémonie d'allégresse, aussi bien qu'en Cypre et à Athènes, suivant lui. Il ne pense pas que l'on puisse conclure du récit d'Ammien Marcellin sur les funérailles du jeune prince mort devant Amida et assimilé à Adonis[3], que le deuil de celui-ci aurait duré sept jours, malgré les sept journées de navigation que parcourait la tête du dieu, portée par les vents d'Alexandrie à Byblos, et les huit jours dans l'intervalle desquels se développait la rapide végétation des jardins d'Adonis. A Byblos vraisemblablement, comme à Alexandrie et aussi à Athènes, la double fête de la douleur et du plaisir, quoique dans un ordre inversé, se passait en deux jours. Quant à l'époque de cette fête, il observe qu'à la vérité, dans les solennités analogues de Cérès et de Bacchus, et conformément à

---

[1] Note 3 de ces Éclaircissem., p. 876 sq.
[2] Cf. le texte de ce tome, p. 46 ci-dessus.
[3] Ammian. Marcellin. XIX, 1.

la marche de la nature, la fête de deuil se célébrait en automne, la fête de réjouissance au printemps; par exemple les Thesmophories et les Anthestéries; mais il n'en était pas toujours ni partout de même. La fête phrygienne d'Attis, si rapprochée d'Adonis, avait lieu au commencement du printemps, et la joie y succédait immédiatement à la douleur. Les deux cérémonies pouvaient tout aussi bien se toucher et se suivre au solstice qu'à l'équinoxe, et nous avons vu plus haut qu'à Athènes, comme en Syrie la fête d'Adonis était célébrée tout d'une pièce, au milieu ou au commencement de l'été. Du reste, M. Engel, par entêtement du système hellénique, nous paraît avoir pris le change sur le caractère primitif aussi bien que sur l'origine d'Adonis, qu'il considère comme un dieu chthonien plutôt que solaire, analogue à Cora, à Bacchus, et seulement modifié, ainsi que la Vénus de Cypre, par l'influence phrygo-lydienne d'Attis et de Cybèle. Il le fait grec en conséquence, comme Vénus elle-même, et soutient que leur culte, importé à Amathunte, à Paphos, par les colonies grecques, fut une branche des religions ou des mystères pélasgiques, entée tout au plus sur le nom d'*Adon* et sur les cultes phéniciens de Baal et d'Astarté, qui ne furent qu'un prétexte au développement d'idées et de croyances essentiellement grecques. De là ce cortége de dieux et de déesses, de héros et d'héroïnes pélasgiques ou helléniques, dont Adonis est entouré, dont sa légende et sa généalogie sont formées, Jupiter, Mars, Bacchus, Apollon, Vénus, Proserpine, Diane, Tithon, l'Aurore, et jusqu'à *Cinyras* et *Pygmalion*, sans parler de *Sandacus*, noms dont l'allure et l'origine évidemment asiatiques ne l'embarrassent pas plus que ceux d'*Abobas*, de *Gingras*, de *Kiris* ou *Kirris*, d'*Aôos* ou *Aó*, d'*Itœos*, de *Pygmœon*, donnés à Adonis lui-même [1], et que le rôle d'androgyne qu'il avait en commun avec Attis, il est vrai aussi avec Dionysus. Tous ces noms,

---

[1] Sur ces noms d'Adonis, du premier desquels M. Engel est cependant forcé de reconnaître l'origine sémitique (*Kypros*, II, p. 577), on peut comparer Movers, p. 198 sq., 202, 226, etc.

tous ces rapports, il les dérive sans hésiter, soit des traditions croisées des différentes tribus grecques qui se rencontrèrent dans l'île de Cypre, soit, comme nous l'avons dit déjà, de celles des peuples voisins d'Asie-Mineure, qui donnèrent, selon M. Engel, à la fable des amours d'Adonis et de Vénus, son type fondamental dans le chaste et pur amour de Cybèle et d'Attis. « Dans toute religion de la nature, dit-il en terminant sa longue, partiale, mais pourtant intéressante exposition du premier de ces mythes, par les éloquentes paroles de Hegel, qui font ressortir l'idée profondément religieuse cachée sous l'un et l'autre, on rencontre la passion d'un dieu; dans la mythologie du Nord, c'est celle de Baldur. Mais par la mort de ce dieu, qui périt dans la fleur de sa jeunesse avant d'être parvenu à l'âge d'homme, qui est ravi à l'existence au sein du suprême bonheur, il se fait dans la vie humaine comme une rupture subite, une contradiction avec les lois de la nature, qui produit dans l'âme une immense douleur; cette douleur, elle ne saurait être consolée sur la terre, et l'espoir d'une vie nouvelle peut seul l'apaiser¹. »

C'est précisément cette conception supérieure et passablement arbitraire du culte d'Adonis qui détermine M. Engel à contester son origine sémitique²; comme si ce n'était pas dans cette famille de peuples que devait se produire, sous la forme antique du Dieu mort et ressuscité, ayant au printemps sa double et consécutive fête de deuil et d'allégresse, l'idée nouvelle et bien autrement sublime, l'idée toute morale du rédempteur de l'humanité, élevé au-dessus de la nature, quoique subissant ses lois, et devant lequel devaient disparaître les Adonis, les Attis, les Osiris, les Mithra, aussi bien que les Bacchus et les Hercule. Si le culte d'Adonis ne se rencontre ni à Sidon, ni à Tyr, ni à Ascalon, ni à Carthage, au moins dans les temps anciens, si Byblos paraît en avoir été le siége exclusif en Phénicie, c'est qu'il appartenait aux

---

¹ Engel, *Kypros*, II, p. 619, citant Hegel, *Philos. der Gesch.*, p. 200.
² *Ibid.*, p. 619-626.

Syro-Phéniciens plutôt qu'aux Phéniciens propres, et qu'il venait primitivement des Babyloniens ou des Assyriens, comme l'indiquent quelques écrivains de l'antiquité, et comme nous sommes portés à le croire avec M. Movers[1]. Nous sommes donc bien loin de vouloir le distinguer de *Thammuz*, le dieu mort pleuré par les femmes en Palestine, au temps d'Ézéchiel; pleuré par la Vénus voilée d'Aphaca dans le Liban[2]; pleuré par *Salambo*, nom caractéristique de cette Vénus éperdue et cherchant son Adonis, en Syrie et à Babylone[3]; pleuré enfin à Babylone même par tous les dieux assemblés. Est-il surprenant qu'un tel dieu, peut-être importé de cette ville à Byblos et de là en Cypre, avec son surnom d'Adonis destiné à effacer tous les autres, se soit assimilé peu à peu aux divinités analogues de la Grèce et de l'Asie-Mineure, qui s'étaient donné rendez-vous dans l'île de Vénus; se soit mêlé à leurs légen-

[1] *Phœniz.*, I, p. 194, 239. Malgré la confusion si ordinaire des *Assyriens* et des *Syriens* dans l'antiquité grecque et romaine, peut-être les paroles de Macrobe (Saturn. I, 21) donnent-elles à cette opinion une base historique : *Apud quos* (*Assyrios*) *Veneris Architidis et Adonis maxime olim veneratio viguit, quam nunc Phœnices tenent.* Faut-il voir, dans cette Vénus *Architis*, une traduction demi-barbare de *Baaltis* ou *Beltis*, une corruption de *Atergatis*, comme paraît l'avoir pensé O. Müller (*Handbuch der Archæol.*, p. 294, 2ᵉ édit.), ou une simple transcription altérée de l'épithète grecque ἀρχηγέτις? M. Movers, p. 585, lit *Archaitis*, nous ne savons sur quelle autorité.

[2] *Capite obnupto, specie tristi*, etc., Macrob. *ibid. Cf.* le texte de ce tome, p. 80, n. 2.

[3] Hesych. : Σαλαμβώ, ἡ Ἀφροδίτη παρὰ Βαβυλωνίοις. Le grand Étymologique explique Σαλαμβάς d'après le grec σάλος, ἐν σάλῳ εἶναι . . ὅτι περιέρχεται θρηνοῦσα τὸν Ἄδωνιν, ce qui est juste quant à l'idée, mais non pas quant au mot, certainement sémitique. Lampride dit dans le même sens, en racontant la vie d'Héliogabale, c. 7 : *Salambonem etiam exhibuit omni planctu et jactatione Syriaci cultus.* Ce nom, du reste, n'est pas moins difficile à interpréter que celui de *Thammuz*, qui y répond vraisemblablement. On peut voir Münter, p. 23, n. 1 ; Engel, p. 442, 621, n. 174 ; et Movers, p. 202, 285, qui, rapprochant *Salambo* de *Abobas, Ambuba*, flûte, d'où *Ambubaia*, le fait venir de *Salbuba, fistula canora.*

des, combiné avec plusieurs de ces divinités, sans jamais perdre son caractère propre non plus que la trace de son origine, et ait fini, mais à l'époque du syncrétisme seulement, de cette fusion d'idées et de croyances, résultat de la fusion des peuples après les conquêtes d'Alexandre, par s'identifier complétement avec l'Osiris d'Égypte, non-seulement à Alexandrie, mais à Amathunte et à Byblos même [1] ?

Nous arrivons aux représentations figurées du culte d'Adonis, sur lesquelles nous avons promis de revenir avec M. Creuzer, que nous compléterons maintenant par lui-même, aussi bien que par d'autres. Il n'est aucune classe de monuments antiques, sculpture, gravure, peinture, qui ne fournisse quelqu'une de ces représentations, comme l'on peut s'en assurer en parcourant l'appendice que M. Engel a placé à la fin de son morceau sur Adonis, dans son histoire de l'île de Cypre [2], et les descriptions ou indications données par MM. Welcker, Schulz, de Witte, Gerhard, Raoul Rochette [3]. Les miroirs et les vases ont surtout appelé l'attention des archéologues dans ces derniers temps, les uns principalement par leurs inscriptions, quelquefois aussi par d'autres singularités, les autres par la richesse et les détails des scènes mythiques qu'ils offrent aux regards. Sur les miroirs Adonis est ordinairement appelé *Atunis* [4], et on le voit tenant Vénus,

[1] Engel et Movers sont d'accord sur ce point ; il faut lire surtout les judicieuses réflexions de ce dernier, p. 237 sq.

[2] Tom. II, p. 626—643.

[3] M. Raoul Rochette a cité tous ses prédécesseurs, dans la revue aussi riche qu'instructive des monuments relatifs au mythe d'Adonis, qui se trouve dans son grand ouvrage, *Choix de peintures antiques*, infol., p. 113 sqq. On y joindra avec fruit, principalement en ce qui concerne les représentations de ce mythe sur les vases, la *Lettre de M. de Witte à M. Otto Jahn*, en réponse à celle de ce savant, toutes deux publiées dans les Annales de l'Institut archéologique, tome II de la nouvelle série, p. 347 sqq., 387 sqq.

[4] Non pas *Atunes*, qui a été reconnu une erreur. *Voy.* E. Gerhard, *Ueber die Metallspiegel der Etrusker*, Berlin, 1838, p. 20; J. de Witte,

Turan, entre ses bras ou sur ses genoux [1]. D'autres miroirs sont anépigraphes, et le sujet n'en est pas moins clair par la comparaison [2]. Ils se rapprochent de celui d'un groupe en terre cuite peinte, trouvé dans un tombeau de l'île de Nisyros, et savamment expliqué par son possesseur, M. Thiersch, qui reconnaît dans le petit éphèbe debout, la tête ceinte d'une guirlande, et appuyant sa main droite sur l'épaule gauche de Vénus assise, Adonis de retour des sombres demeures, au printemps, et retrouvant sur la terre fleurie sa divine épouse [3]. Ce sujet aurait pour ainsi dire son pendant, suivant l'expres-

Lettre à M. E. Gerhard sur quelques miroirs étrusques, dans les Nouvelles Annales de l'Institut archéol., tom. I, p. 509, et la pl. XII, n° 1 des Monuments. *Cf.* maintenant le grand ouvrage de M. Gerhard, *Etrusk. Spiegel*, tab. CXIV, coll. CXI, CXV, CXVI; et les remarques de M. Raoul Rochette, ouvr. cité, p. 123 sq.

[1] Le dernier miroir cité montre Adonis, *Atunis*, nu et ailé, comme Éros, et saisissant une colombe que lui présente Vénus, ici appelée *Tiphanati*.

[2] *Voy.* Gerhard, *Etr. Spieg.*, CXII, CXIII. M. O. Jahn (*Archæol. Aufsætze*, p. 147 sqq.), dans le premier miroir, reconnaît une variante du Jugement de Pâris, à cause de la présence de Minerve et d'une déesse qu'il prend pour Junon; dans le second, Neptune et Tyro.

[3] *Voy.* Thiersch, *Veterum artificum opera poëtarum carminibus explicata*, Monachii, 1835, p. 25-27, et tab. V. La petite taille d'Adonis n'est pas plus une objection pour M. Creuzer, qui pense à l'Adonis *Pygmæon* de Cypre (Hesych. H, p. 1076 Alb.), que pour M. de Witte, qui cite contre M. O. Jahn plusieurs exemples analogues sur les monuments, notamment un autre groupe de terre cuite publié par le baron de Stackelberg (*Die Græber der Hellenen*, tab. LXVIII), sans parler d'un troisième où, dans l'enfant ressemblant à un hermaphrodite, qui s'approche d'une femme demi-nue (*ibid.*, tab. LXI), on a soupçonné Adonis androgyne et Vénus. Mais dans le bas-relief, également de terre cuite, sur lequel M. Roulez (Bulletin de l'Académie royale de Bruxelles, tom. VIII, part. 2, p. 537) a vu aussi Adonis et Vénus accompagnés de l'Amour, M. de Witte, qui croit distinguer la peau de lion, reconnaît Hercule embrassant une de ses amantes, soit Augé, soit Iole, soit même Omphale.

sion de M. Creuzer, dans celui d'un célèbre miroir du Musée Grégorien, au Vatican¹; qui, si l'on admet l'ingénieuse et savante interprétation de M. de Witte ², nous montrerait Adonis sous son nom oriental de *Thamu* pour *Thamus*, placé entre Vénus, *Euturpa*, vers laquelle il tourne un œil de regret, et Proserpine, *Alpnu*, prenant possession du jeune dieu, sur l'épaule duquel elle pose la main, comme pour l'entraîner aux enfers, dont le représentant *Archate* ou *Archase*, c'est-à-dire *Orcus*, se voit derrière elle. La présence d'*Eris* caractérise toute la scène, et la dispute connue des deux déesses.

Quant aux vases peints, l'absence d'inscriptions a donné beau jeu, jusqu'ici du moins, à ceux qui prétendent, non-seulement qu'Adonis ne s'y montre point, mais qu'il ne saurait se trouver dans les scènes où on a cru l'y voir, son mythe n'étant entré dans le domaine de l'art qu'à une époque postérieure à celle de ces vases. Mais d'abord cette époque, pour beaucoup de ces monuments, surtout provenant de la Grande-Grèce, est assez récente; et puis, dit M. Creuzer, il serait singulier qu'un mythe connu des Grecs de si bonne heure, dont la poésie s'était emparée aussitôt ³, et qui se liait à un culte adopté avec empressement par les femmes grecques,

¹ Publié d'abord dans les Monuments inédits de l'Institut archéol., tom. II, pl. XXVIII; depuis, dans le *Museum Etruscum Gregorianum*, tom. I, tab. XXV, 4.

² C'est le fond de la lettre à M. Gerhard, citée plus haut, et il a défendu depuis son explication, diversement attaquée, soit dans le Bulletin de l'Institut archéol., 1842, p. 149-155, soit dans sa lettre toute récente à M. O. Jahn. M. Raoul Rochette (ouvr. cité p. 126), après avoir comparé les autres interprétations, principalement celle de M. Bunsen, *Thamyris* vaincu par les Muses, et celle de M. l'abbé Cavedoni, dispute d'Apollon et de Marsyas, fondée en partie sur les variantes de l'inscription *Thamu*, qu'il lit *Famel*, et qu'il applique au satyre *Famulus*, assistant de la scène, finit par avouer que l'explication de M. de Witte est encore la plus plausible.

³ Non-seulement Praxilla, sur laquelle nous reviendrons tout à l'heure, Sappho et Panyasis, avaient parlé d'Adonis, mais déjà Hésiode le faisait fils de Phénix (Probus ad Virgil. Eclog. X, 18); par où il faut enten-

n'eût pas obtenu quelque accès dans l'art avant la période alexandrine. Ce mythe, d'ailleurs, offrait par lui-même et à la plastique et à la peinture des côtés attrayants, représentant Vénus, non pas dans sa majesté céleste, mais sous l'aspect d'une simple mortelle, tour à tour heureuse et malheureuse par l'amour, et à côté d'elle un jeune homme qui devait les faveurs de la déesse à ses grâces naturelles plutôt qu'à l'éclat de ses actions, et qu'une mort précoce avait moissonné. Un tel sujet était tout à fait d'accord avec l'esprit nouveau de l'art attique depuis Praxitèle, art qui avait donné des formes plus sensuelles à Vénus et à ses amants, qui même avait introduit dans le culte et les représentations d'Adonis les mœurs voluptueuses des hétères de la Grèce. Tel est, en effet, le caractère des scènes d'amour que nous venons de rencontrer sur les miroirs étrusques, lesquels ne sauraient être eux-mêmes des derniers temps de l'art. Tel est le caractère que nous offrent les bas-reliefs et les groupes en terre cuite que nous en avons rapprochés, et qui, de concert avec certaines statuettes également de terre cuite [1], font conjecturer à M. Raoul Rochette qu'il dut exister chez les Grecs de véritables statues d'Adonis, seul ou groupé avec Vénus, datant des belles époques [2]. Pourquoi donc les groupes, les scènes analogues, qui ont été signalés sur les vases par M. de Witte et par d'autres, ne se rapporteraient-ils pas, en partie du

dre, il est vrai, selon toute apparence, l'auteur de quelqu'un des derniers poëmes réunis sous ce nom antique.

[1] L'une des plus remarquables est celle du Musée Grégorien (tom. I, tab. XCIII, 1), représentant Adonis couché sur un lit funèbre, tel qu'on l'exposait dans les Adonies, et ayant près de lui son chien.

[2] Une Vénus de Praxitèle, probablement groupée avec Adonis, se voyait dans l'*Adonion* d'Alexandrie du Latmus (Steph. Byz. *v.* Ἀλεξ.). Visconti reconnaît Adonis dans la statue du Vatican prise ordinairement pour Narcisse (Mus. Pio-Clement., II, 31); mais M. Gerhard (*Beschreib. der Stadt Rom*, II, p. 172) conteste fortement cette attribution. Les autres statues données comme telles sont plus que douteuses. *Cf.* Raoul Rochette, ouvr. cité, p. 122.

moins, aux amours de Vénus et d'Adonis, devenus l'un des principaux types érotiques? M. Raoul Rochette, par une modification remarquable de ses opinions antérieures, admet qu'un vase de Vulci représente réellement Adonis assis sur un char traîné par deux cygnes, et tenant sur ses genoux, enveloppés d'un manteau parsemé d'étoiles, Vénus complétement nue [1]. Ne serait-ce pas là une sorte d'enlèvement d'Adonis par sa divine amante, comme sur la peinture murale à laquelle fait allusion un passage de Plaute [2]? Sur d'autres vases semble figurée la scène encore plus caractéristique, où les deux amants se donnent un tendre baiser, par tradition peut-être soit de ce premier, soit de ce dernier baiser, auquel la ville d'Aphaca devait son nom [3]. Mais de toutes les peintures de vases connues jusqu'ici, et qui paraissent se rapporter au mythe d'Adonis, la plus certaine à beaucoup près, comme la plus riche, est celle qu'offre une grande péliké inédite du musée Sant'Angelo à Naples. On y voit, pour emprunter la description de M. de Witte [4], dans la partie supérieure, Hermès, Déméter tenant le flambeau, Ganymède, Jupiter assis, Aphrodite à genoux, tenant Éros entre ses bras, Pitho assise. Au-dessous on remarque Adonis couché sur le lit funèbre; un Amour qui lui présente une phiale; aux pieds du lit, Hécate portant deux torches; à l'autre extrémité, vers la droite, Proserpine tenant la branche lustrale, accompagnée d'une Parque. Au troisième rang, au-dessous des deux autres, sont figurées six Muses portant divers attributs. Le revers repré-

---

[1] *Voy.* de Witte, Catal. de la coll. Durand, n° 115, et sa lettre récente à M. O. Jahn, suivie de celle de M. Lenormant, qui défend sur ce point et sur d'autres l'explication avancée par lui (Annales, nouv. sér., t. II, p. 404, 419, et pl. M, 1845).

[2] Menæchm. I, 2, v. 34-35:
Dic mihi, nunquam tu vidisti tabulam pictam in pariete,
Ubi aquila Catamitum raperet, aut ubi Venus Adoneum?

[3] *Voy.* Etymol. M. *v.* Ἄφακα. *Cf.* Movers, *Phœniz.*, p. 192, et la lettre de M. de Witte, où sont cités les monuments en question, p. 409, 411, *ibid.*

[4] *Ibid.*, p. 409 sq.

sente le couronnement ou l'apothéose d'Adonis, entouré d'un grand nombre de figures, de femmes surtout, qui célèbrent la fête de sa résurrection, opposée à celle de sa mort. Enfin, notre auteur a publié le premier [1] une scène d'un charmant vase du musée de Carlsruhe, montrant aux yeux, selon son explication aussi ingénieuse que savante, Vénus elle-même occupée avec l'Amour, entre deux Heures ou Saisons, aux préparatifs de la fête d'Adonis, qu'indiquent ces *Jardins* éphémères, dressés dans des vases ou des tessons de vases, et qui étaient le symbole le plus éloquent de l'idée comme du culte de ce dieu. Mais laissons ici parler M. Creuzer; ses nouveaux aperçus sur le mythe d'Adonis sont encore la meilleure conclusion que nous puissions donner à cette note, ce mythe y étant envisagé à la fois dans sa transformation hellénique et dans son fond oriental.

« Dans les religions de la Syrie et de la Phénicie, Astarté-Vénus n'était pas seulement environnée des emblèmes de la fécondité la plus luxuriante de la nature; Adonis ou le Seigneur n'était pas seulement le pouvoir actif du soleil, qui opère dans la végétation: il était encore, en un sens passif, la végétation elle-même, soumise au cours du soleil durant la période annuelle, et tantôt fleurissant, tantôt se fanant, dans les gazons, les plantes, les semences; il était, en dernière analyse, tout ce que fut Proserpine dans la mythologie et le culte des Grecs. Aussi eut-il la même et changeante destinée qui était départie à Proserpine. D'après l'arrêt de Jupiter, il devait passer aux enfers une moitié de l'année; dans l'autre, revenir au séjour de la lumière, et demeurer près de Vénus. La poëtesse Praxilla, lors de la première descente d'Adonis aux enfers, lui mettait dans la bouche les paroles suivantes : « Je laisse ce qu'il y a de plus beau, le flambeau du soleil; puis les étoiles et la face de la lune; enfin les concombres mûrs, et les pommes et les poires; » paroles qui expriment, de la manière la plus naïve, les notions fondamentales que l'an-

---

[1] *Zur Gallerie*, etc., n° 8, et p. 66 sqq. *Cf.* Annales, nouv. sér., t. II, pl. N, 1845, et pag. 413 sq.

tique religion de la nature avait transmises au sujet d'Adonis [1].

« Lorsque le jeune héros, racontait ensuite le mythe, eut péri à la chasse dans la montagne, par la dent d'un sanglier, et que Vénus éperdue, quittant sa couche pour aller à la recherche de son amant, l'eut enfin trouvé, elle fit à ses restes mortels les funérailles les plus somptueuses; mais il fallut abandonner son âme aux puissances infernales pour toujours, s'imaginait la déesse dans l'excès de sa douleur, ne sachant pas encore que la possession d'Adonis serait partagée entre elle et la reine des ombres, selon l'ordre des saisons. De là cette apostrophe à Vénus dans Théocrite : « Les Heures aux « pieds délicats ont ramené près de toi Adonis des bords de « l'Achéron, dans le onzième mois [2]. » La détermination de ce mois dépend des divers commencements de l'année, et des périodes non moins diverses des fêtes, aussi bien que de la différence des climats, d'où les époques différentes de la fête d'Adonis, célébrée tantôt au solstice d'été, tantôt en hiver. Le poëte alexandrin avait en vue le retour d'Adonis aux premiers jours du printemps; ce qui nous rappelle l'Heure du printemps tenant une couronne de fleurs à côté de Proserpine revenue à la lumière, sur le vase Poniatowski [3]. C'est pour la même raison qu'on donnait à l'hirondelle l'épithète d'*Adonéis* [4]. Le retour de cet oiseau avait lieu, en Grèce comme

---

[1] *Voy.* Praxilla, dans les Parœmiograph. Græc., p. 42, n. 248, ed. Gaisford, et Fragm. I, ed. Schneidewin. *Cf.* Rossignol, dans le Journal des Sav., 1837, p. 36-47, et Polemon. Fragm., ed. Preller, p. 150. Ces paroles furent travesties et tournées en ridicule par les nombreux poëtes comiques qui mirent Adonis sur la scène; d'où le proverbe auquel nous en devons la conservation chez les grammairiens : « Plus simple que l'Adonis de Praxilla. »

[2] Theocrit. XV, 102, 105, *ibi* Valckenaer, rappelant Ovide, Metam. II, 118.

[3] *Voy.* notre planche CXLIV *bis*, 551, avec l'explication, p. 224 sq.

[4] Ἀδωνῆς, comme il faut lire dans Hesych., p. 102 Alb., et comme dans l'Etymol. de Leyde. *Voy.* aussi Méléagre dans son *Printemps*, et maintenant Jacobs, *Griech. Blumenlese*, XII, p. 248 et p. 17.

chez nous, au printemps; ce que rend sensible aux regards une peinture de vase de Vulci, où l'hirondelle, apparaissant au-dessus de la scène, fournit l'occasion naturelle d'un dialogue pour saluer cette saison [1] : idylle grâcieuse, toute dépourvue qu'elle est d'une parure mythique! Mais la laitue aussi s'appelait du nom d'Adonis, à cause de certaines propriétés observées dans cette plante ; ce qui, d'un autre côté, avait fourni matière à divers mythes sur le dieu [2]; car la mythologie l'environne d'une foule de légendes de plantes et de fleurs, et il est lui-même la végétation tout entière de l'année avec ses mille formes, couleurs et périodes de floraison et de fanaison.

« Tel est le fond de vie, tout ensemble végétale et animale, sur lequel reposaient les fêtes de deuil et d'allégresse consacrées à Adonis. Nous venons de parler des hirondelles ; tout à l'heure, il était question d'un vase représentant le dieu assis près d'Aphrodite, sur un char traîné par deux cygnes. Un autre oiseau, chéri de la déesse, était sacrifié comme victime funéraire à l'époux qu'elle avait perdu dans sa fleur. Dans l'île de Cypre, en effet, on plaçait des colombes vivantes sur le bûcher, où, à la fête de deuil, était brûlée l'image d'Adonis [3]. Mais, dans cette fête, le règne végétal jouait le principal rôle; car on ornait le lit funèbre du dieu, d'oranges, de fruits de toute espèce, de fleurs, et particulièrement de ces *Jardins d'Adonis* dont il a déjà été question plus d'une fois. On l'entourait aussi de petites figures d'argile ou de cire, représentant le corps d'Adonis [4].

---

[1] *Voy. Monum. dell' Instit. archeol.*, tom. II, tav. 24, et Th. Panofka dans les *Annali*, 1835, p. 239.

[2] *Cf.* le texte de ce tome, p. 50 et n. 1.

[3] *Voy.* maintenant le texte complété de Diogenianus, Κύπριος αἶνος, dans les Parœmiograph. de Gaisford, Prœm., p. 5. Cet usage rappelle la tradition du Phénix et des oiseaux memnoniens, dont il a été parlé dans notre livre III, p. 484, tom. I; et le bûcher de l'Hercule de Tyr, d'où s'échappait un aigle, symbole de son apothéose, p. 239 de ce tom. II, et pl. LV, 218.

[4] Ces figures se nommaient ἀδώνια et κοράλλια, et ne devaient guère

« En revenant au petit tableau de notre vase, si nous donnons aux deux femmes debout et priant, qui se voient à droite et à gauche de Vénus et de l'Amour, les noms des deux Heures ou Saisons, Thallo, celle qui fleurit, et Carpo, celle qui produit les fruits, ces noms seront dans un rapport intime avec le mythe d'Adonis. Ce sont elles, en effet, qui, au temps marqué, ramènent Adonis sur la terre, le reconduisent aux enfers. Peut-être, en ce moment même, avec une crainte respectueuse, annoncent-elles à Aphrodite la mission qu'elles viennent d'accomplir, d'après les décrets de Jupiter. La nouvelle de la blessure d'Adonis avait surpris Vénus dans son sommeil; et, sans prendre le temps de se vêtir, les pieds nus, elle s'était précipitée à la recherche de son amant [1]. C'est dans ce

différer de la terre cuite du Musée Grégorien, mentionnée plus haut. Une coutume encore subsistante dans l'île de Sardaigne, jadis colonisée par les Phéniciens et les Carthaginois, offre une analogie frappante avec ces rites antiques. C'est celle que rapporte le général comte de la Marmora, dans son Voyage en Sardaigne, tome I, p. 263-265, coll. tom. II, p. 213, seconde édition. Quelques jours avant la Saint-Jean, on y sème du blé dans un vase ou muid fait d'écorce de liége et rempli de terre, de sorte que, dans la nuit qui précède le 24 juin, il se forme une touffe d'épis. On le place alors sur les fenêtres, après l'avoir paré de lambeaux d'étoffes de soie et de rubans de diverses couleurs. On y ajoute des espèces de poupées habillées en femmes; jadis même c'étaient des simulacres faits de pâte de farine (des phallus); et l'on forme des danses aux flambeaux, et puis en plein air autour d'un grand feu. Le vase en question est nommé *Erme*, ou bien encore *Nenneri*. Le savant général, tout en rappelant les Jardins d'Adonis, qu'il croit retrouver sur une médaille de Sidon, fait remarquer que les anciens Grecs avaient une fête d'*Hermès* avec des rites semblables (la fête des Χοαί, p. 327 *ci-dessus*), d'Hermès qui avait aussi pour symbole le phallus, etc. — Mais si l'on rapproche *Erme* de *Hermès*, ne pourrait-on pas aussi rapprocher *Nenneri* de *Nanaia* (*V*. la note 7 de ces Éclaircissem.), et par là revenir à Vénus-Astarté et à son Adonis, dont la fête avait lieu, selon nous, au solstice d'été, tandis que les Χοαί se célébraient dans le mois anthestérion (février-mars)?

[1] Bion. epitaph. Adonid., v. 3 sqq. et v. 21, coll. Endoc. Viol. p. 24 sq.

désordre et dans cette nudité presque complète que la montre notre peinture, quoique le riche diadème qui pare sa tête signale la déesse, comme les pommes d'or dont il est décoré caractérisent la fête d'Adonis. Nous savons que ce dieu, chez les Grecs, avait été fréquemment mis sur la scène; nous savons combien de peintures de vases ont été exécutées d'après les représentations scéniques; la plupart des poëtes dramatiques, auteurs des pièces dont Adonis était le héros, vivaient à une époque où ses fêtes étaient souvent célébrées par les hétères. On dut y rechercher plus d'une fois les contrastes dont nous venons de voir un exemple. Des figures d'Amours, entre autres, avaient place dans les tentes de feuillage dressées pour la fête funèbre d'Adonis[1]; et d'ailleurs Éros, d'après la tradition mythique, comme sur les peintures des vases, est un médiateur nécessaire entre Vénus et Adonis. Il ne pouvait donc manquer dans la scène de notre tableau. Une grande coupe, remplie des fruits les plus beaux, est déjà prête, aussi bien qu'un vase à gros ventre[2], où des plantes et des semences di-

---

[1] Theocrit. XV, 120. Eudocie (*ibid.*) présente les Jardins d'Adonis comme des offrandes funèbres au dieu.

[2] Γάστρα, γάστριον, d'où προγάστριον et προγαστρίοις, que M. Letronne (Sur les noms des vases grecs, p. 31) lit seul avec raison, selon M. Creuzer, dans le passage du Scholiaste de Théocrite, XV, 112, au lieu de προαστείοις. Un passage remarquable de Philostrate (de Vit. Apollon. VII, 32, p. 311), parlant des « Jardins de fleurs que les *Assyriens* font pour Adonis à cause de ses fêtes (ὑπὲρ ὀργίων, qui revient à ἑορτῆς χάριν chez Platon, dans la même circonstance), les plantant dans leurs maisons (ὁμωροφίους, sous le même toit), » a donné lieu à des corrections que notre auteur trouve ou trouvera moins heureuses (Jacobs, ὑπὲρ ὀστρακίων, « dans des vases de terre », où il faudrait ἐπί; Raoul Rochette, ὑπὲρ οἰκίων, ce qui offre, outre une répétition, la même faute, qu'aurait dû prévenir l'οὐκ ἐπὶ τῶν τεγῶν d'Aristophane, Lysistr. 389, cité par l'auteur p. 119). Les Grecs semaient, entre autres fleurs, des anémones dans ces vases, parce que le vent, selon eux, les développait et les flétrissait avec la même rapidité (Plin., H. N. XXI, 23, 94, coll. Heinsius ad Ovid. Metam. X, 739, et Dierbach, Flora mythologica, p. 153). La fleur propre d'Adonis est l'*Adonis æstivalis* de Linné, ou la *Goutte de sang*, qui croît en Grèce, en Italie et en

verses ont visiblement germé. Un vase semblable, avec un Jardin d'Adonis, est reçu par l'Amour des mains de sa mère, qui vient peut-être de cueillir, au toit de feuillage d'en haut, une partie des fleurs que l'on voit [1]. La scène entière offrirait donc aux yeux les apprêts de la fête d'Adonis; elle aurait un caractère érotique en même temps que sépulcral, si bien que l'on pourrait lui appliquer les paroles suivantes d'un vers de Gœthe : « Les païens savaient répandre une parure de vie sur les sarcophages et les urnes. »

Les sarcophages et les urnes, les bas-reliefs des tombeaux romains, aussi bien que les peintures des maisons de Pompéi et d'autres édifices de la même époque, représentent fréquemment les diverses phases du mythe d'Adonis, et cette vicissitude de la vie et de la mort, du plaisir et de la douleur, dont il offrait de si frappantes images. Sur les sarcophages, la mort d'Adonis, comme il était naturel, occupe ordinairement la place principale; mais les autres scènes de la tradition, ses amours avec Vénus, et jusqu'à la naissance du jeune héros sortant des flancs de Myrrha, sa mère, changée en arbre, y sont également figurées [2]. Quant aux peintures, et celles des Thermes de Titus, et celles de Pompéi, offrent aussi des scènes diverses du mythe [3]; mais il faut convenir que, sur

Allemagne, d'après Sprengel, *Gesch. der Botanik*, I, p. 271, et Dierbach, *ibid*. On disait qu'elle était née du sang d'Adonis, selon d'autres des pleurs de Vénus, tandis que la rose devait sa naissance au sang d'Adonis (Bion. Idyll. I, 66, coll. de Witte, Nouvelles Annales, I, p. 532).

[1] Faut-il voir sur le monument les deux moitiés d'un seul vase brisé, ou bien deux tessons de vases originairement différents, dont l'un serait reçu par Vénus des mains de l'Amour, au lieu de lui être remis par elle? C'est une question de détail archéologique, sur laquelle on peut voir M. de Witte, Lettre à M. O. Jahn, p. 413.

[2] *Voy.* la revue que M. Welcker a faite, d'après Zoëga, de sept de ces monuments, dans les Annales de l'Institut archéologique, tom. V, p. 155 sq.; complétée par M. Engel, *Kypros*, II, p. 628 sqq., et M. Raoul Rochette, ouvr. cité, p. 127 sq.

[3] *Voy. Terme di Tito*, 43 ; les différents rapports de M. Schulz sur les

ces dernières, ce sont encore les scènes lugubres qui tiennent la plus grande place, surtout celle d'Adonis blessé, mourant dans les bras de Vénus, comme on le voit sur la belle peinture de la villa Negroni, que nous avons reproduite dans une de nos planches [1]. Même dans les scènes d'amour, l'idée de la séparation, celle de la mort sont rappelées, par exemple, sur une peinture récemment découverte à Pompéi [2], où l'on voit, ainsi que sur les miroirs et sur les vases, Adonis assis sur les genoux de Vénus, qui lui présente une couronne de fleurs, tandis que de petits Amours, dont un tient une pomme, voltigent autour d'eux; au fond du paysage, on aperçoit une stèle funèbre. Une semblable stèle, érigée sur des rochers, et surmontée d'une couronne radiée, indique le tombeau même d'Adonis, dans une autre peinture qui décorait un pilier; une petite figure de Priape est adossée à la stèle; en avant se voit Vénus, à qui Mercure annonce l'arrêt du destin [3]. Cette scène rappelle naturellement celle que représente l'un des bas-reliefs d'un cratère de marbre connu sous le nom de vase Chigi, et que nous avons donnée dans nos planches, ainsi qu'une autre scène qui y correspond, en les expliquant l'une et l'autre d'après Zoëga et notre auteur [4]. Vénus, dans la première, s'appuie contre une colonne érigée sur le tombeau d'Adonis, en élevant son pied gauche, blessé sans doute à la recherche de son amant, et que l'aide à panser la nymphe de Byblos, tenant un baume précieux; un Satyre est là qui montre la petite image de Priape dressée sur un arbre [5]. Cette image, où nous serions porté à reconnaître, même sous l'in-

fouilles de Pompéi, dans le Bulletin de l'Institut archéologique et ailleurs; et Raoul Rochette, qui a tout rassemblé, même ouvrage, p. 129 sq.

[1] CV, 398, et l'explicat., p. 166.
[2] Publiée dans le *Real Mus. Borbon.*, tom. XI, tav. XLIX.
[3] D'après Raoul Rochette, même ouvrage, p. 134.
[4] Pl. CV *bis,* 409 *a,* et l'explicat., p. 169.
[5] Le Satyre paraît déjà dans la peinture de vase citée plus haut, p. 933, n. 1, et on le retrouve, formant également avec une nymphe un contraste licencieux aux amours d'Adonis et de Vénus, sur une peinture de Pompéi.

tention comique qui en déguise l'idée première, le symbole de la vie ou de la reproduction de la nature végétante en contraste avec celui de sa destruction et de sa mort, se retrouve jusque dans le grand tableau de Pompéi découvert en 1835, et dont M. Gerhard avait déjà publié un trait [1], mais que M. Raoul Rochette vient de nous donner dans une plus digne copie, et avec un savant commentaire [2]. Adonis s'y montre expirant entre les bras de Vénus, et environné de toutes les circonstances, de tous les attributs principaux de son mythe et de son culte, mêlés d'éléments asiatiques et grecs : ni la nymphe de Byblos n'y manque, ni les rochers du Liban ; Antéros, représentant la vengeance de Mars outragé, y est opposé aux Amours du cortége de la déesse ; Priape, nous venons de le dire, y paraît non loin d'un autel chargé de pommes de grenade, emblèmes de fécondité ; et s'il était permis, avec le célèbre archéologue que nous citions tout à l'heure, de voir dans le chien du chasseur, portant un collier hérissé de pointes, une allusion à l'astre radieux de Sirius, ce serait une raison de plus pour fixer la mort et la fête d'Adonis au solstice d'été, époque où la végétation, parvenue avec le soleil à son point culminant, se flétrit dans ses fleurs, ou bien est moissonnée dans ses fruits.

Nous avons dit, dans une de nos notes sur le texte, que, d'après M. Hug, Priape est une espèce de caricature d'Adonis, et nous avons promis le développement de cette idée. Dans les fêtes d'Adonis et de la déesse de Cypre, comme dans le culte égyptien d'Osiris, le phallus était porté en pompe. On appliqua à un Hermès, à un bloc de bois grossièrement taillé, ce signe du pouvoir fécondant de la nature ; et quand ce bloc eut reçu une figure humaine, d'un aspect difforme et risible, le dieu nouveau fut achevé. On le nomma *Priape*, ce qui veut dire en langue phénicienne *père des fruits*, et s'applique

---

[1] *Archæol. Zeitung*, II, *Taf.* V, 2, et p. 88-89.
[2] *Voy.* son Choix des peintures de Pompéi, tant de fois cité ici, pl. VII et p. 109 sqq.

à merveille au dieu gardien des jardins et des vergers. Sa généalogie, qui le rattache à Dionysus avant Adonis, montre qu'il procède originairement du premier, et qu'il fallut que Dionysus devînt Adonis, se transformât en dieu des jardins, pour que Priape pût exister [1]. M. Movers, tout en suspectant l'étymologie précédente du nom de Priape, voit en lui également une forme particulière de Dionysus, supposé lui-même une forme de Baal aussi bien qu'Adonis; il le regarde comme un Baal priapique ou phallique, comme ce *Baal-Tamyras* ou *Baal-Thamar* dont nous avons parlé plus haut [2], et qui semble indiqué dans Jérémie sous les traits d'un véritable Priape, par cette *colonne du champ de concombres*, à laquelle le prophète compare les faux dieux pour leur impuissance [3]. On peut, de ce point de vue, accorder à O. Müller [4] que Priape n'est autre en principe que l'antique *Dionysos-Phallen* ou *Phales* sous la forme usitée à Lampsaque, mais en se souvenant que le culte d'Adonis, avec ceux de Baal, de Baaltis, d'Astarté, avait été porté par les Phéniciens sur les côtes de l'Hellespont, et qu'il dut se faire, là comme ailleurs, un amalgame des dieux pélasgiques et sémitiques. M. Creuzer admet aussi dans Priape un amalgame consacré par la tradition de son double père, mais en rapportant à l'Inde, sur l'indice même de cette tradition, Dionysus, et avec lui le culte du phallus, le lingam de Siva. Quoi qu'il en soit, suivant la remarque de notre auteur, Priape apparaît dans la mythologie grecque comme un démon, ou un génie serviteur d'Aphrodite, ou plutôt s'empresse autour de cette déesse un cortége de génies priapiques, qui reçurent les dénominations caractéristiques que les anciens comiques nous ont conservées, de *Tychon*, *Conisalus*, *Orthanes*, *Lordon* (*Dordon*),

---

[1] Hug, *Ueber den Mythos*, p. 61 sq.
[2] Pag. 882.
[3] Jerem. X, 5, et Movers, p. 661 sq.
[4] *Handbuch der Archæol.*, p. 619 de la 2e édit. *Cf.* notre pl. CVIII, 427, et l'explicat., p. 174.

Cybdasus et *Pyrges* [1]. Adonis lui-même, l'amant de la déesse, put bien, dans l'origine, ainsi que Dionysus, ainsi qu'Hermès, donné aussi pour père à Priape [2], être représenté sous la forme phallique, comme ils le furent tous trois, comme le fut Priape avec eux, sous la forme de l'androgyne ou de l'Hermaphrodite [3]. Un simple phallus put même être le symbole du dieu, comme un cône fut celui de Vénus à Paphos [4]. Puis on les représenta sous la figure de Pygmées, de Patèques, tels que les navigateurs phéniciens en avaient sur leurs vaisseaux. De là probablement ce surnom de *Pygmœon* donné à Adonis en Cypre, et cette petite idole d'Aphrodite, de la 23e olympiade, que Hérostrate porta de Paphos à Naucratis en Égypte [5]. Longtemps Adonis garda sa petite taille à côté de la déesse, même quand elle eut pris la stature et les traits d'une femme dans la plénitude de sa beauté; d'où vient que, sur plusieurs monuments de l'art grec, la disproportion est encore très-marquée [6], et que, d'ordinaire, Adonis paraît comme un bel éphèbe auprès de Vénus sous l'image d'une femme faite. La tête du jeune dieu est quelquefois entourée d'un nimbe, qui peut indiquer son rapport au soleil [7]. (J. D. G.)

[1] Hesych. II, p. 314, p. 778, ed. Alberti, *ibique* interpret.; Athen. X, cap. 58, *ibique* interpret.

[2] Schol. ad Lucian. Dialog. 23, et ad Jov. Tragœd., 6; Hygin. fab. 160.

[3] Schol. ad Lucian. *ibid.*; Bekker. Anecdot., p. 472; Diodor. IV, 6. *Cf.* Engel, *Kypros*, II, p. 387 sq., et remarque 546.

[4] Les femmes de Byblos donnaient un phallus aux hommes qui les avaient possédées, dans les fêtes d'Adonis (Jul. Firmic. de Errore profan. relig., p. 14; Arnob. adv. Gent. V, p. 212); et nous avons vu plus haut le phallus remplacer les petites idoles, qui probablement furent celles d'Adonis à l'origine, dans les *Jardins* que font encore les femmes de Sardaigne. *Cf.* la note 12 de ces Éclaircissem., *ci-après*.

[5] *Voy.* Hesych. II, p. 1076, et Athen. XV, p. 676 Cas., p. 461 sq. Schweigh.

[6] Comme sur le groupe en terre cuite de M. Thiersch, dont nous avons parlé plus haut, et sur certaines peintures de vases.

[7] Schulz, dans les Annales de l'Instit. archéol., tom. XI, p. 123, n. 1.

NOTE 6 : *Principales opinions modernes sur le mythe de Cybèle et Attis; idée fondamentale de cette déesse et ses représentations figurées.* (Chap. III, art. III, pag. 56—75.)

Personne, nous le croyons, n'a analysé avec plus de profondeur et en même temps de mesure que M. Creuzer, les légendes et les monuments qui nous restent du culte de Cybèle, n'en a fait ressortir avec plus de justesse l'idée fondamentale, n'en a touché les développements historiques, et les nombreux rapports avec d'autres cultes, d'une main plus discrète et plus sûre. Zoëga, avant lui, dans la savante explication qu'il a donnée des bas-reliefs de l'autel de la villa Albani, dont le principal est reproduit dans une de nos planches[1], s'était surtout attaché à étudier ces développements et ceux de ces rapports qui firent assimiler Cybèle, soit à la Rhéa grecque, mère de Jupiter et des autres dieux olympiens, soit à Gæa et à la terre-mère, Déméter, soit à l'Ops italique et à la Bonne Déesse, femme de Saturne, sans toutefois l'identifier jamais complétement avec aucune de ces divinités; tout comme Attis s'unit étroitement avec Bacchus dans les mystères sabaziens, où il portait les noms de *Sabus* et de *Minotaurus*[2], puis fut confondu avec Osiris, avec Adonis, en demeurant distinct de ces dieux analogues.

Après Zoëga, Böttiger, dans ses *Ideen zur Kunst-Mythologie*, tom. I, p. 278 sqq., s'est occupé avec succès du culte de Cybèle, principalement sous le point de vue archéologique. Ce culte en soi et chez les Phrygiens lui paraît être originairement un culte de la terre elle-même, dû, soit à la chute de quelque grande pierre météorique, réellement tombée du ciel, soit à l'adoration des étoiles instituée sur le sommet des

---

[1] LVIII, 230. *Cf.* l'Explicat. des pl., p. 115.

[2] *Cf.* Payne Knight, *Symb. Lang.*, § 96, p. 73. Dionysus-Bacchus, de son côté, prit le nom d'*Attis* ou *Attes*. *Voy.*, sur ses rapports avec la Phrygie et ses religions, notre livre VII, chap. II, art. IV, pag. 244-255 du tome III.

hautes montagnes. Selon lui, les monts Dindyme, Sipyle, Bérécynthe, Cybèle, ou du moins leurs sommités, devinrent les fétiches naturels du pays, et la déesse qui les personnifia se couronna comme eux de murailles et de tours. Seulement, il est difficile de décider laquelle fut la plus ancienne, de la déesse de Syrie, qui avait en commun avec Cybèle les attributs et le titre de grande Mère, ou de la déesse phrygienne. Böttiger va jusqu'à admettre l'identité de Cybèle avec l'Atergatis de Syrie, avec l'Anaïtis d'Arménie et de Cappadoce, avec l'Astarté ou la Vénus-Uranie phénicienne, quoique, de ces déesses, les unes lui semblent représenter plutôt la terre, et les autres la lune. Il reconnaît pareillement qu'Attis, Adonis, Combab, amants de Cybèle, de Vénus et de la déesse de Syrie, sont tout un, et que la mutilation du premier et du dernier, sans doute aussi du deuxième [1], que leur mort et leur résurrection ont trait au cours du soleil, tour à tour frappé d'impuissance en hiver, et retrouvant avec la vie le pouvoir de féconder la terre au printemps. Celui qui avait entrevu dans le mythe de Cybèle ce fond d'idées ou d'intuition simples et naturelles, ne devait pas se contenter de comparer les cérémonies de son culte tout symbolique aux pratiques encore plus ridicules qu'enthousiastes des derviches et des faquirs. Il y eut là quelque chose de plus qu'une fureur sacrée, que des excès ou des hallucinations contre nature : M. Creuzer l'a suffisamment établi [2].

Nous étions en droit d'attendre beaucoup, pour l'éclair-

---

[1] La blessure d'Adonis *à la cuisse* n'est probablement qu'un euphémisme, dont l'équivalent se trouve dans la *cuisse de Jacob* et d'autres expressions analogues.

[2] Depuis, M. Movers, dans le dernier chapitre du tome Ier de ses *Phéniciens*, a traité avec autant de savoir que de profondeur des *Galles* ou *Cybèbes* et de leurs rites, qu'il rapproche de ceux de la Déesse de Syrie, comme ses prêtres et prêtresses des *Kedeschim*, de l'un et de l'autre sexe, mentionnés dans la Bible, et avec le nom desquels il met en rapport celui d'*Agdestis*.

cissement de quelques points demeurés obscurs dans cette religion, des recherches plus récentes de M. Lenormant, publiées seulement en partie dans les nouvelles Annales de l'Institut archéologique [1]. Malheureusement ces recherches, quoique déjà fort étendues, sont encore peu avancées ; et, toutes savantes qu'elles sont, tout ingénieuses qu'elles nous paraissent souvent, nous craignons qu'elles n'aient posé plus de problèmes qu'elles n'en ont résolu jusqu'ici. D'ailleurs, certains de ces problèmes nous semblent quelque peu gratuits, à commencer par le premier, nous l'avouerons. C'est précisément parce que Cybèle est la grande Mère, la mère de tous les dieux, de tous les êtres, la terre ou même la nature, génératrice et nourrice universelle, féconde par elle-même et d'une fécondité inépuisable, qu'elle n'est la mère d'aucun dieu, d'aucun être en particulier, qu'elle n'a ni époux, ni enfants, à proprement parler ; comparable en cela à la Diane d'Éphèse avec ses nombreuses mamelles, à la déesse de Syrie, à la Vénus céleste des Phéniciens et des Carthaginois, sans doute aussi à l'Anaïtis d'Arménie et du Pont, sur laquelle nous devons revenir dans la note suivante. Dévi, ou Bhavani, ou Parvati, la grande, la bonne déesse, la mère qui règne sur les montagnes, n'est pas autre chose dans son caractère supérieur chez les Hindous. Ce caractère, exprimé par le symbole de l'hermaphrodite qui réunit les deux sexes, se retrouve chez Cybèle, sous sa forme primitive d'Agdestis, comme chez la Vénus de Cypre, comme chez bien d'autres figures du même ordre, qui représentent la divinité se suffisant à elle-même dans l'œuvre de la génération des êtres. Il n'est donc pas besoin d'étymologies subtiles, pour essayer de donner de la consistance à des idées plus subtiles encore. Quelque violence que nous consentions à faire ou aux mots ou à notre esprit, nous ne saurions rien trouver de commun entre une pierre stérile et la notion fondamentale du personnage de Cybèle, qui est bien celle de la maternité, quoi qu'on en dise.

[1] Tome I, p. 215 et suiv., 1836.

Si une pierre devint le symbole de cette déesse, ce fut sans doute pour de tout autres raisons, tirées, soit de la forme significative de telle ou telle pierre, soit de son origine supposée céleste[1], soit même de ce que la pierre en général est une image naturelle de la stabilité, de la solidité, de la durée, attributs de la terre comme de la divinité qui y préside (πάντων ἕδος ἀσφαλὲς αἰεί). Nous aimons à reconnaître, après tout, que la dissertation de M. Lenormant, riche de faits non moins que d'idées, ne sera lue ni sans intérêt ni sans profit, même par ceux qui, comme nous, hésiteraient à en adopter les conclusions; et nous regretterions qu'elle ne dût pas recevoir un complément d'autant plus nécessaire que de plus graves et de plus nombreuses questions ont été soulevées par l'auteur.

C'est surtout à la partie proprement archéologique du culte de Cybèle, à l'étude des représentations figurées et des symboles de cette déesse, que M. Lenormant, nous n'en doutons pas, même après Zoëga, même après Böttiger, rendra de grands services. En attendant, nous joignons ici un extrait des recherches de ce dernier, qui nous a paru indispensable pour compléter sous ce point de vue celles de M. Creuzer, et que notre excellent et savant collaborateur, M. Vinet, a enrichi des résultats de ses propres recherches. (J. D. G.)

[1] M. Lenormant admet, avec Böttiger et quelques autres, que la pierre sacrée de Pessinunte, transportée à Rome, fut réellement un aérolithe; et il la rapproche de cet astre tombé du ciel, qu'Astarté trouva en parcourant la terre, et qu'elle consacra dans l'île de Tyr, suivant le mythe phénicien rapporté ci-dessus, p. 866. Ce qu'il y a de plus concluant à cet égard, et qui ne l'est guère au fond, c'est la description de cette pierre donnée dans Arnobe, VII, 46: *Lapis quidam non magnus . . . coloris furvi atque atri, angulis prominentibus inæqualis, et quem omnes hodię ipso illo videmus in signo oris loco positum, indolatum et asperum*, etc. M. Lenormant remarque lui-même que la conjecture de Falconnet (Académie des Inscriptions, tome XXIII), qui voyait dans la pierre de Cybèle un *hystérolithe*, n'est pas non plus sans autorités (Plutarch. de fluminib. X, p. 756; Reiske, coll. Prudent. Suppl. Rom. Martyr., 206); et que cette pierre peut avoir été conique, comme celle de la Vénus de Paphos et comme celle d'Astarté, selon lui prototype de Cybèle.

Ce furent surtout les Romains, dit Böttiger (*Kunst-Mythologie*, I, p. 285 sqq.), qui, par suite des nécessités du culte officiel, érigèrent des statues à Cybèle-Rhéa. Les artistes grecs s'étaient déjà occupés de retracer son image. On sait que Phidias avait exécuté la statue de cette déesse pour un *Métroon* athénien. Généralement on représente Cybèle assise sur un trône, parce que cette attitude est l'image de la stabilité de la terre, dont elle est la personnification (pl. LVII, 229). Les monuments qui la montrent debout appartiennent à une époque où elle avait perdu sa primitive physionomie mythologique. Presque toujours une couronne murale orne sa tête (pl. LVII, 227). Et, dans cette couronne, Böttiger reconnaît une modification de l'antique coiffure des Phrygiens, des Persans, des Syriens, c'est-à-dire de la mitre, de la tiare, de la cidaris, qui donna naissance à l'ornement de tête nommé *Polos* chez les Grecs. Nous dirons, en passant, qu'un archéologue très-habile, M. Gerhard, a combattu cette opinion. Ce savant verrait préférablement dans cette couronne crénelée une variété du calathus (*Text zu antiken Bilderwerken*, p. 24). Cette couronne est posée sur le voile qui recouvre la tête de la déesse, et ce voile rappelle, selon Böttiger, que la pierre qui fut dans l'origine l'image sensible de Cybèle était enveloppée soigneusement. Le tympanum, dans les mains de cette déesse, rappelle le bruyant usage que l'on faisait de cet instrument lors de la célébration des mystères (pl. LVII, 228, 229). Et cette idée toute simple, par cela même qu'elle est simple, a peut-être plus de fondement que l'opinion de ceux qui voyaient dans cet attribut une allusion à la figure de la terre, que les anciens considéraient comme une surface circulaire baignée de tous les côtés par l'Océan. Le lion, ajoute Böttiger, fut consacré à Cybèle, parce que les prêtres gardaient des lions apprivoisés dans les sanctuaires, et parce que ces animaux figuraient dans les pompes religieuses de la déesse. Du reste, le symbole du lion se présente de trois manières différentes : tantôt on voit un lion à droite et à gauche du trône de Cybèle (pl. LVII,

229) : c'est ainsi que la déesse d'Hiérapolis, dont parle Lucien, était représentée ; tantôt le char de la déesse est traîné par deux lions, ce qui rappelle les processions romaines dans lesquelles on promenait les images des dieux sur des chars sacrés, nommés *Tensæ* (pl. LVIII, 230); tantôt enfin Cybèle est assise sur un lion, comme Europe sur un taureau. C'est ainsi qu'on avait représenté Uranie ou la déesse céleste à Carthage. Nous croyons inutile de parler du pin, l'un des attributs les plus connus, les plus fondamentaux de Cybèle. Nous nous contenterons de rappeler que, dans l'opinion de Böttiger, la symbolique phrygienne remplaçait par la pomme de pin la grenade, qui joue un si grand rôle dans les mythes de Junon et de Proserpine (*conf.* pl. LVII, 229); enfin, dans les derniers temps du monde païen, la mère des dieux devint la personnification obligée des provinces et des cités. On lui donna pour attributs les productions qui leur étaient particulières, et on la couronna de créneaux.

En dehors des monuments de la glyptique et de la numismatique, on possède peu de représentations de Cybèle. Quelques bas-reliefs de l'école romaine, d'un travail médiocre, un très-petit nombre de statues, voilà tout ce que nous pouvons indiquer. Les vases jusqu'à présent n'ont point offert l'image de cette déesse, si ce n'est un rhyton cité par M. Raoul Rochette, où l'on aurait représenté Cybèle assise sur un lion, avec Proserpine à ses côtés (*Journal des Savants, novembre* 1841). D'un autre côté, le père Forlivesi affirme que, parmi les peintures de Tarquinii, qui ont été détruites depuis leur découverte, on voyait une représentation de Cybèle, assise sur un char traîné par quatre lions, et précédée de douze hommes jouant de la flûte et des cymbales (*Bulletino archeolog.*, ann. 1831, p. 91). On a déjà parlé, dans cet ouvrage, de la statue du musée Pio-Clémentin, reproduite pl. LVII, 227. Nous indiquerons encore un groupe de la villa Panfili représentant Cybèle sur le lion. Ce groupe décorait probablement la *Spina* d'un cirque (*Beschreibung der Stadt Rom*, I, p. 632). Nous signalerons aussi un autre monument de la même villa, traité dans le style le plus archaïque, et représentant Cybèle assise, la tête couverte du modius (*ibid.* III, 3, p. 632). Nous ne parlerons pas d'une statue faisant partie de la bibliothèque St.-Marc, qui représente Cybèle debout (*O. Müller, Handb. d. Archæolog.*, § 401). Nous préférons dire un mot d'une des faces d'un autel trouvé à Arcivescovato, près de Sorrente, laquelle nous montre Cybèle assise sur un trône, avec un lion à ses côtés. On remarque auprès de la déesse un Corybante armé et une figure de femme voilée, que M. Gerhard, qui a publié ce curieux bas-relief (*Antik. Bildw. S.* 266, *Tafel* 22) croit être la prêtresse Manto. On connaît un bas-relief du musée Capitolin, qui représente la vestale *Claudia Quinta* conduisant avec sa ceinture, dans le port du Tibre, le vaisseau qui porte la statue de Cybèle, dont Attale avait fait présent aux Romains (pl. LVII, 231). Et tous les archéologues se souviennent du fameux autel de la villa Albani, où Cybèle et Attis se trouvent réunis (pl. LVIII, 230). Il nous reste à signaler, parmi les monuments dont la découverte est plus récente, deux bas-reliefs de l'Asie Mineure. Le premier, représentant Cybèle assise, avec un lion à ses côtés, dans un édicule dont le fronton est décoré d'une lune (*Bulletino archeolog.*, 1829, p. 80), a été trouvé à Smyrne. Le second, qui nous montre la déesse assise avec un lion à sa droite, provient des frontières de la Phrygie (*Bulletino*, 1832, p. 168). Nous ne devons pas omettre non plus une tête de Cybèle sur un grand disque concave découvert près de Toulouse, il y a quelques années (Clarac, *Musée de sculpture*, p. 585).

La glyptique, avons-nous dit, est plus riche en représentations que la statuaire. Nous nous bornons à indiquer deux pierres gravées, dont le sujet offre un intérêt tout particulier. L'une en jaspe jaune, laquelle a passé de la collection du baron de Stosch dans celle du musée de Berlin, montre Cybèle assise sur une haute montagne (μήτηρ ὄρεια). La déesse s'offre aux regards avec ses attributs habituels; elle a devant elle la fortune, Τύχη, et au-dessus de sa tête un soleil rayonnant. Une autre pierre gravée du même musée, en jaspe rouge, n'est pas moins remarquable; elle représente la Cybèle Dindymène de Sardes, avec un modius sur la tête, et, comme les antiques *Xoana*, entièrement enveloppée de voiles épais (*Toelken, Verzeichniss der antiken Steine der Königl. Preuss. Gemmensaml.* S. 87, 88).

Quant aux médailles, elles offrent si souvent l'image de Cybèle, que nous n'avons pas même la prétention de donner la liste des villes qui avaient adopté ce type. Nous citerons dans le nombre une médaille de Pessinunte de Galatie, siége principal du culte de Cybèle, sur laquelle on voit les têtes conjuguées de Cybèle tourrelée, et d'Attis coiffé du bonnet phrygien, étoilé et couronné de pin, et au revers un lion accroupi, la patte posée sur le *tympanum*. Derrière le lion, deux crotales; de chaque côté de sa tête les bonnets des Dioscures, surmontés d'un astre. La légende porte : MHTρος ΘΕΩΝ ΠΕΣΣΙ. Cette pièce est surtout intéressante, parce qu'elle peut être considérée, suivant M. Lenormant (*Nouvelle Galerie mythologique*, pl. III, n° 18, p. 14), comme le monument le plus ancien que nous possédions sur le culte de la mère des dieux. Nous indiquerons encore une autre médaille de Pessinunte, publiée par Sestini (*Descriz. del Mus. Hedervar.*, Tav. XXVIII, n° 4), offrant au droit la tête d'Attis, coiffée du bonnet phrygien couronné de pin, et portée sur le croissant de la lune, et au revers l'inscription : MHTρος ΘΕΩΝ ΠΕΣΣ, avec le symbole du taureau cornupète; car le taureau, observe M. Lenormant (*Nouv. Galer. myth. ib.* 15), appartient aussi à Cybèle (*cf.* Steph. Byz., *v.* Μάσταυρα). Enfin, nous devons rappeler un médaillon de Faustine l'ancienne, où l'on voit Cybèle et Attis (pl. LVII, 229); une médaille d'Hadrien, dont le revers représente la déesse avec la tête voilée, portée sur un char traîné par quatre lions (pl. LVII, 228); un médaillon de Septime Sévère, qui montre Cybèle couronnée de tours, assise sur un trône, et portant sur sa main droite étendue, à titre de grande mère, les deux Corybantes, Cabires ou anciens Dioscures (pl. LIX, 235).

(E. V.)

NOTE 7 : *Sur Anaïtis, Tanais, Tanaïtis, et sa véritable origine ; le caractère, les rapports et l'extension de son culte.* (Chap. III. art. IV, p. 76-82.)

M. de Hammer est revenu plusieurs fois sur l'identité d'*Anaïtis* avec *Anahid*, avec la *Mitra-Urania* d'Hérodote, conséquemment sur son origine persane, soit dans les Mines de l'Orient, soit dans les Annales de Vienne. Nous avons promis et nous donnons ici en note, d'après M. Creuzer, un extrait de ces développements, où il s'est principalement attaché à montrer la vaste extension du culte de cette divinité, comparée, par les Grecs et les Romains, tantôt à Pallas-Athéné, tantôt à Artémis-Diane, tantôt à Vénus-Aphrodite, dont elle réunissait les attributs [1]. Nous renvoyons en même temps à notre

---

[1] Si l'on ne veut point, dit M. de Hammer, admettre l'identité de la déesse guerrière, semblable à l'Athéné grecque, et adorée à Pasargades, avec l'Artémis persane ou *Anahid*, nommée Anaïtis à Ecbatane, selon Plutarque (Artaxerx., cap. 27), l'on ne saurait cependant contester l'antique culte persan d'Anahid comme Ized féminin. Anahid, sans doute, était également adorée en Arménie et en Cappadoce, où elle était venue de la Perse; mais les écrivains grecs aussi bien que les Orientaux attestent unanimement l'existence de son culte dans les villes principales de l'empire persan. Elle se présente encore à Ecbatane sous le nom d'*Ainé* (Polyb. X, 27, 10), qui suffirait, par son rapport avec *Aineias*, à montrer l'identité originaire de l'Artémis persane et d'Aphrodite ou Vénus dans l'étoile du soir, *Anahid*. Cette identité, et chez les Grecs et chez les Orientaux, se révèle dans son autre nom, *Zaretis* ; car, en arabe, *Sohre* signifie la même chose qu'*Anahid* en persan. Il se pourrait donc que, comme à Elymaïs, suivant Strabon (XVI, p. 744), se trouvaient rapprochés les temples d'Athéné et d'Artémis, cette dernière bien certainement Anaïtis, de même, dans celui de Pasargades, Athéné et Artémis eussent été révérées, sinon comme un seul et même génie tutélaire, au moins en commun, et comme σύμβωμοι. M. de Hammer montre ensuite Anaïtis se retrouvant à la fois à Bactres et à Persépolis, à Suses, à Babylone, à Damas et à Sardes, aussi bien que dans l'Arménie, dans la Cappadoce et dans le Pont; et il conclut en disant que, de l'Inde à la Palestine, à l'Arabie, à l'Asie Mineure, fut jadis répandu le culte de l'étoile du matin, sous des

tome I, et surtout à la note 8 des Éclaircissements sur le livre II, pag. 730 et suiv., où se trouvent exposées et commentées, dans leur ensemble, les vues de ce savant orientaliste sur le même sujet, conformes en général à celles de Silvestre de Sacy et de M. Creuzer.

Depuis, notre auteur est revenu à son tour sur ce sujet, dans le second des *Nachträge* ou *Addenda* du chap. IV de sa 3ᵉ édition, tome II, 1840. Il commence par rappeler qu'aux temps voisins de notre ère, la déesse dont il s'agit avait ses principaux sanctuaires dans l'Arménie, la Cappadoce et le Pont, pays dont la géographie et l'histoire ont été éclairées par des écrits récents [1]. Elle était surtout désignée sous le nom local de la *déesse de Comana*, parce que cette ville de Cataonie ou de Cappadoce était alors la métropole de son culte. Mais, loin qu'elle ait été une divinité purement locale, elle n'était ainsi appelée qu'à cause de l'embarras qu'éprouvaient les anciens à exprimer autrement l'idée vague et indéterminée qu'ils s'en formaient. Ils disaient, par la même raison, *Uranie* ou la *déesse céleste*, comme ils auraient pu dire encore et comme l'on dit aujourd'hui la *Vénus orientale*, la *déesse asiatique* [2]. Encore le nom de *Vénus orientale*, ainsi que celui de *Vénus-Uranie*, est-il déjà trop déterminé; et puis, quand on emploie le dernier, il faut oublier la conception purement idéale que Platon y a rattachée [3]. Au fond, la déesse d'Arménie, de Cappadoce et de Pont n'a pas seulement de l'affinité, mais une identité complète avec la Mylitta d'Assyrie,

---

noms divers, mais principalement sous ceux d'*Anahid* et de *Sohre*, la même que *Soukra* des Hindous. *Voy. Fundgruben des Orients*, IV Bd., 3 Hft., p. 340; *Wiener Jahrbücher der Literatur*, VII, p. 266, VIII, p. 370 sq., X, p. 210, 219 sqq.

[1] Disputatio de historia Cappadociæ cum tabula geographica, auctore Joh. Jos. Hisely, Traject. ad Rhen., 1836, 4°; G. F. Caroli Meun, Meletemat. historic. specim. secundum, Propontiaca, Bonnæ, 1839, 8°.

[2] *Cf.* Buttmann, *Mythologus*, II, p. 142.

[3] Boeckh, *Metrolog. Untersuchung.*, p. 43.

la Mitra de Perse, l'Alilat d'Arabie, l'Astarté syro-phénicienne, Athara, Atergatis, Dercéto, Anaïtis, l'Artimpasa de Scythie, Déméter-Maïa ou la Mère, nom que les Grecs donnaient à la déesse des peuples septentrionaux[1], avec la grande Mère des Phrygiens, l'Artémis Taurique, Perasia Castabalis, Éphésienne, etc. Faut-il nous étonner après cela si cette divinité unique se présente, à l'époque romaine, sous les noms les plus divers, ceux de Junon assyrienne, Junon céleste, Reine, Mère des dieux, Grande-déesse, grande Diane d'Éphèse, Diane porte-flambeau et Diane Lucifère, Lune, et enfin Vénus sans autre épithète; si, de plus, les auteurs, en voyant cette Vénus-Uranie armée et qualifiée de *Venus armata*, se demandent s'ils ne doivent pas l'appeler plutôt Pallas ou Minerve, ou même tout simplement Enyo ou Bellone [2]?

Mais la déesse de Comana, rapportée à la Perse par les anciens eux-mêmes, nous l'avons vu, avait aussi son nom propre, le nom d'*Anaïtis*: on peut se demander aujourd'hui quelle fut l'origine de ce nom et de celle qui le portait.

S'il était possible d'admettre que la véritable orthographe du nom dont il s'agit est *Tanaïs* ou *Tanaïtis*, et si l'identité de ce nom avec celui de *Tanit*, qui se lit tant de fois dans les inscriptions phéniciennes et carthaginoises[3], n'était pas seulement une vraisemblance, mais une complète certitude, il deviendrait probable, sinon qu'Anaïtis fut précisément d'origine égyptienne, au moins qu'elle eut de grands rapports avec la *Neith* d'Égypte. Dans tous les cas, rien ne s'oppose à ce que la Déesse céleste de Carthage et l'Artémis ou la Diane de Perse aient porté le même nom. Seulement il semble que l'origine persane ou indienne d'Anaïtis ait été mise hors de doute par des découvertes et des recherches entièrement nouvelles.

[1] Herodot. IV, 53, IV, 59, VIII, 65.
[2] *Voy.*, entre autres, Plutarch. Sulla, p. 457 B. *Cf.* Hisely, p. 92-95.
[3] *Voy.* Gesenius, Scriptur. phœnic. Monum., p. 115 sqq., 168 sq., 357, 415, 429. *Cf.* Akerblad cité dans notre texte, p. 77 de ce tome.

D'une part, MM. Th. Benfey et M. Stern[1] ont montré que le mot *Nephthar*, qui se rencontre au livre I, chap. 36, des Maccabées, est un mot persan, qui signifie réellement καθαρισμός, purification, et que le *Naptar apanm*, qui se trouve dans le Vendidad Sadé, est un être divin déjà invoqué dans les Védas sous le nom *Apâm naptri*, emportant absolument la même signification. Ce *Naptar apanm*, qui paraît représenter l'eau primitive, est intimement uni avec l'Ized *Ardviçura*, l'*Ardvisur* des Perses; et l'un des surnoms de cet Ized, *Anâhita*, la pure, donna naissance au nom et au culte d'*Anahitis* ou *Anaïtis*, si révérée du même peuple. D'un autre surnom de *Naptar apanm*, se forma cette autre divinité des Perses, *Anandatos*, adoré sur un même autel avec Anaïtis. Les mêmes auteurs remarquent que le nom du bitume, *Naphtha*, vient de *Naptá*, et que le culte de ces dieux paraît s'être rattaché aux sources de naphte.

D'autre part, Anaïtis se fait voir sur des médailles indo-grecques récemment publiées, et elle s'y présente sous le nom de *Nana* ou *Nanaia*, accompagnant une figure de femme enveloppée d'une longue robe de mousseline à plis nombreux, avec un nimbe autour de la tête, et à la main un objet qu'on peut prendre pour une corne d'abondance, une branche d'arbre, ou une plante du genre du lotus. Au-devant est le signe monétaire indo-scythique. Les plus illustres savants s'accordent à reconnaître Anaïtis dans cette figure et dans ce nom[2]. Une voix toutefois s'est élevée contre cette idée, celle de M. Avdall, qui croit que *Nanaia* et *Anahid* sont essentiellement

---

[1] *Ueber die Monatsnamen einiger alten Vœlker*, Berlin, 1836, *Excurs.* II, p. 204-216.

[2] Après Prinsep, K. O. Müller, Raoul Rochette, C. L. Grotefend, etc. *Voy. Gœtting. gelehrt. Anzeig.*, 1835, p. 1777 sqq.; Raoul Rochette, Supplém. I à la Notice sur les médailles grecques de la Bactriane et de l'Inde, p. 31, et Suppl. II, p. 59 sq.; C. L. Grotefend, *Die Münzen der griechischen, parthischen und indo-scythischen Kœnige von Baktrien und den Lœndern am Indus*, Hannover, 1839, p. 46 sqq., et *Zusœtze*, p. 2.

distinctes l'une de l'autre. *Anahid*, selon lui, était la divinité tutélaire de l'Arménie, pays où *Nanæa* avait aussi ses temples, dont le plus magnifique se voyait au village de Thile dans la haute Arménie. Agathangelus, secrétaire du roi Tiridate, au commencement du 4e siècle, écrit en propres termes : « Saint George et le roi Tiridate sapèrent le temple de la déesse *Anahid*, et ils le détruisirent; ils en enlevèrent les vases d'or et d'argent. Puis ils se portèrent en remontant sur le fleuve Goyle, et ils détruisirent les temples *Nanaïtiques* de la fille d'*Aramazd*, dans le village de Thile. Les trésors de ce temple furent recueillis et employés pour l'Église du Dieu unique. » Il est donc très-vraisemblable, conclut Avdall, qu'*Anahid* ou *Anaïtis*, *Nanaia* ou *Nanæa*, étaient des divinités différentes [1].

Cette vraisemblance n'en est pas une pour M. Creuzer; car, dit-il en premier lieu, ces divers temples arméniens, comme ceux de la Cappadoce et du Pont, pouvaient bien n'être que les succursales d'un temple principal. Le temple d'Anaïtis à Zéla se trouvait précisément sur la frontière d'Arménie. En second lieu, si l'on considère les formes nombreuses, que nous n'avons pas toutes citées plus haut, des noms donnés à la Déesse asiatique, on n'attachera que peu d'importance à la différence d'*Anahid* et de *Nanahid*. Enfin, on ne verra pas un motif de distinction plus solide dans cette circonstance, que *Nanaia* est désignée comme la fille d'*Aramazd* (Ormuzd), ou que, sur les monnaies indo-scythiques, elle apparaît quelquefois groupée avec le dieu du soleil; Anahid, en effet, appartient à la religion de lumière d'Ormuzd aussi bien qu'au culte mithriaque [2]. De même que dans tous les anciens cultes de ce genre, tantôt le principe masculin figure comme une personne à part, subordonnée au féminin, et tous deux sont adorés dans

---

[1] *Voy.* le compte-rendu de J. C. Arneth, dans les *Wiener Jahrbüch. d. Lit.* Bd. LXXX, p. 227 sq.

[2] O. Müller (*Gœtting. gelehrt. Anzeig.* 1838, p. 233), identifie également *Anaïtis* et *Nanæa*. Si les auteurs arméniens les distinguent, dit-il, c'est que la signification semblable des deux noms avait été oubliée dans les bas-temps.

un même temple, voire sur un même autel; tantôt les deux sexes sont unis en un seul corps, et la divinité devient androgyne. Ainsi la déesse de Comana, aux attributs d'Hercule, de Mars, d'Atys, réunissait ceux d'Omphale, de Bellone et de Cybèle; elle était androgyne. Anaïtis, la même que Mitra, devenait Mitra-Mithras; elle devenait, au vrai sens de la théologie iranienne et persique, le feu mâle et femelle à la fois, avec prédominance de ce dernier sexe [1].

M. Movers a été conduit, par le fil de ses recherches sur les divinités féminines des Phéniciens et des peuples sémitiques en général, à s'occuper d'Anaïtis. Pour lui, elle est la même qu'*Astarté*, que la Grande-déesse, la Déesse céleste de Sidon et de Carthage, et, comme celle-ci, originaire de la haute Asie, soit de nom, soit d'idée [2]. C'est une déesse de la lune, une déesse du feu pur, du feu des étoiles, une déesse virginale et martiale, l'Artémis persane, mais aussi, et avant tout, assyrienne. Elle appartient primitivement au culte de la lumière et des astres, et son nom de *Tanaïs* ou *Tanaïtis*, sous la forme plus simple *Tanit*, se retrouve à chaque instant, dans les inscriptions puniques, associé à celui de *Baal-Chamon* [3], par suite de l'influence religieuse que les peuples de la haute Asie exercèrent sur les peuples sémitiques, dès une époque assez reculée. M. Movers, admettant, avec Akerblad, avec Gesenius, cette identité d'*Anaïtis*, ou plutôt *Tanaïtis*, et de la *Tanit* des inscriptions, rejette l'origine égyptienne que ces savants ont voulu lui donner, en la dérivant de *Neith*, comme *Baal-Chamon* ou *Hammon* d'*Ammon* ou *Amoun*. Il cite les passages des anciens, qui la rapportent unanimement à la

---

[1] *Voy.* Fr. v. Streber, dans les *Abhandl. der Münchner Acad. d. Wissensch.*, 1835, Bd. I, S. 183, 187.

[2] Le nom d'*Astarté* n'a point sa racine dans les idiomes sémitiques, mais dans les langues indo-persiques, et notamment dans le persan, où *Astara* veut dire *astre*, *étoile*. *Cf.* Movers, *Phœniz.* I, p. 606 sq., 616 sqq., et le texte de ce tome, p. 26, n. 2.

[3] *Cf.* les notes 2 et 3 de ces Éclairciss., p. 854 et 877 sq. *ci-dessus*.

Perse, même celle de Lydie et d'Arménie, cette dernière escortée des deux génies, persiques comme elle, *Omanus* et *Anandatus*[1]. Mais il pense que le rang de grande divinité nationale, assimilée à Artémis ou à Athéné, qu'elle occupait chez les Perses, elle l'avait déjà chez les Assyriens, et qu'elle y était associée à leur *Hercule-Sandan* ou *Sandakes*, comme chez les Phéniciens, en qualité de *Melechet* ou de Reine, à *Moloch*, le Roi, et le même que *Melkarth* et *Baal-Chamon*. Elle se répandit dans l'Occident par la Thrace et le Bosphore, à la suite des conquêtes et des colonies des Assyriens; l'Artémis *Zerynthia*, par exemple, ne semble pas autre que la *Zaretis* persane, identique à Anaïtis [2]; et l'Artémis Taurique, avec son culte du feu, avec ses sacrifices de vierges, auxquelles furent substituées des biches, vient encore de la même source. D'un autre côté, les Saces ou les Indo-Scythes, au rapport de Strabon [3], avaient adopté le culte de cette déesse, adorée chez les Massagètes et dans toute la Scythie comme reine des Amazones, comme l'Amazone par excellence. Elle se nommait, chez les Scythes, *Artimpasa*, nom dont la première partie rappelle manifestement celui d'*Artémis* [4]. Enfin, jusque sur les bords du Palus-Méotide, le nom d'*Astara* (nous l'avons vu plus

---

[1] Ces deux génies ne sont autres, suivant M. de Hammer (*Wiener Jahrb.* X, p. 239), que *Hom* ou *Homanes* et *Venont*. *Cf.* les Éclaircissements de notre tome I, p. 684 et 704.

[2] M. Movers rapproche *Zaretis*, *Zara* ou *Azara* de *Zohar* ou *Zorus*, nom d'Hercule à Tarse et à Carthage, et de *Azar*, *Adar*, que nous connaissons déjà comme un nom de Moloch et le dieu du feu; c'est, selon lui, comme au fond selon MM. Creuzer et de Hammer, le feu mâle et le feu femelle, *Mithras* et *Mitra*.

[3] XI, p. 512 Casaub. *Cf.* Ritter, *Erdkunde von Asien*, IV, 1, p. 485.

[4] Herodot. IV, 59, *ibi* Bæhr, coll. Origen. contra Cels. IV, p. 310. Ce serait plutôt *Artimpata*, comme *Oiorpata*, nom des Amazones chez les Scythes, et sans doute aussi comme *Persephatta*, la même que *Persephone*, toutes dénominations entraînant l'idée de meurtre, de mort, peut-être avec celle du feu. Movers, p. 624.

haut ¹), témoigne de l'identité de la forte déesse avec *Astarté*, et de son origine assyro-persique plutôt que phénicienne ².

Le nom de *Tanaïs* ou plutôt *Tanaïtis* alterne chez les auteurs avec celui d'*Anaïtis*, pour la divinité persane, arménienne ou pontique; mais, à tout prendre, le premier a le plus grand nombre de leçons en sa faveur, ce qui n'a pas peu contribué à le faire rapprocher de *Tanit*. D'autres noms de la même déesse ont aussi leur autorité, et réclament ici une mention, avant tout celui de *Nanaia*, que nous venons de trouver sur les médailles indo-scythiques ou indo-grecques, mais qui se lit aussi dans le second livre des Maccabées, et que Josèphe traduit par le nom grec d'*Artémis* ³. Si ce nom ou le nom de *Nani*, *Nana*, est donné dans l'Inde à Parvati, la déesse des montagnes, la même que Bhavani, la grande mère ou la mère des dieux ⁴, il est d'autant plus remarquable de rencontrer en Phrygie *Nana*, comme mère d'Attis, à côté d'Agdestis ou de Cybèle ⁵. Les noms d'*Anæa*, *Ainé*, donnés à la déesse assyrienne ou médique, se rapprochent à la fois des noms de *Nanaia*, *Nanæa*, *Nana*, et de celui d'*Anaïs* ou *Anaïtis*, tandis que celui d'*Athénaïs*, appliqué à l'Astarté de Byblos et à l'É-

---

¹ Pag. 898.

² Chez Moïse de Chorène, citant Bérose, *Astlikia* (*Asdghig*) est la sœur de *Zerovanes* (*Zerouan*), le même que Bel l'ancien (Cf. *Moïse de Khorène*, traduit par M. Le Vaillant de Florival, tom. I, p. 33.) Le premier de ces noms veut dire en arménien *astre*, et revient, par conséquent, à *Astara* ou *Astarté*.

³ Macc. II, 1, 13, 15, Ναναία, et dans la Vulgate, *Nanæa*; Joseph. Antiq. XII, 9, 1, *ibi* Polyb., coll. Strab. XVI, p. 744, où il est question de deux temples distincts d'*Athéna* et d'*Artémis* à Elymaïs, ce dernier nommé *Azara*, et en outre d'un temple de *Bélus*, le même sans doute que celui d'*Adonis* chez Elien (Hist. Anim. XII, 23), dans lequel se trouvaient des lions apprivoisés, si toutefois ces lions, qui rappellent ceux de Cybèle et de la déesse de Syrie, n'appartenaient pas plutôt à *Nanæa-Anaïtis*, dont nous allons voir le nom près d'un lion.

⁴ *Cf.* Ritter, *Erdk. v. Asien*, V, p. 108 sq.

⁵ *Voy*. le texte de ce tome, p. 65, n. 4.

nyo ou à la Bellone de Cappadoce¹, c'est-à-dire à *Tanaïs*, nous ramène décidément à cette dernière forme et à celle de *Tanit* ².

Ainsi le nom de la divinité dont il s'agit, diversement modifié, régna jadis des frontières de l'Inde à l'Asie Mineure, à la Palestine, à la côte d'Afrique; et M. Movers incline même à le retrouver dans la *Thana* d'Étrurie ³, comme dans l'*Athana* ou *Athéna* grecque. Quant à la *Neith* égyptienne, il finit par l'envelopper dans la même dérivation générale, au moyen de *Nit-ocris*, reine égyptienne, mais aussi reine de Babylone, dont le nom est traduit par les anciens *Athéna* ou *Minerve victorieuse* ⁴. Il y soupçonne un type mythologique, une Sémiramis, une déesse guerrière, androgyne même, comme le fut certainement la Neith d'Égypte, comme peuvent bien l'avoir été Tanaïtis et Astarté, aussi bien que Cybèle et la Diane d'Éphèse, aussi bien que la Parvati indienne identifiée avec Bhavani, et telle peut-être qu'elle paraît, avec les noms d'*Okro*, *Athro*, sur les mêmes monnaies à légendes grecques du roi indo-scythe Kanerkès, qui nous ont conservé le nom et la figure de *Nanœa* ⁵.

Du reste, les modifications de l'idée et du caractère de cette

---

¹ Plutarch. de Isid., cap. 13; Cic. Epist. fam., XV, 4.

² Dans la première inscription phénicienne d'Athènes, qui est bilingue, le nom composé *Abd-Tanit* est traduit par Ἀρτεμιδῶρος, ce qui montre que les Phéniciens eux-mêmes assimilaient leur *Tanit* à l'*Artémis* grecque.

³ *Voy*. le texte de ce tome, p. 486, n. 1.

⁴ Herodot. II, 107, 184 sqq., *ibi* Bæhr, coll. Eratosth. ap. Syncell., p. 195.

⁵ Movers, p. 629, coll. Ritter, *ibid*. — Les noms de NANA, NANAIA paraissent pour la première fois accompagnant la figure d'un lion, surmontée d'un croissant, sur une médaille bactrienne incertaine qui n'a rien encore d'indo-scythique, publiée par Wilson, *Ariana antiqua*, pl. XXI, 18. Quant à sa figure, telle qu'elle est décrite plus haut, et aux divinités certainement distinctes d'elle, qui sont citées ici, on peut voir *ibid*. pl. XI, 17, 18-20, XII, 4, 6, 7, 9, 10, 16, etc., et consulter l'Éclaircissement suivant.

divinité, conséquemment de son culte, ne furent pas moins considérables que celles de son nom. M. Movers est forcé d'avouer que l'*Anaïtis* de Perse et d'Arménie, et aussi bien l'*Astarté* phénicienne, offrent des contrastes frappants de pureté et d'impureté, d'énergie belliqueuse et de volupté sans frein. Il a recours, pour s'en rendre compte, à la fusion de deux déesses en une seule, d'une déesse lunaire, qui est proprement *Astarté* ou *Anaïtis*, l'Artémis ou la Minerve assyroperse, avec la déesse adorée dans la planète de Vénus, avec la *Mylitta* de Babylone et la *Baaltis* de Syrie, assimilées à Aphrodite ou à Dioné. Et cette fusion, il l'explique à son tour historiquement par le mélange des religions sémitiques et des religions de la haute Asie, dans le cours des conquêtes successives des Assyriens, des Mèdes, des Chaldéens et des Perses, qui commandèrent les uns après les autres à l'Asie occidentale, et y bouleversèrent tant de fois les populations et les idées. De là *Tanaïs* à Babylone, en Arménie, en Lydie, devenue une véritable *Mylitta*, une reine de voluptés, exigeant de ses hiérodoules le sacrifice de leur vertu, et s'appropriant la fête licencieuse des Sacées, dans son alliance avec le dieu *Sandan*, qui est celle d'Omphale et d'Hercule [1]. Même sur la Tanaïs de Sidon et de Carthage, dit M. Movers [2], même sur celle de la Perse, le culte dissolu de Mylitta étendit accidentellement son influence; car, durant la fête des Sacées au moins, Tanaïs était adorée en qualité de Mylitta, la déesse carthaginoise, la même que *Didon*, en qualité d'*Anna*; et son idole, après la fête, était vraisemblablement brûlée sur un bûcher, ce bûcher, ajouterons-nous, immortalisé par Virgile, aussi bien que les noms devenus héroïques, de divins qu'ils furent à l'origine, de Didon et d'Anna, sa sœur [3].

[1] *Cf.* la note 11 de ces Éclaircissements, *ci-après*.
[2] Pag. 631.
[3] *Cf.* la note 13 et dernière des Éclaircissements sur ce livre.

Ces distinctions historiques, poursuivies par M. Movers avec une rare sagacité, une érudition pleine de verve, sont-elles aussi solides qu'ingénieuses ? Nous ne savons; mais il nous semble que la théorie de M. Creuzer, qui voit, au lieu de ces divinités différentes, les différentes faces d'une seule et même grande divinité, adorée sous des aspects et sous des noms divers, soit dans les éléments, soit dans les astres, et propagée d'Orient en Occident, en se modifiant selon le caractère des lieux et le génie des peuples, a bien aussi sa simplicité et sa vérité. Le lecteur instruit en jugera; nous ne voulons ici que l'avertir. (J. D. G.)

NOTE 8. *Sur le dieu Men, Lunus et Mensis.* (Chap. III, art. IV, p. 83-85.)

Deux questions doivent être éclaircies ici : celle de l'origine du dieu *Men* ou *Lunus*, que M. Creuzer rapporte à la Perse, ou en général à la haute Asie, en tant que lune mâle; et celle de savoir jusqu'à quel point ce dieu est de même que la lune, jusqu'à quel point il s'en distingue, et se réduit au *mois* personnifié. Nous commencerons par cette dernière question, qui a beaucoup plus occupé les savants que l'autre, et sur laquelle il faut s'entendre avant d'essayer de résoudre la première.

Il semble, au premier abord, qu'il n'y ait aucune difficulté sur le dieu *Men* (Μήν), traduit tard, en latin, *Lunus*, mais aussi *Mensis*, et qu'il ne puisse être autre chose que la personnification de la période de temps déterminée par le cours de la lune, et en rapport nécessaire avec elle. Et cependant, tantôt on a voulu, comme Casaubon [1], Cuper [2], Coray [3], identifier *Men* et *Lunus*, en y voyant exclusivement la lune mâle, le

---

[1] Ad Æl. Spartian. Caracall., cap. 6 et 7, in Histor. Aug. Scriptor. p. 719 sq. tom. I, ed. Varior. 1671.

[2] In Harpocrate, p. 16. Ménage (Observat. in Diog. Laert., p. 368 sq.) se range à son avis.

[3] Dans la trad. fr. de Strabon, tome IV, 2ᵉ partie, p. 63.

dieu-Lune; tantôt, comme Saumaise [1] et Lebloud [2], on a distingué le dieu-Lune ou *Lunus* de *Men*, le dieu-Mois, et l'on a tout au plus admis l'association de celui-ci avec la lune, soit mâle, soit femelle, dans les temples de l'Asie antérieure. Montrons, en peu de mots, que ces deux opinions sont également erronées, qu'elles reposent sur une fausse interprétation des textes, et qu'elles ont contre elles les monuments aussi bien que les auteurs.

L'apparente opposition des deux principaux témoignages, de celui de Strabon, dans son onzième livre, et de celui de Spartien, dans la Vie de Caracalla, a produit la seconde erreur, la distinction de *Men* et de *Lunus*. Elle a même poussé Leblond jusqu'à suspecter ce dernier, qu'il appelle le *prétendu dieu Lunus*, et que, pour un peu, il regarderait comme une fiction des numismatistes. Il fait dire à Strabon, d'après l'interprétation de Saumaise qu'il adopte, que le temple de *Men Pharnaces* ou *Men de Pharnaces*, à Cabira dans le Pont, « est *en même temps* le temple de la lune, » comme celui qui se voit chez les Albaniens, et les trois de la Phrygie, soit celui de *Men* dans le lieu homonyme (probablement celui de *Men Carus* entre Caroura et Laodicée, dont le géographe parle plus loin), soit celui d'*Ascæus* (plus loin, *Men Arcæus*), près d'Antioche vers la Pisidie, soit enfin celui du territoire des Antiochéens (vraisemblablement Antioche du Méandre)[3]. Leblond conclut de là que, dans tous ces temples, le culte de *Men* était associé à celui de *Séléné* ou de la Lune; conséquemment qu'ils étaient distincts l'un de l'autre, quoiqu'il dût y avoir entre les deux, dit-il, une certaine et nécessaire analogie. *Men* est le Mois, naturellement rapproché de la Lune; quant à *Lunus*, l'idée et le mot sont également sans application.

Leblond, évidemment, ne sait que faire de cette lune mâle, ou tantôt mâle, tantôt femelle, dont il est question chez Spar-

---

[1] Ad Æl. Spartian. *ubi supra*, p. 720.
[2] Mémoires de l'Acad. des Inscript. et B.-L., tome XLII, p. 381.
[3] Strab., XII, p. 557, coll. p. 577, 580, et XI, p. 503, Casaub.

tien; il n'y voit qu'une superstition arbitraire et ridicule; *Lunus* ne saurait être la Lune, et, s'il est quelque chose, c'est le même que *Men* ou le Mois.

Rien de plus sûr que ce dernier point; *Lunus*, aussi bien que *Men*, est le Mois; mais il est en même temps la Lune, adorée comme un dieu; c'est ce qui doit faire maintenir la dénomination de *Lunus*, non moins heureusement dérivée de *Luna* que Μήνη, à l'inverse, l'est de Μήν.

En effet, Strabon entendu dans son vrai sens, comme l'ont compris Casaubon, Cuper, Coray, déclare lui-même que le temple de *Men* à Cabira « est aussi bien le temple de la Lune » que le sont les autres temples qu'il allègue [1]; d'où il suit que, selon le géographe, *Men* est une lune mâle, un dieu-Lune, pour lequel il n'avait pas besoin de créer un nom nouveau, dont le dispensait le rapport manifeste de Μήν avec Μήνη, tandis que Spartien fut obligé de hasarder *Lunus*, afin de marquer le rapport du dieu Mois avec *Luna*, la lune, ce rapport n'étant point suffisamment exprimé par *Mensis*, qui n'a point de corrélatif en latin.

Maintenant résulte-t-il du véritable sens de Strabon ainsi restitué, et qui met en accord son témoignage et celui de Spartien, en identifiant le *Men* de l'Asie Mineure tout à la fois avec *Séléné*, la Lune, et avec le *Lunus* de Carrhes en Mésopotamie, que ce dieu fût la Lune, une lune mâle, à l'exclusion du Mois? C'est ici la première erreur, et non pas la moins grave. Rien n'est mieux attesté, et par les textes et par les monuments, que l'existence d'une consécration, d'un culte du Mois, c'est-à-dire de la période lunaire, chez divers peuples de l'antiquité. Non-seulement Pythagore défendait de toucher au coq blanc, ministre sacré du Mois (de la Lune ou plutôt de Lunus) en même temps que du Soleil, et qui marquait le temps comme eux [2]; mais nous savons que les Phry-

---

[1] Ἔστι δὲ καὶ τοῦτο τῆς Σελήνης τὸ ἱερόν, καθάπερ τὰ... καὶ τὰ.... Le sens adopté par Saumaise et Leblond supposerait : Ἔστι δὲ τοῦτο καὶ τῆς Σ.

[2] *Voy.* Diog. Laert., lib. VIII, segm. 34, coll. lib. II, segm. 18; Jamblich. Vit Pythag. I, 8 et 28; Suid., *v.* Πυθαγόρας, p. 3174, Gaisford.

giens sacrifiaient au Mois comme les Éthiopiens au Jour [1], et que, chez les premiers, le Mois était invoqué sous le nom de *Sabazius*, le Bacchus de Phrygie, au milieu même des cérémonies mystérieuses de ce dernier [2]. Nous savons aussi que les Gaditains, sans doute à l'exemple des Tyriens leurs pères, avaient élevé deux autels, l'un à l'Année, l'autre au Mois, comme au temps le plus long et au temps le plus court [3], c'est-à-dire aux deux périodes correspondantes, dont l'une, la grande, était mesurée par le soleil, l'autre, la petite, par la lune.

En voilà plus qu'il n'en faut pour établir la parfaite identité de *Men* avec *Lunus* en tant que mois lunaire, personnifié et déifié, comme on le voit sur tant de médailles, non-seulement de la Phrygie et du Pont, mais des autres provinces d'Asie Mineure, de la Thrace voisine, de la Syrie et de la Palestine, de la Mésopotamie et de l'Arabie [4]. Il y est caractérisé par le croissant qu'il porte aux épaules et quelquefois sur la tête; le croissant, double image de la Lune nouvelle et du Mois, également qualifiés du nom de Μήν, comme nous l'apprend Cléomèdes [5]. C'est ainsi que, dans le calendrier hiéroglyphique des Égyptiens, dont nous devons à Champollion le jeune une si précise connaissance, les quatre mois de chacune des trois tétraménies ou saisons dans lesquelles se divise l'année, sont exprimés par le caractère symbolique du croissant, figuré une, deux, trois et quatre fois [6]. Le Mois,

---

[1] Lucian. Jupit. Tragoed., 42.

[2] Procl. ad Plat. Tim. IV, p. 251. *Cf.* Jablonski Opuscul. II, p. 66 sqq., et Lobeck, Aglaoph., p. 1047.

[3] Ælian., de Provid. ap. Eustath. in Dionys. Perieg. 451, p. 185 Bernhardy.

[4] *Cf.* Leblond, *ibid.*, p. 386 sqq., et Mionnet, Descript. de Méd., tom. II-V, et Supplém., IV, VI, VII, *passim*. Plusieurs de ces médailles, appartenant à Nysa de Carie (tom. III, p. 362, et Suppl. VI, p. 520-521), portent l'inscription ΚΑΜΑΡΕΙΤΗΣ, qui semble répondre à Μήν ou *Lunus*, comme qui dirait *Lunaris*, *Kamar*, en arabe, signifiant *Lune*.

[5] Cycl. theor., II, 5, p. 135 Bake.

[6] Mém. de l'Acad. des inscript. et belles-lettres, tom. XV, nouvelle

c'est donc la Lune manifestée par le croissant, et parcourant ses quatre phases dans le cours de la période qui lui est propre, et qui est tout un avec elle, comme ne l'ont pas vu, au moins clairement, ceux qui ont voulu les séparer l'une de l'autre [1], comme l'a pensé, au contraire, M. Creuzer avec sa pénétration habituelle. *Lune*, d'ailleurs, n'est-il pas synonyme de *mois* dans notre langue, et les noms du mois et de la lune ne se rapprochent-ils pas, ne se confondent-ils pas dans les principaux idiomes de la famille indo-germanique, où, de plus, ils appartiennent invariablement au genre masculin, ainsi qu'il en était, selon toute apparence, dans la langue phrygienne [2] ?

Ceci nous ramène à la question que nous avions ajournée; celle de l'origine historique du dieu *Men*, maintenant bien reconnu pour être en soi le même que *Lunus*, le même que la Lune, conformément à l'ordre de la nature, qui, pas plus que le langage, son fidèle interprète, n'a séparé la lune du mois. On pourrait croire, avec Leblond, ce dieu originaire de Phrygie, à cause du bonnet national, de la pomme de pin, de la tête de taureau, ses attributs, qui le rapprochent d'Attis sur les monuments [3]; des épithètes de *Menotyrannus* et de *Minotaurus*, qui semblent établir un autre rapport entre lui et Attis ou Sabazius, le Bacchus phrygien [4]. L'inscription

---

série, p. 84 sqq., 101 sqq. Le croissant, exprimant le mois, a les cornes tournées vers le bas, chez les Égyptiens, et il ne cesse pas de désigner cette période, quoique devenue solaire ou luni-solaire, aussi bien que l'année. Le mois conserve ainsi la trace de son origine.

[1] Nous n'en exceptons pas Heyne, Commentat. Gotting. XVI, p. 121.

[2] En sanscrit *más*, *mása*, en zend *máo*, *máongham* à l'acc., lune en tous les sens, d'où le grec μείς et μήν, μήνη, le latin *mensis* et notre *mois*, avec l'idée de division, de mesure (*mensura*); en allemand *mond* et *monat*, en anglais *moon* et *month*. Le grec σελήνη et le latin *luna* (*losna* en étrusque) pourraient bien venir d'une tout autre source.

[3] La médaille de Pessinunte citée p. 951 *ci-dessus*, paraît même identifier complétement *Attis* avec *Men*. Men a d'autres attributs encore que l'on verra plus loin, sans parler du coq, qui souvent paraît à ses pieds.

[4] *Voy.* p. 944 *ci-dessus*, et surtout tome III, p. 245.

MHN ACKHNOC, qui rappelle l'*Askenas* de la Bible, sur une médaille de Sardes [1], et le nom de l'antique roi *Manes*, père d'Attis, et commun, aussi bien que lui, à la Phrygie et à la Lydie [2], paraissent venir à l'appui de cette origine, mais étendent déjà l'horizon ethnographique du dieu *Men*. D'un autre côté, on peut être tenté, avec M. Creuzer, d'agrandir encore davantage cet horizon, en faisant dériver le dieu-Lune de la patrie commune de tout sabéisme, ainsi qu'il le dit, c'est-à-dire de la haute Asie, et même de la Perse ou de l'Inde; les peuples de ces pays, au moins du dernier, ayant de tout temps adoré la lune comme un dieu, tandis que leurs langues, on vient de le voir, donnent les formes primitives des noms masculins de cet astre ou de sa période dans les idiomes occidentaux. La difficulté est de savoir si les peuples dont il s'agit ont réellement déifié, personnifié d'une manière distincte le mois en général, ou la lune à titre de mesure du temps ; ce qu'ils ne paraissent pas avoir fait, non plus que les Égyptiens, quoique ceux-ci tinssent aussi la lune pour un dieu ou pour une divinité tour à tour mâle et femelle, comme nous l'avons admis également des Hindous [3]. En cela les uns et les autres en-

---

[1] Mionnet, Descript., IV, p. 120. Des trois surnoms de Μήν mentionnés dans Strabon et que nous avons cités plus haut : (Μηνὸς) Φαρνάκου, Ἀρχαίου ou Ἀσκαίου, et Κάρου, ce dernier est le seul qui ait été retrouvé jusqu'ici sur les médailles, associé à son nom, et cela sur une monnaie d'Attuda en Phrygie, représentant le dieu devant un croissant, avec la légende MHN. KAPOY. (Mionnet, Descript., IV, p. 241.)

[2] Herodot. I, 94, IV, 45, *ibi* Bæhr et Creuzer ad Historic. gr. antiquiss. fragm., p. 153 sq.

[3] *Voy.* tom. I, p. 251, 830, 834. Et les Hindous et les Égyptiens s'étaient contentés de consacrer individuellement les douze mois à douze divinités ou génies, soit de l'un, soit de l'autre sexe. Les Perses n'avaient pas fait autrement, adorant simplement dans *Máo*, plus tard dans *Mah*, l'Ized mâle d'abord, ensuite femelle de la lune. Ajoutez que le calendrier de tous ces peuples ayant été réglé sur le soleil, leurs mois étaient solaires ou luni-solaires, comme nous l'avons déjà dit des Égyptiens. *Voy.* même tome, p. 633 sqq., 704, 709 sqq, 895 sqq., et Champollion, mém. cité, p. 108 sqq.

visageaient la lune sous un aspect physique et cosmique, dans son rapport avec la terre, qu'elle éclaire et féconde pour sa part, ou bien dans sa double relation avec le soleil, qui la féconde elle-même en lui prêtant sa lumière, et avec la terre, à qui elle transmet et les rayons et les germes qu'elle a reçus du soleil [1]. Mais ce n'est plus là le dieu Mois, le dieu de la période lunaire; c'est quelque chose de beaucoup plus vaste, bien qu'au fond toujours identique, la lune, dans son action quelconque, réelle ou supposée, étant, comme nous l'avons dit, inséparable des phases qu'elle parcourt, et par conséquent du mois.

Et cependant nous ne saurions dissimuler un grand fait, un fait résultant de découvertes récentes, fécondes à la fois pour l'histoire et pour la mythologie, et qui semble, au premier abord, confirmer l'idée de l'origine indo-persique du dieu *Men*, mois et lune tout ensemble. Sa figure et son nom, aussi reconnaissables l'un que l'autre, se montrent sur les mêmes monnaies de la Bactriane et des contrées situées entre la Perse et l'Inde, qui nous ont déjà fait voir le nom et l'image de *Nanæa* [2]. Ils s'y montrent accompagnés de différentes autres divinités qu'on ne peut guère rapporter qu'à ces contrées, surtout à la Perse, par exemple *Mithro*, qui est évidemment *Mithra*, le dieu-soleil, dont le nom oriental se trouve quelquefois remplacé par le nom purement grec *Helios* [3]. Outre *Mao*, qui est bien *Men*, le dieu-lune, sous une forme orientale de son nom, voisine de la forme grecque, et qui est caractérisé dans sa figure par le croissant derrière les épaules, ainsi que par un costume fort rapproché du costume phrygien [4], on rencontre aussi *Manaobago*, également avec le croissant,

---

[1] *Voy.* Ammon. in Aristot. de Interpretat. folio 25, *verso*, Ald. 1546.
[2] *Cf.* l'Éclaircissement précédent, p. 955, 960.
[3] *V.*, p. ex., dans les monuments réunis à la suite de l'écrit de M. F. Prinsep, *Note on the historical results deducible from recent discoveries in Afghanistan*, d'après les travaux de son frère J. Prinsep et les recherches des successeurs de ce dernier, pl. IX, 14, XI, 3, XII, 5 et 10.
[4] *Ibid.*, pl. IX, 13, X, 10, XII, 9.

mais rappelant du reste, et par ses quatre bras et par sa posture, les idoles de l'Inde [1]. C'est ce qu'on peut dire de la plupart des autres, *Okro, Athro, Ardochro, Ardethro, Oado, Orlagno* (peut-être *Ardagno*), *Pharo,* etc. [2], quoique les noms appartiennent à la Perse au moins autant qu'à l'Inde, et que, quant aux figures, *Ardochro,* espèce de Fortune, tantôt debout et tantôt assise, mais portant toujours la corne d'abondance, et peut-être hermaphrodite [3], rappelle à la fois l'Inde et la Grèce, ou bien l'Asie Mineure.

La question est de savoir si cet ensemble de cultes, manifesté principalement sur les médailles des rois indo-scythes de la dynastie dite de Kanerkès, à partir du second siècle de notre ère, mais dont les éléments épars se retrouvent sur les monuments des dynasties antérieures, grecques, parthes ou scythes, qui régnèrent sur les mêmes contrées [4], peut être considéré comme un en soi et comme originaire de ces contrées, comme vraiment primitif. Une analyse attentive démontre le contraire, et tend à établir que c'est là plutôt encore un amalgame qu'un système de divinités empruntées, non-seulement à l'Inde et à la Perse, mais à l'Asie antérieure, où plusieurs même de celles qui, comme *Mithra* et peut-être *Men,* peut-être aussi *Nanœa,* tenaient par le nom et l'idée première à l'un ou l'autre de ces deux pays [5], s'étaient complétement transformées,

---

[1] *Ibid.*, pl. XI, 8.

[2] *Ibid.*, pl. V, 6, X, 4, 5, 7, 9, XI, 1, 2, 6, 9, 10, XII, 1, 2, 6, 7, 8.

[3] C'est ce que nous porte à conjecturer la composition de son nom et sa terminaison masculine, jointe aux caractères féminins qui dominent dans sa figure. Nous ne pouvons nous défendre, d'ailleurs, de songer à *Ardhanari-Iswara,* ou *Hara-Gauri,* l'hermaphrodite indien (tome Ier, p. 157, et tome IV, pl. III, 21, avec l'explicat., p. 5), union de Siva et de Bhavâni, surtout quand nous voyons *Okro* représenté sous les traits de Siva-Iswara, qui, entre ses noms, compte celui d'*Ougra,* origine très-probable d'*Okro.* (Prinsep, pl. IX, 10, 11, X, 1-7, XII, 1, 7.)

[4] Müller, qui, d'ailleurs, a émis d'excellentes idées sur ce sujet, dont nous avons fait notre profit aussi bien que M. Wilson (*Ariana antiqua,* p. 360), ne s'est pas suffisamment rendu compte de ce fait important (*Getting. gelehrte Anzeigen,* 1838, I, p. 229 sqq.).

[5] *Cf.* p. 955, 959, 966 sq *ci-dessus.*

avaient pris corps et figure. Nous savons positivement d'*A-naïtis*, la même que *Nanæa*, que l'image de cette déesse, telle qu'elle était adorée en Arménie et en Cappadoce, fut érigée, par un décret d'Artaxerxès-Mnémon, dans toute l'étendue de ses États, et non-seulement à Babylone, Suses et Ecbatane, mais à Damas et à Sardes d'une part, de l'autre dans la Perse orientale et jusque chez les Bactriens [1]. C'est ici, en effet, que nous l'avons retrouvée, d'abord par son nom et ses attributs, sur une médaille purement grecque [2], puis par elle-même et par son nom à la fois, sur les monnaies dites indo-scythiques portant des légendes grecques [3]. *Mithra* ou le dieu-Soleil paraît également, pour la première fois, debout, avec la tête radiée, et accompagné d'une divinité lunaire, plutôt femelle que mâle, suivant toute apparence, la tête surmontée du croissant, sur une médaille bilingue du roi gréco-bactrien Téléphus [4]. Il reparaît, nous le croyons, en buste, la tête radiée et tenant le glaive, sur les médailles, que nous appellerons gréco-scythiques, du *grand sauveur, roi des rois*, qui prélude aux Kadphisès et aux Kanerkès, dans le cours du premier siècle avant notre ère [5]. Mais c'est, comme nous l'avons dit, sur les monnaies des rois de ce dernier nom, et postérieurement à cette même ère, qu'il se montre, tantôt avec le nom de *Mithro*,

[1] Berosi fragm., p. 69 sq. Richter.
[2] P. 960, n. 3, *ci-dessus*, et Prinsep, pl. V, 7.
[3] *Ibid.*, et Prinsep, pl. IX, 12, X, 7, XI, 5, XII, 4.
[4] Prinsep, pl. III, 2. Cet exemple, joint à ceux que nous venons de citer, d'après la pl. V, 6 et 7, prouve ce que nous avons dit plus haut des éléments divers, successivement amalgamés, dont se compose cette religion, appelée trop exclusivement mithriaque, des Indo-Scythes, où les Grecs eurent leur part aussi bien que les Parthes et les Hindous.
[5] Prinsep, pl. VII, 26, IX, 1, 2, 3. C'est plutôt encore *Helios* que *Mithra*, confondu avec lui quand les Parthes eurent prévalu sur les Grecs, et que les Indo-Scythes furent venus pour subir cette double influence après celle de l'Inde. La figure significative d'*Ardochro* paraît sur les plus anciennes médailles de ces derniers, dès le temps d'Azès (Prinsep, pl. VI, 10, VII, 22).

tantôt et plus anciennement avec celui de *Helios*, sous des traits qui l'assimilent, soit à ce dieu hellénique, soit au Mithras de l'Asie Mineure et du monde gréco-romain [1]. C'est aussi sur ces monnaies, et sur celles-là seulement, que se fait voir le dieu *Mao*, avec des attributs et un costume qui ne permettent pas un instant de méconnaître en lui le *Men* ou *Lunus* de la Phrygie et de toute l'Asie antérieure [2]. S'il s'y associe à des dieux et déesses qui sont manifestement originaires de la Perse et de l'Inde, non toutefois sans mélange d'éléments grecs, au moins dans la forme, c'est une raison déterminante pour admettre la part de l'Asie occidentale dans l'œuvre de ce syncrétisme bizarre et compliqué, où vinrent peu à peu se combiner en se transformant, sous l'influence prolongée mais décroissante de l'hellénisme, les Izeds de la religion de Zoroastre, les Dévas de celle de Brahma, et les divinités sidériques et symboliques du monde sémitique, réunis sur les monuments des conquérants barbares de la Bactriane, de l'Asie et du Pandjab.

Nous croyons, en effet, que pour découvrir la véritable origine du dieu Mois, de son type caractéristique et de son culte, beaucoup plus riche et plus répandu qu'on ne le croit d'ordinaire, il faut se tourner vers le monde sémitique, que nous a déjà indiqué le fait de ce culte, établi à Gadès par les Phéniciens fondateurs de cette ville. Là nous trouvons ce dieu tout à la fois comme lune mâle ou *Lunus*, comme distinct de la lune femelle, d'une déesse Lune, et comme uni à cette déesse dans le grand symbole de l'hermaphrodite. Spartien nous met sur la voie dans le passage où, parlant de la visite de Caracalla au temple de *Lunus* à Carrhes en Mésopotamie, et rappelant à cette occasion une croyance populaire du pays, il indique clairement que la lune y était adorée tour à tour comme mâle et femelle [3]. Son

---

[1] Prinsep, pl. IX, 14, XI, 3, XII, 5 et 10.
[2] *Ibid.*, pl. IX, 13, X, 10, XII, 9.
[3] « Sciendum doctissimis quibusque id memoriæ traditum, atque ita nunc quoque a Carrenis præcipue haberi, ut qui lunam feminæo nomine

Lunus est bien Μήν, le Mois, ainsi que nous l'avons vu et que le représentent les monnaies frappées à Carrhes; il est en même temps la Lune confondue avec la période qui règle son cours. Hérodien, rapportant le fait cité plus haut, désigne la divinité de Carrhes par le nom de Σελήνη[1]; et Strabon, avant ces deux auteurs, identifiait *Men* avec *Séléné* dans les temples de la Phrygie et du Pont, comme nous l'avons prouvé.[2]. Il résulte de ces rapprochements, si nous ne nous trompons, que le culte du Mois, ainsi identifié avec la Lune, devait embrasser l'idée de cette dernière dans toute son étendue; mais sans l'épuiser dans la variété de ses rapports et des formes symboliques qui s'y liaient. Il en résulte aussi que ce culte pouvait être associé à celui de telle ou telle divinité femelle qui personnifiait la lune, soit dans quelqu'une de ses phases considérée à part, soit dans son rapport avec le soleil, soit sous un point de vue plus général. La figure complexe de l'androgyne rétablissait, d'un autre côté, sa double relation avec le soleil et avec la terre, et tout l'ensemble de ses divers aspects, de ses différents rapports. Par là nous nous expliquons, non pas tant encore l'association de *Gad* avec *Meni*, que l'on croit correspondre, dans le prophète Isaïe, à celle de Τύχη ou de la Fortune, et de *Men-Pharnaces*, dans le serment des rois de Pont, chez Strabon[3], que celle de *Pharnouchos*, le même que *Pharnaces*, avec *Pharsiris* et *Tanaïs*, c'est-à-dire avec le Soleil et avec la Vénus-Lune de Babylone, dans un curieux passage

---

putaverit nuncupandam, is addictus mulieribus semper inserviat, ut vero qui marem deum esse crediderit, is dominetur uxori, neque ullas muliebres patiatur insidias.» Spartian., *ubi supra.*

[1] Herodian., IV, 13.

[2] Pag. 963 sq. *ci-dessus.*

[3] Isaïe, LXV, 11; Strab., XII, p. 557, *ibi* Coray citant Biel, Nov. Thes. philol. III, p. 479. Dans la version des Septante, *Gad* est traduit par Τύχη, et *Meni* par δαιμόνιον. *Voy.* les nombreuses et divergentes opinions sur ce point d'exégèse réunies dans Gesenius sur Isaïe, II, p. 283-288. *Cf.* Movers, *Phœniz.*, I, p. 650, et ces Éclaircissem., p. 875 *ci-dessus.*

de l'extrait que Photius nous a conservé des Histoires babyloniennes du romancier Jamblique le Syrien [1]. Du même genre est l'alliance ou plutôt la combinaison que nous offrent les médailles du roi de Pont, Pharnace Ier, dans la figure de son patron divin, très-probablement le *Men-Pharnaces* lui-même, espèce de Jupiter-Sabazius et d'Hermès-Dionysus, par conséquent dieu ou génie luni-solaire, portant des ailes à la tête et aux pieds, présentant de la main droite une grappe de raisin à une petite panthère, et tenant de la gauche un caducée avec une corne d'abondance; au-dessus est le foudre, emblème du suprême pouvoir; dans le champ, le croissant lunaire, et un astre qui doit représenter le soleil [2]. Une figure analogue à certains égards est celle que font voir les monnaies du roi de Syrie, Antiochus VIII Épiphane, surnommé Grypus, figure qui est aussi celle d'un Jupiter-Mois ou d'un *Mois de Jupiter*, *Dius*, le premier mois de l'année macédonienne, le mois par excellence ou le chef des mois, comme l'était peut-être le *Mois-Pharnaces* ou plutôt encore *Mois de Pharnaces*, dans un calendrier sacré commun au Pont, à la Cappadoce et à la Phrygie [3]. Quoi qu'il en soit de cette conjecture, qui n'en verrait pas moins dans *Pharnaces* ou *Pharnouchos*, ainsi exalté et devenu véritablement un *Menotyrannus*, le *Men-Lunus* comme présidant aux mois dont il ouvre la série, ce dernier se montre sur d'autres médailles ayant pour attributs principaux l'astre avec le croissant, qu'il porte, comme ici, ces symboles, ou qu'il en soit, comme plus haut, simplement accompagné [4]. Quelquefois il paraît remplacé par l'astre

---

[1] Phot. Bibl., Cod. 94, p. 75 Bekker.

[2] Médaille d'argent, dans Mionnet, Descript., II, p. 359.

[3] *Foy*. notre tom. IV, pl. LXXII, 311, et l'explicat. p. 149. *Cf.* Strab. *l. l.* Μῆνα Φαρνάκου, et Cabira, siége de son culte, appelée *Diopolis* par Pompée.

[4] *Comp.*, aux deux médailles précitées, les monnaies de Carrhes, dans Mionnet, Descript., V, p. 597-599; de Gabæ, *ibid.*, p. 316-317 sq.; de Laodicée du Liban, *ibid.*, p. 307.

posé dans le croissant, ainsi qu'il l'est souvent lui-même, ou du moins sa tête¹; quelquefois il l'est par un disque ou un globe, uni ou non au croissant²; quelquefois enfin, et l'astre et le croissant sont multipliés, comme dans le calendrier égyptien³. Le serpent aussi est un de ses attributs, et se lie aux précédents, soit qu'il enveloppe le croissant avec l'astre ou le disque, soit qu'il s'enroule autour de la haste ou du thyrse que porte le dieu sous sa figure humaine⁴. La numismatique

¹ *Voy.* les médailles de Magnésie d'Ionie, dans Mionnet, Supplém., VI, p. 246; et *comp.* celles d'Antioche de Pisidie, Descript., III, p. 491 sq., de Sillyum en Pamphylie, *ibid.* p. 489-491; d'Alia de Phrygie, IV, p. 215; etc.

² Par exemple, sur les médailles de Galatie, où, au lieu de le voir devant son temple, comme dans notre pl. LXXXVIII, 332, on voit, sur le fronton de ce temple, un disque, un croissant, un croissant avec le disque. Mionnet, Descript., IV, p. 375 sq.

³ Médaille de Carrhes, deux étoiles dans un croissant, Mionnet, Descript., V, p. 600 ; quatre croissants adossés occupant le milieu du champ d'une médaille de Sandalium, *ibid.*, III, p. 517.

⁴ *Voy.*, d'une part, les monnaies de Carrhes, Mionnet, Descript., V, p. 594-596 ; d'autre part, celles d'Esbus en Arabie et de Magnésie d'Ionie, *ibid.*, p. 585 sq.; et Supplém. VI, p. 247. Sur cette dernière, le serpent est à la fois autour de la haste dans la main de Lunus, et autour du thyrse dans le champ. Sur une médaille extrêmement remarquable de Trapezus, on voit Lunus à cheval, comme il paraît souvent, s'approchant d'un autel; devant lui est un jeune homme debout, tenant un flambeau élevé; derrière, un autre jeune homme également vêtu à la phrygienne, tenant un flambeau abaissé ; au-dessus, plane un génie; au bas, est un serpent qui rampe. Il est impossible de méconnaître ici l'alliance du culte de Lunus et de celui de Mithra, telle que nous l'avons trouvée plus haut sur les médailles de la Bactriane, telle qu'elle se montre avec les mêmes traits sur un bas-relief découvert à Koula par M. Texier, dont l'inscription nous révèle un surnom entièrement nouveau de Men (Μηνὶ Τιάμου, construit comme Μῆνα Φαρνάκου dans Strabon, et à côté de Μηνὶ Τυράννῳ), telle qu'elle paraît, d'ailleurs, sur les monuments mithriaques proprement dits. Cf. Mionnet, Suppl. IV, p. 458 sq.; Streber *Denkschrift. der Münchner Akad.*, B. 1, p. 169, et tab. II, 10; notre tome IV, pl. XXVI, 132, 133, XXVII *bis*, 132 *a*; et Texier, Descript. de l'Asie Mineure, I, pl. 51 et p. 135.

de Carrhes surtout est riche de ces diverses formes, et l'on se convainc, en l'étudiant, à quel point ce culte symbolique de la lune y était développé [1]. On y rencontre, de même qu'à Esbus d'Arabie, la lune femelle sous la figure ou de Cybèle ou d'Astarté, ou d'une autre déesse lunaire caractérisée par le croissant, aussi bien que la lune mâle sous celle de *Lunus* marqué du même signe [2]. Ailleurs, sur une médaille de Nysa de Carie, une femme debout et vêtue de la stola, ayant le lotus sur la tête, tenant dans la main droite une grappe de raisin, sur la gauche le petit dieu *Lunus*, le montre ainsi subordonné à une déesse également lunaire [3]. Est-ce une association de même espèce, ou bien une alliance purement politique de deux villes ou de deux cultes, que celle qui, sur d'autres monnaies de la même cité, rapproche *Lunus* de la Diane d'Éphèse ou même de la Diane chasseresse, sur les médailles de Tabæ et sur celles de Trapezopolis [4]? On peut douter; mais ce qu'il y a de sûr, c'est qu'une médaille appartenant encore à Nysa, et l'une de celles qui portent la légende KAMAPEITHC, fait voir *Lunus* debout et de face entre deux lions, tenant dans la main droite la pomme de pin, et la gauche appuyée sur la haste [5]. C'est le pendant de la médaille de Pessinunte, dont il a été question plus haut [6], et sur laquelle *Attis* se confond avec *Lunus*. Ici c'est *Lunus* qui se confond avec *Attis*, qui prend sa place, et qui devient le favori de Cybèle, comme nous l'avons vu ailleurs s'identifier avec *Sabazius*, son autre favori [7].

Il ne serait pas difficile, si nous pouvions nous livrer ici à ces développements, de retrouver sur les monuments origi-

---

[1] *Cf.* les médailles déjà citées, et, en général, Mionnet, Descript., V, p. 593-600, *passim*.

[2] Mionnet, *ibid.*, p. 593, 597, 599, 600, et p. 585 sq.

[3] Mionnet, Descript., III, p. 369.

[4] Mionnet, Descript., *ibid.*, et p. 384 sq., 388.

[5] Mionnet, Supplém., VI, p. 520 sq.

[6] Pag. 951 et 966.

[7] Pag. 966 *ci dessus*, et tom. III, p. 245.

naux de l'Assyrie et de la Phénicie, sur les cylindres et sur les pierres gravées en particulier [1], la plupart des éléments, vraisemblablement primitifs, de ce culte de la lune, soit mâle, soit femelle, dont nous venons de signaler les formes principales, telles qu'elles se perpétuent sur les monnaies gréco-romaines de l'Asie moyenne et antérieure. Nous aimons mieux aller directement au but, en montrant notre dieu *Lunus* représenté en personne, avec tous les caractères réunis que nous venons de voir, et d'autres encore plus significatifs, sur ces grossières mais mystérieuses idoles de Sardaigne, d'origine bien certainement phénicienne ou punique, dont nous devons à M. le général comte de la Marmora une connaissance étendue, et dont nous avons publié quelques échantillons dans nos planches [2]. Le croissant appliqué aux épaules fait reconnaître sur-le-champ, dans deux de ces idoles, les analogues des représentations ordinaires de *Men* ou *Lunus* [3]; mais l'une d'elles porte un disque sur la tête, probablement croisé d'un serpent, une tête d'animal, peut-être de chat, sur la poitrine, le signe de la virilité à sa place, et dans les mains des objets mal déterminés, où l'on peut soupçonner une pomme

---

[1] Mainte divinité, de l'un ou de l'autre sexe, y est accompagnée ou du croissant ou de l'étoile, qui y figurent aussi, séparés ou réunis, comme objets d'adoration ; et ce caractère d'un naturalisme sidérique et symbolique, que nous avons signalé ailleurs en détail (p. 908-916 *ci-dessus*), s'y remarque partout.

[2] *Cf.* le second des Éclaircissements sur ce livre, p. 857 sq., *ci-dessus*. Nous voyons avec plaisir que M. E. Gerhard admet également l'origine phénicienne des idoles trouvées en Sardaigne, dans un mémoire *Sur l'art des Phéniciens*, lu à l'Académie de Berlin, et qui doit faire partie du recueil de cette société pour l'année 1846. Seulement M. Gerhard incline à rapporter l'exécution de ces statuettes en bronze, qui rappellent à la fois les Patèques et les Pénates, à des ouvriers étrusques, qu'il fait intervenir également dans l'exécution des célèbres Nuraghes, ces *gigantesques pyrées du culte solaire de Baal*, ainsi qu'il les désigne.

[3] *Voy.* notre tome IV, pl. LVI *bis*, 213 *c* et 213 *a*, avec l'explicat. p. 107 sq. *Cf.* la Marmora, Voy. en Sardaigne, II, Antiquités, p. 241, 204 sqq., et pl. XXI, XIX, fig. 38 et 19 de l'Atlas.

de pin, un œuf, une feuille ou une fleur, aussi bien qu'une étoile ou un croissant ; c'est proprement un *Lunus* : l'autre, qui paraît porter sur la tête une fleur, une étoile, sinon des cornes naissantes, qui a, au milieu de la poitrine, une mamelle unique, les bras croisés au-dessous, et, plus bas encore, six autres mamelles parsemant son corps terminé en gaîne, est soutenue par une base en forme de nacelle, sur laquelle se dressent d'un côté un objet conique ou pyramidal, peut-être un phallus, et tout joignant une tête humaine mâle, du côté opposé une tête d'animal au museau allongé et armé de dents. C'est une image beaucoup plus compliquée, et, comme nous l'avons dit dans l'explication de nos planches, un véritable groupe, où *Lunus* se confond avec Astarté, se rapproche de Cybèle, de la Diane d'Éphèse, et se trouve en rapport, soit avec le soleil, soit avec un autre astre, tous deux figurés symboliquement. Cette idole est voisine tout à la fois et de celle qui représente évidemment Astarté comme déesse de la Lune, mère et nourrice des êtres, type manifeste de la Diane d'Éphèse, avec le corps en gaîne, les nombreuses mamelles, une tête d'animal, probablement de vache, surmontée d'un croissant ou de cornes affectant cette forme, sans parler d'autres croissants nombreux semés sur la figure ou sur sa base [1] ; et de celle où l'hermaphrodite lunaire se montre sous des traits non équivoques, avec une tête humaine barbue, armée de cornes, deux mamelles très-prononcées sur la poitrine, les deux mains terminées par deux têtes, l'une qui semble humaine, l'autre qui paraît celle d'un chat, et deux têtes correspondantes, humaine et animale, se dressant sur la base de la petite statue [2]. C'est bien ici le pendant de la Vénus barbue de Cypre, qui réunissait les deux sexes, et que les anciens eux-

---

[1] *Voy.* notre pl. LVI, 213, avec l'explicat. *Cf.* la Marmora, *ibid.*, p. 208 sq., et pl. XIX, fig. 20.

[2] Pl. LVI *bis*, 213 *b*, et l'explicat.; la Marmora, *ibid.*, p. 200 sqq. et pl. XIX, fig. 18. M. de la Marmora, prenant l'une de ces deux dernières têtes pour celle d'un chien, et les rapprochant des deux têtes analogues, sur la base de l'avant-dernière figure, soupçonne ici la représen-

mêmes regardaient comme une divinité lunaire [1]; c'est la lune dans tout le cours de ses phases, dans ses positions diverses et dans ses rapports à la fois sidériques et telluriques, tandis que nous avons peut-être, dans la première des quatre figures qui viennent d'être rappelées, outre le type de *Lunus*, la véritable et spéciale image de la *néoménie* ou de la nouvelle lune, et de ce *Khodesch* des Phéniciens, dont le nom, à titre de patron divin, entre en composition dans les noms d'homme, *Ben-Khodesch*, par exemple, traduit en grec Νουμήνιος, sur une inscription bilingue d'Athènes [2]. Le *Lunus* phénicien était probablement à la fois la nouvelle lune et le Mois, annoncé et représenté par le croissant, tout comme le Mois, se confondant avec l'astre lui-même, le représentait sous ses aspects divers et dans toute l'étendue de son idée; ce que prouve surtout la seconde figure, où le croissant aux épaules, caractéristique du dieu-Lune, se combine avec des attributs qui l'exaltent jusqu'au rang de grande divinité de la nature. Ainsi le voulait le génie symbolique et synthétique de l'Orient, ce génie qui a laissé son empreinte reconnaissable plus encore sur les monuments que dans les traditions qui concernent notre dieu, adoré sous des formes tantôt plus compliquées, tantôt plus simples, du détroit de Gadès, au pied du Caucase indien.

(J. D. G.)

tation du lever héliaque de Sirius. Ce pourrait être tout aussi bien une représentation zodiacale, comme celles que l'on voit sur la pierre babylonienne de Tak Kesra, dont il a été question plus haut, p. 915. Quant aux deux petites têtes par lesquelles se terminent les mains de l'idole, et qui paraissent ne faire qu'un avec elle, nous sommes porté à reconnaître, avec notre savant ami, la nouvelle lune dans celle de chat, la pleine lune dans la tête humaine, c'est-à-dire, les deux phases principales de l'astre dieu et déesse à la fois.

[1] *Cf.* le texte de ce tome, p. 85 sq.

[2] *Voy.* Gesenius, *Monum. Phœnic.*, tab. 10, n. VI, 2 *b*, et p. 118 sq. *Cf.* p. 854 *ci-dessus*. Outre la tête de chat sur la poitrine, la figure dont il s'agit paraît porter des oreilles d'animal qui pourraient bien être aussi celles d'un chat. Cet animal aurait été consacré à la lune chez les Phéniciens comme chez les Égyptiens (Plutarch. de Isid., cap. 41, et notre tome I, p. 814), et aurait

NOTE 9 : *Sur les Amazones, leur origine, les mythes et les représentations figurées qui les concernent.* (Chap. III, art. IV, pag. 87-91).

Aux formes et aux rites divers du culte de la lune, dans l'Asie antérieure, mais principalement à des rites belliqueux et ascétiques tout ensemble, se rattache en grande partie la fable des Amazones, comme l'a établi, mieux qu'aucun autre avant lui, M. Creuzer. La plupart des mythologues ou archéologues qui, depuis, ont traité de cette fable célèbre, l'ont suivi dans cette voie, notamment O. Müller (*Dorier*, II, 390 sqq.), qu'il suffit de nommer, et notre illustre et excellent ami, comme lui trop tôt ravi à la science, le baron de Stackelberg, dans le bel ouvrage où il a décrit et commenté avec tant d'érudition et de goût les bas-reliefs du temple d'Apollon à Phigalie (*Der Apollotempel zu Bassœ*, etc., p. 54-59). Gruber en a fait autant dans la grande Encyclopédie allemande, et, plus tard, M. Bähr dans la *Real-Encyclopädie* de Pauly. Avant ce dernier, Völcker (*Mythische Geographie*, p. 209, 216 sqq.) s'était occupé des Amazones sous un point de vue analogue, mais en distinguant trois classes d'Amazones : celles de Scythie et des environs du Caucase, qu'il croit les mêmes que celles de Thémiscyre, et qui seraient

---

représenté spécialement la *nouvelle lune*. Quant au serpent qui, sur la tête de la même idole, traverse le disque, comme il l'embrasse sur quelques-unes des médailles citées plus haut, comme il s'enroule, sur d'autres, autour du sceptre de *Lunus*, nous y voyons, avec M. de la Marmora, un attribut du *mois* à titre de période de temps déterminée, de même que le serpent déroulé ou développé que tiennent dans la main deux autres idoles (pl. XXI, fig. 34 et 35 de l'Atlas d'Antiquités du Voy. en Sardaigne), et que nous avons remarqué également sur une médaille représentant Lunus, indique l'*année* avec ses douze mois, figurés par douze croissants sur le corps même du dieu qui y préside. L'année et le mois avaient, en effet, chacun leurs autels chez les Gaditains, Tyriens d'origine, au rapport d'un ancien que nous avons cité, p. 964 sq.

simplement les femmes guerrières des Sauromates et des Scythes, comme le pensait Fréret des Amazones en général [1]; celles de l'Asie Mineure, qui seules dériveraient du culte de la grande déesse asiatique de la nature, qu'elles doivent leur origine aux hiérodoules martiales et enthousiastes de cette divinité [2], ou qu'elles se lient à elle d'une autre manière; enfin, les Amazones primitives, dont le nom et l'idée auraient été successivement transportés à tous les phénomènes du même genre, qui auraient pris leur source dans le culte d'Athéné Hippia et Gorgo, culte tout grec, transplanté en Libye, et duquel seraient provenues les Amazones de cette contrée, ces vierges belliqueuses, ces redoutables cavalières, en qui se reflétait et se multipliait la déesse. C'est à la combinaison de ces trois éléments amalgamés que sont dues, suivant Völcker, les Amazones mêlées aux traditions héroïques de la Grèce et représentées sur ses monuments.

Gruber, au contraire, confondant les éléments distingués par Völcker, et particulièrement les deux premiers, voit les Amazones originaires dans les prêtresses guerrières de l'Artémis Tauropole de Scythie, dont il fait venir et la Diane d'Éphèse et la Diane hyperboréenne de Délos; dans les *Oiorpata* ou *tueuses d'hommes*, comme se nommaient les Amazones scythiques ou plutôt indo-scythiques, d'un nom, en effet, dont les racines sont sanscrites [3]. Mais les dialectes slaves donnant également ces racines [4], il n'est nullement nécessaire de faire remonter jusqu'à l'Inde les prêtresses ou les héroïnes qui portaient ce nom, pas plus que le culte

---

[1] *Observations sur l'histoire des Amazones*, dans les Mém. de l'Acad. des inscript., tom. XXI, p. 106-119.

[2] C'est ce qu'admettent, outre Creuzer et O. Müller, Tölken, *Ueber das Basrelief*, etc., p. 210; Böckh, *Hierodulen*, p. 55, sans parler de Kanne, *Mythol.*, p. 153 sqq., et autres.

[3] Herodot., IV, 110, *ibi* Bähr.

[4] *Vyr-beda* en lithuanien, correspondant au sanscrit *Víra-bádhá*, fléau ou mort des hommes. *Cf.* Eichhoff, Essai sur l'origine des Slaves, I, p. 24.

auquel elles se rattachaient : le Mahabharata lui-même relègue dans les contrées du Nord les femmes belliqueuses, qu'il dépeint, du reste, sous des traits analogues à ceux des Amazones de la Grèce, des Amazones de Thémiscyre et des bords du Thermodon, connues des Grecs dès les temps homériques.

C'est bien là, c'est en Asie Mineure, c'est sur les côtes méridionales et orientales du Pont-Euxin et dans les environs du Caucase, entre l'Asie et l'Europe, c'est parmi les populations guerrières de ces contrées, vouées principalement au culte fanatique d'une divinité de la nature, en même temps divinité lunaire, et tour à tour mâle et femelle [1], qu'il faut chercher, sinon le berceau des Amazones, au moins celui du mythe fondamental qui les concerne. C'est là que le cherche justement M. Bähr avec M. Creuzer, soit dans l'article que nous avons indiqué plus haut, soit dans les notes de son Hérodote [2]. Reste à savoir, pour analyser complétement ce mythe, la part qu'il faut faire aux éléments symboliques, soit purement religieux, soit astronomiques, et aux éléments historiques, eux-mêmes de nature diverse, qui y sont entrés ; ce qu'il faut rapporter à l'essence, à l'idée de la déesse des Amazones, aux formes sous lesquelles on se la représentait ; ce qu'il faut mettre sur le compte des rites, des cérémonies, du personnel de son culte, ou bien des mœurs et usages des peuplades qui le professaient ; ce qu'il faut renvoyer enfin au merveilleux, au romanesque, aux vagues rumeurs de traditions lointaines, combinées par l'imagination, transformées par la poésie et par l'art. Ce sont là des distinctions plus réelles peut-être et plus nécessaires que celles qu'a faites l'auteur de la Géographie mythique, et qui ne nous semblent pas jusqu'ici avoir été poursuivies avec une rigueur suffisante.

---

[1] *Voy.* Strabon, XI, p. 503 Casaub. *Cf.* l'Éclaircissem. précéd., p. 963 sqq.

[2] Tom. II, p. 484 sq.

En attendant, M. Creuzer, revenant sur sa propre trace dans la troisième édition de la *Symbolique*, et renchérissant sur ses opinions aussi bien que sur celles de ses successeurs et de ses disciples, nous fournit lui-même la meilleure part des développements nouveaux que nous avons promis sur la fable des Amazones. Il en sonde derechef l'origine et le caractère primitif, à la fois sidérique et religieux; et, après avoir rappelé les sources de cette fable chez les Grecs et chez les Romains, d'après Heyne et lui-même [1], il commence par faire justice en ces termes des idées fausses que quelques anciens s'en formaient :

« Quand Strabon, à la fin du passage capital sur les Amazones, dans son livre onzième [2], déclare entièrement fabuleuse une tradition qui se reproduit d'âge en âge, jusqu'à l'époque romaine, avec de si merveilleuses circonstances, et qui revient à dire que, *dans ces temps-là, les hommes étaient femmes et les femmes hommes*, il nous met, sans le savoir, au vrai point de vue, qu'il n'était pas lui-même capable d'envisager et de comprendre. Il aurait fallu qu'il fût plus versé dans les doctrines religieuses de l'Orient que dans la science hellénique et alexandrine, pour pénétrer le sens d'un mythe où les conceptions orientales avaient formé avec des faits très-anciens, mais qui subsistaient encore de son temps, une alliance singulièrement remarquable. Le philosophe sceptique Sextus Empiricus [3], également sans le vouloir, nous conduit encore plus directement au but, lorsqu'après avoir parlé des Amazones, qui mutilaient leurs enfants mâles pour les rendre impropres à la guerre, dont elles se réservaient le privilége, il cite les prêtres de Cybèle, que la Mère des dieux admettait à ses autels, quoique privés de leur sexe [4].

---

[1] Heyne ad Apollodor. p. 153 sqq.; ad Æneid., I, Excurs. 19, et ad Iliad. Observ. in III, 184, VI, 186. Creuzer déjà cité, p. 88 de ce tome.

[2] Pag. 505 Casaub.

[3] Pyrrhon. Hypotypos. III, § 217, p. 182, ed. Fabric.

[4] Aussi Plotin les nomme-t-il ἀγόνους (Ennead. III, lib. 6 fin., p. 589, ed. Oxon.

« En effet, pour faire ma profession de foi sur-le-champ, le mythe des Amazones, à mon avis, est sorti des rites à la fois iraniens, assyriens et babyloniens du culte de Mitra. Sa racine est le dogme zoroastrien de la lumière et du combat, qui, rendu sensible par un antagonisme des sexes, se rencontre dans les traditions de l'Inde, de la haute Asie et du Nord, aussi bien que dans celles de la Libye au sud. De même que la réunion des *soldats* de Mithras, grade inférieur des mystères de cet ordre religieux, représentait, avec les initiés des autres grades, une assemblée guerrière, image sur la terre des bataillons célestes qui entouraient, comme un chœur d'étoiles, le trône d'Ormuzd et celui de Mithras, de même le trône de la déesse Mitra paraît avoir été environné d'une troupe belliqueuse et sacrée de son sexe [1]. Ainsi, dans cette constitution tout ensemble hiératique et guerrière d'Iran, deux corps de chevalerie, l'un mâle, l'autre femelle, se correspondaient entre eux, les guerriers de Mithras et les Amazones de Mitra.

« Nous lisons qu'Artaxerxès Mnémon, avant de monter sur le trône, fut initié à Pasargades, dans le temple d'une déesse belliqueuse que l'auteur grec qui rapporte le fait compare à Athéna, et qu'il y fut revêtu du manteau de Cyrus [2]. Cette déesse n'était autre que Mitra femelle, tandis que les rois de Perse, nous dit-on d'un autre côté, passaient pour les descendants de Mithras, qui conduit le soleil, et en portaient le nom [3]. Nous trouvons également en Assyrie des temples

---

[1] *Voy.*, sur les mystères de Mithras en général, et en particulier sur le grade des *milites*, notre livre II, ch. IV, tom. I, p. 359, et Creuzer, *das Mithreum von Neuenheim*, p. 28. — Les hiérodoules de la déesse Mitra, supposée la grande divinité lunaire à laquelle tenaient primitivement les Amazones, auraient elles-mêmes été les images des étoiles environnant la lune, d'après certains passages significatifs d'Euripide, Ion, v. 1143 sq., et de Quintus de Smyrne, I, v. 36 et 661. (J. D. G.)

[2] Plutarch. Artaxerx. c. 3, p. 448 sq. Reisk.

[3] Dorvill. ad Chariton. VI, 1, p. 512, ed. Lips.

de Mithra-Athéné et de Zarétis-Artémis [1]; et si le roi de Perse était consacré à Athéné-Mitra, nous apprenons d'ailleurs que les hommes rendaient à l'Artémis d'Éphèse un culte de prédilection [2]. Dans les Amazones, ses plus anciennes prêtresses, se reflètent les deux déesses Artémis et Athéné, toutes deux par leurs attributs essentiels, toutes deux comme divinités à la fois lumineuses et guerrières; la dernière, en outre, comme amie de la sagesse [3]. Or, il se rencontre que, dans ces mêmes empires asiatiques où dominaient les cultes d'Ormuzd et de Mithras, et dans les familles royales de ces empires, apparaissent des femmes distinguées par la réunion de ces deux qualités éminentes, la valeur guerrière et la sagesse. Je rappellerai Nitocris, dont l'histoire atteste les hautes lumières et l'esprit tout viril [4]; Sémiramis, en tant qu'elle appartient à la tradition historique; et la fille de Xerxès, Rhodogune [5]. Le portrait de cette dernière en tenue militaire, avec les cheveux à demi flottants, était gravé sur le sceau du roi des Perses; et son costume ainsi que son armure ne différaient de ceux des Amazones que parce que la poitrine et l'épaule étaient couvertes [6]. C'est à la tête même d'une armée d'Amazones que se montre en opposition avec Cyrus, jusque-là invincible, Tomyris, aussi habile que courageuse [7]; légende qui a son origine dans les luttes religieuses des prêtresses de la lune contre les ministres du soleil. Enfin, Zarinæa, qui, belliqueuse autant que sage, agrandit l'empire

---

[1] Strab. XVI, p. 744. *Cf.* p. 958, 959, *ci-dessus.*

[2] Pausan. IV, 31, 6.

[3] Procl. in Platon. Tim. p. 51, et in Cratyl. § 185, p. 117, Boisson.

[4] Herodot. I, 185 sqq.

[5] Ῥοδογούνην πολεμικήν, Σεμίραμιν βασιλικήν. Dio Chrysost. Orat. XIV, p. 328, Reisk.

[6] Philostrat. Imag. II, 5, p. 60, *ibi* Jacobs, p. 425 sqq.; Polyæn. Strateg. VIII, 27, p. 763, ed. Maasvic.; Ctesias, c. XX, coll. p. 152, ed. Bähr, et Æschin. Socratic. in *Biblioth. der alten Lit. u. Kunst*, VI, p. 19.

[7] Polyæn. VIII, 28, p. 763 sq.

des Perses par la soumission du pays des Parthes, porte un nom qui dérive d'un de ceux de Mitra-Artémis [1].

« D'un autre côté, une antinomie religieuse des sexes se révèle dans la bizarre tradition concernant le mont Diorphos, sur le fleuve Araxe, tradition que nous avons rapportée ailleurs [2]. Nous avons fait ressortir, dans ce fils de Mithras, dieu de lumière, métamorphosé en une montagne homonyme et dont le nom fait allusion aux ténèbres, l'antique dualisme propre à la religion de Zoroastre. Remarquons en outre ici que, d'après la croyance des Perses, une éclipse de lune était un funeste présage pour eux et leur empire; de plus, que Mithras-Persée combat en Libye les noires Gorgones, monstrueuses images de la lune éclipsée et ténébreuse [3]. Lorsqu'il nous est raconté de Diorphos qu'il tomba dans un duel contre Arès ou Mars, c'est encore une allusion aux luttes religieuses et symboliques des ministres de ce sidérisme oriental. Dans ce duel, en effet, le fils du génie solaire Mithras combat contre le père des Amazones, filles, comme l'on sait, d'Arès et de la naïade Harmonie [4]. Déjà, chez Homère, les Amazones vont de pair avec les hommes, ou figurent en lutte avec eux, selon l'un ou l'autre sens de l'épithète qui leur est attribuée d'ordinaire [5]; et ce qui donne plus de poids au dernier sens, celui d'ennemies des hommes, c'est qu'il reparaît dans les noms de plusieurs de

---

[1] Ctesiæ Reliq., p. 447 Bähr. Ζαριναία, de Ζάρα ou Ζαρῆτις, ap. Strab. ubi supra, et Hesych. 1, p. 1577 Alb., coll. p. 958 sq., ci-dessus.

[2] Liv. II, ch. V, p. 371, tom. I.

[3] Liv. IV, ch. V, p. 160 sqq., tom. II.

[4] Isocrat. Panegyr. cap. 18, et Panath. cap. 77; Eustath. in Iliad. III, 189, p. 325, ed. Lips.

[5] Iliad. III, 189, VI, 187, Ἀμαζόνες ἀντιάνειραι, coll. Hesych. I, p. 377, et Heyn. Observ., vol. V, p. 226 sq. Au premier passage d'Homère, sur Priam allant au secours des Phrygiens contre les Amazones, se rapporte la peinture de vase, accompagnée des noms, qui nous montre Priam à cheval entre deux Amazones, dans Millin, Mon. inéd. II, p. 78, et Inghirami, Galler. Omerica, II., tav. 56.

leurs reines, par exemple : Andromaque, Antianire, Antiope [1]. Nous avons vu plus haut comment Hérodote explique le nom des Amazones en langue scythique; et le poëte Eschyle les qualifie également d'ennemies des hommes [2]. Ces femmes merveilleuses se présentaient sous les mêmes traits dans les Héraclées, comme l'on s'en assure par les extraits que les mythographes ont faits de ces poëmes. Ainsi, dans sa neuvième aventure, Hercule, est-il dit, conquit pour Admata, fille d'Eurysthée, la ceinture d'Arès portée par Hippolyte, la reine des Amazones, nation grande et vouée à la guerre, des bords du Thermodon [3]. Au chœur féminin des Bassarides sont opposées, chez Nonnus, les belliqueuses Amazones du Thermodon et du Caucase [4]; et toutefois, d'après une autre tradition, les Amazones poursuivies par Dionysus s'étaient jadis réfugiées dans le temple d'Artémis, à Éphèse, et par suite réconciliées avec le dieu, sous les auspices de la déesse [5]. De même que les Leucippides, Hilaïra et Phœbé, sont ravies

[1] Eustath. *ubi supra.* Böttiger (*Griech. Vasengemælde*, I, 3, p. 168) cherche à rendre compte du double nom donné à la reine des Amazones, en supposant que l'Amazone épousée par Thésée s'appela *Antiope*, tant qu'elle fut ennemie, à titre d'ἀντιάνειρα, puis *Hippolyte*, quand elle eut fait la paix et fut devenue amie. — Fort bien ; mais le célèbre archéologue aurait dû en même temps se rappeler une autre Antiope, la fille de Nycteus, *l'homme de la nuit*, et frère de Lycus, *l'homme du jour* (Apollodor. III, 10, 1, coll. III, 5, 5); ce qui nous ramène au dualisme sidérique, principe de tous ces mythes.

[2] Prometh., v. 726 sqq., 748 sq. Blomfield.

[3] Apollodor. II, 5, 9. Il faut lire, dans le texte altéré chez Heyne, ἔθνος μέγα, τὰ κατὰ πόλεμον ἀσκῶν καὶ ἀνδρίαν, comme le conjecturait Isaac Toussaint, un des disciples trop tôt enlevé de Tib. Hemsterhuys, sur la marge de son exemplaire (appartenant à M. Creuzer).

[4] Dionysiac. XX, 197 sqq.

[5] Pausan. VII, 2, 4; Tacit. Annal. III, 61. Nous avons déjà remarqué que les Sabazies firent alliance avec le culte de Mithras en Asie Mineure (liv. II, ch. IV, p. 305, et l'Éclaircissement correspondant, p. 743 sq., tom. I). C'est ainsi qu'une belle statue d'Amazone, venant de Salamine, porte sur sa poitrine la nébride bachique (Catalogue.

et épousées par les Dioscures, cavaliers sidériques¹, de même aussi les Amazones, enlevées de leurs chevaux blancs, deviennent la proie des héros solaires, et s'unissent à eux². Enfin, dans la patrie des Dioscures, en Laconie, les femmes guerrières venues du Thermodon consacrent des statues au couple divin d'Artémis, *renonçant à la guerre*, et d'Apollon qualifié d'*Amazonius* ³; en d'autres termes, la déesse lunaire est apaisée, et les belliqueuses Amazones réconciliées avec le dieu du soleil.

« Ces rapprochements suffisent à montrer que si le scep-

---

d'antiquités de M. le baron de Stackelberg, p. 6, et la figure n° 2, reproduite par M. Creuzer dans la tab. V, n° 27, de sa 3ᵉ édition).

¹ Apollodor. III, 10, 3; III, 11, 2. — *Voy.* cette scène représentée sur l'incomparable vase de Midias, dans notre planche CLXXXVII *bis*, 737 *a*, avec l'explicat., p. 336 sqq., tom. IV.

² Outre Dionysus, les Amazones eurent à combattre Bellérophon, Hercule et Thésée. On les retrouve plus tard auxiliaires de Priam, qu'elles avaient eu pour ennemi dans sa jeunesse; et Penthésilée, leur reine, est tuée par Achille. Ces combats, ces expéditions mythiques, mais surtout celle des Amazones contre Athènes, sont l'objet d'une foule de représentations sur des monuments divers, principalement bas-reliefs et peintures de vases. Nos planches en donnent un grand nombre d'exemples, accompagnés d'explications et d'indications complémentaires, que l'on trouvera dans le texte de notre tome IV, p. 287, 296, 317—322, 372—374; et fig. 662, 672, 709—714, 816—820. Une des particularités les plus remarquables de ces représentations, ce sont les rapports établis entre les Amazones et les Arimaspes, les premières n'ayant qu'une mamelle, les seconds n'ayant qu'un œil, au moins suivant la tradition; mais les unes et les autres également en lutte avec les griffons, gardiens de l'or. Quand on sait que les Arimaspes confinaient aux Hyperboréens, il est difficile de ne pas soupçonner en eux une relation avec Apollon, avec le Soleil, analogue à celle des Amazones avec Artémis ou la déesse Lune, relation qui s'étend aux griffons, animaux à la fois solaires et lunaires. *Cf.* Völcker, *Myth. Geogr.*, p. 183—196, et l'Éclaircissem. suivant.

³ Ἄρτεμις ἀστράτεια, Ἀπόλλων Ἀμαζόνιος, Pausan. III, 25, 2. *Cf.* Stackelberg, *Der Apollotempel zu Bassæ*, p. 51.

tique Strabon eût puisé à la source des dogmes de la religion d'Iran; s'il eût suivi les colonies religieuses de l'Inde et de la haute Asie jusque dans l'Ionie, la Libye et la Grèce; si enfin il eût porté un regard pénétrant dans l'essence de ces cultes, des guerres et des représentations variées qui s'y rattachaient, il n'aurait pas regardé comme de vaines fables les antiques récits sur les enfants du Soleil et les enfants de la Lune. »

Maintenant nous poserons cette question, que des recherches ultérieures résoudront peut-être : La divinité lunaire, du culte de laquelle dérivaient certainement les Amazones, doit-elle finalement être mise en rapport avec l'Inde et la Perse, comme le pense M. Creuzer? ou ne vaut-il pas mieux, avec O. Müller, la rattacher immédiatement à la Cappadoce, médiatement à la Syrie et à l'Assyrie? Ce qu'il y a de sûr, c'est qu'une des Amazones se nommait *Anœa* ou *Anaia* [1], qui rappelle *Anaïs* ou *Anaïtis* en même temps qu'*Enyo*, et que la déesse de Cappadoce, la même qu'Astarté et que Mylitta, se présentait, comme elles, sous le double aspect d'une Bellone et d'une Grande mère, réunissait les attributs de Pallas et d'Artémis avec ceux de Vénus [2]. Malgré la Mitra d'Hérodote, identique à Mylitta, nous doutons qu'il y ait rien là de réellement mithriaque, rien qui tienne à la religion d'Ormuzd, aux doctrines ou aux symboles du Zendavesta. Tout y est plutôt assyrien que perse, ce qui est aussi la pensée de M. Movers, expliquant d'après l'hébreu le nom même d'*Amazone* par *Amaza*, la *forte mère*, épithète de la déesse, et faisant remarquer que cette déesse, originairement androgyne, se produisait sous l'aspect d'une véritable reine des Amazones dans les légendes héroïques de Sémiramis et d'Omphale [3].

[1] Steph. Byz., v. Ἀναία. Cf. Müller, *Dorier*, 1, p. 390, n. 2.

[2] Cf. le texte de ce tome, p. 76 sqq.; l'Éclaircissement qui s'y rapporte, p. 952 sqq., *ci-dessus;* et Müller, *ibid.*, page 391.

[3] Movers, *Phœnizier*, I, p. 624, coll. p. 458. — En prenant, avec Gruber, dans Ἀ—μαζών, l'ἀ comme intensitif, au lieu d'être privatif, on aurait même en grec, *celle qui a de fortes, de nombreuses mamelles*, au lieu

Bien différent de ce point de vue est celui qu'a de nouveau développé M. Rückert, sur les traces de Völcker et autres, dans une dissertation remarquable, du reste, concernant les traditions relatives à Troie [1]. Suivant lui, les Amazones, loin de procéder du monde sémitique et de la haute Asie, ont pris naissance en Asie-Mineure, parmi les peuplades lyciennes, thraces, pélasgiques, dans les usages particuliers à celles de ces peuplades qui accordaient aux femmes de grands priviléges, et dans les rites du culte d'Artémis, qui leur appartenait en propre. Les Amazones sont en partie des êtres humains, des prêtresses, dont le nom venait du mouvement impétueux de leurs danses [2], en partie des nymphes, compagnes d'Artémis et présidant aux sources, d'où vient qu'elles sont présentées comme fondatrices de villes. De là des rapprochements divers avec les traditions, les institutions et les divinités locales, soit de la Grèce, soit du Latium, avec les Vestales et leur nom sacerdotal *Amata*, avec *Salia*, la fille de l'Anio, avec les Danaïdes d'Argos, les Lyciades de Sparte, etc. La « maison des Amazones » à Pyrrhichos, avec les statues d'Apollon *Amazonios* et d'Artémis *Astrateia*; les divers *Ama-*

---

de *celle qui est sans mamelles*. Une remarque, au reste, plus importante, et qui vient à l'appui de l'origine sémitique de la déesse des Amazones, c'est qu'à en juger par une des idoles de Sardaigne que nous avons données dans nos planches (LVI, 213 et l'explic., p. 107), l'Astarté de Phénicie, indépendamment de son caractère belliqueux, prenait un aspect de déesse lunaire, mère et nourrice des êtres, tout à fait analogue à celui de l'Artémis d'Éphèse. Sous son autre aspect d'héroïne, cette Astarté transportée en Libye pourrait tout aussi bien, et mieux peut-être, rendre compte de la déesse martiale du lac Triton et des Amazones libyques, que la Pallas Athéné de Cyrène.

[1] *Troja's Ursprung, Blüthe, Untergang und Wiedergeburt in Latium*, von Dr Emil Ruckert, *Hamburg und Gotha*, 1846, p. 44-49. Notre ami, M. Gerhard, nous signale des recherches nouvelles, faites également du point de vue pélasgique ou hellénique, dans tous les cas grec, par M. Gubl, *Ephesiaca*, 1843, dont l'ouvrage ne nous est point connu d'ailleurs.

[2] Ἀμαζών, de μάω, μαιμάζω, μαιμάσσω.

zonion de Mégare, d'Athènes, de l'Eubée, de la Béotie; les Amazones du lac Triton en Libye, originairement du fleuve béotien Triton; celles de Métaponte et de l'OEnotrie, avec la belliqueuse *Camilla* et le fleuve *Amasenus*; enfin le fleuve par excellence des Amazones, le Thermodon de Béotie et du Pont à la fois, et les villes des Amazones, *Teumessos* et *Themiscyre*, toutes deux rapportées par une commune origine à *Telmessos* de Lycie : ce sont là, pour M. Rückert, autant de monuments où de vestiges des établissements divers formés sous l'influence d'une même tribu et d'un même culte, principalement lyciens.

A toute cette théorie nous ne ferons qu'une objection, mais elle est capitale. Celui des deux passages d'Homère relatifs aux Amazones, sur lequel se fonde M. Rückert, bien loin de leur donner une origine lycienne, les oppose au contraire aux Lyciens, aussi bien que les Solymes, très-probablement Sémites [1]. Pareillement l'autre passage [2] les oppose aux Phrygiens, comme l'a remarqué O. Müller avec sa sagacité ordinaire, et semble les rattacher aux populations syro-araméennes. Des deux côtés donc elles sont nettement distinguées des populations thraco-pélasgiques, et les mythes postérieurs nous les montrent en lutte réglée avec les héros grecs qui appartiennent à la même race. Cette lutte historique des peuples, qui est en même temps celle des religions, est encore plus certaine que la lutte symbolique de la lumière et des ténèbres. Nous n'en demeurons pas moins persuadé que, plus tard, les tribus des bords du Pont-Euxin, voisines du Caucase, et les femmes belliqueuses de ces tribus, qui peut-être avaient elles-mêmes adopté le culte assyro-phénicien de la grande déesse de la nature, fournirent à la mythologie et à l'art les principaux traits de la fable des Amazones [3].

(J. D. G.)

---

[1] Iliad. VI, 186, *ibi* interpret.

[2] Iliad. III, 189.

[3] Récemment, comme nous le rappelle notre collaborateur M. Vinet, M. Dubois de Montpéreux, dans son *Voyage autour du Caucase*, etc. (tom. I, p. 150; IV, 321, 358, 392; V, 176), s'est occupé, d'une ma-

Note 10 : *Exposé des opinions de K. O. Müller sur Apollon et sur Diane, et nouvelles remarques de M. Creuzer sur le même sujet.* (Chap. IV, p. 93-156.)

Nous accomplissons une promesse en faisant connaître au lecteur les vues de O. Müller sur les origines et l'idée fondamentale d'Apollon et d'Artémis, telles qu'il les a exposées dans son histoire des Doriens. Ce travail est un des meilleurs du célèbre érudit; on y trouve une connaissance approfondie du sujet, jointe à beaucoup de clarté et de méthode. Nous regrettons d'être réduit à de rapides indications, lorsqu'il serait nécessaire peut-être de reproduire une dissertation si remarquable dans tous ses développements.

Le savant archéologue nous avertit dès l'abord qu'Apollon et Artémis sont, à ses yeux, les deux plus grandes divinités des Doriens. Écrire l'histoire de cette race, c'est raconter l'origine et les progrès de la religion d'Apollon.

Ce dieu ne figure point parmi les divinités des Pélasges, et

---

nière exclusivement historique et géographique, de la fable des Amazones. Il les croit d'origine indo-germanique, spécialement médique, et pense que, transplantées au nord du Caucase, lors de la grande émigration des Scythes finnois, elles firent partie des races méotes, massagètes et sauromates, dont les femmes combattaient à la guerre avec leurs maris. Il admet, en conséquence, les étymologies données par Klaproth (sur le Voyage de J. Potocki, II, p. 75) des noms *Amazone* et *Aiorpata*, d'après le persan et l'arménien (*Hemeh-zen*, toutes femmes; *Air*, homme, et *Sban* ou *Sbanogh*, celui qui tue). Mais il fait observer que ces noms peuvent tout aussi bien venir du slave-russe, *Same-zony*, seules femmes, toutes femmes, et du goth-runique *Aor*, *Ar*, homme et ange mauvais, et *bana* ou *pana*, tuer. Il cite aussi les *Emmetches*, peuple de femmes chez les Tcherkesses, dont les voyageurs ont cru trouver des débris dans le Caucase jusqu'au XVIIe siècle. Sur l'origine prétendue médique des Amazones, on peut consulter encore l'écrit de Stanislas Siestrencewicz de Bohucz, dans l'ouvrage intitulé : Recherches historiques sur l'origine des Sarmates, des Esclavons, des Slaves, qui nous est indiqué par M. Creuzer, et comparer le Mémoire de M. Eichhoff, cité plus haut.

l'on sait que ce furent des influences étrangères qui firent ériger le petit nombre de temples que l'Arcadie lui avait consacrés. Il en est de même chez les Lélèges, les Cariens, les Étoliens, les Phrygiens, pour lesquels son culte fut toujours un culte étranger. La vieille religion des Étrusques ne comptait point Apollon parmi ses dieux. Rome ne connut le vainqueur de Python qu'à l'époque des oracles sibyllins. Apollon eut plus de peine à s'introduire dans ce pays que le Zeus ou l'Hermès helléniques, que nous y voyons de très-bonne heure confondus avec un Jupiter ou un Mercure italiens. Il y a là plus d'une preuve de l'origine dorienne d'Apollon, origine appuyée d'ailleurs sur la généalogie mythique qui lui donne Dorus pour fils.

La vallée de Tempé, selon O. Müller, fut le berceau de la religion d'Apollon. C'est de là qu'elle est venue à Delphes, où elle se constitua, plus tard, sur des bases aussi larges que durables. Le docte auteur combat l'opinion qui regarde ce culte comme ayant été apporté de la Crète, tandis que tout lui persuade, au contraire, que ce furent les Doriens qui l'apportèrent aux Crétois, chez lesquels on retrouve la trace des rites en usage dans la vallée de Tempé. C'est là un de ces mensonges comme en faisaient volontiers les Grecs, à l'époque assez peu reculée où il leur prit fantaisie de chercher dans les îles voisines les origines de leur race et de leur religion. Cette assertion paraîtra très-probable, si l'on songe que le culte d'Apollon conserva dans la Crète sa physionomie dorienne, que rien n'y rappelle l'enthousiasme sauvage des religions de la Phrygie, sauf une légende qui fait des Curètes les fils d'Apollon.

Nous arrivons à une tradition très-curieuse, très-énigmatique, que Müller scrute avec talent, mais peut-être en laissant percer un peu trop son hellénisme systématique : nous voulons parler de l'Apollon des Hyperboréens, et du récit des offrandes envoyées régulièrement tous les ans par ce peuple à Délos. Cette légende, dit O. Müller, se retrouve aussi bien à Delphes et à Olympie qu'à Délos ; d'où l'on peut conclure qu'elle se réduit à quelques ornements poétiques brodés sur le fond le plus léger. Elle marque en outre, dit-il, l'époque où des liens étroits unissaient les sanctuaires de Tempé, de Delphes et de Délos. Du reste, notre auteur suppose que ces Hyperboréens si célèbres ne sont autres que les Illyriens, dont on connaît les relations particulières avec les Doriens, et la vénération pour Apollon, ce nom d'Hyperboréens pouvant s'appliquer à tous les peuples qui habitaient au delà du vent Borée [1].

Après avoir touché à cette question, O. Müller reprend le récit des progrès et des conquêtes d'Apollon; il fait voir comment le culte de ce dieu, renfermé à son origine dans les sanctuaires de Delphes, de Cnossus et de Délos, s'étendit peu à peu sur toutes les côtes de l'Asie et de la Grèce; et il nous le montre, à la suite de l'invasion dorienne, parvenu au rang de religion dominante, ou, si l'on veut, de religion officielle dans tout le Péloponèse. Alors, poursuit-il, Apollon cesse d'être une divinité moitié dorienne et moitié crétoise; c'est un dieu national, dont le pouvoir est sans limites sur l'esprit des Grecs.

Il existe un fait important, sur lequel O. Müller ne manque point d'insister : c'est que partout les rites et les cérémonies dont se composait le culte d'Apollon conservèrent le même caractère, c'est-à-dire, l'empreinte du génie dorien. Cette race fière et courageuse méprisait l'agriculture; par conséquent son dieu dut se trouver, de toute nécessité, l'antagoniste des divinités agraires, ou des agents déifiés de la nature physique. Ceci conduit O. Müller à considérer comme erronée l'opinion qui fait d'Apollon une divinité solaire.

Nous ne suivrons pas O. Müller dans cette discussion; nous n'analyserons pas les preuves au moyen desquelles il cherche à établir que si jamais on confondit Hélios avec Apollon, ce fut à une époque tardive, et dans un temps où les philosophes prenaient plaisir à dépouiller les divinités les plus populaires de leur prestige mythologique. Mais nous inclinerons à recon-

---

[1] On peut consulter, au sujet de ce peuple mythique, l'article *Hyperboréens*, par M. Guigniaut, dans l'*Encyclopédie des gens du monde*, tome XIV, p. 412.

naître avec lui que ce dieu, toujours jeune, que l'on dépeint comme un amant et jamais comme un époux, ne rappelle en rien le culte de la force génératrice.

Près de finir, l'auteur jette un coup d'œil sur l'Apollon d'Homère, dont le caractère ne présente rien de mystique, dont la puissance ne s'exerce qu'au profit de passions tout humaines : protéger ou punir, conserver ou détruire, telle est la mission que lui donne le poëte.

O. Müller soupçonne que l'épithète de *Lykeios*, l'un des surnoms d'Apollon, a pu être suggérée par cette idée d'un dieu destructeur; comme aussi il n'est pas impossible que le mot λευκός, l'ancienne racine du mot *lux*, lumière, chez les Grecs, lui ait donné naissance. Le savant auteur n'est point arrêté par la distinction qu'il a faite ailleurs de Hélios et d'Apollon, quelques symboles particuliers ayant pu conférer à ce dernier le caractère de dieu lumineux. O. Müller reconnaît du reste, dans la religion d'Apollon, une sorte de dualisme : l'idée morale de pureté, associée à une idée toute physique, celle de lumière, s'y trouvait en opposition avec l'idée de l'impureté, et par conséquent des ténèbres.

L'auteur conclut par une observation très-judicieuse et même très-profonde. Le culte d'Apollon lui paraît marquer un grand progrès dans les idées religieuses des Grecs ; l'adoration grossière des forces de la nature disparaît, et les phénomènes physiques ne forment plus le canevas sur lequel se brode invariablement l'histoire des dieux : l'humanité prend le dessus ; il y a quelque chose, dit Müller, qui rappelle les commencements de la religion d'Abraham.

Le tact critique du célèbre antiquaire brille également dans son examen du mythe d'Artémis. Il commence par observer que, si l'unité forme le caractère particulier de la religion d'Apollon, la diversité fait le fond de la religion d'Artémis. On y trouve réunies plusieurs divinités très-anciennes qui n'ont de commun que le nom : telles, par exemple, que la Diane d'Éphèse, l'Artémis Tauropole, et l'Artémis dorienne. Cette dernière est la seule qu'on puisse associer à Apollon, parce que l'image de ce dieu se réfléchit dans sa légende, ou plutôt parce que cette déesse est en quelque sorte le portrait de la femme dorienne, qu'une mâle éducation rendait l'égale des hommes les plus adroits et les plus courageux.

L'auteur signale ensuite les caractères distinctifs des diverses Artémis. Il passe en revue l'Artémis arcadienne, qui préside aux sources et aux fleuves, et personnifie l'eau créatrice et nourricière; l'Artémis de l'Attique, dont les modèles sont les déesses de Brauron et de Munychie, deux types empruntés à la symbolique de la Samothrace; l'Artémis Orthésia, et la Diane Iphigénie, dont les légendes portent l'empreinte mystique du culte de Lemnos.

O. Müller remarque, en terminant, que la Diane d'Éphèse est, de toutes ces divinités, celle qui s'éloigne le plus de l'Artémis dorique. Il admet comme preuve de ce fait l'absence de l'abeille dans les symboles des autres Artémis, tandis que cet insecte est un des principaux attributs de la grande divinité d'Éphèse. L'institution du culte de cette déesse par les Amazones la sépare encore bien davantage, selon notre auteur, de la sœur d'Apollon. Ceci décèle une divinité d'un caractère cruel, bien que ce trait ait été singulièrement adouci, si ce n'est effacé, dans la religion des Éphésiens. La Diane d'Éphèse paraît à Müller venir de la Cappadoce, et cette origine il la fonde sur le rapprochement qu'il établit entre ces Amazones et les Hiérodoules, prêtresses de la déesse de la nature dans ce pays. (*Voy.* le précédent Éclaircissement.)

(E. V.)

M. Creuzer étant revenu lui-même sur les points principaux de sa théorie, relativement aux cultes d'Apollon et d'Artémis, en opposition avec les idées de Müller et autres, nous ne pouvons mieux faire, pour le compléter, que de reproduire ici le *Nachtrag III* du *Heft III, Theil II*, de sa 3e édition :

« On sait que, parmi les mythologues de l'école nouvelle, une idée est devenue dominante : c'est qu'Apollon et Hélios furent conçus et révérés originairement par les Grecs comme deux divinités entièrement différentes, lesquelles n'ont été confondues plus tard que par un véritable syncrétisme, sous l'influence de la théologie asiatique et alexandrine. C'est en ce sens qu'un excellent philologue [1], récemment enlevé à la science, repousse la conclusion qu'on pourrait tirer d'un chant de Pindare, à l'appui de l'identité d'Apollon et du dieu Soleil, et soutient que, chez les écrivains *classiques*, ces deux êtres sont toujours distincts. Il a raison en général; mais, d'une part, il rappelle lui-même qu'Apollon et Hélios étaient adorés en commun dans les villes d'Ionie; d'autre part, il aurait pu citer des preuves beaucoup plus positives, desquelles il résulte que ces deux divinités furent originairement confondues en une seule dans le culte des anciens Grecs. Enfin les épithètes de σωτήρ et ἀλεξίκακος, données à Apollon, et qu'il allègue en poursuivant son exposition, ne sauraient s'expliquer que par les intuitions, les idées et les cultes solaires [2].

« Un éminent archéologue vient aussi de se prononcer tout nouvellement en faveur de l'identité primitive, du point de vue des monuments de l'art [3]. « La distinction savante, dit-il, qui veut que Hélios et Apollon aient été, dans les temps homériques, deux divinités essentiellement différentes, parce que l'exposition homérique leur assigne des fonctions diverses, trouve à la fois son analogie et sa réfutation dans le domaine des monuments figurés. Là aussi, la manière de présenter ces deux divinités les distingue l'une de l'autre, sans qu'elles soient

---

[1] Dissen ad Pindari Hyporchemata, fragm. IV, p. 634 et sq.

[2] *Voy.*, par ex., Eustath. ad Odyss. XX, 156. *Cf.* le texte de ce tome, p. 113.

[3] Ed. Gerhard, *Ueber die Lichtgottheitten auf Kunstdenkmælern*, Berlin, 1840, p. 13 sq. et *passim*. Aux exemples qu'il cite, nous pouvons en ajouter un tiré de la numismatique ancienne, qui a conservé des traces nombreuses de la signification primitivement solaire d'Apollon. Un denier d'or de Philippe II de Macédoine, chez Mionnet, Recueil de planches, pl. LXX, 1, montre d'un côté la tête d'Apollon, de l'autre, sous les pieds de devant des chevaux, la tête radiée du dieu du Soleil.

distinctes dans leur essence même. Tantôt Homère associe Hélios à toutes les grandes puissances de la nature; tantôt il le réduit à un rôle inférieur et le subordonne aux dieux olympiens; contradiction qui, jointe à la place, en effet, subalterne du dieu de la lumière dans les cultes populaires de la Grèce, semblait se grossir de la distinction partout faite chez le poëte entre Apollon et Hélios. Une étude plus attentive, plus complète des monuments, unie à la recherche des vestiges du plus ancien culte, du culte hiératique de Hélios, montre aujourd'hui que la difficulté n'est point insoluble. Elle conduit à l'idée fondamentale, que de profonds mythologues ont plus d'une fois anticipée, de la signification originairement solaire d'Apollon dans la croyance des Grecs. Cette idée, outre la position singulière de Hélios vis-à-vis des dieux olympiens, est pleinement confirmée par plus d'un trait frappant du culte primitif d'Apollon, par exemple, l'Apollon Agyeus avec le phallus; le caractère si remarquable des Daphnéphories béotiennes; Hélios et Apollon invoqués en commun dans les sacrifices qui avaient lieu, soit contre la peste, soit à l'occasion de la moisson. »

« Il y a longtemps que, pour mon compte, j'ai insisté sur les Daphnéphories béotiennes en vue du caractère primitivement solaire d'Apollon [1]. Je remarquerai ici que l'identité de Hélios et d'Apollon est si peu une innovation d'Euripide, comme on l'a prétendu, que le même auteur qui, à l'appui de ce dogme antique, cite un passage décisif du Phaéthon de ce poëte, allègue aussi le témoignage bien antérieur d'Archiloque [2]. De plus, Eschyle présente Apollon sous le même point de vue, et spécialement l'Apollon Agyeus, qui avait le phallus pour

---

[1] Cf. le texte de ce tome, p. 126.

[2] Macrob. Saturn. I, 17, p. 295, éd. Zeun. Cf., pour les vers d'Euripide, G. Hermanni opusc. III, p. 7-21; et P.-J. Rau, Epist. de Euripid. Phaeth., Lugd. Bat. 1832, p. 50 sq.; pour ceux d'Archiloque, Archil. Reliq., Trimetr. IV, p. 65, éd. Liebel.

attribut¹. Et si, dans les passages de ces deux derniers poëtes, Hélios n'est pas expressément nommé à côté d'Apollon, des locutions consacrées et anciennes démontrent avec évidence qu'Apollon et le Soleil, aussi bien qu'Artémis et la Lune, étaient dès longtemps inséparables, dans la conscience religieuse du peuple, comme divinités envoyant des maladies², en même temps que comme divinités salutifères. Il est vrai que le grand prestige qu'exercèrent sur l'imagination des tribus grecques Homère et les poëtes épiques en général, effaça chez la masse du peuple cette primitive identité; mais elle s'effaça aussi peu dans l'esprit des hommes éclairés et dans les cérémonies du culte que dans l'art hiératique. Callimaque, si zélé pour l'orthodoxie antique, s'élève contre ceux qui osent séparer Apollon du soleil qui éclaire toutes choses³. Plutarque, après avoir dit que les opinions étaient divisées à cet égard, nous apprend de quelle manière les penseurs cherchaient à résoudre la difficulté, ou se contentaient de l'alternative, laissant dans le doute si Apollon est le soleil, ou s'il est le maître et le père de cet astre⁴. Dans ce débat, les esprits religieux de la Grèce revinrent sans le savoir au dogme originaire; ou bien, ce qui me paraît plus vraisemblable, ils revendiquèrent l'autorité des anciennes traditions sacerdotales contre les croyances populaires accréditées par les poëtes. Ils dirent, en vertu de la belle et profonde doctrine de l'harmonie, que, ce que le corps est à l'âme, la vue à l'esprit, la lumière à la vérité, la puissance du soleil l'est à la nature d'Apollon, la première étant le produit et le fruit sans cesse engendré de celui-

---

[1] Eschyl. Agam., 1072 sqq. (1088 sqq.)

[2] Macrob., *ibid.*: « Denique inustos morbo Ἀπολλωνοβλήτους καὶ Ἡλιοβλήτους appellant; ideo feminas certis afflictas morbis Σεληνοβλήτους καὶ Ἀρτεμιδοβλήτους vocant.»

[3] *Voy.* le fragment de l'Hécalé ap. schol. Pindar. Nem. I, p. 428 Bœckh, coll. Callim. fragm. XLVIII, p. 432 Ernesti.

[4] Plutarch. Cur Pythia, etc., p. 640 Wyttenb., et De defect. oracul., p. 693 Wytt.

ci qui subsiste sans cesse [1]. Ainsi se trouva conciliée l'antique doctrine hiératique avec les nouveaux dogmes poétiques, selon l'esprit du vieil Orient, cet esprit qui respirait dans la fameuse inscription de Saïs, parlant du soleil comme du fruit d'une divinité éternelle.

« De même, au reste, que nous surprenons ici les traces de dogmes communs à l'Inde et à l'Égypte, de même en est-il dans les généalogies d'Artémis, la sœur d'Apollon, généalogies que Cicéron nous a conservées. Lorsqu'il distingue trois Dianes différentes, il puise certainement à de bonnes sources, car ces trois Dianes on les retrouve en effet, suivant la remarque d'un savant mythologue [2]. La fille de Jupiter et de Perséphone, une Alilat-Mitra, une Artémis-Ilithyie est la Diane médo-persique, ou, si l'on veut, bactrienne; celle qu'il appelle Oupis, d'après son père, et dont la mère est Glaucé, c'est la Diane indo-scythique, celle de Tauride et de Sparte à la fois; enfin, la troisième, fille du troisième Jupiter et de Latone, est la Diane crétoise.

« On ne saurait trop le répéter : si l'on veut, dans l'étude de la mythologie grecque, parvenir aux racines dernières, il faut consulter les dogmes orientaux, et ne pas s'imaginer, comme beaucoup le font encore, que les dieux d'Homère sont les plus anciens qui aient été connus et adorés des Grecs. Il en est, au

---

[1] Plutarch. De def. orac., p. 770 Wytt. Voici les derniers mots, suivant le texte de Wyttenbach : — τοῦτο τὴν ἡλίου δύναμιν εἴκαζον εἶναι πρὸς τὴν Ἀπόλλωνος φύσιν, ἔκγονον ἐκείνου καὶ τόκον ὄντος ἀεὶ γινόμενον ἀεὶ τοῦτον ἀποφαίνοντες, qu'il traduit ou plutôt explique : « Ita solis facultatem se habere censent ad naturam Apollinis; illam hujus propaginem fœtumque existimantes, illam semper ab hac quæ semper est procreari, » changeant, avec Méziriac, ἀποφαίνοντος des mss. et des édd. en ἀποφαίνοντες, ce dont M. Creuzer s'étonne, et n'en rapportant pas moins ἐκείνου au dernier, c'est-à-dire, à Apollon, selon ce qui paraît, en effet, le vrai sens, quoique difficilement compatible avec les mots, du moins à notre avis.

[2] J. Gruber, dans l'*Allgem. Encyclop.*, art. *Artemis*, coll. Creuzer ad Cic. de N. D. III, 23, p. 617.

contraire, de plus anciens que ceux-là, dont, à la vérité, les auteurs ne nous ont transmis que de rares et obscurs indices. Pour les éclaircir et les compléter, il est nécessaire de recourir aux monuments des antiques littératures de la Perse et de l'Inde. C'est là que se révèle, dans toute sa vérité et sa plénitude, le développement organique des religions anciennes. Si l'on étudie à ce point de vue la question de l'identité originelle du dieu solaire et d'Apollon; si l'on cherche à s'expliquer comment celui-ci est venu de l'autre, on trouvera dans le langage naïf et poétiquement figuré des Védas de l'Inde l'occasion qui l'a fait naître du premier. Les rayons que lance le soleil y sont présentés comme des flèches, et de là l'idée de l'archer divin [1]. Pareillement, chez les Grecs, à la fête de la nouvelle lune, Apollon était invoqué comme archer, à titre de dieu du soleil [2]. De même, le Crichna des Hindous, qualifié de *pasteur* en tant que dieu solaire et conducteur du troupeau céleste des étoiles, a produit l'Apollon *nomios* de la Grèce [3]. Ce sont là les formes les plus simples du symbolisme religieux. Quant à la forme déjà plus compliquée des incarnations, telle qu'elle apparaît dans les grandes épopées de l'Inde, et dans les généalogies des enfants du soleil et des enfants de la lune, nous venons d'en découvrir des vestiges dans les dogmes de la religion d'Apollon que nous a transmis Plutarque. Enfin, le premier des dix-huit Pouranas, le Sâura, consistant surtout en légendes brodées sur les symboles d'un culte solaire, nous offre une sorte de prototype des récits d'Homère et des autres épiques sur Hélios et Apollon. Il serait aussi insensé de prendre ces légendes pour les articles de foi de la religion primitive

---

[1] *Voy.* l'hymne de Baradvaja à l'Aurore, d'après le Rig-Véda, texte de Rosen, traduit par Alb. Hœfer, dans les *Berlin. Jahrb. fur Wissenschaftl. Kritik*, 1840, p. 851.

[2] *Voy.* le passage d'Eustathe sur l'Odyssée, cité plus haut, et p. 113 de ce tome.

[3] *Voy.* notre livre I, chap. III, p. 210 sq., et la pl., LXXIII, avec l'explic., p. 135 du tome IV.

des Grecs, que si l'on s'imaginait avoir découvert dans la sauvage forêt des mythes pouraniques les racines de la croyance indienne. »

M. Welcker, comme M. Creuzer, comme M. Gerhard, pense que les traits d'Apollon sont bien les rayons tantôt bienfaisants et tantôt funestes que darde le dieu du soleil. « L'infortuné, nous écrivait-il un jour, en nous annonçant la mort d'O. Müller, foudroyé d'un coup du soleil de Delphes, au pied des Phædriades, il avait toujours méconnu la divinité solaire d'Apollon; fallait-il que le dieu se vengeât en lui faisant sentir, des ruines mêmes de son temple, combien ses traits sont encore redoutables pour qui ose les braver! »

(J. D. G.)

Note 11. *Différents systèmes sur Persée, Hercule et leurs origines.*
(Chap. V, p. 157-165, 166-209.)

Et Persée et Hercule, deux héros grecs ou devenus tels, sont mis en rapport avec l'Égypte, avec l'Orient, dans les généalogies et les légendes grecques. Il s'agit de savoir si c'est là un rapport d'origine, un rapport primitif; ou bien si ce rapport, ayant quelque chose d'historique, résulte seulement d'un amalgame postérieur, d'une assimilation de héros grecs avec des héros étrangers une fois connus; ou bien enfin si ce rapport n'a rien que de systématique, d'artificiel et d'arbitraire, et se fonde sur de simples rapprochements ou de noms ou de faits. C'est ce que nous allons tâcher de démêler, en relatant les principales opinions qui ont cours, à cet égard, dans la science. Commençons par Persée.

§ 1. M. Creuzer, frappé par les nombreux points de ressemblance que la légende de Persée présente avec celle de certaines divinités de l'Égypte et de la Perse, a cherché, en expliquant le rôle et l'origine de ce personnage, à tenir compte de tous ces éléments divers et souvent, en apparence, contradictoires. Il a assigné à Persée un double berceau, l'Égypte et la Perse. Il a pensé que cette personnification du principe lumineux était née dans l'une et l'autre contrée, sous l'empire d'idées qui dérivaient elles-mêmes d'une source commune.

Le fond du système de l'illustre auteur de la Symbolique nous paraît exact. Oui, Persée, de quelque contrée qu'on le fasse arriver dans l'histoire mythologique de la Grèce, voile toujours une même idée. C'est le principe lumineux et fécondant, dont les manifestations diverses ont été peintes sous la forme de légendes historiques. En Égypte comme en Perse, en Assyrie comme en Grèce, ce même principe a revêtu une forme divine, a été assimilé à un personnage héroïque dont les exploits personnifient l'action dans la nature. C'est toujours à la source du naturalisme, qui constitue le fond de toutes les religions de l'Asie et de l'Europe, de la race japétique et de la race sémitique, qu'on est contraint de remonter, pour trouver l'explication du mythe de ces dieux qui ont été assimilés, dans les divers systèmes, au Persée hellénique. Mais ces traits généraux de ressemblance ne suffisent pas pour identifier, dans l'acception véritable du mot, Persée avec ces personnifications égyptienne ou perse de la lumière et du feu. Les Grecs ont-ils seulement reçu l'idée d'une personnification de ce principe élémentaire, ou cette personnification déjà constituée leur est-elle venue d'ailleurs? Le Persée hellénique n'est-il que le dieu de quelques autres peuples, dont la légende a été modifiée et simplement appropriée au génie particulier à la Grèce? Tel est le problème que soulève naturellement la savante exposition faite par M. Creuzer; car, dans le chapitre qu'il a consacré au fils de Danaé, il semble avoir entendu tour à tour la question d'origine dans le sens général et incontestablement vrai que nous venons de rappeler, et dans le sens plus précis que nous voulons rechercher ici.

Hérodote rapporte qu'il a vu à Chemmis un temple consacré à Persée (II, 91), et dans lequel était une statue du héros grec. Étonné de rencontrer si loin de sa patrie le culte d'un de ses héros, il interrogea les prêtres égyptiens : ceux-ci lui répondirent que Persée était originaire de leur ville, et que Danaüs et Lyncée étaient aussi natifs de Chemmis. Ce témoignage est fort surprenant; le nom de Persée n'appartient en effet nullement à la langue égyptienne, et les monuments hiéroglyphiques ne nous ont encore offert nulle part de noms qui le rappellent. Aucun sujet sculpté sur les bas-reliefs n'a présenté jusqu'ici la plus légère ressemblance avec la légende du fils de Danaé. Il est vrai qu'Hérodote nous dit que ce culte de Persée était particulier à Chemmis. Mais nous connaissons aujourd'hui quelles étaient les grandes divinités de cette ville, et le nom de Persée n'y apparaît pas. Plus tard, lorsque, sous la domination des Ptolémées, la ville échangea son nom égyptien contre un nom grec, ce ne fut pas celui de Perséopolis qui lui fut donné, mais celui de Panopolis : nouvelle preuve qu'on ne regardait point alors Persée comme le dieu éponyme de Chemmis. Hérodote a donc commis vraisemblablement quelque confusion. Et puisque Khem, assimilé par les Grecs à Pan, était la divinité principale de Chemmis (voy. la note 7 sur le livre VIII ci-après), il y a lieu de supposer que ce prétendu Persée devait être Khem lui-même. Khem était une forme d'Ammon; c'était Ammon générateur, Ammon dans sa force. Il constituait conséquemment une divinité de la fécondité; et par ce côté il ressemblait à Persée. Cette analogie a dû induire en erreur l'écrivain d'Halicarnasse; erreur qui aura été accréditée davantage dans son esprit par la ressemblance de quelques-unes des légendes relatives à Khem, et de celle du fils de Danaé. En effet, Hérodote paraît supposer que les Égyptiens connaissaient aussi le récit du meurtre de la Gorgone. Or on sait que plusieurs divinités de l'Égypte étaient représentées comme ayant mis à mort les monstres typhoniens, et Typhon avait précisément pour séjour l'Éthiopie, où la tradition grecque plaçait la demeure des filles de Phorcys. Les prêtres égyptiens, qui revendiquaient l'honneur d'avoir doté la Grèce de sa religion, confirmaient Hérodote dans ces confusions; et celui-ci devait se montrer d'autant plus disposé à accepter leurs assertions menteuses, qu'il était arrivé en Égypte avec la croyance que Persée était égyptien d'origine. Ce héros descendait, en effet, de Danaüs et de Lyncée par son grand-père, Acrisius. De plus, les jeux gymniques qu'on célébrait à Chemmis en l'honneur du prétendu Persée, jeux qui rappelaient ceux qui avaient été établis en Grèce, en mémoire du héros, ajoutaient à l'analogie.

Le Persée égyptien nous paraît donc n'être autre que Khem, et dès lors n'avoir aucun rapport d'origine avec le Persée hellénique. La même erreur, qui faisait rapprocher, à Chemmis, le fils de Danaé d'Ammon générateur, le faisait, dans d'autres contrées, assimiler par les Hellènes à Hercule. En effet, les anciens nous disent que les Égyptiens appelaient Hercule Γίγων ou Χών, et dans ce nom on retrouve le copte Djom, qui signifie force. L'Hercule Gigon n'était par conséquent encore autre que Khem, c'est-à-dire Ammon, considéré comme le dieu de la force et de la génération. Le témoignage d'Hérodote repose donc sur une assimilation arbitraire, et ne saurait être accepté comme une donnée positive du problème. Les prix proposés aux jeux célébrés en l'honneur de ce Persée égyptien étaient, au dire du même écrivain, du bétail et des peaux, ce qui tend encore à faire supposer que le dieu présidait aux troupeaux, et explique comment il a pu être identifié plus tard à Pan.

Mais nous sommes d'autant plus fondé à écarter le témoignage d'Hérodote, que ce témoignage est infirmé par l'historien lui-même, qui assigne, dans une autre partie de son ouvrage, une patrie différente au héros, ainsi que nous allons le voir tout à l'heure. Le nom de Persée, qui semble être une personnification de la Perse, comme Égyptus était celle de l'Égypte, et Cadmus de l'Orient, a conduit certains érudits à chercher en Perse l'origine de ce héros; et c'est aussi à cette idée que M. Creuzer s'est arrêté en faisant du fils de Danaé un Mithra modifié. Buttmann (*Mythologus*, II, p. 183 et suiv.) a reconnu, dans Persée et Danaé, les symboles des nationalités perse et hellénique.

Görres et M. de Hammer ont fait du premier un héros mythologique de la Perse. Ce système est séduisant; il cadre fort bien avec le caractère que présentent un grand nombre de héros helléniques, dans lesquels se personnifiait tout un peuple, tout un pays. Le nom de Persée n'est pas, d'ailleurs, le seul qui rappelle par sa forme, dans les antiques traditions de la Grèce, le nom des Perses. Hérodote fait de Persès un fils d'Andromède, et dit qu'il a donné son nom à la nation perse (VII, 61. Cf. Apollod., II, 4, 5). Une tradition rapportée, il est vrai, par des mythographes moins anciens (Hygin, fab. 244, Apollod. I, 9, 28) le représente comme frère d'Aétès et de Circé. Et cette nouvelle tradition nous ramène à Médée, dans laquelle M. Buttmann voit une personnification des Mèdes. De ce côté, le mythe de Persée se rattache aux traditions relatives à la Colchide, par conséquent à une contrée voisine de la Perse. Mais, lors même que le nom de Persée serait dérivé de celui des Perses, étymologie douteuse, car ce nom peut provenir d'un radical grec, de πείρω, par exemple, s'ensuivrait-il pour cela que le personnage de Persée fût perse d'origine? Et si le nom d'Égyptus n'est pas une raison pour faire du mythe des Danaïdes un mythe égyptien, celui de Persée en sera-t-il une suffisante pour faire arriver ce héros de la Perse en Grèce? Ce nom peut très-bien n'impliquer que des rapports généraux de nationalité; et le personnage qui le portait une fois imaginé, des fables de source et de nature diverses ont pu s'y rattacher. Buttmann lui-même n'a pas été plus loin, et il a évité d'entrer dans le détail du mythe et d'en poursuivre, dans les traditions perses, toutes les origines.

MM. Görres et de Hammer ont été plus hardis; ils ne s'en sont pas tenus à ces rapprochements généraux. Le premier a retrouvé le héros dans Féridoun, et le second dans Bersin.

L'opinion de Görres se rapproche beaucoup de celle de notre auteur; car, ainsi que l'a remarqué M. Guigniaut, Féridoun est le héros mithriaque par excellence. Mais, en admettant que ce personnage remonte bien haut dans les traditions perses, ce qui peut être l'objet de doutes sérieux, trouve-t-on en lui des caractères assez précis pour en faire le type de Persée? Il est vrai qu'il rappelle de loin Hercule; comme lui, il tient la massue; il a pour emblème le bœuf, et il combat le principe des ténèbres, Zohak, son oncle, dont il triomphe.

Mais ces ressemblances ne sont, après tout, que du genre de celles que nous avons signalées au commencement de cette note; elles tiennent simplement à ce que Féridoun est, comme Hercule et Persée, un héros solaire, une personnification du principe de force et de vie; or, enlevez ces traits généraux, que reste-t-il dans la légende de Féridoun, qui puisse rappeler Persée, qui rapproche ces deux personnages par un lien plus étroit de parenté? La vache Pourmadje figure-t-elle dans la légende hellénique? Voyons-nous le fils de Danaé s'offrir comme roi bienfaisant d'une contrée fortunée, et demander à Jupiter ou à Pluton, comme Féridoun à Chahriver, une félicité morale pour ceux qu'il gouverne? Pluton ou Vulcain, qui seraient les analogues de ce Chahriver, jouent-ils le moindre rôle dans la fable hellénique?

Ce que nous venons de dire de Féridoun doit également être appliqué à Bersin. Il est vrai que ce nom de *Bersin* peut être rapproché de celui de Persée; mais ce rapprochement a encore moins de valeur que celui de Persée avec la Perse. Aucun témoignage ancien ne vient à l'appui de l'hypothèse de M. de Hammer, si l'on en excepte celui de Tzetzès, d'une époque si moderne, qui parle du feu de la foudre, allumé par Persée (Chiliad. IV, c. 56). Καὶ πῦρ Περσῶν κατέσϐεσεν, ὅπερ εἰς σέϐας εἶχον, Ἐκ κεραύνου μὲν ἀναφθὲν ὑπὸ Περσέως πάλαι. Le feu Bersin (*Aser Bersin*) était, en effet, celui que produit l'éclair. Il constituait, avec le feu de Mithra (*Aser Mihr*) ou du soleil, celui de Gouchtasp, et le feu de Vénus et des étoiles, les trois grands feux de l'ancien sabéisme ignicole des Perses. Ces feux élémentaires émanaient du feu primordial, le rayon suprême, *Beresesengh*, représenté dans le Boun-Dehescht, comme celui qui était répandu dans la terre et sur les montagnes, le feu volcanique qu'Ormuzd avait présenté aux rois. Le feu Bersin avait été allumé par Keichosrew, et portait aussi les noms de Fazecht, Fadescht, le feu du vent; il brûlait au sommet du mont Sapodscheger. (Cf. *Wiener Iahrbücher*, X, S. 216 et sq.)

On voit combien les analogies sur lesquelles s'appuie M. de Hammer sont éloignées, et à quel point son système est hasardé. A son compte, Persée devait être non Bersin, mais Keichosrew, qui l'avait allumé. D'ailleurs aucune légende hellénique n'offre la moindre ressemblance avec ce feu divinisé, et le nom excepté, il y avait beaucoup moins de raison de faire du fils de Danaé le feu Bersin que le feu de Mihr; au moins le savant orientaliste eût-il pu s'appuyer, pour celui-ci, sur les analogies plus réelles que M. Creuzer a appelées au secours de ses idées.

Toutefois, en rejetant les rapprochements hasardés de Görres et de M. de Hammer, nous ne croyons pas pour cela qu'il n'existe, entre les divinités solaires de la Perse et Persée, aucune parenté même éloignée. Ce à quoi nous nous refusons de croire, c'est à une filiation directe. Quant à une certaine liaison d'origine, loin de la repousser, nous la croyons vraisemblable. Et la raison en est que nous rencontrons dans un pays voisin de la Perse, l'Assyrie, des traditions qui se rattachent plus vraisemblablement au Persée hellénique. Or, il nous paraît probable que l'antique sabéisme de la Perse a dû avoir une même origine avec celui de la Chaldée; c'est ce que tendent à faire admettre les monuments récemment trouvés à Nimroud.

Hérodote, qui croyait Persée égyptien d'origine, parle, dans un autre endroit de son histoire (VII, 61), du voyage que ce héros fit chez Céphée, fils de Bélus, dont il épousa la fille Andromède. Ce nom de Bélus ou Baal nous reporte naturellement aux religions de l'Assyrie. Bélus est le grand dieu de Babylone. Quant au nom de Céphée, il appartient à la langue arménienne. Un fleuve de la Petite-Arménie portait le nom de *Céphène*; un fleuve du pays des Paropamisades s'appelait *Cophène*. Le radical de ces noms se retrouve dans l'arménien *caphan*, qui signifie *brûler, altérer, être sec*; et dans celui de *Céphènes*, par lequel les Grecs désignaient jadis les Perses, au dire d'Hérodote. Ainsi, l'étymologie de ces deux noms nous ramène dans une contrée limitrophe de la Perse, en Chaldée. De plus, la légende de Persée se rapportait à plusieurs contrées de l'Asie occidentale. Prœtus, frère d'Acrisius, le père de Danaé, se réfugia en Lycie; ce fut sur le rivage de Joppé que le même Persée délivra Andromède. Les Cyclopes, avec le secours desquels il fortifia Mycènes et Midée, étaient venus de Crète et de Lycie (Voyez livre VIII, note 5). Les attributs donnés à Persée, la harpé que porte aussi le Baal-Kronos, le bonnet phrygien, les ailes aux pieds, sont empruntés à l'Asie. Le monstre qui sur la côte de Joppé menaçait de dévorer Andromède, rappelle celui qui, d'après la tradition hébraïque, dévora, dans la même contrée, Jonas. Enfin Persée et Bellérophon sont certainement deux formes légèrement différentes d'un même personnage, et Bellérophon présente une physionomie orientale bien prononcée. Tous deux sont montés sur Pégase; tous deux combattent un monstre, la Chimère, dans la légende de Bellérophon, Méduse, dans celle de Persée. Les deux mythes se rattachent également aux traditions de la Lycie, et Prœtus et Jobates y jouent dans l'un et l'autre un rôle analogue. Le Polyidos de la fable de Bellérophon répond au Polydectes de celle de Persée. Le nom de Belléros, que Bellérophon avait tué, circonstance dont il avait reçu son nom, pourrait bien être dérivé de celui de Bélus.

Nous savons combien les traditions religieuses de la Lycie et de la Cilicie étaient intimement liées à celles de la Syrie; il est donc très-vraisemblable que certains traits du mythe de Persée avaient pénétré par cette voie dans la Grèce et à Argos.

M. Movers (*Die Phönizier*, p. 422 et sq.) a cru reconnaître dans Persée le dieu qui porte le מעקר ou la harpé, adoré par les Assyriens, et dans lequel on reconnaît une forme de Baal-Moloch. Il suppose que son culte avait passé chez les Perses, et que c'était la divinité adorée par les peuples scythes et thraces, sous la forme d'un glaive, l'ἀκινάκης perse. Ainsi le savant orientaliste admet entre Persée et la Perse un lien éloigné de parenté, et rattache la Grèce à cette contrée par l'intermédiaire de l'Assyrie et de la Phénicie. Persée devient dès lors, pour lui, le même type qu'Hercule; l'un et l'autre reflètent deux faces différentes du Melkarth phénicien.

Ces rapports qui lient Persée aux religions de l'Asie occidentale, remontent-ils à la conception primitive du héros grec, ou tiennent-ils seulement à des assimilations postérieures? Telle est la dernière question qui nous reste à examiner. Dans Homère et Hésiode nous ne rencontrons point la plupart des légendes qui rattachent Persée au Bélus phénicien. Ce héros est désigné simplement comme le fils de Danaé, le vainqueur des Gorgones; sa légende se rapporte exclusivement à Argos. Cette circonstance tend à faire supposer qu'originairement Persée fut un héros tout hellénique, et c'est pour cette opinion que se sont prononcés plusieurs archéologues distingués de l'Allemagne.

Suivant M. Völcker (*Mythol. des Japetisch. Geschlechtes*, p. 200 et sq.), Persée est un dieu nourricier, un de ces génies que les Grecs faisaient présider à la végétation. Il est fils de Danaé, c'est-à-dire, de l'eau qui fertilise le sol. Danaé a pour mère *Aganippe*, dont le nom signifie riche en sources, et pour père *Acrisius*, mot qui veut dire, au contraire, pauvre en sources. Le souterrain dans lequel Acrisius renferme sa fille, et la fiction de Jupiter transformé en une pluie d'or, sont les images de la sécheresse qui dévore l'Argolide et du retour des eaux et de l'abondance.

O. Müller envisage cette fable sous le même aspect (*Prolegom. zu einer wissen. Mythologie*). Il reconnaît dans Persée un symbole de la force végétative; seulement, loin de prendre Danaé pour la personnification de l'eau, il voit en elle la terre aride que féconde Jupiter sous la forme d'une pluie fertilisante. En outre, ce n'est point Acrisius qui, dans cette hypothèse, représente la stérilité, c'est la Gorgone. C'est entre ce génie malfaisant, dont un regard suffit pour rendre le sol rocailleux et infécond, et le dieu nourricier Persée, que la lutte s'établit, lutte dans laquelle intervient, comme protectrice de Persée, Minerve, qui exerçait, aux yeux des Argiens, une heureuse influence sur la végétation.

Ces interprétations sont ingénieuses et offrent quelque vraisemblance; elles ne sauraient cependant pleinement nous satisfaire ni dissiper toutes les incertitudes. Il n'est point impossible que des traditions répandues dans la Lydie, dans la Lycie et la Cilicie, et originaires de l'Assyrie, soient venues ensuite se localiser à Argos, comme celles de Bacchus se localisèrent à Thèbes, et celles qui touchent Jupiter et Saturne, en Crète. La patrie hellénique attribuée à Persée ne peut infirmer les conséquences qui résultent de ces rapprochements. D'un autre côté, on ne saurait nier que, sous sa forme ancienne, la légende de Persée ne présente un caractère fort hellénique, et que des traits évidemment empruntés aux idées grecques ne soient entrés dans son histoire. La critique doit donc se tenir à cet égard dans une réserve prudente. Il est d'ailleurs à remarquer, en faveur de l'origine hellénique de Persée, que Bellérophon lui-même, qui présente un caractère si oriental, et qui par sa ressemblance avec le fils de Danaé ajoute encore aux raisons qui nous font rattacher celui-ci aux religions de l'Asie, n'offre pas au même degré ce caractère chez Homère. C'est la Carie, et non la Lycie, qui est, chez ce poëte, le théâtre de son combat contre la Chimère.

Enfin M. Guigniaut nous fait remarquer l'analogie qui existe entre le nom de Persée, Περσεύς, et celui d'une divinité ou d'un génie adoré en Attique sous le nom de Περρεύς (Hesychius, s. v.), et qui paraît avoir présidé aux sources. En effet, son nom se rattache à ceux de Πειρώ, fille de Nélée, dieu marin, de Πειρήνη, qui impliquent l'idée d'eau. (Cf. Welcker,

Nachtrag zu der Schrift über die Æschylische Trilogie, p. 202, note.) La forme Περρεύς est identique à celle de Περσεύς, et cette filiation de noms donnerait à penser que Persée était un génie qui personnifiait l'action du soleil sur l'humidité, ce qui viendrait à l'appui de l'explication proposée par M. Völcker, laquelle a été analysée plus haut.

§ 2. Les difficultés que vient de nous offrir la recherche des sources du mythe de Persée et l'interprétation de ce mythe, se représentent presque identiquement les mêmes pour le mythe d'Hercule. Chez ce personnage, de même que chez Persée, les origines assyrienne ou perse, égyptienne et hellénique sont si intimement unies, qu'on ne peut démêler aisément l'influence respective que chacune d'elles a exercée sur la formation de la légende du héros. De là, la divergence qui s'est manifestée entre les opinions des nombreux érudits qui se sont occupés de la question. Les partisans de l'origine orientale ont invoqué les assimilations par lesquelles le fils d'Alcmène a été mis en rapport avec Melkarth, l'Hercule tyrien, avec Djom ou Gom, l'Hercule égyptien. Les défenseurs du système hellénique ont opposé à ces faits les plus anciens témoignages que l'antiquité grecque nous fournisse sur le fils d'Alcmène; et ils ont montré que l'Hercule primitif avait, dans le principe, une physionomie tout hellénique qui exclut l'idée d'une origine étrangère; puis, soumettant à une étude critique les faits dont s'étayent leurs adversaires, ils ont fait voir que ces rapports, de plus en plus frappants, qui rattachent le héros thébain à Melkarth et à Djom, comme aussi à Mithra et à Rama, l'Hercule indien, ne sont dus qu'à des assimilations généralement assez tardives, opérées, soit sous l'influence du syncrétisme alexandrin, soit par suite de l'ignorance des Grecs, qui s'imaginaient reconnaître leurs propres divinités dans celles des religions étrangères, lorsqu'elles avaient quelque conformité de caractère, ou figuraient dans des légendes analogues.

On sait dans quel sens s'est prononcé notre auteur. M. F. Ch. Baur (*Symbolik und Mythologie*, tom. II, p. 92 et sq.),

M. Stuhr (*Religions System der Hellenen*, p. 13 et sq., p. 152-163), M. de Witte (*Sur le mythe d'Hercule et de Géryon, Annal. de l'Instit. archéol.*) se sont rangés sous la même bannière, et M. Movers (*Die Phönizier*, t. I, p. 425 et sq.) a appuyé leurs idées des faits nombreux recueillis par sa vaste érudition. Ottfried Müller s'est nettement prononcé pour l'origine hellénique du héros (*Prolegomen. zu einer wissenschaftlichen Mythologie*, S. 209, *Die Dorier*, éd. Schneidewin, t. II, p. 448 et suiv.); c'est lui qui a défendu cette opinion avec le plus de logique, et dont l'argumentation est la plus serrée. Buttmann l'avait déjà soutenue, quant au point fondamental du moins, c'est-à-dire qu'il admet le caractère purement grec du premier Hercule.

Le fait capital sur lequel s'appuient O. Müller, Buttmann et autres nous paraît incontestable; c'est que les plus anciens témoignages ne donnent à Hercule aucun des traits qui l'ont rattaché depuis aux divinités de l'Égypte et de l'Assyrie. L'Hercule qui était le héros des poëmes appelés Héracléides, Héraclées (Cf. Fabricius, *Biblioth. græc.*, I, 590, ed. Harles; Heyne, *ad Apollod.*, p. 132, 142; *Excurs. II in Virgil. Æneid., I*), poëmes dont le *Bouclier d'Hercule*, attribué à Hésiode (cf. Vogel, dans l'*Encyclop. d'Ersch et Gruber*, art. HERACLES, p. 11), semble être un fragment, ainsi que l'hymne εἰς Ἡρακλέα λεοντόθυμον, ne ressemble guère à la divinité solaire et agraire dont ce même héros devint plus tard l'image. Les traditions dont il est l'objet sont toutes grecques. Et les armes qui lui sont données, et les lieux où se passent ses exploits, et ses exploits eux-mêmes, son type en un mot, sont empreints du génie national des Hellènes. Jusqu'à l'époque d'Hérodote, les poëtes n'ont connu qu'un Hercule; et bien que l'on discerne déjà dans sa légende des additions d'origine étrangère, cet Hercule n'est toujours pour eux qu'un héros grec (Cf. Plutarch., *de Herod. mal.*, 14). Cependant Hésiode et les fragments des cycliques, ceux de Pisandre de Rhodes, qui vivait dans la XXXIIIe olympiade, et Panyasis, qui florissait vers la LXXVIIIe, fragments que nous ont conservés les scholiastes, annoncent déjà des altérations du mythe primitif; ces altérations furent vraisemblablement le résultat d'influences étrangères. Tandis que l'Hercule d'Homère et d'Hésiode ne sort pas de l'horizon de la Grèce et ne dépasse pas Ilion, chez les cycliques on voit s'élargir le théâtre de ses exploits et s'en accroître le nombre. Mais ce nombre n'atteint pas encore le chiffre de douze qui donna plus tard à Hercule un caractère éminemment solaire. Chez Pisandre, les travaux d'Alcide ont pris un aspect tout nouveau (cf. Suidas, v. s. et Heyne, *Exc. I ad Æn. II.* Quinctil., *Inst. Orat.* X. 1. § 56). Hercule n'est plus un héros, un guerrier dans la véritable acception du mot, c'est un homme sauvage, *rusticanus et agrestis homo*, armé de la massue et vêtu de la peau de lion. Ce n'est pas tant le vainqueur, le preneur des villes, que le dompteur des bêtes fauves. Hérodote, Diodore et Strabon avaient saisi ce nouveau caractère dans l'Hercule hellénique, et ils y virent la preuve de son origine égyptienne. Mais les traditions qui rattachent la vie du héros aux phénomènes astronomiques accusent d'une manière plus frappante une origine étrangère. Cette coupe, δέπας, sur laquelle, au dire de Pisandre, dans son Héracléide (*Athen.*, XI, p. 469 et sq.), le héros naviguait sur l'Océan (cf. Heyne, *Observ. ad Apollod.*, p. 162), ce cancer qui le mord, ces bœufs du soleil, l'analogie que le voyage aux Hespérides présente, dans Panyasis, avec la marche du soleil (cf. Vogel, *Herculus secundum Græcorum poetas*, 1830, p. 17); tout cela annonce chez le fils d'Alcmène une personnification solaire qu'on ne saurait deviner chez les poëtes antérieurs. Chez les lyriques, Archiloque, Bacchylide, Antimaque, mais surtout chez Stésichore et Pindare, de nouveaux traits s'ajoutent au mythe d'Hercule et enlèvent graduellement au héros son caractère exclusivement hellénique. Des emprunts faits à une source étrangère se remarquent de plus en plus. Stésichore, dans sa Géryonide (Stesichor. *Fragm.*, ed. O. Kleine), s'approprie visiblement des idées astronomiques apportées de l'Égypte et de la Phénicie (cf. Vogel, l. c. p. 23). Cet Hercule παμφάγος, cet Hercule glouton et ivrogne, dont s'empara ensuite la comédie grecque, rappelle le Baal qui dévore ses victimes. Le poëte d'Himère pouvait bien avoir fait des emprunts à la religion de Carthage. Pindare rapportait à l'Hercule thébain, au héros de sa patrie, des légendes qui lui étaient vraisemblablement étrangères et qui avaient une origine exotique, telles que la fable de Géryon, le voyage du héros chez les Hyperboréens, les colonnes d'Hercule, le combat avec Antée en Libye. Le syncrétisme s'est poursuivi ensuite sur une plus vaste échelle. Eschyle, Sophocle, Théocrite, Callimaque, etc. (cf. Vogel, l. c., p. 66 et sq.), ont enrichi sans cesse l'histoire du fils d'Alcmène de circonstances que leur fournissaient des traditions introduites en Grèce, et les auteurs de l'époque alexandrine et romaine achevèrent cette confusion et fondirent systématiquement tous les dieux qui avaient été rapprochés peu à peu du héros thébain.

Telle est l'argumentation historique qui constitue la base sur laquelle repose le système hellénique. Pour ceux qui l'acceptent, l'explication du mythe d'Hercule ne saurait être originairement placée dans la personnification du soleil, considéré comme le héros civilisateur et national des populations grecques, et il devient dès lors plus naturel d'admettre les interprétations tirées du caractère purement héroïque de ce personnage. Aux yeux d'O. Müller, Hercule est le héros protecteur, le père, le modèle de la race dorienne, l'expression vivante de son génie et de son caractère aventureux. C'est dans le nord de la Grèce qu'il place le berceau de son culte. M. Buttmann (*Mythologus*, II, p. 249, sq.) voit dans ce personnage plutôt une conception morale et poétique qu'une personnification historique. C'est, dans sa pensée, la force intelligente consacrée au service d'une nation ou plutôt de l'humanité.

Les partisans du système oriental ne nient pas que la physionomie primitive d'Hercule n'offre point, au même degré que dans les âges postérieurs, le cachet égypto-asiatique. Mais ils récusent comme incomplets les témoignages anciens relatifs à ce héros. Puis ils font observer que ce fut toujours le propre des Grecs de s'approprier les divinités étrangères et de leur imposer un caractère si fort empreint de leur génie, qu'il devenait difficile de reconnaître la patrie véritable de ces dieux. L'anthropomorphisme hellénique rabaissait aux proportions humaines les grandes personnalités divines de l'Orient. Adonis en est la preuve. Ce qui explique ce caractère nouveau que revêtit en Grèce, sous le nom d'Hercule, le dieu soleil, c'est, selon M. Baur, parce que la divinité orientale ne fut apportée chez les Hellènes que comme un héros, comme un personnage dans lequel se réunissaient la nature divine et la nature humaine. Le dieu-soleil de la Phénicie n'était pas seulement le rénovateur et le conservateur de la nature, c'était encore le type de la perfection humaine. Il présentait une double face, un côté solaire et céleste et un côté éthique. C'est ce dernier côté qui prévalut chez les Hellènes, et qui fut comme le principe d'après lequel se forma la légende grecque. Suivant M. Baur, il arriva pour Hercule ce qui était advenu pour Persée, mais avec un caractère plus net et plus précis, sous une forme plus développée : le caractère solaire fut effacé par le côté humain, et ce ne fut que plus tard qu'il s'opéra un retour aux idées orientales.

Cette argumentation est plus ingénieuse que solide; car, quoi qu'on puisse dire, on n'a aucune preuve, même indirecte, que l'Hercule homérique ait été le fils du Melkarth phénicien ou du Djom gréco-égyptien, et les raisons qui militent en faveur de l'origine hellénique de Persée, sont bien autrement puissantes. Quant à celle d'Hercule, la généralité du culte de ce héros dans la Grèce, son antiquité, indiquent un culte national, et son origine doit se rattacher à celle même de la nation grecque. Or, tout le monde sait que les Pélasges n'appartiennent pas à la même race que les Assyriens ou les Phéniciens, et il serait singulier que les Grecs eussent pris à des peuples voisins le héros dans lequel ils personnifiaient leur supériorité. Les partisans du système hellénique ont reconnu que des emprunts avaient fort anciennement modifié la physionomie d'Hercule, et rendu de plus en plus étroits les rapports qui le rattachaient à Melkarth, à Baal, à Djom. Mais primitivement ces rapports ne se montrent point assez frappants pour qu'on soit en droit de dépouiller complétement les Grecs de toute part dans la création du mythe. Ce génie si fécond et si créateur des Hellènes n'aurait-il fait qu'emprunter successivement toutes ses conceptions religieuses à des peuples de race et de langues étrangères? Le fait est peu vraisemblable. Parce que des assimilations successives amènent, pour ainsi parler, le fils d'Alcmène à n'être plus qu'un avec tel dieu de la Phénicie ou de l'Égypte, ce personnage devra-t-il être regardé comme étant tout entier le résultat d'une importation? M. Creuzer a développé avec un immense savoir chacun des fils qui nouent le mythe grec et les mythes asiatiques; M. Movers a poussé plus loin encore les rapprochements: il a suivi Melkarth partout, et a revendiqué comme lui appartenant les traditions italiques, égyptiennes, celtiques, ibériennes, libyennes qui furent rapportées à l'Hercule grec. Ce sont là des recherches ingénieuses, qui gardent toute leur valeur; mais cela infirme-t-il au fond l'existence d'un Hercule hellénique? Il est vrai que Thèbes, la patrie supposée du fils d'Alcmène, avait reçu, suivant une antique tradition, une colonie phénicienne, et que Cadmus implique par toute son histoire une origine asiatique. Mais Cadmus ne joue aucun rôle dans la légende hellénique d'Hercule, tous les noms qui y figurent sont essentiellement grecs, et le nom d'Hercule lui-même trouve dans la langue grecque une étymologie infiniment plus satisfaisante que celle que l'on a tirée de l'hébreu רכל, *racal*, voyager, *circumire, negotiari.*

S'il fallait absolument assigner une origine étrangère à l'Hercule grec, ne serait-il pas plus naturel de la chercher dans la légende d'un peuple uni aux Grecs par une antique parenté que la linguistique a mise hors de doute? Ne serait-il pas plus vraisemblable de voir dans le héros Alcide un souvenir altéré de Rama, la septième incarnation de Vichnou, enlevé dans son berceau, ainsi qu'Hercule, par un serpent?

Sa célèbre expédition de Lanka rappelle les exploits du héros grec, et les Cercopes semblent être les frères de Sougriva et de ses compagnons. Toutefois, ces analogies peuvent n'être que fortuites, et une sérieuse objection s'oppose à ces rapprochements; c'est que le mythe de Rama ne date pas de l'âge védique, qu'il apparaît seulement dans les Ramayana, poëme qui ne peut guère remonter au delà du troisième ou quatrième siècle avant notre ère [1]. En outre, la légende des Cercopes peut aussi avoir été suggérée par les singes cynocéphales qu'on voit sur les peintures égyptiennes accompagnant la barque solaire. Or, Diodore de Sicile, qui nous a fait connaître cette fable (cf. Diodor. IV, 31), nous dit que les Cercopes avaient accompagné Hercule dans l'île du Soleil.

Lorsqu'on étudie la légende d'Hercule dans les vastes développements qu'elle prit depuis Hérodote, lequel paraît avoir répandu le premier l'opinion de son origine égyptienne, on ne peut se refuser à reconnaître dans ce héros une personnification du soleil dans sa course céleste. Une foule de mythes relatifs à Hercule trouvent en effet dans les phénomènes sidéraux une facile et naturelle explication. C'est de ce moment que le héros revêt surtout le caractère d'un dieu voyageur, promenant ses armes jusqu'aux extrémités du monde, et fondant des villes jusqu'aux contrées les plus éloignées. Et c'est précisément à ce caractère que M. Movers a reconnu l'influence du dogme assyrien, la preuve d'une assimilation avec Melkarth, dieu solaire des Phéniciens, protecteur des villes, divinité de la navigation, principe à la fois conservateur et destructeur, bienfaisant et terrible, symbole en un mot de la nationalité de ce peuple.

Identique avec Baal-Moloch dont il n'est qu'une forme, Mel-

---

[1] Colebrooke, en parlant du culte de Rama, s'exprime ainsi : *I have not found in any other part of the Vedas, the least trace of such a worship* (*Asiat. Research.* VIII, p. 494). Ces résultats ont été encore confirmés par les nouvelles études dont les Védas ont été dernièrement l'objet.

karth se rattache aussi bien au Kronos qu'à l'Hercule hellénique. Melkarth paraît avoir pénétré fort anciennement dans la Grèce, mais il ne s'était pas originairement associé au type d'Hercule; c'est vraisemblablement sous les formes de Mélicerte et de Meilichios (Ζεὺς μειλίχιος), qu'il nous apparaît. En effet, le dieu marin Mélicerte paraît, ainsi que nous le fait observer M. Guigniaut, être dérivé du Melkarth tyrien, dieu de la navigation, et le surnom de Meilichios pourrait bien être une forme hellénisée du nom de Melkarth ou de celui de Moloch.

Devons-nous aller au delà de ces rapprochements, et conclure que la légende du dieu des Sémites était identique au fond à celle du dieu des Hellènes? C'est, à notre avis, ce que ni M. Creuzer, ni M. Baur, ni M. Movers n'ont établi.

Persée et Hercule, rattachés l'un à l'autre par des liens si étroits, donnent donc lieu, dans l'état actuel des connaissances mythologiques, à des considérations du même ordre. Par des assimilations successives et qui remontent à une époque déjà fort ancienne, deux héros de nom, de physionomie, de caractère originairement helléniques, ont revêtu une apparence tout orientale, et sont venus se confondre avec différentes formes des divinités solaires de la Phénicie, d'une part, et de l'autre avec Djom ou Khons, le dieu de la force et de la génération chez les Égyptiens. Cette fusion a transformé leur légende, généralisé leur caractère. Maintenant leur forme hellénique, plus ancienne, ne serait-elle elle-même que l'effet de la transformation d'un type importé de l'Asie, et le génie grec, en s'appropriant un personnage étranger, aurait-il complétement effacé ces traits primitifs pour ne plus laisser subsister qu'une physionomie hellénique? C'est ce qu'il est impossible de décider, vu le silence des témoignages anciens à cet égard; d'ailleurs, en serait-il ainsi, on ne pourrait encore être fondé à dire que les types d'Hercule et de Persée sont d'origine asiatique; car, en ne conservant rien du type oriental, que l'idée générale sur laquelle reposait la personnification, les Grecs auraient réellement abandonné le mythe étranger, pour lui en substituer un nouveau approprié à leur génie, et les deux mythes ne seraient plus dès lors que dans un rapport si éloigné, si indéterminé, si vague, en un mot, qu'ils ne pourraient se présenter réellement comme procédant l'un de l'autre. Enfin, quoi qu'on puisse dire, un fait enlèvera presque toute vraisemblance à une pareille hypothèse, c'est que, loin de rappeler davantage la physionomie des divinités étrangères avec lesquelles ils furent plus tard assimilés, Persée et Hercule prennent un caractère d'autant plus national, d'autant plus grec, qu'on remonte plus avant le cours des âges. (A. M.)

NOTE 12. *Nouveaux éclaircissements sur la Vénus de Paphos.*
(Chap. VI, p. 220.)

M. Creuzer a cru devoir rapporter la forme singulière de l'idole de Paphos au culte indien du Lingam ou du Yoni-Lingam. Cette idée a été développée par son savant traducteur dans le texte même des Religions, où il a fait entrer des extraits d'une dissertation sur la Vénus de Paphos et son temple (Paris, 1827). Afin de compléter les recherches sur cette divinité, nous commencerons par indiquer les résultats principaux auxquels M. Guigniaut est arrivé dans son intéressante dissertation. Nous ferons connaître ensuite ce qu'on trouve dans quelques écrits plus récents sur le même objet.

Le travail du savant interprète de Creuzer roule sur trois points : quelle est la part qu'il convient d'assigner aux fables grecques dans les traditions relatives à la Vénus de Paphos ; quelle est l'origine et le caractère du culte de cette déesse ; enfin ce qu'étaient son temple et son idole.

Tout annonce, dit M. Guigniaut, que la part des fables grecques doit être considérable. La longue généalogie d'Apollodore, dans laquelle il est question de Cinyras descendant au sixième degré de l'Aurore et de Céphale, fils d'Hersé et petit-fils de Cécrops, premier roi de l'Attique, révèle clairement l'ouvrage des colons athéniens. D'un autre côté, ces traditions, où l'on voit un certain Aérias ériger un temple en l'honneur de la déesse; une Vénus Aéria enlever Céphale, Tithon, Phaëthon, Adonis, pour les consacrer à son culte; Adonis prenant le surnom d'*Ao*, qui rappelle l'Aurore, et le premier roi du pays s'appelant *Aous*, c'est-à-dire, fils de l'Aurore, toutes ces ingénieuses combinaisons, où les êtres de la lumière jouent un rôle important, attestent ce même génie qui inspira les poëtes et les rhapsodes grecs.

M. Guigniaut suppose que Cinyras et Adonis pourraient bien n'être qu'un seul et même personnage; il se fonde sur ce qu'Adonis avait régné en Cypre, ainsi que Cinyras, et sur les traditions qui faisaient naître ce dernier à Byblos, ville fameuse par le culte d'Adonis ou Thammuz. Il rappelle que Cinyras était enseveli dans le temple de Vénus à Paphos, ce qui l'identifie avec l'amant de la déesse; et, après avoir fait remarquer qu'Adonis se nommait Cinyras du nom de la flûte de deuil en Phénicie et en Carie, et que le nom de *Cinyras*, si rapproché de *Gingras*, s'appliquait aussi à un instrument de musique, en même temps qu'il exprimait la douleur et les larmes, il conclut en disant qu'à travers le prestige des mythes grecs, on entrevoit la véritable origine et le véritable caractère du culte de Paphos, qui n'est au fond qu'un culte asiatique et phénicien, où la douleur s'associe à la volupté.

Du reste, pour nous éclairer sur les origines de ce culte, l'histoire vient à l'appui de la mythologie. Tout porte à croire que les Phéniciens avaient institué dans l'ancienne Paphos le culte de la Vénus céleste, divinité adorée sous les noms divers de Baaltis, Dioné, Astarté, Sémiramis, à Byblos, Sidon, Ascalon, et qui avait des rapports certains avec la Mylitta de Babylone, l'Alilat des Arabes, la Mitra et l'Anaïtis des Perses et des Arméniens. Cette déesse, ajoute le savant auteur, qu'on peut considérer comme la grande déesse de la nature, envisagée dans son apparition céleste, était plus ou moins identifiée, tantôt avec la lune, tantôt avec la planète de Vénus, l'étoile du matin, et l'aurore.

M. Guigniaut réfute M. Creuzer, qui partage les fonctions du sacerdoce de la Vénus de Paphos et la royauté entre les Tamirades, originaires de Cilicie, et les Cinyrades ; et, bien qu'il ne conteste nullement l'existence d'une colonie venue de Cilicie, ni l'influence des Ciliciens sur les mœurs et les institutions de Cypre, il conclut, du témoignage de Tacite, que les Cinyrades réunirent la double autorité sacerdotale et royale.

Après avoir résolu cette difficulté, le savant auteur examine les rapports du culte de Paphos avec les autres cultes du monde païen, et reconnaît qu'il se rattache à la Lydie, à la Perse et aux religions du Pont par Sandacus, père de Cinyras — le même, au fond, que le Lydien Sandon et le Sandes persan — et à l'Étrurie, soit parce que Sandacus se lie tout naturellement avec l'Hercule Sabin Sancus ; soit par le rapprochement du nom de *Cypré* avec celui de la déesse étrusque *Cupra* ; soit enfin parce que, dans les deux pays, l'art de lire dans les entrailles des victimes fut pratiqué avec un égal succès. Nous ne répéterons point ce que dit M. Guigniaut, en parlant de l'idole qui représentait la déesse, dont la forme se rattachait au culte du Phallus, et pouvait être aussi l'emblème des organes sexuels dans leur union ; ce serait reproduire ce que le lecteur a pu voir dans le texte de M. Creuzer. Nous nous bornerons à signaler quelques-unes des indications de M. Guigniaut sur l'antique sanctuaire de la Vénus de Paphos.

Il est assez aisé, d'après les récits des derniers voyageurs, de déterminer la position de ce temple. Il paraît avoir été situé sur une hauteur à peu de distance de la mer, et sur l'emplacement de Palæ-Paphos, c'est-à-dire, près du village turc de Koula, où l'on trouve encore aujourd'hui des ruines assez considérables. Mais le mauvais état de ces ruines, l'absence de descriptions détaillées, ne permettent pas de se faire une idée de la forme et de la distribution de ce même temple. Pour combler cette lacune, on est obligé de recourir aux médailles et aux pierres gravées, les seuls monuments du culte de Paphos. Mais ici on éprouve un nouvel embarras; car si l'on peut apercevoir, malgré l'imperfection de ces représentations, la déesse dans son sanctuaire, et sous la forme pyramidale, on ne peut se rendre compte de l'ensemble de l'édifice. On ne reconnaît pas la place de l'autel miraculeux respecté par les eaux du ciel. Souvent la cella paraît seule ou en arrière, comme sur les médailles d'Auguste; souvent aussi, comme sur celles de Vespasien, de Julia Domna et de Caracalla, c'est un édifice plus complet, où l'on voit la cella accompagnée de deux bas côtés, particularité nouvelle qui ne fait qu'ajouter à l'incertitude de ceux qui voudraient restaurer ce mystérieux sanctuaire.

Dans un travail très-curieux sur une pierre gravée, de forme ovoïde, représentant une figure où l'on retrouve les attributions des deux sexes, un savant académicien, M. Félix Lajard (*Mémoire sur une représentation figurée de la Vénus orientale androgyne. Nouvelles Annal. archéolog.*, I, p. 161 et sqq.), a rapproché ce monument, qui représente selon lui Vénus Mylitta, de l'idole conique de Paphos. En effet, M. Lajard reconnaît la déesse de Paphos pour cette même Vénus Mylitta ou Uranie, dont le culte, d'origine assyrienne, ajoute-t-il, avait été transmis par les Assyriens eux-mêmes aux habitants de l'île de Cypre, et nommément à ceux de Paphos. L'habile académicien établit ensuite, avec un grand appareil d'érudition, que les Cypriens et bon nombre de théologiens faisaient de Vénus une divinité hermaphrodite; qu'à Paphos on l'honorait sous une forme soit symbolique, soit humaine; que la forme symbolique était le cône spécialement consacré à Vénus, et que dans les cas où on la représentait sous la forme humaine, ses images réunissaient les signes caractéristiques des deux sexes.

M. Engel, dans sa savante monographie sur l'île de Cypre, tome II, n'admet point l'origine orientale de la Vénus de Paphos. M. Engel est un digne représentant de l'école historique d'O. Muller, et cherche, comme cet illustre critique, l'explication des fables religieuses dans le génie, les mœurs et la vie politique des peuples. La manière dont il étudie la mythologie, et le point de vue tout hellénique dans lequel il se place pour juger l'antiquité, le conduisent à déclarer fausse une opinion qui pendant longtemps a prévalu parmi les savants; c'est qu'Aphrodite n'est autre que la Phénicienne Astarté, ou la Babylonienne Mylitta sous un costume grec. Aux yeux de l'auteur allemand, on s'est trompé, parce qu'on a étudié ce mythe lorsqu'il était déjà défiguré par le syncrétisme, c'est-à-dire, par la plus étrange confusion de toutes les idées et de toutes les formes religieuses, véritable anarchie mythologique qui n'éclata qu'après le siècle d'Alexandre. Dépouillez le mythe d'Aphrodite de tous ses ornements étrangers, mettez à part quelques idées orientales qui y prirent racine un peu plus tôt peut-être que dans les autres légendes, et vous ne trouverez pas une fable d'une origine plus réellement grecque, et dont les développements soient plus empreints d'hellénisme. Ne l'oublions pas, ajoute M. Engel, les Grecs étaient peu scrupuleux en fait d'analogie. La plus légère similitude suffisait pour les engager à donner à une divinité étrangère le nom d'un de leurs dieux. On n'a pas le droit, parce que Pausanias dit quelque part que les Grecs désignaient Astarté et Mylitta sous le nom d'Aphrodite, de prétendre que le mythe de cette déesse est sorti de l'Orient, puisqu'on voit le même auteur raconter un peu plus loin que le culte de Paphos fut établi par l'Arcadien Agapénor. Au résumé, qu'est-ce donc pour M. Engel que la Vénus de Paphos? C'est une divinité pélasgique, dont le culte fut établi en Cypre sur les ruines d'une des religions de l'Asie mineure; car, dans Cinyras, son prêtre et son amant, on ne trouve de phénicien que le nom.

M. Creuzer est revenu sur cette question dans les suppléments de la troisième édition de sa Symbolique (*Nachtrag III, zweiter Theil*, S. 484 et sqq.). On y trouve des vues nouvelles à côté d'opinions déjà émises. Comme nous tenons essentiellement à compléter M. Creuzer par lui-même, nous nous faisons un devoir de les signaler.

L'illustre auteur est aussi convaincu que M. Lajard de l'origine assyrienne de la Vénus de Paphos. Il admet pleinement que ce culte vint de la haute Asie à Ascalon, d'où il fut transporté de nouveau dans l'île de Cypre. On le retrouve à Cythère, où les Phéniciens l'établirent. Quant à Vénus, c'est une sorte de Dercéto, mais sous une autre forme que la divinité syrienne, représentée sous les traits d'une femme terminée par un poisson.

Pour le prouver, M. Creuzer fait remarquer que l'eau était l'élément d'Aphrodite, non-seulement dans la religion de Cypre, mais dans la théogonie hellénique, qui représente Aphrodite comme fille d'Uranus et de la mer. De là, la coutume de placer ses temples sur le littoral, et même dans tous les endroits où il y avait des eaux. Il cite entre autres le temple d'Aphrodite à Aphaca dans le Liban, placé près d'un lac prophétique (voy. Zosim. *Histor.*, I, c. 56). Le nom d'Adonis, donné à un poisson (Ælian, *Histor. animal.*, IX, 36), est un autre indice du caractère maritime de Vénus. Ce poisson, de la famille des *Blennes* ou *Blennies*, poissons volants, le même, selon le savant Jacobs, dans ses notes sur Élien (p. 324), que le *Baverque* des Génois ou le *Gabot* des Marseillais, restait assez longtemps hors de l'eau pour rappeler aux anciens l'idée d'Adonis vivant sur terre et sous terre, puisqu'il se partageait entre Aphrodite et Proserpine ; τῆς μὲν ὑπὸ γῆς, τῆς δὲ ἄνω γῆς ἐρώσης αὐτοῦ ἑκατέρας. Si nous ajoutions que M. Creuzer trouve une sorte de relation entre les roses écloses du sang d'Adonis et les vagues aux teintes rosées, qui caressent les formes juvéniles de la déesse lorsqu'elle apparut sur les rivages de Cypre ; ce serait donner à supposer que l'illustre savant se laisse quelquefois entraîner par son imagination encore si jeune et toujours si riche.

Le *Nachtrag* ou supplément renferme en outre quelques observations sur la généalogie sidérique des prêtres-rois, fondateurs du culte de Paphos, et sur les représentations du héros Sandacus dans la numismatique de Celenderis.

Nous les passerons sous silence, puisque ces questions ont déjà été touchées dans le texte des Religions.

Ce qui paraît avoir frappé M. Creuzer, depuis la seconde édition de son livre, c'est la relation entre les chevreaux offerts comme victimes sur les autels de Paphos, et le surnom de chevreau donné à Bacchus et à Adonis. Hésychius en fait foi. Il y a, dit-il, un Bacchus et un Adonis chevreau : Ἀδωνιστής, ἔριφος. Διόνυσος, ἔριφος παρὰ Λακῶσιν (I, p. 103; p. 1112). Ce rapprochement d'épithètes est fécond, car il conduit M. Creuzer à les considérer tous deux comme androgynes. Adonis, suivant Ptolémée-Héphestion, servait à la fois de mari à Vénus, et de maîtresse à Apollon (VI, p. 191, Westermann), ou plutôt à Bacchus, si nous devons en croire un passage cité par Athénée (X, 456). Cet Adonis androgyne trouve naturellement sa place à côté de la célèbre Vénus bisexuelle d'Amathonte, dont les fêtes se distinguaient par une coutume bizarre, les hommes y faisant avec les femmes un échange de vêtements. Ce caractère bisexuel des deux divinités du lieu, et cet échange de costume entre les deux sexes, indiquent à M. Creuzer une doctrine secrète et des mystères. Il voit là une théogamie, c'est-à-dire, une représentation symbolique de l'union des dieux, union dont les phallagogies cypriotes lui paraissent un témoignage certain. Un autre trait rapporté par Proclus, dans son commentaire sur le Cratyle de Platon (§ 180, p. 113, Boissonade), nous fait connaître, selon M. Creuzer, ce que signifiait plus particulièrement le phallus distribué aux initiés. « Aphrodite, dit le philosophe commentateur, est associée à Dionysus parce qu'elle est son amante, et parce qu'elle forme, à l'image de ce dieu, Adonis si vénéré chez les Ciliciens et les Cypriotes. » Or ce passage est parfaitement applicable à cette coutume des femmes de l'île de Cypre, de fabriquer pendant les fêtes d'Adonis de petites figurines représentant le favori de Vénus. M. Creuzer veut que cet usage soit venu de l'Égypte à Byblos, et de là en Cypre, et il en trouve l'origine dans la légende d'Isis imitant le phallus de son époux, et fondant ce culte religieusement obscène, en même temps que celui des animaux, fondation symbolique qui aurait laissé, selon lui, dans le culte de Paphos des traces multipliées.

L'illustre auteur n'a eu garde, dans ses recherches complémentaires, d'omettre les monuments relatifs à la Vénus de Paphos. L'idole conique lui paraît un symbole de la force génératrice de la nature. Sur ce point il ne fait que répéter ce qui se trouve déjà dans son texte. Ce qui nous a paru plus nouveau, c'est la manière dont il explique les deux petits obélisques qui accompagnent la pierre de Paphos. Dans ces deux pyramides, que l'on peut très-bien prendre, en examinant les médailles où se voit le temple de Paphos, pour deux candélabres ou flambeaux, M. Creuzer reconnaît deux phallus, ou plutôt Adonis et Bacchus représentés sous leur forme primitive : *in ihrer Urgestalt zu erkennen*. Il découvre même le phallus d'Adonis jusque dans une peinture d'Herculanum, où l'on voit une sorte de pyramidion surmonter une autre pyramide (voy. *Pitture d'Ercolano*, t. III, tav. LII, Cf. Münter, *Tafel* IV, n° 10); ce qui lui donne occasion de rappeler cet usage des femmes de Sardaigne, indiqué par M. Guigniaut dans la note 5 (voy. ci-dessus, p. 937). Du reste, il est tout naturel, selon M. Creuzer, que du moment où un cône représente Aphrodite, un phallus soit l'image d'Adonis.

Cette idée d'un Adonis phallique l'a conduit à penser qu'on représenta primitivement la déesse et son amant comme deux nains. Ce serait là la transition de la figure obscène et symbolique à la figure humaine. D'après cela, Vénus et Adonis auraient été semblables à deux *Patèques* phéniciens. L'Adonis Pygmæon des Cypriotes (Hésychius, II, p. 1076), et cette Aphrodite de neuf pouces de haut, ἀγαλμάτιον σπιθαμιαῖον, qu'Érostrate avait emportée de Paphos à Naucratis, le font croire (Athen., XV, 676, p. 461, Schweigh.). M. Creuzer suppose qu'Adonis conservait encore sa petite taille lorsque Vénus était déjà dans tout l'éclat de sa beauté. Cette idée ingénieuse explique fort bien la différence dans les proportions de Vénus et d'Adonis, différence qui se remarque dans quelques monuments d'une bonne époque, tels, par exemple, que le groupe en terre cuite, publié par M. Thiersch, et cité par M. Creuzer (voy. ci-dessus, p. 930), et un autre qui faisait partie en 1845 de la belle collection de M. Gargiulo à Naples.

Une accession des plus importantes et des plus neuves à la Symbolique du culte de la Vénus de Cypre, nous est fournie par la Collection que M. Mas-Latrie a rapportée tout récemment de cette île, et sur laquelle M. Guigniaut a appelé notre attention.

Cette collection, qui fait aujourd'hui partie du cabinet des médailles de la Bibliothèque nationale, se compose d'un certain nombre de statuettes en pierre et de fragments en terre cuite, trouvés à Citium, Salamis et Dali, l'ancienne Idalie. Quoique peu nombreuse, elle possède un rare avantage; elle nous révèle en quelque sorte comment la transition de l'image symbolique à l'image plastique a pu s'opérer. La Vénus de Cypre, en effet, ne fut pas toujours représentée par une pierre conique, et les médailles d'Évagoras (voy. Mionnet, t. III, p. 578) sont là pour l'attester. Cette collection se recommande en outre par un autre genre de mérite : elle témoigne manifestement en faveur des influences, à la fois asiatiques et égyptiennes, dont cette île a été le théâtre d'après la tradition.

Nous signalerons d'abord une statuette en pierre trouvée à Dali. Bien que la tête et un bras soient perdus, il est permis de reconnaître cette figure pour celle d'une femme qu'une longue tunique enveloppe. Son aspect rappelle les idoles archaïques appelées *Bretas*. Une autre figure féminine faisant partie du cabinet des médailles et provenant du fonds Caylus, présente absolument le même caractère.

Citons ensuite une autre statuette en pierre provenant également de Dali. Cette figure, haute de deux pieds environ, représente une femme vêtue d'une tunique talaire recouverte d'un peplus. Un collier orne son cou, un bracelet le bras droit. La main droite, dans laquelle elle tient une rose, est placée sur la poitrine. De la main gauche elle relève sa tunique, à la façon de Vénus Proserpine, sur les vases et dans les terres cuites. Moins archaïque que la première, cette figure offre néanmoins tous les caractères de l'école hiératique. Une particularité bien remarquable ajoute à l'intérêt que nous offre cette figure : on aperçoit sur la mitre dont elle est coiffée, le ctéis, symbole qui n'avait été vu jusqu'ici que sur des cylindres et des pierres gravées, et que nous a fait remarquer M. Ch. Lenormant, avec sa sagacité et son obligeance bien connues. (Voy. Lajard, *Recherches sur le culte de Vénus*, pl. 1re, n°s 2, 8, 10.)

L'art, abandonnant enfin les vieux symboles de l'Asie, se montre dans une tête de femme rapportée par M. Mas-Latrie. Cette figure charmante nous reporte à Praxitèle et à son école. Riante et gracieuse, cette tête s'incline mollement sur le cou. Un vide qui se remarque au sommet, indique qu'une couronne de tours la coiffait, comme la Vénus des médailles de Nicoclès et d'Évagoras. Une autre petite tête de Vénus, couronnée de palmettes et d'une exécution très-médiocre, complète cette série.

Nous avons parlé des influences asiatiques prouvées par les monuments : nous étions en droit de le faire, car une tête en terre cuite, de grandeur naturelle, trouvée à Dali, rappelle, par le style et la tournure, la sculpture de Ninive et celle de Persépolis. Cette tête, dont la partie supérieure est à moitié détruite, est celle d'un homme coiffé comme les colosses ninivites, et offre absolument le même caractère. Un ornement placé sur le front, presque entre les deux yeux, et formé d'un croissant renversé, surmonté de deux globes, attire les regards. M. Guigniaut rapproche cet ornement symbolique d'un symbole tout semblable, placé au fronton du temple du dieu Lunus sur les médailles de Galatie (voy. Mionnet, *Descript.*, IV, p. 375 et sq., et la note 8 sur ce livre, p. 974 ci-dessus). Serait-ce donc aussi une allusion au dieu Lunus, une sorte d'amulette astrologique, que nous devrions reconnaître sur la figure de Dali?

Nous avions jugé, au premier aspect de ce monument, qu'on ne pouvait y méconnaître le style sculptural de Khorsabad. Notre opinion se trouve appuyée par la découverte que M. Mas-Latrie a faite à Larnaca d'un tombeau assyrien décoré, sur sa face supérieure, de l'image en relief d'un prince ou d'un prêtre, et couvert d'inscriptions cunéiformes; découverte très-importante, sur laquelle M. Letronne a appelé l'attention de l'Académie des inscriptions en mai 1846. (Voy. *Revue archéologique*, 3ᵉ année, p. 115.)

Une petite idole, coiffée d'une espèce de mitre, les bras en avant, et terminée par une espèce de gaîne, en un mot, semblable à beaucoup d'égards aux idoles de Sardaigne, peut représenter ici la Phénicie. Enfin l'influence de l'Égypte est attestée par une tête d'homme trouvée à Dali, et par une autre tête d'une petite figurine en terre cuite provenant de Citium.

(E. V.)

Note 13 : *De la religion des Carthaginois. — Baâl-Khamon. — Interprétation de la légende de Didon, suivant M. Movers. — Triade punique. — Religion des Numides et des Libyens. — Monuments carthaginois.* (Chap. complém., p. 252.)

Les détails que le savant traducteur de M. Creuzer a donnés dans le chapitre complémentaire du livre IV, et dans les notes 1ʳᵉ et suivantes de ce livre, ont montré l'identité de la religion des Carthaginois avec celle de leur mère-patrie. Le peu que nous connaissons des divinités adorées chez les nations puniques, du culte dont elles étaient l'objet, rappelle en tous points ce que des notions moins incomplètes nous apprennent des croyances et de la religion de Tyr, de Sidon et des autres villes de la Phénicie. Toutefois, il est naturel de penser que cette identité, toujours la même au fond, subit ensuite quelques exceptions de détails. Durant la longue existence de Carthage, il s'introduisit vraisemblablement dans les cérémonies religieuses, dans les attributs prêtés aux dieux, des modifications dues à des causes diverses, et dont l'effet fut d'imprimer à la religion de cette ville un caractère plus national. Les noms imposés aux divinités y subirent vraisemblablement quelques altérations, et la dévotion populaire dut s'attacher de préférence aux divinités qui jouaient un plus grand rôle dans les mythes locaux, et sous la protection desquelles la ville s'était plus particulièrement placée. Enfin, la religion des peuples numides voisins du territoire de Carthage put n'être pas sans quelque influence sur les croyances puniques, surtout dans les lieux où les rapports étaient journaliers entre les deux populations.

Parmi les divinités d'origine phénicienne auxquelles les Carthaginois offraient plus spécialement leurs adorations, se place en première ligne *Tanit*, dont le nom se lit sur la plupart des inscriptions découvertes en Afrique (à Carthage, à Ghelma, à Constantine)[1]. Cette Tanit est celle qui était appelée à Sidon, Astarté ou Astaroth. Et ce nom paraît avoir été aussi usité chez les Carthaginois, car les noms d'*Abdastárté*, *Abdeschtoret*, c'est-à-dire, serviteur d'Astarté, se rencontre plusieurs fois sur leurs inscriptions. Les Romains assimilèrent cette déesse à Junon, à Uranie[2], et la désignèrent par l'épithète de Déesse céleste, de Vierge céleste. C'était la divinité poliade de Carthage, comme Minerve était celle d'Athènes; et des liens de parenté éloignés rattachent vraisemblablement ces deux déesses[3].

Le titre de Notre maîtresse, *Rabbetna*, que Tanit reçoit constamment sur les monuments épigraphiques, indique ef-

---

[1] C'est la déesse que M. Movers désigne sous le nom de Tanaïs, et qu'il assimile à Anaïtis. *Voyez* la note précédente de M. Guigniaut sur Anaïtis.

[2] *Voyez* tom. II, part. I, p. 233 du texte.

[3] *Patrii dii sunt qui præsunt singulis civitatibus, ut Minerva Athenis, Juno Carthagini.* Servius ad Georg. I, 494. Cf. Lobeck, Aglaophamus, p. 277.

fectivement qu'on la regardait comme la divinité souveraine de Carthage par excellence. Cette Tanit nous paraît être au fond la même que Tanaïs ou Tanaïtis, laquelle est, ainsi qu'on l'a vu ailleurs [1], identique à la Diane ou Artémis des Syro-Grecs. Il est à remarquer que sur l'inscription gréco-phénicienne trouvée à Athènes par Akerblad [2], le nom de Tanit correspond à celui d'Ἄρτεμις.

S. Augustin [3] donne des détails sur les fêtes qui avaient lieu en Afrique en l'honneur de cette déesse carthaginoise; car c'est elle qu'il désigne évidemment sous le nom de *Vierge céleste*. Ces cérémonies rappellent tout à fait celles qui se célébraient en Phrygie pour honorer la déesse de Bérécynthe, et ce Père de l'Église rapproche même formellement les deux divinités; *Cœlesti et Berecynthiæ, matri omnium*, dit-il. Cette ressemblance est un indice de plus en faveur de l'origine commune des diverses religions de l'Asie, dans lesquelles toutes les grandes déesses s'offrent comme des formes diverses d'une déesse primitive, qui fut à la fois la terre, la lune, l'eau, l'humidité, la force plastique de la nature assimilée au sexe féminin, de même que tous les grands dieux ne sont que des formes d'un même dieu dans lequel se personnifiaient la chaleur, le soleil, le sec, la force productrice de la terre envisagée comme étant du sexe mâle.

Au temple de Tanit ou de la déesse céleste à Carthage, était joint un oracle qui avait joui originairement d'un grand crédit [4], et qui semble l'avoir retrouvé un instant sous le proconsulat de l'empereur Pertinax [5]. A ce même temple étaient attachées des prêtresses, comme à celui de la Vénus du Mont Eryx. Les hiérodoules ou prêtres qui se consacraient également à son culte, se rasaient la tête, se châtraient, imitaient

---

[1] *Voy.* notes, p. 953 et suiv.
[2] Journ. asiat., deuxième série, tom. I, p. 17.
[3] De civit. Dei, lib. II, c. 3.
[4] Capitol. de vit. Macrin., c. 5.
[5] Capitol. de vit. Pertinac., c. 4.

les femmes dans leurs vêtements et leur démarche, usages qui rappellent d'une manière frappante ceux des prêtres de Cybèle et de Mylitta, et fournit de nouvelles analogies entre ces divinités et notre Tanit.

Le culte de la déesse de Carthage paraît s'être conservé jusqu'à l'époque de Théodose le Grand; toutefois, le temple principal était déjà abandonné sous le règne de Constantin et de ses fils. Il fut saccagé, et les simulacres en furent brisés à deux reprises différentes; la première fois, en 399, sous le consulat de Manlius Theodorus et de Flavius Eutropus, par les ordres de Gaudentius et de Jovius [1]; la seconde en 407, en exécution des édits d'Honorius et de Théodose II [2]. Par la suite, cet édifice fut transformé en église.

Tanit est représentée sur les monnaies carthaginoises avec les attributs de Rhéa-Cybèle; elle est assise sur un lion en course, tient la foudre d'une main et la lance de l'autre. Parfois, une étoile est placée au-dessus d'elle [3]. Sa tête est couronnée de tours. Ces attributs sont autant de faits qui justifient les rapprochements que nous venons d'établir entre les deux déesses.

Baâl-Khamon ou *Haman*, appelé aussi *Baâl-Mon* (inscription de Ghelma), semble avoir occupé à Carthage le premier rang après Tanit [4]. C'était le dieu solaire, le même que Melkarth de Tyr; on l'invoquait comme faisant mûrir les fruits de la terre, et répandant la vie. Sur une pierre votive qui lui est consacrée, et que l'on a découverte en Afrique, on l'a représenté la tête radiée, et tenant un arbuste dans

---

[1] S. Augustin. de civit. Dei, lib. 18, c. 53. — Schelstrate, Eccles. afric., p. 228, can. 15.

[2] Münter, Religion der Carthager, p. 85.

[3] *Voy.* les planches de cet ouvrage, pl. LIV, n° 208 et suiv.

[4] De Saulcy, Recherches sur les inscriptions votives phéniciennes et puniques, dans les Annales de l'Institut archéol. de Rome, tom. XVII, p. 91.

chaque main[1]. Sur un autre monument, il tient une grenade et des raisins[2].

Gesenius a cru reconnaître dans ce Baâl-Haman ou Khamon l'*Amanus* ou *Omanus* des Perses, dont Strabon[3] fait mention, et dont le culte paraît avoir été associé dans ce pays à celui d'Anaïtis. Ce rapprochement est digne d'attention, puisque sur les inscriptions carthaginoises Baâl-Khamon et Tanit se partagent presque toujours les vœux de celui qui a élevé le monument. Mais, quoi qu'il en soit de son exactitude, il reste incontestable que ce Baâl-Khamon, qui est surnommé dans certaines inscriptions le roi éternel, מלך עלם, suivant la lecture de Gesenius[4] était le dieu, le seigneur, le maître de la chaleur, בעל חם, par conséquent le soleil divinisé. Si l'on adopte l'interprétation donnée par le savant professeur de Halle[5], d'une inscription trouvée à Challik, on invoquait ce dieu pour obtenir de la pluie, ce qui achève de nous montrer en lui le roi du ciel, tout comme Tanit en était la reine, et c'est sans doute comme telle que cette dernière recevait le nom de *Baálet*, c'est-à-dire, *dominatrice*.

M. Guigniaut[6] a fort judicieusement soupçonné qu'au culte des dieux s'associait, à Carthage, celui de héros et d'héroïnes sanctifiés par la religion. Toutefois, les exemples de Didon et d'Anna, qu'il a cités à l'appui de sa supposition, n'ont plus la même valeur depuis les nouvelles recherches dont ces héroïnes ont été l'objet dans le livre de M. Movers. Aux yeux de ce savant, Didon ou Elissa n'est autre que Tanit ou Astarté, la divinité spéciale de Carthage, dont nous venons de parler. Didon ne serait donc, dans cette hypothèse, que la déesse

---

[1] Gesenius, Scriptur. linguæq. phœn. monum., tab. 21.
[2] *Ibid.*, t. 23.
[3] Strabon, lib. XV, 3, 5, 15, p. 733 Casaub.
[4] Gesenius, l. c., p. 170.
[5] L. c. p. 453.
[6] Tom. II. part. 1. p. 247 du texte.

céleste considérée comme la fondatrice et la première reine de la ville où elle était spécialement invoquée, tout comme chez les Babyloniens, Bel et Beltis étaient en même temps le dieu et la déesse suprêmes, et le premier roi et la première reine. Quand on étudie le caractère que les auteurs latins prêtent à Didon, il est difficile de n'y point reconnaître une image de Tanit, de la déesse à laquelle les Carthaginois adressaient spécialement leurs vœux, et dont la protection était regardée comme faisant toute la force de leur ville [1]. Le témoignage de Chrysippe nous fait voir qu'aux yeux des Grecs, Didon n'était pas une simple héroïne, mais une divinité, puisque ce philosophe voyait dans Διδώνη la Διώνη hellénique, la déesse de Cypre et de Cythère, c'est-à-dire, précisément Astarté [2]. Suivant la tradition punique, Didon avait bâti Carthage. Dans la tradition phénicienne, Astarté est représentée de même comme ayant bâti Damas; Hercule-Melkarth, comme le fondateur de Tyr, Tarse, Gadès, et peut-être aussi de Thasos [3]; Saturne-Moloch, comme celui de Byblos et de Béryte; Sémiramis, de Babylone. Le nom de fille de Bélus qui est donné à Didon ne s'accorde guère avec les faits historiques auxquels on associe cette héroïne. D'ailleurs, maintes circonstances rapportées à son sujet rentrent évidemment dans le domaine la fable, et doivent être transportées sur le terrain mythique. C'était à elle qu'était consacré le temple que Virgile décrit comme ayant été dédié par elle à Junon. Silius Italicus le dit lui-même :

> Urbe fuit media sacrum genitricis Elissæ
> Manibus et patria Tyriis formidine cultum,
> Quod taxi circum et piceæ squalentibus umbris
> Abdiderant, cœlique arcebant lumine templum.
> .... Ordine centum
> Stant aræ cœlique Deis Ereboque potenti.
> ... Inaccensi flagrant altaribus ignes.   I, 81.

[1] *Quamdiu Carthago invicta fuit, pro deâ culta est.* Justin. XVIII, 6
[2] Joan. Lyd. de Mensib. IV, p. 78 ed. Bekker.
[3] Apollod. II, 5, 9.

Cette Junon dont parle Virgile n'est autre que Didon elle-même, *Tanit*, la Junon céleste. Le lieu où, suivant les paroles de ce poëte, était placé ce temple, *Lucus in urbe fuit media*, comme au dire de Silius Italicus, montre bien que la divinité en l'honneur de laquelle il s'élevait, était invoquée comme πολιοῦχος [1]. Lucien nous apprend que l'hiéron de Tiratha s'élevait aussi au centre de la ville de Mabog [2]. On entretenait sur les autels de cette Tanit-Junon un feu perpétuel [3].

Ce caractère tout mythique que M. Movers attribue à Didon, l'a naturellement conduit à envisager sous le même point de vue les circonstances auxquelles on rapporte son voyage et son établissement à Carthage. Son père, sa sœur et tout son entourage deviennent à ses yeux autant de divinités phéniciennes. Bélus, son père [4], n'est autre que Baâl, la divinité solaire. Iarbas, son amant, est une divinité libyenne. C'est le même que le Ἱεροβάαλ des Septante, le ירבעל du texte hébreu, identique au Ἱερόμβαλος de Sanchoniathon, et dont le nom se retrouve sur les monuments palmyréniens sous la forme de Ἰαρίβολος [5]. Ce Iarbas ou Iarbal est l'Hercule libyque, lequel n'est lui-même qu'une forme de Baâl-Moloch, avec lequel il paraît s'être confondu [6].

Ajoutons à ces rapprochements dus à M. Movers, que le culte des peuples libyques et des Maures semble avoir été en général un mélange de la religion des Égyptiens et de celle des Phéniciens. Les peuples de la Marmarique adoraient encore, au sixième siècle, une divinité qu'ils appelaient *Gurzil*, et à laquelle ils associaient le culte d'Ammon, emprunté aux Égyptiens [6]. Nous ignorons quelle était la

---

[1] *Cf*. Vitruv., I, 7.
[2] Lucian. de Syria dea, § 28.
[3] Virgil. Æn. I, 416.
[4] Virgil. I, 620. Servius ad l. Silius Italicus, I, 73, 87.
[5] Gesenius, l. c. p. 229.
[6] Movers, l. c. p. 434, 612.

nature de ce Gurzil[1], dont Corippe qualifie les simulacres d'*horrida*[2]. Il paraît avoir été le Mars de cette peuplade. C'était de ce dieu qu'était prêtre Ierna, roi des Marmarides. Ce Gurzil serait-il un des noms que les tribus de la Marmarique attribuaient à Iarbal ? c'est ce que l'absence de documents à cet égard ne permet pas de décider.

Les Maures ou Numides, peuple d'origine médique, suivant Salluste, et ainsi qu'a cherché à le démontrer Saint-Martin[3], adoraient un dieu infernal qu'ils nommaient Mastiman[4], nom qui signifiait sans doute, fils de Timan, car le préfixe Mas, Mis, Mes, qu'on retrouve dans les noms de *Masinissa*, *Micipsa*, *Masintha*, *Massiva*, *Mastanabal*, *Mezetulus*, *Mastumus*, etc., a encore aujourd'hui en berbère le sens de *fils*, et répond au *Ben* arabe et hébreu[5]. Corippe donne à Mastiman l'épithète de *ferus*, parce que les Maures lui sacrifiaient des victimes humaines. C'est ce qui fait dire à ce poëte :

> Mastiman alii : Maurorum hæc nomine gentes
> Tænarium dixere Jovem, qui sanguine multo
> Humani generis mactatur victima pesti.
> JOH. VII, 307-309.

Cette circonstance tendrait à faire croire que ce dieu était le même que Baâl, auquel les Carthaginois adressaient de pareils sacrifices. Ce Mastiman est peut-être encore le dieu assimilé par Salluste à Hercule, auquel sacrifiait ce peuple, et dont les rois de ce pays prétendaient, au dire de cet historien, tirer leur origine[6].

Nous avons ajouté ici ce résultat de nos propres recherches,

---

[1] Corippi Johannidos VIII, 303, ed. Bekker, p. 152.

[2] Johann. II, 109, p. 47.

[3] S. Martin, Mém. de l'Acad. des inscript. et belles-lettres, tom. XII, p. 181 sq.

[4] Coripp. IV, 682, et notæ Mazzuchellii, p. 265.

[5] De Saulcy, Journ. asiat. 4ᵉ série, t. I, p. 120.

[6] Sallust., Jugurtha, c. 14, 18, 78.

afin de faire voir que le peu que nous savons du culte des peuples numido-libyques, ne s'oppose pas à l'hypothèse de M. Movers. Revenons aux Carthaginois.

Anna, sœur de Didon, dont le culte, apporté de Carthage à Rome, se confond avec celui d'Anna Pérenna, et offrait une certaine analogie avec celui de Vénus, est une divinité punique dont le nom se retrouve peut-être dans celui de בר חנה que Gesenius lit sur la cinquième inscription de Carthage [1]. Ce nom de חנה, qui signifiait *clément, miséricordieux*, correspond parfaitement à celui d'Ἐλεήμων donné à Vénus, et à ceux de *Bona Dea, Bona et misericors Dea*, par lesquels était désignée la divinité latine.

Pygmalion, qui joue un grand rôle dans l'histoire de Didon, se rattachait aux mythes de Cypre. Son nom était celui d'un roi de Paphos, d'origine phénicienne [2], tantôt rattaché à l'impudique famille des Cinyras [3], tantôt représenté comme un amant de la déesse de Paphos [4]. Son nom était célèbre à Gadès, ville d'origine phénicienne. On voyait dans le temple de Melkarth, élevé dans cette ville, l'olivier d'or de Pygmalion, d'où pendait, en guise de fruit, une émeraude [5]. Cet arbre, d'une prodigieuse richesse, rappelle les trésors que la légende de Didon donne à ce personnage, trésor qu'il voulait encore grossir de l'or de Sichée. Celui-ci est tantôt représenté comme son oncle, tantôt comme son frère, tantôt comme celui de Didon [6]. C'est au pied d'un autel ou à la chasse du sanglier qu'il fut traîtreusement assassiné par Pygmalion. M. Movers retrouve dans ce dernier nom le nom hébraïco-phénicien פעם עליון, qui signifie *meurtrier d'Élion*, et il croit reconnaître dans ce personnage un dieu chtho-

---

[1] Gesenius, l. c., p. 177.
[2] Asclepiades ap. Porphyr. de abstinent. lib. 4, p. 345 sq.
[3] Apollodor. III, 13, 14.
[4] Ovid. Metamorph. X, 242.
[5] Philostr. Vit. Apollon. V, 5.
[6] Justin. XVIII, 6. Silius I, 22. Virgil. I, 349. Malala, p. 163.

nien, un Pluton ou Plutus phénicien. Ce savant explique le nom de Sichée par l'hébreu זכי, le *pur*, et il le rapproche de l'Agathon lydien que tua aussi son frère, le chasseur Adraste. Il fait ressortir l'accord parfait qui existe entre la signification de ce nom et le portrait que Virgile nous trace de l'époux de Didon [1].

Sichée est désigné dans Justin sous le nom de Acerbas, et Servius lui donne celui de *Sicharbar* [2]; le savant professeur de Breslau, interprète ce dernier nom par זכי חרב, dont *l'épée est pure*, et cette étymologie le conduit à supposer que l'épée qu'on voyait, au dire de Silius Italicus [3], aux pieds des statues de Sichée et de Didon était un symbole du premier.

Les toisons blanches et le feuillage que Virgile rappelle au sujet du culte rendu à Sichée [4], nous reportent au culte d'Uranie à Paphos, déesse à laquelle on consacrait de pareilles offrandes.

La légende poétique si admirablement encadrée par Virgile dans son épopée, semble donc à M. Movers n'être autre chose qu'une création de l'imagination du poëte, qu'un thème de fantaisie, dans lequel on a dénaturé les mythes et la signification des attributs qui se rapportaient au culte de la divinité céleste des Carthaginois.

Ajoutons que ce Sichée pourrait bien avoir quelque parenté avec Adonis et Attis, comme lui amant ou époux de divinités identiques à Didon.

La mort volontaire de cette dernière sur un bûcher est encore une invention de Virgile, dont la fête des πυρά, qui se célébrait vraisemblablement à Carthage, comme à Hiéra-

---

[1] *Cf.* Movers, l. c., p. 613.

[2] Servius ad Æn. I, 243. C'est évidemment par une erreur de copiste que le nom de Sichæus a été accolé à ce nom dans le texte du commentateur de Virgile.

[3] I, 90.

[4] Servius ad Æn. I, 335. Lydus de Mens. V. 45. p. 80.

polis, a pu fournir le motif[1]. On brûlait, en effet, dans ces
fêtes, une image de la déesse, ainsi qu'on le pratiquait notamment à Tarse, en l'honneur de Sandan, l'Hercule assyro-
lydien, considéré dans ce cas comme étant du sexe féminin.
Peut-être même l'image d'Énée, l'épée (*phrygius ensis*), les
vêtements de ce héros efféminé que Didon brûle sur le bûcher, rappellent-ils la hache à deux tranchants et les vêtements de femme que l'on brûlait à Tarse en même temps que
le simulacre de Sandan, dont le culte était intimement uni à
celui de la Vénus asiatique. Car M. Movers, développant
une idée indiquée déjà par Macrobe[2], suppose que Virgile a
substitué Énée au dieu phrygien qui, dans le mythe asiatique, entraîne la déesse céleste à une infidélité envers son
époux.

Un rapprochement nouveau confirme le savant professeur
de Breslau dans son identification de Didon ou Élissa avec
Tanit, la divinité protectrice de Carthage, et par conséquent
avec Astarté, dont elle n'est qu'une forme.

Suivant Varron, ce n'est pas Didon, mais Anna qui se
serait brûlée sur le bûcher[3], et dès lors cette Anna ne s'offrirait plus que comme une sorte de dédoublement de Didon;
elle serait comme elle identique à Tanit. Son nom rappelle
celui de Nanaia ou Aïné, donné à Mylitta, qui n'est elle-
même que Tanit[4]. Le nom d'Élissa que Didon portait chez
les Carthaginois, doit être rapproché de celui d'Alusia qu'Hésychius donne à l'Artémis d'Éphèse[5]; M. Movers le fait dériver de אל עזה, divinité forte. Quant au nom de Didon
même, d'accord avec Gesenius, ce savant le tire de דד, amant,
auquel on a ajouté le suffixe י, marque du pronom possessif.

---

[1] Justin. XXXVI, 2.
[2] Saturn. V, 17.
[3] Servius ad Æneid. IV, 682.
[4] Movers, o. c., p. 616.
[5] Hesychius v° Ἐλουσία. Ἐλουσία Ἄρτεμις παρὰ Ἐφεσίοις.

Ce nom aurait donc signifié *son amante* [1]; et cette épithète convient parfaitement à une divinité lunaire dépeinte comme l'amante du dieu solaire.

Telles sont les ingénieuses explications que M. Movers propose pour la légende de Didon; elles ne sont point dénuées de vraisemblance, et même quant à l'assimilation de Didon à la Tanit des Carthaginois, elles nous paraissent très-probables.

On voit, par le traité de Philippe de Macédoine avec les Carthaginois, que le peuple révérait spécialement trois grandes divinités; la première, qui est désignée par le nom de δαίμων Καρχηδονίων [2], ne peut être que la Tanit-Astarté dont nous venons de parler; la seconde est Hercule, et la troisième Iolaüs. Hercule est le même que Baâl-Khamon dont il a été fait mention plus haut, lequel est identique au Bâal-Moloch et au Melkarth de Tyr. Ce dernier nom se retrouve chez les Carthaginois dans celui d'Amilcar. Athénagore [3] nous dit positivement qu'Amilcar était un dieu phénicien. Il s'était, racontait-on, brûlé sur un bûcher : cette légende devait son origine, comme celle que nous avons rapportée plus haut, aux cérémonies, aux πυρά, dans lesquelles on brûlait les statues du dieu [4]. Le nom de Melkarth a été lu sur des inscriptions découvertes à Carthage, du moins en composition dans des noms d'hommes, ce qui indique que Baâl avait aussi conservé dans cette ville son nom tyrien. M. Movers identifie Iolaüs au Jubal ou Juba, honoré par les Maures comme un dieu [5], dont le nom fut porté par un roi de Mauritanie et se retrouve dans ceux de la ville de *Jubaltiana* et de la ville de *Iol*; cette dernière contraction nous ramène à la forme Iolaüs. Cet Iolaüs est le Iólas des mythes grecs, fils d'Hercule et de Certha [6], vrai-

---

[1] *Cf.* Gesenius, o. c., p. 406.
[2] Polyb. VII, 9, § 2-3.
[3] Athenagor. Legat. XII, 6.
[4] Herodot. VII, 167. Movers, l. c., p. 612.
[5] Minucius Felix, Octav., p. 351, Herald. Lactant. Inst. christ., l. 15.
[6] Cette Certha ou Certhé, dont les mythographes ont fait une des

semblablement identique à l'Hyllus, fils et compagnon d'Hercule [1]. Iolaüs est évidemment le même que Iolas, auquel la tradition attribuait la construction des nuraghes de la Sardaigne, monuments incontestablement d'origine phénicienne [2]. Le traité *de Mirabilibus*, attribué à Aristote, fait Iolaüs fils d'Iphiclès. Nous soupçonnons que cet Iphiclès, dont les poëtes ont fait un frère d'Hercule, pourrait bien être une autre forme du dieu phénicien lui-même [3].

M. Movers fait dériver le nom de Jubal du nom hébræo-phénicien יאוּבעל, *Iubaal*, c'est-à-dire la gloire, l'honneur, l'éclat de Baâl. Il l'identifie à Aschmoun, que nous savons avoir été une des grandes divinités de Carthage, et dont le nom entre en composition dans un assez grand nombre des noms lus sur les inscriptions puniques. Cet Aschmoun était en effet considéré comme le plus beau des dieux. C'était l'un des cabires, dieux constructeurs et forgerons, qui ont beaucoup de ressemblance avec Dédale. Or, suivant la tradition rapportée par Diodore de Sicile, lorsque Iolas eut fondé la colonie de Sardaigne, il appela Dédale pour y élever de gigantesques monuments [4].

Thespiades, nous paraît être la même que Tanit. Son nom, qui signifie la ville, Certa, Kirta, Kartha, rappelle celui de Carthage, dont elle était à la fois la protectrice et la personnification. D'après cette interprétation, Iolaüs-Jubal ou Esmoun aurait été le fils de Baâl-Moloch et d'Astarté, circonstance qui expliquerait pourquoi il constituait le troisième personnage de la triade punique.

[1] Movers, l. c., p. 538.

[2] *Voy.* De la Marmora, Voyage en Sardaigne, deuxième édition, part. II, p. 117.

[3] Iphiclès rappelle par sa mort Sichée. Nous ne sommes pas éloigné de croire que c'est au fond le même personnage. Et dans ce cas il serait alors le même qu'Aschmoun. La racine grecque de son nom Ἰφι exprime l'idée de force ou de beauté; elle est empruntée à l'hébreu יפה qui a le même sens et qui répond parfaitement au surnom que devait recevoir Aschmoun, le plus beau des dieux.

[4] Lib. 85, 87, c. III.

A cette triade suprême devait se joindre, dans le panthéon punique, un certain nombre de divinités secondaires. Mais on n'a point encore découvert de monuments phéniciens qui aient fait connaître leurs noms et leurs attributs.

Nous n'ajouterons aucun nouveau développement sur Aschmoun ou Esmoun, qui paraît n'avoir été qu'une forme de Baál, et qui a donné naissance à l'Esculape hellénique. C'est le même qu'Attis et qu'Adonis. Dieu solaire, divinité cabirique, il appartenait à la religion des Carthaginois comme à celle des Phéniciens. Une statuette découverte à Cherchell, dans l'Algérie, montre que les Carthaginois le représentaient sous la figure d'un personnage à ventre proéminent, à jambes grêles, la tête surmontée d'une sorte de modius évasé, décoré d'une plume [1].

Nous ne savons pas précisément quelle idée le peuple punique se faisait de l'autre vie. Une inscription trouvée à Carthage (l'inscription funéraire d'Abdastarté), semble annoncer que les justes étaient regardés comme jouissant du repos après leur mort, et étaient placés sous la protection de Baâl-Khamon et d'Astarté ou Tanit [2]. Les nouvelles découvertes qu'amèneront des explorations futures en Algérie et dans la régence de Tunis, apporteront un jour, nous l'espérons, des lumières sur cette intéressante question.

(A. M.)

---

[1] *Voy.*, notre mémoire sur cette statue, dans la Revue archéologique, t. III, p. 762 et suiv.

[2] Gesenius, Script. ling. phœn. monument., Append. II, p. 450.

Livre cinquième : Premières époques des religions de la Grèce et de l'Italie. *Section première :* Religions de la Grèce jusqu'au siècle d'Homère et d'Hésiode.

Note 1re. *Sur l'origine et les époques primitives de la population, de la religion, de l'art, et, en général, de la civilisation en Grèce.* (Chap. I, p. 253-265.)

C'est un problème qui n'est pas complétement résolu, que celui de l'origine de la religion des Grecs, première source des arts et de la civilisation chez ce peuple, qui a civilisé directement ou indirectement tous les autres peuples de l'Europe. M. Creuzer, fidèle à la tradition à peu près constante de l'histoire, depuis Hérodote jusqu'à Strabon et Diodore de Sicile, depuis les Alexandrins jusqu'à Fréret, Barthélemy, Heeren, rapporte sans balancer cette origine à l'Orient, à l'Asie et principalement à l'Égypte. Des doutes graves, des dissentiments de plus en plus prononcés se sont élevés, dans ces trente dernières années, et ces dissentiments, dont la critique allemande a pris l'initiative, ont conduit à une opinion tout à fait opposée, celle de l'originalité primitive et absolue de la religion, de la mythologie, et avec elles de l'art et de la civilisation en Grèce. Cette opinion, devenue aussi exclusive que l'autre, a subi par cela même et devait subir des restrictions et des modifications considérables. Nous allons essayer d'en donner une idée, et de montrer comment des faits nouveaux, joints à un examen plus impartial des différents points de vue de la question, ont fait prévaloir un système intermédiaire, qui semble bien près de la vérité.

§ 1. *Colonies étrangères en Grèce ; relations supposées avec l'Orient et le Nord.* — Et d'abord il faut convenir que la critique a réussi à ébranler sérieusement les récits, souvent encore donnés et acceptés comme historiques, de véritables colonies qui, parties d'Égypte, de Phénicie, d'Asie Mineure, du seizième au quinzième siècle avant notre ère, auraient été pour l'Attique, la Béotie, l'Argolide et le Péloponèse en général, des foyers de croyances et d'institutions étrangères. Déjà Buttmann ne voyait plus, dans les noms auxquels se rattachent ces récits, dans les couples de Cadmus et Europe, de Danaüs et Ægyptus, de Io et Épaphus, de Danaé et de Persée, de Jason et de Médée eux-mêmes, que des mythes ou des symboles purement ethnographiques, représentant les plus anciennes relations des Grecs, relations de commerce, ou même d'origine, avec la Phénicie, l'Égypte et les peuples de l'intérieur de l'Asie, les Perses et les Mèdes[1]. O. Müller, après J. H. Voss, analysant de plus près et ces récits et ces noms, y a reconnu également des mythes et des symboles, mais des symboles originairement grecs, des mythes grecs aussi dans le principe, quoique mêlés d'éléments étrangers, égyptiens ou asiatiques, par suite de la connaissance acquise par les Grecs, des pays et des peuples orientaux, à des époques que l'on peut déterminer [2]. *Danaüs*, par exemple, le prétendu colon venu de Chemmis à Argos, n'est, comme Inachus, Phoronée, Argus et Pélasgus, ses ancêtres traditionnels, qu'une personnification, d'abord probablement locale, ainsi que les fameuses *Danaïdes*, ainsi que *Danaé*, qui descend de lui, puis ethnique et héroïque, à titre de père et de chef des *Danaëns*, les mêmes que les Achéens et leur tribu dominante dans l'Argolide. S'il est mis en rapport et en opposition avec *Ægyptus*, symbole de l'Égypte, si les *Danaïdes* sont en guerre avec les *Ægyptiades*, sur les bords du Nil, avant leur union funeste à Argos même [3], c'est un souvenir des premières relations tout hostiles des pirates grecs avec les Égyptiens, dont on rencontre un autre exemple dans le mythe

---

[1] Mémoire de Ph. Buttmann, *Sur les liaisons mythiques de la Grèce avec l'Asie*, en allemand, lu à l'Académie de Berlin en 1819, et reproduit de ses Mémoires, dans le *Mythologus*, 1829, tom. II, p. 168 sqq.

[2] O. Müller, *Orchomenos und die Minyer*, p. 106-122; *Prolegomena zu einer Wissenschaftlichen Mythologie*, p. 146 sqq., 175 sqq., 182 sqq. J. H. Voss, *Antisymbolik*, II, p. 415-452, et antérieurement, dans ses *Lettres mythologiques*, en allemand, *passim*.

[3] C'est la forme la plus ancienne du mythe, tel qu'il était rapporté dans le poëme cyclique intitulé *Danais*, dont un précieux fragment nous a été conservé chez Clément d'Alex., Stromat. IV, 552 C.

d'Hercule et de Busiris [1]. Plus tard, la famille de Danaüs devient égyptienne, et Persée retrouve la patrie de ses aïeux à Chemmis, où il avait lui-même un temple et des jeux solennels, ce qui veut dire que les Grecs, établis en Égypte depuis Psammétichus, y avaient naturalisé leurs héros et leurs dieux, en les assimilant aux dieux et aux héros égyptiens, et qu'ils avaient fini par tomber dans cette préoccupation habilement servie par les prêtres, et dont furent dupes Hérodote et bien d'autres, à savoir que leur religion, leur civilisation et ses fondateurs étaient jadis venus de la terre antique des Pharaons. Et pourtant, dans le vrai sens des généalogies et des légendes grecques, qui se formèrent de la quarantième à la soixantième olympiade, et qui mirent en communication, de la manière la plus bizarre et la plus arbitraire, l'Égypte, la Libye, la Phénicie, la Cilicie, par les noms rattachés les uns aux autres d'Épaphus et de Memphis, de Libya, d'Agénor et de Bélus, ces deux derniers pères, l'un d'Europe, de Cadmus, de Phénix et de Cilix, l'autre, d'Ægyptus et de Danaüs, tout remonte finalement à la Grèce, à Io, l'amante de Jupiter, la fille d'Inachus, la vierge aux cornes de génisse, dont l'assimilation à Isis, et par suite le fils Épaphus, qui n'est autre qu'Apis, nous donnent le point de départ de toutes ces inventions mi-parties égyptiennes et grecques.

Argos n'est donc point une colonie égyptienne, puisque Danaüs n'est point venu d'Égypte [2]. Athènes l'est-elle plus sûrement? Pas davantage, ou moins encore, s'il est possible, puisque l'origine saïtique de *Cécrops*, le premier législateur

---

[1] *Voy*. livre III, chap. III, p. 428 sqq. du tom. I de cet ouvrage. Cf. O. Müller, *Prolegomena*, p. 174 sq.

[2] M. W. Heffter, après avoir cru établir sur de nouveaux arguments la réalité de la colonie égyptienne de Danaüs et des Danaïdes, institutrices du culte d'Athéna à Lindos, dans la seconde partie de son livre *Sur les cultes de l'île de Rhodes*, en allemand, p. 43-72, a retiré cette opinion dans la préface de la troisième partie, et propose, à son tour, une explication toute grecque et toute mythique de la tradition. — On peut comparer l'interprétation, grecque aussi, mais fort différente quant

d'Athènes, n'est pas même un mythe, mais tout simplement, comme s'exprime Müller, un sophisme historique. Psammétichus ayant reçu dans sa capitale de Saïs les mercenaires ioniens, défenseurs de sa dynastie nouvelle avec les Cariens, la *Neith* égyptienne, déesse de lumière, à la fois sage et belliqueuse, fut naturellement rapprochée par eux de *Pallas-Athéné*, déesse de la guerre et de la sagesse ; et de là, chez Platon, la parenté antique de Saïs et d'Athènes. Plus tard, l'une des deux villes, au gré des influences et des vues opposées, du sentiment patriotique ou de l'esprit de système, fut présentée comme métropole de l'autre, et d'abord, chose remarquable, Athènes de Saïs. L'opinion prévalut, mais sous les Ptolémées seulement, que Saïs était la métropole et Athènes la colonie, et ce fut alors que le symbole même de l'autochthonie des Athéniens, le héros national aux pieds de serpent, Cécrops enfin, devint, mais par une complète violence faite aux traditions de l'Attique, un émigré de Saïs.

Sur des rapprochements aussi peu fondés, sur des fictions historiques plutôt que sur de véritables traditions, paraissent reposer également les données transmises par Hérodote, et en partie son ouvrage, en partie l'ouvrage des prêtres égyptiens, concernant la fondation de l'oracle pélasgique de Jupiter à *Dodone*, par une prêtresse de Thèbes d'Égypte, que des Phéniciens y auraient vendue [1]. Hérodote fait de même intervenir et les Phéniciens et Cadmus de Tyr à propos de *Mélampus*, qui, le premier, suivant lui, instruit par eux, aurait enseigné aux Grecs le culte égyptien de Dionysus ou Bacchus, supposé le même qu'Osiris, et les Phallagogies [2]. Par là, le père de l'his-

---

à Ægyptus et à ses fils, qu'a tentée Ruckert (*Dienst der Athena*, p. 121 sqq.), et consulter la note 22 sur le livre VII, dans les Éclaircissements du tome III de cet ouvrage.

[1] Herodot., II, 54-57. Cf. Zander, sur l'origine de l'oracle de Dodone, dans l'*Allgem. Encyclop.* de Ersch et Gruber.

[2] *Ibid.*, 49. Plus tard, on trouva plus simple de faire venir Mélampus directement d'Égypte, comme le fait Diodore de Sicile, I, 97, ce à

toire semble avouer implicitement, lui qui rapporte à l'Égypte la religion presque tout entière de la Grèce ancienne, que les Égyptiens n'ont pu la lui communiquer directement, et que cette importation d'un pays fermé aux étrangers, d'un peuple qui avait horreur de la mer, doit avoir eu besoin d'un intermédiaire, et ne peut l'avoir trouvé que dans les Phéniciens, reçus par terre en Égypte et par mer en Grèce de toute antiquité. C'est l'opinion de plusieurs savants modernes, on l'a vu dans le texte de ce livre, opinion modifiée en ce sens par quelques-uns, et récemment par M. Movers, ainsi que nous l'avons dit ci-dessus [1], que les établissements qui se rattachent aux noms de Cadmus et de Danaüs seraient dus plutôt encore à des émigrations cananéennes parties de l'Égypte, qu'à des colonies phéniciennes ou égyptiennes proprement dites.

Selon Voss et Müller, *Cadmus* n'est pas plus phénicien que Danaüs n'est égyptien, quoique les généalogies mythiques semblent les rapporter l'un et l'autre à l'Égypte et à la Phénicie tout à la fois. Pour le premier de ces critiques, Cadmus est originairement le chef de la tribu antique des *Cadmeiones* ou *Cadméens*, fondateurs de la Thèbes de Béotie, et qu'il croit de souche thrace. S'il devint l'époux d'*Harmonie*, fille de Cypris et d'Arès ou de Mars, si plus tard il fut transformé en un fils du roi de Phénicie, qui l'envoya à la recherche de sa sœur *Europe*, poursuite qui de Tyr le conduisit en Thrace, de Thrace en Béotie, il faut voir là une combinaison des prêtres de Samothrace, instituteurs des mystères cabiriques, de concert avec les navigateurs phéniciens. Ce qu'il y a de sûr, c'est qu'Harmonie était révérée comme une déesse à Thèbes et à Samothrace, et que Cadmus y était en rapport avec elle, là comme le héros national et éponyme des Cadméens, ici comme un dieu et le même que *Cadmilus* ou l'Hermès ithyphallique des Pélasges. C'est à ce peuple, en effet, c'est à la branche de la

---

quoi son nom peut avoir contribué. Cf. Ad. Haakh, *Ægyptische Religion*, dans la *Realencyclop.* de Pauly, p. 102.

[1] Note 1re sur le livre IV, p. 835. Cf. Hœckh, *Kreta*, p. 47-52.

grande nation pélasgique qualifiée de Tyrrhènes ou Tyrsènes, qu'O. Müller fait honneur de Cadmus et avec lui du culte mystérieux des Cabires, culte que les Pélasges-Tyrrhènes, émigrés de la Béotie, et auxquels appartiendraient les Cadméens, auraient porté, par l'Attique, de Thèbes en Samothrace et dans les îles voisines. Le nom même de *Cadmus*, où l'on a vu la preuve de l'origine phénicienne du fils prétendu de Phénix ou d'Agénor [1], est un nom essentiellement grec, qui se compose dans *Eucadmos*, qui est analogue à *Cosmos*, et qui signifie l'*Ordonnateur*, le *Formateur*, l'auteur du monde identifié avec son œuvre [2]. Mais cette notion si élevée dans la vieille religion des Pélasges devint, dans le culte héroïque des Hellènes et chez les Éoliens de la Béotie, celle d'un simple fondateur de ville; et le grand dieu des Cadméens, l'époux de la divine Harmonie, fut métamorphosé en leur premier héros. De savoir maintenant comment il fut mis en rapport avec *Europe* et avec l'île de Crète, avec Tyr et avec les Phéniciens; comment, dans une généalogie précitée, il est rapproché, non-seulement d'*Europe* et de *Phénix*, mais aussi de *Cilix*; comment enfin il a pu devenir, dans la tradition, le représentant direct ou indirect de la plupart des antiques établissements des Phéniciens à l'orient de la Méditerranée, et l'importateur, sinon l'auteur, de leur plus sublime invention, celle de l'écriture alphabétique, c'est sur quoi les recherches de Müller sont loin de fournir des explications satisfaisantes. Si Cadmus n'est pas, dès le principe, le symbole des Phéniciens et de leurs établissements, il faut qu'il se soit formé entre eux et les Cadméens ou les Pélasges-Tyrrhènes, à Samothrace ou ailleurs, une liaison étroite, qui ait fini par donner ce tour à la tradition. Ni la méprise sur le nom de *Phénix*, que Müller croit originairement grec,

---

[1] Qu'il soit synonyme de *Kadm*, l'Orient, comme le pense Buttmann, après beaucoup d'autres, ou qu'il vienne de *Kadmon*, l'Ancien, comme le veut Movers, I, p. 517, à quoi ferait allusion le Κάδμου τοῦ πάλαι de Sophocle, OEdip. Tyrann., v. 1.

[2] Welcker, *Ueber eine Kretische Colonie in Theben*, p. 22, 31 sqq.

ni la confusion d'Harmonie avec Europe, qu'un de ses disciples regarde comme à demi phénicienne [1], ne suffisent à rendre compte des faits. Quoique pélasgiques et locales, la religion et les légendes mythologiques de Thèbes sont, comme celles de la Crète, où se retrouvent les noms d'Europe et de Cadmus, mêlées d'éléments qui nous paraissent incontestablement étrangers et phéniciens. C'est ce qui fait que nous ne saurions admettre, tout ingénieuse qu'elle est d'ailleurs, l'hypothèse de notre ami M. Welcker, d'après laquelle Cadmus et les siens auraient fondé une colonie crétoise à Thèbes [2]. L'opinion plus récente que nous semble en avoir déduite M. Rückert [3], satisferait mieux, bien que dans la même voie et par exclusion de l'influence directe des Phéniciens, aux conditions du problème, en faisant des Cadméens une peuplade pélasgique, passée de bonne heure dans l'île de Crète et de là en Lycie, d'où, mêlée aux Cariens, aux Léléges, à toutes ces tribus demi-orientales des côtes de l'Asie Mineure, elle aurait apporté dans la Grèce centrale, avec son chef mythique Cadmus et la divine Europe, qui donna son nom de proche en proche à notre continent, une religion, une civilisation, des arts, des *lettres* empruntées médiatement à la Phénicie et justement qualifiées, ces dernières du moins, de *cadméennes* et de *phéniciennes* à la fois [4].

Il nous reste à examiner la dernière des colonies venues, dit-on, d'Orient en Grèce, dans les siècles antéhistoriques, et celle-ci la plus rapprochée par les lieux, comme la plus récente par la date, il faut ajouter la plus importante pour les résultats, s'il est vrai que *Pélops*, qui donna son nom au *Péloponèse*, ait transporté ses pénates avec ses trésors, avec sa nombreuse famille, de Phrygie ou de Lydie en Élide. Thucydide croyait à cette émigration étrangère, comme Hérodote à cel-

---

[1] Eckermann, *Lehrbuch der Religionsgeschichte*, I, p. 226.
[2] *Voy.* la dissertation qui vient d'être citée.
[3] *Troja's Ursprung*, etc., p. 53 sqq.
[4] Καδμήια, φοινικήια γράμματα. Herodot. V, 58, 59. *ibi Bahr.*

les de Danaüs et de Cadmus, et il y rattachait la grandeur des Atrides, descendants de Pélops, et la guerre de Troie, par représailles contre l'expulsion du fils de Tantale [1]. La légende de Pélops serait-elle, comme celle même de la prise de Troie par ses petits-fils, ainsi qu'on l'a pensé plus d'une fois, un reflet imaginaire de l'établissement seul réel des Achéens-Éoliens et de leurs chefs, les Penthilides, sur les côtes de la Mysie et de la Lydie, un mythe né du besoin de légitimer leur conquête, et analogue à celui du retour des Héraclides dans le Péloponèse, issu de la conquête de ce pays par les Doriens? Pélops serait tout simplement, dans cette hypothèse, l'ancêtre mythique, ou, si l'on veut, avec Buttmann, la personnification de la race des Pélopides, race ou tribu d'origine pélasgique, et probablement de la branche achéenne des Pélasges, puisque, comme on l'a remarqué, une tradition lacédémonienne le faisait venir de la Phthiotide dans la Laconie, et que l'historien Autésion l'appelait « un Achéen d'Olénos » [2]. Cependant Niebuhr, frappé du rapport qui existait entre tous les caractères ethnographiques des antiques peuplades des bords opposés de la mer Égée, langues, croyances, souvenirs historiques ou mythologiques, ne balançait pas à expliquer l'émigration prétendue de Pélops, d'Asie Mineure en Grèce, par cette communauté de race [3]. Il se pourrait aussi qu'en examinant de plus près, non-seulement les détails du mythe singulier de Pélops, mais tout ce qui se rattache à ce nom dans les cultes, les légendes religieuses et les institutions de l'Élide, particulièrement les jeux olympiques, l'on fût conduit à penser qu'il y a là, comme chez Cadmus, avec un vieux fond pélasgique, symbolique et local, avec une transformation héroïque due aux Achéens ou aux Éoliens, maint amalgame d'éléments

---

[1] Thucyd. I, 9.
[2] Strabon, VIII, 4, 6; Schol. Pindar. Ol. I, 37, *ibi* Bœckh. Cf. Voss, *Antisymb.* II, p. 432 sqq.
[3] *Kleine Schriften*, p. 370, *Anmerk.* Cf. Lachmann, *Spartanische Staatsverfassung*, p. 48 sqq.

réellement lydiens ou phrygiens, tels que l'Hercule Dactyle et bien d'autres. Que ces éléments aient été introduits par une communication naturelle entre les Achéens de l'Asie Mineure et leurs frères demeurés dans le Péloponèse, comme nous inclinons à le croire, ou qu'ils soient le fruit d'une importation antérieure et d'une sorte de rémigration, d'un retour en Grèce d'une tribu de Pélasges-Tyrrhènes, parents de ces Cadméens dont nous parlions tout à l'heure, et dont Pélops aurait été le dieu ou le héros national, imposé par eux aux Achéens avec leur domination, c'est une question que nous voulons laisser indécise, tout en reconnaissant que M. Rückert a essayé de la résoudre dans ce dernier sens par des rapprochements pleins de savoir et d'intérêt, mais, selon nous, un peu hasardés [1].

M. Creuzer, tout en admettant les colonies d'Égypte, de Phénicie, d'Asie Mineure, en Grèce, au sens littéral de traditions en partie factices, et qui ont besoin d'être interprétées, a cependant fait preuve d'une louable impartialité, d'un coup d'œil aussi étendu que pénétrant, lorsqu'il indique les pays situés au nord de la Grèce comme ayant été « médiatement ou immédiatement l'une des sources les plus fécondes de ses primitives institutions. » Seulement, ici encore, il faut interpréter, appliquer la critique et se garder des méprises. Autant il est certain que les Pélasges, leurs migrations, leurs colonies, ont puissamment contribué à la première et toute religieuse civilisation, soit de la Grèce elle-même, soit de l'Italie voisine; qu'ils ont, avant les Hellènes et les colonies helléniques, les Pélasges-Tyrrhènes surtout, transplanté d'Orient en Occident, quelquefois aussi rapporté d'Occident en Orient, les germes précieux des croyances et des arts; autant il est douteux, au contraire, que la Thrace, à plus forte raison la Scythie, les pays autour de la mer Noire et du Caucase, aient fait autre chose que servir de passage, dans les temps dont il s'agit, aux migrations des tribus de la haute Asie qui vinrent peupler la Grèce, et plus tard aux échanges

[1] *Troja*, p. 193-215.

de cultes et de rites que l'Asie antérieure fit avec elle. Il n'y a rien à conclure, si ce n'est en ce sens, des cultes d'Apollon, de l'Artémis Taurique, et de Bacchus. Le mythe des Hyperboréens, originairement grec, partie intégrante de la légende d'Apollon, n'a qu'un rapport vague et indéterminé, ou même tout à fait idéal, avec la région du Nord, aussi bien que cette légende elle-même et celle d'Artémis, à en juger par la nature et les noms purement symboliques des personnages qui rapprochent entre eux les Hyperboréens et les enfants de Latone. Si les Hyperboréens, si Apollon et Diane furent ensuite et à la fois rapprochés des Arimaspes et des Griffons, fictions demi-grecques, demi-asiatiques, c'est, comme nous l'avons dit ailleurs [1], lorsque les Grecs du Pont eurent combiné leurs légendes héréditaires avec les mythes orientaux que leur transmirent les tribus scythiques. Quant au mythe de Prométhée, il n'a rien non plus que de grec en lui-même et dans son origine. La scène en est dans la Grèce, dans le Péloponnèse; et si elle se termine dans la Scythie, ou même sur le Caucase, à mesure que s'agrandit l'horizon géographique des Grecs, que se développent leurs relations, c'est par un besoin qu'ils eurent à toutes les époques de localiser leurs fables religieuses, leurs héros et leurs dieux, en les transportant sur la limite indécise et mystérieuse du monde connu. Leur origine, leurs premières demeures, assurément orientales et septentrionales, mais dont ils avaient perdu le souvenir lorsqu'ils se fixèrent au midi de la chaîne de l'Olympe, la montagne céleste, ne sont pour rien dans ce déplacement, dans les liaisons plus ou moins récentes de leur mythologie avec le Nord, avec l'Orient, si ce n'est comme une vague réminiscence de son berceau asiatique et de celui de leur race.

§ 2. *Véritables origines de la population, de la religion et de la civilisation des Grecs; époques successives de leur histoire et de leur mythologie; Pélasges et Thraces, Achéens, Hellènes.*

---

[1] Art. *Hyperboréens*, dans l'Encyclopédie des gens du monde, t. XIV, p. 412.

— Nul doute, en effet, que les premiers germes, les linéaments primitifs des croyances religieuses des Grecs, comme les racines et les formes générales de la langue qui leur servit d'expression, n'aient été apportés par eux de ce berceau asiatique, où ils durent vivre un temps plus ou moins long, à l'état de tribus, en communauté de race avec les autres membres de la famille de peuples qu'on appelle indo-européenne ou indo-germanique, pour marquer les deux termes plus ou moins distants de son expansion. Voilà pourquoi les rapports véritablement originels de leur mythologie devraient être cherchés, non pas dans l'Égypte, ou la Phénicie, ou l'Assyrie, en un mot, dans les pays habités par la famille des peuples sémitiques, mais dans une partie de l'Asie Mineure, dans la région au sud du Pont-Euxin et du Caucase, et surtout dans la Perse et l'Inde, dont le point de jonction au nord paraît avoir été aussi le point de réunion, puis de séparation, des tribus qui descendirent sur ces contrées pour les civiliser, et de celles qui s'en allèrent au loin peupler notre Europe, et d'abord ses péninsules méridionales. Mais cette parenté, quoique certaine, et cette origine commune des tribus, des langues et des croyances, remontent si haut, datent d'une époque où tout était encore si peu arrêté, si peu avancé, soit dans le fond, soit dans la forme, qu'un libre essor fut laissé à ces jeunes semences répandues sur une terre nouvelle, et que les influences locales du climat et du sol, aussi bien que les communications étrangères avec les peuples déjà civilisés des bords de la Méditerranée, quant aux Grecs, durent produire dans leur développement mainte et mainte métamorphose. Il n'en est pas moins sûr que la religion et la mythologie grecques reposent sur la même base fondamentale que les cultes primitifs de l'Inde par exemple, qu'elles se composent des mêmes éléments, qu'elles ont en commun avec ces cultes certains types généraux, diversement modifiés par les circonstances des lieux et par le génie des peuples. C'est comme un air de famille éloigné se retrouvant sous une physionomie complètement différente, double caractère qui se reproduit dans les langues et dans les races elles-mêmes.

Des types généraux analogues et des formes locales diverses, c'est aussi le double caractère de la religion grecque à toutes les époques, et particulièrement à l'époque des Pélasges, qui précéda et amena celle des Hellènes. La configuration géographique de la Grèce y servit puissamment, en isolant des peuplades sœurs les unes des autres, par des côtes si profondément découpées, flanquées d'îles si nombreuses, et plus encore par des montagnes d'une hauteur relative considérable, ramifiées à l'infini. De là les cultes comme les dialectes si diversifiés de ces peuplades, ayant néanmoins un fond commun, là de symboles et de mythes qui les développent, ici de racines, de dérivés et de flexions grammaticales. De là des degrés singulièrement distants, tout à la fois de localité en localité et d'époque en époque, dans le genre de vie, les mœurs, l'état social, intellectuel et religieux des tribus de la même nation tour à tour dominantes. Les Pélasges parurent des barbares, parlant une langue barbare, à Hécatée, à Hérodote, à d'autres encore; et cependant ils furent, sans aucun doute, la souche la plus ancienne et la plus féconde de la population, de la langue et de la religion helléniques. Les Pélasges se transformèrent en Hellènes, dit plus d'une fois le père de l'histoire; et il n'était pas, en effet, une tribu de ces derniers qui, de près ou de loin, ne se rattachât aux Pélasges [1]. La transformation fut aussi longue qu'agitée; elle s'opéra par une suite de révolutions à peu près inconnues dans les rapports des tribus pélasgiques entre elles, ou par leur contact avec d'autres tribus appartenant à des branches différentes de la même famille, non-seulement les Pélasges-Tyr-

---

[1] *Voy.* K. F. Hermann, *Lehrbuch der griechischen Staatsalterthümer*, 3ᵉ *Aufl.*, § 8, p. 23 sqq., et les passages qui y sont cités. Cf. Wachsmuth, *Hellenische Alterthumskunde*, 2ᵉ *Aufl.*, 1, § 9 et 12, p. 49, 64; et Connop Thirlwall, Histoire de la Grèce, trad. fr., tom. I, chap. II et IV.

rhènes, qui formèrent l'un des liens les plus marqués de civilisation primitive entre la Grèce, l'Italie et l'Asie Mineure, mais les Léléges avec les Curètes, les Caucones, les Thraces, les Dryopes et bien d'autres, considérés depuis comme barbares aussi bien que les Pélasges.

Les Pélasges, qui les premiers, selon toute apparence, cultivèrent le sol de la Grèce et la dotèrent de ces antiques et originales constructions qu'on appelle tantôt cyclopéennes et tantôt pélasgiques, vécurent d'une vie toute patriarcale, et professèrent une religion fondée sur le culte des puissances invisibles qui se révèlent dans les grands phénomènes de la nature, au ciel et sur la terre, dans ceux du cours de l'année, dans les vicissitudes de la vie végétale et animale. Ces puissances, qui leur apparaissaient ainsi dans l'action des forces naturelles, peut-être aussi, jusqu'à un certain point, dans celle des forces morales, dans les lois les plus simples et les plus frappantes de l'homme et de la société humaine, ils les divinisèrent et les personnifièrent du même coup, mais d'une manière naïve autant qu'énergique, et par des symboles non moins grossiers qu'expressifs. L'Hermès ithyphallique en est la preuve : cet Hermès, le même que Cadmus ou Cadmilus, le créateur, l'ordonnateur du monde au physique et au moral, qu'Hérodote, par une exception qu'il étend aux Dioscures, à Héra ou Junon, à Histia ou Vesta, aux Charites ou Grâces et aux Néréides, reconnaît comme un dieu d'origine pélasgique [1]. Les Pélasges dont il s'agit ici sont encore les Pélasges-Tyrrhènes, instituteurs des mystères cabiriques à Samothrace, et qui portèrent le culte des dieux Cabires partout où ils formèrent des établissements. Quant aux Pélasges de Dodone, que le vieil historien n'en distingue pas d'une façon expresse, on peut croire avec lui qu'ils adorèrent d'abord des dieux sans noms particuliers, au même sens que ces *Dii consentes* et *complices*, ces dieux agissant collectivement dans l'œuvre permanente de la création, que les Romains devaient aux Étrusques, c'est-

---

[1] Herodot. II, 50, 51, *ibi* Bælu.

à-dire aux Tyrrhènes de l'Italie, et que l'illustre Schelling identifie avec les Cabires, par le mot comme par l'idée[1]. Mais ce qu'on ne saurait admettre en aucun sens, malgré l'autorité de M. Creuzer, c'est que presque tous les noms des dieux soient venus d'Égypte en Grèce, comme l'avance hardiment le père de l'histoire, en partie sur la foi des prêtres égyptiens, en partie sur celle des prêtres et prêtresses de Dodone, prévenu qu'il était d'ailleurs de l'antiquité de toutes choses en Égypte, de la nouveauté de toutes choses en Grèce, et séduit par des rapprochements, par des ressemblances de rites et de cultes, qu'il aurait pu étendre encore, et qui s'étendirent en effet après lui à Hermès, à Héra, à Vesta[2]. Les noms des divinités grecques diffèrent absolument de ceux des divinités égyptiennes, ainsi que les idiomes des deux pays; et c'est en vain que l'on prétendrait que ces derniers noms ont été traduits par les instituteurs étrangers des Pélasges : la manière dont s'exprime Hérodote ne s'accorde guère avec une telle supposition, peu concevable en elle-même; et puis les idées ne diffèrent pas moins que les mots; les deux religions, dans le fond comme dans la forme, malgré certaines coïncidences qui rentrent dans l'esprit général du symbolisme antique, sont aussi hétérogènes que les deux langues. Les arguments intrinsèques viennent à l'appui des preuves extrinsèques qui ont été indiquées plus haut, pour écarter toute cette théorie, habilement rajeunie par notre auteur, de l'éducation religieuse des Grecs par les Égyptiens[3].

Tout concourt, au contraire, à faire prévaloir l'idée d'un développement propre, original et spontané de la religion grecque à l'époque des Pélasges et dans leur passage aux Hel-

---

[1] Cf. le texte de ce tome et de ce livre, p. 287 *ci-dessus*.

[2] Voyez-en la preuve dans les Éclaircissements du livre III, tom. I, p. 835, 848, etc.

[3] Cf. K. F. Hermann, *Gottesdienstliche Alterth. der Griechen*, § 3, p. 9 sqq., et l'article *Ægyptische Religion*, déjà cité, dans la *Realencyclop.* de Pauly.

lènes, bien qu'il ait pu s'y mêler déjà, dans les temps héroïques qui firent cette transition, et qui sont, à vrai dire, une seconde époque, plus d'un élément étranger. Les plus sûrs comme les plus anciens témoignages qui nous restent de cette seconde époque, et, en général, de toute l'histoire de la civilisation primitive des Grecs, sont les poëmes d'Homère et d'Hésiode, quoique, dans ces poëmes, la métamorphose de l'état patriarcal en cet état nouveau, qui fut l'état héroïque, paraisse entièrement accomplie. Plusieurs âges, plusieurs siècles de légendes et de traditions, de religion et de poésie, préludèrent aux épopées homériques et hésiodiques; et vinrent s'y réfléchir comme en un miroir, où les plans divers du tableau du passé formèrent avec les traits empruntés au présent une mystérieuse et fantastique combinaison. C'est ce qui rend si difficile, chez Homère surtout, de faire le départ de ce qui se rapporte à l'époque du poëte et à celle de ses héros. Quoi qu'il en soit, les dieux des Pélasges se sont transformés, comme leurs adorateurs; aux vieux symboles locaux, agraires, aux immobiles et mystérieuses figures des cultes de la nature, ont succédé les figures animées, les personnifications brillantes et idéales d'une religion toute poétique et tout humaine, comme les tribus guerrières, les familles héroïques des Achéens et des Pélopides, des Myrmidons, des Éacides, des Minyens, ont pris la place des tribus agricoles, des castes demi-sacerdotales qui avaient cultivé pour elles les plaines de l'Argolide, de la Béotie, de la Thessalie, qui pour elles continuèrent à fortifier les citadelles, à construire les *Trésors* souterrains de Larisse et d'Orchomène, de Mycènes et de Tirynthe.

Nous parlerons plus loin, avec quelque détail, d'Homère et d'Hésiode, des deux phases bien distinctes qu'ils marquent dans un même grand développement de la religion et de la poésie grecques, et de la part qu'ils ont prise l'un et l'autre, soit à la transformation, soit à l'ordonnance définitive de la mythologie. Ce qu'il y a de sûr, c'est que cette œuvre, qui fut longue, avait commencé avant eux, et au sein même de l'âge héroïque. Un peuple à la fois historique et mythique, ou, si l'on veut, une espèce de caste religieuse et poétique, que l'on retrouve à côté des Pélasges, et au voisinage des premiers Hellènes, sur le revers septentrional de l'Olympe de Thessalie, à Daulis en Phocide, non loin du Parnasse, sur l'Hélicon de la Béotie, et jusqu'en Attique, jusque dans le Péloponnèse, au moins par tel ou tel de ses représentants, semble avoir rempli à cet égard une sorte de mission. Il s'agit des Thraces, originaires de la Piérie, adorateurs et chantres de Jupiter et des dieux olympiens, d'Apollon et des Muses, dont ils sont les interprètes, de Déméter elle-même ou de Cérès, et de Dionysus ou Bacchus, et que Strabon, avant O. Müller, avait déjà nettement distingués des Thraces barbares et postérieurs du Pangée et du Rhodope [1]. C'est à ces Thraces de l'âge mythique ou héroïque, à ces Thraces de la Grèce, c'est à l'époque de transition des Pélasges aux Hellènes, que se rattachent les noms de Thamyris, cité dans l'Iliade, d'Eumolpe, d'Orphée, de Musée, auteurs d'hymnes perdus et remplacés plus tard par tant d'œuvres pseudonymes. Ce qu'ils firent pour la conciliation des légendes et des cultes particuliers aux diverses tribus, pour l'organisation successive d'une théogonie et d'une religion générales, paraît être en grande partie ce qu'Hérodote attribue d'une manière trop exclusive à Hésiode et à Homère, qui achevèrent et popularisèrent cette grande mythologie nationale, devenue par eux celle des Hellènes. Combien d'éléments étrangers y trouvèrent déjà place, venus immédiatement ou médiatement de l'Orient, peut-être même de l'Égypte, depuis le temps des Pélasges, soit par les marchands phéniciens, soit par les communications des tribus pélasgiques entre elles et avec l'Asie Mineure, les îles, la Crète surtout, et Rhodes, et Cypre, c'est ce qu'il est bien difficile de déterminer aujourd'hui, quoique plusieurs des dieux, plusieurs des héros de la Grèce portent dans leurs généalogies ou dans les détails de leurs légendes, dans certains symboles qui

---

[1] Strab. X, p. 722 Cas. Cf. O. Müller, *Orchomenos*, p. 319-390; et *Geschichte der Gr. Literatur*, I, p. 43 sqq.

y sont mêlés, la trace irrécusable d'amalgames fort anciens; Cronos, par exemple, et les Cabires, Poseidon ou Neptune, Persée, Hercule, Minos, Dionysus-Bacchus, et bien d'autres.

La troisième époque de l'histoire de la religion et de la mythologie grecques, l'époque proprement hellénique, est celle qui s'ouvre par la dernière des révolutions de populations et de tribus, qui amenèrent enfin pour la Grèce, après une lente et pénible mais féconde élaboration, l'ère de la civilisation et de l'histoire, dégagées peu à peu de la barbarie et des fables qui l'accompagnent. Cette ère est marquée, à trois moments successifs et correspondants, par l'invasion des Thessaliens dans la contrée pélasgique qui prit leur nom; par celle des Éoliens-Béotiens, qu'ils expulsèrent, dans la Béotie qui reçut le leur; par celle enfin des Doriens, déracinés de leurs montagnes du nord, et fondant comme une avalanche sur le Péloponnèse, dans les domaines des Achéens, qu'ils refoulèrent sur les Ioniens, et ceux-ci bientôt, avec une partie d'entre eux et des Éoliens, sur l'Attique, sur la Béotie, puis au delà des mers, et les Doriens à leur suite, sur les côtes de l'Asie Mineure, où s'échelonnèrent les colonies de tous ces débris des tribus héroïques, y retrouvant ceux des Pélasges et des Léléges. Ce fut alors, après ce bouleversement passager, un renouvellement de toutes choses en Grèce. Tandis que, dans les colonies asiatiques, le passé se transfigurait, pour ainsi dire, et prenait cet aspect idéal de la vie des héros, qu'il revêt sous l'inspiration de la muse d'Homère, le présent, dans la Grèce d'Europe, s'organisait sur le plan de cette vaste et diverse unité, dont les Grecs n'eurent conscience que quand ils la contemplèrent dans ce miroir magique du passé, quand Homère et Hésiode leur parlèrent des Achéens et des Panhellènes, formant une même race, une même grande famille de peuples opposés aux barbares. C'est dans un fragment de l'un des poëmes perdus d'Hésiode qu'apparaît pour la première fois cette généalogie mythique des Hellènes, ayant pour père Hellen, fils de Deucalion, l'homme sauvé des eaux, et donnant lui-même naissance à trois fils, Éolus et Dorus, c'est-à-dire les Éoliens et les Doriens, présentés comme les aînés parce qu'ils sont les vainqueurs, et Xuthus, qui n'est là que pour amener sur une seconde ligne Ion et Achæus, les Ioniens et les Achéens vaincus, réellement plus anciens dans l'ordre de la civilisation [1].

On reconnaît donc dans cette construction, artificielle encore plus que mythique quant à la forme, au fond reposant sur les différences de dialectes qui correspondent aux variétés de race, le résultat d'un grand travail, de fusion d'abord, puis de classement des tribus grecques, retrempées en quelque sorte dans l'esprit nouveau de l'âge héroïque, et s'opposant non pas seulement aux barbares, mais à leurs propres pères, les vieux Pélasges, désormais confondus avec eux. Ce que firent à cet égard et dans ce but les institutions à la fois religieuses et politiques des Amphictyons et de l'oracle de Delphes, les jeux Olympiques et autres, sous l'influence des Doriens, dominateurs du Péloponnèse, ce n'est pas ici le lieu de le dire. Ce qu'il convient de remarquer, c'est l'importance et l'éclat que prirent les cultes d'Apollon et d'Hercule, le dieu et le héros doriens par excellence; c'est, au contraire, l'ombre mystérieuse dans laquelle furent reléguées les divinités et les cérémonies des cultes pélasgiques; ce sont surtout les communications qui s'établirent, d'une part entre les colonies grecques, propagées sur tous les rivages de la mer Égée et du Pont-Euxin, et leurs voisins orientaux, d'autre part entre ces colonies et leurs métropoles. De là, les sources les plus certaines et les plus riches d'idées et de symboles asiatiques introduits dans les religions de la Grèce; de là, les dieux et les héros de la Phrygie et de la Lydie, de la Phénicie, de la Syrie ou même de l'Assyrie, et, plus tard, de l'Égypte, ou amalgamés réellement, ou seulement comparés avec les héros et les dieux helléniques, et rapprochés d'eux. Sur ces emprunts plus ou moins déguisés faits à l'Orient, tranchent, dès les temps homériques, ou apparaissent successivement, chez

[1] Cf. O. Müller, *Prolegomena*, p. 179 sqq.; Plass, *Geschichte des alten Griechenlands*, I, p. 49 sqq.

Hésiode et chez les poëtes lyriques, la Vénus-Astarté de Cypre et de Phénicie, identifiée avec l'Aphrodite grecque, et son amant Adonis; la Diane d'Éphèse, autre forme d'Astarté; la Diane taurique, forme d'Anaïtis, mise en rapport avec l'Artémis hellénique; l'Apollon lycien avec le dorien; le Bacchus Sabazius et Bassareus, phrygien et lydien, rattaché au Dionysus thraco-pélasgique; Cybèle, confondue avec Rhéa, et son Attis, de même origine; le Memnon éthiopien, retrouvé à Suses, passant avec les Amazones dans la légende de la guerre de Troie; l'Hercule Sandon ou Sardan, de la Lydie et de l'Assyrie, venant après l'Hercule de Tyr ou Melkarth-Mélicertes, se fondre dans l'Héraclès grec; Persée, son aïeul, mêlé tour à tour d'éléments orientaux et égyptiens; sans parler de bien d'autres combinaisons ou rapprochements du même genre, que nous signalerons en leur lieu.

Une quatrième époque, que nous devons simplement indiquer ici, est celle où l'art plastique, s'emparant des types créés par le génie national des Grecs, développés par la tradition, transfigurés par la poésie sous l'influence de tant d'éléments divers qu'elle recueillit et modifia à son tour, les transporta du domaine de l'imagination dans celui de la réalité, et donna à la religion hellénique les objets extérieurs d'un culte qui se confondit avec celui du beau. Mais ici s'ouvre un dernier point de vue de la question générale des rapports de la Grèce avec l'Orient, point de vue sur lequel se porte de plus en plus l'attention de la science contemporaine, et qui est, en effet, de nature à jeter un grand jour sur la solution de cette question.

§ 3. *Époques de l'art grec, dans ses rapports avec la mythologie; influences qui ont présidé à son développement.* — L'art en Grèce, l'art digne de ce nom, a commencé beaucoup plus tard que la religion et la poésie; il a été le complément de l'une et de l'autre, et le couronnement de la civilisation entière, développée sous leur double inspiration. Les dieux et les héros chantés par l'épopée, prenant dans l'imagination du peuple et dans celle des poëtes, ses interprêtes, des formes de plus en plus humaines, de plus en plus arrêtées, fournirent aux artistes les modèles de ces figures idéales qui furent ébauchées dans le cours d'une période de cent vingt ans environ, depuis les temps de Solon et de Pisistrate jusqu'à la fin des guerres médiques, et perfectionnées dans la période suivante, entre les temps de Cimon et de Périclès et ceux de Philippe et d'Alexandre. Mais cet art lui-même, cet art idéal, qui finit par identifier la croyance des Grecs avec le culte du beau, eut, comme la religion, comme la poésie, ses racines dans un état antérieur et grossier, dont il fut la lente et successive transformation. Lui aussi, quoique si éminemment hellénique, il tient par sa naissance à l'époque des vieux Pélasges; lui aussi, quoique si original, il trahit, dans ses premiers développements, des influences orientales et des emprunts étrangers. Les murs cyclopéens, les Larisses pélasgiques, furent la base et l'exemple des acropoles fortifiées par les Achéens, puis par les Hellènes; les vieilles idoles magiques, fabriquées par les mystérieux Telchines, les symboles des divinités cabiriques, ou sans forme humaine, ou surchargées d'attributs, précédèrent les statues de bois animées par Dédale et devenues peu à peu des personnes divines[1]. Or, il est difficile de ne pas soupçonner, et dans les Cyclopes, auxquels il faut joindre les Dactyles, et dans les Telchines, les uns en rapport avec la Lycie, la Lydie, la Phrygie, les autres avec les îles de Crète, de Rhodes, de Cypre, les indices d'importations, ou tout au moins d'imitations de certains types et de certains procédés d'art asiatique et surtout phénicien, qui présidèrent au premier essor de l'architecture et de la sculpture des Grecs, dès les temps pélasgiques. Ces emprunts, ces imitations se multiplièrent dans le cours de l'âge héroïque qui suivit, et où les descriptions des poëmes homériques témoignent d'un développement déjà considérable de richesse et de luxe, mêlé d'œuvres d'art de plusieurs sortes[2]. Nous en avons pour preuve les restes encore subsis-

---

[1] *Voy.* O. Müller, *Handbuch der Archæologie*, § 45, § 66-70.
[2] Cf. Fr. Thiersch, *Epochen der bildenden Kunst*, 2ᵉ *Aufl.*, p. 6 sqq.;

tants des *Trésors* de Minyas et d'Atrée, réceptacles antiques de ce luxe évanoui, et la fameuse porte aux lions de Mycènes, qui rappelle le gardien symbolique de la citadelle de Sardes et des palais de Ninive[1], tandis que la structure des Trésors nous remet en mémoire celle des édifices analogues et en partie souterrains de la Phrygie et de l'Arménie[2].

Quand même les descriptions d'Homère se rapporteraient plutôt à l'époque du poëte qu'à celle de ses héros, on comprend mieux encore, à la seconde de ces deux époques, et en général, après l'établissement des colonies grecques en Asie Mineure, l'influence que le voisinage des grands peuples de l'Orient, le commerce journalier avec eux, le spectacle des chefs-d'œuvre de l'art des Lydiens, des Tyriens, des Assyriens même et des Babyloniens, durent exercer sur le progrès ultérieur de l'art hellénique. C'est de ces temps que paraissent dater, au moins en principe, ces représentations d'animaux fabuleux, de chasses, de combats fantastiques, ces ornements bizarres, formés de plantes et accompagnés de symboles évidemment asiatiques, que l'on remarque sur une classe entière des vases peints les plus anciens, et sur beaucoup d'autres objets d'art ciselés et gravés, que l'on a découverts dans les tombeaux de l'Étrurie[3]. Les descriptions hésiodiques y répondent en partie, celle, par exemple, du bouclier d'Hercule, ainsi qu'une foule de traits du mythe de ce héros, de ceux de Persée, de Bellérophon, de bien d'autres, transportés par

---

O. Müller, dans les *Wiener Jahrbüchern der Literatur*, tom. XXXVI, p. 175 sqq., et dans son Manuel d'archéologie, § 47 et suiv.

[1] *Voy.* notre tome IV, pl. XXV, 130, et l'explication, p. 30 sq. Cf. le texte de ce tome, p. 187 *ci-dessus*, et les lettres de M. Botta à M. Mohl, p. 68 et pl. LI.

[2] Vitruv. II, 1, 5, et Xenoph. Anabas. IV, 5, 25. Cf. O. Müller, *Archæologie*, § 48, 49, et Ross, *Hellenika*, I, *Vorwort*, p. xv.

[3] *Voy.* Ed. Gerhard, *Kunst der Etrusker*, et *Kunst der Phœnicier*, dans les Mémoires de l'Académie de Berlin, années 1847 et 1848. Cf. les *Monumenti di Cere antica* de Luigi Griffi, *passim*, et le *Museum Gregorianum*, part. I, pl. 11, 15, 17, 63-66, et part. II, pl. 27-29, 90, etc.

les colons grecs dans leurs nouvelles demeures, et par suite amalgamés avec toute sorte d'éléments orientaux. La Chimère, les Gorgones, les Centaures et les Griffons, le Sphinx femme et lion, et le cheval ailé Pégase, que l'on vient de retrouver tous deux parmi les sculptures assyriennes de Nimroud [1], sont des emprunts de ce genre, passés des traditions sur les monuments, quelquefois aussi des monuments dans les traditions. Les plus vieilles monnaies grecques, celles d'Égine, de Corinthe, d'Athènes, remontant aux premières olympiades, offrent dans leurs types symboliques la trace de ces emprunts faits à l'Asie-Mineure, à la Phénicie, à l'Assyrie, comme, plus tard, dans les scènes héroïques sculptées en style ancien sur les temples d'Égine et de Sélinunte, dans les proportions massives des figures, leurs muscles si fortement accusés, leurs ornements, leur coiffure et leur costume, on est tenté de soupçonner encore la même source d'imitation d'où découlèrent tant de pierres gravées et de scarabées, dont les sujets et l'exécution rappellent d'une manière si frappante les cylindres babyloniens et persépolitains [2].

Quelle fut la part de l'Égypte dans ces origines et ces progrès successifs de l'art grec? C'est une question qui devient plus problématique, à mesure qu'à la connaissance plus complète et plus précise des monuments de l'art égyptien, viennent s'ajouter tant de découvertes dans le champ longtemps inexploré de l'archéologie orientale. En général, l'art égyptien

---

[1] M. Layard, dont les découvertes complètent si heureusement celles de M. Botta et seront bientôt mises au jour.

[2] *Voy.* les mémoires de M. Gerhard et les recueils de monuments qui viennent d'être cités. Cf. le dernier atlas de l'ouvrage de Micali, *Storia*, etc., et plusieurs des sujets de nos planches CLV et CLVI. Les planches du grand ouvrage de MM. Botta et Flandin, *Monuments de Ninive*, offrent le terme de comparaison le plus neuf et le plus curieux, selon nous, avec le style qui commence à prévaloir dans la sculpture grecque depuis le milieu du vi[e] siècle avant notre ère, époque des premières communications entre la Grèce et la Haute-Asie par l'intermédiaire de l'Asie Mineure.

ne diffère pas moins profondément, par son caractère et par son esprit, de l'art grec, que la religion et la mythologie égyptiennes ne tranchent avec la mythologie et la religion helléniques, soit par le fond, soit par la forme. Et cependant une opinion, se fondant sur la haute et incontestable antiquité de la civilisation de l'Égypte, et prenant à la lettre les récits d'Hérodote, de Diodore, de Pausanias et d'autres auteurs, qui rapportent, soit à l'Égypte en général, soit aux colonies prétendues de Danaüs, de Cadmus, de Cécrops, non-seulement les dieux, mais les cultes établis en Grèce et avec eux les premières idoles, a, de nos jours encore, avec plus de force que jamais, soutenu l'origine égyptienne de l'art grec, et expliqué, par l'influence des institutions sacerdotales dont il faisait partie, la permanence des types hiératiques, transmis d'âge en âge, sous les noms de Dédale et de Smilis, du quinzième ou seizième jusqu'au sixième siècle avant notre ère. Tel est le sentiment de M. Fr. Thiersch, confirmé de nouveau dans une polémique remarquable avec H. Meyer, Hirt et O. Müller[1]; tel est celui de M. L. Ross, qui admet néanmoins, mais postérieurement, le concours des influences asiatiques, et semble même porté à croire que les conquêtes des antiques Pharaons, en Asie comme en Europe, peuvent bien être pour quelque chose dans les commencements de l'art assyrien et babylonien[2]. Nous n'allons point, quant à nous, jusqu'à ces extrémités, tout en reconnaissant que, depuis le septième et le sixième siècle, depuis le temps de Psammétichus, de Néchos, d'Amasis, les communications de plus en plus fréquentes des Grecs avec l'Égypte, le grand spectacle des monuments égyptiens, le style de ces temples, de ces colonnes, de ces statues colossales, taillées avec tant d'habileté dans la pierre, ont pu contribuer avec bien d'autres causes, à éveiller le génie grec, loin de l'engourdir, à l'affranchir des liens de la tradition et de l'habitude, à l'élever au-dessus des difficultés mécaniques de l'art, à lui donner enfin cette impulsion libre et féconde qui ne

[1] *Epochen der bildenden Kunst*, p. 64-108.
[2] *Hellenika*, I, p. xv-xvii.

connut plus de règle que le beau, de modèle que l'idéal [1]. Alors même, la religion et les formes qu'elle avait imposées maintinrent dans les cultes domestiques, et souvent dans le culte public, les types consacrés des idoles primitives. Un art hiératique subsista sous l'œil des prêtres et dans les ateliers héréditaires des successeurs de Dédale, reproduisant sans cesse ces types antiques à côté des chefs-d'œuvre de l'art émancipé et des maîtres nouveaux; tout comme, dans le domaine des croyances et des traditions, les légendes locales, les mythes hiératiques, remontant aux origines mêmes des cultes, se perpétuèrent à côté des brillants récits de l'épopée, et les divinités mystérieuses du foyer en regard, pour ainsi dire, des dieux populaires de l'Olympe [2]. L'art, sans doute, plus que la poésie, eut besoin de secours, d'adminicules étrangers, qui ne manquèrent pas à son enfance, qui le suivirent même encore dans sa forte jeunesse, au temps des guerres médiques; mais, de bonne heure, il revendiqua son indépendance avec sa liberté, sut être original en imitant, et, puisant à toutes les sources, mais surtout à la source nationale de l'épopée homérique, il créa sous cette grande inspiration, avec des éléments divers, des formes d'une harmonieuse unité. (J. D. G.)

[1] Nous n'entendons pas nier qu'antérieurement, par la voie du commerce et par l'entremise des Phéniciens surtout, des ouvrages d'art venant d'Égypte, et des types religieux propres à ce pays, n'aient pu pénétrer en Grèce comme en Étrurie, et y devenir une source d'imitation plus ancienne. Non-seulement les scarabées et mainte statuette, mais d'autres monuments représentant des scènes d'un style singulièrement analogue à l'égyptien, peuvent être allégués en preuve, par exemple, dans les *Monumenti di Cere*, les coupes d'argent figurées sur les pl. VIII et IX, et reproduites dans le Musée grégorien, part. I, pl. LXIII et LXIV. La difficulté vient de cette lacune si regrettable que l'art des Phéniciens, cet art qui dut tenir le milieu entre l'assyrien et l'égyptien, laisse et laissera peut-être toujours dans nos connaissances. Est-ce une raison suffisante de le rabaisser et de le restreindre, autant que l'a fait M. Gerhard, dans son récent mémoire? nous ne le pensons pas.

[2] *Voy.* sur les rapports du culte avec la poésie et l'art, chez les Grecs, le résumé judicieux de K. F. Hermann. *Gottesdienstliche Alterthümer*, § 6, p. 23 sqq.

NOTE ADDITIONNELLE à l'appendice du chapitre 1ᵉʳ, p. 266-274.
Sur Abaris et Zamolxis.

M. Creuzer, dans l'une des *Additions* du tome II, p. 660-670, et dans une longue note du tome III, p. 12 et sq. de la troisième édition de la Symbolique, est revenu sur *Abaris* et *Zamolxis*, qu'il persiste à mettre en rapport avec les origines, soit septentrionales, soit orientales des religions grecques. Pour *Abaris*, il complète d'abord les sources de ce mythe, s'il faut l'appeler ainsi, en renvoyant aux notes de Bæhr sur Hérodote, IV, 36, p. 348-350, auquel il faut ajouter Lobeck, *Aglaophamus*, p. 314. Puis, après avoir fidèlement et textuellement cité nos remarques, p. 267, 269 et sq. de ce tome, après avoir mentionné l'adhésion partielle de Barker à ses idées (dans la seconde édition de la *Bibliotheca classica*, London, 1832, au mot *Abaris*), il avoue qu'il lui faut renoncer, non-seulement au témoignage de la Hialmarsaga, non-seulement à l'étymologie qu'il avait adoptée du nom de *Rune*, le rapprochant de *Rinne* et *Rinnen*, mais encore à l'antiquité de la tradition qui faisait voler dans les airs Abaris porté sur une flèche, tandis que, selon le vrai texte d'Hérodote, restitué par Struve, il parcourait simplement la terre en portant une flèche et sans prendre de nourriture, ce qui n'excitait pas moins justement les doutes du vieil historien, peu confiant, d'ailleurs, dans son origine hyperboréenne. Et cependant M. Creuzer n'en continue pas moins à voir dans Abaris, une personnification de la lumière, de la religion septentrionale d'Apollon, et même des hiéroglyphes du Nord, de l'écriture en fer de flèche, c'est-à-dire finalement, des Runes, dans lesquelles auraient été consignés les dogmes antiques de cette religion. Pour cela, notre savant et ingénieux auteur a recours, encore un coup, à cet art des rapprochements mythologiques, qu'il possède à fond, mais dont il abuse quelquefois.

M. Creuzer compare, en premier lieu, Abaris à un autre prêtre ou prophète d'Apollon, *Aristéas* de Proconnèse, mort et ressuscité, et reparaissant périodiquement dans des lieux divers, pour trouver enfin, à Métaponte, un honneur éternel et prédit, dans sa statue érigée à côté de celle de son dieu [1]. Cette idée de disparition et d'apparition est commune à toutes les divinités de la lumière; mais, ce qui est surtout remarquable, c'est qu'Aristéas apparaît d'abord sous la figure d'un corbeau accompagnant Apollon, circonstance qui rappelle à notre auteur la première incarnation de Brahma sous l'image du même oiseau [2], et de plus, la tradition iranienne du prêtre du soleil, appelé *Corbeau*, et du grade de corbeau dans les mystères de Mithras [3].

Maintenant, d'*Aristéas* se rapproche à son tour *Aristæus* ou *Aristée*, non-seulement par le nom, mais aussi par le symbole d'un oiseau, quoique cet oiseau soit blanc, au lieu de noir, et qu'au corbeau succède le cygne. Des cygnes traînaient par les airs le char dans lequel Apollon enleva Cyrène, la mère d'Aristée; des cygnes envoyés par Apollon sauvèrent plus d'une fois le fils avec lequel il s'identifie comme *Apollon-Aristée* [4]. Aristéas et Abaris furent, aussi bien qu'Aristée, des épiphanies d'Apollon, et M. Creuzer adopte l'opinion de Schwenck, expliquant Abaris par *Apollon Aphæos* [5]. Pythagore lui-même fut considéré comme une de ces épiphanies, et c'est Aristote qui nous apprend qu'il était qualifié par les Crotoniates du nom d'*Apollon hyperboréen* [6]. Abaris le prit pour tel, et à ce titre lui donna en présent la flèche du dieu, qui lui avait servi à traverser les airs, et que Pythagore dut employer au même usage, lui qui, au même jour et à la même heure, était vu à Crotone et à

[1] Herodot., IV, 14, 15.
[2] *Voy.* notre livre Ier, chap. IV, p. 230 sq. du tome Ier.
[3] Porphyr. de Abstin. IV, p. 350 Rhoer. Cf. notre liv. II, chap. IV, p. 359 sq. du tome Ier.
[4] Pindar. Pyth. V, 6, IX, 50. Cf. Thrige, Res Cyrenensium, p. 57, p. 283 sq. ed. alter.; Broendsted, Voyages et Rech. en Grèce, I, p. 46 sq.
[5] Cf. le texte de ce livre et de ce tome, p. 279 sq., note 2.
[6] Ap. Ælian., V. H. II, 26.

Métaponte, ou à Métaponte et à Tauroménium [1]. Tout annonce qu'il s'agit ici de généalogies et d'actions solaires, comme le prouve encore cet *Atymnios*, fils d'Emathion et de Pégasis, frère de Memnon, petit-fils de l'Aurore, qui, plus heureux que Phaéthon, fut porté bien des fois à travers les airs sur le char de Phébus [2]. De même, Hercule aborda, dans l'esquif ou dans la coupe du soleil, sur les côtes de l'île rougie par les feux du couchant, au bord de l'Océan, qu'il menaça de son arc et de ses flèches, aussi bien que le soleil lui-même [3]. Enfin, sur une antique peinture de vase, Apollon-Hélios en personne, avec l'arc, le carquois et la lyre, se voit porté au-dessus des mers sur un trépied ailé [4].

Ainsi, dit M. Creuzer, en résumant tous ces traits divers de comparaison, la course du soleil à travers les espaces aériens se lie naturellement aux images du vol, des ailes, des oiseaux comme le cygne, comme le corbeau, ce dernier l'oiseau prophétique d'Apollon. A Phébus-Atymnios, s'élevant au haut des cieux sur le char du soleil, répond Hercule qui, dans la coupe solaire, descend vers le couchant. La coupe et la flèche sont rapprochées, et celle-ci, à son tour, sert à Abaris et à Pythagore-Apollon pour glisser rapidement du nord-est au sud-ouest. La flèche n'est autre que le rayon du soleil, qui traverse l'espace en un clin d'œil. Abaris, prophète d'Apollon, comme Aristéas, comme Pythagore, est aussi son scribe sa-

---

[1] Porphyr. de Vit. Pythag., § 37-29, p. 34 sq. Kuster; Iamblich., de Vit. Pythag., § 91 sqq., p. 196 sqq. Kiessling; Apollon. hist. mirab., cap. 6.

[2] Nonni Dionysiac., XI, 258, 130 sq.; coll. Quint. Smyrn., III, 300 sq.

[3] Athen., XI, p. 469, 470, p. 257 sqq. Schweigh., avec les citat. de divers anciens poëtes, en confér. Pherecyd. Fragm. Sturz, p. 103 sq. ed alter., et Apollod., II, 5, 10. On retrouve ces scènes sur les antiques peintures de vases, par exemple chez M. Gerhard, *Ueber die Licht-Gottheiten*, etc., p. 9, et tab. I, 4 et 5.

[4] Peint. de vase de Vulci, chez Gerhard, *ibid.*, tab. I, 3, coll. p. 9 sq.

cré, et c'est avec la flèche qu'il écrit en caractères solaires, sous la voûte des cieux, ou sur la terre en hiéroglyphes, les lois divines de justice et de vérité, ces lois qui dissipent l'ignorance, comme le rayon solaire dissipe les ténèbres. L'Hyperboréen Abaris, conclut notre auteur, est donc l'écriture et la doctrine célestes, personnifiées dans la carrière du soleil et dans le cours du temps, sans qu'il soit besoin de recourir, pour expliquer ce personnage mythique du cortége d'Apollon, incarnation solaire comme tant d'autres, ni à des étymologies trompeuses, ni au fait apparent d'un prophète humain, sans qu'il faille s'inquiéter de savoir quel poëte ou historien grec put le représenter d'abord volant par les airs sur sa flèche.

Et voilà, cependant, que, pour compliquer la question qui concerne Abaris, un savant numismatiste, notre collègue à l'Académie des inscriptions, M. de la Saussaye, prenant à la lettre l'origine hyperboréenne ou scythique du prophète d'Apollon, comme l'on semble avoir fait à une époque quelconque de l'antiquité, et, l'interprétant dans le sens le plus large, nous montre, au revers d'une médaille celtique, celui qu'il appelle de nouveau le *Druide Abaris* [1]. Il se voit, non pas comme le décrivait Himérius [2], vêtu de la chlamyde et des anaxyrides, c'est-à-dire du plaid et des braies, mais nu, ou tout au plus avec une ceinture, ayant des ailes aux épaules au lieu de bras, et porté sur sa flèche. A la face est la tête de son dieu, imberbe et avec des cheveux bouclés. Ce curieux monument viendrait confirmer le fait traditionnel de l'importation du culte d'Apollon chez les Celtes, et son alliance avec la légende nationale du missionnaire auteur de cette importation, dont le point de départ, selon la conjecture de M. de la Saussaye, fut peut-être la Macédoine, voisine des tribus celtiques des bords de l'Adriatique et de l'Ister, qui la menacèrent ou l'envahirent plus d'une fois.

---

[1] Revue numismatique, année 1842, pag. 165-170.
[2] Ap. Phot. cod. 243 ed. Rothom. 2, 374 Bekker.

Quant à *Zamolxis*, mis, comme Abaris, dans une relation passablement arbitraire avec Pythagore, à cause d'une certaine communauté de dogmes, mais où le grand sens d'Hérodote soupçonnait une divinité plutôt qu'un homme, et qui était tout au moins une incarnation du dieu national des Gètes, voisins des Scythes, et thraces d'origine, M. Creuzer se borne à deux remarques nouvelles. Il observe d'abord que, pour le nom de ce personnage, la leçon *Zalmoxis* semble plus autorisée que celle de *Zamolxis* [1]; ensuite, et au fond, que Zalmoxis est désigné tantôt comme un héros, tantôt comme un démon, tantôt comme un dieu. Or, Muaséas rapporte, dans Photius [2], que, chez les Gètes, *Kronos*, c'est-à-dire Saturne, était appelé *Zamolxis*. Si maintenant l'on se souvient que, d'après Hérodote, le culte de Zamolxis était accompagné de sacrifices humains, on sera tenté de penser à ceux que les Phéniciens offraient à leur *Moloch*, comparé aussi à Kronos. Puis, si l'on réfléchit à ce dogme des Gètes, qui envoyait les morts, comme les victimes sacrifiées, auprès de Zamolxis; si l'on se rappelle, à cette occasion, ces îles des Génies ou des Dieux, près de la Bretagne, que Kronos était supposé habiter au sein d'un éternel repos [3], légende due vraisemblablement aux navigateurs phéniciens, il paraîtra, d'un côté, que des éléments phéniciens et grecs s'associaient dans ces traditions, d'un autre côté, que les tribus septentrionales dont il s'agit devaient avoir en vue les îles sacrées de l'ouest, quand elles parlaient du lieu de repos où les âmes retrouvaient Zamolxis-Kronos. Quand, d'après l'antique doctrine orphique de l'immortalité et de la transmigration des âmes, ils disaient de leurs morts, longtemps avant Pythagore : « Ils vont à Zamolxis, » c'était la même pensée au fond que chanta plus tard le demi-

---

[1] Cf. Bæhr ad Herodot., IV, 94, p. 455.
[2] Lexic., p. 45 Dobr., 51, p. 45 ed. Lips.
[3] Plutarch. Moral., p. 420 *a*, p. 491 *a*. Cf. Buttmann, *Mythologus*, II, 14, p. 51, et Welcker, *Die Homerischen Phæaken und die Inseln der Seligen*, pag. 23 *sq*.

pythagoricien Pindare : « Ils suivent la voie de Jupiter qui mène à la citadelle de Kronos [1]. »

Nous n'ajouterons qu'un mot à ces nouvelles réflexions de notre auteur. S'il fallait admettre le rapprochement de *Zamolxis* et de *Moloch* et l'origine phénicienne indiquée ici par M. Creuzer, ce serait une raison de maintenir la forme la moins autorisée pourtant du premier de ces noms. Ensuite, et dans cette même voie, on pourrait expliquer *Gebeleizis*, autre nom de Zamolxis, par le dieu de la montagne ou des montagnes, en se souvenant du mont sacré Κωγάιωνον, avec un fleuve homonyme, chez les Gètes (Strab. VII, p. 298), où Katancsich (*Orb. ant.*, I, 374) voit la montagne et le fleuve *Gogany*, près de Mika. D'autres placent cette montagne et ce fleuve au sud de l'Ister, dans les plus anciennes demeures des Gètes, ou même dans la Thrace, à *Kascon* d'aujourd'hui.

(J. D. G.)

NOTE 2. *Des dieux Cabires; analyse des principaux travaux dont ces divinités ont été l'objet au double point de vue des monuments écrits et figurés; origine des dieux Cabires; Triade cabirique; les Cabires phéniciens et égyptiens; caractère à la fois élémentaire et sidérique de ces divinités* (Chap. II, p. 283-325, *passim*) [2].

§ 1. Un des savants qui font le plus d'honneur à l'érudition française, Fréret, a dit en parlant des Cabires : « Ce qui les concerne est un des points les plus importants et les plus compliqués de la mythologie grecque; les traditions qui les regardent sont tellement confuses et si souvent opposées les unes aux autres, que l'analyse en paraît à peine possible. Les anciens eux-mêmes se contredisaient, faute de s'entendre, et les modernes, en accumulant avec plus d'érudition que de critique leurs différents témoignages, ont embrouillé la ma-

[1] Olymp., II, 126 (70).
[2] Le lecteur voudra bien remarquer que, pour une meilleure disposition des matières, les § 1 et 3 de cet éclaircissement répondent aux § 1 et 2 des renvois des notes du texte; le § 2 au § 3 des mêmes renvois, relatif aux monuments figurés du culte des Cabires.

tière au lieu de l'éclaircir. » Depuis Fréret, qui, le premier, y a porté le flambeau de la vraie critique, dans un mémoire inséré au tome XXVII, p. 12 et suiv. du recueil de l'Académie des inscriptions et belles-lettres, et qu'il faut lire tout entier, la question a-t-elle fait de grands progrès ? Le lecteur compétent pourra en juger lorsque nous aurons fait passer sous ses yeux les résultats des travaux les plus sérieux et les plus récents sur ce grave point d'antiquité.

Si la profondeur de l'esprit philosophique, même unie à une érudition peu commune et à la connaissance des langues, suffisait pour élucider de telles questions, assurément M. Schelling eût laissé peu à faire à ses successeurs, dans son écrit sur les divinités de Samothrace. Il part de ce point, que le culte des Cabires est nécessairement d'origine phénicienne, puisque les noms des dieux et des prêtres de ce culte sont phéniciens, et s'expliquent par l'hébreu. Il y a plus : ces noms, et les dogmes qu'ils révèlent, surtout si l'on complète les données de Mnaséas par celles que fournissent les fragments de Sanchoniathon, s'annoncent comme les débris d'un système qui dépasse l'horizon de la plus ancienne révélation écrite. Les vieilles croyances grecques tiennent de plus près à la source primitive de toute religion, que les doctrines religieuses de l'Égypte et de l'Inde. Mais le principe de ces croyances n'est point l'émanation (comme l'admet M. Creuzer); c'est, au contraire, une progression d'êtres qui vont s'élevant de plus en plus, et qui finissent par se résoudre dans un être suprême. Au bas de l'échelle est Cérès (la faim, le désir, la passion); au-dessus Proserpine (le principe de la nature visible); ensuite Dionysus (le maître du monde des esprits); après, Cadmilus (le médiateur, le lien de la nature et de l'esprit); et enfin Zeus ou Jupiter (le pouvoir supérieur, qui domine le monde entier). En résultat, les Cabires forment une hebdomade qui se résout dans Jupiter comme dans l'unité, un conseil de dieux qui développe le monde de bas en haut, qui conduit les initiés du dernier au premier degré. Ce sont des forces qui mettent en mouvement les dieux supérieurs, qui n'agissent point isolément, mais qui, étroitement unies entre elles et avec eux, concourent à faire passer l'idéal dans le réel. Du reste, les mystères ont moins pour objet de donner des solutions sur l'énigme du monde, que d'unir les initiés entre eux et avec les dieux, de manière à faire d'eux des Cabires. L'emblème de cette union des dieux et des initiés à la fois, c'est le mouvement combiné des planètes. Cabires ou *Chaberim* veut dire *compagnons*, et les Cabires sont les *associés* ; les dieux Cabires sont les *Dii consentes* et *complices*.

Nous ne pousserons pas plus loin cette analyse, et nous ne reproduirons point les rapprochements que tente M. Schelling, d'une part avec Sanchoniathon, d'autre part avec la Bible. Depuis longtemps ses idées sont jugées aussi bien que ses étymologies. Sa pensée fondamentale d'une chaîne de puissances, fortes de leur concert, évoquant les dieux pour produire le monde, par une sorte d'opération magique, à laquelle concourent les initiés, n'est certainement pas sans grandeur, mais elle est puisée à de tout autres sources que celles de l'antiquité, à des sources beaucoup trop modernes, et n'a rien de commun ni avec les Cabires de la Phénicie, ni avec ceux de Samothrace et de Lemnos. Passons donc à une autre théorie, plus historique et plus sûre.

La religion des Cabires, aux yeux de M. Welcker (*Æschyl. Trilog.*, S. 155 *ff.*), prend sa source dans la croyance que le feu céleste, maritime ou terrestre, est le principe des choses; idée que les légendes mythologiques exprimaient en racontant que les Cabires étaient enfants d'Héphæstus et de Cabiro, fille du dieu marin Protée. M. Welcker sépare les Cabires de Samothrace de ceux de Lemnos, suivant en cela Phérécyde, qui revendique les Corybantes pour la Samothrace, et met les Cabires à Lemnos, Imbros, dans les villes de la Troade, et particulièrement à Pergame, qui de bonne heure leur rendit un culte particulier.

Les Cabires de Lemnos symbolisent le feu terrestre et son application aux réalités de la vie; c'est, du reste, ce que le nom de Cabire indique, car il se tire de κάειν, καίειν, *brûler*, κάειρος, κάειροι, et avec le digamma Κάβειροι. C'est ce que démontre encore une épithète qui leur est particulière, celle de καρκῖνοι ou *porte-tenailles;* c'est enfin ce qu'on peut conclure des noms de Kelmis (le *fondeur*), Damnameneus (le *marteau*), et Acmon (l'*enclume*); car ce sont trois désignations mystiques de la force, du pouvoir et de l'industrie, trois personnalités cabiriques, que Strabon a placées par erreur à la suite des Corybantes et des Dactyles.

M. Welcker signale comme erronée l'opinion d'Acusilaüs, qui place Hermès-Cadmilus entre Héphæstus et les trois Cabires; il ne peut y avoir de rapports entre eux. L'Hermès-Cadmilus est d'origine pélasgique : en Samothrace il prend le surnom d'une divinité phrygienne, et se nomme alors Σάος ou Σῶχος. L'île voisine d'Imbros reçoit de lui son nom. Cette désignation donne à cet Hermès une signification plus relevée; car ce nom d'Imbros, qui a le sens du mot Himeros (le désir), nous reporte à Éros, puis à Axieros, c'est-à-dire, à des idées religieuses et cosmogoniques. Hermès-Himeros indique un principe de formation, ce qui nous amène tout naturellement au nom de *Cadmilos*, dont la racine est *Cosmos*, c'est-à-dire, l'ordre et l'harmonie de l'univers.

M. Welcker distingue également des Cabires de Lemnos, deux grandes divinités sorties de la religion des Dardaniens, et désignées comme des jumeaux divins; Samothrace leur voua un culte particulier. Dans ce pays, on les confondit, ainsi qu'à Rome, avec le couple moitié dorique et moitié achaïque des Dioscures, rapetissés aux proportions héroïques. Du reste, cette dualité des Jumeaux de Samothrace reparaît dans plusieurs associations de divinités, par exemple, celles de Jasion et de Dardanus, de Poseidon et d'Apollon, etc. Les initiations de Samothrace effacèrent peu à peu la notion fondamentale, et les dieux protecteurs des vaisseaux pendant la tempête devinrent des puissances cosmogoniques : au temps d'Hérodote, on leur adjoignit Hermès et Hécate. Mnaséas cite trois de ces puissances cosmogoniques; il les nomme Ἀξίερος, c'est-à-dire, Ἵμερος, le désir ou l'amour, puis Ἀξιόκερσος et Ἀξιόκερσα, noms qui se tirent de Ἔρσος et de Ἔρση, et qui expriment, comme Κόρος et Κόρη, le principe masculin et le principe féminin.

O. Müller part de ce point, que toute cette religion est pélasgique. En Béotie, près de Thèbes, où les Pélasges étaient établis, on trouve le héros Cadmus, fondateur de cette ville, et son épouse Harmonie, fille de Mars, divinité locale, qui rappelle à beaucoup d'égards Aphrodite. De Béotie, ces Pélasges viennent à Athènes, qui reçoit d'eux l'Hermès ithyphallique; puis, chassés par l'invasion dorienne, ils transportent leurs dieux à Lemnos et en Samothrace, et, formant ainsi le lien de communication entre ces contrées et la Béotie, ils préparent la fusion des deux cultes. Aussi retrouvons-nous dans les mystères de Samothrace Harmonie, puis Cadmilus, qui n'est qu'un diminutif de Cadmus. Lemnos nous offre aussi quelques traces de ce culte d'Hermès : le plus haut sommet de cette île se nommait Hermæon; enfin c'était d'Hermès que l'île d'Imbros avait reçu son nom. Du reste, le pouvoir de commander aux vents et aux flots indique suffisamment que cette religion avait traversé les mers. L'Asie Mineure vit fleurir le culte des Cabires : Troie et Pergame leur élevèrent des autels, et c'est de là que découle l'assimilation de ces personnalités mythologiques avec les Dactyles idéens et les Corybantes. En Italie, les Pénates rappellent les Cabires, mais ce rapprochement est plutôt factice que réel; il tient aux interprétations des savants et aux combinaisons des prêtres de Samothrace, qui recherchaient un lien de parenté avec Rome. Voilà le côté historique de la question; nous allons maintenant suivre O. Müller, essayant de pénétrer dans les mystères de Samothrace.

L'habile et profond érudit commence par observer que si l'on détache des trois noms cabiriques *Axi-eros*, *Axio-kersos*, *Axio-kersa*, le mot honorifique *Axios*, on trouve *Eros*, *Kersos* et *Kersa*, c'est-à-dire, l'amour, l'époux et l'épouse, ce qui nous ramène aux trois Cabires d'Acusilaüs et de Phérécyde, tous trois fils de Cadmilus. Il remarque le rapport mystique des noms de Kersos et Kersa, qui rappelle la dualité de Vichnou et Siva que l'Inde nous offre, et fait voir que l'interprétation de Mnaséas, suivant lequel Eros, Kersa et Kersos représentent Déméter, Perséphone et Hadès, forme un lien entre les mystères de Samothrace et ceux d'Éleusis. Ces dogmes, ajoute-t-il, qui proclament notamment que de l'union du dieu du feu, Héphæstus, avec Hécate, la nuit, sort un dieu phallique, Cadmilus, nous reportent aux notions fondamentales de toutes les espèces de polythéisme, c'est-à-dire, à l'idée d'un être divin, voué à un éternel repos, et dont la majestueuse immobilité contraste avec l'agitation d'une autre divinité vivante et mourante : le dieu immobile et éternel se nomme Zeus-Héphæstus; le dieu qui s'agite et qui meurt, Dionysus. Enfin, le lien qui les unit reçoit le nom de Cadmilus, qui n'est autre lui-même que la personnification de l'alliance entre l'esprit et la matière.

Nous n'ajouterons pas qu'O. Müller considère encore Eros comme remplissant le rôle de l'éternel créateur, Kersos-Hadès, celui de l'éternel destructeur, et Kersa-Perséphone comme étant le symbole de la nature, si changeante, si mobile et si féconde en trompeuses apparences; il est temps de signaler à nos lecteurs le système de M. Gerhard.

L'origine pélasgique de la religion de Samothrace, soutenue par O. Müller, a rencontré un nouveau défenseur dans l'archéologue éminent que nous venons de citer. Le culte des Cabires, les mystères d'Éleusis, les vieilles superstitions de Dodone et de l'Italie primitive, ne sont à ses yeux que les formes diverses de la religion pélasgique, dont l'adoration des éléments et des puissances naturelles forme la base. Or, si cette religion s'est conservée quelque part dans toute sa pureté, c'est au sein des dogmes de Samothrace ; là se retrouvent, sous la forme la plus simple, l'unité et la dualité. L'unité sous le nom d'Axieros, la dualité sous ceux d'Axiokersos et d'Axiokersa, le principe fécondant et le principe fécondé, qui, de concert avec Cadmilus-Hermès, travaillent au grand œuvre de la création de l'univers.

Pour avancer l'étude de cette question, M. Gerhard a tracé ce qu'il appelle l'arbre généalogique des divinités pélasgiques. Ce tableau est d'une très-grande utilité; mais comme un travail de cette nature ne supporte pas l'analyse, on concevra facilement que nous préférions en placer un extrait sous les yeux de nos lecteurs. (*Voir le tableau ci-contre.*)

Avant de terminer, nous nous occuperons de la religion des Cabires au point de vue de l'antiquité figurée; puis nous laisserons à notre collaborateur et ami, M. Alfred Maury, le soin d'embrasser la question dans son ensemble et de conclure.

§ 2. Qu'il nous soit permis d'abord de le dire : les monuments figurés, relatifs à la religion cabirique, semblent ne point avoir excité la curiosité et l'intérêt des savants au même degré que les monuments écrits. M. Gerhard est encore le seul qui soit entré sérieusement dans cette voie, et malgré ses lumières, la science a encore de ce côté plus d'une conquête à faire. En attendant, nous croyons devoir remplir la tâche qui nous est dévolue, en faisant l'énumération des divers monuments qui ont été rattachés à cette religion, et en commençant par ceux qui sont douteux ou contestés, pour arriver aux représentations dont l'importance et l'authenticité sont généralement reconnues.

Citons d'abord un vase sicilien à figures noires, publié dans l'ouvrage de Christie (*Disquis. upon Greek vases*, pl. IX). Si l'on doit espérer rencontrer quelque part les représentations des légendes mystiques ou sacerdotales de la Grèce, c'est assurément sur les vases peints. M. Welcker (*Æschyl. Trilog.*, S. 261) s'est cru suffisamment autorisé à reconnaître sur le vase de Christie une représentation de la grande fête cabirique du feu perdu et retrouvé, fête que l'on célébrait à Lemnos. Une figure virile assise sur un bloc, tenant une espèce de verge ou de bâton dans la main gauche, et le bras droit ramené au-dessus de la tête, lui paraît être un initié ou Prométhée lui-même, auquel un prêtre ou un héraut (peut-être Hermès, selon M. Guigniaut, qui, dans l'explication de la planche CXXXI, 237. suit l'interprétation de M. Welcker) impose la main droite

TABLEAU DES DIVINITÉS PÉLASGIQUES,

extrait de : *Hyperboreisch-Rœmische Studien*, p. 34. Cf. *Prodr. Mythol.*, p. 112.
Cabires envisagés dans leurs rapports avec les divinités grecques.

N°	AXIEROS.	AXIOKERSA.	AXIOKERSOS.	CADMILUS.	Lieux où on les révérait.	Témoignages, anc. et mod.
(1)	Déméter........				en Samothrace.	Schol. Apoll. Rh. I, 917.
(2)		Perséphone-Kora, Aphrodite.		Hermès, Pothos.	en Samothrace.	Plin. H.N. XXXVI, 4, 7. Cf. Gerhard, *Prodr.* T. X, Ann. 23.
(3)		Aphrodite, Vénus.			à Corinthe, en Italie.	Paus. II, Cf. ib. Ann. 1? Vitruve, 1, 7.
(4)			Dionysus-Hadès, Phaëthon.	Eros.	à Corinthe.	Pausan. IX, 25, 5. Welcker, *Trilog.* p. 214.
(5)	Déméter Cabiria et Vulcain........ Kora en rapport avec les Cabires, au nombre desquels se trouve Prométhée, fils de Vulcain, qui reçoit de Déméter la ciste mystique.				à Thèbes.	Pausan. IX, 8, 1.
(6)		Déméter associée aux trois nymphes et trois Cabires........			à Lemnos.	Ibidem, p. 164.
(7)			Héré, mère d'Héphaestus, lequel engendre avec Cabiro... trois nymphes de Lemnos........			
(8)	Athéné est la protectrice, Héphaestus et Gaea sont les auteurs et Herse (Kersa), sœur d'Aglaure et de Pandrose, est la nourrice........			d'Erichthonius........	à Thèbes. à Corinthe.	
(9)	Déméter Thesmophoros, divinité tutélaire........	Perséphone à laquelle s'unit Zeus, protecteur de la cité. Trois statues d'Aphrodite consacrées par Harmonie.		Cadmus, héros indigène. une épithète d'Hermès, instituteur de l'agriculture en........	à Thèbes. Attique.	Ibidem, p. 284. O. Müller, *Proleg.* p. 146.
(10)	Déméter et........ Kora en rapport avec la religion de........				Dodone par suite d'une pratique superstitieuse.	à Potniæ. à Olympie.
(11)	Héré Ammonia........		Zeus Ammon........	Paraamon-Hermès,		Pausan. IX, 8, 1. Gerhard, *Prodr.* T. 1, Ann. 118, 120.
(12)	Dioné-Gæa et........		Zeus de Dodone,........	dont le culte offre des rapports avec celui du dieu Amnon...	à Dodone.	Ibidem, Ann. 90, 120.

en prononçant une formule sacrée. La femme serait Cabira, l'épouse d'Héphæstus, qui d'une main touche à un soufflet de forge, et de l'autre montre d'une manière significative le vase mystique où viendra se rafraîchir le patient après sa délivrance. Enfin un homme nu, armé d'un marteau, et tournant la tête en arrière, paraît être à M. Welcker un Cabire ou Héphæstus lui-même, qui se retire en jetant un dernier regard sur celui qu'il vient de clouer au rocher.

MM. Ch. Lenormant et de Witte ont récemment combattu cette interprétation. (*Élite des monuments céramograph.*, t. I, 155, pl. LI.)

Ce vase, selon les deux savants archéologues, représente Vulcain au milieu de ses forges; ils ne voient, dans le Prométhée de M. Welcker, qu'un cyclope essuyant la sueur de son front. Quant au prêtre qui prononce la formule sacrée, ce sera Ætnæus, chef des ateliers de Vulcain; et ils reconnaissent le vase mystique de la précédente interprétation, pour être un fourneau ou *lebes* destiné à contenir le métal en fusion, et près duquel se tient Ætna, la nymphe locale, qui met en mouvement le soufflet au moyen duquel le feu s'allume dans la fournaise. Enfin, comme le caractère de cette peinture présente quelque chose de vulgaire et de familier peu d'accord avec la poésie mythologique, nos deux auteurs supposent qu'elle a été inspirée par un drame satyrique.

C'est précisément ce caractère familier qui doit nous mettre sur la voie de la véritable interprétation.

Il nous semble que, sans recourir à la mythologie et même aux drames satyriques, on peut trouver dans les usages et les pratiques de la vie privée des Grecs l'explication de cette bizarre peinture. A cet égard nous rencontrons dans les monuments du musée de Berlin (*Neuerworbene Antike Denkmäler*, S. 34) un indice précieux. Nous voulons parler d'une belle coupe de Vulci représentant l'atelier d'un fondeur de métaux, et indiquée par MM. Lenormant et de Witte, en raison de l'analogie d'un fourneau qui s'y trouve avec le fourneau du vase de Christie. Cet atelier, où l'on voit des têtes, des pieds et des bras épars, avait été pris pour l'antre d'un anthropophage, et de là le nom de Coupe de l'anthropophage. Mais un antiquaire très-expérimenté, M. E. Braun, interprète de ce monument (*Bulletino dell' Instit. archeolog.*, ann. 1835, p. 161), a parfaitement démontré qu'au lieu de débris humains, c'étaient les pièces et moulages d'une fonderie qu'il fallait y voir. Cette explication si heureuse et si naturelle nous a suggéré l'idée que le vase de Christie offrait un sujet parfaitement analogue à celui de la coupe de Berlin.

Et d'abord un point capital, c'est le caractère d'immobilité donné à cette prétendue figure de Prométhée ou d'un cyclope. Cette attitude forcée, si contraire aux mouvements naturels et vrais des figures sur les vases, m'autorise à croire qu'il faut reconnaître ici, soit un modèle vivant auquel l'artiste indique la pose, soit, et j'incline davantage vers cette dernière supposition, le moule d'une statue que mesure le sculpteur avant de procéder à l'opération de la fonte, indiquée par le fourneau, le soufflet de forge et l'ouvrier armé de son marteau. Nous pourrions nous prévaloir, à l'appui de cette explication, de tout ce que nous savons de l'art des anciens en fait de métallurgie et de fonte des statues; mais il serait superflu d'entrer dans ces détails, nous étant d'ailleurs déjà trop étendu sur un seul monument, entraîné que nous étions par notre désir de détruire une erreur accréditée par un savant célèbre et de rendre au vase de Christie sa modeste et véritable signification [1].

Nous rejetterons de même hors du cercle des monuments relatifs aux Cabires, une des peintures de la maison dite du poëte tragique à Pompéi, où le savant O. Müller reconnaît les trois Cabires assistant aux noces de Cronos et de Rhéa (*Bulletin. archeol.*, 1832, p. 189). M. Raoul-Rochette (*Choix de peintures de Pompéi*, t. I, p. 14), qui voit dans cette

---

[1] Il y a déjà plus de douze ans que M. Raoul-Rochette disait en parlant du vase de Christie, reproduit par M. Welcker : Ce vase n'a qu'un rapport indirect avec le mythe de Prométhée, même en admettant l'explication de ce savant, qui me paraît encore fort douteuse (*Mémoire sur les représentations figurées du personnage d'Atlas*, p. 17).

peinture Jupiter et Junon sur l'Ida, donne d'excellentes raisons contre l'interprétation de Müller ; et en supposant que son explication ne soit pas la bonne, nous ne croyons pas qu'on puisse appeler Cabires ces trois jeunes gens nus et assis sur leurs manteaux, et dont une couronne de feuillage est le seul attribut.

Selon toute apparence, c'est sur les miroirs que nous devons trouver l'image de la triade cabirique. M. Gerhard la rencontre sur plusieurs monuments de ce genre représentant trois jeunes gens nus et coiffés du bonnet des Dioscures, tantôt debout, tantôt assis (*Etruskische Spiegel*, T. LV, n°s 1, 7), et quelquefois ayant au-dessus de leur tête l'étoile des Tyndarides (*Ibid.*, T. LVI, n°s 2, 3), communauté d'attributs qui n'a rien de surprenant, quand on songe que la confusion des Cabires avec les Dioscures devait se retrouver dans le domaine de l'art.

Un miroir trouvé dans un sépulcre à Chiusi, en 1826, et publié par Micali (*Storia degli antichi popoli italiani*, t. III, p. 80, tavol. XLVIII ; F. Gerhard, *Etruskische Spiegel*, Tafel LVI, n° 2) a le mérite de reproduire une des scènes les plus mystérieuses des orgies de Samothrace. Nous voulons parler du meurtre commis par les Cabires sur leur troisième frère. Nus et la tête ceinte d'une bandelette, *Kasutru* (Castor) et *Paltuce* (Pollux) étreignent leur frère *Kaluchasu*. Cette lutte, car c'est bien une lutte, ce que Micali n'a pas saisi, se passe en présence de Minerve, tandis que la Vénus étrusque, *Turan*, placée à la droite des trois frères, ouvre une ciste ou coffret. Micali a judicieusement conclu que cette dernière particularité se rattachait à la tradition hiératique des Cabires, déposant le membre viril de leur victime dans une ciste qu'ils portèrent ensuite chez les Tyrrhènes. Dans cette hypothèse, et c'est ce que l'antiquaire italien n'exprime pas clairement, Vénus serait représentée sur le miroir attendant le meurtre et la mutilation sanglante qui doit en être la suite [1].

[1] Un miroir de la collection Durand (de Witte, *Cab. Durand*, n° 1960;

Un autre miroir découvert à Céré, près de Civita-Vecchia, et qui fait partie aujourd'hui de la collection de M. Gerhard (*Etruskische Spiegel,* Tafel LVII; cf. *Über die Metallspiegel der Etrusker,* S. 16), se rattache également à la tradition mystique dont nous parlions tout à l'heure. Deux hommes et un satyre qui paraissent conférer devant un cadavre étendu sur un bouclier, nous rappellent que ce fut précisément sur un bouclier que les Cabires apportèrent leur frère au pied de l'Olympe, afin de l'enterrer. Malgré la grossièreté du dessin, le caractère sauvage du style, l'action nous paraît bien exprimée. L'artiste a choisi le moment où le crime venant d'être consommé, les meurtriers se disposent à placer le cadavre sur le même bouclier. La tête couverte d'une espèce de piléus, la main armée d'une baguette (ῥάβδος), le personnage du milieu, l'un des Cabires, semble ordonner aux deux autres d'enlever le mort de dessus le sol. Son frère paraît l'interroger sur ce qu'il doit faire, tandis que le satyre placé à droite, les genoux fléchissants, les bras tendus vers la terre, se dispose à relever le cadavre. La présence de ce satyre s'explique facilement par le caractère dionysiaque du mythe, car ce frère infortuné n'est autre que Bacchus lui-même.

Nous arrivons à la numismatique. Cinq villes et contrées nous offrent l'image des Cabires; nous nommerons : Tripoli de Phénicie, Thessalonique, Smyrne, Héphæstia de Lemnos, et l'île d'Imbros.

L'image des Cabires, sur les médailles de Tripoli de Phénicie, s'y présente altérée par les traditions purement helléniques, ou par de serviles hommages adressés aux familles im-

---

cf. Gerhard, *Etruskische Spiegel,* Tafel LVIII; le même, *Über die Metallspiegel der Etrusker,* S. 16) reproduit évidemment la même scène. *Castur* (Castor) armé d'un glaive se précipite sur un homme nu, le troisième frère qui n'est pas nommé ici, et cherche à se défendre en lançant une pierre contre l'assaillant, tandis que *Pulluce* (Pollux) cherche à le renverser en le saisissant entre ses bras. M. de Witte (*loc. cit.*), qui n'a point été frappé de l'analogie qu'offrent dans le mode de composition ce monument et celui de Micali, donne au troisième personnage le nom d'Idas.

périales. Pellerin (*Mélanges*, I, p. 77) a publié un médaillon d'argent, de notre Cabinet des antiques, dont la face principale offre la tête d'Apollon, et le revers présente les Cabires sous les traits des Dioscures avec cette inscription : ΘΕΩΝ ΚΑΒΕΙΡΩΝ ΣΥΡΙΩΝ. Aux yeux d'Eckhel (*Doctr. N.*, II, p. 375), cette assimilation résulte de ce que les anciens rattachaient au même ordre d'idées, c'est-à-dire à la navigation, les Cabires et les Dioscures. Il y trouve un nouvel exemple de cette coutume des Grecs, d'introduire dans les religions qu'ils adoptaient les éléments les plus nouveaux et quelquefois les plus discordants. C'est ce qui fait, dit-il, que la religion des Cabires finit par n'avoir plus rien de phénicien, que le nom. Ce génie de la flatterie, dont nous parlions tout à l'heure, amena aussi les cités qui avaient pour dieux les Cabires à donner leurs noms et leurs attributs aux Césars. Aussi trouvons-nous, sur les médailles de Tripoli, les images d'Antonin, de Marc-Aurèle, de Commode, de Lucius Vérus, et même de Faustine, avec les titres honorifiques des Cabires.

Les médailles de Thessalonique renferment des éléments plus intéressants. Cette ville, située non loin des îles de Samothrace et de Lemnos, consacra sur ses monuments numismatiques quelques-uns des traits les plus caractéristiques de la religion des Cabires. Ainsi deux médailles autonomes qui offrent sur la face principale une femme voilée et courbée, que nous croyons l'image de Thessalonique, présentent au revers un Cabire tenant d'une main, soit un rhyton, soit une enclume, et de l'autre un marteau, particularité qui rattache très-directement, selon nous, cette image aux Cabires de Lemnos, industriels et forgerons. (Voy. planches des *Religions*, LIX, 234, 234 a.) Le revers d'une autre médaille de cette ville, publiée par Pellerin (*Recueil de médailles*, I, p. 184, pl. XXXI, n° 38), où l'on voit une urne surmontée d'un rameau avec la légende ΚΑΒΕΙΡΕΙΑ ΠΥΘΙΑ ΦΙ, nous révèle également un fait très-remarquable, l'existence de jeux institués en l'honneur des Cabires (Eckhel, *D. N.*, t. II, 78). Enfin Mionnet (*Suppl.*, p. 119, n° 740) cite une médaille dont la face offre le type si fréquent d'une tête féminine voilée et tourrelée, et qui présente au revers une femme assise sur un siége, et portant sur la main droite un Cabire, dans la gauche une corne d'abondance. Nous rapprocherons ce monument curieux du médaillon de Septime Sévère, reproduit dans les *Religions* (voy. pl. LIX, n° 237), où l'on voit Cybèle portant aussi sur sa main droite, à titre de grand'mère, les deux Corybantes ou Cabires, anciens Dioscures.

Nous devons encore signaler au lecteur les médailles d'Héphæstia, ville située, comme on sait, au nord de Lemnos, et dont les types expriment aussi très-nettement des idées religieuses et locales. Sur l'une d'elles, la tête d'Héphæstus, père des Cabires ou plutôt le Cabire par excellence, comme le remarque M. Guigniaut, se montre au droit de cette médaille, tandis que le revers représente un flambeau jetant une flamme abondante, près duquel on reconnaît les bonnets coniques des Dioscures surmontés chacun d'une étoile. Le caducée d'Hermès complète cette réunion d'attributs (*Voy.* planches des *Religions*, LIX, 236). Eckhel (*D. N.*, p. 51) a vu dans ce flambeau le symbole figuré des *Lampadephories* ou courses athéniennes aux flambeaux, transportées à Lemnos. M. Welcker (*Æschyl. Trilog.*, S. 256 et seq.) préfère reconnaître ici le symbole d'une λυχνοκαίη, c'est-à-dire d'une illumination du genre de celles qu'on voyait à Saïs lors de la fête de Minerve (Herodot., II, 61.). Du reste, le rapprochement des bonnets des Dioscures et du flambeau s'explique par le caractère lumineux de ces divinités, images du feu céleste, comme les Cabires l'étaient du feu terrestre. Et l'on trouve cette idée exprimée d'une façon à la fois plus précise et plus complète sur un monument dont le cadre est moins restreint que celui d'une médaille, sur un autel de l'Attique où les Dioscures s'offrent aux regards tenant un flambeau à la main (Welcker, *Æschyl. Trilogie*, S. 232 ; cf. *Catalogue des antiques du cabinet Choiseul-Gouffier*, p. 34). Quant au caducée, il nous suffira de rappeler qu'une des montagnes de Lemnos, l'Hermæon, était consacrée à Hermès (Æschyl. *Agam.*, v. 290; cf. Schol., *ibid.*; Soph. *Phil.*, v. 1435).

Du reste, un monument d'une importance plus réelle pour la religion cabirique réclame notre intérêt et notre attention.

Il s'agit d'une médaille d'Imbros publiée par Choiseul-Gouffier dans son *Voyage pittoresque* (t. II, pl. 16 ; cf. Mionnet, t. I, p. 452), qui représente l'Hermès pélasgique, surnommé Imbros ou Imbramos, sous les traits d'un homme nu, armé d'un bâton noueux et dans une attitude ithyphallique. Cette particularité nous reporte au témoignage d'Hérodote, selon lequel l'Hermès ithyphallique n'est qu'un emprunt fait à la religion pélasgique de Samothrace, et nous ramène du même coup à l'opinion de M. Welcker, qui cherche, comme nous l'avons déjà vu, l'origine du nom d'Imbros dans celui d'Himeros, si voisin d'Éros et d'Axieros, l'amour et la fécondation (*Æschyl. Trilogie*, S. 217).

Cette médaille nous conduit, par une transition toute naturelle, à un écrit récent de M. Gerhard sur les Hermès (*de Religione Hermarum*, Berlin, in-4°, 1845).

On doit rendre une justice à M. Gerhard, c'est qu'il a parfaitement compris et fait ressortir le caractère mystique et réellement religieux de cette classe de monuments, dont Zoëga avait méconnu la signification élevée ; il résulte de son travail :

1° Que la forme quadrangulaire ou cubique est affectée aux divinités qui représentent dans la religion de Samothrace les puissances génératrices et fécondantes de la nature, et que ce fut la forme d'Axiokersos, d'Axiokersa et de Cadmilus, leur serviteur, triade qui se manifeste dans les religions de la Grèce ou de l'Italie, sous les noms d'Aphrodite, de Phaëthon et de Pothos, ou de Liber, Libera et Mercure ;

2° Que Pan, les Satyres, et surtout Priape, à cause de leur analogie avec le dieu phallique, Dionysus ou Liber, furent représentés sous la forme d'un pilier carré surmonté d'une tête ;

3° Que cette même forme est donnée quelquefois à Jupiter, Minerve et Hercule, parce que ces divinités partagent quelques-unes des fonctions d'Hermès, par exemple, celle de marquer les limites, et de là l'Hermès du Jupiter *terminalis* ;

ou celle de présider à l'éducation de la jeunesse, et de là les Hermès *bifrons* auxquels les anciens donnaient les noms d'*Hermathéné* lorsqu'il s'agissait de Minerve, et d'*Herméraklès* lorsqu'on y voyait Hercule;

4° Que l'on trouve des Hermès *bifrons* d'Apollon et de Diane et des déités des eaux mâles ou femelles, de Vulcain et de Vesta, parce que ces divinités sont l'image de la lumière, de l'eau, du feu, en un mot des puissances élémentaires, dont l'adoration forme la base de la religion cabirique;

5° Que l'image de Mars associée à celle de Mercure ou de Bacchus est destinée à rappeler que Mars répond à l'Axiokersos des mystères de Samothrace, c'est-à-dire au génie fécondateur de l'univers.

C'est ici le lieu de parler d'un monument d'une haute importance, et dans lequel se résume en quelque sorte la doctrine de M. Gerhard. Ce monument, découvert à Rome en 1823, près la porte Saint-Sébastien, est connu de tous les antiquaires sous le nom de Marbre de la duchesse de Chablais. Placé presque immédiatement dans les galeries du Vatican, il en fut retiré quelques années après, par suite de certains scrupules religieux, et confiné dans les magasins du palais, où il est impossible de le voir aujourd'hui.

C'est un Hermès à trois faces représentant les trois grandes divinités cabiriques de Samothrace, Axiokersos, Axiokersa et Cadmilus, sous les traits de Dionysus-Liber, Perséphone-Libera, et Hermès-Mercure (Voy. pl. des *Religions*, CXXXI, n° 238, a, b, c; cf. Gerhard, *Antike Bildwerke*, centurie I, tab. XLI; le même, *Ueber Venus idole*, Tafel IV, 1-3). Dionysus-Liber ou le vieux Bacchus s'y présente avec le phallus pour attribut; Perséphone-Libéra apparaît complétement vêtue; l'Hermès-Mercure y est caractérisé par le phallus, mais non point ithyphallique comme le vieux Dionysus. Toutefois ce qui rend ce monument aussi précieux qu'une inscription bilingue, c'est que, sur les trois faces, à la base, se détachent en relief les divinités grecques correspondant aux trois divinités cabiriques. Ainsi donc Apollon-Hélios est placé sur la face de Dionysus; Aphrodite, sur celle de Perséphone; Éros est à la base de Cadmilus-Hermès. Il y a là, nous le répétons, tout un système, ou, pour mieux dire, nous trouvons dans cet Hermès multiple l'expression figurée des rapports existant entre la religion samothraco-pélasgique et le paganisme purement hellénique.

Nous n'avons plus qu'un mot à dire. Ce monument, par la petitesse de ses dimensions, car il n'a pas plus de trois à quatre palmes de haut, était destiné, sans doute, à occuper une place dans un *sacellum*, où il figurait à titre de pénates. Il appartient, il est vrai, au dernier âge du paganisme; mais c'est là précisément l'époque où la civilisation romaine cherchait à ranimer la foi religieuse, en sollicitant l'art de reproduire quelques-uns des symboles de la haute antiquité.

(E. V.)

§ 3. Au milieu des opinions si divergentes et souvent si savamment défendues, que notre collaborateur vient d'exposer dans les paragraphes précédents, que M. Guigniaut avait déjà signalées et caractérisées dans les notes du texte de cet ouvrage, le critique éprouve un sérieux embarras. Comment démêler les rapprochements qui doivent être regardés comme décisifs, et quel est le lien qui les rattache d'une manière plausible et satisfaisante? Une pareille difficulté nous impose la plus grande circonspection; aussi allons-nous nous efforcer d'apporter dans l'opinion que nous avançons, ou plutôt dans l'appréciation des idées de MM. Schelling, Welcker, Ottf. Müller et Gerhard, autant de réserve que de sévérité.

Les Cabires sont-ils des divinités pélasgiques, comme le soutiennent MM. Ottf. Müller et Gerhard, ou ont-ils été apportés par les Phéniciens, ainsi que l'admet M. Schelling, et que l'ont soutenu avant lui plusieurs érudits éminents? Telle est la première question que nous avons à résoudre. M. Creuzer a adopté une opinion intermédiaire qui concilie, jusqu'à un certain point, les deux hypothèses, et M. Welcker, tout en inclinant davantage vers les idées des deux premiers archéologues que nous avons cités, se rapproche cependant du système mixte, quand il reconnaît que des éléments appartenant à des religions différentes se sont amalgamés dans la religion cabirique. De quel côté devons-nous nous ranger?

Or, l'étymologie du nom de Cabires nous semble se classer incontestablement parmi les mots d'origine sémitique. Ce nom de Κάβειροι, Κάβηροι est dérivé en droite ligne du pluriel hébraïco-phénicien כברים, *Kabirim*, qui signifie *les puissants, les forts*. Et les anciens ne se sont point mépris sur la signification de ce nom, car ils l'ont constamment rendu par les expressions de θεοὶ μέγαλοι, θεοὶ χρηστοί, θεοὶ δυνατοί (cf. Cassius Hemina, ap. Macrob. *Saturn.*, III, 4). Le même nom reparaît dans la religion sabéenne des Arabes, où il est appliqué à la planète Vénus (Selden, *de D. syr.*, p. 285). Ce premier point est, à notre avis, acquis à la science, et M. Movers (*Die Phönizier*, I, p. 652) a achevé de le mettre hors de contestation.

Voilà une donnée qui milite en faveur de l'origine phénicienne des Cabires; ajoutons qu'elle n'est pas la seule. Si ces dieux avaient été d'origine pélasgique, on en retrouverait le culte en Grèce, dans l'Arcadie, dans l'Épire, dans les contrées, en un mot, où les Pélasges avaient leurs plus anciens établissements. Leur type reparaîtrait dans les nombreux cantons qu'avaient peuplés des hommes de cette race. Or nous ne rencontrons, au contraire, le culte cabirique que dans des îles, telles que Lemnos, Samothrace, Imbros, où les Pélasges n'avaient dû se fixer qu'après avoir déjà fondé des centres de population dans la Thrace, la Grèce, l'Italie. Ce culte ne se lie d'ailleurs en aucune façon à la religion pélasgique. En effet, tandis que les grandes divinités pélasgiques, Zeus, Héra, Vesta, Dis, Hermès, Pan, se présentent, chez tous les peuples qui les adorent, sous des formes toujours analogues, les Cabires demeurent séparés, distincts de ces mêmes divinités. Il est vrai qu'on les adorait en Béotie; mais les traditions apprenaient que leur culte y avait été importé (Pausan., IV, 1-5; IX, 25). Des traditions comparativement récentes, et qui portent d'ailleurs le caractère de mythes asiatiques, font seules mention des Cabires de Macédoine (Lactant., *de Fals. relig.*, I, 15,

8; Firmicus, *de Err. prof.*, I, 25; Euseb., *Præp. evang.*, II, 65; Clem. Alex., *Protr.*, 16. Cf. Böttiger, *Vasengemälde*, II, S. 97).

Si le culte des dieux Cabires n'apparaît point, en Grèce, à une époque ancienne, on le rencontre, au contraire, établi en certains lieux de l'Asie, depuis une haute antiquité. Il s'y lie intimement à la religion qu'on professait presque exclusivement. On adorait les Cabires à Béryte et à Pergame; c'étaient les grands dieux des navigateurs phéniciens. Ceux-ci plaçaient leurs images difformes à la proue de leurs navires (Movers, *lib. c.*, p. 652), et cette image reparaît sur les monnaies phéniciennes. Les Cabires jouent aussi un grand rôle dans la cosmogonie de ce peuple (Sanchoniathon, p. 22, 36, éd. Orelli). Enfin Cadmus, qui était adjoint comme quatrième personnage à la triade cabirique de Samothrace, rappelle l'Orient par l'étymologie de son nom, קדם; celui de *Cadmilos*, qui est donné au même personnage, n'en est qu'un diminutif hellénique.

Les Cabires, comme dieux du feu, dieux forgerons, dieux artisans, rappellent les Curètes, les Corybantes, les Telchines, les Dactyles idéens, divinités qui offrent toutes le même caractère, et dont les légendes se rapportent exclusivement à l'Asie Mineure, à la Crète et aux Cyclades. Le radical du nom des Curètes, est κοῦρος, mot qui signifie *petit, enfant;* et cette circonstance les rapproche des Cabires ou *Patæques;* les θεοὶ πυγμαῖοι des Phéniciens. Les Cabires, de même que les Corybantes, les Curètes, les Telchines, les Dactyles, ont à la fois le caractère de divinités et de prêtres. Ce sont en même temps les ministres des temples (πρόπολοι), ceux des dieux, et des dieux eux-mêmes. Cadmilus est à la fois un prêtre et un Cabire. L'identité des Cabires et des Corybantes a d'ailleurs été reconnue par plusieurs écrivains de l'antiquité (Movers, *lib. c.*, p. 654). D'un autre côté, les anciens ont également admis celle des Cabires de Béryte et de ceux de Samothrace (Euseb., *Præp. evang.*, I, p. 36, 38, 39; Damas., *Vit. Isidor.*, ap. Phot. 242, 6). Leur témoignage confirme dès lors ces rapprochements. M. Creuzer a donc eu raison, ce nous semble, de se prononcer pour l'origine phénicienne des Cabires; et quant à ce point de la question, nous ne saurions nous rendre aux idées des partisans du système hellénique. D'ailleurs le caractère profondément mystique qui semble avoir appartenu aux Cabires de Samothrace, ces mystères si anciennement célébrés en leur honneur, ne conviennent guère au naturalisme assez grossier qui constituait vraisemblablement le fond de la religion pélasgique, et qu'on retrouve encore assez pur chez certaines populations italiques.

Il est facile de s'expliquer comment les Cabires étant les divinités des navigateurs phéniciens, leur culte a été porté à Samothrace, à Lemnos, à Imbros, où ce peuple avait de fort anciens établissements. Mais cette importation remontait-elle à l'époque des Pélasges, ou doit-elle être rapprochée des temps héroïques de la Grèce? C'est ce que nous ne pouvons décider. Toutefois la forme des noms que les habitants de Samothrace de race pélasgique avaient imposés aux trois personnes de la triade cabirique, noms dont Otfried Müller (*Orchomenos und die Minyer*, éd. Schneid., p. 449) nous paraît avoir trouvé la véritable signification, nous reporte à un âge où le grec se rapprochait du pélasge, et nous fait incliner vers l'opinion de notre auteur. L's placé à la suite de l'r, dans le nom de χέρσος, mis pour χόρος, indique que cette dernière lettre se prononçait avec une aspiration comme le ﺯ arabe, prononciation que représente le ρ; c'est ce qu'on reconnaît par les formes *Tyrrhène*, *Tyrsène*, du nom des Tyrrhéniens ou Étrusques (*Voy.* note 1, 2ᵉ section de ce livre), et ce nom est précisément d'origine étrusco-pélasgique. Le redoublement du ρ dans le nom de χόρος, est tout à fait d'accord avec le génie de la langue pélasgique, qui devait être beaucoup plus rude et plus aspirée que le grec, lequel en avait adouci les lettres fortes. Nous voyons, par certains mots grecs, que le second ρ tombait fréquemment. Ainsi, l'on disait βορρᾶς ou βορέας, δέρρις ou δέρος, le redoublement indiquant surtout un diminutif. Si, ce qui nous semble au reste douteux, le Mercure étrusque portait le nom de Camillus, et que ce nom fût dérivé de celui du Cabire Casmilos ou Cadmilos, nous aurions là encore un indice de l'existence, chez les Pélasges, du culte cabirique. Le nom de Camillus désignait un jeune prêtre servant, caractère qui convient également aux Cabires. Mais, grecs ou pélasges, les noms des Cabires de Samothrace n'indiquent rien autre chose que l'attribution de noms tirés de la langue du pays à des divinités étrangères, et c'est ce qui s'est passé pour une foule de divinités adorées par les Hellènes et dont l'origine asiatique n'a jamais été infirmée par cette circonstance.

Quel était le caractère des dieux Cabires? A Samothrace, à Lemnos, ils nous offrent celui de divinités démiurgiques, de personnifications du principe organisateur et cosmique. Aussi dans la seconde de ces îles, les donnait-on comme fils de Vulcain, d'Héphæstos, le dieu du feu. Axiokersos, le troisième Cabire de Samothrace, est identifié à Pluton. En Égypte, Hérodote croit reconnaître les dieux Cabires dans des divinités issues de Phtah, le principe démiurgique et igné. A Lemnos et à Samothrace, les Cabires sont au nombre de trois; ils constituent une triade personnifiant, ainsi que O. Müller l'a fait voir, les trois principes créateurs, l'amour et les deux sexes. Cet Éros ou Axieros n'est qu'une forme de la personnification de la force organisatrice de l'univers. C'est sous ce caractère qu'il se présente dans la théogonie d'Hésiode. Il correspond au feu qui, dans certains autres systèmes cosmogoniques, est également regardé comme le grand démiurge. Quant à Kersos et Kersa, personnifications des deux sexes, ils sont les équivalents de la terre et de l'eau (Pluton et Proserpine), qui, de concert avec le feu, forment le fond des triades primordiales des religions de l'Asie. Ainsi la religion cabirique se présente à nous comme le culte des principes élémentaires et créateurs, le feu, la terre et l'eau, synonymes de la force vitale, du sexe masculin et du sexe féminin.

A Béryte, nous retrouvons aussi une triade. Les Cabires sont regardés comme deux jumeaux, issus d'un même père, et comme les personnifications du jour et de la nuit, ou du soleil et de la lune (Movers, *lib. c.*, p. 653). Cette dyade et son auteur se résolvent encore en une personnification des mêmes principes. Le soleil et la lune répondant aux deux sexes, ce caractère fit regarder la constellation des Dioscures comme leur symbole, et par ce côté les Cabires se rattachent au sabéisme qui occupait une si grande place dans la religion des peuples sémitiques.

Dans la cosmogonie de Sanchoniathon, les Cabires ne forment plus une triade, mais une heptade. Les nombres sept et trois ont toujours été sacrés en Orient, et ils ont pu, pour ce motif, s'échanger entre eux. Le nom de Tsadik, qui est attribué à leur père, signifie le *juste*, le *vertueux*, le *digne*, צדיק, et paraît n'avoir été qu'une épithète du dieu du soleil et du feu, analogue à l'épithète ἄξιος, qui accompagne le nom de chacun des Cabires de Samothrace (Movers, *lib. c.*, p. 653). Le dieu Cabire par excellence se confondrait alors avec le Baal-Kronos, le Melkarth-Hercule, l'Adonis-Soleil des Phéniciens.

Non-seulement les Cabires phéniciens avaient chacun un caractère spécial, tiré des principes élémentaires dont ils étaient les personnifications; ils reproduisaient encore en eux celui qui appartenait à leur père, Héphæstos ou Tsadik. Le rôle d'ouvrier, d'artisan, était attribué à Héphæstos comme aux Cabires. Le marteau, qui en était l'emblème, est placé dans la main des Cabires, et l'on pourrait trouver dans cette circonstance l'explication du nom de *Patæque*, qu'il vienne de πατάσσω, *marteler*, comme le veut M. Movers, ou bien, ce qui serait plus naturel, de l'hébreu, פטיש, *Patisch*, signifiant *marteau* (Is., XLI, 7; Jér., XXIII, 29). Le caractère tellurique appartient aux trois divinités auxquelles les anciens avaient assimilé Axieros, Axiokersos et Axiokersa, à savoir: Déméter, Proserpine et Pluton (*Schol. Apollon. Rhod.*, I, 917; *Etym. Gud.*, p. 289 b; Strab., III, p. 331); il est aussi celui d'Héphæstos, le père des Cabires. Ceux-ci semblent être, en effet, la personnification du feu agissant au sein de la terre. C'est ce qui explique pourquoi l'existence des volcans se liait à leur culte. Lemnos et Imbros, qui étaient deux des grands foyers de la religion cabirique, sont des îles volcaniques.

A titre de divinités du feu, les Cabires ont pu être regardés comme les dieux de la foudre. Héphæstos avait, suivant les légendes de Lemnos, forgé la foudre de Jupiter, et cet Héphæstos est vraisemblablement un Cabire. Nous croyons que telle est une des raisons qui les firent adorer spécialement par les matelots phéniciens. Ce qui donne à notre hypothèse quelque vraisemblance, c'est que les Dioscures étaient regardés comme protégeant les nochers dans les tempêtes (Diod. Sic., IV, 43; Pausan., X, 33, 3, 38, 3; Voss, *Mythol. Brief.*, II, p. 8), et qu'ils avaient le pouvoir d'apaiser les flots irrités. Or l'identité de ces divinités sidériques avec les Cabires est un fait auquel les recherches de M. Movers ont donné une grande vraisemblance (*lib. c.*, p. 654). Les anciens assimilèrent positivement les dieux de la Samothrace à Castor et Pollux (Varr., *de Ling. lat.*, n° 10; Ovid., *Trist.*, I, 10, 45). Le surnom de θεοὶ μέγαλοι était indistinctement donné aux uns et aux autres (Pausan., VIII, 21; Diod. Sic., IV, 49).

Nous avons rappelé plus haut qu'Hérodote (III, 37; cf. Strabon, p. 473) a cru retrouver les Cabires en Égypte. Sans doute les assimilations du père de l'histoire entre les divinités égyptiennes et grecques n'ont, le plus souvent, presque aucun fondement; mais, dans ce cas particulier, le rapprochement qu'il a établi mérite quelque considération. En effet, Hérodote dit que les Cabires, qu'on adorait à Memphis, étaient fils d'Héphæstos, c'est-à-dire de Phtah, et qu'ils étaient représentés sous la forme de nains, comme les Patæques de Phénicie. M. Raoul-Rochette, dans son savant mémoire sur l'Hercule assyrien et phénicien (*Mém. de l'Acad. des inscript.*, tom. XVII, part. 2, p. 323 et sq.), a fait remarquer que cette description doit s'appliquer à des figures de nains, debout, de face, à masque gorgonien, la tête surmontée d'une aigrette de cinq plumes, et vêtus quelquefois d'une peau de lion, qu'on remarque dans les bas-reliefs égyptiens. Ces figures, prises d'abord pour celles de Typhon, ont été reconnues depuis pour des images de Khons (l'Ammon générateur), assimilé par les Grecs à Hercule. Or ces types paraissent étrangers à l'Égypte; ils n'ont aucune analogie avec ceux que nous offrent sans cesse les monuments de ce pays. M. Raoul-Rochette les croit originaires de la Phénicie, et il les rapproche de certains autres types que nous offrent les cylindres persépolitains, et sur lesquels on voit en effet un personnage d'une physionomie assez analogue, combattant un lion. Ce Khons lui semble devoir être identifié au Baal-Adonis, au Baal-Melkarth, l'Hercule assyrien, représenté également comme dieu patæque (Hesychius, v. v. Γιγνῶν, Πυγμαίων). Le nom de Khons est, à ses yeux, comme à ceux de M. Movers, dérivé du sémitique כיון, *Kiun*, colonne (d'où le grec κίων), ce qui rappelle la colonne sous l'emblème de laquelle les Phéniciens représentaient *Bel Itan*. Nous avouons que cette étymologie nous paraît inadmissible. Le nom de *Khons* trouve en égyptien une explication beaucoup plus naturelle. Il signifie *force, puissance*, et convient parfaitement comme épithète à Amoun. Mais, tout en repoussant l'étymologie, nous n'en sommes pas moins frappé du caractère particulier des figures signalées par M. Raoul-Rochette, et nous croyons que ces types ont été originairement étrangers à l'Égypte et qu'ils furent apportés de Phénicie. Ces rapports entre les religions égyptienne et phénicienne ne seraient pas, d'ailleurs, les seuls que l'on pût entrevoir. Les monuments nous montrent qu'à la suite des conquêtes de Rhamsès le Grand, il s'introduisit des types et des idées religieuses empruntés à l'Asie [1]. (Voy. notre mémoire sur Aschmoun, *Revue archéolog.*, t. II, p. 765.) Ce dieu nain, considéré comme dieu créateur, démiurge, peut donc être une reproduction du Baal-Melkarth, dieu nain comme lui, créateur et démiurge, selon la cosmogonie du pseudo-Sanchoniathon [2].

[1] M. le duc de Luynes possède un scarabée égyptien portant la légende de Rhamsès le Grand, et sur lequel est gravé le symbole assyrien du lion dévorant le cerf. Ce monument des plus curieux démontre à la fois l'importation des types assyriens en Égypte et la haute antiquité de ces mêmes types dans la contrée où des monuments d'un âge beaucoup moins ancien nous les montrent en si grand nombre.

[2] M. Bunsen, dans son savant ouvrage (*Ægyptens Stelle in der Welt-*

M. Finn Magnusen, dans son intéressant ouvrage sur la mythologie de l'Edda (*Eddalaeren og dens Oprindelse*, t. II, p. 40, Kjöbenhavn, 1824), rapprochant les mythes cabiriques de ceux des nains, des *Kobolds*, dieux forgerons, qui sont répandus chez les peuples du Nord, a cru reconnaître la preuve d'une croyance apportée de l'Orient en Europe, et qui fut commune à toute la race indo-européenne. Le dieu gardien des trésors, *Couvera*, est à ses yeux un des anciens types des Cabires. Sans aller chercher cette origine jusque dans l'Inde, où, d'ailleurs, le dieu Couvera ne remonte pas à l'époque védique, nous croyons que la personnification de la force créatrice de la terre, manifestée dans le feu, les mines, les volcans, est une des conceptions les plus anciennes de l'Asie occidentale, et qu'elle a pu rayonner de cette région en différents sens, à Samothrace comme chez les populations arrivées de l'Asie en Germanie, dans l'Inde comme en Égypte; et nous voyons là une preuve nouvelle à l'appui de l'opinion qui refuse aux Cabires un caractère exclusivement grec. (A. M.)

ADDITION à la note précédente et au chapitre II du texte.
Sur les Cabires et les Dioscures.

Mes excellents collaborateurs ont rempli, au delà de mes engagements, et pour le plus grand profit des lecteurs des *Religions de l'antiquité*, la tâche de résumer les principaux systèmes et les recherches les plus récentes sur le culte trop mystérieux encore des Cabires. M. Creuzer aussi a senti le besoin d'y revenir, soit dans la partie générale, en tête du tome Ier,

gesch., I, p. 45), remarque que le nom de *Ptah* ou *Phtah* n'a ni dérivation ni analogie dans la langue égyptienne, mais que le mot s'accorde assez avec la figure pour le rapprocher des *Patæques*, dont le nom offre précisément les mêmes consonnes radicales. Cette étymologie vaut bien celle de M. Movers, sans avoir toutefois plus de certitude; elle mènerait à la même conclusion que la remarque de M. Raoul-Rochette, et sous ce point de vue elle mérite attention.

soit dans une *Addition* particulière au tome III de sa troisième édition. Évitant de se prononcer de nouveau sur l'origine des Cabires de Samothrace et sur celle de leurs noms, et paraissant regarder ces dieux comme pélasgiques, au moins dans le principe, aussi bien que les Dioscures, d'après l'autorité d'Hérodote [1], il fait justement honneur de cette opinion, parmi les modernes, à notre Fréret, ainsi que de celle qui les conduit, avec les Pélasges-Tyrrhènes, de la Béotie et de l'Attique à Samothrace et dans les îles voisines. Le mélange avec des éléments phéniciens ou orientaux, en général, s'il fut réel, aurait donc eu lieu seulement dans ces îles [2]. Du reste, si nous avions pu oublier la savante et neuve exposition que M. Lobeck a faite, dans le livre III de l'*Aglaophamus*, intitulé *Samothracia*, de tous les témoignages anciens concernant, non-seulement les Cabires, mais les Curètes, les Corybantes, les Dactyles, les Telchines, et même les Cobales et les Cercopes, notre auteur nous l'aurait rappelée, à propos de l'analyse qu'en a donnée récemment C. W. Müller, avec celle des théories de MM. Creuzer, Schelling, Welcker et O. Müller, dans la *Realencyclopædie* de Pauly (II, S. 2-13). Notre revue, néanmoins, est plus riche que la sienne, puisqu'elle comprend les systèmes, l'un pélasgique, l'autre phénicien, de MM. Gerhard et Movers, puisqu'elle joint les monuments aux textes; et quant au travail de M. Lobeck, comme il est écrit en latin, peut-être était-il moins nécessaire d'en reproduire ici les résultats, d'ailleurs fort difficiles à dégager, ce critique éminent, mais trop négatif, ayant l'habitude de conclure d'autant moins qu'il sait et qu'il embrasse davantage.

Il manque à l'article précédent un autre complément que

---

[1] II, 50, 51.

[2] M. Creuzer n'a pas su, plus que Fréret, dégager complétement la question de la préoccupation, qui leur est commune, de la barbarie absolue des Pélasges, et de leur éducation religieuse par les prétendues colonies égyptiennes et phéniciennes dans les temps antéhistoriques. *Voy.* l'Éclaircissement qui précède, § 1 et § 2, *passim*.

M. Creuzer nous fournit dans l'*Addition* dont nous venons de parler. Après avoir ajouté quelques données précieuses aux sources de la mythologie des Cabires, par exemple ce fait consigné par l'historien Polémon dans son IVe livre πρὸς Ἀλεξανδρίδην, des deux étoiles répondant aux Dioscures, et des trois, aux Cabires [1], et cet autre fait du rôle cosmologique assigné à Cadmus par Pisandre de Laranda, aussi bien que par Nonnus, dans ses Dionysiaques [2], notre savant et consciencieux auteur revient aux modernes. A la liste déjà si longue de ceux qui ont traité des Cabires, il joint deux vétérans de la science, qu'elle a perdus depuis quelques années, Böttiger en Allemagne, et Éméric David en France. Ce dernier, dans son *Vulcain* [3], distingue essentiellement, après Gutberleth, après Fréret, après Welcker, les Cabires de Samothrace de ceux de Lemnos, seuls fils de Vulcain; distinction qui n'est admise ni par M. Creuzer, ni par O. Müller, pas plus que par M. Gerhard, contre laquelle s'élève le témoignage formel de Strabon, et que Lobeck repousse péremptoirement (*Aglaoph.*, p. 1248 sqq.). Éméric David regarde, du reste, le culte de Samothrace comme un hommage rendu aux dieux des morts, c'est-à-dire aux dieux chthoniens ou telluriques, successeurs toutefois du Ciel et de la Terre, dieux cosmogoniques et premiers Cabires. Quant à Böttiger, préludant à Movers, il ne reconnaît que deux Cabires originaires, et il les fait venir de Phénicie en Samothrace. Mais les deux Cabires primitifs ne sont point pour lui, comme pour Varron, comme pour Fréret, comme pour Éméric David et M. Creuzer, le Ciel et la Terre ; ces dieux forts et puissants (*Gebirim*, d'où *Cabiri*, *Dii potes*, *mas et fe-*

---

[1] *V.* Schol. Florent. ad Euripid. Orest. 1632, p. 541, ed. Matthiæ, corrigé dans Madwig, Emendat. in Cic. de Leg. et Acad., p. 137 sq. Preller (Polemon. Perieget. Fragm., p. 67 sq.) cite seulement le περὶ Σαμοθράκης de cet auteur.

[2] *V.* Olympiodor. in Platon. Phædon., p. 25, ap. Wyttenb., et Nonn. Dionys., I, v. 378 sqq., 396 sq., IV, 88. Cf. K. O. Müller, *Dorier*, II. S. 475, et *Prolegom.*, S. 151.

[3] Recherches sur son culte, etc., 1838, p. 70 sqq., 103.

mina) sont le Soleil et la Lune, *Moloch* et *Astarté*, et, à côté d'eux, un petit dieu servant et médiateur, *Taautes*, prototype d'Hermès, d'où la trinité passée dans les mystères originairement phéniciens d'Épidaure : *Asclepios* ou *Esculape*, *Hygiea* et *Telesphoros* [1].

Les Grecs, suivant Böttiger, attribuèrent aux Pélasges, leurs ancêtres, ce qui appartenait réellement aux Phéniciens, parce que les Pélasges furent les disciples des Phéniciens et reçurent d'eux l'éducation religieuse. Les Pélasges, dans leurs migrations, portèrent le culte des Cabires de Samothrace à Lemnos, en Attique et ailleurs. Dans la suite, le nom grec de *Dioscures*, appliqué d'abord aux deux grandes divinités de la nature, au Soleil et à la Lune, fut usurpé par les *Jumeaux* de Sparte, par les Tyndarides *Castor* et *Pollux*; et comme, par les anciens Dioscures, on entendait les deux hémisphères terrestres, de là provint, pour Castor et Pollux, le bonnet conique avec deux étoiles au-dessus.

Enfin, le culte des deux grandes divinités phéniciennes, du Soleil et de la Lune, se naturalisa dans les îles de la Grèce, sous une forme nouvelle, différente de celle qu'il avait dans les mystères cabiriques. La double face accolée, que nous désignons d'ordinaire par le nom de *tête de Janus*, en devint le symbole [2].

M. Creuzer, sans s'expliquer sur la valeur de ces assimilations, revient lui-même sur la symbolique des Dioscures pour la compléter, et, à propos des δόχανα, leur plus antique image en Laconie, que Welcker y fait naître [3], il donne raison à Böttiger, qui rapporte à l'Asie, et plus spécialement à la Phéni-

---

[1] Une autre triade de dieux salutaires existait à Trézène voisine, *Apollon, Asclépios, Hippolyte*, ou bien *Apollon, Artémis, Hippolyte*, le même que *Virbius*, le dieu ressuscité et médecin d'Aricia en Italie. *V.* la belle dissertation de Buttmann, *Mythologus*, II, p. 145-158.

[2] *V.* Böttiger, *Ideen zur Kunst-Mythologie*, I, S. 362, surtout 394-399.

[3] *Æschyl. Trilogie*, S. 225.

cie, l'origine de cette représentation, aussi bien que celle des noms religieux de *Kabir* et *Anax* [1]. Les δόκανα étaient deux solives dressées et parallèles, assujetties par deux autres solives transversales, et représentant ainsi les Dioscures dans leur union fraternelle. Tantôt les rois jumeaux de Sparte, images vivantes des Tyndarides, les emportaient réunies, dans leurs expéditions militaires, quand eux-mêmes ne se séparaient point; tantôt, quand ils se séparaient, elles étaient divisées, et chacun d'eux gardait sa moitié, comme les hôtes, suivant la vieille coutume, gardaient les deux moitiés de la tessère ou tablette de bois, qualifiées de *Symboles* [2]. Ce qu'il y a de singulier, c'est ce qui nous est dit, que les tombeaux des Tyndarides, dans l'antique ville de Thérapné, portaient aussi le nom de δόκανα. Mais peut-être le grand Étymologique explique-t-il cette singularité, quand il ajoute que les δόκανα « offraient l'aspect de tombeaux ouverts. » Voici, dit M. Creuzer, comment je me représente la chose. Selon la coutume qu'eurent d'abord les Grecs, d'enterrer les morts, ces solives croisées étaient posées sans doute sur les tombes ouvertes, pour soutenir les cercueils avant la sépulture. Placés entre le monde supérieur et le monde inférieur, les Tyndarides ou Dioscures (car les premiers, comme le reconnaît O. Müller [3], avaient été de plus en plus assimilés aux seconds, les jumeaux humains aux jumeaux divins) étaient, pour ainsi dire, les médiateurs entre la vie et la mort, et présidaient, par leur image, au passage de l'une à l'autre. Cette image fut transportée au ciel des étoiles, avec les Dioscures, et elle devint le *Signe*, la constellation figurée des Gémeaux, dans le calendrier, sous la figure bien connue ♊.

---

[1] Böttiger, *Lib. laud.*, I, *Vorrede*, S. XLV.
[2] *V.* Plutarch., de Frat. Amor., p. 478 B., p. 949 sq. Wyttenb., coll. Wesseling ad Herodot., V, 75; Hesych., I, p. 1017; Suidas, I, p. 613; Eustath., ad Iliad., p. 1125, p. 46 ed. Lips.; Etymol. M., p. 282 Heidelb., p. 255 Lips.; Zonaræ Lexic., p. 1125.
[3] *Dorier*, I, S. 408.

Sur la terre, poursuit M. Creuzer [1], le couple royal des Héraclides de Sparte était ou devait être, d'après les prescriptions du culte mystérieux d'Amycles, un couple de frères. Dans l'esprit de ce culte, Hercule était le côté extérieur, épique, historique d'une religion de héros; les Tyndarides en étaient le côté intérieur et mystique. De même que les rois de Sparte avaient, sur la terre, Hercule pour premier père, de même ils avaient pour patrons célestes, pour guides, pour modèles, les Tyndarides. Leur union fraternelle, à l'exemple et sous l'influence de ces divins protecteurs, porta pendant des siècles les fruits les plus salutaires à eux-mêmes et à leur patrie [2]. La belliqueuse Rome, dans la suite des temps, institua, comme l'on sait, ses deux consuls à l'imitation des deux rois de Sparte. Dans les guerres de Rome, comme dans celles de Sparte, apparurent plus d'une fois secourables, au fort du combat, et messagers de victoire, les deux frères Dioscures, Castor et Pollux, montés sur leurs blancs coursiers, entre autres à la bataille, justement qualifiée homérique, du lac Régille [3]. Des monuments divers, dont quelques-uns subsistent encore, furent destinés à perpétuer le souvenir de ces apparitions toujours enveloppées de mystère [4].

En quittant ce sujet des Cabires et des Dioscures, si attachant pour le mythologue par sa difficulté même et sa complication, qui tient aux racines les plus cachées de la religion des

---

[1] D'après sa recension de la *Kunst-Mythologie* de Böttiger, tome I, dans les *Heidelb. Jarbüch.* 1827, S. 551 *f.*

[2] Ce sont les expressions mêmes de Tite-Live, XL, 8.

[3] Cic., de N. D., II, 2, III, 5. Conf. Niebuhr, *Röm. Gesch.*, I, S. 583, 2te *Ausg.*

[4] *V.* Livius, II, 42; Aurel. Vict. 16; et leurs images sur les monnaies des familles Postumia, Sulpicia et autres. — Conf. notre tome IV, planches CLXXXVII, 737, CLXXXVII *bis*, 737 *a*, CCXVI, 738, 739, 741, 742, CCXVIII et CCXXI, 741 *a* et *b*, 743, CXXXVII, 742 *a*, CLXXIV, 744, et l'Explicat. des pl., p. 336-340, où de nombreuses représentations des Dioscures, tant de l'époque grecque que de l'époque romaine, sont rapprochées.

Grecs, à son double lien avec l'Orient et avec l'Occident, et qui a exercé, dans des sens si divers, de si grands esprits, des savants si profonds et si ingénieux, nous ne pouvons nous défendre d'une pensée, qui n'est sans doute que l'aveu secret de notre faiblesse, c'est que le problème n'est point et ne sera peut-être jamais complétement résolu. C'est pour cela, c'est pour susciter et pour préparer quelque tentative plus heureuse, que nous avons voulu concentrer dans cette longue note, sous un même point de vue, les principaux systèmes auxquels a donné lieu la religion multiforme des Cabires. C'est pour cela que, sans repousser d'une manière absolue aucun rapprochement, ni celui que M. Adolphe Pictet a essayé avec les cultes celtiques de l'Irlande, ni celui que, plus récemment, M. K. Barth a tenté avec les religions germaniques [1], ni, à plus forte raison, celui qu'ont indiqué MM. Schelling et Finn Magnusen, avec les *Kobolds* du Nord et le Couvéra de l'Inde, analogues aux *Cobales*, aux Cabires-forgerons de Lemnos, aux Cabires-Patæques de l'Égypte et de la Phénicie, à leur père Phtah-Héphæstos-Vulcain, nous appelons l'attention, non-seulement, comme l'a fait O. Müller [2], sur les rapports plus ou moins éloignés de la triade divine de Samothrace avec la trimourti indienne, et de *Cadmilus* ou *Camillus*, son assistant, avec le dieu *Cama*, mais sur les rapports si directs et si manifestes des dieux *Cabires*, *Dioscures* et *Pénates* de Samothrace et de la Troade, de la Grèce et de l'Italie pélasgique, avec les *Aswins* ou *cavaliers* célestes, jumeaux divins auxquels sont adressés tant d'hymnes du Rig-Véda, et où les commentateurs brahmaniques, ainsi que les interprètes de l'antiquité classique dans les Cabires-Dioscures, ont vu, tantôt les génies des deux crépuscules du matin et du soir, tantôt ceux du jour et de la nuit, tantôt le Ciel et la Terre, tantôt enfin le Soleil et la Lune. Nous y trouvons à la fois, et des deux parts, la personnification la plus caractéristique et la plus ancienne du

---

[1] *Die Kabiren in Deutschland*, Erlang., 1832.
[2] *Orchomenos*, Beilage 2, S. 457.

mouvement si rapide qui semble emporter le ciel autour de la terre, et fait succéder la nuit au jour, la lune au soleil; et la preuve la plus certaine de l'identité primitive du naturalisme mythologique de la Grèce et de celui de l'Inde. Ce qui redouble en nous la conviction de cette identité, c'est de voir un mythologue de l'école hellénique de M. Welcker, la mettre dans une lumière nouvelle, en croyant sonder exclusivement, mais plus profondément qu'aucun autre peut-être, les origines pélasgiques des traditions dont se compose la fameuse légende de Troie. Partant des *Curètes*, qu'il reconnaît mêmes, au fond, que les *Corybantes*, mêmes encore que les *Dactyles*, « les Curètes humains, dit M. Rückert [1], prêtres et médiateurs entre les dieux et les hommes, ne sont que les terrestres copies des Curètes divins, esprits de l'air, qui planent entre le ciel et la terre, qui sont envoyés vers les hommes comme messagers des dieux, et portent aux dieux les prières des hommes. Ces Curètes démons ou ces esprits de l'air, en vertu des rapports existant entre les courants aériens et la rotation de la terre (la révolution apparente du ciel), la vicissitude du jour et de la nuit, l'échauffement et le refroidissement de la surface terrestre et de celle de la mer, ont pour chefs ou présidents deux frères, le vent du matin et celui du soir, le vent de terre et celui de mer, les fils du maître du ciel ou les *Dioscures*, qui régissent les deux hémisphères de la voûte céleste, et qui, en conséquence, sont décorés de leurs symboles, les casques coniques avec deux étoiles, celle du matin et celle du soir. Après que l'unité réelle de ces deux étoiles eut été généralement reconnue, on leur consacra, au lieu de la planète de Vénus, deux étoiles fixes, les Gémeaux, dont le lever a coutume d'annoncer la tempête. Au milieu de la tempête, en effet, apparaissent les Dioscures aux ailes d'or, dans les flammes électriques qui s'attachent aux mâts, aux casques, aux pointes des lances, et c'est pour cela qu'ils s'appellent *Cabires*, c'est-à-dire flam-

---

[1] *Troja's Ursprung*, etc., S. 11 sqq.

boyants[1], à Lemnos, à Samothrace et dans la Troade. L'un d'eux est celui qui porte malheur et à qui malheur arrive, Castor, Rémus. Si un troisième vient s'associer aux deux, comme présidant à la nuit, le corybante *Nycterinos* des Orphiques, le *Nocturnus* étrusque, ce troisième Cabire est celui qui est mis à mort par ses deux frères, et dont l'esprit erre maintenant solitaire dans les ténèbres de la nuit[2].

« L'on admettait une triade de Cabires ou Dioscures à Lemnos, à Prasies en Laconie, à Argos (les trois Atrides primitifs) et à Athènes, où ils se nommaient *Anakes* et *Tritopatores* ou les trois patriarches. Ils présidaient à la fois aux vents et aux mariages, car c'est des esprits de l'air que vient le souffle de vie, l'âme, qu'ils inspirent dans le corps à la naissance, et qu'ils retirent à la mort. C'est pour cela qu'ils s'appellent *Patriarches* ou *premiers pères*, tout comme les Curètes passaient dans l'île de Crète pour les fondateurs des villes et les premiers habitants du pays. Aux Curètes et à leurs chefs ou princes, les *Anakes*, correspondent les *Lares* des Romains, et à leur tête les *Lares Præstites*[3]. Un hymne orphique[4] représente les deux grands dieux de Samothrace avec la troupe subordonnée des Curètes aux armes d'airain retentissantes, comme les souffles intarissables, qui soufflent dans le ciel, sur la terre et sur la mer, qui soulèvent les flots de la mer et agitent les cimes des arbres, qui effleurent de leurs pieds légers la surface de la terre, et en la touchant la font trembler, épouvantent les animaux, élèvent jusqu'aux nuages le fracas et la poussière, et qui pourtant engendrent la vie, rafraîchissent l'esprit, prodiguent la nourriture, sous les pas desquels naissent les fleurs et mûrissent les fruits de la terre, qui donnent

---

[1] De κάω, κάειροι, avec le digamma, p. 288 et 1074 sq. *ci-dessus*.

[2] Orph. hymn. XXXIX (38), v. 3-6.

[3] Les figures de ces Lares et celles des Pénates romains sur les monuments, les rapprochent singulièrement, les uns et les autres, des Dioscures et des Cabires. *V.* notre pl. CLI, 580, 581, et l'explicat. des pl., p. 236.

[4] Le XXXVIIIe (37), p. 300, Hermann.

le beau temps et le vent favorable, qui sauvent les navigateurs en péril, mais, sous un autre aspect, comme puissances funestes, les égarent de leur route et détruisent leur fortune et les biens de la terre, quand, irrités, ils font mugir les abîmes de la mer, couchent sur le sol les arbres déracinés, et que le ciel tonne et que les feuilles murmurent. »

N'est-ce pas là, disons-le de bonne foi, comme un retentissement éloigné des chants sacrés qui durent célébrer les *Cabires-Dioscures*, dans les actions de grâces que leur rendaient, aux autels de Samothrace, les navigateurs initiés à leurs mystères? N'est-ce pas un écho plus lointain encore, dans le temps et dans l'espace, des hymnes védiques en l'honneur des divins cavaliers, des *Aswins*, tels que les dépeignent et les invoquent sans cesse ces hymnes d'un sentiment religieux si simple et si vrai, si naturel et si poétique, qu'on peut lire aujourd'hui en français dans la traduction aussi fidèle qu'élégante que vient de nous en donner le savant indianiste, M. Langlois [1].

(J. D. G.)

NOTE 3. *Sur Jasion, Trophonius, les Aloïdes et les Molionides.*
(Chap. III, art. I, p. 327-336.)

Ce qui donne aux légendes de la Béotie un caractère à part, ce qui leur prête un intérêt extrême, c'est qu'elles occupent une place importante dans la primitive religion des Grecs. Les conceptions mythologiques de ce pays, qui tiennent en partie au culte des Cabires, offrent quelque chose de simple, de naïf et de bizarre à la fois. Les difficultés qu'elles soulèvent devaient tenter l'esprit investigateur d'O. Müller; aussi l'illustre archéologue, tout en s'occupant des ténébreuses origines des races grecques, s'est-il livré à l'analyse du mythe de *Tro-*

[1] *Rig-Véda*, ou livre des Hymnes, traduit du sanscrit, tome Ier, 1848, *passim*. Cf. notre livre I, chap. IV, p. 256 sq., tome I; et les rapprochements pleins de savoir et d'intérêt de M. F. Nève, *Essai sur le mythe des Ribhavas* (certainement analogues aux trois Cabires, comme les *Aswinas* aux deux), Paris, 1847, p. 306-310, 341-356.

phonius, qu'il a, comme M. Creuzer, judicieusement rapproché de celui de *Jasion*, pour le reporter ensuite jusqu'à l'*Hermès-Chthonius* des mystères, identique à *Cadmilus*.

Le principal caractère de cette légende de Trophonius, dit O. Müller (*Orchomenos*, S. 155), c'est d'être agraire. Le nom de *Trophonius* n'est qu'une variante de celui de *Trephonius*, le dieu nourricier, le dieu agraire, le fils chéri de Déméter. Hercyna, la fille de Trophonius, était prêtresse de Cérès à Lébadée, et le nom de la prêtresse devint plus tard une épithète de la déesse elle-même. Avec le temps, le personnage de Trophonius prit une signification plus large et plus mystique. Les anciens croyaient que l'agriculture établissait des rapports entre le monde extérieur et le monde souterrain, auquel président Pluton et Plutus. Bien plus, extraire de l'or, ou faire croître des moissons, leur paraissait un vol au préjudice des dieux des enfers. L'Hermès-Chthonius adoré à Athènes, et auquel on offrait des semences de toute espèce, personnifie ces idées de vol : elles se personnifient également dans le personnage de Trophonius. L'architecte rusé qui perce les murailles pour commettre un larcin, l'homme qui entasse du blé dans les profondeurs de la terre, n'est autre qu'un ravisseur des trésors souterrains. Notre savant auteur est tellement convaincu du caractère mystique de cette légende, qu'il va jusqu'à dire que la décollation d'Agamédès, frère de Trophonius, lui rappelle le meurtre de Cadmilus, le frère des Cabires, et la dispersion des membres de Dionysus-Zagreus par les Titans.

A l'égard de l'origine du mythe de Trophonius, O. Müller y voit une tradition locale et héréditaire des Minyens. Cette tradition, ajoute-t-il, subsistait cent années environ après l'invasion dorienne; elle est donc antérieure aux légendes que les Grecs recueillirent chez les Égyptiens au temps de Psammétichus. C'est sur cette remarque qu'il s'appuie pour contester l'origine égyptienne du mythe de Trophonius, origine que Walckenaër et d'autres savants cherchent à établir, et à laquelle l'anecdote du roi Rhampsinit avec son architecte, anecdote qui rappelle ce que l'on racontait du roi béotien Hyrieus et de Trophonius, prêtait une certaine autorité.

Nous avons dit en commençant que Müller compare Trophonius à Jasion. Il expose et justifie cette vue, en faisant observer que si, d'un côté, certaines traditions nous montrent Trophonius assimilé à Hermès, de l'autre, la religion de Samothrace célébrait l'association de Jasion et de l'Hermès des mystères, nommé Cadmilus. Ainsi associés, Trophonius et Jasion se présentent comme des dieux sauveurs et guérisseurs. Tous deux sont nourriciers, et l'on se rappellera la généalogie citée dans le texte, et d'après laquelle de l'union de Déméter et de Jasion était né Plutus.

Après les recherches d'O. Müller, nous avons peu de chose à dire de celles de Völcker sur le mythe de Trophonius, quoique M. Guigniaut ait cru devoir les citer. Comme l'archéologue de Göttingue et comme M. Creuzer, le mythologue trop tôt enlevé à la science, dont il s'agit, reconnaît dans Trophonius un personnage identique à Hermès Phallophore, Chthonius ou Erichthonius (*Mythol. des Japetisch. Geschlecht.*, S. 106).

La fable des Aloïdes était aussi populaire dans le nord de la Béotie que celle de Trophonius. O. Müller (*Orchomenos*, S. 387) lui reconnaît un fondement presque historique : à ses yeux, les deux Aloïdes, Otus et Éphialtès, représentent les chefs des colonies thraces, à l'époque où ce peuple possédait l'empire de la mer. Les légendes populaires plaçaient leur tombeau, soit à Anthédon, soit à Naxos. Héros à la fois sur terre et sur mer, on les voit paraître dans la Piérie et sur l'Hélicon, où ils se servent de leur force prodigieuse pour creuser des canaux et dessécher des marais.

M. Welcker, en annotant les Étymologies mythologiques de M. Schwenck, a combattu cette opinion de Müller (*Etymolog.-Mytholog. Andeutung.*, S. 306-320). Selon lui, la tradition sur les Aloïdes est toute symbolique : vouloir l'expliquer est une entreprise hardie, car il y a là une énigme dont les anciens ont gardé le mot. Toutefois M. Welcker cherche l'idée fondamentale de cette conception dans une autre légende de la Béotie, dans la fable des Molionides, à laquelle, bien différent en cela de M. Creuzer, il donne une signification quelque peu vulgaire. L'antiquaire de Bonn voit, dans les Molionides, la personnification des deux meules d'un moulin, et il se fonde sur ce que cette espèce de conte fantastique représentait les deux frères Molionides avec quatre mains, quatre pieds et un seul corps. C'est ainsi, dit-il, que l'imagination populaire avait traduit le vieil axiome : L'union fait la force. Du reste, ajoute M. Welcker, le mythe des Aloïdes n'est qu'une variante de celui des Molionides; et il rappelle, à ce sujet, que dans certaines traditions on attribuait à ces deux frères ce que d'autres récits prêtaient aux Aloïdes, c'est-à-dire, d'avoir voulu escalader le ciel en entassant les montagnes. Souvent même, chez les anciens, comme l'observe M. Creuzer, dans une note de sa troisième édition, les Aloïdes étaient mis en rapport avec les Molionides, et Platon, dans le Banquet (*Sympos.*, 190, p. 403), paraît se représenter Otus et Éphialtès comme des géants aux corps accouplés. Völcker, entrant dans les idées de M. Welcker, son maître, a essayé (dans Seebode's, *Krit. Bibliothek*, 1828, n° 2) d'expliquer Otus (rapporté à ὠθέω) et Éphialtès par l'acte de broyer et de fouler le blé sur l'aire (ἀλωά). Depuis, M. Welcker lui-même, à propos d'une pierre gravée, sur laquelle il croit reconnaître les Molionides, a maintenu son explication précédente (*Bulletino dell' Instit. archeol.*, 1834, n°s 2 et 3, p. 46-48; et le monument dans Inghirami, *Gall. Omer.*, tav. 130). M. Creuzer remarque à son tour (nouvelle note de sa troisième édition) que, dans ce cycle figuré, rentrent les *Molæ Martis* de certaines formules liturgiques de l'ancienne Italie (Gell. N. A., XIII, 22). Ces *Molæ*, véritable pendant des *Molionides*, sont données pour filles à Mars, non-seulement à titre de dieu de la guerre, broyant ses ennemis comme le blé dans un mortier, mais à titre de dieu agraire, ainsi qu'il était invoqué dans les chants des frères Arvales (Cf. Hartung, *Relig. der Römer*, II, 172, et O. Müller, *Etrusker*, II, 91 et 105).

(E. V. et J. D. G.)

Addition à la note précédente et au chapitre III.
Sur le mythe d'Actéon.

M. Creuzer, à ses excellentes et compréhensives interprétations des mythes des *Aloïdes* et des *Molionides* ou *Actorides*, a, dans sa troisième édition, ajouté celle du mythe d'*Actéon*, qui, en effet, tient de fort près à ceux-là, surtout au dernier, qui porte le même caractère agraire et symbolique, et qui se rattache d'ailleurs aux traditions d'Orchomène, de la Béotie et de la Thessalie. Nous regardons comme un devoir et comme un service rendu à nos lecteurs de reproduire ici en substance cette importante addition [1].

O. Müller (*Orchomenos*, S. 348 *f.*), dit M. Creuzer, a déjà rapproché fort heureusement le mythe d'*Actæon* du culte de Jupiter *Actæus*, à Iolcos. Dans l'analyse de ce mythe, le premier point à remarquer, c'est qu'Actéon est fils d'Aristée, lui-même fils d'Apollon, ou plutôt forme de ce dieu, en qualité de νόμιος et d'ἀγρεύς, présidant aux troupeaux et à la chasse. Aristée, en outre, préside à la culture de l'olivier et à l'éducation des abeilles; il élève à Céos un autel en l'honneur de Jupiter *Icmæus*; il est lui-même ce Jupiter, envoyant l'humidité, préservant des ardeurs de la canicule les arbres, les animaux et les hommes; il est la personnification mythique de la vie rustique et pastorale avec ses occupations, ses joies et ses douleurs.

Quant à *Actéon*, fils d'Aristée, son nom, voisin de celui d'*Actor*, père des Actorides, paraît venir également d'ἀκτή, au sens du blé et de la semence du blé [2]. Les Orchoméniens lui

[1] Les sources de ce mythe ont été indiquées par Spanheim sur Callimaque (in Pallad., v. 113) et par Heyne sur Apollodore (III, 4, 4, p. 229). Il est mention chez Fulgentius, III, 3, p. 709 Staver. et dans les Mythogr. Vatic., II, n° 81, et III, 3, d'un certain Anaximène « qui de picturis antiquis disseruit libro secundo, » et qui devait avoir devant les yeux une représentation de la mort d'Actéon, telle qu'on la trouve sur une peinture de vase et sur une peinture murale de Pompéi (O. Müller, *Denkm. der alten Kunst*, II, tab. XVII, n°s 183 et 185).

[2] Ἀκτή signifie, comme il est dit plus haut, pag. 334 et n. 3, le blé

sacrifiaient tous les ans comme à un héros, et enchaînaient sa statue par une sorte de rite magique, tandis que les Platéens racontaient la légende de sa mort tragique [1]. Cette mort, suite de sa métamorphose en cerf, était l'ouvrage d'Artémis, cette Diane-Lune devenue la redoutable Hécate, cette déesse ténébreuse, représentée avec l'attribut du chien et à qui l'on offrait des chiens en sacrifice. Et de même que les fêtes caniculaires étaient célébrées à Céos, après le solstice d'été, pour apaiser les fureurs du chien céleste Sirius, figuré sur les monnaies de cette île [2], et conjurer les funestes influences du soleil solsticial, de même, sans aucun doute, d'autres fêtes expiatoires durent être solennisées pour conjurer les influences lunaires, fatales aux semences et aux moissons, en d'autres termes, pour enchaîner les chiens de la ténébreuse Artémis-Hécate [3]. Or, la mort d'Actéon, de celui qui sème le blé et en prodigue les trésors, était l'expression figurée et mythique de ces influences pernicieuses rapportées à la lune, surtout dans une contrée aquatique et marécageuse comme la Béotie. Remarquons ensuite cette série généalogique : Apollon, dieu des chasseurs et des bergers, dont le fils Aristée est le protecteur des troupeaux et l'éducateur des abeilles, et a lui-même pour fils Actéon, qui donne les moissons. C'est une allusion claire à la transition successive de la vie pastorale à l'agriculture, telle qu'elle s'opéra chez les habitants primitifs de la Grèce et de ses îles. Cette transition semble même se personnifier dans

moulu, la farine, le blé en général, et c'est à tort qu'on l'explique par *don*. *V*. Stephan. Thesaur. I, 1360 sqq. ed. Didot.

[1] Pausan., IX, 38, 4, et IX, 2, 3.

[2] *V*. notre tome IV, pl. CLXXI *bis*, 628 *a*, et l'explicat. p. 268. Un lion de pierre colossal se voit encore à Céos et n'était pas moins symbolique que le chien. Cf. Broendsted, Voyages et Rech. en Grèce, I, p. 30 sq., et la récension que M. Creuzer en a faite dans les *Wiener Iarbüch. der Lit.*, 1831.

[3] Ce qu'il y a de singulier, c'est que, d'après Phérécyde, p. 147 Sturz, ed. alt., Hécate elle-même aurait été fille d'Aristée, et par conséquent sœur d'Actéon, faisant avec lui et avec leur père un contraste frappant.

Actéon, en même temps que l'opposition de la vie des chasseurs et de celle des laboureurs. Suivant Acusilaüs et Stésichore [1], tout passionné chasseur qu'il était, il fut dévoré par ses propres chiens, qu'Artémis avait transportés de rage, par ce qu'il voulait s'unir à Sémélé, c'est-à-dire quitter la chasse pour la culture de la terre. Sémélé, en effet, dans les mythes populaires de la Béotie, n'était autre que Déméter ou la terre-mère anthropomorphisée. Dans la tradition thébaine, elle était la mère de Dionysus, comme Déméter dans les mystères de l'Attique et d'Éleusis. Ainsi le mythe et le culte d'Actéon nous offrent une preuve frappante de l'origine d'une légende populaire découlant d'une statue consacrée et des rites d'un sacrifice. L'antique image du héros divin, composée probablement de l'homme et du cerf, était enchaînée au rocher de la montagne pour assurer la fertilité au pays, et c'est dans le même but que des sacrifices annuels lui étaient faits. On voit encore percer cette origine symbolique du mythe d'Actéon à travers le récit développé et orné de Nonnus (Dionysiac. V, 287-551), surtout dans les vers (520-532) où l'infortuné chasseur décrit lui-même la statue dont il implore l'érection sur son tombeau en souvenir de son malheur [2]. (J. D. G.)

Note 4. *Des différents systèmes d'interprétation du mythe d'Esculape.* (Chap. III, art. II, p. 338, 341, 350.)

L'origine du culte d'Esculape en Grèce a été l'objet des

---

[1] Acusil. ap. Apollodor. III, 4, 4, et Stesich. ap. Pausan., IX, 2, 3.
[2] *Voy.* dans nos pl. CLXV-CLXVI, CLXXI et CLXXI *ter*, 629 à 629 *d*, diverses représentations d'Actéon, particulièrement cette dernière, qui est une médaille des Orchoméniens, montrant au revers sa statue ou son spectre enchaîné sur le rocher. Cf. notre Explicat. des pl., p. 268-270, et la dissertation de M. Raoul-Rochette, qui y est indiquée, sur les monuments relatifs à Actéon. Depuis, et tout récemment, notre collaborateur, M. E. Vinet, est revenu au long sur le fond et sur la forme de ce mythe, en expliquant une curieuse peinture d'un vase de Ruvo, publiée par lui, dans la Revue archéologique, année 1848, p. 460 sqq.

recherches d'un grand nombre d'érudits. Les uns, tels que notre auteur, Böttiger, Movers, ont pensé que cette divinité avait été apportée de la Phénicie, et était au fond identique aux Cabires de Samothrace ; les autres, à la tête desquels il faut placer Otfried Müller et Völcker, ont vu dans Esculape un dieu de race hellénique, auquel s'étaient seulement rattachés, dans la suite, des attributs et des idées symboliques apportés de l'Orient. Enfin Sickler, et tout récemment M. Panofka, ont cherché à accorder les deux opinions, ou du moins ont adopté une hypothèse qui emprunte ses éléments à l'une et à l'autre.

Otfried Müller a développé ses idées sur Esculape dans ses recherches sur les Minyens d'Orchomène (*Geschichte hellenischer Stämme*, éd. Schneidewin, t. I, p. 194), et dans son histoire des races doriennes (*même ouvrage*, t. II, p. 285, 324, etc.). Ce dieu est, à ses yeux, la divinité nationale des Phlégyens-Lapithes ; c'est ce qu'indiquent, d'une part, la légende d'Épidaure, suivant laquelle Esculape avait eu pour mère Coronis, fille de Phlégyas, et de l'autre le culte qu'on rendait, dès la plus haute antiquité, dans Tricca, ville des Lapithes, à Esculape considéré comme descendant de Lapithès, le chef dans lequel cette race était personnifiée. O. Müller remarque que la double descendance qu'on attribuait à Phlégyas annonce une origine commune chez les Phlégyens de Thessalie et chez les Minyens d'Orchomène. Les poëtes nous font connaître en effet deux Phlégyas, l'un fils de Mars et de Chrysé, ancêtre des habitants d'Orchomène, l'autre père de Coronis, venu de Thessalie dans le Péloponnèse. Cette communauté d'origine des deux populations est confirmée par l'analogie qu'offrent, d'un côté, le mythe de la naissance d'Esculape tel qu'il était rapporté par les Phlégyens de Thessalie, et de l'autre, celui de Trophonius tel qu'il avait cours chez les Minyens. Dans celui-ci on voit les filles d'Orion, Métioché et Ménippé, nées après que leur père eut succombé sous les traits de Diane, s'offrir volontairement en sacrifice à Trophonius. Honorées comme des divinités, sous le nom de

Coronides, on leur élève des autels, et leurs amants se précipitent dans la flamme qui y brûle, pour renaître bientôt de leurs cendres. Dans le mythe thessalien, Coronis tombe sous les flèches de Diane, irritée de la préférence que cette fille de Phlégyas accorde à Ischys sur Apollon, dont elle était pourtant déjà enceinte. A l'instant où son corps fut porté sur le bûcher, le dieu du jour s'élança pour arracher de son sein et ravir aux flammes Esculape, dont il était le père. La tradition que nous a transmise Cicéron (*De natur. Deor.*, III, 22, 56) rend plus complète encore l'analogie entre les mythes de Thessalie et de Béotie; car elle nous apprend que le Trophonius honoré à Lébadée n'était autre que Hermès, fils de Valens (ce nom est la traduction latine d'Ischys) et de Coronis, et qu'il avait pour frère le second Esculape.

Dans l'opinion d'O. Müller, Esculape et Trophonius ne forment donc qu'une même divinité. Un pareil rapprochement n'a rien au fond de contradictoire aux idées de M. Creuzer; il confirme même ses vues. En effet, notre auteur ayant établi un lien de parenté entre Jasion et Trophonius, et ayant montré que Jasion, identique à Jason, se rattachait aux religions cabiriques de Lemnos, l'identification de Trophonius et d'Esculape apporte une preuve nouvelle à l'appui de l'origine cabirique du dieu de la médecine. Cependant O. Müller se refuse à admettre dans Esculape une divinité venue de l'Asie, par conséquent à reconnaître en lui Aschmoun ou Esmon revêtu d'une forme hellénique; il n'y veut voir qu'un dieu né sur le sol thessalien, rattaché ensuite par un lien de filiation à Apollon, en vertu d'idées symboliques fort postérieures. Primitivement, dit-il, ces divinités étaient essentiellement différentes, et la preuve, c'est que dans les anciens temps on ne voit pas que leur culte ait été jamais associé. A l'exception du temple de la nouvelle Mégalopolis, on ne rencontre dans toute la Grèce aucun temple, aucun autel, aucune fête consacrée à la fois à Apollon et à Esculape. Dans les lieux tels que Tricca, Épidaure, Cos, où ce dernier dieu était spécialement adoré, aucune mention n'est faite du premier.

La fable qui nous représente Phlégyas incendiant le temple d'Apollon à Delphes, tend plutôt à nous dépeindre les deux cultes comme ennemis; et en effet, dans Homère, Phlégyas et ses descendants appartiennent à une race rivale des Doriens.

M. Völcker (*Die Mythologie des Japetischen Geschlechtes*, Giessen, 1824, p. 175) a adopté les idées d'O. Müller sur l'identité primitive d'Esculape et de Trophonius. Loin de se rapprocher d'Apollon, le premier de ces dieux est pour lui, comme le second, une divinité tellurique, distributrice des richesses et de la santé, en un mot un Hermès Chthonien.

Böttiger[1] attache moins d'importance aux généalogies que les poëtes ont données d'Esculape; ce qui le frappe, ce sont les attributs de ce dieu, et ces attributs le rattachent, dans son opinion, aux Cabires de Samothrace. Ces divinités étaient les puissances de la vie, de la production, de la santé, qui avaient été personnifiées et déifiées. Esculape et Hygie ne sont que des personnifications du même genre, l'une mâle, l'autre femelle. Télesphore, associé à Esculape, rappelle encore, par son costume et sa petite taille, les Cabires, représentés par des nains gros et trapus, les patæques phéniciens; aussi incline-t-il à croire que c'étaient les Phéniciens qui avaient apporté à Cos, à Égine, à Épidaure le culte de ce dieu et les écoles médicales qui s'y rattachaient intimement. A la pratique de la médecine se joignaient, à cette époque de superstition et d'ignorance, les enchantements, les opérations magiques, dans lesquelles les serpents ont joué de tout temps en Orient un rôle important. Ces reptiles étaient adorés par les Cananéens, dont la religion offrait des traces nombreuses de ce fétichisme grossier que l'on retrouve encore chez les nègres de la Guinée, adorateurs des caïmans. En Égypte, les Psylles étaient à la fois médecins et sorciers. Cette association de l'ophiolâtrie avec le culte d'Esculape était surtout frappante à Épidaure,

---

[1] Böttiger, *Die heilbringenden Gœtter*. — Journal der Lux. und Moden, Iahrg. 1803. — *Ideen zur Kunstmythologie*, tom. I, p. 207, 214. — *Kleine Schriften*, éd. Sillig, t. I, p. 93 sq., p. 112 sq.

d'où le culte du dieu-serpent avait été porté en Italie. On voit que ces idées ne sont point opposées à celles de M. Creuzer; seulement Böttiger n'avait d'abord vu que ce côté populaire du culte asclépiadique, et il avait complétement négligé le côté plus élevé, plus philosophique de la conception hellénique, par lequel elle se rattache précisément aux dogmes de Samothrace. Dans son Essai sur la mythologie de l'art, le savant antiquaire s'est montré moins exclusif, et sans accorder à ce sujet un grand développement, il a laissé cependant entrevoir qu'à cet art grossier des jongleurs qui s'était mêlé à l'adoration du dieu, il fallait associer une donnée plus haute, plus profonde, la conception de la vertu curative des forces cachées de la nature.

Tout dernièrement M. Panofka vient, dans un travail très-complet (*Asklepios und die Asklepiaden*, Berlin, 1846), de chercher à résoudre la difficulté qui naît de l'opposition des idées de Müller et de celles de Böttiger et de Creuzer. Frappé de l'analogie des Cabires et d'Esculape, reconnaissant que le culte de cette dernière divinité s'était répandu de Thessalie dans le Péloponèse et dans les îles de l'Archipel, qu'il se distinguait originairement de celui d'Apollon, ce savant archéologue accorde de la manière suivante les deux faits contradictoires. L'ancien Esculape, dont le culte avait été apporté fort anciennement en Thessalie, était fils de Vulcain et se confondait avec les Cabires. Ce Vulcain, père d'Esculape, fut connu dans la Grèce sous le nom de Pæon; Pæon était la force destructrice et conservatrice de la terre; plus tard il fut identifié avec Apollon, et voilà comment Esculape devint le fils de ce dernier dieu. Quand le culte d'Esculape se fut propagé chez les nations helléniques, il conserva la physionomie cabirique qu'il affectait à l'origine, et l'on put toujours reconnaître dans le fils d'Apollon et de Coronis les attributs des divinités de la Phénicie et de Samothrace, qui présidaient aux arts médicaux et magiques.

Cette solution proposée par M. Panofka est digne d'attention. Depuis les belles recherches de M. Movers (*Die Phöni-*

zier, I, p. 359), que nous avons fait connaître en les développant dans un travail spécial (*Revue archéolog.*, t. III, p. 764 et sq.), il est difficile de ne pas reconnaître l'identité complète d'Aschmoun ou Esmon, le huitième Cabire, avec Esculape; et néanmoins les considérations qu'O. Müller avait fait valoir et que M. Panofka a développées, conservent toute leur force. La solution proposée par le savant académicien de Berlin, quoiqu'elle ne soit pas parfaitement positive, a donc l'avantage d'accepter les résultats déjà constatés, et de les concilier avec ceux auxquels est arrivé M. Movers.

M. Sickler avait essayé, dans un travail publié il y a trente ans (*Die Hieroglyphen in den Mythen des Æsculapius*, Meiningen, 1819), de résoudre, par une hypothèse toute spéciale, le problème que M. Panofka a abordé. A ses yeux, les analogies que les Grecs et les Phéniciens offrent dans les idées qu'ils se formaient de la divinité qui donne la santé, tiennent à la manière identique dont ces deux peuples avaient, à une époque fort reculée, conçu l'action du soleil dans son influence bienfaisante et purificatrice sur la terre. Tout le mythe d'Esculape s'explique, selon lui, par ce fait présenté sous les couleurs de l'allégorie. Le soleil, principe primitif de la vie, fait naître au sein des eaux qui s'échappent des hautes montagnes la vertu curative; celle-ci se répand comme une source dans le sol qui l'échauffe, la purifie, puis elle sort en bouillonnant sous la forme des eaux thermales. C'est donc du soleil que la source minérale, personnifiée dans Esculape, reçoit son action bienfaisante, qui ravive et entretient le principe de l'existence, et amortit, fait cesser la douleur.

M. Sickler a entrepris d'expliquer, dans le sens de cette donnée symbolique, tous les mythes qui se rattachent à Esculape; à l'aide d'étymologies empruntées aux langues sémitiques, et presque toujours hasardées, il a prétendu montrer dans chacun des attributs que la statue du dieu avait reçus à Épidaure, une sorte d'hiéroglyphe, qui rappelait le phénomène dont ce dieu lui-même était l'image.

Une pareille tentative, outre qu'elle conduit à des interprétations arbitraires, réduit en outre à un cadre singulièrement mesquin la donnée infiniment plus large que renferme le grand mythe d'Esculape; elle n'aborde le problème que par un côté beaucoup trop étroit et, en quelque sorte, par un cas particulier. Néanmoins le travail de M. Sickler repose au fond sur une idée juste, celle de la personnification en Esculape de la puissance de vie, de reproduction, de réparation attribuée au feu, au soleil, à la terre, autrement dit aux agents qui les animent, puissances que dans la Phénicie et à Samothrace on adora de bonne heure sous la forme des dieux Cabires. (A. M.)

NOTE 5. *De la Théogonie d'Hésiode, du caractère de ce poëme, et des différentes interprétations qui en ont été données. — Remarques complémentaires sur plusieurs points de l'analyse qu'en a faite M. Creuzer* (Chap. IV, pag. 357-371).

Malgré les nombreux travaux dont la Théogonie d'Hésiode a été l'objet, depuis le dix-huitième siècle surtout, et à raison même de la diversité des opinions qui se sont successivement fait jour dans la science, une grande incertitude règne encore sur le véritable caractère de ce poëme, sur son origine, son importance, et l'esprit dans lequel il doit être interprété, soit pour l'ensemble, soit pour les détails. Jusqu'à quel point l'ouvrage qui porte le nom d'Hésiode est-il son œuvre propre, originale; jusqu'à quel point le vieux poëte avait-il ou n'avait-il pas conscience du sens général ou particulier des mythes qu'il racontait; jusqu'à quel point l'enchaînement de ces mythes, tel qu'il le concevait et qu'il l'a présenté, était-il nécessaire ou fortuit, donné d'avance par la tradition ou inspiré par une pensée créatrice d'art et de religion à la fois ? Ce sont là des questions sur lesquelles les plus savants critiques et les plus profonds mythologues ne sont point encore d'accord, non plus que sur l'explication des éléments quelconques dont se compose ce corps organique ou inorganique de la Théogonie.

On ne saurait disconvenir, toutefois, que, depuis les recherches de de la Barre et de Foucher en France, de Heyne et de Zoëga en Allemagne, et surtout depuis la savante controverse élevée entre M. G. Hermann et M. Creuzer, il y a trente ans, ces questions n'aient fait de grands progrès. Elles en ont fait assez même pour qu'il soit devenu inutile d'analyser ici en détail et d'une manière suivie l'interprétation que M. Hermann a donnée de la Théogonie, dans sa dissertation *de Mythologia Græcorum antiquissima*, d'autant plus que cette dissertation se trouve aujourd'hui reproduite dans le recueil si connu des *Opuscules* de ce savant, tom. II, p. 167. Qu'il nous suffise de constater qu'O. Müller, que M. Welcker, que tous les principaux mythologues de l'Allemagne se sont accordés avec M. Creuzer à repousser un système qui, sous prétexte de ramener la théologie populaire d'Homère et d'Hésiode à ses origines symboliques et sacerdotales, réduit, à l'aide d'étymologies encore plus arbitraires que subtiles, les personnifications si vivantes et souvent si profondes de cette théologie, aux abstractions philosophiques les plus froides, les plus vulgaires, les plus dénuées de tout sentiment religieux.

Nous venons de citer O. Müller. Cet excellent esprit s'est occupé à plusieurs reprises de la Théogonie d'Hésiode, soit dans ses *Prolégomènes pour une mythologie scientifique* (1825, p. 84 et 371 sqq.), soit dans son *Histoire de la littérature grecque*, successivement publiée en anglais et en allemand (1840 et 1841, tom. I, p. 152-163 de l'édit. allem.). Nous devons déclarer ici que c'est par la lecture du premier de ces écrits que nous ont été inspirées les vues que nous avons publiées nous-même sur la Théogonie, en 1835, et nous ne pouvons que nous y confirmer, quand nous les retrouvons adoptées dans le dernier ouvrage de Müller, et plus explicitement encore dans un livre rédigé en partie sur ses leçons, quoique d'une manière trop hâtive, le *Lehrbuch der Religions-Geschichte und Mythologie* de K. Eckermann, tom. I, p. 285-289. Ces vues ne sont point celles de M. Creuzer; et cependant, après s'en être expliqué avec une franchise dont nous lui savons gré, dans un passage du tome Ier de la troisième édition de la *Symbolique*, p. 70, il n'en a pas moins jugé notre dissertation digne d'un long extrait, dans les *Additions* du tome III, p. 166-168. C'est une raison déterminante pour nous de reproduire cet extrait en l'étendant un peu, afin de mettre dans une plus complète lumière notre opinion sur la Théogonie, que nous persistons à regarder tout à la fois comme une épopée religieuse et comme un catéchisme des croyances nationales, rédigé comme il pouvait l'être par un poëte tel qu'Hésiode, et pour un peuple tel que les Grecs, plus de huit cents ans avant notre ère.

« . . . . . . Hésiode, ou l'auteur quel qu'il soit de la *Théogonie*, vint à une époque où les symboles et les légendes populaires des dieux de la Grèce commençaient à ne plus suffire à la curiosité naissante des esprits, avides de pénétrer le secret du monde et l'origine des choses, mais tout engagés encore dans la forme mythique et pleins de foi dans leurs propres créations. Ces symboles et ces légendes, d'ailleurs, s'étaient tellement multipliés, soit dans les cultes locaux, soit dans les chants d'une longue succession d'Aèdes, que le besoin se faisait sentir partout de les rapprocher, de les réunir, de créer entre eux des rapports, une filiation suivie, et d'organiser la cité des dieux et leur histoire, comme les tribus et les cités des peuples helléniques tendaient elles-mêmes à s'organiser en un corps de nation et à constater, par des généalogies aussi bien que par des institutions politiques, leur origine commune. Hésiode entreprit tout à la fois de satisfaire à cette curiosité nouvelle et à ce besoin de plus en plus général des esprits; il le fit selon le génie et les conditions de son temps, comme un poëte qu'il était, n'ayant d'autre art que le chant, d'autre science que la mémoire, mais se fiant dans l'inspiration des Muses, qui ne manquait point à leurs disciples. Il ne faut donc pas demander à son œuvre cette régularité de l'ensemble, cet étroit enchaînement des détails, en un mot, cette rigueur logique de plan et d'exécution, qui est d'une autre époque. Moins encore il faut demander à l'auteur cette conscience claire et complète de la nature intime du sujet qu'il traite, du sens des mythes qu'il emploie, même de ceux qu'il invente, cette netteté, cette maturité de réflexion qui distingue le fond de la forme, l'idée du fait, et qui crée avec préméditation des allégories et des fables. La forme symbolique et mythique, qui présente les idées comme des personnes, les raconte comme des faits, et en construit, sous des histoires apparentes, des systèmes réels, était encore, à l'époque d'Hésiode, la forme même de l'esprit grec : est-il surprenant qu'il la garde et qu'il y ait foi ?

« Voilà pourquoi lorsqu'il entreprit de donner aux Hellènes, dans le temps même où ils devenaient une nation, un corps de théologie nationale, il ne fit point un traité plus ou moins dogmatique, mais un poëme, et un poëme en récit, une épopée. Car, en fait de poésie, il n'y avait alors et il ne pouvait guère y avoir que l'épopée. Déjà, sans doute, avant lui, bien des essais de ce genre avaient été tentés par les Aèdes, dans les différentes contrées de la Grèce, mais partiels et incomplets. Hésiode, qui résidait au vieux foyer de la poésie religieuse, qui était l'héritier des chantres sacrés de l'Olympe et de l'Hélicon, travailla pour la Grèce entière. Il recueillit ces essais antérieurs, les organisa autant qu'il le put, les transforma sans en altérer le fond, et les développa dans une ordonnance aussi vaste que simple, que l'on peut bien considérer comme son œuvre propre et comme sa pensée personnelle. Ainsi que ses devanciers, depuis les premiers temps, depuis les premières tentatives de Théogonies partielles, nées des religions locales, il crut implicitement à ces histoires divines qu'il racontait après eux, mais il y crut d'une foi plus haute, plus libre et avec un commencement de réflexion. Aussi éprouve-t-il le besoin de motiver, d'expliquer, d'interpréter enfin, à sa manière, les mythes populaires sur les dieux. Il fait plus : tout en les ordonnant sur un plan poétique, il les pénètre et les domine d'une vue supérieure, d'une intuition profondément symbolique, qu'on ne peut guère rapporter qu'à lui, quoique le germe obscur en fût déposé, dès l'origine, au sein de la religion des Grecs.

« La Grèce ne croyait point et ne pouvait point croire à l'éternité de ses dieux. Eschyle proclame hautement ce fait, lorsque, par la bouche de son Prométhée, inspiré de la *Théogonie* d'Hésiode, il prédit à Jupiter lui-même un successeur. Engagés dans le monde, les dieux helléniques devaient en partager les vicissitudes; ils eurent nécessairement une histoire; ils avaient commencé et ils devaient finir, ou du moins céder à d'autres dieux plus puissants l'empire du monde. Des dieux antérieurs avaient existé et régné sur l'univers, qui, détrônés par eux, leur avaient abandonné la place. Tout était ainsi, en définitive, ramené à quelques principes primitifs, élémentaires, déifiés eux-mêmes, c'est-à-dire aux forces de la nature, seule éternelle, seule vraiment vivante et divine.

« Voilà la conception, sans doute préexistante et contemporaine des premières créations théogoniques, dont Hésiode s'empara pour la féconder. Il sentit que la loi du monde était le changement, la succession, ou plutôt (car il était Grec et animé du génie de l'Occident) le développement et le progrès. Il sentit que ce développement, ce progrès, c'était l'histoire même du monde depuis son origine, et par conséquent celle des pouvoirs identiques à lui qui le gouvernent. Bien plus, il devina, par une révélation secrète de l'esprit qui vit dans l'homme comme dans la nature, et dont les lois au fond sont ses lois; il devina que la série naturelle des évolutions cosmiques, représentée par la série traditionnelle des révolutions divines, s'était opérée comme une transition progressive de l'indéterminé au déterminé, de l'absolu au relatif; en un mot, de l'infini au fini. C'est cette grande idée philosophique, obscurément comprise, qui lui donna l'unité intime et génératrice de son poëme, tandis que la croyance religieuse aux dynasties successives des dieux lui en traçait la marche extérieure.

« La succession des générations divines, représentant symboliquement les grandes phases de la création du monde dans l'espace et dans le temps, telle est la donnée fondamentale de la *Théogonie*, comme la guerre des Titans et des dieux

Olympiens en est l'action principale et en forme le nœud. Le dénoûment, le but du poëme, sa moralité, pour ainsi dire, c'est la victoire de Jupiter sur les Titans, c'est-à-dire du principe de l'ordre sur les agents du désordre, et par suite l'organisation du monde dans son état actuel [1]. »

« .... Nous l'avons déjà dit, la lutte de Jupiter et des dieux Olympiens contre Cronos et les Titans, ses frères, c'est l'action fondamentale, c'est le pivot du poëme, vers lequel toutes ses parties gravitent plus ou moins, qui en forme le nœud, qui en prépare le dénoûment. Cette lutte est annoncée dès le début, et plus d'une fois rappelée dans le cours des développements. C'est qu'en effet c'est elle qui marque la grande époque, le moment solennel de l'histoire du monde, dont la destinée dépend de son issue. Tous les dieux anciens et nouveaux y sont engagés ; Ouranos et Géa eux-mêmes figurent sur l'arrière-plan ; le Tartare, le Chaos sont près de reparaître dans le bouleversement général. Il s'agit de savoir qui l'emportera, d'un mouvement sans règle et sans frein, qui prolonge la création et jamais ne l'achève, du temps sans mesure et sans loi, qui dévore ses enfants à peine mis au jour ; ou de ce principe supérieur, échappé à ses atteintes, qui doit régler son cours, assujettir à des lois constantes la marche du monde et le conduire enfin à sa maturité. Il s'agit de savoir si ce monde tombé par Cronos de l'espace dans le temps, s'ordonnera par Jupiter dans les limites de l'année ; s'il passera définitivement du règne de l'infini, temps ou espace, qui menaçait de le replonger dans le chaos primitif, au règne du fini, qui l'organise dans l'étendue et dans la durée à la fois [2] .... »

Si nous persistons dans notre opinion, M. Creuzer persévère dans la sienne, qui est celle du plus grand nombre des critiques, savoir que, dans son poëme, Hésiode aurait recueilli le premier une masse de dogmes traditionnels et de mythes

---

[1] De la *Théogonie d'Hésiode*, dissertation de philosophie ancienne, par J. D. Guigniaut, part. II, pag. 17-22.
[2] *Id., ibid.*, pag. 37 sq.

de plus en plus anthropomorphisés dans la bouche du peuple et des chantres populaires; qu'il les aurait disposés poétiquement, pour le plaisir du récit, mais sans s'inquiéter du vrai sens des légendes divines, sans avoir une conscience tant soit peu claire de l'esprit primitif de sa religion. Il le compare ingénieusement à un artiste qui, d'après un dessin tracé dans sa pensée, compose une mosaïque de divers fragments de pierres et de verreries, sans savoir si la pièce qu'il a sous la main est de marbre d'Égypte, de Tyr, de Carie ou de Phrygie, de verre phénicien ou autre, sans être capable, à plus forte raison, de déterminer minéralogiquement les matériaux qu'il emploie. Cette comparaison, dit-il, s'applique malheureusement aussi à l'état actuel de cet ouvrage, qui nous est parvenu avec tant de lacunes, tant de dégradations, causées par la main du temps ou par celle des hommes, et qui porte la trace de tant d'efforts faits pour les combler ou les effacer, de tant de restaurations d'époques et de styles divers. C'est ce qui affaiblit beaucoup, dans certaines parties, l'autorité de ce vieux monument; c'est ce qui rend si difficile et si délicat l'usage à en faire dans l'histoire de la religion des Grecs [1].

M. Creuzer allègue encore une grande autorité à l'appui

---

[1] M. Creuzer cite, à cette occasion, un livre que nous avons nous-même étudié à fond, mais dont il nous semble exagérer un peu et le mérite et les résultats, celui de Mützell, *de Emendatione Theogoniæ Hesiodeæ*, Lips., 1833, 8°. Beaucoup d'autres écrits ont été publiés depuis Heyne, Wolf, Huschke, F. Thiersch, sur la critique générale ou particulière, historique ou verbale de la *Théogonie*; plusieurs essais ont été tentés pour la restituer dans ce qu'on a supposé son état primitif, notamment par Soetbeer (*Versuch die Urform der Hesiodeischen Theogonie nachzuweisen*, Berlin, 1837), et par Gruppe (*Ueber die Theogonie des Hesiod.*, etc., Berlin, 1841). Ces derniers ont été solidement réfutés par Hermann, par Göttling, par Ahrens, ainsi que par Th. Kock, *De pristina Theogoniæ Hesiodeæ forma*, Partie. I, Vratislav., 1842). Nous pouvons donc répéter ici ce que nous avons dit dans notre dissertation précitée, pag. 14 et suiv. : « Si nous avions le temps de nous arrêter aux preuves extérieures qui militent contre ces hypothèses célèbres, en ce qui

de la sienne, si elle en avait besoin, non pas celle de l'excellent, mais peu profond Éméric David, qui croit qu'Hésiode, en rapprochant les dieux personnifiés des dieux de la nature, a voulu nous mettre à même de deviner le sens de ses *symbolisations;* » qui lui fait suivre « un système partie égyptien, partie phénicien, partie grec, » et qui lui reproche seulement « de ne pas apporter toujours dans son exposition assez de netteté » (*Jupiter,* Introduction, p. CLXIV et CCXXX), mais l'autorité plus imposante d'un autre vétéran de la science, Fr. Jacobs, qui, dans ses *Vermischte Schriften,* VI, p. 159 sq., loue Hésiode « d'avoir, en présence du chaos où se trouvait déjà la

concerne Hésiode, peut-être ne nous serait-il pas très-difficile de découvrir des traces certaines de l'existence de la *Théogonie,* comme système et comme composition, dans la plupart des poëtes et des philosophes antérieurs aux Pisistratides ou leurs contemporains ; de faire voir qu'elle était, au sixième siècle, devant les yeux des sages de l'Ionie et de la Grande-Grèce, des Phérécyde, des Pythagore, des Xénophane, comme au cinquième devant ceux de Pindare, d'Eschyle et d'Hérodote ; qu'elle y était dans son ensemble, à titre de corps de doctrine et de symbole révéré des croyances héréditaires, à un état enfin qui ne pouvait être essentiellement différent de celui où les Alexandrins la trouvèrent. Ceux-ci reconnurent sans doute, dans les copies qu'ils collationnèrent pour leurs récensions nouvelles, bien des disparates, des doubles emplois, des incohérences de détail, résultat inévitable d'une transmission orale prolongée, de l'absence de toute critique chez les premiers rédacteurs, et de la fidélité même avec laquelle ils remplirent leur mission. Les grammairiens d'Alexandrie eurent le défaut contraire ; mais quelques efforts qu'ils aient faits pour polir le texte de la *Théogonie,* rien ne prouve qu'ils en aient modifié la contexture générale, pas plus que ne l'avaient inventée avant eux les Diascévastes des Pisistratides. Tel qu'il nous est parvenu, poli de nouveau après le siècle d'Auguste, puis corrompu, mutilé, bouleversé même en quelques parties, à travers les temps d'ignorance et jusqu'au dixième siècle de notre ère, il y reste encore, dans le fond et dans la forme, avec toutes ces altérations plus ou moins récentes, d'assez frappants indices d'antiquité, une disposition assez simple, une couleur assez naïve, pour que ces caractères réunis expliquent à la fois les systèmes modernes et les contradictions sérieuses auxquelles ils commencent à donner lieu de nos jours. »

mythologie de son temps, laissé là le sens intime des mythes et leur signification originaire, et, sans essayer de ramener à l'unité primitive de l'idée divine les innombrables personnifications de la religion populaire, de s'être attaché exclusivement à l'enchaînement extérieur que lui fournissait la forme généalogique. » . . . . . . « Malgré tous les efforts de ses successeurs pour affermir ce terrain mouvant de la mythologie, par l'application de l'allégorie ou de l'étymologie, par des rapprochements et des combinaisons de toute sorte, le Chaos, ajoute finement M. Jacobs, n'a pas consenti à se transformer en Cosmos, quelques peines que se soient données pour cela, d'une part l'Amour, de l'autre la Discorde. »

Ne serait-ce pas là, moins encore un éloge du vieil Hésiode qu'une critique par allusion des systèmes opposés des mythologues modernes, et de leurs débats parfois si passionnés, qu'un trait de scepticisme lancé indirectement contre les recherches mythologiques elles-mêmes, et dont il y aurait plutôt lieu de se plaindre que de s'applaudir?

Quoi qu'il en soit, et sans nous décourager pour notre compte, car nous croyons être dans le vrai, nous achèverons de satisfaire à l'objet de cette note, en reprenant deux ou trois points de détail dont nous avons promis l'éclaircissement, et que nous traiterons le plus brièvement possible en nous aidant de notre auteur et nous référant à la dissertation précitée.

Les générations de la Nuit et de la Discorde (v. 211-232 de la Théogonie) ont été regardées comme une interpolation par Hermann et par d'autres. Voici comment nous nous sommes rendu compte du retour tardif que fait Hésiode sur ces générations, qu'il a placées à la suite de celles de la Terre et du Ciel, et du grand mythe de la mutilation de ce dernier :

« Il ne faut pas oublier que la *Théogonie* est une suite de généalogies en même temps qu'une épopée, un recueil de traditions aussi bien qu'un drame. Le poëte reprend donc ici le fil généalogique pour nous faire connaître l'origine d'un certain nombre de puissances, déjà pour la plupart célébrées par ses prédécesseurs, puissances physiques ou morales, ténébreuses, pleines de mystère, d'une influence fatale sur le monde et sur la vie, et qu'il présente comme issues de la Nuit sans le concours d'un époux.... Suivent les funestes enfants de cette dernière (la Discorde); personnifications évidentes des fléaux qui pèsent sur l'humanité.... Nous ne nions pas qu'il ne se rencontre çà et là, dans ce morceau, quelques vestiges d'interpolation, quelques altérations partielles; mais nous pensons que, dans son ensemble, il fait partie intégrante, essentielle de la *Théogonie*, que c'est ici sa véritable place, et qu'il n'y a aucune raison suffisante de le rejeter ni de le déplacer. C'est, comme l'a dit M. Creuzer, une vue à la fois cosmique et profondément morale jetée sur le monde, tout à fait conforme au génie de la haute antiquité; sur le monde au sein duquel coexistent les principes du bien et du mal, également nécessaires à son développement [1]. »

M. Creuzer persiste, et nous persistons avec lui, dans l'explication qu'il a donnée, conformément aux indications des anciens, des Cyclopes d'Hésiode et des Hécatonchires ou Centimanes. « Les noms propres appliqués à cette double triade de frères, enfants du Ciel et de la Terre, avons-nous dit, montrent en eux l'opposition symétrique des grands phénomènes de l'atmosphère pendant l'été et pendant l'hiver, par conséquent la tendance au retour régulier des saisons [2]. » Hermann (*Ueber das Wesen der Mythologie*, p. 84 sq.), revenant sur sa première idée, traduit Κόττος par *Ferius*, de κόπτω, et y voit la grêle. Γύης, et non pas Γύγης, est pour lui *Sulcius*, la terre sillonnée; Βριάρεως, *Gravinus*, c'est la neige. Ces trois monstres personnifieraient toujours l'hiver, comme les Cyclopes l'été. M. Welcker résume ainsi un savant et neuf commentaire (*Æschyl. Trilog.*, S. 147-154), soit de la double triade d'Hésiode, soit du mythe de *Briarée-Ægæon* amené par Thétis au secours de Jupiter (Iliade I, 397) : « Jupiter lançant la foudre et Ægæon à côté l'un de l'autre, les trois Cyclopes et les trois Hécatonchires rapprochés, ne représentent, dans leur multiplicité,

---

[1] De la Théogonie d'Hésiode, etc., p. 27 sq.
[2] *Ibid.*, p. 25 sq.

qu'une seule et même chose, la foudre et la nuée s'élevant de la mer, en rapport nécessaire l'une avec l'autre. » Ce seraient, en d'autres termes, les phénomènes de l'électricité et de l'évaporation symbolisés. On pourrait y voir encore les agitations de la mer, dans les tempêtes surtout, en connexité avec les explosions du ciel.

Nous avons dit encore que, pour nous, les Titans, ces autres enfants du Ciel et de la Terre, « semblent exprimer, dans leur idée commune et primordiale, les principes élémentaires et comme les prototypes des forces physiques et morales par le concours desquelles la création s'est développée dans l'étendue entre la Terre et le Ciel. » Nous avons expliqué la mutilation d'Ouranos par Cronos en ce sens, « que la création se développe aussi bien par la haine que par l'amour, par la lutte et le combat aussi bien que par l'union. Ouranos, jaloux du progrès nécessaire des choses, se flatte vainement de l'arrêter ; il est mutilé par Cronos, et le règne du temps va succéder à celui de l'espace. Le principe générateur se déplace et se transforme, il tombe décidément dans la durée dont les eaux sont l'emblème, et c'est au sein des eaux (de la mer, où sont tombées les parties génitales d'Ouranos) que naît Aphrodite, la fille du ciel et des eaux, la déesse de la beauté, image d'une création nouvelle et plus parfaite [1]. » Hermann (*Homer. Briefe*, p. 164) voit dans les Titans, dont il traduit le nom par *Tendones*, les vains efforts de la nature aspirant à créer, sans mesure encore et sans règle. Il faut, dit-il, que vienne Cronos ou *celui qui accomplit, qui achève* (de κραίνω), pour que la nature vivante s'organise et subisse l'empire de la loi. C'est pour cela que Cronos est le plus jeune des Titans, c'est pour cela qu'il mutile le vieux père du désordre. En même temps la puissance créatrice se communique à toutes choses : la terre enfante les *Erinnyes* ou *celles qui font mûrir*, les *Géants* ou *générateurs*, et les nymphes *Mélies*, ou *celles qui apprivoisent ;* la mer donne naissance à Aphrodite, qui préside à l'union des sexes, etc.

M. Creuzer trouve très-hasardées ces interprétations fon-

[1] De la *Théogonie d'Hésiode*, etc., p. 25-27. Cf., sur les Titans d'Homère et leur différence avec ceux d'Hésiode, le § 3 de la note 8 ci-après.

dées sur des étymologies qui ne le sont pas moins, des Érinnyes ou Furies, personnifications plus morales que physiques, et des nymphes Mélies, qui représentent à ses yeux « des intuitions tout à fait déterminées de la croissance et du développement des plantes et des animaux, dépendant de la chaleur du soleil et du principe nourricier des eaux. » Plus loin, il accorde à Hermann que Doris, aussi bien que ses filles, les Néréides, peut être une nymphe des sources, rapportant également aux sources et aux nymphes, contre l'opinion de ce savant, les Muses les plus anciennes : c'est un point qui sera discuté dans une note subséquente [1]. Mais ce qui est plus important, c'est de reproduire ici par extrait, comme nous en avons fait la promesse, les développements nouveaux que notre auteur a donnés sur l'idée fondamentale de Cronos, idée que nous avons adoptée en principe, tout en l'expliquant à notre manière, ainsi qu'on a pu s'en convaincre plus haut.

Cronos, dit M. Creuzer [2], est à la fois l'infini et le fini, l'illimité et le limité, l'Éternité et le Temps. En un mot, Cronos, dans la théogonie et la théologie des Phéniciens, était le même que Zerouane-Akherene du Zendavesta, le temps sans limites, le dieu éternel et irrévélé. Les Phéniciens, rapporte Damascius, présentent d'abord Cronos comme le démon ou génie qui dirige le démiurge et qui, sans descendre lui-même dans la réalité, préside à la création du monde et veille sur elle; ensuite ils le célèbrent aussi comme le démiurge même contemplant en soi le plan de la création [3]. Il est l'auteur de la révélation des choses divines [4]. Il est l'Éternité, et comme tel il a pour fils Æon, la durée éternelle et sa mesure [5]. Böttiger prétend que Cronos est originairement le soleil, le grand chronomètre du ciel, qui détermine les années, les mois et les jours. Sans

---

[1] *V.* la note 15 dans les Éclaircissements du livre VII, tome III.

[2] Dans le *Nachtrag* IV, sur le tome III de la 3ᵉ édition de la Symbolique, d'après sa recension de la *Kunstmythologie* de Böttiger.

[3] *V.* le passage de Damascius, dans les Meletem. de Creuzer, I, p. 45.

[4] Orphica, p. 507 Hermann, en lisant Κρόνον, au lieu de χρόνον.

[5] Αἰών, Κρόνου παῖς, Eurip. Heraclid., v. 900.

doute, et ce savant aurait pu alléguer à l'appui un passage de Manéthon [1]. Mais il n'en est pas moins vrai que, d'après le dogme phénicien, Cronos est l'éternité, le long temps, et la mesure de l'éternité, c'est-à-dire Æon [2]. Ce n'est que dans sa dernière manifestation qu'il devient le soleil et donne la mesure du temps.

Par là s'expliquent tous les traits, opposés en apparence, sous lesquels ce dieu est dépeint; par là les expressions χρόνια ou χρονικά, pour dire des choses extrêmement anciennes, et χρόνος, un vieillard tombé en enfance [3]; par là Cronos placé dans le temps, tout à la fois à l'origine et à la fin des choses. A l'origine, il rappelle les jours fortunés des Patriarches, l'âge d'or, sur lequel il règne (χρόνιος βίος, *Saturnia regna*). Au terme, il reçoit dans les îles des Bienheureux, dans son palais de l'Occident, ceux qui ont traversé les épreuves de la vie réelle, sous l'empire de Jupiter [4]. Il est possible que les récits des navigateurs phéniciens aient contribué à embellir le tableau de cette demeure occidentale de Cronos et des Bienheureux; mais l'idée n'appartient point en propre à ce peuple, et la preuve, c'est qu'elle se retrouve en Égypte [5]. Toujours Cronos occupe dans l'espace les extrémités les plus reculées. C'est pour cela que la planète la plus éloignée lui fut assignée dans les cieux; c'est pour cela que, sur la terre, il est le dieu latent, le dieu du *Latium*. Un mythe le relègue même dans la région infernale, et pour le même motif. Enfin, si sous son règne les biens sont indivis et toutes choses en commun, c'est une conséquence de la notion d'illimité, d'indéfini, qui est essentielle à Cronos.

(J. D. G.)

---

[1] Dans la Chronique d'Eusèbe, p. 39 éd. Ang. Mai.
[2] Proclus in Plat. Parmenid. VI, p. 101 Cousin.
[3] Plato Euthydem., p. 287 B, *ibi* Heindorf, p. 231, et Creuzer. Meletem. I, p. 44.
[4] Pindar., Olymp. II, 126 (77). Cf. p. 1071 sq. *ci-dessus*.
[5] Cf. livre III. chap. VI, p. 461 sq. du tome Ier.

Note 6. *De la famille de Japet et du mythe de Prométhée. Examen du système de M. Völcker.* (Chap. IV, art. I, p. 370 sq.)

Le mythe de Prométhée et le sens que M. Völcker lui attribue forment le point de départ et la base de son savant et ingénieux ouvrage intitulé : *Die Mythologie des Japetischen Geschlechtes*, Giessen, 1824. Aux yeux de cet érudit, ce mythe remonte aux origines de la société hellénique; il appartient à l'âge antéhomérique. Le silence que garde à son sujet l'auteur de l'Iliade et de l'Odyssée, ne saurait être allégué contre son antiquité; Homère n'est point un poëte exclusivement religieux; son but est principalement de chanter deux grands exploits des temps héroïques, il n'entre dans le détail des faits mythologiques que lorsque des faits se lient à son sujet, sont nécessaires à leur intelligence ou à leur développement. Des compositions aussi parfaites que les deux grandes épopées grecques n'ont pu apparaître tout à coup ; des œuvres poétiques aussi remarquables ont nécessairement été précédées par des chants, des hymnes, des légendes en vers, dont Homère et Hésiode ont tiré les éléments qu'ils ont su si admirablement compléter, polir et assembler. Ces premiers essais de l'esprit poétique des Grecs avaient spécialement pour objet les dieux, la cosmogonie; et ce serait une erreur de croire qu'on doive en retrouver tout le fond dans les ouvrages d'Homère. Hésiode, dont les poëmes ont un but plus spécialement religieux que ces derniers, nous en a conservé un plus grand nombre. Tout ce que nous rencontrons dans ses chants, toutes ces fables, toutes ces légendes et généalogies divines, sont autant de traditions que la poésie des premiers âges de la Grèce avait transmises jusqu'à lui. Or, parmi ces traditions, conservées par l'auteur des Travaux et des Jours, celle de Prométhée occupe une des premières places ; divers passages de sa Théogonie y font également allusion. Une foule d'auteurs viennent après Hésiode rappeler ce mythe célèbre, et démontrer son extrême popularité chez les Grecs. Ce sont

Eschyle, Épicharme, Pindare, Hérodote, Phérécydes, Hellanicus, Acusilaüs, Hécatée, Théognis, l'auteur des hymnes homériques, Platon et bien d'autres.

Le mythe de Prométhée est donc, selon M. Völcker, incontestablement fort ancien, et dès lors réellement hellénique. Quant au sens qu'il renferme, il est facile de le saisir, pour peu que l'on étudie les détails dont Hésiode en accompagne le récit : c'est l'image de la civilisation naissante au sein de la société primitive. Le feu est le symbole des premières connaissances que l'homme s'appropria, et qui amenèrent son développement intellectuel, moral et politique ; c'est l'emblème des sciences et des arts, ainsi que le rappelle l'épithète de πάντεχνον que lui donne Eschyle. Le mythe de Vulcain nous le représente avec cette même attribution symbolique ; le dieu du feu étant aussi le père de tous les arts.

Mais le développement de la civilisation entraîne à sa suite une foule de défauts et de vices, de dangers et de malheurs. La mollesse, la fourberie, la débauche, la prodigalité et l'amour du faste sont les inévitables conséquences des progrès de la société dans la voie des inventions, de l'extension de ses relations, de l'augmentation de ses besoins. Dès lors l'homme fait un retour sur les temps passés ; il se prend à regretter la simplicité, la frugalité, la tempérance de ses ancêtres ; il se représente comme un âge d'or celui où l'ignorance de la civilisation et des arts le préservait encore des maux qui ont suivi l'état social nouveau. Ces regrets se propagent de génération en génération ; on les retrouve depuis Hésiode jusqu'à Strabon, alors que ce géographe retrace avec complaisance et admiration le tableau de la vie des Scythes, où il croit retrouver le bonheur et la simplicité de mœurs que les Grecs ont perdus avec l'âge d'or.

Ces idées associèrent naturellement le souvenir des commencements de la civilisation à celui de l'apparition des maux parmi les hommes, et ces deux traditions continuant à s'offrir à l'imagination sous la forme mythique, la fin de l'âge d'or fut regardée comme la conséquence du larcin que Prométhée avait fait du feu; elle s'offrit sous le caractère d'une dégradation due au péché de l'homme.

Ce n'est pas cependant la naissance des arts, la découverte des sciences, ou, pour parler le langage mythologique, le rapt du feu céleste qui a déterminé immédiatement l'apparition des maux sur la terre; cette funeste catastrophe n'en a été que la conséquence indirecte ou médiate. Aussi Prométhée n'est-il pas encore la personnification de cette ardeur inexpérimentée des mortels, de ce génie imprudent qui prépare les instruments de sa propre ruine. Ce héros est encore l'esprit prévoyant et prophétique, ainsi que l'indique son nom; il a ravi aux cieux le feu qui doit assurer la supériorité de l'homme; mais il pressent les terribles conséquences qui peuvent résulter de l'élément qu'il a conquis, et il donne à son frère le conseil de ne point accepter la femme que lui envoient les dieux. Prométhée est encore innocent, il n'est point l'artisan du mal, il est ἀκάκητα, comme Hésiode l'appelle dans sa Théogonie (v. 614), remarquable épithète qui par la seule antiquité de sa forme annonce son origine antéhomérique. Mais son frère ne tient pas compte de ses conseils, les charmes de Pandore l'aveuglent; il n'a pas la prévoyance de Prométhée, il n'apprend qu'à ses dépens, il n'acquiert l'expérience que quand le mal est arrivé, ainsi que l'indique son nom d'Épiméthée.

C'est en effet l'introduction de la femme dans le monde qui apparaît comme la cause de tous les maux qui vont affliger l'humanité. C'est l'influence fâcheuse que va exercer la civilisation sur la nature faible, légère, volage, fausse, amie de la parure et du luxe de ce sexe, qui doit entraîner tous nos maux. Pandore en est la personnification; la boîte qu'elle porte laisse échapper toutes ces maladies morales ou physiques qui vont s'abattre sur terre et sur mer; il ne nous restera que l'espérance!

Ce mythe a, dans les formes sous lesquelles Hésiode et Théognis nous le présentent, observe M. Völcker, une grande analogie avec la tradition biblique de la chute du premier homme. Dans celle-ci, l'homme est aussi seul à l'origine, et il vit dans l'innocence, sans peine et sans travail ; c'est la première femme qui est cause de sa chute. Celle-ci lui est envoyée, comme Pandore à Épiméthée, par la divinité ; tandis que lui-même a été formé le premier d'eau et de limon, animés du souffle de la puissance divine. Mais ces analogies résident purement dans la forme ; le fond du mythe de Prométhée est complétement différent du récit biblique. L'idée dont il est l'expression est tout autre, elle est essentiellement grecque ; elle est inspirée par une pensée plus belle, plus vraie et plus facile à saisir ; on sent de plus qu'elle est tout humaine.

On ne rencontre dans la fable hellénique aucune trace d'une prédisposition à pécher, transmise comme un héritage du premier homme à ses descendants, aucun vestige en un mot du péché originel ; il n'est question que de péchés commis, de maux qui en sont résultés. A l'époque antéhomérique, l'idée de mal est intimement liée à celle de péché ; la conception du bonheur est encore étroitement unie à celle de la vertu, comme celle du malheur à celle du vice ou du crime. Ce sont des mots communs qui expriment le bien physique et le bien moral.

Après Homère et Hésiode, le véritable sens du mythe de Prométhée semble s'être perdu ; les idées de mal et de péché cessent de se confondre, elles se montrent comme distinctes. Puis apparut une conception nouvelle, celle de destin, de bonne et mauvaise destinée. Après n'avoir été d'abord que l'expression de la volonté des dieux, ainsi que le témoignent tant de passages d'Homère, le destin se change en une nécessité inexorable et terrible, placée au-dessus de la divinité même, et sous laquelle tout doit se courber.

M. Völcker combat l'opinion qui, s'attachant au lieu donné par l'antiquité pour la scène du mythe, voyait dans Prométhée, habitant du Caucase, fils ou époux d'Asia, l'image de la civilisation descendant par cette montagne d'Asie en Europe, et pénétrant en Grèce, après avoir traversé le pays des Scythes. Il fait observer qu'au temps d'Homère et d'Hésiode, les noms d'Asie et d'Europe ne désignaient point encore deux parties du monde, qu'ils n'étaient point appliqués à des contrées; le Caucase même était inconnu à ces poëtes; Homère ne parle ni du Pont-Euxin, comme d'une mer intérieure, ni du Palus Mæotis, ni de l'Ister, ni du Caucase. C'est Phérécydes qui avait apporté ce dernier nom pour la première fois dans la Grèce; il en faut dire autant du nom de Scythie, pays dont les limites s'étendaient bien plus au sud, jusque vers la Hellade, et qu'il est douteux qu'Homère ait jamais connu. Ces circonstances de lieu n'avaient été introduites que postérieurement dans le mythe; Hésiode n'avait point localisé cette fable; elle se présente chez lui avec un caractère purement allégorique, et elle a son fondement unique dans la nature générale des choses, que cette allégorie est destinée à traduire à la pensée; aussi ne dit-il encore rien de l'enchaînement de Prométhée sur le Caucase. Dans l'opinion de M. Völcker, c'est Eschyle qui a introduit cette circonstance nouvelle; mais l'idée qui lui fait transporter dans la Scythie le dernier épisode de cette fable célèbre, n'est point empruntée à une tradition historique. Le feu ravi par Prométhée est pour ce tragique, comme pour toute l'antiquité, le symbole des arts mécaniques, métallurgiques; de là le caractère de forgeron et de mineur qu'on retrouve dans ce Titan comme chez Vulcain. Or, à l'époque d'Eschyle, la Scythie était renommée par l'excellence de l'acier et du fer qu'elle produisait; de là l'idée de placer Prométhée chez les Scythes. Mais le poëte n'attache pas encore son héros au Caucase, en un lieu déterminé de la Scythie; il se borne à nommer cette contrée, d'une manière générale, comme le théâtre de sa captivité. La même idée fait qu'Eschyle place dans le Caucase les Chalybes, ces peuples qui travaillent le fer et l'acier, ainsi que l'indique le radical de leur nom χαλύψ, χαλκός. Homère et Hésiode ne soupçonnent point encore cette richesse métallurgique de la Scythie; mais à peine vient-elle à être connue après eux, que Prométhée y émigre.

M. Völcker rapproche Prométhée de Vulcain, et il trouve entre ces deux personnages une frappante analogie; mais les rapports qu'ils ont entre eux sont d'une nature toute mystique. Cet érudit les croit d'une date comparativement plus récente; ils sont à ses yeux l'ouvrage de la doctrine professée dans les mystères, doctrine dans laquelle on paraît s'être attaché à fondre ensemble ces deux types mythologiques. Examiné dans l'idée qui paraît avoir présidé à sa formation, le mythe des Japétionides s'offre avec un caractère qui lui est propre et dans lequel Prométhée joue un tout autre rôle que Vulcain. On ne saurait rien conclure du fait d'un autel consacré en commun à ce dieu, au Titan, et à Minerve. Cette association de cultes paraît être due à la célébrité dans les arts qui se liait aux souvenirs de ces trois personnages mythologiques. On ne saurait tirer non plus aucune conséquence de la tradition isolée qui donnait Thémis pour mère à Prométhée. C'est une filiation allégorique qui tenait au caractère de prophète, de devin qu'avait ce Titan; tout comme cette autre tradition plus répandue, qui lui donnait pour mère Clymène, c'est-à-dire, *la célèbre,* loin d'avoir une signification mythique, faisait seulement allusion à la gloire du héros qui lui devait le jour. La fable aimait à donner ce nom significatif à la mère des poëtes, des artistes célèbres; aussi en fit-on celui de la mère de Palamède et de celle d'Homère.

Cette manière d'envisager le caractère de Prométhée fournit à M. Völcker le germe de l'interprétation qu'il propose des mythes relatifs à la lignée de ce Titan. Poursuivant dans toute la race japétique le développement d'une idée qu'il croit avoir saisie à son origine, il procède, ainsi qu'il l'a fait dans ses recherches sur Prométhée, avec une vue toujours nette et arrêtée; mais il néglige par cela seul, ou se hâte de rejeter comme une addition secondaire et sans importance mythique, tout ce qui ne rentre pas dans l'explication systématique qu'il a conçue. Aussi son livre perd-il en critique ce qu'il gagne en clarté, en harmonie dans les idées, en enchaînement logique dans les déductions. Il sait, avec un véritable talent, pénétrer ce qu'il peut y avoir de profond, de réel, de vraiment significatif au fond des mythes qu'il analyse et qu'il rattache habilement ensemble; mais il ne fait point une part assez large aux éléments divers dont les fables sur les Japétides se composent, et il prête plus d'unité qu'il ne convient à des traditions dans lesquelles l'imagination pure et le caprice ont si souvent altéré ou modifié la simplicité du sens primitif [1]. (A. M.)

Note 7. *D'Homère et d'Hésiode dans leurs rapports avec l'ancienne religion des Grecs, et des interprétations mythologiques de l'Iliade et de l'Odyssée.* (Chap. IV, art. II, pag. 371-381.)

M. Creuzer a développé au long, dans ses *Lettres sur Homère et Hésiode*, son opinion bien arrêtée sur l'antériorité, par rapport à ces deux poëtes et à leurs ouvrages, d'une ancienne poésie théologique, d'origine orientale, d'un caractère à la fois symbolique et allégorique, dont le fond aurait été conservé dans les colléges des prêtres de la Grèce; et se retrouverait, modifié seulement, quant à la forme, dans les fragments et les hymnes orphiques parvenus jusqu'à nous. Il termine la sixième lettre, comme il avait fait la quatrième, par une déclaration formelle à cet égard. « Si nous repassons, dit-il, l'histoire de ces révolutions intellectuelles, il en résul-

---

[1] C'est le sens primitif et vraiment symbolique, soit du grand mythe de la famille de Japet en général, soit de la tradition de Prométhée en particulier, que nous avons cherché nous-même à dégager nettement, d'abord dans notre dissertation sur la Théogonie d'Hésiode, pag. 32-34, ensuite dans l'article *Prométhée*, inséré au tome XX, p. 183 sqq. de l'Encyclopédie des gens du monde. On consultera encore avec fruit: Heffter, *Prometheus*, dans le *Zeitschrift für Alterthumswissenschaft*, 1836, n°ˢ 53 et suiv.; Weiske, *Prometheus und sein Mythenkreis*, Leipzig, 1842, avec la récension de Hartung, dans les *Jahrb.* de Berlin, 1845, juin; et Lasaulx, *Prometheus, etc.*, Würtzbourg, 1843.

(J. D. G.)

tera que le culte des éléments et des forces de la nature, divinisées partiellement chez les Pélasges, était déjà une altération d'un culte plus ancien et plus pur, où l'esprit qui vit au sein de la nature, conçue dans son ensemble, recevait des hommages plus dignes de lui, et dont les dogmes principaux s'étaient perpétués dans les mystères, mais mélangés avec des idées de magie. Homère vient seulement à la suite de ces deux périodes, et, en sa qualité de poëte populaire, il se rattache déjà presque complétement au polythéisme anthropomorphique de la troisième. La seconde période, qu'on peut appeler pélasgico-orphique, se compose de véritables intuitions de la nature ou de vérités naturelles, mal à propos décorées du nom de *philosophèmes*, parce qu'elles sont étroitement unies avec les dogmes mystiques du sacerdoce et ne sauraient en être séparées. Enfin, la religion du commun du peuple, même en Grèce, fut d'abord plus magique, plus physique, et à la fois plus portée au culte des esprits, qu'elle ne devint dans la suite, si bien que la croyance populaire, si positive et si extérieure, qui apparaît dans les poëmes d'Homère, dut être la conséquence d'un grand changement dans les idées, produit par la chute de la hiérarchie pélasgique [1]. »

Hermann, dans la cinquième lettre sur Homère et Hésiode, objecte, aux vues de M. Creuzer, que la plus ancienne poésie des Grecs, d'où il a essayé de dériver leur mythologie, se distinguait, comme tout ce qui est grec, par la simplicité. Ayant pour fondement des *philosophèmes*, des vérités naturelles et morales, sans doute elle procédait de l'Orient; mais elle avait pris des formes complétement grecques, comme l'attestent les noms significatifs dont elle se composait, et elle donna naissance à ces croyances populaires dont la Théogonie d'Hésiode et les poëmes d'Homère sont les premières, les plus importantes et les plus remarquables archives. Hermann répugne à admettre, avec son savant adversaire, qu'à l'époque où se forma cette mythologie primitive, il n'y eût point encore de

---

[1] *Briefe über Homer und Hesiodus*, pag. 138 sq.

Grecs, à proprement parler, que la Grèce, dans les temps anciens, fît encore, pour ainsi dire, partie intégrante de l'Orient, et que la nationalité grecque ne date que du Xe siècle avant notre ère. Il n'admet pas non plus, aussi profonde que la conçoit M. Creuzer, la division, la scission entre les prêtres, instituteurs des premiers Grecs, auteurs de la poésie religieuse qui fut le fondement de leur mythologie, et les chantres populaires, prédécesseurs d'Homère et d'Hésiode, inventeurs de l'épopée. Homère et Hésiode appartiennent, suivant lui, à cette période intermédiaire où le peuple, ayant perdu le sens des personnifications et des figures sous le voile desquelles les prêtres-poëtes des temps anciens lui présentaient leurs philosophèmes, parce que, dans son ignorance, il ne pouvait les saisir autrement, les idées cosmogoniques, physiques, morales, avaient été travesties en une sorte d'histoire racontée et reçue comme telle. Aussi Hermann n'accorde-t-il point que ni Hésiode, ni Homère, aient eu la moindre conscience du double sens de leurs récits, qu'ils y aient, comme l'on dit, entendu malice. Les traditions merveilleuses et au fond significatives qu'ils rapportent, ils n'y voient rien de plus que le merveilleux, si propre à charmer leurs auditeurs. Ils ne se doutent ni des personnifications ni des allégories qui constituent les mythes qu'ils ont hérités de leurs devanciers, et qu'ils développent poétiquement pour le plaisir de leurs contemporains encore plus que pour leur instruction.

Vient ensuite la seconde période de la mythologie, où elle se complique et se mélange de toute sorte d'éléments divers; où commence l'amalgame des croyances grecques avec les croyances étrangères, à la suite de l'établissement des colonies; où les dogmes antiques, en s'enveloppant du voile des mystères, s'y transformèrent sous l'influence de la civilisation croissante et par le contre-coup de la philosophie. C'est alors que se montre le panthéisme, lien de la philosophie et de la religion, qui, à son tour, cherche dans le monothéisme un principe de cohésion et de solidité. Mais cette philosophie sacerdotale, dans ses interprétations des mythes populaires et des traditions sacrées, s'écarta de plus en plus du sens primitif et des antiques philosophèmes. Les poésies orphiques, fruit tardif des mystères, en offrent un exemple frappant.

Une troisième période de la mythologie est celle où l'antique mythologie nationale, et aussi bien la théologie mystique et sacerdotale, furent commentées, expliquées, transformées, d'une manière plus ou moins arbitraire, et par les poëtes et par les philosophes [1].

M. Welcker, comme M. Hermann, suppose, à l'origine de la mythologie, un système de noms hiératiques et poétiques, figurés et significatifs, représentant un système de vues et de spéculations religieuses sur la nature, et dont les débris épars auraient été le principe des mythes, de plus en plus altérés par les fictions et les accessoires de tout genre qui s'y rattachèrent. Cette exposition figurative et énigmatique, procédant par allusions et par images, est le caractère de la science la plus antique; elle passa, ainsi développée et altérée au gré de l'imagination et du caprice des poëtes, dans les grandes compositions d'Homère et d'Hésiode. Si, de temps en temps (ainsi que Creuzer et Hermann lui-même en ont cité des exemples) le chantre épique semble avoir une conscience obscure de l'énigme sacerdotale que les temps anciens ont transmise jusqu'à lui, dans d'autres passages il est manifeste qu'il se méprend sur le vrai sens de la tradition primitive [2].

« Il me semble, dit O. Müller [3], revenant, à cette occasion, sur la savante controverse agitée entre MM. Hermann et Creuzer, que c'est méconnaître les lois de la formation même des mythes, que de tant débattre la question de savoir si Homère et Hésiode ont compris ou n'ont pas compris le sens des légendes qu'ils nous rapportent. Toujours on part de cette supposition, qu'un poëte, un sage plus ancien, aurait, avec

---

[1] *Ibid.*, pag. 57-86, *passim*.
[2] Welcker, *Anhang zu Schwenck's Etymologisch-Myth. Andeutungen*, pag. 255, 258; *Æschyl. Trilog. Prometheus*, p. 151.
[3] *Prolegomena zu einer wissenschaftlichen Mythologie*, pag. 342 sqq.

préméditation, enveloppé de symboles et de mythes allégoriques des idées clairement conçues, lesquelles, par un malentendu, auraient été plus tard prises pour des faits réels et développées sous la forme historique. Mais, si l'on accorde que l'expression mythique et symbolique était nécessaire à l'époque où les mythes furent créés, il s'ensuit que la conception mythique et symbolique qui les engendra ne l'était pas moins. En effet, un autre mode de conception, reposant sur des idées claires et nettes (si toutefois l'idée de *force* est plus claire en elle-même que celle du *démon* ou *génie* qui habite dans tel ou tel des êtres, telle ou telle des parties de la nature), se serait fait sa langue à lui. L'époque dont il s'agit se représentait donc toutes les relations de la divinité, de la nature et de l'homme, comme autant de personnes à part, autant d'actes significatifs. Ce que nous nommons malentendu, méprise, existait donc dès le principe dans le mythe lui-même et n'y est point venu du dehors. Et pourtant il est vrai que, plus ancien est un mythe, une fois exprimé, moins il est apte à réveiller le même sentiment, la même idée qui lui donna naissance; plus sa signification propre va s'effaçant toujours davantage, surtout quand, déraciné du sol natal, il se trouve transporté au milieu de circonstances étrangères. La forme demeure et se pétrifie; l'esprit qui l'avait produite finit par s'évanouir. L'antique habitant d'Argos, plein de foi dans ses dieux Zeus et Héra, source, à ses yeux, de toute bénédiction, crut les voir s'unir réellement l'un à l'autre dans la saison des pluies propices aux semailles; et cet hymen, conçu et présenté sous des couleurs tout à fait personnelles, tout à fait humaines, engendra une foule de rites religieux et de mythes populaires, plus naïfs les uns que les autres. Le chantre de l'Iliade entend le récit de ce fait symbolique, développé en une légende qui n'a plus de rapport à une époque déterminée de l'année, ni à la nature en général; il l'implique dans son poëme où, grâce à son étrangeté, elle dut nécessairement revêtir une forme quelque peu libre. La nuée d'or chargée de la pluie fécondante, la terre qui verdoie et pousse des rejetons, n'ont pas disparu; mais la première est motivée par le besoin de mystère, l'autre par celui d'une couche plus molle. Et toutefois le poëte garde encore un certain sentiment de la signification première du mythe, signification qui ne périra que dans le grossier evhémérisme des derniers temps. Autre exemple. L'histoire du sceptre d'Agamemnon, au second chant de l'Iliade, est présentée avec une simplicité toute biblique; ce n'est point une allégorie, une allusion à la souveraine puissance des Pélopides; c'est la simple croyance que le sceptre avec lequel ces pasteurs des peuples commandaient dans Argos, devait venir du roi des rois, croyance qu'Homère partageait avec le vieux chantre auteur de ce mythe. »

Aux essais qui ont été tentés, depuis les anciens, de dégager le fond mythique et symbolique de l'Iliade et de l'Odyssée, M. Creuzer a voulu, dans sa troisième édition, ajouter quelques précieuses indications que nous nous faisons un devoir de reproduire ici. « Quand on cherche, dit-il, à poser les bases d'une mythologie de l'Odyssée, on est bien près de reculer devant une telle entreprise, en voyant Sextus Empiricus [1] choisir précisément les traditions sur Ulysse comme exemples des plus frappantes contradictions. L'embarras redouble lorsqu'on voit d'autres anciens signaler dans l'Odyssée le mélange des éléments mythiques avec des éléments historiques et positifs, et attribuer au poëte l'usage d'associer à la réalité la fiction mythologique [2]. Il y aurait alors un grand problème à résoudre, celui de démêler dans la contexture du poëme ces trois ordres de matériaux : les faits historiques qui en seraient le fond, les traditions mythiques qui viennent s'y mêler, et les libres inventions de l'auteur. Et toutefois, si je ne me trompe, nous sommes plus en état aujourd'hui de résoudre un tel problème que ne pouvaient l'être les anciens eux-mêmes. Dans ces derniers temps, de remarquables progrès

---

[1] Adv. Mathemat. I, § 264-267, p. 273 Fabric.
[2] Eustath. in Odyss. I, 106, p. 27 ed. Lips., et IX, 106, p. 326 Lips.

ont été faits vers ce but; d'abord par une réunion et une comparaison plus complète des monuments figurés, et par la découverte de maints traits symboliques qui n'y avaient point été observés jusque-là [1]; ensuite par la recherche et l'interprétation de beaucoup de mythes étrangers à Homère [2]; par l'examen philologique et critique des fragments des ouvrages perdus des poëtes [3]; par le rapprochement des noms divers qui appartiennent à ce cycle, et par leur explication [4]; enfin, par la restitution paléographique et grammaticale des anciennes formes de certains de ces noms. Avec cet ensemble de moyens, peut-être ne sera-t-il pas impossible de parvenir à une intelligence véritable de l'Odyssée. Et, par exemple, pour montrer la portée de ce dernier procédé, Eustathe [5] remarque déjà qu'à côté de la forme ordinaire Ὀδυσσεύς, pour le nom d'Ulysse, on trouve, même en grec, Ὀλυσσεύς. Or, nous connaissons par des écrivains, non-seulement le dorique Ὀδυσεύς [6] et l'éolique *Ydysseus* ou *Udysseus* [7], ainsi que l'italo-romain *Ulixes*, mais aussi l'étrusque *Uluxe*, et, d'après les monuments, spécialement les vases peints, *Uluse, Ulis, Olyseus, Olyteu* [8], etc. Ces formes pourraient nous conduire au nom

---

[1] Tischbein, Heyne, Schon, les membres de l'Institut archéologique de Rome, O. Müller, Raoul-Rochette dans l'Odysséide, Inghirami, soit dans les *Monumenti etruschi*, soit dans la *Galleria Omerica*, de Witte et Lenormant, etc.

[2] Th. Panofka, entre autres, dans son excellent mémoire, *Ueber verlegene Mythen*, Berlin, 1840; — et Ed. Gerhard, dans ses savantes explications des vases, des miroirs, et d'autres monuments.

[3] *V.*, par ex., Th. Bergk Commentat. de reliquiis comœdiæ Atticæ, Lips. 1838, spécialement sur les Ulysses (au pluriel, Ὀδυσσεῖς) de Cratinus.

[4] P. ex., du nom d'Ulysse lui-même, Ὀδυσσεύς, dans Eustathe ad Odyss. α', 62, et τ', 405, coll. Roulez ad Ptolem. Hephæst., p. 58.

[5] In Iliad, β', 569, p. 234 ed. Lips.

[6] Theocrit. Idyll. XVI, v. 51.

[7] Quintil. Instit. orat. I, 4, 16, p. 74, *ibi* Spalding, coll. K. O. Müller, *Etrusker*, II, S. 279.

[8] *Annali dell' Inst. archeol.*, vol. IV, fascic. III; Ed. Gerhard,

d'*Olisténé*, la fille de Janus [1], qui, rapporté à ὀλίσθω, ὀλισ-θάνω, annoncerait une personnification de la *conversion successive*, et alors nous risquerions de nous trouver dans la sphère d'un dieu du temps, de l'année et du soleil [2], quand, d'un autre côté, le nom étrusque d'Ulysse, *Nanos*, ne nous mènerait point au même résultat. Ainsi s'appelait-il, en effet, chez les Tyrrhènes, en sa qualité d'*errant* [3] : c'est l'Ulysse de l'Italie, venu en personne sur cette terre de l'occident [4], et dont les destinées dernières se rattachent à des localités de l'Étrurie, telles que Cæré, Clusium et Cortona [5], qui même avait trouvé sa fin et son tombeau dans cette contrée [6]. Là était adoré un dieu du ciel, dont la double face regardait tout ensemble à l'orient et à l'occident, à qui étaient consacrés douze autels figurant les douze mois [7]; autant de vestiges à demi effacés de noms, de nombres, d'images également significatifs, et qui tous, en dernière analyse, nous ramènent au voyageur tant éprouvé de l'Odyssée, à celui qui, franchissant les îles de Calypso, de Circé et du Soleil lui-même, et, du fond de la caverne ténébreuse du Cyclope, reconduit par le bélier à la lumière du jour, revit enfin son Ithaque. En signe de sa dernière lutte et de sa dernière victoire, il y traverse de sa flèche, à la fête de la nouvelle lune, les trous des douze haches, et se montre ainsi avec le caractère d'un héros du soleil et de l'année.

« Ce simple essai d'une interprétation mythologique de l'Odyssée, je l'offre au lecteur, dit en terminant M. Creuzer, sans aucune prétention. Je sens trop moi-même combien nous som-

Neuerworb. antike Denkmäler, Berlin, 1836, p. 13; Kramer, *Ueber den Styl u. Herkunft der bemalten Thongefässe*, S. 181 *f.*

[1] Athen. XV, p. 692 D, p. 529 Schweigh.
[2] J. Lydus de Mens., p. 146-148 Röther.
[3] Schol. ad Lycophron. 1244, p. 211 ed. Müller, coll. K. O. Müller, *Etrusker*, II, p. 269.
[4] Hellanic. Fragm. p. 152 ed. Sturz. alt.
[5] K. O. Müller, *ibid.*, p. 168-170; Roulez, *ubi supra*, p. 104.
[6] Anthol. gr. I, p. 114 ed. Jacobs.
[7] J. Lyd. de Mens., p. 146.

mes loin encore d'avoir atteint le but. Si nous y parvenions jamais, nous pourrions démêler si sûrement les éléments mythiques et symboliques du poëme, et les faire ressortir avec tant de clarté, que les contradictions signalées par le sceptique Sextus comme absolument inconciliables se résoudraient sans difficulté dans un tout harmonieux, dans l'expression en quelque sorte nécessaire d'un dogme antique développé poétiquement. »

Pour nous, s'il nous est permis d'émettre à notre tour une opinion sur ces graves et délicates questions de haute critique mythologique et littéraire, nous répugnons à l'idée d'un même fil et, pour ainsi dire, d'une même chaîne symbolique, courant à travers toute la trame ou de l'Odyssée ou de l'Iliade. Nous n'y voyons pas davantage une grande allégorie ou physique ou morale. Ulysse n'est pas plus pour nous un dieu ou un héros du soleil parcourant sa carrière, luttant et souffrant, et triomphant à la fin, qu'Achille et Énée ne sont, au gré d'étymologies non moins trompeuses, de rapprochements non moins aventurés, des dieux des eaux, des génies originairement locaux de sources et de fleuves, devenus des chefs de peuples [1]. Nous avons peine à reconnaître dans les Atrides, ces pasteurs des peuples par excellence, une simple transformation des Dioscures de Mycènes, d'Amycles et de Thérapné; dans Ménélas, le dieu ou le génie du matin, dans Agamemnon, celui du soir [2]. Il serait par trop singulier, comme l'observe judicieusement O. Müller, que la forme du récit d'actions et d'événements, dans la mythologie, ne s'appliquât jamais à rien de réel ou d'historique, à aucun fait ni à aucun personnage humain [3]. Si l'épopée divine d'Hésiode, si la Théogonie se compose uniquement d'éléments symboliques et reli-

[1] *V.* Schwenck, *Etymol.-Mythol. Andeut.*, p. 103 sq., 179; coll. *Völcker, Japet. Mythol.*, p. 393-365; Rückert, *Troja*, p. 109 et 144 sqq.

[2] Rückert, *ibid.*, p. 222 sqq.

[3] *Prolegomena*, p. 67, 286, 294.

gieux, de principes physiques et moraux, impliqués dans une action transcendante, dans l'organisation même du monde et dans son développement par la lutte des puissances supérieures qui l'ont successivement régi [1], il n'en est pas de même de l'épopée héroïque d'Homère. Ces éléments, ces principes, qui sont les dieux personnifiés de la croyance populaire, y figurent sur l'arrière-plan d'une action tout humaine, d'une action dont le fond est certainement historique, quoique développé, dans la forme, selon le génie de la tradition, avec des circonstances et des accidents qui n'appartiennent pas exclusivement à l'histoire; et les acteurs de cette action, les héros, ne sauraient être eux-mêmes, sans distinction aucune, soit des personnifications des lieux, des pays, des tribus, des peuples, soit des épithètes individualisées des divinités générales ou locales. Prétendre le contraire et ne voir dans tous les personnages de l'Iliade et de l'Odyssée que des symboles transformés en mythes par la tradition et par la poésie, est, selon nous, un abus de l'interprétation mythologique presque aussi dangereux que de donner pour sujet à l'un ou à l'autre de ces deux poëmes la lutte des éléments de la nature sous l'image de celle des Grecs et des Troyens, et les aventures célestes du Soleil et de la Lune sous l'emblème des *erreurs* de l'infatigable et prudent Ulysse, ou des épreuves de la chaste Pénélope [2].

[1] Cf. l'avant-dernier éclaircissem., p. 1121 sq. *ci-dessus.*

[2] Voici comment s'exprime à cet égard M. Welcker, dans sa Vie de Zoëga, II, p. 132 sq. « Les leçons de Kanne, sur la tradition héroïque des Grecs et des Romains, m'ont rappelé, dit-il, ce qu'un jour me racontait Zoëga, que jadis il avait été tenté de rapporter l'Iliade et l'Odyssée à de simples données scientifiques, l'Iliade à une éclipse de lune, l'Odyssée à des révolutions souterraines. Assurément il faut distinguer d'un poëme purement allégorique, sans autre but ni sujet, le sens allégorique que, dans tous les temps, mais surtout dans ceux où toute philosophie, toute sagesse, toute science était encore une, de grands poëtes, avec plus ou moins de suite, surent si bien allier à la vérité et à la beauté extérieure des créations épiques et dramatiques, n'oubliant jamais les initiés, alors même qu'ils s'adressaient au peuple. Quelques fréquentes al-

Rien de plus difficile, au reste, que de faire, dans la mythologie héroïque des Grecs et dans l'épopée, la part de la tradition et celle de la poésie, d'assigner les modifications que l'une fit subir à l'autre, à plus forte raison de déterminer les transformations antérieures de la tradition dans la bouche du peuple ou dans celle des prêtres, et de dégager, par l'analyse des mythes, l'élément symbolique, religieux, idéal, qui s'y confond si intimement avec l'élément réel, historique et positif. De sérieux essais en ce genre ont été tentés de nos jours, tantôt plus circonspects, tantôt plus hardis, quelquefois téméraires. Nous ne pouvons que renvoyer ici, en ce qui concerne Homère, aux excellentes remarques d'O. Müller, placées à la suite de ses *Prolégomènes d'une mythologie scientifique*, pag. 348-371; aux introductions et observations aussi savantes que précises de Nitzsch, dans son commentaire sur l'Odyssée; enfin, aux écrits de Völcker, de Klausen, de Uschold et de Rückert [1], qui ont entrepris successivement, soit de distinguer les matériaux traditionnels employés par Homère dans ses merveilleuses compositions, soit d'en faire ressortir les éléments symboliques, soit d'expliquer, par la mythologie et par l'histoire à la fois, la légende entière de Troie, lien non moins mystérieux que les vieux Pélasges entre la Grèce, l'Asie Mineure et l'Italie [2]. (J. D. G.)

lusions que fassent Homère et ses successeurs à des dogmes antiques, le monde des héros n'a rien à en souffrir. » C'est à peu près la pensée de M. Creuzer, comme c'était aussi celle de Zoëga. On a vu plus haut celle d'O. Müller. Uschold et autres ont singulièrement abusé des principes posés par ces grands maîtres.

[1] Völcker, dans l'*Allgemeine Schulzeitung*, 1831, II, n° 39. — Klausen, *les Aventures d'Ulysse expliquées d'après Hésiode* (en allem.), Bonn, 1834, et son livre plus considérable, *Æneas und die Penaten*, Hambourg et Gotha, 1839, 1840.—Uschold, *Geschichte des Trojan. Kriegs*, Stuttgart, 1836, et son ouvrage beaucoup plus général et plus aventureux, *Vorhalle zur Griechischen Geschichte und Mythologie*, 1838-1839. —Emil Rückert, *Troja's Ursprung, Blüthe, Untergang und Wiedergeburt in Latium*, Hambourg et Gotha, 1846.

[2] M. Rückert, dans sa préface, expose lui-même, ainsi qu'il suit, les

Note 8. *Des mythes astronomiques chez Homère et Hésiode. — De la psychologie homérique. — De la théologie d'Homère.* (Chap. IV, art. III, pag. 381-388.)

§ 1. Otfried Müller, dans ses *Prolegomena zu einer wissenschaftlichen Mythologie* (p. 191 et suiv.), a combattu avec

importants résultats de ses recherches, les plus neuves et les plus profondes de toutes, sur les origines et l'histoire entière de la ville de Troie : « J'ai d'abord examiné les données des anciens sur l'origine des Troyens, et j'ai trouvé que les différents récits qui les font venir de Crète, d'Arcadie, d'Attique, peuvent se concilier entre eux, et que le culte, aussi bien que les traditions des Troyens, se ramènent à ces trois sources tout à la fois. Les Teucriens de Crète, tribu pélasgique, qui, au temps de Minos, se répandit sur les îles et sur les côtes de la mer Égée, notamment à Salamine et en Attique, jettent dans la Troade, sur un sol thracique, les fondements de l'état troyen. Fortifiée bientôt par les Dardaniens de l'Arcadie, cette puissance nouvelle reçoit enfin par l'arrivée des Tyrrhéniens (Géphyréens) et des Teucriens, chassés de l'Attique par les Ioniens, son dernier complément. Troie maintenant commande, non-seulement en Mysie, mais en Thrace et en Macédoine, et elle envoie, comme jadis la Crète, des colonies dans l'Occident, en Épire, en OEnotrie, en Sicile. Mais ses richesses invitent les masses des tribus grecques plus jeunes, mises en mouvement par la révolution dorienne, à entreprendre une guerre de conquête, et la lutte de Troie commence après la seconde expédition des Éoliens, quand les nouveaux venus à Lesbos et sur la côte voisine de l'Éolide se sentirent assez forts pour braver les Troyens ; elle se termine par la destruction de leur grande capitale. Cependant les Teucriens et les Dardaniens se maintinrent quelque temps dans la montagne sous les descendants d'Hector et d'Énée ; d'autres se dérobent au joug des Achéens par l'émigration, trouvent d'abord un refuge dans les colonies troyennes, et bâtissent enfin dans le Latium, à leurs pénates sauvés, des foyers tranquilles et sûrs. L'établissement en Étrurie des Tyrrhéniens chassés de la Lydie par les Ioniens nous montre la route que suivit la flotte troyenne, et l'ère étrusque, aussi bien que la chronologie romaine calculée d'après les années cycliques, retardent d'un siècle et demi environ l'époque de la prise de Troie, de sorte qu'elle se rencontre avec la prise de possession des côtes de l'Asie Mineure par les Éoliens et les Io-

beaucoup de science et de logique l'opinion de ceux qui ont attribué un caractère originairement astronomique à tous les mythes de la religion grecque. Il réduit à un fort petit nombre ceux auxquels il est possible de prêter une semblable origine. Voici quels sont les principaux points que cet antiquaire a établis dans son travail.

La connaissance des astres paraît avoir été peu familière aux premiers poëtes de la Grèce; c'est ce qui ressort du silence gardé par Homère et Hésiode sur la plupart des constellations. M. Creuzer avait pensé que l'on ne devait pas inférer du petit nombre de celles que cite le premier de ces poëtes, qu'il n'en connût pas davantage, puisque l'occasion a pu lui manquer de rappeler les noms de plusieurs d'entre elles; mais Otfried Müller oppose à cette remarque un fait

niens. Le pieux Énée reprend donc pied sur le sol du Latium, d'où avait voulu l'expulser le glaive d'une critique égarée par une aveugle prédilection pour les indigènes de l'Italie (celle de Niebuhr, d'O. Müller et de Klausen), et l'Énéide outragée voit laver son honneur. Elle n'est plus la bulle d'eau brillante, enflée par une servile adulation, et s'évanouissant devant la gravité de l'histoire, mais le produit sérieux et vrai de la conscience nationale. Les Tyrrhéniens et les Troyens, ainsi que les Arcadiens, les Épéens et les Achéens, chassés du Péloponèse par les Doriens, portent les semences de la civilisation dans l'Hespérie; ils hellénisent le Latium, où les anciens, notamment Denys d'Halicarnasse, reconnurent à bon droit un élément grec. Ces émigrés, quoique trop faibles en nombre pour faire prévaloir leur langue sur celle des indigènes, naturalisent dans le pays leur croyance et leurs mœurs, et le sacerdoce des Gephyréens ou des Pontifes conserve fidèlement les dogmes héréditaires. Les religions étrusque, romaine et grecque primitive s'expliquent réciproquement, et la première, dégagée des éléments italiques qui s'y mêlèrent, nous offre dans son ferme attachement aux coutumes héréditaires l'image fidèle du culte antique des Pélasges. Que si, par l'analyse mythologique, mainte personnalité, jusqu'ici acceptée sans scrupule, disparaît du domaine de l'histoire, cette perte est largement compensée par la lumière d'autant plus vive qu'en reçoit la connaissance des tribus pélasgiques, de leurs migrations, de leurs établissements et de leurs mutuelles relations, enfin de leur développement intellectuel et moral.»

significatif, c'est qu'Hésiode, auquel l'occasion s'offre sans cesse de nommer des constellations, demeure également muet sur la plupart d'entre elles.

Les seules constellations qui soient désignées chez les deux poëtes sont : les *Pléiades,* les *Hyades, Orion,* la *grande Ourse* ou le *Chariot, Bootès,* et enfin le *chien d'Orion.* Or, ces noms n'expriment pas des formes déterminées dont les étoiles du groupe ainsi appelé représentaient le contour par leur position relative ; ils ne s'appliquent point à des personnages dont l'histoire mythologique rappelait, sous le voile de l'allégorie, l'époque du lever et du coucher des astérismes portant le même nom, les places que ceux-ci occupaient successivement dans le ciel. Chez ces poëtes, ces noms se montrent tout simplement comme les désignations qu'avaient fait imposer à ces constellations les phénomènes auxquels leur apparition se rattachait, les croyances auxquelles donnaient lieu, chez un peuple encore simple et ignorant, leur aspect particulier et leur éclat.

La forme patronymique des deux noms de Pléiades et de Hyades ne saurait être alléguée en faveur de la personnification originaire de ces astérismes ; car cette forme n'impliquait pas toujours, dans les premiers temps de la Grèce, une idée de descendance, de filiation ; elle n'était, le plus souvent, que l'indice d'un mot dérivé. Le mot de Pléiades tire évidemment son étymologie du verbe πλεῖν, *naviguer;* les Pléiades étaient, en effet, les étoiles des marins. Pour les Grecs, fort inexpérimentés dans l'art nautique à l'époque homérique, cette constellation servait à désigner, par son lever, le moment où la mer devenait navigable, et par son coucher, celui où elle cessait d'être praticable ; c'est ce que nous apprend Hésiode. Les parents que les anciens poëtes attribuaient aux Pléiades rappellent l'aspect sous lequel ces étoiles s'offraient aux navigateurs. Atlas, leur père, était la personnification des montagnes qui bordent la mer, et de derrière lesquelles ces étoiles apparaissent aux matelots ; leur mère était regardée comme fille de l'Océan et de Téthys, parce que c'est du sein des eaux que ces astres semblent sortir quand ils montent à l'horizon.

Les noms que l'on donna à quelques-unes des Pléiades en particulier peignaient à la pensée l'éclat dont elles brillaient, leur rôle indicateur sur les mers : tels sont ceux de *Stéropé,* d'*Électra,* d'*Alcyoné,* et de *Célæno ;* mais ces personnifications ne se présentent que chez des auteurs bien postérieurs à Homère. Toute la postérité qui fut attribuée à Atlas se rattache à un ensemble de mythes d'une date comparativement plus récente. Les Hyades, ainsi que leur nom l'indique, étaient les étoiles qui pronostiquaient la pluie ; voilà pourquoi Phérécydes les représente comme des nymphes de Dodone, qui avaient nourri Bacchus-Hyès. Toutefois cette légende semble n'avoir été rattachée aux Hyades que très-postérieurement. Ces nymphes, regardées aussi comme les nourrices de Jupiter, appartenaient à un mythe dodonéen, ainsi que nous le donnent à penser les noms que ce même Phérécydes leur donne. On ne saurait objecter à cette supposition l'analogie de ces noms avec ceux qui sont consignés dans un fragment qui porte le nom d'Hésiode, puisque l'authenticité de cette attribution est mise en doute par Athénée (XI, 491), et que tout dénote dans ce morceau l'œuvre de quelque Alexandrin. Ainsi, dans les mythes qui se rattachent aux Hyades, pas plus que chez ceux qui se lient aux Pléiades, rien ne présente un caractère réellement astronomique.

Le nom d'Ἄρκτος, que porte la grande Ourse dans les premières poésies helléniques, paraît indiquer davantage l'idée d'une assimilation des figures sidérales à des formes d'animaux déterminées ; mais rien n'établit que ce nom ait été imposé à la plus grande constellation de notre hémisphère, à raison d'une ressemblance, d'une analogie entre le contour linéaire que dessinent au firmament les étoiles qui la composent, et le profil d'un ours. Il est beaucoup plus vraisemblable de croire que cet astérisme a dû sa désignation à l'animal que les Arcadiens avaient consacré à Diane, leur divinité principale : c'était ce peuple qui avait introduit chez les Grecs le nom d'Ἄρκτος, comme dénomination du Chariot. Il n'est point impossible que les Arcadiens aient cru voir au ciel l'animal favori de leur déesse, dans cette constellation qui se distingue de toutes les autres pour les yeux les moins observateurs. Quoi qu'il en soit, on ne rencontre rien dans l'histoire de Callisto qui annonce que la grande Ourse y soit entrée comme élément constituant. Le mythe d'Orion offre un côté astronomique plus spécieux; aussi, pour en saisir le caractère originaire, est-il nécessaire de distinguer préalablement l'Orion géant béotien, de l'Orion constellation. On ne saurait dire quel est au juste le motif qui fit imposer à celle-ci le nom du premier : peut-être l'éclat de cette étoile, sa grandeur apparente, comparée à celle des autres, rappelaient-elles à l'imagination populaire la supériorité qu'Orion avait, par sa taille et sa force, sur les autres créatures; mais assurément, en désignant par le nom d'Orion la constellation en question, les Grecs n'entendaient pas plus indiquer par là que le géant eût été changé en astre, que le peuple allemand n'entend indiquer, par le nom des *Trois rois* qu'il donne à une constellation, que les mages ont été métamorphosés en étoiles.

Cette dernière affirmation d'Otfried Müller nous semble un peu absolue. L'idée qu'un héros a été changé en étoile après sa mort s'offre trop naturellement aux esprits qui supposent aux astres une nature supérieure et divine; elle s'est rencontrée chez un trop grand nombre de peuples fort peu avancés dans la civilisation, pour qu'il soit impossible que cette même idée ait pris naissance chez les Grecs au sujet d'Orion. Une négation du moins, en l'absence de preuves, peut être taxée de hardiesse, d'autant plus qu'Otfried Müller reconnaît que la personnification de l'étoile Orion devint de très-bonne heure la source de diverses fables : telle est notamment la prétendue poursuite des Pléiades par Orion, dont nous parle Hésiode, poursuite dans laquelle il est impossible de ne pas reconnaître une fable construite sur la position relative de ces deux astérismes. Les poëtes postérieurs ont ensuite étendu et embelli le mythe.

Le chien d'Orion doit vraisemblablement son nom à la légende même d'Orion. Une fois un chasseur placé dans les cieux, il était naturel de lui donner un chien, surtout quand la présence d'un ours parmi les astres, jointe à celle d'un chasseur céleste, donnait l'idée d'une chasse.

La coïncidence de l'apparition de la saison chaude avec le lever de l'étoile du Chien fit attribuer à celle-ci une importance toute particulière chez les Grecs. Homère avait remarqué que cette étoile annonçait l'arrivée d'Ὀπώρα ou de l'époque de la maturation des fruits : le nom de Sirius (Σείριος), qui était imposé à ce même astre, faisait allusion à cette circonstance. Ces considérations expliquent pourquoi les idées de chien, de chaleur, d'été, se rattachent ensemble, et comment cet animal joue un rôle dans le culte et la mythologie.

C'est aux fables qui se rattachent aux constellations que nous venons d'énumérer, qu'Otfried Müller réduit les mythes grecs auxquels on peut, selon lui, conserver l'épithète d'*astronomiques*, c'est-à-dire, ceux dans lesquels, aux temps primitifs de la Grèce, les constellations entraient comme éléments constituants. Le savant antiquaire de Göttingue s'est ensuite demandé si, depuis, jusqu'à l'époque des Alexandrins, le nombre de ces mythes astronomiques s'est accru, et il résout la question négativement. En effet, en étudiant la marche de l'astronomie chez les Hellènes, on reconnaît que cette science s'est développée à part, et qu'elle est demeurée constamment distincte des fables populaires, des créations de l'imagination poétique. L'esprit hellénique était désormais trop avancé pour voir encore dans le ciel des images de personnages et d'animaux auxquels il prêtât une réalité; et cependant il envisageait encore trop sérieusement les mythes qui composaient sa religion, pour les réduire à n'être que des allégories destinées à peindre à la pensée les phénomènes célestes. Plus on descend le cours des siècles, en s'approchant de notre ère, et plus on voit les astronomes inventorier attentivement le ciel, s'occupant uniquement du contour que tracent sur la sphère les étoiles de chaque constellation; plus, en même temps, on voit les poètes demeurer étrangers à ce progrès des connaissances sidérales.

C'est Thalès qui, le premier, signale la petite Ourse à l'attention de ses compatriotes, et qui, d'après les Phéniciens, leur montre combien, à raison du faible cercle qu'elle décrit dans le ciel, elle peut offrir un guide sûr aux navigateurs. Vers la 60° olympiade, Cléostrate fixe la position du Bélier et du Sagittaire, deux constellations zodiacales. Dans la 85° olympiade, Euctémon, au dire de Géminus, connaissait le Verseau, la Flèche, l'Aigle, le Dauphin, la Lyre, le Scorpion, le Cheval. Or, toutes ces dénominations ne présentent rien de mythologique; ces noms sont visiblement imposés aux constellations d'après leurs figures apparentes ou leurs relations avec les phénomènes atmosphériques. La Chèvre (Αἴξ), bien qu'elle ne soit mentionnée par aucun poëte ancien, devait cependant avoir déjà reçu ce nom avant Cléostrate, puisque celui-ci ajoutait une petite chèvre (*capella*) : preuve qu'il expliquait le nom Αἴξ dans le sens de chèvre, quoiqu'il soit dérivé de ἀίσσω, et qu'il ait été appliqué à cette étoile parce que celle-ci était regardée comme annonçant les tempêtes.

C'est chez Eudoxe, qui vivait vers la 110° olympiade, que commence à se manifester la tendance à donner aux constellations le nom de personnages mythologiques. C'est cet astronome qui nous fait connaître les noms de Céphée, Cassiopée, Persée, Andromède, du Monstre marin, d'Argo, du Centaure. Néanmoins, sur sa sphère que nous a expliquée Aratus, ces désignations, empruntées à la mythologie, sont encore comparativement peu nombreuses. La tendance à adopter des noms de cette espèce se prononça de plus en plus; les désignations qui n'offraient encore, à l'époque d'Eudoxe, aucune acception mythologique, en reçurent une par la suite. C'est ainsi que le fleuve céleste devint l'Éridan. On chercha après coup des explications pour justifier ces dénominations; mais les noms des figures sidérales, tirés des formes, précédèrent toujours les appellations mythologiques, et c'est ce dont témoigne notoirement Aratus, lorsqu'en parlant de la constellation appelée l'*Engonasi* ou l'*Agenouillé*, qu'il décrit comme ayant l'apparence d'un homme à genoux, les bras étendus, il ajoute que nul n'a pu expliquer clairement cette figure.

Ce qui a fait souvent porter un jugement opposé sur cette question de l'origine des noms des constellations, c'est qu'on s'est laissé abuser par les fausses citations, les allégations mensongères des Alexandrins. Afin de justifier leurs idées, ces écrivains prêtent aux poëtes auxquels ils empruntent les données mythologiques, qu'ils arrangent ensuite à leur guise, des paroles qu'ils n'ont point prononcées. Otfried Müller a recueilli un grand nombre de preuves à l'appui de ce fait, de nature à discréditer singulièrement les Alexandrins : nous lui en emprunterons quelques-unes. Ératosthènes, dans le neuvième chapitre de ses Catastérismes, dit, en parlant de la constellation de la Vierge, que cette vierge est celle qu'Hésiode, dans sa Théogonie, nous apprend avoir été fille de Jupiter et de Thémis, et s'être appelée Dicé; Hygin reproduit la même assertion dans son *Poeticon astronomicon*. Or, Hésiode, dans sa Théogonie, donne bien la généalogie de Dicé, mais il ne nous dit aucunement que cette divinité soit une constellation, et assurément si la déesse de la justice avait été placée au firmament sous cette figure sidérale, on n'aurait pas mis un épi, mais une balance dans sa main. Le scholiaste de Germanicus s'appuie sur Hésiode et sur Phérécydes, en mentionnant le catastérisme du Bélier; il faut qu'il n'ait point compris Hygin, son prédécesseur, car ce mythographe ne cite ces deux auteurs que relativement à la Toison d'or. Dans sa fable 154, Hygin prête très-gratuitement à Hésiode la mention du catastérisme de l'Éridan, mythe ajouté depuis ce poëte.

Après avoir réduit à leur juste valeur les assertions des Alexandrins sur la prétendue mention faite de divinités sidérales par les anciens poëtes, Otfried Müller examine les autorités sur lesquelles les partisans des origines astronomiques des mythes grecs se sont appuyés pour faire prévaloir leur opinion. Ils ont cité la 71ᵉ ode d'Anacréon, pour établir qu'à l'époque à laquelle florissait ce poëte, c'est-à-dire vers la 60ᵉ olympiade, les deux Ourses étaient connues des Grecs, ainsi que Bootès. L'antiquaire de Göttingue a opposé à cette objection l'incertitude qui règne sur l'âge exact d'un grand nombre des odes qui portent le nom d'Anacréon, et l'égale incertitude qu'offre précisément dans sa lecture le passage en question. Quant au pentamètre anacréontique rapporté par Hygin (*Poet. Astr.*, II, 6), et dans lequel on voit une mention de l'Engonasi, il ne paraît présenter en aucune façon le sens astronomique qu'on lui attribue. Rien n'établit que le cheval que Pindare place aux cieux (*Ol.* XIII, 88) soit le même que la constellation de ce nom; ce cheval, d'ailleurs, n'est point ailé, et, pour cette raison, ne saurait être identifié avec Pégase, qu'on voit déjà représenté avec des ailes, à une époque fort ancienne, sur les monnaies de Corinthe. Ce n'est pas du Verseau que parle Pindare, mais du démon égyptien de l'inondation du Nil.

Si l'on regarde avec Böckh, comme appartenant à Pindare, un fragment donné dans Lucien (*Pro imag.* 19); si Voss a bien entendu l'expression de κύων λεοντοδάμας, il faut peut-être conclure que ce poëte thébain connaissait déjà la constellation du Lion; et alors cet animal céleste aurait été celui qu'Orion poursuivait dans le firmament. A cette supposition, observe Otfried Müller, il y a un fait positif à opposer, c'est que dans Homère ce n'est pas le lion, mais l'ours que dompte le chien d'Orion. Quoi qu'il en soit d'ailleurs, cette circonstance ne nous présenterait pas un mythe précisément nouveau.

C'est à cette même époque de l'histoire grecque que l'on rencontre dans Phérécydes la fable de la Couronne d'Ariadne transportée aux cieux; mais c'est là un mythe auquel la forme de la constellation a dû facilement donner lieu. C'est peut-être dans le même temps que parut le nom de Chemin de Phaéthon, attribué à la voie lactée, désignation qu'Aristote avait empruntée aux pythagoriciens (*Meteor.* I, 8).

Ainsi, cette revue des objections qu'on a opposées à ses idées une fois opérée, Otfried Müller en conclut que des preuves solides manquent pour faire remonter un peu haut dans l'antiquité grecque le rôle que les constellations ont joué plus tard dans la mythologie. Les tragiques lui sont une preuve du petit nombre d'astérismes auquel se réduisaient encore les connaissances des populations helléniques, au cinquième et au sixième siècle avant notre ère. Chez eux, en effet, nulle mention des astres dont les noms sont devenus dans la suite si familiers. Les Dioscures, dont il est question dans Iphigénie à Aulis et dans Électre, ne sont encore que les feux Saint-Elme; c'est une mauvaise leçon de Musgrave qui a fait croire qu'il était question du Lièvre dans la première de ces tragédies. On voit que le poëte ne place les Pléiades près de Sirius que parce qu'il ignorait quelles étoiles séparaient ces deux constellations.

En citant l'Aigle, d'après Démocrite et Euctémon, l'auteur du Rhésus montre déjà par là une prétention à des connaissances astronomiques plus avancées. Dans Euripide on ne voit que la petite Ourse citée parmi les constellations dont la connaissance est postérieure à Homère; et quant aux fables sidérales, on ne trouve qu'une explication du mythe des Hyades, tirée de la mythologie attique (*Theon in Arat.*, 172).

C'est donc uniquement dans l'école des grammairiens alexandrins que s'opéra la fusion entre les idées purement astronomiques et les idées mythologiques des Grecs. La mythologie revêtit une apparence astronomique, non pas que des mythes aient été inventés à cette époque et forgés d'après la figure des constellations, cela n'était pas dans l'esprit dominant, qui ne se préoccupait plus d'inventer, mais de recueillir; mais on compila toutes les fables antiques dans lesquelles figurait un animal ou un personnage analogue à celui dont un astérisme portait le nom dans le ciel, l'on adapta ces astérismes aux fables, en ajoutant à la donnée antique que l'animal, le personnage, l'objet avait été placé dans les cieux, et l'on rattacha, par cette addition, le mythe antique aux phénomènes sidéraux, dont il devenait ainsi l'expression allégorique. Parfois même on introduisit dans la fable une circonstance qui laissait percer clairement l'allégorie, et montrait que le personnage fabuleux n'était qu'un astre, dont le lever et le coucher dans le ciel avaient été rapportés métaphoriquement. Tel est, par exemple, le prétendu meurtre d'Orion, auquel Diane avait donné la mort avec un scorpion, conte qui n'avait d'autre but que d'exprimer que le coucher d'Orion avait lieu quand la constellation du Scorpion se levait dans le ciel.

Voilà comment les Alexandrins procédèrent pour donner à la mythologie une apparence plus rationnelle. En s'abstenant de forger des fables pour leur système d'interprétation astronomique, mais en présentant seulement avec de légères altérations les fables déjà répandues avant eux, ils donnèrent à leurs idées quelque chose de plus spécieux ; et tel a été leur art à opérer cette fusion de tous les mythes qu'ils trouvèrent de nature à s'adapter à leur théorie, qu'ils en ont imposé aux érudits eux-mêmes, et que le célèbre Dupuis s'est laissé prendre à leur piége. De tous ceux qui ont combattu le principe sur lequel ce savant s'est appuyé, il n'en est aucun qui ait procédé avec plus de méthode et de vraie critique qu'Otfried Müller.

Toutefois, l'illustre antiquaire a négligé de tenir compte, dans ce travail, des origines orientales que pourraient avoir certains mythes de la religion hellénique, et le fond même de cette religion. Fidèle à son système exclusif, il s'est refusé à rechercher si dans l'Assyrie, la Chaldée, la Phénicie, la religion n'offrait point un caractère plus astronomique, et si ce n'était pas par ignorance que les Grecs des anciens âges avaient enlevé aux idées symboliques qu'ils tenaient de l'Asie leur signification primitivement sidérale. C'est là en effet que porte aujourd'hui le débat, et au point où en est arrivée la question, il nous paraît difficile de se refuser à admettre tout à la fois l'origine orientale et le sens astronomique d'un certain nombre de mythes qui se répandirent dans la Grèce, mythes que matérialisa le vulgaire et que les poëtes embellirent de mille fictions.

§ 2. M. Völcker a recherché dans une dissertation intéressante intitulée : *De la signification des mots ψυχή et εἴδωλον dans l'Iliade et l'Odyssée, pour servir à la connaissance de la psychologie homérique* [1], les idées relatives à la nature de l'âme, qui se trouvent consignées dans ces deux épopées. Nous allons présenter un aperçu des résultats auxquels a été conduit cet érudit.

A la mort, la ψυχή quitte le corps et va poursuivre son existence dans le monde inférieur, les enfers. Cette ψυχή n'est pas dans Homère ce qu'elle devint plus tard pour les Grecs, l'âme conçue comme un principe immatériel et distinct du corps; c'est simplement le souffle, l'air que nous respirons, ainsi que l'indique la racine de ce mot, ψύχω. Le souffle, *anima*, était considéré par les anciens comme un des agents vitaux, un des principes de la vie; il était représenté, ainsi que le sang, qui constituait un autre principe intimement lié à lui durant la vie terrestre, comme ayant son siége dans la poitrine. C'était ce souffle animateur qui descendait dans l'Hadès, où il vivait alors d'une existence propre, non plus dans une enveloppe de chair et d'os, mais sous une forme fugitive, transparente, dans une enveloppe privée de sang et non composée de matière solide ou liquide. Cette enveloppe, cette image, toute semblable aux images que nous voyons en songe, était l'εἴδωλον, l'ombre, dont le nom indique, par son étymologie (εἴδω, εἴδομαι), la nature. L'εἴδωλον était une apparence, et rien de plus; il était formé, comme la fumée, d'une matière subtile et raréfiée; de là le nom de νεφέλη, *nuée*, qui lui était aussi appliqué.

Cette nature en quelque sorte gazéiforme des ombres qui habitaient au fond de l'Hadès explique les épithètes d'ἀκήριοι,

---

[1] *Ueber die Bedeutung von* ψυχή *und* εἴδωλον *in der Ilias und Odyssee, als Beitrag zu der Homerischen Psychologie,* von Dr. K. H. Wilh. Völcker (Giessen, 1825, in-4°).

de νεκύων ἀμενηνὰ κάρηνα, de σκιῇ εἴκελον ἢ καὶ ὀνείρῳ, qui leur sont données dans les deux épopées homériques.

La ψυχή était le principe de la vie animale ; quant à celui de la vie morale et sensible, le poëte le rend tour à tour par les mots ἦτορ, στῆθος, κραδίη, φρένες, qui désignent à la fois le principe des qualités intellectuelles et morales de l'homme et la partie du corps que l'on supposait en être le siége. Ce second principe ne survivait pas au corps comme la ψυχή ; suivant la croyance antique, il s'anéantissait avec lui.

Homère désigne l'esprit, le principe intellectuel, par les mots θυμός, νόος et μένος ; mais il ne nous apprend rien de sa destinée au delà du tombeau. Tout donne même à penser qu'il suppose que son anéantissement a lieu en même temps que celui du principe précédent ; car, bien qu'il ne confonde pas le principe vital avec l'organisme, cependant il établit entre eux une telle liaison, que la destruction du premier entraîne nécessairement celle du second. Le poëte ne conçoit en effet l'esprit que sous une forme toute matérielle, et non comme une force ayant une existence propre, indépendante du corps ; il ne se représente pas l'homme comme un être double, dont les deux principes agissent dans une mystérieuse unité, mais comme un être un et simple.

Sans le sang, dans lequel il fait, ainsi que Moïse, résider la vie, Homère ne peut concevoir d'activité ; aussi les ombres qu'il se représente comme privées de sang, végètent, selon lui, dans un état de torpeur qui rappelle celui dans lequel les premiers Hébreux supposaient que les âmes étaient plongées au fond du *chéol*[1]. Le στῆθος, l'ἦτορ, la κραδίη, les φρένες sont pour lui le siége de la vie active et celui de l'intelligence, parce que c'est dans cette partie du corps que le sang s'élabore ; aussi les morts sont-ils pour lui ἀφραδέες, c'est-à-dire, privés de sentiment.

---

[1] *Voy.* à ce sujet, J. B. F. Obry, *De l'immortalité de l'âme selon les Hébreux*, dans les *Mémoires de l'Académie du département de la Somme*, année 1839, Amiens.

L'εἴδωλον reproduisait sous une apparence trompeuse tout l'aspect qu'avait le corps, alors qu'il était animé par la ψυχή. Il rappelait trait pour trait le visage et les formes du vivant; c'est ainsi qu'il abusait dans les songes ceux à qui il apparaissait, et l'on ne saurait douter que les hallucinations du rêve n'aient suggéré aux anciens cette conception grossière de l'existence de l'âme au delà du tombeau. L'intelligence des premiers âges n'avait pu s'élever au-dessus de la forme matérielle que le souvenir évoque en nous, elle s'était arrêtée là; et comme la connaissance et la vie morale cessent de se manifester ici-bas dès que le corps a cessé d'être animé, elle supposait que ces principes s'éteignaient avec l'enveloppe terrestre, par laquelle ils se rendent sensibles aux autres êtres vivants. C'est aux progrès de la philosophie que sont dues des croyances plus consolantes et plus nobles. (A. M.)

§ 3. M. Creuzer a parfaitement caractérisé les dieux d'Homère, tels qu'ils se présentent dans l'Iliade et dans l'Odyssée, dans l'épopée grecque en général, dont ils sont, pour ainsi dire, les grands ressorts, et dans les événements de la vie des héros, où, mêlés à ces hommes supérieurs des anciens jours, et rapprochés d'eux à tant d'égards, quoique les dominant, ils jouent ce rôle surhumain qui constitue ce qu'on appelle le merveilleux. Les dieux d'Homère et de l'épopée sont des personnes divines, libres, morales, élevées au-dessus de la nature, en rapport néanmoins avec ses diverses parties, avec ses grands phénomènes; ils sont les prototypes et les patrons des héros, comme ceux-ci sont les patrons et les prototypes des hommes; ils sont des dieux de l'humanité, des dieux des peuples, des nations, des tribus, des villes; et pourtant si l'on soulève ce voile brillant d'anthropomorphisme qui les recouvre, si l'on recherche leur origine, si l'on se rend compte de leurs noms, de leurs épithètes et de maints traits de leurs légendes, on arrive à retrouver en eux des dieux du monde et de la nature, de ses éléments, de ses forces et de ses opérations journalières.

Le sentiment énergique de la conscience humaine, proclamant la supériorité de l'homme sur la nature, et pourtant son infériorité par rapport aux lois qui la gouvernent, aux lois qui régissent le monde physique comme le monde moral, a pu seul engendrer de tels dieux, faits à l'image de l'homme sans doute, mais élevés au-dessus de lui en même temps qu'au-dessus de la nature, à laquelle ils président sans s'y confondre. Ils ont, comme on dirait en langage philosophique, une existence substantielle et non simplement phénoménale; ils sont des substances, des causes, des êtres agissant par eux-mêmes; c'est en cette qualité qu'ils ont ordonné le monde, qu'ils s'en sont partagé le gouvernement, et c'est pour cela qu'ils sont *dieux,* suivant l'idée vraie en elle-même qu'Hérodote rattache à une fausse étymologie de leur nom [1]. Si Hésiode, bien avant lui, les fait naître en même temps que les hommes [2], si les enfants du Titan Japet sont parents des dominateurs de l'Olympe, c'est par une reconnaissance implicite de ce caractère de causes personnelles, de volontés libres et intelligentes, qui leur est commun, quoiqu'à un degré différent.

Tel est le progrès d'idées qui s'opéra peu à peu chez les Grecs, dans la manière de concevoir les dieux, tandis que ces dieux localisés d'abord, tenant au canton, à la cité, à la tribu, se généralisaient en s'associant, au gré des mouvements des peuples, de leurs alliances, de la suprématie temporaire de quelques-uns d'entre eux, des colonies où ils se fondirent les uns avec les autres, enfin du travail successif des Aèdes, des chantres épiques, représentés par Homère et par Hésiode, et qui contribuèrent tant à former entre toutes les tribus grecques un lien national et religieux à la fois, lien dont la famille divine de l'Olympe devint le symbole et la plus haute expression. Cette famille divine, comme la nation qui l'adora, fut tout ensemble une et multiple; il y a plus, au sein même

---

[1] Θεοί . . . ὅτι κόσμῳ θέντες τὰ πάντα πρήγματα καὶ πάσας νομὰς εἶχον. Herodot. II, 52, *ibi* Bæhr. Conf. le texte de ce tome, p. 289, n. 2, *ci-dessus.*

[2] Ὡς ὁμόθεν γεγάασι θεοὶ θνητοί τ' ἄνθρωποι. Hesiod. Op. et D., v. 108.

du polythéisme, le monothéisme conserva ses droits, du moins dans une certaine mesure, et autant qu'il se pouvait concilier avec la double empreinte locale et cosmique que ne perdirent jamais complétement les dieux de la Grèce, même quand ils furent nationalisés et transfigurés par l'anthropomorphisme poétique. Jupiter n'est pas seulement, chez Homère, le père des dieux et des hommes, il est encore le maître, le régulateur de la destinée, et, malgré les faiblesses et les contradictions de cette nature divine, faite en partie sur le modèle de l'humanité, sa puissance l'emporte de beaucoup sur celle des autres dieux, plus faibles, plus imparfaits que lui, et qui ne sont, au fond, que les ministres de ses volontés. Hadès ou Pluton est nommé, dans l'Iliade, le Jupiter souterrain [1]; et Poseidon ou Neptune semble quelquefois n'être qu'une des trois faces de ce triple dieu présidant aux trois mondes et divisé en trois personnes, comme la Trimourti indienne. Dans cette triade même, et au-dessous d'elle, la dyade existe sous la forme des deux sexes, et engendre de nombreux enfants, où se personnifient à part les attributs de chacun de ses membres; mais Minerve et Apollon, déesse et dieu de lumière, procédant du dieu suprême, lui restent intimement unis, celle-là née de son cerveau, comme son énergie ou sa pensée divine, celui-ci, comme son fils de prédilection, annonçant ses oracles et accomplissant ses décrets.

Indépendamment de ces dieux élevés au-dessus du monde et ayant une existence personnelle, formant une grande famille divine, occupée surtout des affaires et des intérêts de l'humanité, Homère connaît d'autres dieux, vivant au sein de la nature, engagés dans le monde et qui en animent toutes les parties, tous les corps, tous les phénomènes, qui sont les forces naturelles, cosmiques ou même morales personnifiées, sans être des personnes proprement dites et subsistant par elles-mêmes. Ainsi la Terre, la Nuit, avec le Sommeil, frère de la Mort; ainsi le Soleil et l'Aurore; ainsi les nombreuses

---

[1] Ζεύς τε καταχθόνιος καὶ ἐπαινὴ Περσεφόνεια. Iliad. IX, 457, coll. 569.

divinités de la mer, des sources, des fleuves; ainsi les dieux ou les génies des vents. Ainsi encore les personnages, plutôt allégoriques que symboliques, de la Discorde, de la Frayeur, de la Peur, de l'Injure, des Prières, de la Renommée. Chez Homère donc, et après lui chez les autres poëtes, comme l'a si bien dit notre Boileau,

<blockquote>Tout prend un corps, une âme, un esprit, un visage,</blockquote>

et la nature entière, le monde moral comme le monde physique, la maison comme la cité, sont peuplés de dieux, de démons, de génies, parmi lesquels prennent place, dès le temps d'Hésiode, les âmes des hommes des anciens jours, et au-dessus desquels planent les dieux de l'Olympe, les dieux du ciel, Jupiter à leur tête, roi tout ensemble du monde, de l'humanité et de la patrie [1].

Du reste, malgré cette prédominance des dieux célestes et des dieux qu'on pourrait appeler politiques, Homère n'est point étranger aux divinités agraires, telluriques ou chthoniennes, dont le culte existait avant lui et prit dans les temps postérieurs une si grande importance, par l'institution ou par le développement des mystères. Il nomme plus d'une fois Déméter ou Cérès et Dionysus ou Bacchus, et il indique très-nettement leurs caractères essentiels [2], quoiqu'il ne leur ait donné aucune place dans l'action de ses poëmes, sans doute parce que ces divinités ne s'y prêtaient point. Perséphoné ou Proserpine n'est encore pour lui que la redoutable déesse qui siége aux enfers à côté du roi des morts, d'Aïdès ou

---

[1] Cette espèce de panthéisme ou de pandémonisme, cette déification et cette personnification générale de tous les êtres, de toutes les manifestations de la nature physique et morale, qui contrastent, dans Homère, avec le polythéisme proprement dit, ont été mises dans une vive lumière par Nitzsch, dans ses *Anmerkungen zur Odyssee*, I, p. XIII et suiv., avec l'assentiment de Dissen, *Kleine Schriften*, p. 349, et par Naegelsbach, *Homerische Theologie*, p. 77-91.

[2] Iliad. VI, 129, 130; XIV, 325, 326; Odyss. V, 125, coll. 119; XI, 325, etc. Cf. Naegelsbach, p. 109-111.

Pluton, le Jupiter souterrain, comme Héra-Junon siége dans l'Olympe à côté du Jupiter céleste.

Enfin Homère, quoique le système théogonique, et l'on pourrait dire la théologie nationale des Grecs, soient moins avancés, moins complets chez lui que chez Hésiode, n'est pas non plus resté étranger à la cosmogonie, à la suite de ces dynasties divines dont nous avons parlé dans une note précédente. Seulement, il se révèle ici entre les deux poëtes, mis sur la même ligne par Hérodote, comme auteurs de la théogonie des Hellènes [1], d'assez frappantes disparates. Pas plus pour Homère que pour Hésiode, ni les Titans, ni le Ciel et la Terre, Ouranos et Gæa, ne sont, suivant l'idée fausse d'un grand nombre de mythologues, des dieux antérieurs dans le culte des Grecs aux dieux Olympiens, et qui auraient été supplantés par ceux-ci, après s'être supplantés entre eux. Ce sont bien des dieux considérés comme plus anciens, mais non pas plus anciennement, ni, pour la plupart, jamais réellement adorés. Ce sont des dieux cosmogoniques, se rapportant à la création ou à l'organisation successive du monde, qu'ils ont, les uns après les autres, procurée et entravée à la fois, dans les périodes de fermentation et de lutte des éléments et des forces de la nature, qui ont précédé l'ordre actuel des choses [2]. Du reste, cette notion rattachée à Ouranos, à Cronos,

---

[1] Οἱ ποιήσαντες θεογονίην Ἕλλησι κ. τ. λ. Hésiode est nommé le premier, non qu'il soit regardé par Hérodote (II, 53) comme le plus ancien, mais parce qu'il eut la plus forte part à l'œuvre théogonique et qu'il la consomma. *V.* notre dissertation sur la Théogonie d'Hésiode, pag. 7 sqq.

[2] Rien n'est plus vrai que la remarque faite par O. Müller (*Prolegomena*, p. 373): « D'une part, on ne voit pas qu'ils aient été l'objet d'un culte quelconque, même ceux qui n'ont point été précipités, par exemple l'Océan; d'autre part, on aperçoit clairement qu'ils sont issus du culte rendu aux dieux réels, comme Thémis vraisemblablement du culte rendu au Jupiter et à l'Apollon de Delphes; enfin, presque tous ils avoisinent l'allégorie, et par là ils trahissent leur nouveauté par rapport aux divinités de l'Olympe. Celles-ci, données comme les plus jeunes, sont en

aux Titans, est loin d'être aussi nette, aussi développée chez Homère que chez Hésiode. Ouranos n'est pas même encore clairement personnifié chez le premier de ces poëtes, quoiqu'il soit invoqué dans les serments des dieux et des héros, à côté de la Terre, du Soleil, de l'eau du Styx et des Érinnyes [1]. Il n'est point présenté comme le père des Titans. Quant à ceux-ci, bien que fils de la Terre peut-être, s'il est vrai qu'elle s'appela *Titæa* [2], ils ont été, avec leur chef Cronos, avec Japetos, l'un d'eux, précipités par Jupiter dans le Tartare, dans ce grand abîme qui commence où finissent la terre et la mer, et que ferment des portes de fer, sur un seuil d'airain, où jamais ne pénètrent ni les rayons du soleil, ni la brise rafraîchissante des vents [3]. Ils sont les bannis de la création, des pouvoirs souterrains, ténébreux, qui jadis régnèrent sur la terre et y jouèrent leur rôle, mais qui, ensevelis maintenant dans ses profondeurs, sont réduits à l'impuissance, quoique toujours redoutables. Cette idée, dans la théogonie d'Hésiode, en se développant, s'est évidemment alliée à une autre plus haute et plus large, celle, comme nous l'avons dit ailleurs [4], des principes élémentaires, des prototypes des forces physiques et morales (Thémis, Mnémosyne), par le concours desquelles la création s'est développée dans l'étendue, entre le ciel et la terre. Aussi ni Hypérion-Hélios ou le Soleil, ni l'Océan et Téthys n'appartiennent aux Titans, chez

réalité les plus anciennes ; c'est parce que de tout temps elles furent adorées, qu'elles sont devenues plus personnelles, que la signification en est plus difficile à pénétrer ; par là encore s'explique qu'elles aient pu se maintenir comme principes indépendants, et que Déméter, par exemple, la Terre-mère, soit devenue la petite-fille de Gæa ou de la Terre. »

[1] Iliad. XV, 36; XIX, 258; Odyss. V, 184.
[2] Τιταία (Diodor. Sic., cité pag. 363, n. 2, du texte de ce tome), d'où Τιταίωνες, Τιτᾶνες, étymologie pour laquelle semble pencher O. Müller, p. 374. Cf., outre le renvoi précédent, la note 5 de ces Éclaircissements, p. 1127 *ci-dessus*.
[3] Iliad. VIII, 478-481; XIV, 203, 274, 278; XV, 225.
[4] De la Théogonie d'Hésiode, pag. 25.

Homère. L'Océan et Téthys sont singulièrement exaltés, élevés jusqu'au rang de premiers principes des choses, puisque toutes choses sont nées de l'Océan, même les dieux, puisque Téthys est dite leur mère [1]. Et pourtant l'Océan est un fleuve, le fleuve des fleuves, il est vrai, la source des eaux vivifiantes et nourricières, ce qui rappelle à la fois le dogme fondamental de l'école philosophique d'Ionie, l'eau principe de l'univers, et le dogme analogue des religions de l'Inde, où ce même principe est divinisé, soit dans Bhavani, l'eau primitive et nourricière, la mère commune des dieux, semblable à Téthys, soit dans Ganga, le Gange céleste, source de tous les fleuves, soit dans Vichnou, se mouvant au-dessus des eaux (*Narâyana*), couché sur le grand serpent Ananta, qui, comme l'Océan d'Homère, embrasse de ses replis la terre entière, met en communication les trois mondes, et symbolise l'infini [2]. Ajoutons que Vichnou, porté sur l'oiseau céleste Garoudha, se rapproche non moins singulièrement de l'Océan, porté sur le monstre ailé qu'Eschyle lui donne pour monture [3].   (J. D. G.)

[1] Iliad. XIV, 201, 244 sqq., 302.
[2] Cf. livre Ier, tome Ier de cet ouvrage, pag. 149 sqq., 158, 162 sqq., 178, 179, et les pl. IX, 47, et XX, 115, avec l'explic., pag. 11 et 23, tome IV.
[3] Dans le Prométhée enchaîné, v. 294, 403, Blomfield, τετρασκελὴς οἰωνός. Cf. pour Garoudha, tome I, p. 194 sq., et tome IV, pl. IV, 23, V, 26, etc. — Sur le sujet esquissé dans ce §, le lecteur peut consulter, outre la savante monographie de Naegelsbach (*Die homerische Théologie*, Nüroberg, 1840), où sont traitées plus complétement que partout ailleurs les différentes parties de la théologie homérique, et le petit traité de Maetzner, *de Jove Homeri*, Berlin, 1834, les ouvrages généraux de Benjamin Constant, de la Religion, tome III, p. 326 sqq., de Limbourg Brower, Civilisation morale et religieuse des Grecs, tome II, *passim*, et l'histoire de la Grèce par Kohnop Thirlwall, tome Ier, p. 127 sqq. de la traduction française, où l'on trouve un excellent résumé de la religion des Grecs, principalement d'après Homère. On ne lira pas non plus sans fruit l'exposé lumineux d'O. Müller, dans son Histoire de la littérature grecque, édition allemande, tom. Ier, p. 18-26, et la dissertation plus

Livre cinquième. *Section deuxième :* Anciennes religions de l'Italie, dans leur rapport avec celles de la Grèce.

Note 1*. *Aperçu des divers systèmes relatifs à l'histoire des anciennes populations de l'Italie et à l'origine des Étrusques en particulier; monuments, sources, caractères de la religion de ce peuple, de celle des Latins et des Romains, et travaux dont elles ont été l'objet.* (Chap. I, p. 392 et suiv.)

§ 1. Niebuhr, Otfr. Müller, Wachsmuth, A. G. Schlegel, Micali et M. Rich. Lepsius sont les principaux auteurs qui se sont occupés dans ces derniers temps de la question si difficile et si controversée de l'origine des Étrusques. Le dernier, profitant des lumières qu'avait fait jaillir la discussion élevée entre ses devanciers, a résumé d'une manière systématique, bien que rapide, les données principales de cet intéressant problème, et il les a soumises à un examen sévère et critique, qui nous semble offrir sur les origines italiques les opinions les plus fondées et les plus vraisemblables. (*Voy.* sa dissertation intitulée : *Ueber die tyrrhenischen Pelasger in Etrurien*, Leipzig, 1842, in-8°.)

Niebuhr (*Histoire romaine*, tom. I, trad. Golbéry, p. 36 sqq.) a cherché à déterminer le caractère ethnologique des an-

ingénieuse encore que vraie et profonde de Bäumlein, dans la *Zeitschrift für die Alterthumswissenchaft* de Zimmermann, 1839, col. 1182-1212, sur le rapport des dieux d'Homère, des dieux de la poésie et de l'humanité, avec les dieux pélasgiques de la nature. L'examen de l'Olympe homérique, au point de vue de la critique de l'Iliade et de l'Odyssée, a été renouvelé par Geppert, dans un morceau étendu et remarquable de son livre intitulé : *Ueber den Ursprung der Homerischen Gesänge*, Leipzig, 1840, I, pag. 63-149. Enfin, pour ceux qui voudraient prendre une idée générale des grands résultats de la critique moderne, relativement aux poésies mêmes qui portent les noms d'Homère et d'Hésiode, nous renvoyons, soit aux considérations préliminaires de notre dissertation sur la Théogonie, soit à nos articles *Hésiode* et *Homère*, dans l'Encyclopédie des Gens du monde, tome XIII, p. 781, et tome XIV, p. 167 sqq.

ciens Pélasges. Il a démontré, avec une vaste érudition, que ce peuple occupait, dès la haute antiquité, presque tout le littoral de la mer Égée, des mers Adriatique et Tyrrhénienne, et qu'il avait même pénétré dans l'intérieur des contrées qui avoisinent ces côtes, et où il les trouve, tantôt établis depuis la nuit des temps, tantôt arrivés à une époque extrêmement ancienne. Il soutient avec Denys d'Halicarnasse que les Tyrrhéniens, loin d'être une colonie de Lydiens, comme le dit Hérodote, formaient un peuple de l'Italie, qui habitait l'Étrurie, mais qui était tout à fait distinct des Étrusques. Ceux-ci, dont le nom véritable était *Raséniens*, venaient du nord, d'au delà des Alpes, et avaient pénétré plus tard dans les plaines de l'Arno, de l'Ombrone et les vallées de l'Apennin. Les Tyrrhéniens constituaient une branche des Pélasges italiques, vaste famille à laquelle appartenaient les OEnotriens, les Morgétiens, les Sicules, les Peucétiens, les Liburniens, les Vénètes. Cette race avait émigré en Acarnanie, en Béotie, à Athènes, et ses descendants occupaient Lemnos, Imbros, les bords de l'Hellespont, les côtes de la Thrace, la péninsule d'Athos; ils étaient généralement connus des Grecs sous le nom de Pélasges. Une autre branche de cette famille étaient les Lydiens ou Méoniens, dont la métropole, Larissa, rappelle par son nom l'origine pélasgique. Ainsi la tradition qu'Hérodote nous a conservée est en quelque sorte retournée par Niebuhr, et loin de voir dans les Lydiens les ancêtres des Tyrrhéniens, cet historien regarde au contraire ceux-ci comme la souche d'où sont sortis les premiers.

Ce système construit par Niebuhr avec tant de science, et qu'il avait emprunté en partie à Cluvier, à Fréret, à Heyne, et à J. de Müller, ne repose malheureusement sur aucune base solide, ainsi que M. Lepsius l'a fait voir. L'origine transalpique des Raséniens est une supposition fort gratuite de l'érudit danois, puisque Denys d'Halicarnasse, qui est l'autorité sur laquelle il a fondé généralement son opinion, ne fait aucune mention de l'arrivée des Étrusques de ces contrées situées au nord de l'Italie. C'est de la Grèce septentrionale, et non de la Rhétie ou de la Germanie que l'écrivain grec fait venir le peuple envahisseur, et ce peuple n'est point à ses yeux les Raséniens, ce sont les Pélasges, c'est-à-dire précisément ceux que Niebuhr place dès l'origine en Italie. D'ailleurs, l'antiquité a gardé le silence le plus absolu sur la prétendue soumission des Tyrrhéniens par une race étrangère descendue des Alpes. Enfin, ce peuple qui émigra d'Italie en Grèce, n'est nullement présenté par Denys d'Halicarnasse comme un rameau des Pélasges. Loin d'avoir confondu les Pélasges avec les Raséniens, et d'avoir nommé les uns pour les autres, ainsi que l'avance l'érudit danois, l'écrivain d'Halicarnasse présente au contraire comme erronée, bien que soutenue par un grand nombre, ajoute-t-il, l'opinion qui fait des Pélasges et des Tyrrhéniens un seul et même peuple.

Ainsi Niebuhr est en désaccord formel autant avec Hérodote qu'avec Denys, partant, son système est dénué de toute preuve sérieuse.

Otfried Müller (*Die Etrusker*, I, p. 70 et suiv.) a adopté une partie des idées de Niebuhr, mais il fait moins bon marché que lui des témoignages anciens. Les Pélasges sont, à ses yeux, le peuple primitif de la Hellade. Toutefois il reconnaît que ce peuple se partageait en un grand nombre de rameaux qui opérèrent de nombreuses migrations. Une partie de ces Pélasges alla s'établir sur la côte de Lydie, et y fonda la ville de Tyrrha, circonstance qui valut à ces colons le nom de Tyrrhéniens. Ces Tyrrhéniens n'ont, suivant lui, rien à démêler avec les Torrhèbes, malgré la ressemblance de leur nom. Ils se rendirent ensuite de Lydie en Étrurie, où ils rencontrèrent les Ombriens, qu'ils repoussèrent, puis s'unirent avec un peuple descendu du nord de l'Apennin, les Raséniens, qui appartenaient à une race distincte des populations italiques, se mêlèrent peu à peu à eux, et c'est de ce mélange que sortit la nation étrusque.

O. Müller a donc accepté l'existence des problématiques Raséniens, et cela sans qu'il puisse en appeler à la foi d'aucun témoignage, comme il le reconnaît lui-même. Il adopte la tradition consignée dans Hérodote, mais il rejette de fait presque tout ce que nous apprend Denys d'Halicarnasse.

Wachsmuth (*Die ältere Geschichte des Römischen Staates*, p. 81 sq., Halle, 1819, in-8°) est moins affirmatif que Niebuhr et O. Müller. Il se borne plutôt à enregistrer les témoignages contradictoires que lui fournissent les anciens, qu'il ne s'attache à un système particulier. Il réfute une partie des assertions tranchantes de Niebuhr, qui invoque l'autorité de Myrsilus, cité par Denys d'Halicarnasse, pour soutenir que les Pélasges ne sont pas venus de la Grèce septentrionale en Italie, mais ont émigré au contraire d'Italie en Grèce, et qui substitue encore à ces Pélasges les Sicules. Myrsilus ne dit pas en effet, ainsi que l'observe Wachsmuth, que cette patrie, que quittèrent les Pélasges pour se rendre en Grèce, ait été l'Italie; ce put être aussi bien l'Ionie, la Thessalie, Imbros, Lemnos, Scyros, où les Tyrrhéniens avaient des établissements. Pausanias, rappelant l'établissement des peuples que Niebuhr fait venir d'Italie, les appelle Pélasges et non Sicules; et Strabon ne parle également que des premiers, dans les traditions rapportées par lui touchant cette migration. M. Wachsmuth nie que les Sicules aient été de race pélasgique et aient parlé l'idiome propre à cette race; leur langue se rattachait, selon lui, à l'osque, qui n'a aucune affinité rapprochée avec le grec. Le professeur de Halle ne pense pas que le nom de Tyrrhéniens ait été exclusivement appliqué aux Pélasges italiques, et il constate qu'il fut également porté par les colons des contrées que nous venons de désigner. Ainsi, Wachsmuth identifie positivement les Pélasges avec les Tyrrhéniens, sans se prononcer sur l'étymologie de ce dernier nom.

Quant aux Ombriens, le savant historien les regarde comme la plus ancienne population que l'on trouve en Étrurie; les Pélasges vinrent ensuite, puis les Tyrrhéniens, qui n'étaient, comme on vient de le voir, que des Pélasges. Les Tyrrhéniens sont pour lui les mêmes que les Étrusques ou *Tusci*. Ces noms ne sont que des formes diverses d'un même nom, tout comme le nom d'*Osci* n'est qu'une forme d'*Opsci*, *Opici*, celui d'*Aurunci* d'*Ausonii*, celui de *Sicani* de *Siculi*. Le nom de *Rasena*, que se donnait ce peuple, n'en est encore qu'une autre forme qui se retrouve dans celui de *Rhæti*, que portaient les colons envoyés par les Tyrrhéniens au delà des Alpes.

M. Wachsmuth s'attache à la tradition conservée par Hérodote, et cherche à dissiper les objections sérieuses que Denys d'Halicarnasse avait élevées contre l'origine lydienne des Étrusques. Il admet le mélange des colons asiatiques avec les populations barbares qu'ils rencontrèrent en Italie ; mais il soutient que c'est de l'Asie que les Étrusques avaient tiré leur civilisation et leurs arts.

M. Aug. Guil. Schlegel (*Heidelb. Jahrb.* 1816, n° 54, et *Opuscula latina*, edid. E. Böcking, p. 146 et suiv.) donne aux Étrusques et aux Grecs une origine commune. Il identifie complétement le premier de ces peuples avec les Pélasges, colons antiques de la Grèce et de l'Italie à la fois, et repousse l'existence des Raséniens de Niebuhr et d'O. Müller. Il incline à admettre que les Pélasges étrusques sont arrivés en Italie, en suivant le littoral de l'Adriatique, depuis l'Illyrie jusqu'à l'embouchure du Pô.

Micali (*Storia degli antichi popoli italiani*, p. 115 et suiv., Firenze, 1832, tom. I) ne repousse pas avec moins de force le système de Niebuhr. « *Ma questi ipotesi*, écrit-il à ce sujet, *infelicemente promossa altre volte e per se stessa talmente contraria a tutte le testimonianze istoriche degli antichi, che non può sperare di trovar mai favorevole accoglimento.* » Il incline fortement vers le récit d'Hellanicus, et remarque que le passage des Pélasges du nord de l'Épire en Italie n'a rien que de conforme aux faits que nous savons positivement s'être passés plus tard, alors que les Liburniens et les Illyriens vinrent s'établir sur l'autre rivage de l'Adriatique. Toutefois la langue étrusque lui paraît porter l'empreinte d'un génie, d'une nature tout opposée à la langue grecque, et qui l'en sépare profondément.

§ 2. M. Lepsius, ainsi que nous l'avons dit au commencement de cette note, a repris en détail l'examen des témoignages que nous fournissent les anciens sur l'origine des Étrusques. Il se rapproche des idées de Schlegel et de Micali, et jusqu'à un certain point de celles de Wachsmuth, mais il rejette absolument celles de Niebuhr et d'Otfried Müller.

Le savant professeur fait d'abord observer, quant à ce qui touche la patrie des Pélasges, qu'il faut nécessairement distinguer les établissements que ce peuple avait fondés sur les côtes, dans les îles, de ceux qui existaient dans des contrées éloignées du littoral, dans des cantons tout continentaux. Car, à ses yeux, il est naturel d'admettre que les premiers étaient généralement d'une date beaucoup plus récente, puisque ce peuple avait pu, dans ses courses maritimes, former sur les côtes des colonies passagères, tandis que les derniers supposaient un séjour plus constant et plus durable. Et il est en effet à remarquer que c'étaient précisément ces cantons situés en terre ferme, tels que l'Arcadie, à laquelle se rattachait Argos, la Grèce septentrionale, la partie de l'Épire qui environne Dodone, qui passaient pour renfermer les plus anciens établissements des Pélasges, ou qui étaient représentés comme leur première patrie. Les Pélasges s'étendaient originairement depuis la Thessalie et la chaîne du Pinde jusqu'à Dodone ; un district du premier de ces pays avait conservé leur nom, la Pélasgiotide ; on y trouvait aussi une Dodone et une Argissa, et au nord de la grande Dodone se rencontrait une Argos et un *argivus ager*. Lemnos, Imbros, la péninsule d'Athos, n'étaient regardés, au contraire, que comme des colonies que ce peuple avait fondées.

Cette première considération conduit M. Lepsius à ne point accepter l'hypothèse qui, plaçant dès l'origine les Pélasges sur le littoral de l'Asie et dans les Cyclades ou la péninsule de l'Attique, les fait arriver par mer sur le sol italique. Une seule opinion lui semble acceptable, c'est celle qui assigne pour point de départ à la colonie pélasgique, sa véritable patrie, c'est-à-dire l'Épire. Et c'est ainsi qu'il est conduit à préférer la tradition que Denys d'Halicarnasse nous apprend avoir été rapportée par Hellanicus. Quant à la prétendue co-

Ionie méonienne conduite par Tyrrhénus, l'autorité d'Hérodote n'est point pour lui un motif suffisant de l'accepter, surtout en présence et de la dénégation formelle de Denys qui avait sous les yeux l'historien de la Lydie, Xanthus, lequel avait fait de la question une étude sérieuse et approfondie, et des caractères fabuleux dont le récit d'Hérodote est environné. Ce Tyrrhénien qu'Hérodote donne pour chef à la colonie méonienne est appelé Torrhébus par Xanthus, qui ne fait aucune mention de l'émigration du fils d'Atys. L'écrivain lydien se bornait à dire que Lydus et Torrhébus avaient été les ancêtres des nations lydienne et torrhébienne.

M. Lepsius pense donc avec Hellanicus que les Pélasges, sortis de l'Épire, fondèrent à l'embouchure du Pô leurs premiers établissements, et que de là ils descendirent, en passant l'Apennin, dans les plaines de l'Étrurie. Cette hypothèse est d'ailleurs en elle-même, ajoute-t-il, plus vraisemblable que celle qui fait sortir tous les Tyrrhéniens d'un essaim de pirates partis des côtes de la Lydie, d'ailleurs si éloignées des bords de l'Adriatique. Le récit de Denys est au contraire clair, et présenté avec une certaine critique ; il se fonde sur des autorités tout aussi anciennes qu'Hérodote, et il est d'ailleurs beaucoup plus affirmatif que ce dernier.

Denys nous apprend que les Pélasges, une fois qu'ils furent descendus dans les vallées de l'Étrurie, envahirent l'Ombrie, dont ils soumirent les habitants, et leur enlevèrent Cortone, puis, s'étant unis aux Aborigènes et ayant repoussé les Sicules, se fixèrent dans les villes d'Agylla, Pisa, Saturnia, Alsium, Phalerium et Phascennium, où se trouvaient encore des établissements helléniques au temps de cet écrivain. Une fois établis en Italie, les Pélasges prirent le nom de Tyrrhéniens, Τυρρηνοί, ou du moins reçurent ce nom des Grecs. O. Müller a démontré l'identité de ce nom, qui prenait aussi la forme de Τυρσηνός, avec l'ombrien *Turske* et le latin *Tuscus*, écrit pour *Tursicus*, et enfin avec le nom d'*Étrurie* lui-même. M. Lepsius repousse de toutes ses forces l'opinion qui fait de la forme grecque, Τυρρηνός, la forme primitive et originelle.

et qui la fait dériver à son tour du nom de la ville de Tyrrha en Lydie. Il remarque que cette étymologie ne repose sur aucun témoignage satisfaisant; et d'ailleurs, ajoute-t-il, il est à noter que ce mot était du petit nombre de ceux dont les anciens avaient déterminé la racine. En effet, Denys d'Halicarnasse nous dit positivement (*Ant. rom.* I, 26) que les Tyrrhéniens ne descendent nullement du roi de Lydie, Tyrsénus, mais qu'ils doivent leur nom à celui des forteresses (ἐρύματα) dans lesquelles ils habitaient originairement, et qui s'appelaient dans leur langue τύρσεις. Ce fait que nous a transmis Denys est extrêmement intéressant, car il nous est un précieux indice de la famille à laquelle appartenait la langue des Pélasges Tyrrhéniens. Le mot τύρσεις est identique au *turris* latin, écrit sans allitération *tursis*, et qui se reconnaît dans le grec τύρρις, τύρσις. Ce mot s'appliquait, comme on le voit, à ces constructions cyclopéennes qui ont été généralement regardées comme caractérisant le style architectonique des Pélasges.

Il est donc vraisemblable que les Pélasges de l'Italie devaient leur nom caractéristique à ces forteresses, construites dans ce grossier et gigantesque appareil qu'on retrouve dans les anciennes villes du Latium, dans la Morée et l'Albanie. C'étaient des forteresses de cette espèce qui recevaient d'eux le nom de *Larissa*. M. Lepsius reconnaît ce même nom de *Tursis, Turris*, dans le nom de Tirynthe, ville dont les immenses murailles cyclopéennes font encore l'admiration des voyageurs, et dont les premiers habitants avaient, au dire de Théophraste, inventé les τύρσεις (*Plin.* VII, 57). Les généalogies héroïques rattachent d'ailleurs l'origine de cette ville aux Pélasges, et associent les noms de Tirynthe et de Larissa. Tiryns était fils d'Argos (*Pausan.* II, 25), descendant de Pélasgus, roi d'Arcadie (*Pausan.* VIII, 1. *Steph. Byz.*), et père de Larissa (*Pausan.* VII, 17). M. Lepsius rapporte à la même racine les noms de Thyréa, Thyræon, Thuria, Thyrides, Tyrrhæum, toutes villes d'origine pélasgique.

Le savant professeur n'est pas éloigné de penser que la

Tyrrha de Lydie et toute la Torrhébie devaient également leurs noms à ces forteresses pélasgiques, qui rappellent les *firmitates* que les conquérants barbares élevèrent au moyen âge en Italie. Les Pélasges étaient venus aussi fonder des établissements sur les côtes de l'Asie Mineure. La même étymologie semble devoir être attribuée à la ville principale de l'Étrurie, Ταρχώνιον, Tarcynia ou Tarquinia. L'adoucissement du k guttural se retrouve, en effet, dans d'autres noms dérivés de la même racine, tels que celui de *Tarraco*. Dans ce cas, Tarchon s'offrirait à nous comme le héros éponyme de la ville étrusque, de même que Tyrrhénus ou Torrhébus était le héros éponyme de Tyrrha, et Tiryns, Thyræus ceux des villes homonymes d'Argolide et d'Arcadie. On sait d'ailleurs que les traditions conservées par les Étrusques sur leur origine se rattachaient à la construction de cette ville.

Est-il nécessaire maintenant d'ajouter que M. Lepsius ne regarde pas avec Niebuhr les Raséniens comme un peuple à part descendu du nord? La forme sous laquelle Denys d'Halicarnasse nous a conservé ce nom, Ῥασένα, si elle n'est point une mauvaise leçon pour Ταρασένα, Ταρσένα, ce qui lui paraît très-vraisemblable, ne peut être considérée que comme une forme du nom de Τυρῥηνός; elle se rapproche beaucoup en effet de noms qui sont certainement dérivés du premier, tels que ceux de Ταρχώνιον, Tarquinies, Tarraco, Tarracina (Anxur), Tarrhæ en Sardaigne.

Une fois unis aux Ombriens et établis sur les côtes occidentales de l'Italie, les Tyrrhéniens devinrent un peuple navigateur; ils portèrent leur nom jusque dans les Cyclades et sur l'Hellespont, et y fondèrent sans doute quelques établissements.

Quant aux arguments que Niebuhr et Otfr. Müller ont essayé de tirer contre la filiation pélasgique des Étrusques, de la différence radicale existant, d'après eux, entre la langue étrusque et la langue grecque, M. Lepsius les récuse comme ne reposant pas sur un examen suffisamment approfondi de la première de ces langues. Il fait judicieusement observer qu'il ne faut point s'attacher uniquement aux différences extérieures que ces langues pouvaient offrir, et sur lesquelles les anciens fondaient exclusivement leur jugement. Hérodote ne nous dit-il pas que la langue des Pélasges est une langue barbare et complétement distincte du grec, quoiqu'on ne puisse douter qu'il n'existât entre l'une et l'autre une parenté assez rapprochée? C'est cette dissemblance, en quelque sorte externe, qui a fait tout de suite avancer que le grec et l'étrusque n'avaient aucune analogie. De plus, il faut tenir compte de l'élément étranger que le pélasge tyrrhénien avait emprunté à la langue des Ombriens; celle-ci, à laquelle appartiennent un certain nombre de noms de lieux et de rivières, a dû nécessairement modifier l'autre. Plus haut on remonte dans l'histoire de la langue étrusque, plus on voit que les radicaux et les formes helléniques redeviennent prédominants. M. Lepsius a soumis à une analyse détaillée une des plus anciennes inscriptions étrusques qui nous soient connues, et qui est gravée sur un vase découvert à Cervetri; il y a retrouvé un nombre comparativement plus grand de mots grecs que dans les inscriptions étrusques qui nous sont parvenues d'une époque moins ancienne. De même, plus on s'éloigne des villes où le caractère pélasgique s'était transmis plus intact, et avait été moins altéré par l'influence ombrienne, plus la langue s'éloigne de la forme hellénique et prend un aspect barbare.

Tel est le système auquel s'arrête M. Lepsius. Nul n'avait traité avant lui la question d'une manière aussi serrée et aussi complète. Quoique Denys d'Halicarnasse lui serve de guide, il est loin d'accepter cependant toutes ses assertions; il est même un point capital sur lequel il se trouve avec cet auteur en complet désaccord. L'écrivain grec considère les Tyrrhéniens comme un peuple tout à fait distinct des Pélasges, et il taxe d'erronée l'opinion de ceux qui les regardent comme un seul et même peuple (*Ant. Rom.*, I, 29, p. 75, ed. Reiske); or, c'est ce que le savant professeur ne saurait admettre. Et, en effet, il est à remarquer que, de son propre aveu, Denys était en opposition avec la plupart des auteurs qui s'étaient occupés de la question. Ce qui paraît l'avoir induit en erreur à cet égard, c'est un passage d'Hérodote où cet historien dit que les habitants de Cortone, comme il lit, ne parlent pas la même langue que le peuple qui entoure leur ville (*Herodot.*, I, 57). Or, comme la ville dont il s'agit était habitée par les Pélasges, Denys en conclut que ceux-ci avaient une langue différente de celle des Tyrrhéniens, qui formaient la population environnante, et par conséquent n'appartenaient pas à la même race qu'elle. Mais ici la citation de l'historien de Rome est fautive, et c'est ce qui l'a trompé. Il a lu Κόρτωνα, au lieu de Κρηστῶνα que portent tous les manuscrits d'Hérodote. Il a appliqué à Cortone d'Étrurie ce qui était rapporté de Creston, ville située dans la Thrace maritime, ou, comme le veut O. Müller, dans la Chalcidique. Il est vrai que les mots ὑπὲρ Τυρσηνῶν, qui accompagnent le nom de cette dernière ville dans Hérodote, ont paru aux critiques un motif déterminant pour substituer à la leçon des manuscrits celle que fournit le texte de Denys. Mais qu'y a-t-il d'étonnant que les habitants des environs de Creston eussent été Tyrrhéniens, puisqu'on sait que ce peuple italique avait fondé des colonies dans ces parages? D'ailleurs il est peu probable qu'Hérodote ait rapproché des villes aussi éloignées que Cortone d'Étrurie, d'une part, Placié et Scylacé de l'Hellespont, de l'autre, tandis qu'il est très-naturel qu'il ait cité Creston avec les villes hellespontiques, les ayant visitées par lui-même. (A. M.)

§ 3. Nous avions bien raison de dire, il y a vingt ans, après M. Creuzer, que le problème concernant l'origine de la civilisation, de la religion, de l'art des Étrusques et des anciens peuples de l'Italie en général, n'était point encore complétement résolu. On vient de voir que le problème ethnographique, celui de l'origine même de ces peuples, qui domine l'autre, avait lui-même de grands progrès à faire, et que des hommes tels que Niebuhr, Schlegel, Wachsmuth et O. Müller ont travaillé à le résoudre, sans y être parvenus de tout point. Pendant que M. Rich. Lepsius simplifiait un peu violemment, selon nous, la question relative aux Étrusques, en faisant disparaître les Rasènes ou Raséniens de Denys d'Halicarnasse, en traitant le récit d'Hérodote comme le témoignage de Denys, et en identifiant, d'une manière trop absolue peut-être, les Tyrrhènes avec les Pélasges, M. G. F. Grotefend, dans cinq cahiers publiés à Hanovre, de 1840 à 1842, *Sur la géographie et l'histoire de l'ancienne Italie*, reprenait d'ensemble tous les points principaux de l'ethnographie de cette contrée, et arrivait aux résultats suivants, que nous croyons devoir enregistrer, comme l'a fait M. Creuzer dans sa troisième édition, mais avec un peu plus de développement. Les Sicules, venus après les Sicanes et de même race qu'eux, seraient un peuple celtique plutôt qu'ibérien proprement dit, que M. Grotefend rattache, fort arbitrairement ce nous semble, aux Séquanais de la Gaule. Descendus en Italie, ils furent peu à peu refoulés du centre vers le sud de la péninsule par d'autres peuplades, et finirent, Sicanes et Sicules, par passer dans la Sicile, à laquelle ils donnèrent leur nom. Les Aborigènes, qui les chassèrent, en partie du moins, du Latium, appartenaient à une race différente, venue de l'Illyrie, et qui, sous les noms divers d'Ombriens, d'Ausoniens, d'Osques ou Opiques, s'étendit d'une mer à l'autre, dans la partie nord de l'Italie centrale, et couvrit une grande partie du reste de la presqu'île sur la mer Inférieure. Des Pélasges, expulsés de la Thessalie par les Hellènes, s'étaient mêlés avec les Aborigènes; et les uns et les autres se fondirent avec les débris des Sicules pour former le peuple des Latins, dont la langue, par conséquent, fut un composé d'éléments gaulois, ombriens et pélasgiques; composé dans lequel l'élément grec peut tout aussi bien être attribué aux Ombriens, proches parents des Grecs, qu'aux Pélasges eux-mêmes. Ce fut seulement après l'immigration des Ombriens en Italie, et au plus tôt dans la première moitié du douzième siècle avant J. C., qu'eut lieu l'invasion des Tusques ou Étrusques, originaires, non de la Lydie, mais de la Rhétie, et qui, s'intercalant entre les Vénètes et les Liguriens, chassèrent les Ombriens de la vallée du Pô d'abord, puis des rives de l'Ombrone, dans le pays auquel ils imposèrent le nom d'Étrurie. Ces nouveaux venus, qui ne sont autres que les Rasènes, purent être civilisés par les Pélasges Tyrrhènes ou Tyrrhéniens, dont le nom leur fut transporté par les Grecs, et qui, depuis longtemps, s'étaient établis parmi les Ombriens, dans l'intérieur à Cortona, près des côtes à Faléries, Agylla ou Cæré et d'autres villes encore. S'unissant aux Tyrrhènes, et confondus avec eux, les Étrusques devinrent un peuple navigateur, commerçant, pirate, qui domina pendant plusieurs siècles sur la mer appelée jusqu'à nous Tyrrhénienne. Ils fondaient Capoue et les autres villes de leur confédération méridionale, ils entraient en relation avec Cumes, la plus ancienne des colonies helléniques de l'Italie, ils frayaient ainsi les voies aux progrès de l'hellénisme chez eux, au moment où Rome, destinée à recueillir l'héritage de tous ces peuples et de tant d'autres, allait s'élever et grandir peu à peu par le concours d'une colonie d'Albe, d'une émigration des Sabins de Cures, et de l'établissement dans ses murs de la famille étrusco-grecque des Tarquins.

Ainsi M. Grotefend rejette la colonie méonienne, au sens de la tradition rapportée par Hérodote, ou tyrrhénienne, au sens de l'interprétation donnée à cette tradition par O. Müller, d'Asie Mineure en Étrurie; mais il maintient avec autant de force que Niebuhr et Micali la conquête de ce pays sur les Ombriens comme sur les Pélasges, par les Raséniens descendus des Alpes de la Rhétie, où une partie d'entre eux retournèrent lors de l'invasion gauloise. M. Creuzer de son côté, avec M. Wachsmuth, MM. Raoul-Rochette, Thiersch, et beaucoup d'autres, persiste à soutenir la réalité historique de la colonie lydienne, qu'il croit avoir suffisamment démontrée, soit dans les notes, soit dans l'Excursus II sur le livre I, chap. 94 d'Hérodote, édition de M. Bæhr, tom. I, p. 243 sq. et p. 893-98, où nous renvoyons le lecteur [1].

---

[1] M. Creuzer s'est surtout appliqué, après Lanzi, après Wachsmuth, à faire disparaître la diversité prétendue de la langue, des institutions,

Durant les vingt dernières années, l'on a senti plus que jamais, et toujours davantage, la nécessité de faire intervenir, dans l'examen de la question des races italiques et dans celui des origines de leur civilisation, avec les données générales de la géographie, de l'ethnographie et de l'histoire, avec les indications plus précises que pouvaient fournir les inscriptions et les langues dont elles révèlent peu à peu la nature et les rapports, une étude plus approfondie, plus complète, d'une part, des monuments de l'architecture et de la sculpture, de la plastique, de la toreutique et de la peinture, qui se sont tant multipliés, surtout depuis la fondation de l'institut archéologique de Rome, en 1829; d'autre part, des traditions religieuses et mythologiques, historiques même, qui expliquent ces monuments, comme elles sont souvent éclaircies par eux. C'est dans cette vue qu'ont été entrepris les travaux de la plupart des savants coopérateurs italiens, allemands, français, de l'œuvre importante dont nous venons de parler, travaux dont les résultats sont consignés, soit dans le Bulletin, soit dans les Annales de l'institut de correspondance archéologique; c'est dans cette vue encore qu'un des secrétaires de cet institut, M. W. Abeken, avait composé son livre allemand intitulé : *L'Italie moyenne, avant l'époque de la domination romaine, exposée d'après les monuments;* livre terminé à Rome en 1842, et publié en 1843,

des mœurs, de la religion des Lydiens et de celles des Étrusques : l'un et l'autre peuple excella dans l'art de travailler l'airain; le costume étrusque était le même que le costume lydien, et les jeux scéniques furent communs aux deux nations. M. Creuzer cite encore à l'appui les mœurs voluptueuses des Ombriens, c'est-à-dire des Étrusques, comparées par Théopompe (ap. Athen. XII, 526) à celles des Lydiens, et la prescription des oracles sibyllins de Rome, communs à l'Étrurie, qui commandaient d'honorer la grande Mère de l'Ida adorée de ce peuple (Livius, XXXIX, 10). Enfin, M. Creuzer ou M. Bæhr allègue, contre l'explication de la colonie tyrrhénienne donnée par O. Müller, la différence de physionomie des Étrusques et des Grecs prouvée par les monuments, et le caractère évidemment oriental d'un grand nombre de représentations qui s'y remarquent.

à Stuttgart et à Tübingue, après la mort prématurée de l'auteur, par notre ancien et excellent ami, M. Sulpice Boisserée, appréciateur si éclairé des recherches de ce genre.

Les idées de M. Abeken sur les anciennes populations de l'Italie, sur leurs relations entre elles, sur les sources et les caractères divers de leur civilisation, attestés, soit par les traditions, soit par les monuments, s'écartent à la fois, en plusieurs points essentiels, et de celles de M. Lepsius et de celles de M. Grotefend. Suivant M. Abeken, adoptant la vue fondamentale de Niebuhr, le peuple étrusque doit son existence nationale à deux éléments principaux, l'un antérieur et d'abord prédominant, les Pélasges Tyrrhènes; l'autre postérieur, et qui finit par dominer à son tour, les peuplades rhétiques descendues des Alpes, c'est-à-dire les Rasènes. Plus on remonte en effet le cours de l'histoire, plus les Étrusques apparaissent étroitement liés aux Grecs par leur langue, leur religion, le style de leurs monuments figurés. Plus on descend, au contraire, et plus se prononce un caractère qui contraste avec celui des autres Pélasges de l'Italie, et que Lepsius, faisant abstraction des Rasènes, rapporte à tort au fond ombrien, qui aurait, pour ainsi dire, *repoussé* avec le temps sous la couche pélasgique et grecque. M. Abeken, d'un autre côté, cherche à identifier les Sicules avec les Tyrrhènes, les montrant partout unis à ceux-ci, et les regardant, les uns et les autres, comme des Pélasges. Il voit dans les Ombriens les habitants primitifs d'une grande partie de l'Italie septentrionale et centrale, de bonne heure entamés sur plusieurs points par les Pélasges; mais avec O. Müller, avec Schlegel, avec Klenze [1], avec Grotefend, il finit par absorber l'idiome des Osques et celui des Sabins eux-mêmes, et, qui plus est, celui des Ombriens, dans le vieux grec; tous ces idiomes, et aussi bien le latin, n'auraient été que les dialectes divers d'une seule et même langue, à des degrés de culture plus ou moins avancés.

[1] Dans ses *Historisch-philologische Adhandlungen*, publiées par Lachman, p. 72, etc.

Il en résulterait que, sauf les Liguriens, les Vénètes, les Rasènes, et plus tard les Celtes, tous les peuples de l'Italie auraient appartenu à une seule et même famille originaire, divisée seulement en des tribus nombreuses, venues à des époques différentes, et mélangées en différentes proportions, ce qui expliquerait les contrastes plus apparents que réels que l'on observe entre eux. Quant à la colonie lydienne et aux influences directes de l'Asie sur la civilisation des Étrusques, sur leurs mœurs, sur leurs arts, M. Abeken les nie absolument. Il pense que le commerce de ce peuple, ses vastes relations, ses communications très-anciennes avec les Phéniciens, avec l'Égypte, suffisent à rendre compte de ce qu'il y a d'oriental, d'égyptien même, et dans ses monuments et dans certaines de ses traditions. C'est un point, au reste, qui sera examiné et discuté amplement dans les notes subséquentes, surtout dans la seconde, la troisième et la sixième. En attendant, nous rappellerons ici que les rapports des mythes et des symboles religieux, des cérémonies et des rites, non-seulement des Étrusques, mais des Latins et des autres peuples de l'Italie, avec l'Asie Mineure d'une part, avec la Grèce primitive de l'autre, ont été pour M. Rückert l'objet de recherches récentes, qui conduiraient à peu près au même résultat que les travaux ethnographiques ou archéologiques de ses devanciers, en faisant des nombreuses migrations des tribus pélasgiques, de leurs établissements sur presque toutes les côtes et dans presque toutes les îles de la Méditerranée, finalement de la colonie troyenne d'Énée dans le Latium, regardée comme positivement historique, le lien multiple et primordial de ces rapports [1].

M. Creuzer, dans la première de ses *Additions aux religions italiques*, se rattachant au 3ᵉ vol. de sa 3ᵉ édition, a passé en revue les recherches nouvelles dont ces religions en elles-mêmes ont été l'objet depuis quelques années. Il commence

---

[1] *Troja's Ursprung*, etc., et l'analyse que nous avons donnée de ce livre, p. 1146 sqq., *ci-dessus*.

par l'ouvrage de Hartung : *Die Religion der Römer nach den Quellen dargestellt*, Erlangen, 1836, 2 vol. in-8. Nous donnerons, dans les éclaircissements qui doivent suivre celui-ci, plus d'un extrait de cet ouvrage, sur les principes et l'esprit duquel M. Creuzer a porté, dans les *Iahrbücher der Literatur* de Heidelberg, année 1837, p. 113-131, tout en reconnaissant ses mérites et le soin incontestable avec lequel il est composé, un jugement assez sévère, mais motivé. Viennent ensuite deux philologues, qui ont consacré aux religions et aux cultes italiques une grande connaissance des langues et des efforts souvent heureux, M. Klausen, enlevé trop tôt à la science, comme M. Abeken, et M. Ambrosch, qui peut lui rendre encore d'éminents services. Nous avons également profité de leurs travaux, de la dissertation du premier sur les *frères Arvales*, et de son ouvrage beaucoup plus considérable et malheureusement un peu confus, quoique fort savant, intitulé : *Æneas und die Pënaten*, Hambourg et Gotha, 1839-1840; de l'écrit du second, digne continuateur d'O. Müller, sur le *Charon* des Étrusques, et de ses *Studien und Andeutungen im Gebiet des altrömischen Bodens und Cultus*, qui embrassent tous les éléments principaux des religions italiques. Il y faut joindre les commencements de ses recherches sur la littérature hiératique et la hiérarchie des anciens Romains, dans les deux traités *De sacris Romanorum libris particula prima*, et *De sacerdotibus curialibus*.

M. Creuzer prend occasion de ces ouvrages plus ou moins récents pour ajouter quelques remarques générales sur le sujet même qui y est traité. « Un fait qui domine tout le reste, et que nous retrouvons partout, dit-il, dans l'ensemble des cultes italiques, et particulièrement dans la religion romaine, c'est le concours d'éléments orientaux, pélasgiques, samothraciques et helléniques. Nous avons revendiqué nous-même contre Hartung l'existence des éléments provenus de Samothrace, dans un mythe latin [1] ; et, ce que Klausen s'est pro-

[1] Celui des *Dii indigetes* et de *Cæculus*, d'après Virgile, Æneid., VII, 678. Nous y reviendrons plus loin.

posé de montrer dans son dernier écrit, c'est précisément la manière dont les religions populaires de l'Italie se sont développées sous l'influence des cultes et des traditions de la Grèce. Si maintenant nous soulevons la question de la priorité relative des éléments du culte romain primitif, il y a plusieurs opinions à cet égard. Ambrosch se déclare pour l'élément latin originaire, et il s'exprime ainsi sur ce point : « La circonstance que le plus ancien culte de Rome fut albain, que, parmi les plus vieux sacerdoces de ce culte, plusieurs, tels que les pontifes, les flamines, les saliens, les vestales, s'annoncent comme des institutions primitives d'Albe ou tout au moins des autres villes latines, qu'enfin les anciens habitants du Latium possédaient de tout temps un calendrier religieux et devaient avoir par conséquent un culte organisé; tout cela et bien d'autres indices moins apparents se réunissent en faveur de l'opinion qui fait sortir également les institutions les plus anciennes du sacerdoce romain d'une source toute nationale et véritablement latine, et contre celle qui les fait naître sous l'influence des Sabins [1]. »

« Un second point, non moins capital, et sans lequel, suivant ma conviction, poursuit M. Creuzer, la vie du peuple romain et son état politique ne sauraient être compris, c'est l'intime connexité de la religion romaine avec l'agriculture. D'après la croyance populaire des Romains, tout ce qui appartient à la nourriture du corps de l'homme et à ses besoins doit être imploré à titre de grâce accordée par des divinités distinctes. Aussi les *magistri pagorum* présidaient-ils aux sacrifices champêtres, consacraient-ils et expiaient-ils les champs, surveillaient-ils les laboureurs eux-mêmes, pour dénoncer au roi les négligents et les vigilants tout ensemble. Ces rites, ces usages, à la fois religieux et politiques, nous les connaissons par les auteurs romains qui ont écrit sur l'agriculture, et qui nous ont transmis une multitude de formules qui y sont relatives [2]. »

[1] *Studien und Andeutungen*, I, p. 193, remarque 170.
[2] *Voy.* p. ex., Caton, de Re rustica, cap. 83, 84, 132, 133, 134, 135, 139, 140, 141, 142.

« Ce dernier point se rattache, dit encore notre savant auteur, au cérémonial entier des anciens Romains, cérémonial qui, dès l'origine, fut aussi minutieux, aussi difficile, aussi fatigant dans ses prescriptions que simple dans son appareil, et qui devint avec le temps un fardeau de plus en plus intolérable de laborieuses superstitions, comme s'exprime Tertullien [1]. Faut-il s'étonner si, en effet, à l'époque de la grandeur de Rome, toutes ces prescriptions, toutes ces formules, tout ce culte si compliqué de pratiques et de paroles, sur lequel reposait pourtant l'édifice entier de l'État, parut à un Grec éclairé une œuvre de superstition, qu'il juge d'ailleurs profondément politique au regard de la multitude, lui qui, comme la plupart des patriciens romains, dans le commerce desquels il vivait, avait adopté la fausse philosophie religieuse d'Evhémère [2] ? Faut-il s'étonner si, au siècle de Varron et de Cicéron, des pratiques, et rien que des pratiques, dont prêtres et peuple s'acquittaient avec une exactitude scrupuleuse, formaient tout ce qu'on appelait alors la religion des Romains ? Enfin, devons-nous être surpris que les esprits qui cherchaient en vain le sens et la lumière, les cœurs qui avaient besoin de consolation, se soient tournés vers les divinités et les rites de l'Orient, et que bientôt les âmes les plus saines, les plus tendres, aient prêté l'oreille à la sainte voix du christianisme, qui venait les délivrer du pesant esclavage de ce cérémonial héréditaire imposé par l'État au nom des dieux ? » (J. D. G.)

Note 2*. *Système chronologico-théologique des Étrusques.* (Chap. II, art. I, p. 405.)

Otfried Müller a consacré un long chapitre de son livre sur les Étrusques à la détermination du système de calen-

---

[1] Apologet., cap. 21. Cf. Cic. de Republ. II, 14, et Ambrosch, de Sacerdotibus curialibus, p. 21, n. 56.
[2] Polyb. VI, 56.

drier et de chronologie que cette nation avait adopté ; il fait usage des recherches de Niebuhr, en abandonnant tout ce que présentent d'hypothétique et de hasardé les idées auxquelles avait été conduit cet érudit célèbre. Analysons les résultats auxquels O. Müller s'est plus prudemment arrêté. Le commencement du jour civil, qu'indiquaient, chez les Perses et les Babyloniens, le lever du soleil, chez les Athéniens et chez beaucoup d'autres peuples, le coucher de cet astre, dans la discipline augurale romaine et la chronologie civile, le milieu de la nuit, était déterminé, chez les Étrusques, par le moment où le soleil atteint dans le ciel son point le plus élevé. Ce mode de division avait été adopté, sans doute à l'instar de cette nation, par les Ombriens ; il convenait à un peuple qui voulait obtenir un système chronologique fixe et assuré, puisque l'observation de la longueur de l'ombre permet facilement de connaître le moment où l'astre du jour passe au méridien. Les Étrusques pouvaient donc de la sorte obtenir pour les jours des durées égales, à l'abri du changement qui s'opère, suivant les saisons, dans la longueur du jour et de la nuit. Dans la vie civile, ils faisaient usage de mois lunaires, et les Ides répondaient chez eux aux pleines lunes. Ils nommaient ces Ides, au dire de Varron et de Macrobe, *Itis* ou *Itus*. A l'époque à laquelle vivaient ces écrivains, on interprétait ce mot de diverses manières : ainsi, tantôt on le faisait dériver de *fides*, et l'on supposait qu'il annonçait la confiance qu'on avait en Jupiter, divinité à laquelle ce jour du mois était consacré ; tantôt du mot *idul*, brebis, bélier, parce qu'on sacrifiait cet animal à ce même dieu ; tantôt on le tirait de *iduare*, mot étrusque qui signifiait *diviser*. Cette dernière étymologie est certainement la véritable. Ainsi entendu, ce mot *Ides* rappelle l'expression de διχομηνία, dont les Grecs se servaient pour désigner la pleine lune. Le temps de la pleine lune était chez les Étrusques, de même que chez les Romains, consacré à Jupiter, et il semble probable que l'usage de consacrer les Calendes à Junon, qui avait lieu chez ce peuple, était passé du premier au second.

Il est aussi naturel de croire que les Nones ou Nondines romaines, le huitième jour de la semaine, étaient d'origine étrusque. Ces Nones revenaient tous les neuf jours, à la fin de chaque semaine; les rois y siégeaient et donnaient leurs audiences publiques; on y traitait des transactions de toute espèce. C'étaient également les jours des marchés et ceux où les gens de campagne affluaient dans la ville. Servius Tullius, Étrusque de naissance, avait sans doute introduit à Rome cette solennisation du neuvième jour; c'était à lui du moins qu'on faisait remonter les Nones et les Nondines. On sacrifiait, aux Nondines comme aux Ides, un bélier à Jupiter. Il est très-probable que l'établissement des Nondines se liait à l'existence des mois lunaires, mois qu'on avait suivis originairement; mais ces fêtes furent conservées dans le nouveau système de calendrier adopté plus tard par les Romains, bien que les mois lunaires eussent cessé d'en former la base. C'est ainsi que, de notre temps, l'ancienne division planétaire des jours de la semaine se conserve encore, bien qu'elle ne cadre plus avec notre division par mois. Cette supposition peut seule expliquer pour quel motif la solennisation du neuvième jour avait persisté comme point de départ dans la supputation des jours du mois, quoiqu'elle eût cessé de concorder avec les Nondines.

A Rome, le jour des Calendes, un pontife de rang inférieur montait à la *Curia Calabra*, édifice qui couvrait une partie de la roche Tarpéienne, à l'extrémité méridionale du mont Capitolin; de là il appelait cinq ou sept fois le peuple assemblé, selon que les Nones tombaient le cinq ou le sept du mois. Cet usage remontait sans doute aux Étrusques, chez lesquels les Nones divisaient probablement le mois en deux parties. Il s'ensuivait que l'on ne comptait pas seulement par *jours avant les Nones*, mais aussi par *jours après les Nones;* c'est ce qui résulte de ce que la terminaison *atrus*, qui indiquait un jour après les Ides, appartient à la langue étrusque. Dans celle-ci, elle s'appliquait aux jours qui venaient, non à la suite des Ides, mais après les Nones qui précédaient ces Ides : le nom donné à ces jours était de la forme *nonatrus*, en substituant au numéral étrusque inconnu le numéral latin.

Les mois lunaires, tels que les établissaient les Étrusques, ne pouvaient être partagés exactement en semaines de huit jours, puisqu'un partage rigoureux eût donné au mois vingt-quatre ou trente-deux jours. Chaque mois comprenait donc plusieurs jours en sus des trois semaines, et c'était du nombre de ces jours que la proclamation publique prévenait les gens de campagne, qui vivaient, en Étrurie, fort séparés de ceux de la ville. Il leur était nécessaire de connaître exactement ce chiffre, pour qu'ils pussent se rendre aux Nones suivantes; car après les Ides ou époques de la pleine lune, il se tenait régulièrement dans l'origine, à ce qu'il paraît, deux Nondines, et la seconde de ces Nondines tombait un ou deux jours après la nouvelle lune, au temps de la conjonction du soleil et de la lune.

Le matin du lendemain de ces Nondines, le Lucumon, dont c'était l'office, sortait et annonçait publiquement dans combien de jours devaient se tenir les Nondines ou Nones prochaines. Sans doute il concluait de la forme du croissant qui commençait déjà à être visible; peut-être même tirait-il, de la connaissance qu'il pouvait avoir acquise de la longueur des mois lunaires, le nombre de jours qui avaient à s'écouler jusqu'à l'apparition prochaine de la pleine lune. C'est de là que venait l'usage par lequel le pontife criait aux Calendes, ainsi que nous venons de le rappeler : *Quinque* ou *septem dies te kalo Juno novella*; usage que la mention faite de Junon, dans cette phrase sacramentelle, contribue à faire regarder comme étrusque. Mais ces Calendes ou jours de convocation, lorsqu'elles coïncidaient, ainsi que cela se passait chez les Étrusques, avec les secondes Nondines après les Ides, devaient revenir dans un intervalle de quinze jours; et c'était là le principe sur lequel reposait l'ancien calendrier. La seconde moitié du mois étant déterminée chaque fois par la pleine lune, qui en indiquait le commencement, il fallait nécessairement que la première moitié fût chaque fois fixée et annoncée publiquement.

On ne saurait décider si c'est aux Étrusques que les Romains avaient emprunté leurs mois alternatifs de vingt-neuf et de trente et un jours. Mais quelle que fût la longueur que les Étrusques eussent attribuée aux mois, ils n'en ont pas moins dû faire connaître, pour chaque mois, le nombre de jours qui excédaient les vingt-quatre composant les trois semaines. Les Ides, les Calendes et les Nones étaient marquées par des fêtes religieuses; mais elles n'empêchaient pas les transactions qui avaient lieu aux Nondines ou Nones, ni les occupations de la vie civile. Il semble que ce soit à l'instar des Étrusques, que les Romains classaient les jours qui suivaient immédiatement ces époques du mois parmi les jours malheureux, *atri dies;* du moins, c'était un aruspice étrusque, L. Aquilius, qui, en l'an de Rome 266, les faisait déclarer tels par le sénat.

Il y a lieu de croire que, dans la croyance aux *dies religiosi, nefasti, atri*, il se trouvait plusieurs restes des usages toscans.

Les Étrusques, pouvant régler chaque fois la longueur du mois, avaient ainsi toujours le moyen de corriger les erreurs du calendrier; mais nous ne savons s'ils avaient résolu le problème que présente la concordance des mois lunaires et de l'année solaire.

O. Müller a rapidement passé en revue les diverses hypothèses que l'on peut proposer sur le système de chronologie des Étrusques. Malheureusement les matériaux manquent pour tenter l'examen de la question avec quelque chance de succès; pour cela il faudrait connaître cette description des clous qu'on enfonçait annuellement dans le temple de Nortia à Volsinies. Ce moyen de noter les années avait passé des Étrusques chez les Romains, et il appartenait à un âge où le mode de numération était encore fort grossier. Comme c'était aux Ides de septembre qu'avait lieu à Rome la cérémonie de l'enfoncement du clou dans la muraille qui séparait la cella de Jupiter Capitolin de celle de Minerve, il se pourrait que ce fût à cette époque, c'est-à-dire vers l'équinoxe d'automne, que commençât ou que finît l'année étrusque. Le clou était le symbole de ce qui est fixé, irrévocablement arrêté; voilà pourquoi il était donné comme attribut à la Fortune, à la Nécessité, à la Parque; et telle était la raison qui l'avait fait adopter pour indiquer que l'année était accomplie.

De même que l'année était la période qui correspondait à la vie de la terre, à la naissance et à la destruction de la végétation, le siècle paraît avoir été originairement celle qui correspondait à la plus longue vie humaine. Ce n'était pas une supputation précise d'années qui en déterminait la durée chez les Étrusques; c'étaient des présages indiqués dans les rituels, et qui étaient regardés comme annonçant le commencement d'un nouvel âge. Le siècle ne fut donc pas d'abord un cycle exact de cent années. O. Müller a fait de savants efforts pour arriver à connaître combien les Étrusques reconnurent de ces âges, et vers quelle année le premier a dû commencer. Varron nous dit que dans les annales étrusques, rédigées dans le huitième siècle de l'ère de cette nation, la durée des sept premiers était fixée à 781 ans, ce qui démontre que chacun d'eux comprenait plus de cent années. La vie du peuple étrusque était, suivant la croyance populaire, fixée à dix de ces siècles, et celle de chaque nation avait aussi une limite qui lui était assignée par les dieux.

La comète qui parut en l'an de Rome 708, et que l'on regarda comme annonçant la mort de Jules César, indiquait, au dire de l'aruspice Volcatius, la fin du neuvième et le commencement du dixième siècle. Or, comme il paraît impossible, même en comptant par les périodes de soixante et dix ans d'Ennius, que cette époque pût cadrer avec le dixième âge, à partir de la fondation de Rome, il y a lieu de penser que Volcatius comptait d'après les siècles étrusques. En prenant donc pour chaque âge étrusque une moyenne de 110 ans, cela reporterait le commencement de l'ère totale vers 290 ans avant la fondation de Rome et donnerait, pour l'époque à laquelle les dix âges s'étaient accomplis, l'an de Rome 850 environ.

Ce qui vient à l'appui de cette hypothèse, c'est qu'on voit, par un fragment de l'aruspice et agrimensor étrusque Vegoia, qu'à l'époque à laquelle il vivait, correspondait le huitième siècle étrusque.

Il semble toutefois difficile d'accorder ce fait avec un autre qui se rattache aussi vraisemblablement à la chronologie des Toscans. Les prodiges qu'on observa au temps de la guerre civile de Sylla, l'an 664 de Rome, annoncèrent, au dire des docteurs étrusques, la naissance d'une nouvelle race, le commencement d'un nouvel âge. Cette prophétie se liait à la doctrine des âges, fort accréditée en Orient, doctrine originaire vraisemblablement de la Chaldée, et répandue de bonne heure dans la Grèce. Suivant cette doctrine, l'espèce humaine présentait, à chaque âge, un caractère, un genre de vie, des mœurs différentes; chacun de ces âges formait comme un des jours de la grande semaine séculaire. O. Müller reconnaît la difficulté d'assigner les rapports qui rattachaient cette théorie des âges au système chronologique des siècles chez les Étrusques, et il avoue qu'il paraît impossible d'accorder la naissance d'un nouvel âge sous Sylla et d'un autre sous César, puisque les mœurs des Romains n'avaient point subi, entre ces deux époques, un changement assez notable pour donner à penser qu'une nouvelle race eût pris naissance. Il se demande, en outre, s'il est permis de transporter aux Romains ce système des dix âges que les Étrusques n'adoptaient que pour la vie de leur seule nation. Quant à l'ἀποκατάστασις des livres sibyllins dont Virgile parle dans la quatrième de ses églogues, il n'y voit rien qu'on puisse faire remonter aux Étrusques.

Il nous semble que O. Müller s'est fondé dans ces dernières recherches, toutes savantes qu'elles sont, sur des points de départ bien incertains. A l'époque romaine, au temps de César surtout, la tradition étrusque devait être fort altérée, et il faut nécessairement tenir compte des motifs politiques qui pouvaient porter les aruspices à proclamer l'avénement d'un nouvel âge. Il n'y a pas là pour la chronologie une base assez solide. Un seul fait paraît assez bien établi par ce savant, c'est la différence originaire qu'il y eut entre le *sæclum*, âge, période théologique, et le *sæculum*, période romaine et postérieure de cent années. On voit par les premiers auteurs latins, et notamment par Lucrèce, que le mot *sæclum* se prenait surtout dans le sens d'âge, de génération, ce qui montre qu'anciennement les siècles, *sæcla*, répondaient véritablement aux γένεα d'Hésiode, et indiquaient des périodes marquées par des générations ayant leur caractère et leurs mœurs à part. C'est une analogie de plus que présente la théologie étrusque avec les théologies orientales. (A. M.)

Niebuhr aussi remarque (*Römische Gesch.* I, p. 91) que l'histoire des Étrusques, pareille à celle des Brahmanes, était comprise dans un grand cycle astronomico-théologique, embrassant toute la suite des temps. Une semaine du monde, de huit jours du monde, était assignée à la race humaine actuellement sur la terre; chacun de ces jours du monde à une nation différente. Un jour du monde renfermait dix siècles, formant un total de 1100 années, en sorte que la semaine du monde comptait 8800 ans. Donc la durée d'une année du monde de 38 semaines ou 304 jours équivalait à 334,400 ans. — C'est une heureuse conciliation des huit âges de l'humanité ou de la vie des nations, et des dix siècles ou âges d'homme du peuple étrusque dans l'un de ces grands âges qui sont les jours du monde; c'est l'accord des deux passages fondamentaux de Varron et de Plutarque. Orioli (*Opuscoli Letter.*, t. I, p. 309 sqq.) pense également que les chiliades ou les millénaires de Suidas (les douze mille ans de la grande année du monde, aboutissant à l'ἀποκατάστασις), les γένη de Plutarque, et les âges de la vie des nations, sont une seule et même chose. Quant à O. Müller (*Etrusker*, II, p. 39 sq.), il croit avec Heyne que la grande période cosmique de 12000 ans, dont six mille embrassent la création du monde, et les six mille autres l'existence du genre humain, résulte d'un amalgame récent de l'histoire de la Création dans la Genèse, dont le fond paraît être chaldéen, avec la doctrine étrusque des âges du monde; mais celle-ci dans une faible proportion. En admettant l'origine chaldéenne de cette conception, transportée en Perse d'une part, en Étrurie de l'autre, et liée à l'institution du zodiaque, ne remonterait-elle pas beaucoup plus haut que ne la fait remonter O. Müller? Cf. les notes du livre quatrième, pag. 894-905, *ci-dessus*.

Pour ce qui concerne la chronologie historique des Étrusques et le commencement de leur nation, M. Rückert, comme nous l'avons indiqué plus haut (p. 1147), adoptant l'hypothèse d'O. Müller sur la colonie tyrrhénienne d'Asie Mineure, fixe le point de départ des dix siècles ou âges de la durée de ce peuple à la fondation de Tarquinies, et son ère nationale à l'an 304 avant celle de la fondation de Rome, calculée d'après l'année cyclique de 304 jours en usage jusqu'à Tarquin l'ancien, et abaissée en conséquence de 22 ans par Cincius Alimentus. Ce serait l'an 1034 avant J. C., et 20 années avant la prise de Troie et l'arrivée d'Énée en Italie, que la chronologie romaine ou albaine, d'après la même base, ferait descendre à l'an 1014. La prophétie de l'aruspice Vulcatius, rapportée dans les mémoires de l'empereur Auguste, et qui annonça la fin du neuvième et le commencement du dixième siècle des Étrusques, lors de l'apparition de la comète qui est celle de Halley, en 708 de Rome, suivant Cincius en 686, conduit à ce résultat (Rückert, *Troja*, etc., p. 241-245).

(J. D. G.)

Note 3*. *Des éléments divers de la théologie étrusco-romaine.* (Chap. II, art. II, III. p. 408-429, et Chap. IV, art. IV, p. 483-489, *passim.*)

Otfried Müller (*die Etrusker*) et M. Gerhard (*Ueber die Gottheiten der Etrusker*) ont soumis les éléments divers de la théologie étrusco-romaine que nous ont fait connaître les témoignages des auteurs anciens et les monuments, à une analyse plus complète et plus sévère que M. Creuzer. Nous extrairons de leurs ouvrages et des travaux auxquels les découvertes archéologiques les plus récentes ont donné lieu, les traits principaux qui sont nécessaires pour achever l'esquisse que donne notre auteur de la religion des Étrusques.

Après Tina ou Tinia, le grand dieu qui commande au tonnerre, le souverain du ciel, dont les Lucumons portaient dans les solennités la couronne, la tunique et la toge, venait Cupra ou Junon (*Jovino* ou *Juno*), déesse adorée à Pérouse, Véies, Faléries, et dont le culte, porté plus tard dans le Picénum par les colonies étrusques (*Strab.*, V, 4), se conservait encore chez les Romains, dans les fêtes appelées *Cupralia* (*Silius Italicus*, VIII, 434). On ne possède malheureusement presque aucun renseignement sur le culte de Cupra, déesse qui recevait les épithètes de *montana, maritima, littorea* (Lanzi, *Saggio di lingua etrusca*, II, 627). On a rapproché le nom de *Cupra* de celui de Vénus ou *Cypris*, la déesse de Cypre (Varron, *de Ling. lat.*, IV, 33). Schwenck (*Rhein. Museum*, V, 383) le fait dériver du verbe *cupio*. A Véies, cette déesse était surnommée la reine, *regina*, et avait son temple sur l'*arx* ou acropole; son culte fut introduit solennellement à Rome; à Faléries, on l'appelait *Curitis* ou *Quiritis*, du mot qui signifiait *lance* dans la langue des Latins-Sabins: la lance était en effet, dans l'ancien droit symbolique de Rome, le symbole de l'*imperium* et du *mancipium*. Sans doute, ce nom faisait allusion à la supériorité qui était attribuée à Cupra sur les autres déesses. On a parfois donné le culte de cette divinité, chez les Falisques, comme une preuve de son origine argienne. Le fait ne saurait être affirmé, mais on ne peut nier que Junon *Curitis* ne rappelle la Héra d'Argos, à laquelle étaient consacrés, comme à Curitis dans Faléries, un temple et un bois sacré, et dont les sacrifices étaient accompagnés de rites analogues (Müller, *Etr.*, I, 145; II, 47. Gerhard, *Gotth. d. Etrusk.*, S. 32-33).

Mnerfa, appelée aussi sur les miroirs *Menerfa, Mnrca* (Gerhard, *Etrusk. Spiegel*, I, 87-68; II, 140), correspondait, chez les Étrusques, à la Minerve des Latins. Cette déesse avait peut-être été apportée aux Étrusques par les Sabins, car Varron la regarde comme une divinité de ces derniers (*de Ling. lat.*, V, 10). Son nom renferme le radical *mens*, d'où sont dérivés les mots *memento*, *menervo* (moneo), *promenervo* (cf. Festus, s. h. v. Lanzi, *Saggio*, II, 200). On honorait Menerfa à Surrentum et dans la Campanie; on lui rendait aussi un culte spécial à Faléries. C'était au mois de mars que se célébrait sa fête, appelée *Quinquatrus*. Sans doute cette fête était ainsi nommée parce qu'elle durait cinq jours. Elle devait correspondre à l'équinoxe vernal, car c'était à cette époque de l'année que cette divinité fulgurale lançait ses plus terribles éclairs. Peut-être la cérémonie du tubilustrium venait-elle clore cette solennité. Menerfa paraît avoir été, en effet, pour les Étrusques, la divinité à laquelle était attribuée l'invention des instruments de musique. C'est une analogie de plus qui la rapproche de l'Athéné hellénique, à laquelle elle fut assimilée. On regardait, dans l'Asie Mineure, Athéné comme l'inventrice de la flûte, et l'Asie Mineure était pour la Grèce ce que l'Étrurie était pour Rome, la patrie des instruments à vent [1]. C'est sans doute un Pélasge tyrrhénien qui avait consacré dans Argos un sanctuaire à Athéné Salpinx. Le culte de Menerfa a pu être apporté par les Pélasges des côtes de la Carie et de la Lydie dans l'Étrurie méridionale, à Cæré, Tarquinies, Faléries.

Vertumne, ou Vortumne, était l'un des grands dieux de l'Étrurie, *Deus Etruriæ princeps*, comme dit Varron (*de Ling. lat.*, V, 46). Son nom était dérivé, disait-on, du verbe *verto*, d'où le surnom de αἰολόμορφος que lui donne Denys d'Halicarnasse, soit parce que ce dieu arrêtait le Tibre dans son lit (*verso ab amne*), soit à raison du tropique, soit encore à cause du commerce, des transactions, des affaires (*a vertendis mer-*

---

[1] Cf. nos pl. CXLIII et LXXXVI, 340, 340 a, avec l'explicat., pag. 151 du tome IV.

cibus) qui avaient lieu souvent dans son temple, à Rome, soit enfin à raison de l'incertitude qui régnait dans le costume et les fonctions qui étaient attribués à Vertumne, costume et fonctions qui rappelaient à la fois le jeune-homme et la jeune fille. Vertumne semble avoir été le dieu de l'année, celui qui présidait à la maturation des fruits, à la moisson et à la vendange. Ses fêtes, les Vertumnales, se célébraient en automne, ce qui rappelle ses attributs primitifs; et, malgré le rang inférieur auquel il descendit peu à peu, il est facile de reconnaître dans le Vertumne romain les restes des fonctions supérieures qui lui étaient jadis attribuées.

On n'a point encore découvert de figurines ou d'images de ce dieu datant de l'époque étrusque. Les statues que l'on connaît sous le nom de Vertumne, appartiennent à l'époque romaine, et ne représentent en lui que le dieu des jardins.

Nortia était la déesse du destin, de la fortune, du temps. Cette divinité est appelée dans les auteurs *Nursia*; il est vraisemblable que ce nom était une abréviation de *Nevortia*, l'immuable (celle qui ne peut être détournée), ou *Neverita* (Martian. Capella, I, 15,5). Elle paraît avoir été la même que la Fortuna des Latins. Elle recevait un culte spécial à Préneste et à Antium; et peut-être était-ce aussi la même qu'on adorait à Férentinum sous le nom de *Salus* et de *Fortuna* (O. Müller, *Etrusk.*, II, 329 sq.; Gerhard, *Mém. cit.*, p. 42). Les miroirs étrusques offrent fréquemment des représentations de divinités du destin portant pour attributs la sphère, le polos, le style, l'écritoire, la ciste mystique. Quelques antiquaires ont vu, dans ces images, des figures de Nortia. Une autre divinité de la destinée, qui est représentée ailée sur les monuments, porte le nom de *Mean*. Orioli a cru y reconnaître *Mania*, et Schwenck, la *Bona Dea* des Latins (Gerhard, *Mém. cit.*, p. 45). Une personnification masculine du destin, Fatum, semble avoir existé sous le nom de *Nathum*, que M. Braun regarde comme la forme nasale du nom aspiré *Fatum*, de même que *Nercle* était une forme d'*Hercle*. Le Nathum était représenté sous les mêmes traits que les Furies (Gerhard, *Taf.*

VI, 5), et il se rattachait, ainsi que la Parque *Athrpa*, aux divinités infernales. Celle-ci figure aussi sur les monuments étrusques sous le nom de *Morta* ou *Muira* (Gerhard, *Etr. Spiegel*, I, 77; II, 176). Il faut également lui associer *Ker*, *Aesa* (Gerhard, *Gotth. der Etrusk.*, S. 45) et *Snenath* (Gerhard, *ibid.*).

Neptune, dont le nom étrusque paraît avoir été *Nepet*, *Nethunus*, *Nethuns*, était le dieu des mers et des eaux; il était spécialement regardé comme l'ancêtre des héros et des rois de Véies (Gerhard, *Gotth. d. Etr.*, p. 19).

La Leucothée qui avait à Pyrgoi un temple riche et somptueux, et que Strabon appelle Ilithyie, était très-vraisemblablement une divinité italique. Elle semble être la même que la *Mater Matuta*, divinité du jour, qui, comme telle, présidait à l'aurore. Le nom de Leucothée, qui signifie *divinité blanche*, c'est-à-dire *lumineuse*, rappelle tout à fait cet attribut (Arist., *Oec.*, II, 20; Polyaen., V, 2, 21; Plutarch., *Rom.*, 2; Müller, *Etrusker*, II, 57).

Vulcain comptait aussi parmi les dieux fulguraux; son nom étrusque était *Sethlans*. Ce nom semble n'être qu'une forme étrusque de Vulcanus. La forme Σελχανος, qui se lit sur les légendes des monnaies de Phæstos (cf. Secchi, Giove Σελχανος, Roma, 1840; Cavedoni, Bullet. 1841, p. 174-199), indique le passage de la forme latine *Vulcanus*, Ὀλχανός, Volcanos, à la forme *Selcanes*, *Sethlanes*. Vulcain recevait un culte à Perusia (*Appian. B. C.*, V, 49; *Dion Cass.*, XLVIII, 14). Il est figuré sur les coupes et les miroirs étrusques armé de son marteau (Gerhard, *Gotth. d. Etrusk.*, p. 28-29)[1].

Saturne était invoqué d'une manière plus particulière à Aurinia, qui reçut, à raison de cette circonstance, le nom de Saturnia. Divinité fulgurale et terrestre, il présidait aux foudres qui s'échappent parfois du sol. Quelques monuments étrusques le représentent barbu et la faucille à la main, ou

---

[1] Cf. nos pl. XCIII, 337, et CXCVI, 704 g, avec l'explicat., pag. 150 et 315.

jeune avec la charrue (Gerhard, *Gotth. der Etrusk.*, p. 28).

Mars, figuré la lance à la main, et qui avait donné son nom à un mois de l'année, était un dieu guerrier qu'on révérait à Faléries. Son nom étrusque paraît avoir été *Maris*.

Nous ne dirons rien de Janus, dont il sera parlé dans une autre note.

Vejovis ou Vedius était, ainsi que l'indique son nom, une divinité de mauvais augure, qui comptait, comme Saturne, parmi les dieux infernaux. Les foudres qu'il lançait étaient terribles et rendaient sourd.

Summanus formait l'un des dieux fulguraux les plus importants. Il avait pénétré à Rome avec la discipline étrusque, et avait été honoré, dans les premiers temps, presqu'à l'égal de Jupiter. Son temple se trouvait dans le *Circus maximus*. Sa statue d'argile décorait le fronton du temple Capitolin. Les Romains oublièrent peu à peu les diverses traditions qui s'attachaient à cette divinité; aussi ne nous en ont-ils rien rapporté. Le nom de Summanus semble dérivé de *Summus Manium*, et montre que ce dieu était le roi des mânes, le dieu des enfers. Les frères arvales lui sacrifiaient un bélier noir. Les idées d'enfer, de mort, ont été toujours liées dans les religions à celle de nuit. C'est ce qui explique pourquoi Summanus était aussi regardé comme le dieu de la nuit, le dieu du ciel obscur, comme Jupiter était le dieu du jour et du ciel serein.

Mantus régnait plus particulièrement sur les morts; on lui associait Mania, qui exerçait le même empire. C'est sans doute la même que *Larunda* et qu'*Acca Larentia*; identique encore, selon M. Gerhard, à la divinité qui est appelée, dans les chants des frères arvales, *Dea Dia* (*Gotth. der Etrusk.*, p. 36).

Le nombre des divinités infernales paraît, au reste, avoir été considérable chez les Étrusques. *Hinthia*, surnommée *Turmucas*, jouait à peu près le rôle de reine des enfers, de Proserpine. Le Charon étrusque est figuré armé d'un marteau, et prêt à frapper ses victimes (Cf. Ambrosch, *de Charonte etrusco*, 1837, Vratisl.). Les Furies (*Furæ*, *Furinæ*) sont représentées sans cesse, sur les sarcophages, emmenant les mourants au sombre séjour.

Apollon est désigné, sur la plupart des monuments étrusques, sous le nom d'*Aplu*, *Aplun*; mais d'autres monuments lui donnent le nom d'*Usil*. Nous aurons occasion ailleurs de revenir sur ce dieu (note 7*, § 2). Vénus recevait le nom de *Turan*. Le rôle de cette divinité dans la théologie étrusque est encore entouré d'une extrême obscurité (Gerhard, *Gotth. der Etrusk.*, p. 38). Diane ou la Lune porte sur les monuments le nom de *Lala* ou *Lara*; et cette *Lala* semble être identique à la *Thana* ou *Thalna* que nous présentent d'autres monuments. *Leinth* et *Thesan*, sur les attributs desquelles on n'est pas moins incertain, présidaient, d'après le rôle qu'elles paraissent jouer dans la scène où on les voit figurées, la première à la naissance des enfants, et la seconde aussi à la naissance et au printemps.

Bacchus, sur lequel nous donnerons quelques détails dans la note 8 sur le livre VII, portait, chez les Étrusques, le nom de *Phupluns*, et avait vraisemblablement donné son nom à la ville de Populonia, en étrusque, Pupluna (Gerhard, *Gotth. der Etrusker*, p. 29). Son nom rappelle celui de la *Juno Populonia*, dont il était peut-être l'époux (Gerhard, *ibid.*, p. 36).

Cérès faisait partie des pénates étrusques. Après elle venait immédiatement Palès (Gerhard, *Gotth. der Etrusk.*, p. 30).

Nous n'avons malheureusement que bien peu de renseignements sur les autres divinités de l'Étrurie; le nom d'un petit nombre nous est parvenu. Nous ne savons rien d'*Ancharia*, dont le culte florissait à Fésules; de *Voltumna*, la divinité qui présidait à la confédération étrusque. Le lieu nommé *Hortanum* ou *Horta*, et qui était situé au confluent du Tibre et du Nar, sur le territoire toscan, tirait vraisemblablement ce nom d'une divinité nommée *Horta*, dont le temple existait à Rome, et que Tertullien nous apprend avoir été adorée spécialement à Sutrium. Plutarque nous apprend que le nom de cette Horta s'était changé de son temps en celui d'Hora (*Quæst. gr.*, 46); M. Hartung (*Religion der Römer*, II, 42, regarde Hora,

Horta ou Hersilia, comme ayant été une seule et même divinité.

Sur la côte méridionale de l'Étrurie, non loin de Cæré, existait le *Castrum Inui*. Inuus était une divinité des troupeaux, identique au Pan des Arcadiens. Les Sicules, antiques habitants du pays, peut-être aussi les Pélasges tyrrhéniens, adorateurs de l'Hermès phallique, furent les fondateurs de ce sanctuaire. Le *lucus* consacré à Sylvain se trouvait sur le fleuve qui arrose Cæré, au fond d'une sombre vallée. Le culte de ce dieu champêtre remonte aux plus anciens temps de Rome, et était vraisemblablement emprunté à la religion étrusque.

En général, il dut s'opérer un certain mélange entre les divinités des Sabins et celles des Étrusques, par suite de la proximité et des fréquentes relations de ces deux peuples. C'était par l'intermédiaire des premiers que les Romains avaient reçu plusieurs des divinités des Étrusques, telles que Summanus, Vertumne, les Lares, etc., ainsi que nous l'apprend Varron. Aussi est-il difficile de décider si certaines divinités de l'ancienne mythologie romaine, telles que *Feronia, Ops, Flore*, étaient exclusivement d'origine sabine, ou avaient jadis été communes aux Sabins et aux Étrusques.

Cadmus et les Cabires, qui constituaient des divinités particulières aux Pélasges tyrrhéniens, recevaient-ils un culte en Étrurie? C'est une question des plus délicates parmi celles que soulève l'étude de la mythologie étrusque. Otfr. Müller reconnaît que le culte du dieu cabirique Cadmus ou Cadmilus, identique à Hermès, remontait aux Pélasges tyrrhéniens, qui l'avaient apporté à Samothrace, et de qui les Athéniens avaient sans doute reçu leur Hermès; mais rien n'établit, aux yeux de cet antiquaire, que ce culte ait été transporté par ces Pélasges en Étrurie. Il fait valoir, à l'appui de son opinion, qu'on n'a trouvé aucune trace positive du culte des Cabires dans ce pays. La seule autorité qu'on ait produite est celle de Callimaque. Ce poëte dit que Mercure portait, chez les Étrusques, le nom de *Camillus*, nom qui indiquait le rôle de serviteur rempli par lui auprès des dieux. Mais ce passage que Statius Tullianus a rapporté, et d'où Varron conclut que le Mercure-Camillus étrusque était le Casmilos ou Cadmilos de Samothrace, est tout à fait insuffisant pour l'objet auquel on l'applique. Müller distingue positivement ici les Pélasges tyrrhéniens des Étrusques. Le nom de Camille servant à désigner un jeune homme employé au service des dieux, lui paraît tout à fait étranger à celui de Cadmilos, et rien n'établit, dit-il, que ce titre ait été donné, ainsi que l'affirme Denys d'Halicarnasse, aux prêtres de Cadmus à Samothrace. Il est certain que le nom de Cadmilus ne s'est point retrouvé, non plus que celui d'Hermès, sur les monuments étrusques. Ce dieu y est désigné par le nom de *Turms*, qui n'est sans doute qu'une corruption du mot *Hermès* précédé de l'article τό. Mais, d'un autre côté, comme il est constant que les Pélasges ont habité l'Étrurie, l'assertion de Müller nous paraît bien hasardée.

Le P. Secchi, s'appuyant sur le témoignage d'Hérodote (II, 51), qui nous dit qu'Hermès était une divinité des Pélasges tyrrhéniens, pense que leur nom de Τυρσηνοί, écrit d'abord Τυρσανοί, et qui devint plus tard Τυῤῥηνοί, était tiré du nom de cette divinité. Le Mercure étrusque est donc pour le savant antiquaire romain le Mercure des mystères de Samothrace, adoré aussi en Thrace, et identique au fond avec le Dionysos infernal des Orphiques. La présence du nom d'*Aïtas*, écrit en lettres étrusques, le confirme dans l'opinion que le Mercure étrusque était la même divinité que le Bacchus des mystères. Ce nom, dans lequel il reconnaît une forme du nom d'Ἀΐδης, est accolé à celui de *Turms* sur une patère étrusque qui représente la Nécyomantie de l'Odyssée. La divinité qui le porte, figurée sans talonnières, serait, d'après cette inscription et le rôle qui lui est attribué, Ἑρμῆς-Ἀΐδης, c'est-à-dire Mercure-Pluton, le Mercure psychopompe. Ce dieu funèbre est, aux yeux du P. Secchi, le même que Casmilus; car, dans l'ancienne mythologie pélasgique, Ἀΐδης et Κασμίλος étaient, dit-il, deux formes d'une même divinité[1].

[1] Voy. *Annales de l'Institut archéologique de Rome*, t. VIII, p. 63 sqq.

Ces idées sont plus ingénieuses que solides, elles reposent sur des témoignages très-vagues, et à part le rapprochement entre Turms-Aïtas et l'Hermès-Hadès, nous ne saurions souscrire à l'opinion du savant italien.

M. Bunsen a combattu une partie des idées du P. Secchi [1]. A ses yeux, Turms était originairement le nom du roi des enfers, époux de Proserpine, et les deux mots Turms-Aïtas forment une inscription bilingue, où le nom étrusque Turms est associé au nom grec qui lui correspondait, et qui s'était naturalisé chez les Étrusques.

Selon O. Müller, le culte de Bacchus formait en Étrurie comme une religion particulière, ayant une existence séparée de la religion nationale. Il fait remarquer qu'on ne trouve dans les fêtes étrusques aucune trace des orgies bacchiques. Essentiellement grecque d'origine, selon Müller (*Voy.* note 11 du livre VII), cette divinité fut apportée avec l'art hellénique. Ses fêtes bruyantes et licencieuses se propagèrent promptement en Italie; elles répondaient aux penchants voluptueux des populations italiques; mais les dogmes plus élevés qui s'attachaient à son culte ne furent jamais compris, ni même peut-être enseignés chez les Étrusques. La mythologie dionysiaque ne pénétra pas dans la théologie étrusque proprement dite; aussi le culte de Bacchus garda-t-il toujours dans l'Étrurie un caractère superficiel. L'art, en multipliant les images qui s'y rattachaient, le répandit plus dans les habitudes qu'il ne le fit pénétrer dans les croyances.

Nous manquons de données suffisantes pour apprécier jusqu'à quel point ces dernières vues de l'antiquaire de Göttingue, sur le culte de Bacchus en Italie, peuvent être exactes. Sans doute les Dionysies étaient dans ce pays une importation hellénique, et, sous le nom de *Bacchanales*, elles conservèrent, ainsi que le fait judicieusement remarquer O. Müller, une existence distincte de la religion nationale. Mais on doit reconnaître, d'une autre part, que le Dionysos grec fut iden-

[1] Voy. *Annales de l'Institut archéologique*, t. VIII, p. 170 sqq.

tifié avec une divinité italique, *Liber*, qui présidait à la plantation et à la fécondité; divinité que les Sabins nommaient *Lœbasius*, mot dérivé, dit-on, de *libare*, féconder, arroser (Servius *ad Georg.* I, 7). Selon S. Augustin (*De civit. Dei*, IV, 8), Liber présidait à la naissance des enfants du sexe masculin. Les Libéralies, fêtes qu'on célébrait en l'honneur de ce Liber, se confondirent avec les Dionysies. Il est donc trop absolu peut-être de ne voir dans le culte de Bacchus que des rites étrangers à l'Étrurie, puisqu'il devait s'y être mêlé des éléments italiques. Voilà pourquoi, tout en acceptant le fond des idées du savant archéologue, nous croyons que là comme ailleurs il s'est montré un peu trop exclusif.

O. Müller distingue positivement les *Æsar*, ou dieux supérieurs et cachés des Étrusques, des douze grandes divinités principales, les *Dii consentes* ou *complices*. Il observe avec beaucoup de justesse que, dans le passage d'Arnobe qui nous fait connaître le fondement de la théologie étrusque, le second membre de phrase s'applique à des dieux différents de ceux dont il est parlé dans le premier. Les Æsar étaient les divinités cachées, dont ni le nombre ni les noms n'étaient connus; quant aux douze grandes divinités, mises en rapport plus direct avec l'homme, elles constituaient une hiérarchie inférieure, dont les noms étaient au contraire parfaitement déterminés. Ces noms toutefois ne nous ont pas été tous transmis. Très-certainement ce second ordre de dieux comprenait les divinités fulgurales, celles qui jouissaient du privilége de lancer la foudre. Ces dernières divinités étaient au nombre de neuf, sur lesquelles huit nous sont connues. En retranchant de ces huit Jupiter et Vejovis, deux dieux suprêmes qui semblent n'être qu'une double personnification d'un même dieu, et qui n'appartenaient pas à la dodécade des *Dii complices*, nous avons les noms de Junon, Minerve, Summanus, Vulcain, Saturne et Mars. Quant aux noms des six premiers, nous les ignorons; sans doute que parmi eux figuraient Vertumne, Janus et Neptune, et peut-être Nortia, à moins qu'elle ne comptât parmi les Æsar ou dieux cachés.

Chacune des douze divinités *complices* présidait à un mois de l'année : Minerve au mois de mars, Saturne à décembre, Vertumne au mois de la vendange, sans doute septembre, époque de l'équinoxe automnal. Il existait, au dire de Pline, une liaison déterminée entre les planètes et quelques-unes de ces divinités ; mais ce rapport entre l'astronomie et la religion était peut-être le résultat d'une importation plus moderne des idées orientales.

O. Müller a éloigné, autant qu'il l'a pu, toute hypothèse qui tendrait à assigner à la religion étrusque une origine asiatique. Mais le tableau même qu'il a tracé de la doctrine des Lares, des Pénates, des Mânes, du monde infernal, nous reporte aux doctrines religieuses de l'Orient. Les Pénates sont très-vraisemblablement les principes animés de la nature, les agents préposés par la divinité suprême à la surveillance des objets et des créatures. Ils rappellent les Férouers du Zoroastrisme. Cette ressemblance est encore plus frappante entre ces derniers et les *Genii* latins, issus des dieux et qui président à la naissance des hommes, *deorum filius et parens hominum*, comme dit Aufustius, cité par Festus. Dans la croyance étrusque, Jupiter créait les âmes avec l'assistance d'un Génie ou générateur, et il les envoyait ensuite dans les corps. Nous ignorons malheureusement le mot qui répondait chez les Étrusques au nom latin de *Genius*.

Les tombeaux, les peintures et objets de toute nature que les fouilles entreprises à Corneto, sur le territoire de l'ancienne Tarquinies, à Chiusi, Val Norchia, Bomarzo, Castel d'Asso, Cæré, Véies, Volaterra, Arezzo, etc., ont mis au jour, sont venus ajouter aux traits de ressemblance que certains antiquaires avaient cru apercevoir entre les doctrines religieuses de l'Étrurie et celles de l'Orient.

Le dualisme perso-assyrien apparaît dans presque tous les monuments, presque toutes les représentations figurées qui ont été découvertes. On y a retrouvé des sujets analogues à ceux que nous offrent les cylindres persépolitains, les bas-reliefs assyriens ou perses. Ce sont des hommes luttant contre des animaux, et plus particulièrement contre un lion qu'ils percent d'une épée, ou tenant enchaînés plusieurs de ces monstres ; c'est un lion qui dévore un taureau, ou d'autres animaux qui se dévorent entre eux : sujets que l'art byzantin emprunta, bien des siècles plus tard, à l'art asiatique pour en orner les églises. Partout on reconnaît la lutte des deux principes.

Parmi ces monuments, ceux de Cæré que M. Griffi a publiés, et qui ont été depuis reproduits dans le vaste recueil du musée Grégorien de Rome, portent l'empreinte la plus incontestable d'une origine asiatique. Deux disques d'argent, une sorte de hausse-col, tant par les sujets qui y sont figurés que par leur forme et leur travail, rappellent d'une manière frappante les objets analogues que l'on a découverts et qu'on fabrique jusque de nos jours en Perse.

Les innombrables figures d'êtres fantastiques, de divinités à quatre ailes ou à barbe, de sphinx, d'hommes-poissons, sortes d'Oannès, d'hommes-serpents, de taureaux barbus, d'oiseaux à tête humaine, de chimères, semées sur les monuments de l'Étrurie, participent à la fois du caractère égyptien et perso-assyrien, et rappellent plus particulièrement ce dernier. Il n'est pas jusqu'aux animaux, qui servent d'ornement habituel et presque obligé sur les peintures des tombeaux, sur les disques, les vases, les amulettes, les scarabées, les patères et les miroirs, qui ne nous reportent en Asie : ce sont surtout des lions, des panthères, des tigres, des gazelles, animaux qui n'existaient point en Italie. Ce sont des chasses presque en tout semblables à celles que les Persans se plaisent encore aujourd'hui à représenter sur les armes, les plats, les vases et les meubles.

Malheureusement nous ne possédons aucun texte qui nous permette d'interpréter ces monuments d'une manière précise. Toutefois leur style et leurs sujets accusent suffisamment leur origine [1].

[1] Cf. nos pl. CLV et CLVI, avec l'explicat. pag. 240-246, au

Mais un ordre de représentations plus circonstanciées, et dont les sujets sont plus faciles à pénétrer, confirme davantage, s'il est possible, le caractère oriental de la théologie étrusque; ce sont celles qui se rattachent aux monuments funéraires, qui décorent les parois des grottes sépulcrales ou les faces des urnes quadrilatérales.

Là, la doctrine de la vie future s'offre avec un caractère particulier, essentiellement distinct du caractère grec. Les génies infernaux y figurent avec des traits qui rappellent les Dews du Zoroastrisme, l'ange de la mort des Hébreux.

Le trépas est représenté par un génie qui frappe d'un glaive ou d'un marteau celui dont le dernier jour est arrivé. Dans les combats, ce génie est présent, guettant celui qui doit succomber. Ailleurs, il veille à la porte de l'enfer, peinte sur les tombeaux ou sculptée sur l'un des côtés dans les bas-reliefs des urnes funéraires. Il présente une certaine analogie avec les génies, les divinités de l'Amenti chez les Égyptiens, représentées armées de couteaux, d'armes tranchantes, et qui menaçaient l'âme au moment où elle pénétrait dans ce sombre séjour, dont le nom égyptien paraît avoir fourni aux Étrusques celui de leur dieu infernal, Mantus.

Deux espèces de génies, les uns couleur de chair, les autres de couleur sombre ou noire, conduisent tour à tour le défunt à l'infernal empire, sans doute suivant la vie qu'il a menée ici bas. On reconnaît là les deux génies dont parle Servius (ad *Virgil. Æneid.* VI, 743), lorsqu'il dit : *Cum nascimur, duos genios sortimur; unus hortatur ad bona, alter depravat ad mala, quibus assistentibus post mortem aut asserimur in meliorem vitam, aut condemnamur in deteriorem.* Voilà bien ce génie, *albus* et *ater*, comme s'exprime Horace (*Epist.* II, 2, v. 187). Parfois on rencontre les deux génies, attelés au char funèbre, traînant l'ombre à sa dernière demeure, la tenant

trouvent réunis et rapprochés un certain nombre de ces monuments et de ces sujets, les plus propres à caractériser l'art étrusque, soit en lui-même, soit dans son rapport avec l'Orient.

enlacée dans leurs bras, ou accompagnant cette ombre montée sur le cheval de la Mort.

De même que, dans les mythes du Zend-Avesta, on voit des contestations s'élever entre les Dews, et les Izeds ou les Amschaspands, au sujet des âmes qui sortent de ce monde, on voit aussi le bon génie et le mauvais, que M. Ambrosch appelle le Charon étrusque, se disputer la conduite de l'ombre. L'ange de malheur accourt pour se saisir du personnage qu'emmène l'ange de lumière. Des furies ou génies funèbres féminins, les cheveux épars et les bras dardant des vipères enroulées autour d'eux, tourmentent les hommes coupables, et les entraînent dans l'empire des mânes.

Ces sujets si curieux ont attiré l'attention d'un grand nombre d'antiquaires, et notamment de Micali (*Storia degli antichi popoli italiani*, Firenze, 1832, et *Monumenti inediti ad illustrazione della storia degli antichi popoli italiani*, Firenze, 1841), d'Ambrosch (*De Charonte etrusco*), d'Abeken (*Mittel-Italien vor den Zeiten römischer Herrschaft*, Stuttgart, 1843, in-8°), du P. Secchi (*Annal. de l'Instit. archéol. de Rome*), de M. Gerhard (*Mém. cité*), qui en ont savamment discuté les principaux détails [1].

Si nous possédions des statues de divinités étrusques, nous pourrions juger mieux encore que par des peintures incomplètes et des bas-reliefs, qui sont le plus souvent d'une époque très-basse, du véritable rôle qui était attribué aux Dieux. Nous verrions si le caractère qu'on leur prêtait les rapprochait des divinités helléniques, ou les rattachait au contraire aux divinités orientales. La Minerve d'Arezzo et la Minerve Ergané semblent d'un travail trop moderne pour qu'on puisse les prendre comme base d'un jugement à porter sur l'art hiératique des Étrusques. Mais la grande quantité de bas-reliefs qui nous sont parvenus comblent, au moins en partie, la lacune que forme, pour la connaissance de la religion étrusque, l'absence de statues de bronze ou de ronde-bosse. Les statuet-

---

[1] Cf. nos pl. CLIII et CLIV, 591-592, CLV, 592 *a*, 592 *b*, avec l'explicat., pag. 243-245.

tes, d'une exécution parfois assez grossière, nous offrent ordinairement des représentations de Jupiter, auquel sont donnés les traits d'un jeune homme; de Junon, de Minerve, qui, en guise de casque, porte une peau sur la tête; de Vulcain, d'Apollon. Mais les figurines les plus communes sont sans contredit celles qui furent longtemps connues sous le nom de *Camilles*, et qui paraissent représenter des dieux lares. Ces dieux lares sont appelés sur les inscriptions *Lasæ*, ou *Lases*, ou *Lasnæ*. Le nom de ces Lasæ est parfois uni à des noms au génitif, qui semblent être ceux de familles ou de races : tels sont les noms de *Lasa Fecus*, *Lasa Sitmica*, *Lasa Timræ*, *Lasa Racuneta*. (Cf. Gerhard, *Gottheiten der Etrusker*, p. 52.) Ces divinités sont aussi parfois représentées ailées. Toutes ces figurines, bien que rappelant les divinités correspondantes de la Grèce, conservent néanmoins un type particulier, qui montre qu'elles avaient pris chez les Étrusques une forme originale [1].

(A. M.)

NOTE 4*. *Sur la véritable origine du dieu Janus. — Usages qui se rattachaient au temple de ce dieu à Rome.* (Chap. III, p. 431, 434, 439 etc.)

M. Creuzer paraît disposé à admettre que Janus était une divinité venue de l'Inde. On pourrait faire valoir, en faveur de cette opinion, l'étymologie qui dériverait ce nom du verbe sanscrit *jan*, naître, produire, d'où *janatâ*, production. Dans cette hypothèse, le nom de Janus appartiendrait au même radical que le grec γενετή et le latin *gnatura*, dérivés très-probablement de cette racine *jan*. Le nom de Janus impliquerait alors l'idée de paternité et de création, et il correspondrait au mot *piter*, ajouté par les Latins au nom de *Zeus*. Le *Deivos Janos*, invoqué dans les chants saliens, serait la forme ancienne du nom plus moderne de Jupiter. Mais on peut

[1] Cf. nos pl. CLI et CLII, 580-588, et l'explicat., pag. 236-240.

opposer à cette étymologie, que le *j* latin exprimait un son plus adouci, moins guttural que le *dja* sanscrit, et que cette dernière consonne est passée en grec et en latin sous la forme du *g*, comme l'indiquent les mots γένος, *gens*, γυνή, dérivés de *jan*. Si donc le mot *Janus* était formé de ce dernier radical, on l'aurait écrit *Ganus* et non *Janus*. Il est beaucoup plus naturel de reconnaître avec Buttmann, dans ce nom de *Janus*, la forme dorique Ζάν, pour Ζεύς. Le δ se prononçait sans doute chez les Grecs anciens, comme il se prononce encore de nos jours chez les Grecs modernes, avec un léger sifflement, une sorte d'aspiration; et cette prononciation fait comprendre la possibilité de la permutation du δ en ζ. Buttmann a produit plusieurs exemples pour établir que cette permutation s'était en effet opérée. Aux quatrième et cinquième siècles de notre ère, les chrétiens ont changé souvent le nom de διάβολος en celui de ζάβολος (en latin *Zabulus*). Ce nom de Zabulus est devenu ensuite *Jabolenus*. Δίαιτα a fait *zaeta*. Chez les écrivains anciens, *Zara* s'appelle *Jadera*, et ce nom devint, au moyen âge, *Diadora*.

M. Guigniaut a fait remarquer, dans une des notes que celle-ci est destinée à compléter (p. 434), que Buttmann retrouve dans le nom de *Jan* ou *Zan*, identique à celui de Ζεύς, Διός, le nom antique et originairement oriental de la divinité, *Jan*, *Jao*, *Jova*, *Jovis*, d'où dérive le nom du jour en hébreu, *Jom*. En effet, aux yeux du savant académicien de Berlin, c'est l'idée de *jour* et de *soleil* qu'a exprimée la dénomination qui a été imposée le plus anciennement à Dieu; et la parenté des mots hébreux *Jao* et *Jom* se retrouve en latin dans celle de *Dies* et de *Deus, Dis, Dijovis, Diespater*.

Buttmann reconnaît donc le soleil dans le Janus italique. En Grèce, l'Apollon Θυραῖος ou ἀγυιεύς rappelle Janus, dieu portier, dieu de la *janua*.

Dans la religion des peuples enfants, chaque acte de la vie est placé sous la protection d'un dieu particulier. Un homme est-il dans sa demeure, dans sa bourgade, va-t-il à la guerre ou se confie-t-il à la mer, traverse-t-il une forêt ou suit-il un chemin, une divinité spéciale le protége, le défend contre les divinités ennemies. Chez les primitifs habitants de la Grèce et de l'Italie, de même qu'il y avait des dieux de l'intérieur de la maison, du foyer et du toit domestique, et des divinités du dehors, il y eut une divinité qui présidait à l'acte de la sortie; elle couvrait l'homme de sa protection au moment où, passant le seuil de l'habitation, il cessait d'être sous la tutelle des Lares, des dieux de l'intérieur, sans être encore l'objet de l'assistance des divinités du chemin, des champs, des forêts et des eaux. Ce dieu de la sortie fut Janus. Une extension de ces fonctions originaires le fit considérer comme l'être supérieur et caché qui présidait à tous les changements de lieu, de temps, aux passages d'un état à l'autre. Voilà pourquoi il devint le dieu de la nouvelle année, voilà pourquoi, sous le nom de *Janus matutinus*, il présida au moment où la nuit faisait place au jour.

Ce dieu du passage, de la sortie, dut avoir son autel à la porte des habitations, afin que l'Italiote pût l'implorer dans l'instant où, franchissant le seuil, il avait besoin de son appui. De là les expressions de *apud Janum*, *ad Janum* ou *ad Janus*, puis de *Janus* pour désigner la porte, dans l'ancienne langue latine, d'où est dérivé le nom *januas*, *janua*, qui n'a plus signifié que la porte. Ce dernier mot forma à son tour les mots *janitor*, *janitrix*. Il est à remarquer que lorsque le sens d'un mot s'oublie chez le peuple, on ne tarde pas à lui chercher une acception nouvelle parmi les mots qui offrent quelque analogie de prononciation, de consonnance avec lui. En vertu de cette loi philologique, on chercha plus tard à expliquer le nom de *Janus* par un mot analogue : ce mot fut celui de *janua* lui-même, qui en était dérivé. L'idée de sortie et d'entrée fut donc, selon Buttmann, celle qui constituait le fondement des attributs de Janus; et c'est d'après ce principe qu'il faut entendre le passage du traité *de Natura Deorum* (II, 27) de Cicéron, objet des controverses des mythographes : *Principem in sacrificando Janum esse voluerunt, quod ab eundo nomen est ductum.*

L'usage fameux d'ouvrir le temple de Janus à Rome, durant la guerre, et de le fermer durant la paix, a été, de la part du savant antiquaire allemand, le sujet d'une explication des plus ingénieuses.

Le temple de Janus n'avait été à l'origine qu'un *sacellum*, placé, suivant l'usage que nous venons de rappeler, à la porte principale de la ville. Mais lors de l'agrandissement de l'enceinte, sous Servius, cette chapelle se trouva à l'intérieur de Rome, et plus tard elle fut remplacée par un temple. Jadis la porte à laquelle le *sacellum* était attenant se fermait en temps de paix et s'ouvrait en temps de guerre. En temps de paix, les Romains devaient toujours se tenir sur leurs gardes, et se mettre à l'abri d'une attaque à l'improviste de la part de leurs voisins, de leurs ennemis. En temps de guerre, la porte devait toujours offrir un facile accès aux hommes de guerre, afin qu'en cas de défaite ils pussent rentrer précipitamment dans leurs murs. Quand le temple eut remplacé la porte, cet usage se perpétua pour les portes de cet édifice, qui avaient néanmoins cessé d'être celles de la ville. Buttmann a rassemblé un grand nombre de preuves pour établir que l'expression *Janum clusit* ne s'appliquait originairement qu'à la porte de ville, aux *fores* de la cité.

La raison de cet usage antique se perdit, et c'est alors qu'apparurent les diverses légendes que certains auteurs ont rapportées pour en expliquer le motif.

Buttmann a trouvé l'origine du *Janus Quirinus* des Romains en poursuivant l'idée que nous venons de développer, et qui forme la base de sa dissertation. Quirinus est, à ses yeux, le héros dans lequel se personnifie la nation des Quirites ou Curètes, peuple sabin dont les Romains formaient un rameau. Ce nom n'était primitivement que la forme singulière et abstraite du nom de Quirites ou Curètes. L'expression de Janus Quirinus, conservée dans la forme de *Janum Quirinum clusit*, désignait donc tout simplement la porte des Quirites, c'est-à-dire celle qui conduisait au territoire de ce peuple, dans le canton de Cures. Le nom de *mons Quirinalis* a sans doute la même origine.

Ces vues, exposées avec clarté, sont appuyées d'un choix heureux de preuves empruntées aux auteurs anciens. Mais ce qui manque complétement au travail de Buttmann, c'est le lien qui rattache l'ancienne conception du Zeus pélasgique, devenu Janus en Italie, à la divinité de l'entrée et de la sortie, à laquelle ce dieu fut assimilé, identifié même. M. Creuzer, quoique ayant peut-être moins approfondi le point de vue auquel l'antiquaire de Berlin s'est exclusivement placé, a tenté d'établir comment s'était opérée cette union.   (A. M.)

M. Creuzer a repris en sous-œuvre plusieurs points de son travail sur Janus, tant dans l'introduction générale que dans quelques notes nouvelles de la troisième édition de la Symbolique. Tout en rendant hommage à la sagacité qu'a déployée Buttmann dans le développement d'un point de vue particulier de ce dieu, notre auteur persiste avec Böttiger [1] à lui donner un sens supérieur, non-seulement solaire et calendaire, mais cosmique ou même cosmogonique, et une origine orientale. Il trouve des preuves décisives de cette origine, qu'il croit dérivée de l'Inde par l'intermédiaire de la Chaldée et de la Phénicie, dans la double ou même quadruple tête de Janus, dans l'indication de sa nature primitivement androgynique, que donnent la face barbue et la face imberbe accolées, dans l'association du dauphin sur les dupondies de Volterra, dans celle du vaisseau sur les as romains [2], enfin dans la femme-poisson Camasena, qui, non

---

[1] *Ideen zur Kunstmythologie*, I, S. 247 sqq.

[2] Cf. Pellerin, Mélanges, I, p. 166, et pl. V, 9 ; Eckhel, Doctr. num. vet. VII, p. 396 sq.; Böttiger, ouvr. cité, p. 257 sqq., et pl. II, 1 ; Stieglietz, Distrib. numor. famil. Rom., p. 30; Visconti, Mus. Pio-Clem., tom. VI, p. 67 sqq. de l'édit. de Milan, avec la pl. supplém. B III ; Inghirami, *Mon. Etruschi*, tom. III, tav. I-V ; et notre tome IV, pl. LX, 243, 243 *a*, avec l'explic., p. 121. Ajout. les indications et les rapprochements de M. E. Vinet, dans la *Revue archéologique*, ann. 1846, p. 309 sqq.

moins que le nom de son époux, Janus, Eanus, semble rapprocher ce dieu de l'Oannès de Babylone en même temps que du Vichnou indien, dont le couple italique serait une décomposition en deux corps [1]. Janus, qui, parmi ses épithètes, a celle de *Consivius*, expliqué tantôt par *conseiller*, tantôt par *semeur*, c'est-à-dire, auteur, *père*, comme il se nomme souvent, des hommes et de toutes choses (*O cate rerum sator*)[2], c'est, suivant M. Creuzer, une espèce de Narâyana étrusque, créateur par les eaux, apportant sur les eaux ou de leur sein, comme Oannès, comme Vichnou, la loi et la doctrine, et qui se retrouve sous une autre forme dans le Neptune *Consus* de l'ancienne Italie [3]. Les monuments récemment découverts en Étrurie, les figures de dieux-poissons qui se remarquent entre autres sur les vases noirs de Chiusi et les bronzes antiques de Perugia, lui paraissent confirmer ces assimilations [4].

Les différentes épithètes et les principales attributions de Janus ont été rattachées avec beaucoup d'art par M. Creuzer à cette théorie supérieure, qui voit en lui tout à la fois un dieu de la nature et de l'année, de l'éternité et du temps, du chaos et du monde, de la matière et de l'esprit, ou plutôt du passage de l'une à l'autre, du lien de l'une avec l'autre. Il part d'en haut et de l'unité, tandis que Buttmann part d'en bas et de la diversité. Sans doute Janus est analogue à l'Apollon θυραῖος et ἀγυιεύς de la Grèce ; mais s'il est devenu le dieu des portes, des passages, c'est qu'il était avant tout le dieu du commencement et de la fin, le dieu de l'entrée et de la sortie, l'inaugurateur du temps et du monde, lui-même élevé au-

---

[1] Un pareil couple divin à figures d'homme et de femme, se terminant en poisson, sur une pierre gravée de Babylone, nous a déjà fait songer à Oannès ou Dagon, à Atergatis ou Dercéto. *V.* notre pl. LIV, 202, l'explic. p. 104, et la note 4 sur le livre IV, p. 887 sqq. et 914 de ce tome.

[2] Terentian. Maurus ap. Vossium de Idololatr. II, 16, p. 143, coll. Macrob. Saturn. I, 9; J. Lyd. de Mens. IV, 1, p. 142 Rother.

[3] Cf. le chap. III du liv. VI, et la note qui s'y rattache dans les Éclaircissem., *ci-après*.

[4] Cf. Dorow, *Etrurien und der Orient*, p. 8.

dessus de toutes leurs vicissitudes auxquelles il préside, principe de toutes les évolutions et de toutes les transformations. C'est là un dieu éminemment général, éminemment oriental, qui, pour s'être localisé et particularisé dans les cultes grecs et italiques, n'en a pas moins, dans une foule de traits, gardé la trace de son origine et de son caractère primitif.

Après M. Creuzer, après Böttiger et Buttmann, O. Müller et MM. Hartung, Ambrosch, Klausen se sont occupés de Janus à des points de vue différents, et en se tenant sur le terrain de l'antiquité classique. O. Müller le reconnaît positivement comme un dieu étrusque, ce que quelques-uns, et récemment encore M. Inghirami [1], ont contesté, malgré la figure à quatre visages apportée de Faléries à Rome, et malgré la double tête des monnaies de Volterra et d'autres villes. Varron avait dit, au rapport de Jean le Lydien [2], que, chez les Étrusques, Janus était le ciel, et, pour cela même, l'inspecteur de tout ce qui se fait, de tout ce qui se passe sur la terre. Ses quatre faces pourraient alors être rapportées aux quatre régions principales du *Templum* céleste, et lui-même serait alors le dieu du *Cardo* et du *Decumanus* (voy. la note suivante). C'est ce qui l'aurait fait rapprocher du dieu latin des passages et des portes, le véritable *Janus* (de *Janua*); et une ressemblance de noms aurait aidé à fondre l'un dans l'autre ce dieu latin et le dieu étrusque Ζάν, Ζήν. Ainsi se vérifierait, selon Müller [3], l'ingénieuse hypothèse de Buttmann. On vient de voir que M. Creuzer, tout en admettant cette fusion de deux divinités dans Janus, la conçoit d'une manière assez différente.

Nous renverrons, avec notre auteur, au chapitre de M. Hartung sur Janus (*Relig. der Römer*, tom. II, p. 218-227), ceux qui ne veulent reconnaître aucune liaison entre les dieux italiques et les autres cultes de l'antiquité, et ne voient dans celui-ci qu'une création de la politique romaine [4]. M. Am-

[1] *Mon. Etruschi*, III, p. 62 sqq.
[2] De Mens. IV, 2, p. 146. Röther, coll. Macrob. *ubi supra*.
[3] *Etrusker*, tom. II, p. 58 sq.
[4] Il est juste d'avouer, cependant, que M. Hartung lui-même rattache

brosch (*Stud. und Andeut.*, I, p. 143 sq.) revendique Janus pour l'ancienne population du Latium, sans nier que, dans les temps postérieurs, il ait pu se mêler et se confondre avec une divinité analogue des Étrusques. Ne ressemblant à aucun des dieux grecs, et par cette raison n'ayant point été entraîné dans le cercle de la mythologie hellénique, il est, aux yeux de Denys d'Halicarnasse lui-même (III, 22), une divinité indigène. Varron le compte parmi les dieux de Romulus; Tatius ne lui avait dédié aucun autel, et il était célébré dans les hymnes des prêtres Saliens du mont Palatin et de la Rome primitive. On voit dans les traditions sur le siège de cette ville par les Sabins, que Janus en était considéré alors comme le défenseur et le protecteur. Klausen enfin (*Æneas und die Penaten*, II, p. 710 sqq.), d'après une tradition conservée chez Plutarque (*Quæst. Rom.* XXII, p. 269 A, p. 100 Wyttenb.), est porté à admettre l'origine gréco-thessalienne de Janus, qui serait venu de la Perrhébie. Il le désigne comme le dieu du commencement, partout présent, comme un dieu de la famille, compagnon des Pénates, mais en même temps comme un dieu des sources et des eaux, qui de Juturne engendra Fontus, de Camaséné le Tibre, etc. Toutes ces légendes locales, tous ces mythes italiques, qui ont leurs analogues dans la Grèce, n'ont rien, observe M. Creuzer, qui ne puisse se concilier au fond avec l'origine orientale de Janus. Il en résulte clairement, surtout si l'on rapproche, avec Klausen, Æthex, fils de Janus et de Camisé ou Camaséné, des Æthices, peuplade de Thessalie vers les frontières de l'Épire, qu'il s'agit ici de cultes singulièrement voisins de ceux de l'Achéloüs, du Jupiter de Dodone, du Zeus-Poseidon Pelorios, et que Janus est dans une étroite parenté avec ces divinités élémentaires de la nature, avec ces dieux pélasgiques qui commandent au tonnerre, do-

l'idée de Janus et la plupart de ses attributions à la notion supérieure d'un dieu du commencement, ouvrant et fermant toutes choses, présidant aux portes du ciel comme à celles des demeures humaines, inaugurant le monde comme l'année dans le premier mois, etc.

minent sur les eaux, donnent la fécondité, et dont le pouvoir s'exerce dans les airs, sur la terre et au-dessous d'elle. Une preuve de plus nous est fournie par ce *Rusor*, auquel sacrifiaient les pontifes, suivant saint Augustin [1], et qui pourrait bien n'être qu'un des côtés de Janus, analogue au dieu de Dodone, Jupiter-Aidoneus, et le symbole du retour (*rusum* pour *rursum*), du renouvellement, de la révolution éternelle des choses de ce monde (*quod rursus cuncta eodem revolvuntur*, comme dit Varron [2]), symbole reproduit peut-être, sous un autre nom, dans Olisténé, la sœur d'Æthex et la fille de Janus [3].

(J. D. G.)

NOTE 5*. *De la discipline étrusque* [4]. — *Division du ciel, séjour assigné à chaque dieu; tracé des temples, des camps; direction et orientation des monuments religieux et civils.* (Chap. IV, p. 460, 468, 473 sqq.)

Les observations des présages constituaient le fondement

---

[1] De Civit. Dei, VII, 23 *fin.*

[2] Ap. Augustin., *ibid.* Cf. Gerh. Vossius, de Theol. gent. VIII, 17, et Hartung, II, p. 85.

[3] Ὀλιστήνη, de ὀλίσθω. Cf. p. 1142 sq. *ci-dessus*.

[4] On a quelquefois reproché à O. Müller d'avoir puisé ses renseignements sur la discipline étrusque, chez des auteurs latins d'un âge fort éloigné des temps où florissait la religion de l'Étrurie. Le savant antiquaire, au défaut de toute autre indication, a dû en effet avoir parfois recours à des témoignages très-postérieurs; mais ce qui doit cependant nous inspirer quelque confiance dans les documents que ces auteurs nous fournissent, c'est que les principes de la discipline semblent s'être conservés bien des siècles après la destruction de la nationalité étrusque. La science fulgurale demeura toujours le patrimoine des prêtres et augures de ce pays; et en l'an 408, sous le règne d'Honorius, alors que le paganisme était en grande partie ruiné en Italie, nous voyons encore des prêtres, venus d'Étrurie à Rome, prétendant avoir préservé la ville de Nevia de l'invasion des Goths, par le moyen des foudres et des éclairs qu'ils avaient évoqués selon les rites et les invocations usités par leurs ancêtres. Cf. Zosim., lib. V, c. 41, p. 305, edit. Bekker.

de la discipline théologique des Étrusques, et dans cette observation le *templum* jouait un rôle fort important. On appelait ainsi un espace déterminé du ciel, dans lequel se prenaient les augures; et, de la discipline étrusque, Ennius, Lucrèce et d'autres poëtes avaient fait passer ce terme dans la poésie. Originairement le mot *templum* s'appliquait à toute l'étendue des cieux, ainsi que Varron nous l'apprend; il ne semble pas avoir jamais désigné une région particulière du firmament. On partageait à l'aide de lignes tirées par la pensée, ou tracées en l'air par l'augure avec son lituus, le ciel en un certain nombre de régions. Ce nombre était de quatre chez les Romains. Cette division quadripartite s'obtenait par le tracé de deux lignes en croix : l'une, qui recevait le nom de *Cardo*, répondait à la méridienne; l'autre, qui lui était transversale ou perpendiculaire, s'appelait *Decumanus*, du nom du signe qui représentait dans la numération étrusque le chiffre dix (X). La ligne méridienne séparait la région droite, située à l'ouest, de la région gauche située à l'est; la ligne transversale ou transsept séparait la partie antérieure (*antica*) ou sud, de la partie postérieure (*postica*) ou nord. Ces dénominations empruntées aux Étrusques, à la science de leurs haruspices, ainsi que nous le savons par Hygin, reposaient sur les idées qu'ils se formaient du séjour des dieux. Suivant eux, ceux-ci devaient habiter dans la partie septentrionale du ciel, à raison de son immobilité. C'est de la région polaire qu'ils veillaient sur toute la terre. Le midi se présentait ainsi en face de leur demeure, l'occident à droite et l'orient à gauche. Comme c'est à l'orient que les astres se lèvent et à l'occident qu'ils se couchent, la région orientale était pour les Étrusques de bon, et l'occidentale de mauvais augure.

Les augures romains se bornaient à cette division quadripartite du ciel; mais en Étrurie la division était poussée plus loin, et chaque région se partageait à son tour en quatre régions nouvelles. Il en résultait seize régions, entre lesquelles toutes celles de gauche, placées à l'est, étaient réputées heureuses, et toutes celles de droite, placées à l'ouest, malheureuses. Parmi les premières, celle du nord-est, la plus voisine du séjour des dieux, passait pour la plus favorable; la plus défavorable était, au contraire, celle du nord-ouest. De même que les auspices heureux ou malheureux étaient en quelque sorte orientés par rapport à la latitude, la force, l'importance du présage se réglait sur la méridienne. Tout présage apparu dans la partie nord du rhumb était beaucoup plus significatif que celui qui se manifestait dans la partie sud. Telles étaient les règles générales de la discipline étrusque, lesquelles souffraient sans doute, en certains cas, diverses exceptions. Ainsi l'on distinguait le cas où l'observateur cherchait dans le ciel un présage déterminé, ce qui s'appelait *legum dictio*, de celui où il se bornait à chercher en général un présage quelconque. On suivait le premier mode dans la cérémonie de l'inauguration, que Tite-Live nous a décrite.

Nous avons dit que, dans la doctrine étrusque, les dieux avaient leur demeure au nord. Au témoignage de Varron, qui nous a fait connaître le principe fondamental de la discipline augurale, vient se joindre celui de Martianus Capella, qui le confirme en y joignant l'énumération des diverses régions du templum étrusque. L'espace céleste se divisait, à ce qu'il rapporte, en seize régions, attribuées chacune à des divinités spéciales. Dans la première résidait Jupiter, dont la demeure s'étendait du reste à tout l'univers, et avec lui les *Consentes*, les *Penates*, *Salus*, les *Lares*, *Janus*, les *Favores*, les *Opertanei*, et *Nocturnus*. Dans la seconde se trouvaient *Prædiatus*, peut-être *Præbiatus*, divinité de la santé, *Quirinus*, *Mars*, les *Lares* guerriers ou *militaires*, *Junon*, *Fons*, les *Lymphæ* et les *Novensiles*. La troisième était attribuée à *Secundanus*, à l'*Opulentia de Jupiter*, à *Minerve*, à la *Discorde*, à la *Sédition* et à *Pluton*. Dans la quatrième habitaient *Lympha sylvestris*, *Mulciber*, *Lar cœlestis* et *Familiaris*, la *Faveur*. Dans la cinquième résidaient *Cérès*, *Tellurus*, le père de la terre, *Vulcanus*, et *Genius*. A la sixième appartenaient les fils de Jupiter, *Palès* (regardé comme un dieu mâle dans ce système, et tel qu'il figure parmi les Pénates toscans) et la *Faveur*, ainsi que la *Célérité*, fille du Soleil. C'était là que résidaient encore *Mars*, *Quirinus* et *Genius*. Dans la septième région demeuraient *Liber*, *Secundanus Palès* et la *Fraude*. Dans la huitième, il n'est question que de *Veris fructus*, le *fruit du printemps*. Dans la neuvième habitait le génie de *Junon Sospita*. La dixième appartenait à *Neptune*, au *Lar omnium cunctalis*, à *Neverita* et au dieu *Consus*. Dans la onzième se trouvaient la *Fortune*, la *Santé*, la *Peur*, la *Pâleur* et les *Mânes*; dans la suivante, *Sancus*. Dans la treizième siégeaient les *Fata* et les *Dieux des mânes*; dans la quatorzième, *Saturne* et sa *Junon céleste*; dans la quinzième, *Vejovis* et les *Dii publici*; enfin, dans la seizième et dernière, *Nocturnus* et les *Janitores terrestres*.

Sans doute c'est d'après quelque fragment d'un rituel fulgural étrusque que Martianus rapporte cette division du ciel, bien que l'on voie figurer au nombre des dieux des noms étrangers à l'Étrurie.

La première de ces régions paraît avoir été le nord-est; c'est ce qu'indique la présence de Nocturnus ou du dieu de la nuit, à la fois dans la première et la dernière région, c'est-à-dire au nord.

Cette première région est le lieu de la résidence des dieux particuliers à l'Étrurie, les *Opertanei* ou dieux cachés, les *Pénates*, les *Consentes*, les *Lares* et les *Favores*, dont la nature nous est inconnue. Junon et Minerve sont dans la seconde comme assistantes de Jupiter. Ce sont ces divinités qui habitent les régions les plus heureuses, qui occupent la gauche; de là le nom de *Dii lœvi et lœvœ, sinistrarum regionum præsides et inimici partium dextrarum*, que leur donnait la discipline étrusque. On voit au contraire que les Mânes et les divinités du destin siégeaient à droite, à l'ouest. A Vejovis est assignée une des régions les plus funestes. Enfin, dans la dernière sont placés les portiers de la terre, vraisemblablement parce qu'on se figurait qu'il existait une porte céleste, par laquelle les dieux descendaient ici-bas.

L'auspice traçait sur terre un espace correspondant au *templum* qu'il avait indiqué dans le ciel avec son lituus. Il décrivait autour de lui un carré ou πλινθίον, dont les côtés s'appelaient *Cardines* et *Decumani*, et il prononçait alors ces *verba concepta* que Varron nous a conservés, et que les auspices romains répétèrent sans doute, à l'imitation des auspices étrusques, pour l'inauguration du temple qui surmontait la roche Tarpéienne. De simples paroles pouvaient fixer les limites du *templum*, pourvu que ce fût un *locus effatus;* une enceinte faite de planches ou tracée avec de la toile pouvait aussi en marquer le contour (*locus septus*). Un espace ainsi consacré devenait inviolable, et nul ne devait en franchir l'enceinte et n'y pouvait pénétrer ou n'en devait sortir, que par la porte qui y était pratiquée. O. Müller a fait voir comment cette ancienne acception de *templum*, ou lieu consacré à l'observation des augures chez les premiers Romains, s'était généralisée peu à peu, et s'était étendue dans les siècles postérieurs à tous les édifices religieux. Le templum était essentiellement distinct d'une *œdes sacra*, d'un *locus sanctus*, d'un *locus religiosus*, d'un *delubrum;* il ne constituait originairement, comme nous venons de le voir, que l'emplacement d'où l'on prenait les augures. Le *fanum* était le lieu que les auspices destinaient à devenir l'emplacement d'un temple et qui avait reçu la consécration des pontifes. De la manière dont était orienté le *templum*, de la forme qui lui était assignée par la croix que l'on traçait préalablement pour indiquer le *cardo* et le *decumanus* et arrêter la division des *antica* et des *postica*, résulta la forme du carré long qu'on donna aux temples. Cette forme était celle du grand temple du Capitole, à la fondation duquel présidèrent les aruspices étrusques. Aussi ces mêmes prêtres s'opposèrent-ils, dans la suite, à ce qu'on modifiât le plan de cet édifice. Il semble que ce soit d'après les rites étrusques que la façade du premier temple fut orientée au nord, tandis que plus tard elle fut tournée au midi.

Chez les Étrusques, de même que chez les Romains, la vie civile était si intimement liée à la vie religieuse, que non-seulement les lieux consacrés au culte, mais encore ceux où se traitaient les affaires importantes, étaient des temples. En choisissant pour les délibérations les endroits consacrés, on se plaçait ainsi sous la protection plus immédiate de la divinité, qui était censée présider à la vie civile comme à la vie religieuse. Cette même raison faisait consacrer par les augures les lieux où se réunissait le sénat, où se tenaient les magistrats, usage vraisemblablement emprunté aux Étrusques, chez lesquels le magistrat s'adressait au peuple, comme un prêtre du fond du temple.

Des usages analogues à ceux qu'on observait pour les temples proprement dits, étaient suivis dans le tracé des plans, la division des terrains, et montrent combien l'idée du *templum* augural avait pénétré dans les habitudes étrusques.

Les rites observés dans le tracé du *primigenius sulcus*, la forme carrée donnée à l'enceinte des villes et que rappelait l'expression de *Roma quadrata*, la manière dont celui qui conduisait la charrue à laquelle étaient attelés un taureau et une vache, dirigeait le soc, rappellent les rites prescrits dans la discipline étrusque.

Les Romains prenaient aussi les auspices, lorsqu'ils fondaient des colonies, ou du moins ils consultaient les *pullarii* ou poulets sacrés.

C'était encore aux Étrusques que les Romains avaient emprunté divers usages observés lors de la fondation d'une ville. Toute ville d'Étrurie, pour qu'elle fût une *urbs*, dans la véritable acception du mot, devait avoir trois portes, lesquelles étaient réputées saintes et consacrées; elle devait renfermer un nombre égal de temples, l'un dédié à Jupiter, l'autre à Junon, le troisième à Minerve. Sans doute ces trois divinités étaient considérées comme celles qui protégeaient les villes. A Rome, l'ancien Capitole, élevé sur le Quirinal, offrait de même trois sanctuaires, et sans doute la *Roma quadrata*, construite sur le mont Palatin, avait trois portes, bien que les témoignages anciens varient sur le nombre de ces portes, nombre qui est fixé, tantôt à trois et tantôt à quatre.

La sainteté des murailles était aussi un principe fondamental dans la fondation des villes étrusques, et résultait de la conception du *templum*; le *pomœrium* avait pour but de protéger cette inviolabilité. Le pomœrium était, à l'origine, un espace qui s'étendait à l'entour des murailles, tant à l'intérieur qu'à l'extérieur, et qui devait demeurer libre pour l'usage général; il se partageait en un certain nombre de régions, et ces limites étaient fixées par des *cippi* ou *termini*.

Les règles qu'observaient les Romains dans la castramétation, la manière dont était établie l'assiette de leurs camps, rappelle les règles qui étaient suivies dans la construction des villes et nous reporte au *templum* sacramentel. Les Étrusques avaient été dans cet art les maîtres des Romains. Le gnomon (*gruma*) servait à tracer le *cardo* et le *decumanus*. Le premier donnait la direction de la *via principalis*, le decumanus celle de la voie transversale. Le camp avait l'est en face et le nord à gauche, comme le *templum* augural. La porte prétorienne ou porte principale était tournée à l'orient; la porte décumane, par laquelle on emmenait les criminels, à l'occident; c'était aussi celle par laquelle on emportait généralement les morts, parce que, dans la discipline étrusque, le couchant, comme la partie la plus sombre du ciel, était assigné pour séjour aux mânes. Le *prætorium*, situé près de la porte prétorienne, avait la forme d'un carré de deux cents pieds, c'est-à-dire juste les dimensions du temple du Capitole; et à la droite se trouvaient l'autel et l'*auguraculum*.

L'arpentage et l'art cadastral étaient une des branches de l'haruspicine étrusque, et les Romains tenaient de cette doctrine la plupart des règles qu'ils observaient dans la mensuration et la fixation des champs et des terrains.

Jupiter avait, suivant la croyance étrusque, révélé lui-même ou fait connaître par le fils de son génie, Tagès, la manière dont il voulait que les bornes et les limites des champs fussent établies. Toute contravention à ces règles divines était tenue pour une impiété. On commençait, comme toujours, par tracer le *cardo* et le *decumanus*, quand on procédait à la délimitation des champs. Bien que, plus tard, on appelât *cardo* la ligne d'un champ qui était dirigée au midi, plusieurs témoignages nous montrent qu'originairement la *linea postica* était celle qui était tracée d'orient en occident.

Les règles suivies pour tracer le plan d'une colonie chez les Romains, rappellent en bien des points celles que l'on observait pour la fondation des villes. Les *limites lineares* ou *subruncivi, intersecivi*, l'*actuarius limes*, les *cardines*, trouvent dans la discipline étrusque leur explication.

Les tables héracléennes constituent certainement un des documents les plus importants pour la connaissance du nouveau système de division et d'amodiation des terres sacrées, qui succéda chez les Romains aux principes étrusques. Mais O. Müller, s'en tenant au travail de Mazocchi, tout en le jugeant insuffisant, n'a point tenté de commenter cet obscur et difficile monument. Il ne s'est arrêté qu'à un point, l'expression ἄντομος, et a cherché à démontrer que les limites d'Héraclée étaient plus resserrées que celles qu'on avait adoptées dans le système romain, système dans lequel la distance originaire était de 1200 pieds. Frappé de la ressemblance du système cadastral des Étrusques et de celui des Grecs, il n'est point éloigné de penser que les populations helléniques de la Grande-Grèce avaient hérité de certains principes de la discipline étrusque.

Quoiqu'on sache peu de chose des règles observées par les Étrusques dans la construction des tombeaux, on reconnaît cependant, dans les faibles témoignages que les historiens et les monuments nous ont conservés à cet égard, les traces d'usages liés encore au principe du *templum* et aux prescriptions de la discipline. L'entrée des tombeaux était, chez ce peuple, dirigée au midi, le *posticum* regardait le nord; cet usage était totalement différent de celui des Romains et des Hellènes, qui plaçaient les tombes, comme les temples, dans la direction est-ouest. La forme cruciale qu'affecte souvent le caveau funèbre dans les monuments funéraires étrusques, rappelle les deux lignes fondamentales.

On voit, par cette analyse, qu'O. Müller a regardé le *tem-*

plum augural et les règles d'après lesquelles il était établi, comme la base sur laquelle reposait toute la discipline étrusque. Plusieurs de ses rapprochements sont pleins de vraisemblance; mais, abusant de sa vaste érudition, il nous semble avoir poussé un peu loin l'application de son principe, et n'avoir pas tenu suffisamment compte d'une foule d'idées et d'usages dont a dû se composer la discipline étrusque et qui ne pouvaient être tous renfermés dans la conception qu'il a prise pour point de départ. (A. M.)

Note 6*. *Des notions que fournissent les monuments découverts dans le territoire de l'Étrurie sur la civilisation, la religion et les arts des Étrusques. — Retour sur les représentations figurées de Tagès, et sur ce personnage considéré en lui-même.* (Chap. IV, p. 465, 482, 488.)

Les nombreux monuments funéraires qu'ont mis au jour les fouilles entreprises depuis une vingtaine d'années dans le territoire de l'ancienne Étrurie, ont jeté quelque lumière sur la civilisation, la religion et les arts des Étrusques. L'histoire de l'Étrurie a été en quelque sorte exhumée des nécropoles de Tarquinies, de Vulci, de Tuscania, de Chiusi. On a trouvé dans ces tombeaux une multitude de vases peints, de bronzes, d'objets de toute sorte; on a pu voir les scènes de la vie populaire ou des traditions religieuses, peintes sur les parois des caves sépulcrales, sculptées sur les urnes qui y étaient déposées.

Les tombeaux découverts en Étrurie présentent des dispositions très-diverses, qui semblent tenir moins à la différence du style adopté dans chaque canton, à celle des usages religieux, qu'à l'état du sol, à la nature du terrain qui, variant d'une ville à l'autre, n'a pas permis une disposition identique. Ainsi les chambres sépulcrales de Vulci sont complétement souterraines, parce que le pays de plaines ne permettait pas d'en agir autrement. A Surchi, à Norchia, à Castel d'Asso, à Toscanella, les rochers volcaniques et escarpés qui s'élèvent au-dessus du sol et constituent d'étroites vallées, ont été creusés en caveaux. Véies, qui est dans une contrée offrant tour à tour des plaines et des vallées, présente à la fois les tumulus et les chambres taillées. Les besoins de la famille, la disposition du tuf dans lequel on ménageait des pilastres, ont fait donner aux caveaux plus ou moins d'étendue, et fait joindre des chambres latérales à la chambre principale.

A Tarquinies, les chambres funéraires, creusées dans le tuf, sont surmontées d'un tumulus, dont Vulci offre aussi quelques exemples. Dans ces deux villes, l'une et l'autre voisines de la mer, et qui peuvent par cela même, plus que d'autres, être rapportées à des colonies venues de l'Orient, les cadavres sont vêtus et mis à découvert sur un lit funèbre. A Castel d'Asso, Norchia, Bomarzo, villes plus éloignées du rivage, et qui purent tenir davantage aux usages des aborigènes ou des colons qui leur avaient succédé, le corps entier est placé dans un cercueil, brut ou décoré de peintures, adhérant au tuf ou isolé. A Toscanella, Chiusi, Volterra, l'usage de brûler les corps se reconnaît dans les dimensions courtes des urnes ou cercueils couverts de sculptures. (Voy. la notice de M. Albert Lenoir, dans les *Annales de l'Institut archéologique de Rome*, tome IV, p. 278, 279, ann. 1834.)

A Norchia on rencontre des grottes funéraires dont les façades s'élèvent aux proportions de véritables édifices. L'un des tombeaux offre presque tous les détails du style dorique antique. Le portique se compose de quatre colonnes, supportant un fronton orné d'un beau bas-relief; ce bas-relief fournit peut-être le seul exemple qui soit en Italie, d'une composition de fronton d'une assez grande étendue, et appartenant à la sculpture antique. L'architecture de cet édicule, d'un style court et écrasé, ne peut être mieux caractérisée que par les expressions de *Barycæ*, *Barycephalæ*, dont Vitruve se sert en parlant de l'architecture des Toscans. Des traces de couleurs, qu'on observe en plusieurs endroits de cette façade, indiquent chez les Étrusques l'emploi de l'architecture polychrôme.

Deux autres tombeaux découverts dans la même vallée sont également décorés d'un fronton et d'un entablement complet, et offrent des portiques supportés par des colonnes isolées; diverses sculptures ornent le tympan et la frise. (Voy. Alb. Lenoir, *ibid.*, p. 290.)

Un troisième tombeau présente un fronton complet et un porche du genre de ceux que Vitruve appelle *in antis*; deux colonnes fortement espacées ou aréostyles en occupent le centre. Un soubassement, pratiqué sur la roche inférieure, diminue la longueur des fûts des colonnes, lesquelles, au contraire, dans le monument voisin, descendaient jusqu'au sol du premier gradin. Au-dessus de l'architrave, d'une largeur assez considérable, règne une frise ornée de triglyphes d'un genre différent de ceux du dorique grec. Un cordon de denticules surmonte ces triglyphes et supporte l'encadrement du fronton; cet encadrement se compose à sa base d'un boudin en retraite, et sur les deux rampants de cavets décorés comme ceux des monuments égyptiens. Les deux pentes s'appuient sur des volutes, dont le centre est orné de masques largement sculptés. Au-dessus de ces masques, deux lions placés sur les acrotères décorent les angles du fronton. La sculpture que présentait la frise est presque entièrement détruite; on n'y distingue que trois figures très-frustes. (Alb. Lenoir, *ibid.*, p. 393.)

Les tombeaux étrusques sont ordinairement surmontés d'un tumulus, qui couronne la partie centrale du monument, et qui est soutenu par une muraille circulaire en pierre sèche. Ces tumulus forment souvent une masse imposante, ainsi qu'on peut l'observer notamment au tombeau de Vulci qui a reçu le nom de *La Cucumella*. (Voy. Micali, *Monumenti inediti ad illustrazione della storia degli antichi popoli italiani*, tav. LXII, A.)

Un des monuments de ce genre, qui étonne davantage par la grandeur de ses proportions et la magnificence de son ordonnance, est celui qui a été découvert au lieu nommé *Poggio-Gajella*, à trois milles au-dessous de Chiusi, près des lacs de Chiusi et de Montepulciano. C'est une colline terminée par un tumulus et environnée d'un fossé, large de trois pieds, et revêtu intérieurement d'une muraille en pierre sèche de travertin; le contour de ce fossé est de 855 pieds. A l'entrée du monument sont sculptés quatre sphinx ailés. Lorsqu'on y pénètre, on trouve du côté du sud un caveau de forme circulaire, dont la voûte est soutenue dans son milieu par un pilier. Ce caveau donne dans le fossé d'enceinte par un corridor long d'environ 50 pieds. Au S. E., un second corridor très-court conduit du même fossé à un groupe de caveaux quadrilatères; un troisième, placé à l'O. S. O., long d'environ 45 pieds, donne accès dans un autre groupe de tombeaux. Enfin de petits caveaux latéraux sont disposés au S. O. S., à l'O., à l'O. N. O., et au N.

A l'étage placé au-dessus de cette suite de caveaux, pratiqués de niveau avec la porte, est un autre ordre de caveaux plus petits et de forme irrégulière. Quatre sont placés entre le N. et l'E., trois entre le S. et l'O., et un entre l'O. et le N. Il existe en outre plusieurs caveaux qui n'ont point encore été déblayés ni fouillés.

Plusieurs de ces chambres sépulcrales sont encore ornées de peintures et décorées de plafonds à caissons et à corniches saillantes; les parois sont décorées de peintures représentant des jeux, des danses, des combats et des repas.

Lorsque l'on sort de la chambre principale, située au S., on entre dans un corridor qui fait un grand nombre de détours, de sinuosités, dont le niveau ne se raccorde pas avec le système des caveaux placés à l'O. De ceux-ci part un corridor qui envoie vers le S. un certain nombre de rameaux. Cette disposition rappelle celle d'un labyrinthe; elle avait peut-être pour but de rendre plus difficile l'accès de ces monuments aux voleurs, qui violaient les sépultures afin de ravir les objets précieux qui y étaient déposés.

L'ordonnance si compliquée du tombeau de Poggio-Gajella

rappelle celle du célèbre tombeau de Porsenna, que Pline nous a fait connaître d'après Varron (*Hist. nat.*, XXXVI, 13), et qui a si fort exercé la sagacité des antiquaires. Aussi l'étude du premier de ces monuments a-t-elle jeté quelque jour sur les difficultés que soulève l'intelligence du texte du naturaliste latin. (Voy. Gruner, *Il labirinto di Porsenna comparato coi sepolcri di Poggio-Gajella*, Roma, 1840.)

Nous renverrons, du reste, aux ouvrages de Micali (*Monumenti inediti*, p. 364 et suiv., tav. LXVII-LXX) et de M. W. Abeken (*Mittel-Italien vor den Zeiten römischer Herrschaft nach seinen Denkmälern*, p. 243 et suiv.) pour de plus amples détails sur cette véritable nécropole.

Plusieurs de ces monuments funéraires étrusques présentent un système de voûte qui rappelle celle du Trésor d'Atrée à Mycènes, et qui semble dénoter une origine pélasgique. Dans ces voûtes les pierres ne sont pas disposées concentriquement autour du diamètre de l'arc; elles sont formées par des assises dont la saillie augmente à mesure qu'elles s'élèvent davantage au-dessus du sol, et qui finissent par se réunir en un faîte arrondi et assez aigu. On peut observer cette disposition dans un tombeau découvert à Camuccia, près de Cortone, en 1842, et appelé le tombeau de Pythagore (voy. Micali, *ibid.*, p. 366), et à Cæré, l'ancienne Agylla. Ce mode de construction avait été adopté par les Romains, et on en voit des exemples au *Carcer mamertinus* et à la *Cloaca maxima*.

Les peintures constituent un des détails les plus intéressants des monuments sépulcraux de l'Étrurie. A Tarquinies, à Chiusi, à Véies, un grand nombre de grottes funéraires sont décorées de peintures, représentant des danses, des banquets, comme aux grottes dites *della Querciola*, *Marzi*, dans les premières de ces villes, et à la grotte *del colle Casuccini*, dans la seconde; des exercices gymniques, des courses de chars et de chevaux, comme dans les grottes *del poggio al moro* à Chiusi, et à une autre grotte qui est en face de Tarquinies; des chasses, comme à la grotte *della Querciola*, et des éphèbes à cheval, comme à la grotte *del Mezzo dei monti rozzi* dans la même ville. (Voy. Abeken, *ibid.*, p. 421-423.)

Le rouge, le bleu, le jaune et le noir sont les seules couleurs employées dans ces fresques ; elles sont étendues sur un fond gris, ce qui donne à la peinture une teinte sombre.

M. Lajard, frappé de l'analogie des danses figurées dans ces peintures et de celles qu'exécutent encore les femmes de Perse, de la ressemblance des costumes de ce pays avec ceux qui sont représentés dans les peintures de Tarquinies, en a conclu que l'art étrusque était d'origine asiatique. (Voy. *Lettre à M. Panofka, sur les peintures des grottes Marzi et Querciola*, 1833, in-8°.) Sans nier l'exactitude de ces rapprochements, nous ne les trouvons pas assez significatifs pour faire repousser l'opinion que suggère avant tout l'étude de l'art étrusque. L'imitation grecque y est incontestable ; cette imitation est surtout sensible à Chiusi. Toutefois dans l'architecture, comme dans les types de cet art, on ne peut nier qu'il n'y ait un certain cachet original, qui suffit pour lui faire assigner un caractère propre.

Les ressemblances que le style architectonique des monuments de Vulci offre avec le style égyptien, ne sont pas non plus assez frappantes pour faire chercher en Égypte le berceau de l'art étrusque. Cette ressemblance ne se rencontre pas d'ailleurs à Castel d'Asso, à Norchia, à Toscanella. Là, le caractère étrusque s'offre dans toute sa pureté ; à Vulci, où nous venons de dire qu'il y avait une certaine analogie avec le style égyptien, le caractère des figures est par contre assez différent de celui de ce pays. Les têtes présentent une forme plus elliptique, l'angle facial est plus allongé, la bouche différemment conformée.

Par leur lourdeur, leur roideur et le peu d'expression de leurs traits, les figures des peintures sépulcrales, dont nous venons de parler, annoncent d'ailleurs un art encore peu développé et voisin de son berceau.

Les façades des tombeaux rappellent celles des tombeaux

de la Lycie (voy. Fellows, *Lycia*, pl. des pag. 104 et 130); mais cette disposition n'est point assez constante en Étrurie, elle se rattache trop évidemment à la forme du terrain, pour qu'on doive y voir un caractère générique, un vestige de l'art asiatique.

Les vases, les objets en métal donnent lieu à des observations du même genre. Ils présentent tous un certain caractère archaïque et bizarre, parfaitement conforme aux peintures et au style d'architecture. Sans contredit, l'art grec, et peut-être l'art égyptien et asiatique, exercèrent une certaine influence sur l'art étrusque. Les objets apportés de la Grèce, de l'Asie, de l'Égypte, furent reproduits sur le sol italique, et devinrent autant de modèles qui modifièrent les types nationaux. Mais ces imitations n'ont pu leur enlever leur physionomie originale. Comment ces types, réellement étrusques, s'étaient-ils produits d'abord en Étrurie? Ont-ils été des créations spontanées du génie toscan, ou sont-ils dus à des éléments apportés de la Grèce, de l'Asie, et appropriés ensuite au goût et à l'esprit des Étrusques? C'est ce qu'il est impossible de décider dans l'état actuel de nos connaissances. Quoi qu'il en soit, indigènes ou exotiques, ces monuments plastiques ont revêtu une empreinte particulière qu'ils ont transmise à leur tour à l'art romain; car celui-ci, malgré son intime alliance avec l'art hellénique, conserva longtemps des traces du génie étrusque qui l'avait originairement inspiré.

Voyez sur l'art étrusque un article de M. Braun, intitulé: *Kunstvorstellungen des etruskischen Tages, nebst Bemerkungen über das Verhältniss etruskischer Sage und Kunst zur griechischen*, dans le *Rheinisches Museum für Philologie*, neue Folge I, p. 98 et suiv. — Le *Museum etruscum Gregorianum*, Romæ, 1842, in-fol. — Fr. Inghirami, *Monumenti etruschi*, Poligr. fiesolan., 1825, in-4°.—Fr. Inghirami et D. Valeriani, *Etrusco Museo Chiusino*, Poligr. fiesol., 1833, in-4°. — Ed. Gerhard, *Etruskische Spiegel*, Berlin, 1843, in-4°, etc., etc.

(A. M.)

Notre savant collaborateur, par la citation qu'il vient de

faire de l'article de M. E. Braun, sur les représentations figurées du Tagès étrusque, et de ses remarques, à cette occasion, sur le rapport des traditions et de l'art des Étrusques en général avec l'art et les traditions de la Grèce, nous invite à revenir en quelques mots sur ce dernier point, qui complète son propre travail, en même temps que M. Creuzer nous autorise à reprendre le premier par le *Nachtrag*, ou la note additionnelle qu'il a consacrée au divin prophète de l'Étrurie, dans sa troisième édition, et où il a profité d'une dissertation antérieure de M. Braun.

Déjà, dans les notes de notre texte, nous avions signalé quelques précieux traits de lumière dont le traité *De Ostentis*, de Jean le Lydien, si habilement restitué par M. Hase, a enrichi le mythe de Tagès comme celui de Tarchon, du prophète comme du héros étrusque, étroitement unis l'un à l'autre, quelquefois même confondus entre eux. De tous ces traits, le plus important, le plus fécond, c'est assurément celui qui, d'après Proclus, identifie Tagès avec l'Hermès Chthonius ou souterrain des Grecs, avec le bienfaisant génie de l'agriculture et de la sagesse, de toute richesse matérielle et intellectuelle (νόος ἐριούνιος). Cet Hermès est le même que l'Hermès cabirique des Pélasges-Tyrrhènes, Cadmilus ou Cadmus. Tagès, d'un autre côté, est justement rapproché, par M. Creuzer, d'Érechthée ou Érichthonius, ce fils de la terre, que Pallas-Athéné transporte dans son temple aussitôt après sa naissance [1]. Pareillement, selon Jean le Lydien, Tagès sort du sillon tracé par le laboureur Tarchon, qui le prend dans ses bras, et le dépose en un lieu sacré [2], d'où l'enfant prophétique chante les divins préceptes de la discipline, Tarchon l'interrogeant et Tagès répondant, suivant cette forme du dialogue propre aux instructions religieuses de la haute antiquité. Tarchon

---

[1] Iliad. II, 546 sqq.
[2] J. Lyd., de Ostent., p. 12 Hase : καὶ τοῖς ἱεροῖς ἐναποθέμενος τόποις, ce qui rappelle : *hic ex aris* (et non pas *oris* ou toute autre chose) *disciplinam dictavit* d'Isidore, Orig. VIII, 9, p. 374 Areval.

adressait ses questions dans la langue vulgaire de l'Italie ; Tagès lui répondait dans un langage antique et difficile à comprendre ; et, dans le livre de Tarchon, rédigé d'après ces entretiens, les réponses étaient transcrites en vieux caractères presque inintelligibles, ce qui fait que de nombreux interprètes avaient travaillé à les expliquer [1].

Il est difficile de ne pas apercevoir, avec M. Creuzer, dans ces derniers détails du mythe, une teinte orientale, d'autant plus certaine que Tarchon est donné pour un disciple de Tyrrhénus le Lydien, ce qui, du reste, se concilie très-bien avec le nom, les migrations, les traditions propres des Pélasges Tyrrhènes, civilisateurs de l'Étrurie. Et cependant, notre auteur, aujourd'hui comme autrefois, pense que Tagès tient de plus près encore à la Grèce qu'à l'Orient, et il cite en preuve la nouvelle et ingénieuse explication proposée par M. E. Braun, dans le mémoire archéologique intitulé *Tagès et l'hymen sacré d'Hercule et de Minerve*, Munich, 1839, in-fol., en allemand. O Müller croyait encore pouvoir affirmer, dit M. Creuzer, que le démon étrusque Tagès, l'auteur de la fameuse discipline, n'avait été mêlé dans aucune fable grecque [2]. Nous devons reconnaître aujourd'hui que la légende de Tagès n'est qu'une copie développée et modifiée d'une légende de la Grèce (pélasgique). M. Braun a montré, entre autres choses, que plusieurs monuments antiques nous conduisent à soupçonner qu'il existait chez les Grecs une tradition concernant une rencontre amoureuse d'Hercule et de Minerve. Ainsi, sur une amphore de Vulci, Hercule et Pallas se tendent la main en signe d'alliance. Un autre vase fait voir Hercule poursuivant la déesse. Un miroir étrusque offre Hercule et Pallas avec Vénus entre les deux. Un monument du même genre présente Hercule faisant une entreprise sur Pallas. Enfin, sur un miroir étrusque, trouvé dans les tombeaux de Toscanella, et aujourd'hui au musée de Berlin, l'au-

---

[1] J. Lyd., de Ostent. p. 10-12.
[2] *Etrusker*, I, p. 73, coll. Inghirami, *Mon. Etr.*, I, 2, p. 532.

teur du mémoire cité reconnaît à la tête chauve et à l'expression de la physionomie, l'enfant Tagès doué de la raison d'un vieillard, tenant à la main une tige de pavot, indice de son origine souterraine. Pallas (*Mernva* en caractères étrusques) le porte entre ses bras, et Hercule (*Erkle*) le caresse, à titre de leur fils commun; tout près se voit Vénus (*Turan*) et sa suivante, *Munthu*, qui couronne et parfume Hercule [1].

M. Braun signale ici, poursuit M. Creuzer, la ressemblance du Tagès représenté sur ce dernier miroir avec Érichthonius. Pour s'en convaincre, il faut rapprocher le bas-relief où Pallas-Athéné, debout entre Poseidon et Héphæstus, reçoit dans ses bras le petit Érichthonius, qui lui est présenté par Gæa, au moment où il sort du sein de la terre [2]. Seulement, sur le bas-relief, Erichthonius est enfant de tout point, tandis que, sur le miroir, Tagès, comme l'atteste sa tête chauve, est à la fois enfant et vieillard. Du reste, selon la juste observation de M. Braun, Pallas n'est mère de Tagès (ainsi qu'à Athènes d'Apollon), qu'en un sens mystique; elle n'en demeure pas moins la vierge pure, pour entourer de soins maternels l'enfant né de la terre. M. Welcker, en donnant son assentiment à l'interprétation de M. Braun, et à cette dernière et ingénieuse conjecture, la complète en ajoutant que deux des autres miroirs cités plus haut semblent indiquer qu'Hercule se conduit avec la chaste déesse comme Héphæstus dans le mythe connu. Les deux représentations réunies formeraient donc un hymen mystique ou sacré (ἱερὸς γάμος), tel que l'on en trouve plusieurs autres dans les traditions et sur les monuments [3].

L'explication donnée par M. E. Braun du miroir de Toscanella, actuellement à Berlin, ayant été contestée, et le sujet

---

[1] *Voy.* la pl. 1, et, pour les monuments qui précèdent, les pl. 2 à 4 de la dissertation citée de M. Braun.

[2] *V.* dans les *Monum. dell' Instit. archeol.* I, tav. 121 a, coll. tav. 10, 11, et Panofka dans les *Annali*, I, 3, p. 292-303.

[3] Welcker, dans *Rheinisch. Mus.* VI, 1840, p. 635-640.

de ce miroir ayant paru à plusieurs antiquaires se rapporter à Téléphe plutôt qu'à Tagès, M. Braun y est revenu pour la confirmer, dans l'article cité par M. Maury, et il le fait en rapprochant une autre représentation, qui lui semble compléter heureusement la première. Il s'agit d'un groupe de bronze du musée Kircher au collége romain, connu sous le nom du *Laboureur étrusque*, depuis l'époque de Gori, et que Micali, dans ses *Monumenti, tav.* CIV, a reproduit de nos jours. Le costume de ce laboureur, qui conduit une couple de bœufs attelés à la charrue, lui paraît annoncer déjà tout autre chose qu'un laboureur ordinaire; mais ce qui l'affermit dans cette idée, ce qui lui fait voir ici le laboureur qui traça le sillon d'où sortit Tagès, c'est une autre figure, trouvée en même temps et sur le même sol (Arezzo, l'antique Arretium), figure qu'il juge, par sa grandeur et par tous ses caractères, avoir appartenu au même groupe. Elle représente une Minerve, d'un costume non moins singulier que celui du laboureur, et dans laquelle il reconnaît, comme sur le miroir, Minerve assistant à la naissance de Tagès.

L'enfant votif de Tarquinies, que nous avons donné dans une de nos planches, non sans manifester nos doutes sur son attribution à Tagès [1]; un autre enfant figuré sur un bas-relief de Faléries, et que l'on a rapporté également au prophète étrusque, bien qu'il représente plutôt l'enfance de Jupiter ou celle de Bacchus dans une grotte; enfin, la multitude de pierres gravées et de pâtes que récemment, dit M. Braun, on a rassemblées en masse sous la rubrique de Tagès, et qui sont, pour la plupart, de travail romain, tous ces monuments paraissent au savant secrétaire de l'Institut archéologique de Rome, n'avoir rien de commun avec le fils du Génie et le petit-fils de Jupiter, sorti du sein de la terre labourée, pour révéler les lois de la nature et celles de la société aux laboureurs de l'Étrurie.

Le rapprochement de Tagès et d'Érichthonius a donné,

---

[1] *V.* notre tome IV, pl. CLII, 583, et l'explicat. p. 238.

comme nous l'avons dit, occasion à M. Braun de faire quelques remarques générales sur les rapports de la mythologie et de l'art des Étrusques avec l'art et la mythologie des Grecs. Les chefs-d'œuvre de l'art étrusque dans sa fleur décèlent, selon lui, un principe très-voisin de celui de l'art grec, mais pourtant très-original. Le caractère archaïque qui les distingue, et qui se retrouve dans les ouvrages grecs des premières époques, fait d'abord songer à l'Égypte; mais, en y regardant de plus près, on s'aperçoit que le style en est beaucoup plus analogue au vieux style grec qu'au style égyptien. Est-ce à dire qu'il y ait eu importation proprement dite de Grèce en Étrurie; que des artistes grecs soient venus s'établir dans les vallées de cette dernière contrée, et y aient naturalisé le style antique, qui était le leur? Non, dit M. Braun. Il faut partir de l'idée d'une parenté originelle, ou même d'une origine commune, de la civilisation des deux peuples. Le même type primitif, qui se développa en Grèce sous des influences entièrement différentes, transporté en Étrurie, s'y conserva comme ces dialectes anciens d'une langue-mère, qui, séparés du tronc, résistent, dans leur isolement, à l'action des siècles.

L'art n'est dans sa sphère, dit encore M. Braun, que l'expression de la tradition et de la foi religieuse. Ici encore se manifeste une liaison beaucoup plus étroite de l'Étrurie avec la Grèce, et sa civilisation primitive, qu'on ne l'admet d'ordinaire. Les mythes grecs, dans les temps postérieurs, à la faveur des fréquentes communications des deux peuples, durent se rencontrer souvent et s'allier facilement avec les traditions étrusques, provenues de la même source. C'est en ce sens qu'il faut entendre la prétendue importation des croyances aussi bien que des mœurs et des arts de la Grèce en Étrurie. (J. D. G.)

NOTE 7*. *Développements, éclaircissements, additions concernant la religion des Latins en elle-même et dans ses rapports avec celles des autres nations italiques. — Du culte d'Apollon sur le mont Soracte; l'Apollon étrusque et sabin.* (Chap. V, art. I et II, p. 492-496, 497-507.)

§ 1. Le nombre des divinités inférieures était fort considérable chez les Latins. Ils avaient multiplié les personnifications de la terre et des eaux. Ainsi, outre la déesse Tellus, ils adoraient encore le dieu *Tellumo*, le dieu *Altor*, divinisation de la terre considérée comme nourrice du genre humain; le dieu *Rusor*, personnification de la terre considérée comme celle à laquelle tout retourne (Augustin., *de Civitate Dei*, lib. VII, c. 23. Cf. p. 1216 *supra*). Outre le dieu des eaux, *Neptunus*, ils reconnaissaient *Salacia*, la déesse de la vague qui vient briser contre le rivage; *Venilia* [1], celle des flots qui retournent à la haute mer (*Ibid.*, lib. VIII, c. 22). Mais c'étaient surtout les dieux des actes de la vie privée, qu'ils avaient multipliés outre mesure. Presque tous ces actes de la vie étaient placés sous la direction spéciale d'un génie particulier, d'un dieu qui, hors de là, n'avait aucun rôle à jouer, et en quelque sorte aucune existence. Des divinités du même ordre se sont rencontrées chez divers peuples, qui n'avaient encore atteint qu'un degré peu avancé de civilisation; le polythéisme, auquel elles se rattachent, annonce donc l'enfance de la vie intellectuelle et religieuse, et il y a tout lieu de penser que ces divinités latines remontent à une époque voisine de la formation de la so-

---

[1] Selon un ancien commentateur de l'Énéide (ap. Mai, *Classic. auctor. e codic. Vatican. edit.*, tom. VII, p. 303, ad Æneid. X, 76), le nom de *Venilia* est dérivé de celui de Vénus, parce que cette déesse sortit des flots. Cette Venilia serait, d'après ce scholiaste, la même que la nymphe hellénique Βουνηλίη, nom qui pourrait bien n'être qu'une transcription altérée du sien. Venilia est, dans Virgile, l'épouse de Faunus et la mère de Turnus.

ciété romaine. Mais l'esprit de superstition perpétua les croyances dont elles étaient l'objet, croyances qui continuèrent de subsister quand déjà les idées religieuses avaient revêtu une forme moins grossière, et qui paraissent avoir été encore en vigueur au temps de Varron : c'est à cet écrivain, du moins, qu'on doit la connaissance de cette mythologie populaire, de ces innombrables dieux domestiques, assistants des Lares, mais revêtus d'un caractère moins auguste. Tertullien, Arnobe et saint Augustin ont emprunté à Varron ce qu'ils nous ont appris à cet égard; et c'est presque aux témoignages de ces trois Pères de l'Église que se bornent malheureusement les notions que nous possédons sur ces divinités. Mais Tertullien, Arnobe et saint Augustin n'avaient point en vue de tracer un tableau des croyances du peuple romain; ils ne demandaient à ces superstitions que des moyens d'opposer le ridicule et la confusion du paganisme à la majestueuse simplicité de la foi nouvelle. De là l'insuffisance de leurs indications, pour éclaircir la question qui nous préoccupe. De plus, les passages du premier de ces Pères présentent de nombreuses lacunes; le texte a subi en cet endroit de fâcheuses altérations. Essayons pourtant, à l'aide des précieux documents semés çà et là dans cette polémique chrétienne, de rétablir la série des divinités sous la garde desquelles l'homme passait successivement, suivant les vieilles croyances latines, depuis le moment où il était conçu jusqu'à celui de sa mort.

A peine l'homme avait-il fait choix d'une épouse, que celle-ci tombait sous le patronage des *Dii nuptiales* (Augustin., *de Civit. Dei*, lib. IV, c. 21). La déesse *Domiduca*, assimilée plus tard à Junon, conduisait la mariée à la demeure de son mari. *Domitia* l'y retenait, une fois qu'elle y avait pénétré. *Manturnus* ou *Muturnus* entretenait en elle la volonté de rester près de son époux. A l'accomplissement de l'hymen veillaient un grand nombre de dieux : c'était d'abord *Virgo*, qui enlevait la ceinture de l'épousée; *Subigus*, qui présidait à son entrée dans le lit nuptial; la *mère Prema*, qui empêchait l'épouse de résister aux caresses de son époux. Plus tard, *Vénus* et *Priape* furent associés à ces divinités; ils présidèrent à l'acte de la génération, usurpant sans doute, en cela, une partie des fonctions attribuées à *Consevius*, dont le nom était formé du verbe *consero*, et qui, suivant l'expression de Tertullien, présidait *consationibus concubitalibus*. *Alemona* veillait sur la formation du fœtus. *Nona* et *Decima* entouraient de leurs soins la femme enceinte pendant le neuvième mois de sa grossesse, et le dixième, si cette grossesse se prolongeait davantage. *Partula*, *Partunda*, étaient les divinités de l'accouchement. Durant le cours de la gestation, d'autres divinités succédaient à *Alemona*, dont les fonctions cessaient, l'embryon une fois formé. *Ossilago* formait le squelette du fœtus. *Vitumnus* et *Sentinus* lui donnaient la vie et le sentiment; *Fluviona*, dont le nom paraît être une allusion aux eaux de l'amnios, le protégeait au dedans de l'utérus; et quand *Partula* et *Partunda* se présentaient pour opérer la délivrance de la mère, *Diespiter* aidait à mettre l'enfant au jour. L'usage de tenir un flambeau pendant l'accouchement, peut-être en l'honneur de ce dieu du jour, avait donné naissance à une déesse, *Candela*.

L'enfance était protégée, de même que le fœtus, par une suite de divinités secondaires. La déesse *Rumina* veillait sur l'enfant lorsqu'il prenait la mamelle de sa mère; il était sous la garde du dieu *Vaticanus*, lorsqu'il poussait des vagissements; la déesse *Cunina* le protégeait dans le berceau (Augustin., *de Civit. Dei*, lib. IV, c. 21).

Une mère venait-elle à perdre ses enfants, c'était *Orbona* ou *Orbana* qui les avait frappés, qui l'avait privée de sa postérité (*orbare*, *orbata*.)

Durant la maladie qui suivait l'accouchement, la mère passait sous la garde de divinités nouvelles. Trois dieux la défendaient, la nuit, contre les atteintes de Sylvain, qui envoyait, disait-on, les cauchemars et les rêves érotiques. Comme images de ces trois dieux, trois hommes faisaient la garde à l'entour du logis; ils frappaient d'abord le seuil de la porte avec une cognée, puis avec un pilon ; enfin ils le nettoyaient avec un balai. Les emblèmes de l'agriculture et de la vie domestique étaient regardés comme des moyens d'éloigner Sylvain, dieu des contrées sauvages et incultes. La cognée rappelait l'abattage des forêts ; le pilon, la moûture de la farine ; et le balai, l'acte de ramasser le blé. De ces trois symboles ces dieux recevaient les noms de *Intercidonus* (de *intercido*, couper), *Pilumnus* (de *pilo*, mortier à piler), *Deverra* (de *verro*, balayer). M. Creuzer a parlé des Parques et de Morta, divinités de la mort, auxquelles il faut joindre *Cæculus*, qui fermait les yeux du mort.

Les actes journaliers de la vie avaient leurs dieux tutélaires. *Peragenor* était la divinité du mouvement ; *Abeona*, de la sortie ; *Adeona*, de l'arrivée ; *Ascensus*, de la montée ; *Levicola*, ou mieux *Clivicola*, de la descente ; *Iterduca* veillait sur le Romain à la promenade, et *Domiduca*, sur son retour à sa demeure (Augustin., *de Civit. Dei*, lib. VII, c. 3) ; *Fessonia* le protégeait contre la fatigue, et *Pellonia* le défendait contre les ennemis (*Ibid.*, lib. IV, c. 21 ; Arnob., *Adv. nat.* IV, 4).

Toutes les parties de la maison étaient confiées à la garde de divinités spéciales. *Limentinus* était celle du seuil, *Forculum* celle des portes, *Cardea* celle des gonds. Il y avait des dieux qui présidaient aux cuisines, aux cachots, et jusqu'aux lieux de débauche. La déesse *Perfica* dirigeait les actes du libertinage le plus révoltant (Arnob., *Adv. nat.* IV, 7), et veillait à ce qu'ils satisfissent aux grossiers appétits sensuels de ceux qui les commettaient, d'où son nom (de *perficere*). (Voy. Turneb., Advers. VI, 20.) A ces noms il faut en ajouter d'autres qui nous sont parvenus, mais sans aucune notion sur les dieux auxquels ils s'appliquaient ; tels sont ceux de *Fatuus*, qui paraît avoir présidé aux *effata*, aux paroles, à en juger par quelques mots du texte altéré de Tertullien ; d'*Edea*, qui présidait sans doute à l'action de manger, comme *Potina* présidait sans doute à celle de boire ; d'*Eluda*, qui favorisait peut-être la fuite, l'action d'échapper à l'ennemi ; de *Rucinia* ou plutôt

Runcina, qui dirigeait le sarcloir du laboureur; de *Spinensis*, qui arrachait les épines des champs (Augustin., *de Civit. Dei*, lib. IV, c. 21). *Puta* conduisait la serpette du jardinier lorsqu'il taillait les arbres. Ces dernières divinités se rattachaient à toute une classe de divinités agricoles, telles que *Nemestrinus*, le dieu des forêts (de *nemus*); *Nodotus* ou *Nodutis*, celui qui produisait les nœuds du chaume des graminées; *Volutina*, la déesse qui présidait à la première foliation; *Patelena*, celle qui faisait sortir l'épi; *Hostilina*, qui couvrait d'épis nouveaux les *segetes*, ou champs ensemencés; *Lacturtia* ou *Matura*, qui présidait à deux périodes de maturation (Augustin., *de Civ. Dei*, IV, 8. Arnob., *Adv. nat.* IV, 7). *Mellonia* veillait au travail des abeilles, *Bobova* à celui des bœufs, *Segetia* à l'ensemencement des terres (Aug., *Ibid.*, IV, 24). *Tutunus* était peut-être la divinité de la sûreté des maisons, divinité analogue à la déesse *Tutela*, qui avait un temple et des autels à Bordeaux et dans d'autres lieux de la Gaule; à moins, ce qui est plus probable, que *Tutunus* n'eût des fonctions du même genre que celles de *Mutunus*, à côté duquel Tertullien le cite, le rangeant par ce fait au nombre des divinités de l'hymen. Arnobe (*Adv. nat.* IV, 7) parle aussi de ce *Tutunus* comme d'une de ces divinités obscènes de l'union des sexes (Cf. Salm. *ad Solin.*, XXIV, p. 219; Turneb., *Advers.* XVII, 23).

Toutes les opérations de la pensée, toutes les passions du cœur humain étaient divinisées. Le dieu *Volumnus* et la déesse *Volumna* inspiraient la volonté du bien; *Honorius* donnait les honneurs; *Pecunia*, la richesse; le dieu *Æsculanus* procurait la monnaie d'airain, et son fils *Argentinus*, celle d'argent (Augustin., *de Civit. Dei*, lib. IV, c. 21). Les *Dii Lucrii* faisaient gagner le marchand et le traficant (Voy. Hildebrand, ad Arnob., *Adv. nat.* IV, 10, p. 341).

Citons encore le dieu *Murcus* et la déesse *Murcia*, ou *Murcida*, qui protégeait les paresseux (Arnob., *ibid.*, IV, 9), et qui avait un temple sur le mont Aventin; la déesse *Naenia*, dont le temple était situé hors la porte Viminale (Paul. Diacon., *Excerpt. ex* Fest. *Verbor. signif.*, ed. *Lindemann*, p. 101, 106).

L'habitude répandue chez le peuple romain de personnifier en quelque sorte tous les actes en les déifiant, dut singulièrement multiplier le nombre de ces divinités, puisque chaque acte nouveau recevait de la crédulité ou de la fantaisie un dieu protecteur. C'est ce qui explique comment cet Olympe domestique n'a pas cessé de se grossir, tant qu'a subsisté le paganisme latin; et c'est ce qui arrache à saint Augustin cette exclamation empreinte d'une éloquente indignation : *Omnem istam ignobilem deorum turbam quam longo ævo longa superstitio congessit* (*de Civit. Dei*, lib. VI, c. 10).

§ 2. Otfr. Müller regarde le mont Soracte comme tirant son nom du dieu Soranus, qui y était adoré. Ce dieu y avait été apporté, selon ce savant antiquaire, par les *Hirpini*, peuple d'origine sabine. Ainsi il appartient, de même que la *Junon Curitis*, apportée à Faléries par les mêmes Sabins, à la religion des populations de l'Italie centrale. L'étymologie du nom de *Hirpini*, dérivé du sabin *irpus*, loup, avait donné naissance à des fables où figurait le loup. (Servius ad Virg., Æn., XI, 785. Festus s. v. *irpini*. Strabon, V, p. 250). Ces fables furent rattachées au dieu Soranus.

Quant à celui-ci, c'était le dieu qui présidait aux contagions; il régnait sur le lac empesté d'Ampsanctus. Son nom rappelle celui de l'étoile Sirius, Σείριος, et pourrait bien être dérivé du radical שור, *sour*, signifiant *voir*, et par suite *lumière*; ou plutôt du radical σείρ, qui signifiait soleil, et qui entre dans un grand nombre de mots grecs exprimant les idées de chaleur, d'éclat et de sécheresse (Benfey, *Griechisches Wurzellexicon*, I, 39-40 [1]). Comme dieu des contagions et de

---

[1] Tels sont les mots σείριος, *brûlant*, σειρόω, *dessécher*, σειραίνω, *sécher*. Le mot latin *sol* et le grec Ἥλιος appartiennent aussi à la même racine. Dans le premier on a échangé r en l; dans le second on a substitué l'aspiration rendue par l'esprit rude (ʽ) à la sifflante σ. Le même

la mort, Soranus avait une certaine analogie avec Vejovis, le Jupiter funeste, et avec Diespiter. Lorsque l'Apollon pélasgique eut été introduit en Étrurie, sous les noms d'*Aplun, Aplu, Epul* (Cf. Gerhard, *die Gottheit der Etrusker*, S. 27)[1], l'analogie des attributs le fit confondre en une même divinité avec Soranus. Est-ce à cette époque que le loup fut donné pour attribut au dieu du Soracte? ou cet animal servait-il déjà à le caractériser, avant son assimilation à l'*Aplun* ou *Epul* étrusque? C'est ce qu'il est impossible de décider. Au reste, nous ne sommes pas éloigné d'admettre que le dieu Soranus ait eu une certaine communauté d'origine avec l'Apollon pélasgique; le petit nombre de mots de la langue des Samnites qui nous sont connus rattachent ce peuple à la famille indo-européenne. C'est ainsi que le mot *irpus, irp, irf*, loup, en samnite (Festus, s. h. v.), est congénère du *Wolf* allemand, par l'échange si fréquent de *l* en *r*, et du *vulpes* latin, dérivant les uns et les autres du *vil* sanscrit (Schœbel, *Analog. de l'allem. et du sanskrit*, p. 176). Quant à l'Apollon étrusque qui vint prendre, au sommet du Soracte, la place de *Soranus*, et dont nous avons déjà rappelé le nom dans la note 3 de cette section du livre V, on ne possède que fort peu de renseignements à son égard. Les monuments étrusques lui donnent à peu près les mêmes attributs que les Grecs donnaient à Phœbus-Apollon : il a les traits d'un jeune homme, il tient un arc à la main, et sa tête est environnée de rayons; d'autres fois il porte une coupe et une boîte à encens (Gerhard, *ibid.*, Taf. II, 1-4). Une figurine de bronze le représente une tête de taureau à la main (Gori, *Mus. Etr.* I, 22, 3), ce qui le rapprocherait du Dionysos-Soleil de

radical reparaît dans le sanscrit *sourya*, soleil. Ces rapprochements démontrent la haute antiquité de ce mot, et font voir que son invention est antérieure à la séparation complète des races sémitiques et aryanes.

[1] L'ancienne forme latine du nom d'Apollon était *Apel*, qui se rapproche davantage de la forme étrusque. Apellinem antiqui dicebant pro Apollinem. — Paul. Diacon. *Excerpt. ex Fest. signif. verbor.*, ed. Lindemann, p. 19.

la Phrygie et de la Thrace (voy. note 9 sur le livre VII). Sur un miroir étrusque (Gerhard, *Etrusk. Spiegel*, I, 76), *Apul* porte le nom d'*Usil*, que M. Gerhard suppose avoir été le nom sabin d'Apollon, et qu'il rapproche du ἥλιος grec; mais, sur un autre miroir, ce nom est attribué à une déesse, qui peut, il est vrai, être aussi une divinité solaire. On a cru avec assez de vraisemblance retrouver le nom d'*Usil* dans celui des Aurelii, famille originaire de la Sabine, et dont le nom, écrit d'abord *Auselii*, était, selon Festus (v. *Aureliam*, p. 20, Lindemann), dérivé du culte que cette famille rendait au soleil. D'autres ont expliqué ce nom par le phénicien *Usoüs* (Lenormant, *Élite des monum. céramograph.*, I, p. 104). Sur le second miroir que nous venons de citer, la déesse appelée *Usil* accompagne un personnage qui porte le nom de *Uprius* (*Bullet. de l'Instit. archéol. de Rome*, 1847, 26 févr.).

(A. M.)

ADDITION à la note précédente et aux chapitres III et V du livre V, sect. II, pag. 446 sq., 501 sq.

Sur Anna Perenna et les dieux Paliques.

Deux points, dont le premier est relatif à l'un des cultes les plus caractéristiques du Latium, l'autre appartient aux religions locales et en partie analogues de la Sicile, demandent encore des éclaircissements et des compléments que M. Creuzer leur a départis, de sa main aussi savante que libérale, dans sa troisième édition, et que notre devoir est de reproduire ici, au moins en substance, avec quelques réflexions. Il s'agit d'abord de la nymphe ou déesse *Anna Perenna*, rapprochée tour à tour de l'*Anna Pourna Devi* de l'Inde, et de l'*Anna* ou de la *Channa* punique, sœur de Didon. Celle-ci même serait identique avec Anna Perenna, si l'on en croit les anciens poëtes de Rome, et M. Movers parmi les savants modernes [1]. Suivant Klausen [2], le récit qui met Anna Perenna en rapport avec Didon et avec Énée à la fois, se serait primitivement développé dans la contrée du mont Éryx en Sicile, où Channa était adorée aussi bien qu'à Malte, ici dans une plaine appelée Camera (*Kamar*, lune), sur le Crathis. Aussi, d'après sa légende poétique, aurait-elle abordé successivement dans ces deux localités, pour passer de Carthage en Italie, et pour trouver à Lavinium un asile, le repos et la divinité dans les flots du Numicius. Klausen, du reste, comme M. Creuzer, voit dans Anna la lune et l'année lunaire, ayant pour symbole l'eau qui coule et coule sans cesse (*perenna, perennis*), et qui mesure le temps. A Rome, dit-il, aux ides de Mars, lorsqu'à l'ouverture de l'année civile le feu nouveau était allumé en l'honneur de Vesta, que la porte de la Curia Regia du flamine était ornée d'un laurier nouveau, l'on sacrifiait à Anna Perenna, au nom de l'État aussi bien que des particuliers, afin que d'année en année la vie s'écoulât sans encombre. Évidemment ici, au point de vue de l'État et de sa durée, l'eau inépuisable d'Anna Perenna répond au feu inextinguible de Vesta; l'une de ces idées complète l'autre; et la preuve, c'est que les mêmes prêtresses suffisaient au service de l'une et de l'autre divinité. Quant au symbole de l'eau, une source, un lac, comme la source des Camènes et le lac de Juturne, n'étaient point assez lorsqu'il s'agissait de garantir la durée de l'État; il fallait un fleuve, pour Lavinium le Numicius, pour Rome le Tibre. Sur les rives de ce dernier, et près de ses ondes rafraîchissantes, Anna Perenna avait son bois sacré au-dessus de la ville, entre la voie Flaminienne et la via Salaria, non loin du pont Milvius (Ponte Molle) et de l'embouchure de l'Anio. Là était célébrée sa fête, là le peuple se répandait dans la prairie; hommes et femmes se couchaient par couples sur le gazon, une partie sous le ciel nu, quelques-

---

[1] Cf. Movers, *Phœnizier*, I, p. 612 sqq.; et la note 13 sur le liv. IV dans ces Éclaircissements, p. 1037 et 1039 *ci-dessus*.

[2] *Æneas und die Penaten*, II, p. 120 sq.

uns sous des tentes, d'autres sous des branchages, etc. Animés par le doux air du printemps et par l'influence du vin, ils vidaient une coupe pour chaque année qu'ils désiraient vivre encore, chantaient des chansons, menaient des danses, et rentraient dans leurs foyers, les femmes soutenant les vieillards d'un pas non moins chancelant que le leur [1].

Si l'idée de Klausen sur l'origine et le développement du mythe d'Anna, ajoute maintenant M. Creuzer, peut être révoquée en doute, il n'est pas beaucoup plus sûr de reconnaître la tête de la déesse dans cette figure voilée que montrent les monnaies de Malte ainsi que celles de Gaulos (Gozzo), et où la plupart des archéologues signalent une Astarté-Junon [2]. Le plus probable, c'est qu'Anna Perenna appartient réellement à l'Italie; qu'elle était révérée dans le Latium comme une déesse des fleuves, de la lune, du temps et de la maturation; qu'elle n'avait point de temples proprement dits, de statues ni de culte, mais que, déité champêtre, on lui rendait de rustiques honneurs, qui n'en prirent pas moins un caractère civil, public et politique, et auxquels se rattachèrent des espèces de représentations dramatiques, avec des images, ou tout au moins des masques. Dans le temple de Juturne se voyait un tableau figurant une jeune fille qui montrait aux soldats la source *Aqua virgo*, située entre le temple de Vesta et celui des Castors [3]. Une peinture murale, découverte dans un tombeau romain [4], semble représenter également une scène de la fête

---

[1] D'après Ovide, Fastes, III, 523-542. Cf. Hartung, *Relig. der Römer*, II, p. 229 sq., et Louis Lacroix, Recherches sur la religion des Romains, d'après les Fastes d'Ovide, Paris, 1846, in-8°, p. 115-120. Les vues ingénieuses présentées dans ce livre sur ce point et sur beaucoup d'autres complètent heureusement les travaux de Creuzer, Müller, Hartung, Klausen et Ambrosch.

[2] *V.* notre tome IV, p. LV, 215, avec l'explicat., pag. 111 sq.

[3] Frontin., de Aquæduct., p. 10. Cf. Klausen, p. 708, et Ambrosch, *Studien*, I, p. 100.

[4] Publiée dans les *Antiquitates Middletonianæ*, tab. I, et reproduite dans les planches du tome III de la troisième édition de la Symbolique.

champêtre d'Anna Perenna. Les sexes, les âges y sont réunis; les hommes, les enfants même, aussi bien que les vieillards, boivent à pleine coupe; les femmes portent des fruits ou se couronnent de fleurs. Le dieu du fleuve est assis au pied d'un rocher, le bras appuyé sur son urne penchante, d'où s'écoulent les eaux. Enfin, au-dessus de toute la scène, et entourée d'une guirlande de feuilles et de fleurs, apparaît une tête de femme, qui nous semble être celle d'Anna Perenna, de la déesse lunaire, source de l'humidité fécondante, se réfléchissant dans les ondes du Tibre ou dans celles de l'Anio, à peu près comme Anna, chez Silius Italicus, disparaît en cachant dans les nuages sa face humide, après son colloque avec Annibal [1].

Nous passons au second point, qui concerne les dieux siciliens appelés *Palici* ou *Paliques*, ces dieux singuliers que leur père, le fleuve-vautour (si c'est Vulturne, père de Juturne, qu'il faut entendre par là, avec M. Creuzer), rattacherait aux religions du Latium et à Anna Perenna, comme celle-ci, dans l'hypothèse de Klausen, se rattache aux cultes de la Sicile. Les Paliques, que notre auteur a rapprochés encore de Palès, et où il soupçonne, ainsi que chez cette divinité, un culte symbolique du phallus, les expliquant, du reste, par les vicissitudes des éruptions d'eau ou de feu dans la contrée volcanique de l'Etna [2], ont été, depuis 1830, l'objet de recherches de plus en plus spéciales, de plus en plus approfondies. M. Welcker en a pris l'initiative, et il a appelé les monuments figurés au secours des textes, dans une dissertation insérée au tome II des *Annales de l'Institut de correspondance archéologique* [3]. Plus tard, M. Panofka [4], entrant dans la même voie, a complété avec savoir et finesse le travail de son devancier, contre les

---

[1] Sil. Ital., Punic. VIII, 225.

[2] Cf. outre le livre IV, chap. V, le livre VI, chap. VIII, pag. 185 et 724 du texte de ce tome.

[3] Pag. 245-257, avec les *tavole d'aggiunta*, 1830, I et K.

[4] Tom. IV des mêmes Annales, 1834, p. 396, et, en 1838, dans l'*Allgem. Encyclop.* de Halle, sect. III, tom. X, p. 27-31.

résultats duquel se sont élevés G. Hermann et d'autres savants [1]. M. Creuzer est revenu sur le tout dans sa nouvelle édition de la Symbolique, et a donné à ses idées de plus grands développements, en examinant celles de ses prédécesseurs. Il soutient que le rapport des Paliques avec Vulcain, leur père ou leur grand-père, avec le dieu du feu et du feu prophétique en Sicile, n'exclut nullement cet autre rapport qu'un passage de Cicéron, restitué par lui [2], leur assigne ou semble leur assigner avec un dieu des eaux, avec le fleuve *Menanus* ou *Amenanus*, lui-même qualifié de Palique, et qui tantôt roulait ses ondes avec impétuosité dans les champs de Catane, tantôt les voyait se dessécher tout à coup [3]. Telle était, en effet, la nature intermittente des sources et des cours d'eau sortis des flancs de l'Etna, sous les influences volcaniques du sol de cette montagne; telle était l'essence des dieux Paliques eux-mêmes, qui n'étaient au fond et dans le principe, reconnaît M. Creuzer, que deux sources jumelles, remarquables par des phénomènes de ce genre, et que le génie symbolique et religieux de la haute antiquité avait divinisées en les personnifiant. L'alternative de leur force ou de leur défaillance aurait été représentée, soit par *Menanus* ou *Amenanus*, soit par *Adranus* ou *Hadranus*, autre père qui leur était at-

---

[1] Hermann, dans sa dissertation de Æschyli Ætnæis, Lips., 1837. Cf. Ebert, Dissertat. Sicul., I, p. 184; Preller ad Polemon. Perieget. Fragm., pag. 126-131; Raoul-Rochette, dans le Journal des Savants, année 1842, Janvier, p. 11-16; et l'auteur de l'art. *Palici*, dans la *Real-Encyclopedie* de Pauly, citant A. Feuerbach, dans le *Kunstblatt*, 1845, n° 37.

[2] De Nat. Deor., III, 22, p. 508-603, éd. Creuzer, dont la restitution a été approuvée par Schütz et Orelli. Cf. pour la généalogie des Paliques, et pour les sources de cette légende, Macrob., Saturn., V, 19; Ph. C. Hess, Observat. crit. in Plutarch. Timol., cap. 12, p. 59; Schneidewin et Sauppe, dans le *Rhein. Mus.* 1845, p. 70-83, et 1846, p. 152-154.

[3] Ovid., Metam., V, 279.

tribué, qu'on adorait dans toute la Sicile, et que nous retrouvons sur les monuments ¹.

C'est en ce sens qu'Eschyle, le premier auteur qui eût parlé des Paliques, expliquait ce nom dans sa tragédie intitulée *les Etnéennes*, ces dieux, selon lui, étant justement appelés *Revenants*, parce qu'ils reviennent des ténèbres à la lumière ². Il leur applique aussi l'épithète d'*augustes* (σεμνοί), où Bochart n'a pas manqué de soupçonner, comme dans tous les autres noms de cette légende, la traduction d'un mot phénicien, et ici du nom même des Paliques (*Palichin* ou *Pelichin* ³). L'idée fondamentale du culte tout local et tout sicilien de ces dieux était bien celle de retour, d'alternative et d'intermittence, que cette idée s'étendît à des jets de flamme, à des torrents d'eau, ou qu'elle se concentrât dans les *cratères* des Paliques, comme on les appelait, lançant les eaux sulfureuses et bouillonnantes, et les recevant dans le même bassin ⁴. On nommait encore ces cratères naturels *Delli* ou *Dilli* ⁵, et on les qualifiait de frères, de jumeaux, ainsi que les Paliques, qui n'en différaient point. Nous serions tenté de voir, avec M. Panofka, dans ce nom, et

---

¹ *Menanos* et *Amenas* ou *Amenanos*, supposés venir de μένος, avec ou sans l'α privatif; Ἀδρανός ou Ἁδρανός, avec ou sans l'esprit rude, et rapproché, soit de ἀδρανής, soit de Ἀδρεύς (Etymol. M. p. 18, p. 17 Lips.), signifiant le *plein*, le *gras*, le *riche*, *pinguis*, comme dit Virgile (Æneid., IX, 586), qui applique cette épithète à *Palicus* au singulier, ce qui rappelle et confirme encore le *Menano Palico* de Cicéron, d'après la correction de M. Creuzer. Hadranos est représenté, sur une monnaie des Numantins, avec des épis dans la main, et à côté les têtes des Paliques, remplacées par deux flambeaux sur les monnaies de *Menæ*. Cf. Welcker, *ubi supra*, p. 254.

² Πάλιν γὰρ ἵκουσ'..., et auparavant Σεμνοὺς Παλικούς, non Παλίκους. Æschyl. ap. Macrob., *ubi supra*.

³ Bochart Phal. et Can., I, 28, p. 535. Cf. Preller ad Polem., p. 129.

⁴ Strab. VI, p. 275, Casaub.

⁵ Δέλλοι ou Δείλλοι, que Welcker entend comme δειλοί, méchants, *implacabiles* chez Macrobe, opposé à *placabiles*, autre épithète du Palique ou des Paliques de Virgile.

dans l'épithète même d'*augustes*, qui rappelle celle des Euménides, le côté redoutable, infernal, de ces dieux vengeurs du serment.

Maintenant M. Creuzer porte notre attention sur d'autres aspects des Paliques, et sur des symboles d'oiseaux ou d'autres animaux qui semblent s'y rattacher. Et d'abord le vautour dans lequel Jupiter se métamorphose pour avoir commerce avec Thalie, la nymphe de l'Etna et la mère des Paliques, engloutis avec elle dans le sein de la terre avant de revenir au jour¹, selon l'étymologie qu'Eschyle déjà donnait de leur nom; car c'est ainsi qu'il l'entend avec la légende, plutôt encore qu'au sens purement physique que nous venons de voir. M. Panofka rapproche ingénieusement de ce mythe celui de Jupiter changé en aigle, enlevant Égine, appelée Thalie sur un monument ². Il y faut signaler aussi l'alternative de la lumière et des ténèbres, du monde supérieur et du monde inférieur, ainsi que le caractère agraire, l'idée de fertilité et de végétation abondante qu'emportent des noms comme ceux de Thalie elle-même (θάλλειν), de son père Ersæus ou Hersæus, du père des Paliques Hadranus, qui rappelle Hadreus, génie attaché à Déméter ³. Des chiens sacrés et en grand nombre, doués de qualités non moins précieuses que ceux du Saint-Bernard, étaient nourris dans le temple du dieu ou du génie Hadranus, aussi bien que dans celui de Vulcain sur l'Etna, d'où vient que le premier se voit accompagné du chien sur les monnaies des Mamertins ⁴. Le chien se représente en des sens divers dans les fables et sur les monuments de la Sicile; il se retrouve sur les monuments et dans les fables de l'île de Crète, par exemple sur les médailles de Phæstos aux côtés du gardien ailé de cette île, du géant Talos, qui n'est autre que

---

[1] Clement. Homil. V, 13, coll. Macrob., V, 19.
[2] Panofka, *Zeus und Ægina*, p. 16 sq.
[3] Hesychius, v. Παλικοί, coll. Etymol. Magn., *ubi supra*.
[4] Ælian. Hist. animal., XI, 3 et 20, p. 244 et 254 Jacobs, coll. Eckhel, Doctr. N. V., I. p. 224.

Jupiter-Ταλαῖος ou Jupiter-Soleil, comme, sur d'autres monnaies de la même ville, se montre Jupiter-Vulcain, sous le nom antique de ϹΕΑΚΑΝΟΣ, rapproché plus haut du ΣΕΘΛΑΝΣ étrusque, et tenant un coq dans sa main [1]. Tous ces rapprochements et bien d'autres que fait M. Creuzer à ce sujet, par exemple les sacrifices humains jadis offerts aux Paliques [2] comme ils l'étaient à Moloch, supposé le type de Talos ainsi que du Minotaure, les indices nombreux d'un culte symbolique des animaux, de l'aigle et du vautour, du coq et du chien, mis en rapport avec les dieux des eaux, du feu, de la lumière, conduisent notre auteur à penser que ces cultes, soit de la Sicile, soit de la Crète, furent sans doute des cultes locaux, quant à leur origine et à leur sens primitif, mais qu'ils se développèrent sous l'influence des colonies phéniciennes, et se mélangèrent d'éléments orientaux.

Si M. Creuzer, nous le craignons, en poursuivant ces rapprochements dont il est prodigue, a étendu outre mesure l'horizon des dieux Paliques, nous croyons que M. Welcker, d'un autre côté, l'a beaucoup trop restreint, en se bornant à voir, dans ces dieux jumeaux des environs de l'Etna, des espèces de cyclopes ou de Cabires forgerons, tels que ceux de Lemnos et du Mosychlos, et en rapportant leur nom et leur essence à la fois, d'une manière exclusive, aux coups alternatifs des marteaux sur l'enclume. M. Panofka est moins absolu, quoiqu'il admette et développe à sa manière l'explication que son savant devancier avait donnée en ce sens de deux peintures de vases, dont l'influence sur l'opinion soutenue par M. Welcker nous paraît avoir été décisive [3]. L'un de ces vases, décou-

---

[1] *V.* Hesych., II, p. 1343, Τάλως, ὁ ἥλιος, et p. 1342, Ζεὺς Ταλαῖος, I, p. 813, Γέλχανος. Cf. notre pl. CXCVI, 704 *f*, 704 *g*, et l'expl., p. 314 sq. du tome IV, avec la note 3* de ces Éclaircissem., p. 1197 *ci-dessus*; de Witte, sur le chien de Crète, Revue numismatique, 1841, p. 536 sq.; Raoul-Rochette, Journal des Savants, 1841, p. 521 sqq., 534 sqq.

[2] Servius, ad Æneid., IX, 584.

[3] *V.* les renvois de la pag. 1246, n. 3 et 4 *ci-dessus*.

vert à Vulci, représente, dans une enceinte indiquée par des colonnes latérales, et que M. Panofka croit être le temple même des Paliques, un buste colossal de femme avec les deux mains portées en avant, le reste du corps semblant être au-dessous du sol. Les branches de feuillage qui s'échappent de son front font reconnaître en elle Thalia t et les deux hommes debout, vieux, barbus et portant des marteaux, qui sont placés des deux côtés, et que couronnent également des rameaux, sont pris pour ses fils les Paliques. Seulement il est assez difficile de se rendre compte de l'action de ces deux personnages, dont l'un applique son marteau sur la tête de sa mère supposée, et dont l'autre paraît en mesure de la frapper à son tour. M. Panofka pense que cette tête leur sert d'enclume; et il cherche à justifier cette idée en conjecturant que Thalia, la même qu'Etna, que la terre volcanique et fertile de la montagne, aurait porté en outre le nom d'Acmoné, d'où l'épithète Acmonidès donnée précisément à l'un des Cyclopes de l'Etna par Ovide. Mais un trait de cette peinture auquel les deux savants archéologues ont attaché une importance peut-être excessive, c'est que l'une des jambes du forgeron de droite paraît sortir des mains mêmes de la femme qui est le but de leur action. M. Welcker en conclut qu'il s'agit ici d'une naissance par les mains, ainsi qu'il s'exprime; et il y rattache l'épithète de χειρογάστορες, ordinairement appliquée aux Cyclopes, telle que l'avait employée, suivant lui, par allusion à la bizarre naissance des Paliques, un poëte de l'ancienne comédie [1]. L'autre vase, connu depuis longtemps [2], montrerait d'un côté les deux Paliques forgerons, armés de leurs marteaux, dont ils menacent leur mère, aux trois quarts sortie de la terre, et qui les implore; tandis que, de l'autre côté, un vieillard, dans lequel M. Panofka croit reconnaître Adranos, intercède pour elle avec vivacité. Nous ne voulons pas

---

[1] Nicophon, dans sa pièce intitulée : Χειρογαστόρων γέννα, ap. Schol. Aristoph., Av. 1550.

[2] Dans Passeri, Pict. Etr., tab. CCIV.

contester ces explications certainement fort ingénieuses, et nous admettons volontiers que les marteaux des Paliques, frappant sur leur mère, la nymphe de l'Etna, à l'instant de leur naissance, ont trait aux éruptions du volcan; mais nous pensons que les deux petits lacs sulfureux du voisinage, les *cratères*, avec leurs jets alternatifs ou intermittents, avec leurs espèces d'ordalies ou de jugements de Dieu, rendent bien mieux compte des jumeaux divins de la Sicile, sans parler des deux fleuves Amenas ou Amenanos et Adranos, et des autres localités ou phénomènes caractéristiques de cette région merveilleuse, qui purent contribuer au développement de la religion antique et vénérée des Paliques [1]. (J. D. G.)

Note 8* et dernière. *Sur le nom mystérieux de Rome*, etc. (Chap. V, art. IV, p. 521 sq.)

Fr. Münter, dans une dissertation intitulée : *De occulto urbis Romæ nomine ad locum Apocalypseos* XVII, 5 (ap. *Antiquarische Abhandlungen*, Kopenhag., 1816, in-8), a dirigé ses recherches sur la question difficile que présente la détermination du nom mystérieux de Rome.

Les Romains, d'après des idées superstitieuses qu'ils avaient peut-être reçues des Étrusques, s'imaginaient que, lorsqu'une ville venait à être prise par l'ennemi, lorsqu'un temple était profané par lui, les divinités qui y résidaient, qui y étaient

---

[1] L'auteur de l'article *Palici*, dans la *Real-Encyclopædie*, cite à ce sujet une dissertation qui n'est point venue à notre connaissance; elle est intitulée : *Riflessioni storico-critiche sopra l'antigo lago dei Palici, altrimenti detto Naftia, scritte da L. Coco-Grasso*; Palermo, 1843. Il n'admet, du reste, quant aux deux vases allégués, ni l'interprétation de Welcker, ni celle de Feuerbach, qui, pour le premier, songe à un atelier de fondeur, où une statue colossale serait dépouillée du manteau; lui-même est tenté d'y voir une métamorphose, par laquelle une femme infortunée échappe aux coups de ses persécuteurs, et cela à cause des branches et de l'arbre, qui n'ont assurément ni ce sens, ni cette portée.

adorées, abandonnaient leur séjour. En même temps, par suite d'autres croyances superstitieuses qui se rattachaient à la foi dans la magie, et qui ont été très-répandues dans l'antiquité, ils attribuaient à la prononciation de certains mots, de certains noms, une vertu, une force particulière. C'était sous l'empire de ces deux préjugés que les généraux romains, lorsqu'ils assiégeaient une ville, cherchaient à évoquer la divinité des assiégés, en mêlant son nom à certaines formules magiques qu'ils répétaient; ils espéraient par là enlever à leurs ennemis l'appui du dieu qui les protégeait (Tit. Liv., V, 21. Cf. Lobeck, *Aglaophamus*, p. 274 sq.).

La croyance à la vertu des mots, des formules magiques, est établie par un grand nombre d'auteurs païens et chrétiens, par les néo-platoniciens comme par les Pères de l'Église. Origène (*Adv. Cels.*, lib. V, c. 45) et l'auteur du livre *de Mysteriis Ægyptiorum*, attribué à Jamblique, en font la mention expresse.

Dans la crainte qu'on ne se servît, pour soumettre leur ville, d'un moyen aussi dangereux, les Romains prirent toujours grand soin de tenir caché le nom véritable qu'elle portait; et ce nom demeura un mystère [1], sur lequel les écrivains latins ont épuisé leurs conjectures. Ce nom n'était prononcé en effet, au dire de Pline (*Hist. natur.*, lib. III, c. 5), que dans des cérémonies secrètes; et l'opinion populaire rapportait que ceux qui l'avaient divulgué avaient fini malheureusement. Non-seulement, au dire de Macrobe (*Saturn.*, III, 5), le nom de Rome demeurait caché; il en était de même de celui de la divinité sous la protection de laquelle était placée cette ville, de crainte qu'on ne s'en servît dans le but que

---

[1] L'usage de tenir secret le véritable nom de leurs villes s'est rencontré chez plusieurs peuplades d'origine tchoude ou finnoise, notamment chez les Tchérémisses et les Tchouwassis (voy. Aug. de Haxthausen, *Études sur la situation intérieure de la Russie*, tom. I, p. 411, 428, Hanovre, 1847). Cet usage paraît tenir à des idées superstitieuses analogues à celles qu'avaient les Latins.

nous venons de rappeler tout à l'heure. C'est ce que confirment Pline (*Hist. nat.*, lib. XXVIII, c. 2) et Servius (*ad Æneid.* II, v. 293-296; IV, 598; et *Georg.* I, 498). Plutarque, qui corrobore leur témoignage (*Quæst. rom.*, 61), ajoute que l'on ignorait si cette divinité était un dieu ou une déesse. J. Lydus (*de Mens*, p. 97) distingue trois espèces de noms portés par Rome : le nom mystérieux, τελεστικόν, qu'il dit être le mot *Amor*; le nom sacré, ἱερατικόν, qui est *Flora*, selon lui; enfin le nom politique, πολιτικόν. Macrobe nous fait connaître quelques-unes des suppositions dont le nom mystérieux était l'objet : les uns voulaient que la divinité à laquelle il se rapportait fût Jupiter, d'autres la lune, plusieurs la déesse *Angerona*, représentée le doigt sur la bouche, comme pour commander le silence; d'autres enfin, *Ops Consivia*.

Quant aux noms qui ont été proposés comme étant celui qu'on donnait à Rome dans les cérémonies secrètes, un seul paraît à Fr. Münter mériter quelque attention : c'est celui de *Valentia*, qui était porté par un quartier ou *vicus* de cette ville (*Chron. Pasch.*, p. 109); mais la forme de ce nom, qui n'est que la traduction latine du nom de Rome, en grec Ῥώμη, c'est-à-dire *force*, n'indique pas une origine ancienne. Si ce nom eût remonté à l'ancienne langue latine, il eût dû s'écrire *Valeria* ou *Valesia*; aussi le savant danois ne regarde-t-il pas ce nom comme ayant été le mot mystérieux en question. Considérant que les anciens attribuaient aux dieux un langage particulier, langage que ceux-ci avaient appris aux hommes après les avoir créés, et qui était le premier qu'ils eussent parlé, il remarque que c'est à cette langue divine qu'appartenaient, au dire de l'antiquité, les noms que les villes avaient primitivement portés; et c'est un nom de ce genre que Münter suppose avoir été celui que Rome porta dans l'origine, et que les colonies helléniques remplacèrent par le nom grec de Ῥώμα, forme éolique de Ῥώμη. Ce nom est, à ses yeux, *Saturnia*, que nous savons positivement, par Ennius et Virgile [1], avoir

---

[1] Ennius ap. Varr. lib. IV, *de Lingua latin.*, c. 7; Virg. *Æneid.* VIII, v. 357.

été porté par Rome dans les premiers temps, et qui rappelait celui d'une des plus anciennes divinités de l'Italie. Saturne était regardé comme l'époux de Rhéa, adorée sous le nom de *Dia* ou *Dea* dans les cérémonies mystérieuses des frères Arvales, comme une des divinités tutélaires de Rome.

M. le docteur Sichel, s'appuyant sur une pierre gravée de fabrique moderne, a repris l'hypothèse qui proposait le nom d'*Angerona*, comme étant celui de la divinité secrète et tutélaire de Rome, divinité qu'il assimile à Vénus. M. Letronne [1], avec sa sagacité habituelle, a démontré la fausseté du cachet sur lequel M. Sichel a établi tout l'échafaudage de son système. S'appuyant sur le témoignage de Pline et sur la vraisemblance, il a fait voir qu'il était impossible d'admettre que la divinité secrète de Rome fût Angerona. Ces recherches sont, à ses yeux, stériles, parce que les moyens d'investigation nous font défaut. N'est-il pas bien difficile de croire, dit-il, que nous autres modernes nous puissions découvrir maintenant ce qu'était cette divinité secrète, lorsqu'il est constant que les plus savants Romains l'ignoraient entièrement? Et la preuve qu'ils l'ignoraient se trouve dans le passage même où Macrobe énumère les diverses opinions des archéologues romains à ce sujet : les uns croyaient que c'était Jupiter, d'autres la lune; d'autres Angerona, déesse qui indique le silence, en portant son doigt à la bouche; d'autres enfin (et leur opinion paraît la plus solide à Macrobe) pensaient que c'était *Ops Consivia;* d'où il est facile de conclure que personne ne savait ce qu'elle était réellement.

Ces judicieuses réflexions du critique français peuvent s'appliquer également à la recherche du nom secret de la ville de Rome; aussi ne chercherons-nous pas à en pénétrer le mystère.   (A. M.)

[1] *Revue archéolog.*, tom. III, p. 443 sqq.

Livre sixième. Grandes divinités de la Grèce, et leurs analogues en Italie.

Note 1re. *Analyse des principales théories sur Zeus ou Jupiter.*
(Chap. I, p. 529 et suiv.)

Le nom de Jupiter rappelle à l'esprit ce qu'il y a de plus grand dans la religion des Grecs. En expliquant la nature de ce dieu, en recherchant quelles furent les idées aussi nombreuses que variées qui concoururent à former cette splendide personnification, M. Creuzer s'est élevé à la hauteur du sujet. Nulle part il n'a été mieux servi par son ingénieuse sagacité et par sa profonde érudition.

Jupiter et son culte ont été l'objet d'une étude attentive de la part de quelques autres savants modernes, parmi lesquels on doit citer principalement Böttiger (*Ideen zur Kunst-Mythologie*) et Éméric David (*Jupiter; recherches sur ce dieu, son culte, et les monuments qui le représentent*). Tous deux ont apporté dans cette question de l'habileté, du savoir, quelques idées nouvelles ; il n'est donc point inutile de rapprocher leurs travaux de ceux de M. Creuzer.

On se rappelle que l'auteur de la Symbolique envisage le mythe de Zeus sous les faces les plus diverses, qu'il distingue et qu'il développe avec autant de netteté que d'étendue les différentes applications de ce nom divin. On sait qu'il retrouve le naturalisme primitif dans le Jupiter d'Arcadie, de Dodone et de Crète ; les élucubrations des philosophes et des prêtres dans le Jupiter principe du monde et maître de l'univers ; et la plus haute expression de la vie politique et morale, comme l'image la plus sublime de la divinité, dans le roi de l'Olympe, dans le Jupiter d'Homère et de Phidias.

On peut le dire à l'honneur de Böttiger : sauf quelques différences dont nous tiendrons compte plus tard, ce savant a précédé ou plutôt guidé M. Creuzer dans cette voie lumineuse. Prenant pour point de départ le Jupiter de Crète, l'archéologue de Dresde arrive au Jupiter national des Hellènes, que

Phidias, selon l'heureuse expression de M. Creuzer, s'était chargé de faire descendre des cieux, mais toutefois après avoir signalé sur sa route le Jupiter qu'il nomme le patriarche de l'Olympe, et le Jupiter roi, qui préside à la société grecque.

Böttiger rattache à son Jupiter crétois les Curètes et leurs danses ; la légende orientale du bétyle, c'est-à-dire de la pierre destinée à tromper la voracité de l'époux de Rhéa ; le chêne et l'aigle, attributs essentiels du Zeus hellénique ; enfin la fable de Ganymède, dans laquelle se trahit, selon notre auteur, le génie ou plutôt les mœurs impures de la Crète.

On connaît les tendances de Böttiger à l'evhémérisme. Là où M. Creuzer reconnaît le culte du soleil, quelque symbole astronomique, notre auteur voit une tradition puisée dans les réalités de l'histoire. Par exemple, il se représente le Jupiter de la Crète comme quelque petit prince ou scheik, qui eut le talent de faire servir à son ambition l'habileté des Curètes, inventeurs des armes d'airain. Protégé par un casque, par un bouclier et par une épée d'où s'échappaient des éclairs, le chef crétois, entouré de ses forgerons, dut obtenir un triomphe facile sur quelques hordes sauvages dont l'arc et la massue formaient toute la défense ; car on rencontre ici, ajoute Böttiger, ce qui se reproduisit dans le nouveau monde des milliers d'années plus tard. Maître des côtes de l'Asie Mineure et des îles environnant la Crète, Jupiter jeta les fondements de sa dynastie, dans laquelle s'absorbèrent peu à peu toutes les divinités locales de la Grèce.

Böttiger explique dans le même sens le partage de Jupiter avec Neptune et Pluton. Il voit en eux trois guerriers, trois conquérants dont la fortune est diverse : Jupiter fut le mieux traité ; et comme il avait établi sa résidence sur les hautes montagnes de la Phrygie et de la Thrace, on assura que le ciel lui était échu en partage. Le second, à la tête des industrieux Telchines, cohorte aussi habile que les Curètes, s'étant emparé de Rhodes et des îles, fut regardé comme le maître de la mer. Le troisième enfin, se dirigeant du côté de l'Hespérie vers cette région ténébreuse que les anciens nommaient Ἀίς, Ἀίὸης, c'est-à-dire le monde invisible, et qu'ils transportèrent plus tard dans les entrailles de la terre, ce dernier devint roi des enfers.

Il y a loin de cette espèce de bulletin des exploits des enfants de la Crète, au sens métaphysique et religieux donné à la légende des trois frères par l'auteur de la Symbolique. C'est aux sources les plus orientales, c'est à l'Inde que M. Creuzer remonte pour découvrir l'origine de cette fable, dans laquelle il retrouve une trimourti hellénique, divisée en personnes individualisées séparément.

Les bornes assignées à cette note ne nous permettent pas de suivre plus loin l'archéologue de Dresde : disons seulement que Böttiger fait dériver, de l'idée de père et de maître des dieux et des hommes, les traditions qui représentent Jupiter présidant aux banquets de l'Olympe, et celles qui le dépeignent engendrant Minerve et Bacchus. C'est à ce Jupiter, essentiellement homérique, que se rattachent les légendes poétiques sur la gigantomachie, la foudre et les Cyclopes. Quant à l'idée de Jupiter roi, chef de la cité et de la famille, elle se développe sous d'autres formes. Elle donne naissance à un Jupiter qui personnifie la justice, le droit politique et le droit privé. Celui-là, les poëtes nous le montrent entouré de Thémis, Dicé, Némésis ; ce dieu protége les suppliants, le foyer domestique, la ville, le pays. Nous l'avons déjà dit : Böttiger a indiqué avec netteté ce que l'auteur de la Symbolique développe d'une manière brillante, c'est-à-dire les rapports de Jupiter avec la morale et les progrès de la civilisation grecque.

L'ouvrage d'Éméric David, quoique savant, étendu, ingénieux, est loin cependant de donner une idée aussi juste, aussi complète du personnage de Jupiter, que le court mais substantiel traité de M. Creuzer. La raison en est qu'Éméric David se montre bien plus préoccupé que l'auteur de la Symbolique, de donner une signification relevée, un sens dogmatique au mythe de Zeus. Son Jupiter est un Jupiter factice, celui que se représentait une société savante et polie à l'époque où les philosophes essayèrent de faire entrer dans la religion la physique et l'astronomie : c'est ce qu'on ne peut méconnaître quand on voit le docte auteur, se fiant un peu trop à l'autorité des stoïciens, des pythagoriciens, des nouveaux platoniciens et même des Pères de l'Église, déclarer que le véritable Jupiter, c'est le dieu Æther. En effet, *invisible, impalpable, l'Æther*, dit Éméric David, *échappait aux sens*. C'est cet *être physique, mais intelligent, tout-puissant, éternel, qui devint le dieu de Cécrops.*

Le nom de Cécrops nous rappelle qu'il existe un autre point sur lequel l'auteur insiste avec force. C'est l'origine égyptienne du culte de Jupiter. On sait que, malgré les efforts de M. Creuzer et l'appui de son érudition immense, le vieux système qui faisait venir des bords du Nil la plupart des dieux de la Grèce est tombé dans le plus profond discrédit. D'éminents critiques ont démontré que la fusion entre les deux religions ne remontait point au delà du VIIe siècle avant notre ère.

Cette considération n'a point arrêté Éméric David. Il regarde le Jupiter grec comme une transformation du Jupiter-Ammon, dont le culte aurait été importé dans l'Argolide et l'Arcadie sous le roi Pélasgus, 1885 avant l'ère chrétienne. Le docte auteur nous avertit, en outre, que Lycaon, fils de ce même roi Pélasgus, après avoir conquis les Thesprotes et la Thessalie, vint fonder l'oracle d'Ammon, lequel fut transplanté plus tard à Dodone, vers l'an 1727. Il ajoute que postérieurement plusieurs princes arcadiens établirent le culte de Jupiter dans des villes de la Crète; que Minos Ier consolida cette religion; qu'en 1570 ou 1560, un prince du sang égyptien, Cécrops Ier, devenu roi de l'Attique et de la Béotie, transporta à Athènes le culte de Zeus; qu'il fit de celui-ci un dieu de la nature physique, pareil à Uranus et à Phtha, rattachant toutefois ce nouveau Jupiter à la dynastie de Cronus; mais que, cinquante ans après la réforme religieuse opérée par Cécrops, l'an 1510 ou 1515 de l'ère chrétienne, le culte égyptien, modifié dans le personnage de Jupiter, l'ayant emporté sur le culte phénicien, représenté par Cronus, on se prit à dire, dans ce langage si plein de verve et d'images familier aux anciens, que Jupiter était devenu le chef de la dynastie céleste, après avoir précipité son rival, le vieux Cronus, dans le noir Tartare.

Un écrivain allemand, homme d'esprit et de science, M. Adr. Schöll (*Iahrbücher für wissenschaftliche Kritik*, juin et juillet 1835), en rendant compte de l'ouvrage d'Éméric David, s'est élevé avec une juste sévérité contre ce mode d'interprétation qui consiste à donner une couleur historique, une sorte de réalité décevante, aux légendes les plus fabuleuses et aux personnages les plus mythologiques. Avec ce procédé, en apparence tout est clair, tout est simple, tout s'enchaîne d'année en année avec une merveilleuse facilité; mais quand on veut examiner d'un œil attentif sur quoi repose toute cette chronologie, quand on analyse les éléments qui ont servi de base à ces minutieuses annales, on ne trouve qu'erreur et confusion.

Avant de terminer, nous avons à signaler une des hypothèses les plus curieuses, est certainement l'une des plus hasardées du livre que nous analysons. Éméric David suppose dans le Jupiter des Grecs un double personnage, ou, si l'on veut, il lui accorde une double origine. Il se fonde sur la différence existant entre le nominatif Zeus et les cas obliques de ce nom : Διός, Διΐ, Δία. Le nom de Δίς, d'où vient le génitif Διός, lui paraît être celui que les prêtres de la Crète donnaient au dieu Soleil Ammon. Quant au nom de Zeus, il le considère comme une épithète honorifique accordée au dieu Soleil Dis, épithète que l'on adopta généralement dans la Phrygie, l'Arcadie et la Messénie. Cette confusion, poursuit l'auteur, se retrouve chez les Romains ; elle reparaît dans les noms de Jovis et de Jupiter, dont l'un, par sa signification propre, désignait le dieu Soleil, et l'autre le dieu Æther.

Les lecteurs ont pu s'apercevoir que le plus grand défaut des théories que nous venons d'exposer, c'est d'être exclusives, c'est de ne reconnaître dans Jupiter qu'une conception purement égyptienne, ou quelque invention phénicienne modifiée par l'esprit crétois. Ceci nous conduit à admirer davantage l'éclectisme si habile de M. Creuzer, et la manière discrète et sûre dont il emploie, dans son travail sur Zeus, les éléments les plus divers. (E. V.)

Note 2. *Sur le Jupiter Lycæus.* (Ch. I, p. 532 sqq.)

M. le baron de Stackelberg s'est livré à quelques recherches sur le Jupiter λύκαιος. Ses idées, conformes à beaucoup d'égards aux vues de M. Creuzer, sont exposées, mais avec assez peu de méthode, nous sommes contraint de l'avouer, dans un livre fort intéressant, du reste, sur le temple d'Apollon Épicurius à Bassæ, près de l'antique Phigalie (*Der Apollotempel zu Bassæ in Arcadien*, Rom., 1826, p. 8, 102, 121 sqq.).

L'archéologue allemand reconnaît que le nom et les traditions relatives au mont Lycée se lient à l'idée et au symbole de la lumière. C'est en Égypte qu'il trouve la notion fondamentale dont le culte de Jupiter Λύκαιος n'est que le développement. Le loup, λύκος, dans les hiéroglyphes, représentait l'idée de la lumière. Osiris était un dieu loup, et il revêtit cette forme dans la guerre contre Typhon, pour protéger Horus. Le loup joue aussi un rôle important sur le Lycée. Lycaon, fils de Pélasgus, est changé en loup, pour avoir offert son fils Nyctinus en sacrifice au Jupiter Lycæus.

Du reste, ce dieu est un Jupiter infernal, que l'on honore par des sacrifices sanglants. Sous ce point de vue, Lycaon, fondateur de ce culte, doit être opposé à Cécrops, adorateur de Jupiter Hypatus, auquel on ne peut offrir que ce qui n'a jamais eu vie. La tradition rapportée par Pausanias, d'après laquelle les hommes ou les animaux ne projetaient point d'ombre dans l'enceinte consacrée à Jupiter, peut signifier que cette divinité brillait sur le sommet au milieu des éclairs et des foudres. Cette enceinte paraissait bien redoutable : on disait que la mort frappait dans l'année ceux qui avaient osé y pénétrer.

Les fils de Lycaon, auxquels on attribue l'institution des jeux lycéens, abandonnèrent les rochers du Lycée pour se répandre dans l'Arcadie. Ils y fondèrent plusieurs villes, et entre autres Phigalie. C'est de cette cité qu'Évandre (*l'homme bon*) et Cacus (*l'homme méchant*) apportèrent en Italie le culte de Jupiter et de Pan. Ils l'établirent, ainsi que les Lupercales, sur le mont Palatin. C'est de là également que dérive la fable de la louve nourrice de Rémus et de Romulus. C'est dans les jeux lycéens, dit-on, que l'on vit pour la première fois le combat du ceste. Les femmes s'y disputaient le prix de la beauté.

Dans son savant ouvrage sur les races helléniques, K. O. Müller (*Die Dorier*, II, S. 306) envisage à peu près de la même manière le Jupiter Λύκαιος; seulement son point de vue est plus exclusivement hellénique. Le culte de ce dieu lui paraît l'expression des rapports existant, dans l'ancienne religion des Grecs, entre le loup et la lumière. En effet, d'un côté toutes les traditions le rattachent à Lycaon, qui fut métamorphosé en loup pour avoir ensanglanté l'autel de Jupiter; de l'autre, cette croyance, qu'on ne voyait point d'ombre sur le mont Lycée, ramène forcément à l'idée d'une divinité de la lumière. Les deux piliers, surmontés d'un aigle doré, lesquels étaient placés en face de l'autel, se liaient sans doute au culte du soleil [1].

Nous retrouvons ce rapprochement dans un travail fort savant, fort étendu, trop étendu même, car c'est peut-être ce qui a nui à son achèvement, dans la *Nouvelle galerie mythologique* publiée par MM. Lenormant et de Witte (p. 24). Les deux habiles antiquaires signalent le lien qui unit le Jupiter Lycæus au dieu de la lumière, Apollon Lycien, observant que ces deux divinités semblent se confondre sur les monuments, ou plutôt permuter entre elles, comme, par exemple, sur les médailles de Syracuse, où le Jupiter Hella-

---

[1] K. O. Müller (*loc. cit.*) explique d'une façon assez naturelle cet usage d'appeler *cerf*, comme nous l'apprend Plutarque (*Quæst. gr.*), celui qui avait franchi l'enceinte du Lycée. En effet, l'homme qu'un mauvais génie avait poussé à mettre le pied sur ce sol sacré ne songeait qu'à s'enfuir avec la rapidité d'un cerf, pour échapper au Jupiter loup que son imagination alarmée lui représentait acharné à sa poursuite.

nius se présente sous les traits d'un dieu imberbe et lauré, semblable à Apollon, tandis que les médailles d'Alésa de Sicile nous offrent cette même divinité transformée en un véritable Jupiter. Nous renvoyons au livre lui-même ceux de nos lecteurs qui voudraient connaître les recherches des deux savants que nous venons de citer, sur le loup considéré comme symbole de Jupiter et d'Apollon ; et nous ferons en très-peu de mots, sur ce point d'archéologie, une observation négligée jusqu'ici par les mythologues qui se sont occupés de l'épithète de Lycæus. On ne peut nier les rapports du loup et de la lumière. Pour expliquer ce fait, les uns, comme MM. Creuzer, Stackelberg, Lenormant et de Witte, ont remonté jusqu'à l'Égypte; les autres, et ce sont en partie les scholiastes, dérivant λύκος de λευκός, blanc, clair, brillant, augurent de là que le loup était consacré aux divinités du ciel et de la lumière, ce qui serait pour nous une interprétation puérile, mais peut avoir eu quelque chose de réel dans cette antiquité, qui souvent fait reposer sur un jeu de mots une fable ou une pratique religieuse. Toutefois il n'est pas impossible de se prendre à quelque chose de plus sérieux. Λυγκὸς est un des cas obliques de λύγξ, le nom du lynx chez les Grecs (λύγξ, λυγκός, et non λυγγός), selon la remarque d'un philologue éminent (Jacobs, *Antholog. Pal.* 5, 179). Or, le lynx, l'animal au regard pénétrant et lumineux, fut peut-être un symbole de la lumière en Orient, idée que l'on appliqua plus tard au loup. Les mœurs du lynx, le même que le chacal, rappellent celles du loup; c'est le loup de l'Orient. On comprendra sans peine que, lorsque la race indo-européenne s'établit sur le continent grec, elle ait choisi le loup, l'analogue du lynx, comme un symbole de la lumière. Cette race d'hommes venait de la Perse, de l'Arménie, des environs du Caucase, en un mot, des contrées hyperboréennes ; ce qui s'accorde parfaitement avec une légende dans laquelle nous trouvons tous les éléments de l'explication que nous venons de hasarder. Latone, dit Aristote (*Hist. an.*, VI, c. 35), se changea en louve, et vint, escortée par des loups hyperboréens, à Délos.

Du reste, entre les langues indo-germaniques et les noms grecs du lynx et du loup, on trouve des rapports singuliers : l'allemand *Lucks* (lynx) et *leuchten* (voir), en anglais *look*, semblent dériver, comme le grec, de la racine sanscrite *lug*, qui signifie *lumière, clarté* (voy. Benfey, *Griechisch. Wurzellexicon*, p. 126).

L'autel de Jupiter Lycæus était situé sur le pic le plus élevé de la chaîne du Lycée. Cet autel, qui offrait l'aspect d'un cône, était formé de la cendre des victimes ; et tout porte à croire que dans les temps barbares, et même plus tard, on y fit des sacrifices humains. C'est ce qu'on peut inférer de l'extrême réserve avec laquelle Pausanias s'exprime sur les cérémonies religieuses pratiquées dans ce lieu (Stackelberg, *loc. cit.*).

Les restes d'une muraille circulaire que l'on a retrouvés à une petite distance de l'autel de Jupiter, ont donné à penser que ce pouvaient être les ruines de l'enceinte sacrée (Stackelberg, *loc. cit.*)

On a cru retrouver l'emplacement où se célébraient les jeux (Stackelberg, *loc. cit.*), dans une petite vallée située en face du sommet consacré à Jupiter Lycæus. On y voit encore les restes d'un édifice ayant soixante-treize pas de long sur seize de large, lequel contenait diverses stalles, destinées, comme il est facile de le reconnaître, aux chevaux qui paraissaient dans les jeux. Tout auprès on a trouvé deux auges de pierre d'un très-bon style. Derrière ces stalles on avait pratiqué un réservoir dans l'épaisseur du rocher. Plus loin on remarque les fondements de l'hippodrome, et des terrasses qui entouraient le stade. Ces terrasses étaient construites avec des blocs irréguliers de travertin. (E. V.)

Note 3. *Sur les deux Dodones et sur le culte de Jupiter à Dodone. — De Jupiter-Ammon, et de l'introduction de son culte en Grèce.* (Chap. I, p. 536, 538, 545.)

§ 1. Un point sur lequel les anciens eux-mêmes n'ont point été d'accord, est de savoir s'il y a eu deux Dodones. Le doute tient au passage d'Homère (II, v. 749), où il est dit, dans le Catalogue des vaisseaux, que Gounée était suivi par les Eniènes, les Perrhèbes, tant ceux qui habitent la froide Dodone, que ceux qui demeurent sur les bords du Titarésius. Or le Titarésius étant, sans aucun doute, un des affluents du Pénée dans la partie inférieure de son cours, il est presque impossible que les Perrhèbes se fussent étendus depuis l'embouchure du Pénée jusqu'à la Dodone d'Épire, qui était à plus de soixante lieues de là, de l'autre côté du Pinde. Aussi, un ancien historien de la Thessalie, Suidas cité par Strabon, Cinéas, les commentateurs d'Homère, tels que Philoxène, Apollonius, le faux Didyme et le scholiaste de Venise, enfin Strabon lui-même, reconnaissent que la Dodone d'Homère devait être située en Thessalie, au nord du Pénée. Clavier a admis deux Dodones différentes; et Völcker a expliqué ce fait, en supposant que la race pélasgique avait transporté dans l'Épire, la nouvelle contrée qu'elle habita après avoir quitté la Thessalie, les noms de lieux de ce dernier pays. Voilà, à ses yeux, comment il y eut deux Dodones, deux Achéloüs, etc. Quant au nom de Hellopie, qui appartient au même radical que celui de Helles ou Selles, il s'est appliqué, selon Völcker, à un grand nombre de localités habitées par les Pélasges : cet érudit l'identifie avec celui de Pélopie, terre de Pélops. Pouqueville a nié formellement, dans son *Voyage de Grèce*, l'existence de deux Dodones; et notre auteur, M. Creuzer, s'est rangé à son avis. M. Letronne, qui a examiné les idées émises par le savant voyageur, a fait voir à quel point elles manquaient de base solide. Cet habile et profond critique, sans nier que l'existence d'une double Dodone, l'une en Thessalie, l'autre en Épire, présente plus d'une difficulté, est cependant d'avis que les relations anciennes des deux contrées, et le séjour bien constaté des Pélasges dans l'une et l'autre, rendent le fait assez vraisemblable en lui-même. Il ne voit qu'un moyen d'éluder la difficulté : c'est de mettre en doute l'authenticité des vers d'Homère où le fait est consigné. C'est ce qui a été fait par Heyne. Cet illustre philologue, sans s'occuper de la question géographique, et par des raisons tirées uniquement de la prosodie, a conjecturé que les six vers qui suivent le mot Περραιβοὶ sont une interpolation du rhapsode. Il est, en effet, fort possible, dit M. Letronne, que ces vers aient été insérés par quelque rhapsode venant chanter le Catalogue en Thessalie, et qui aura voulu flatter les Thessaliens en reproduisant leurs traditions sur l'existence d'une Dodone parmi eux. On ne peut d'ailleurs, continue M. Letronne, placer, avec M. Pouqueville, les Perrhèbes au nord et à l'ouest du Pinde, puisque Strabon dit formellement que ce peuple habitait le versant oriental de cette chaîne ; et aucun auteur n'a transporté leur pays au delà des montagnes, dans le Zagori des modernes. C'est une étymologie fort douteuse qui a conduit le voyageur français à voir, dans la Hellopie, la contrée qui environne Janina : l'analogie de ce nom et de celui de ἕλη, *marais*, est au fond assez éloignée, et il faut encore supposer que le lac de Janina ait donné son nom au pays, ce que rien n'établit. Ajoutons à ces objections si fondées du célèbre antiquaire, que le nom de *Helles* ou *Selles*, porté par les prêtres de Jupiter Dodonéen, entre évidemment, comme radical, dans le mot de Hellopie, et qu'avec Völcker il faut y voir une forme du nom d'Hellènes. D'ailleurs la disposition des lieux ne vient même pas confirmer l'identification proposée par M. Pouqueville. La position de Gardiki ne répond en aucune façon à la description qu'Homère et Strabon donnent de Dodone ; et, en vérité, des constructions pélasgiques dans un pays qu'on sait avoir été habité par les Pélasges n'établissent pas l'existence d'un hiéron, et encore moins que ce hiéron soit celui de Dodone. Ces raisons, qui nous semblent bien fortes, conduisent M. Letronne à contester la position que M. Pouqueville assigne à la Hellopie et à Dodone.

§ 2. La célèbre légende de Jupiter Ammon et de la fondation de l'oracle de Dodone, nous paraît se rattacher à ces fables d'une époque peu reculée, par lesquelles les Grecs prétendaient rattacher les origines de leur religion à la religion égyptienne. Nous aurons occasion, dans plusieurs notes sur le livre VII, d'examiner sur quel fondement ces fables peuvent reposer, et nous croyons être en état de démontrer que ce fondement n'a aucune solidité. Aussi, quelque considérable que soit toujours le témoignage d'Hérodote, ne craignons-nous pas de repousser ici la prétendue origine libyque du dieu de Dodone, comme nous repousserons l'origine libyque de la Minerve Tritogénie (voy. note 13 sur ce livre).

Les Grecs qui naviguaient sur la côte d'Égypte, et qui avaient fondé une colonie à Cyrène, connurent de bonne heure le dieu Amoun, dont le temple, situé dans l'oasis de Syouah, jouissait par son oracle d'une renommée qui s'était étendue au loin. Ce qu'ils apprirent des caractères et des attributs de cette divinité la leur fit identifier avec Jupiter, qui, en sa qualité de souverain des dieux, offrait en effet une certaine ressemblance avec elle. Comme l'origine du culte d'Amoun se perdait dans la nuit des temps, et que les Grecs ajoutaient facilement foi aux prétentions des prêtres égyptiens, qui se piquaient d'avoir fait connaître les premiers les dieux aux autres nations, les populations helléniques furent conduites à penser que le Jupiter Dodonéen n'était autre que le fils de l'Amoun de Syouah; et de là la légende de Jupiter Ammon qui s'accrédita parmi eux. De là aussi la fable des colombes, fondée sur le double sens du mot πελειάδες, qui signifiait à la fois des colombes et des prêtresses de Dodone. L'oracle de Syouah avait été vraisemblablement établi par des prêtres venus de Thèbes ; on donna la même origine à celui de l'Épire.

La connaissance du dieu Amoun, transformé par les Grecs en Jupiter Ammon, fit introduire chez eux, dès une époque assez ancienne, le culte de ce dieu. Il y avait à Thèbes de Béotie un temple d'Ammon, au temps de Pindare (Pausanias, IX, 16, 1), puisque ce poëte y avait consacré une statue, œuvre de Calamis, et avait composé en l'honneur du dieu un hymne dont il reste un vers (Pindar., *Fragm. II*, éd. *Bœckh.*), dans lequel Ammon reçoit comme Jupiter l'épithète de *maître de l'Olympe*. Il est aussi question de ce dieu dans un autre passage. Une inscription athénienne de la 3ᵉ année de la 119ᵉ olympiade fait mention de sacrifices à Ammon, dont certainement le culte tenait un certain rang à Athènes.

C'est vraisemblablement à l'époque de la fondation de Cyrène, vers l'an 648, que remonte l'introduction en Grèce du culte de la divinité suprême des Égyptiens, divinité qui ne tarda pas à jouir d'une grande faveur; et c'est ainsi, à notre avis, qu'ont pu être inventées les légendes qui le rattachaient par un lien étroit de parenté au Jupiter hellénique.

On a cité comme preuve de la haute antiquité de l'adoration d'Amoun en Grèce, le nom de *Philammon*, porté par un poëte et un devin qu'on faisait remonter au temps des Argonautes; et M. Creuzer s'est appuyé de ce fait pour soutenir l'origine *ammonienne* et *égyptienne* du culte grec. Mais cette preuve apparente est tombée devant l'examen plein de sagacité de M. Letronne, qui a fait voir que ce nom, loin de signifier *aimant Ammon*, était une forme dorienne du nom Philémon, avec redoublement de la consonne (voy. Letronne, *Observations philologiques et archéologiques sur l'étude des noms propres grecs*, p. 83 et suiv.).

L'origine du culte de Jupiter à Dodone nous paraît toute pélasgique. L'Épire est un des premiers pays où se soit développée la société des Pélasges, où leur culte ait par conséquent revêtu une forme régulière et systématique. Est-il donc vraisemblable qu'ils aient été demander à l'Égypte la connaissance de leur dieu national? N'est-il pas bien plus naturel de supposer qu'ils avaient apporté avec eux de l'Asie l'adoration de cette personnification du ciel, de la force qui gouverne et anime le monde, alors qu'à une époque très-reculée ils se répandirent en Europe par les défilés du Caucase, les plaines du bas Volga ou les côtes de l'Asie Mineure? D'ailleurs les Pélasges de l'Épire, habitants de la terre ferme, n'étaient pas plus navigateurs que les Égyptiens; et on ne saurait comprendre comment des prêtres ou des prêtresses, venus de l'oasis de Syouah, auraient pu se rendre à Dodone, et, en parlant une langue inconnue aux indigènes, exercer assez d'influence sur la religion locale pour y nationaliser le culte d'un dieu dont le nom n'avait point encore frappé leurs oreilles.

(A. M.)

NOTE 4. *Du Jupiter crétois.* (Chap. I, p. 546 et suiv.)

M. Karl Hœck, dans son savant ouvrage intitulé *Kreta*, a soumis tout le mythe du Jupiter crétois à une analyse sévère et à une étude approfondie; aussi ne pouvons-nous puiser à une source plus riche pour compléter ce que M. Creuzer a dit sur le même sujet. Faisons connaître rapidement les idées auxquelles s'est arrêté le professeur de Gœttingue.

L'ancienne religion de la Crète, celle qui était professée au temps de Minos et à une époque postérieure, était due à un mélange du culte de Jupiter-Nature et du Baal-Saturne, mélange auquel étaient venus s'unir quelques traits de l'adoration du soleil et de la lune. Les émigrations postérieures introduisirent dans l'île le culte d'Apollon proprement dit, et les religions de Bacchus et de Déméter. Cette fusion opérée entre des croyances et des rites divers donna naissance à une théogonie spéciale, dans laquelle les éléments hétérogènes furent rapprochés, associés. Des légendes nouvelles complétèrent l'assimilation, et groupèrent en une seule famille les divinités apportées à différentes époques dans la Crète. Toutefois, au milieu de ce syncrétisme qui s'opéra de lui-même, le culte du Jupiter-Nature, du Jupiter pélasgique, conserva la prééminence; il forma le fond de la religion. L'importance qu'il prit dans l'île, l'ancienneté de son existence, exercèrent une grande influence sur les contrées voisines de la

Crète, qui étaient avec elle en une certaine communauté de principes religieux. La prépondérance politique dont ce pays jouissait à cette époque reculée contribuait encore à accroître l'action religieuse qu'il avait sur d'autres îles, d'autres cantons de la Grèce. La Crète était une métropole du culte de Jupiter, et cette importance religieuse survécut à la destruction de son empire politique, à l'abaissement de sa puissance maritime. Si les liens sociaux et civils qui unissaient cette terre aux États voisins, dont plusieurs avaient été fondés par des colonies sorties de son sein, se brisèrent, les liens de la religion continuèrent de subsister. Cette vieille renommée de la Crète entretint chez ses habitants un esprit d'orgueil qui remontait au temps de leur ancienne puissance ; ils se crurent les premiers, les aînés des peuples du monde ; ils se tinrent pour autochthones, et ils prétendirent que le culte, les dieux eux-mêmes étaient nés parmi eux, et que c'était chez eux que les diverses nations étaient venues puiser les leurs. Cette folle prétention, qui fut aussi celle des Égyptiens, trouva, à une époque beaucoup plus moderne, des défenseurs dans les partisans de l'evhémérisme. Ces philosophes se hâtèrent d'accepter des croyances qui appuyaient si bien leur système.

Tout exagérée qu'elle fût, la tradition crétoise qui faisait naître dans la Crète le grand dieu pélasgique, le Jupiter-Nature, eut toujours sur les esprits l'autorité qui s'attache aux légendes émanées d'une terre environnée, par son antiquité même, d'une réputation de sainteté ; et bien que d'autres villes, d'autres cantons dans lesquels cette divinité était adorée depuis longtemps, soutinssent également lui avoir donné le jour, aucun ne vit sa prétention aussi fréquemment accueillie que celle des Crétois.

Le culte de Jupiter était répandu dans toute l'île, mais il avait son siége principal dans la contrée de l'Ida et du Dicté. Cnosse, la capitale de Minos, en était la métropole ; c'est là que le dieu avait sa grotte, son sanctuaire et son tombeau ; c'est là, dans cette région, que la tradition plaçait le théâtre de ses amours avec Europe; c'est là qu'il était honoré sous le nom de Jupiter Hécatombæos. On doit donc reconnaître que c'est dans cette partie de l'île que le culte de la divinité avait été apporté primitivement, ou était né; au moins c'est de là qu'il avait rayonné dans toutes les villes qui entourent le Dicté, Præsos, capitale des Étéocrétois, où se trouvait le temple de Jupiter dictéen, Hiérapytna, Itanus, Biennios. Plus tard il s'était étendu jusqu'à la partie orientale de l'île. Les divers surnoms que Jupiter reçut, les médailles des différentes villes de la Crète indiquent que ce dieu avait fini par être la divinité par excellence de tous les insulaires.

M. Hœck, frappé des analogies de l'organisation sacerdotale des Curètes de Crète et des Galles et Corybantes de Phrygie, se fondant d'ailleurs sur des traditions positives, suppose que le culte du dieu-Nature avait été apporté de l'Asie Mineure, de la Phrygie, en Crète par des habitants du premier de ces pays, colons ou bannis, émigrés ou prisonniers de guerre. Jusqu'alors la religion qui avait cours dans l'île était celle de Cronos, le Baal-Moloch des Phéniciens, auquel on sacrifiait des enfants, des victimes humaines. La substitution du culte de Jupiter à celui de Saturne est racontée mythiquement dans la légende de la naissance du premier dieu. Le nom de bétyle qui y est donné à la pierre que Saturne ou Cronos avale, au lieu de son fils, nous reporte aux religions de la Phénicie et de l'Assyrie. Ces bétyles, qui n'étaient sans doute que des aérolithes, furent, à raison de leur origine céleste, regardés comme des images de la divinité, du ciel, ou du moins comme des objets divins, dont l'adoration fut intimement liée à celle de Baal ou Cronos lui-même. Le culte de divinités sous la forme de pierres, qui se retrouve dans celui du Jupiter-Casius et de la pierre conique de Séleucie, appartenait à l'Asie occidentale. Les Titans, qui sont représentés dans la légende crétoise comme habitant Cnosse au temps des Curètes, sont des personnages symboliques qui indiquent la lutte de l'ancienne religion, du culte des forces terribles et destructrices de la nature contre le culte nouveau, celui d'une nature-productrice, conservatrice et nourricière.

Les Phrygiens apportèrent leur culte dans l'île sous la forme de cérémonies bruyantes et orgiastiques, de rites fondés uniquement sur un enthousiasme, un délire auquel donnait naissance l'exaltation de l'imagination et du système nerveux. Cette forme est une des plus anciennes que revête le sentiment religieux. Chez les nègres de la Guinée et du Soudan, celui qui se sent tout à coup saisi d'un enthousiasme frénétique, d'un délire bruyant, d'une agitation convulsive, est regardé comme inspiré par la divinité, et en devient par cela seul le pontife. Cette manière d'adorer les dieux fut en usage dans la Phrygie depuis la plus haute antiquité, et elle s'y continue encore chez les derviches hurleurs et tourneurs[1]. Les prêtres phrygiens, sorte de sorciers et de possédés, apportèrent donc dans des cérémonies de cette espèce l'adoration de la déesse-Nature, celle qui était invoquée en Phrygie sous le nom de Cybèle ou de Rhéa. L'influence que ces rites nouveaux et inconnus exercèrent sur l'esprit des habitants, leur fit adopter peu à peu la divinité étrangère; et le vieux Cronos-Moloch fut remplacé par un dieu nouveau, ou, pour mieux dire, il lui fut identifié. Par cette identification il perdit son aspect terrible, il cessa d'être le symbole de la destruction, mais il transporta son sexe, son caractère masculin à la Cybèle phrygienne; il en fit un dieu, un dieu-Nature, héritier à la fois de Cronos et de Cybèle ou Rhéa, fils, en un mot, de ces deux divinités, Jupiter Krétagénès.

L'antre de l'Ida fut le premier temple du jeune, c'est-à-dire du nouveau dieu, ou, dans le langage mythique, son berceau. A cette époque reculée les populations habitaient encore des cavernes, et c'était là naturellement qu'elles pla-

---

[1] Voyez à ce sujet Bœttiger, *Ideen zur Kunstmythologie*, tom. Ĭ, p. 10 sqq., et notre dissertation sur le Corybantiasme (*Annal. médico-psycholog.*, tom. X, 1847).

çaient leurs sanctuaires. Cette grotte, dans laquelle avaient été célébrés les premiers rites des Phrygiens, ne cessa pas depuis de conserver un caractère sacré; et bien qu'un temple ait remplacé, à une époque de civilisation plus avancée, le grossier sanctuaire de Jupiter, elle demeura toujours l'objet du respect des habitants.

Les mythes qui se rattachaient à l'histoire de l'enfance du dieu furent, ou l'expression même des attributs qu'on lui prêtait, ou l'image du développement de son culte. Mais la fable et la poésie s'en emparèrent, et défigurèrent incessamment la légende symbolique, lui enlevant par là sa signification et sa couleur primitive. Le dieu de la nature fut dépeint comme nourri par les soins de cette nature qu'il entretenait : les créatures, les animaux furent ses nourrices. Une chèvre lui donna son lait, les abeilles lui apportèrent leur miel. Plus tard on personnifia tout cela; ces premiers aliments, images de ceux que la nature donne à l'homme sans travail et sans peine, devinrent des êtres déterminés, Mélissa et Amalthée. Le lait et le miel firent place à l'ambroisie, et la corne de la chèvre qui a fourni aux humains les premiers vases à boire fut transformée en une corne mystérieuse d'où coulait ce breuvage divin. On alla plus loin : Mélissa et Amalthée devinrent des nymphes qui avaient nourri le dieu enfant, et dont le père était un roi du nom de Mélisseus. Ces mots eux-mêmes dénoncent le mythe qu'on travestissait. Dans l'un on reconnaît encore le miel qui, dans les troncs d'arbres de l'Ida, avait apparu aux anciens Crétois comme l'aliment que nous donne la terre; dans l'autre on retrouve le nom de la nourrice divine qui était attribuée à cette terre adorée en Phrygie comme la déesse mère (Ἀμμὰ θεά ou θεία).

Le nom d'Ida, imposé à la montagne au pied de laquelle les Phrygiens vinrent, pour la première fois, répéter dans la Crète les rites qu'ils célébraient dans leur patrie en l'honneur de Cybèle, paraît avoir été emprunté par eux à cette autre montagne de l'Asie dont le nom s'était intimement uni à celui de la divinité qu'ils y invoquaient.

A. M.)

Note 5. *Sur les rapports de Jupiter avec les Parques et les Heures.*
(Chap. I, p. 556.)

Jupiter dans ses rapports avec les Parques et la Destinée, tel est le sujet d'une fort bonne dissertation de Böttiger, savant spirituel, esprit net et logique, auquel il n'a manqué, pour donner une grande et vigoureuse impulsion à la science, qu'un point de vue plus élevé, avec une connaissance encore plus approfondie des monuments. Elle fait partie de l'ouvrage intitulé *Kunstmythologie* (t. II, p. 102 sqq.), qui est le dernier mot de son auteur.

La croyance qui remettait la destinée des individus, des villes et des armées, entre les mains du plus grand des dieux, est, selon Böttiger, un des notables progrès de la religion hellénique dans la voie morale. Mais cette idée ne semble pas toujours prévaloir chez Homère; car si le poëte représente quelquefois Zeus comme le maître de la Destinée et des Parques, d'autres fois aussi il n'est que l'exécuteur aveugle de leur implacable volonté. Hésiode indique une relation d'une autre nature entre Jupiter et les Parques. Le poëte d'Ascra voit en elles les filles de ce dieu et de la nuit (*Theog.*, 217 sqq). L'art s'était emparé de cette donnée, et plusieurs monuments de l'antiquité en témoignaient. A Delphes, ce dieu prenait le surnom de conducteur de la destinée, Μοιραγέτης, et sa statue figurait à côté de deux des Parques, comme s'il devait remplacer la troisième. A Mégare, on voyait les Saisons et les Parques au-dessus de son image, pour faire connaître (c'est du moins l'opinion de Pausanias) que Jupiter était, de tous les dieux, le seul qui pût commander au destin et régler les saisons. Dans un vallon d'Arcadie, non loin d'Acacésium, le temple de Despoina était décoré de quelques bas-reliefs représentant Jupiter entouré des Parques; enfin, un autel élevé à Olympie, au lieu d'où partaient les chevaux dans les jeux, était dédié à Jupiter Mœragétès, épithète qui signifiait, au de Pausanias, que Jupiter savait seul ce que les Parques voulaient ou ne voulaient point accorder aux hommes.

Cette idée, que Jupiter gouvernait la destinée en maître absolu, se retrouve dans les tragiques.

On y voit quelques familles comblées de ses dons, et les autres poursuivies de génération en génération par son bras infatigable et puissant. Cette malédiction sur toute une race s'appelait ἄγος. Ceux dont le front portait la marque de cette souillure se trouvaient frappés d'une sorte de démence : *Fortuna quem vult perdere stultum facit*, était un dicton célèbre dans l'antiquité. Até, fille de Jupiter, divinité malfaisante qui poussait les hommes et les dieux à des actes irréfléchis et funestes, n'était sans doute que la personnification de cette opinion populaire. Até, de même que les Parques, obtint des images, et il est permis de supposer que les génies ailés que nous offrent les vases et les monuments étrusques ne sont pas, comme on l'a cru, des *Kères* ou génies de la mort, mais plutôt la représentation de cette cruelle fille de Jupiter. (Voy. *Revue archéologique*, t. IV, p. 790 et suiv., le mémoire de notre collaborateur, M. Alfred Maury, *sur le personnage de la Mort*, et le mémoire de M. Lehr, sur Ἄτη, dans le *Rheinisches Museum für Philologie, neue Folge, Jahrg.* I, p. 593 sq.)

Zeus décidait du destin des armées. C'était l'arbitre suprême des combats; c'est ce qu'Homère exprime par ces mots : ταμίης πολέμοιο (*Il.*, IV, 84), l'échanson de la guerre, c'est-à-dire que, semblable à un économe ou à un maître d'hôtel, il faisait la part de chacun dans le banquet; image assez bizarre, mais qui paraît empruntée au rôle que jouait Jupiter dans les festins de l'Olympe. Les deux tonneaux placés au pied du trône de Jupiter, dont l'un renfermait les biens et l'autre les maux, appartiennent au même ordre d'idées. Le roi de l'Olympe, lorsqu'il puise à ces deux sources, s'écrie Priam implorant Achille, mélange notre vie de bonheur et de malheur.

La psychostasie, ou le pesement des âmes, est un point capital dans les rapports de Jupiter et de la Destinée. Böttiger n'a eu garde de l'oublier : toutefois ce qu'il en dit est trop insuffisant pour que nous ne croyions pas nécessaire de rappeler ici que notre collaborateur, M. Alfred Maury, a traité de ce dogme, le prenant à son origine et le suivant jusque dans les ténèbres du moyen âge, avec l'érudition solide qui le distingue (voyez *Revue archéolog.*, t. I, p. 235, 291 et suiv.; t. II, p. 707).

Selon notre collaborateur, la psychostasie n'est autre chose que la pesée des destinées. C'est comme souverain arbitre du sort des hommes que Jupiter tient dans ses mains les redoutables balances. Telle est au fond l'idée d'Homère, idée développée dans la scène où l'on voit le roi de l'Olympe pesant les destinées d'Achille et de Memnon. Les *Kères* que l'on aperçoit dans chacun des plateaux de la balance, sont à la fois les âmes et les déesses de la destinée des héros. Au reste, cette idée n'apparaît pas seulement dans l'Iliade; nombre de passages des poëtes anciens y font allusion; Eschyle en avait fait l'objet d'une de ses tragédies.

La croyance au pesement des âmes, symbole de l'examen rigoureux des actions humaines par le juge suprême, se retrouve dans toutes les religions de l'Orient. Les Hébreux, les Bouddhistes, les Perses, enfin les Égyptiens, ont dans leurs livres sacrés des traits qui rappellent d'une manière frappante la scène homérique; et cette doctrine de la psychostasie s'est perpétuée jusqu'au moyen âge, en passant à travers l'Orient. Il n'est point impossible que le pesement des âmes, dans la forme même sous laquelle se le représentaient les Égyptiens, ait été importé chez les Étrusques. Sur plusieurs de leurs monuments représentant une psychostasie, les personnages paraissent empruntés à l'Égypte. Par exemple, sur le miroir étrusque si célèbre connu sous le nom de patère de Jenkins, ce n'est plus Jupiter, c'est Mercure qui tient la balance, et le dieu qui juge est Apollon. Or, chez les Égyptiens, Osiris, le dieu Soleil, préside de même au pesement des âmes opéré dans l'Amenthi, et Thoth et Anubis, deux divinités qui furent tour à tour identifiées avec Mercure, tiennent le fléau de la balance.

Les Heures symbolisèrent d'abord, chez les Grecs, l'état de la température dans ses rapports avec la floraison et la maturité de la végétation. Plus tard, lorsque le sens moral se développa, les Heures devinrent l'image de l'ordre, de la paix et de la justice. C'est sous ce double point de vue qu'elles procèdent de Jupiter, à la fois le grand ordonnateur du monde et le patriarche de la société grecque.

Homère, qui se tait sur le nom, le nombre et l'origine des Heures, ne les a envisagées que du côté physique. Tantôt elles représentent la succession des saisons, et par suite les divisions et la mesure du temps; tantôt il nous les montre présidant aux vicissitudes de la température, dont l'influence est souveraine sur la croissance et la maturité.

L'Odyssée renferme plus d'un passage où cette idée de division du temps est nettement exprimée; on lit au second chant (v. 107):

ἀλλ' ὅτε τέτρατον ἦλθεν ἔτος, καὶ ἐπήλυθον ὧραι.

(Cf. ibid. X, 469; XI, 294; XIX, 152.)

Le poëte exprime cette même idée dans l'hymne à Apollon (v. 16), mais ici il la revêt d'un voile brillant; il dépeint les Heures formant des danses au milieu du cénacle des dieux, aux accords des Muses et d'Apollon.

Enfin, Homère a placé les Heures, comme déesses de la température, aux portes du ciel et de l'Olympe : μέγας οὐρανὸς Οὔλυμπός τε; là elles rassemblent ou écartent les nuages (Il. V, v. 750), dispensent la chaleur ou l'humidité, et mûrissent les fruits :

ἔνθα δ' ἀνὰ σταφυλαὶ παντοῖαι ἔασιν,
ὁππότε δὴ Διὸς ὧραι ἐπιβρίσειαν ὕπερθεν. (Od. XXIV, 343.)

La notion des Heures, déesses de la floraison et de la maturité, se retrouve à Athènes, où l'on rendait un culte à l'heure du Printemps et à celle de l'Automne, sous les noms de Θαλλώ (*croissance*) et de Καρπώ (*maturité des fruits*). (Pausan. IX, 35, 1.) Philochore (ap. Athen., XIII, p. 656, A; cf. Philoch. *fragm.*, ed. Siebelis, p. 90) nous a conservé de curieux détails sur cette fête, nommée Ὡραῖα. Elle se célébrait, du moins il est permis de le croire, deux fois dans l'année, durant le *thargélion* (qui correspond à notre mois de mai ou de juin) pour l'Heure du Printemps ou Thallo, et durant le *pyanépsion* (mois de l'année attique correspondant à octobre et novembre) pour l'Heure de l'Automne, Karpo. Les Athéniens suppliaient ces déesses de tempérer les ardeurs de l'été et de favoriser la maturité des fruits par une chaleur humide, prenant soin de n'offrir dans ces sacrifices que des viandes bouillies et non rôties; car ils croyaient que rôtir la viande, c'était lui faire perdre de sa qualité.

Homère, disions-nous tout à l'heure, garde le silence sur le nom et sur le nombre des Heures. Un savant allemand (Manso, *Versuche über einige Gegenstände aus der Mythologie*, S. 375) soupçonne que les Heures dont parle le poète ne sont autres que celles de l'Attique. La poésie homérique est née sous le ciel de l'Asie, dans des contrées où l'on passait sans transition de l'humidité à la sécheresse; ce qui constituait deux saisons seulement, l'une favorable à la végétation et l'autre à la maturité.

C'est dans Hésiode que nous trouvons les Heures au nombre de trois. (*Theog.*, 901. Cf. Apollod., I, 1; Diodor., V, 72.) Elles se nomment Eunomia, Dicé et Iréné, et sont filles de Jupiter et de Thémis. Leur mission est grande et haute : c'est à elles qu'est confié le soin de surveiller les actions humaines, ce que leur nom indique, car il se tire de ὡρεύω, *avoir soin, présider à*.

Εὐνομίην, Δίκην τε, καὶ Εἰρήνην τεθαλυῖαν,
αἵτ' ἔργ' ὡρεύουσι καταθνητοῖσι βροτοῖσιν. (Cf. Schol., *ib.*)

Pindare (Olymp., XIII, 6) a développé cette notion morale dans une magnifique allégorie. Il dépeint la prospérité de Corinthe reposant sur trois sœurs, Εὐνομία (*la bonne législation*), Δίκη (*la justice*), Εἰρήνη (*la paix*), qui enrichissent à l'envi cette cité célèbre, que les heureux de ce monde avaient seuls le droit de visiter. Et nous devons le remarquer ici, l'idée morale mise en action par le poëte repose tout entière sur l'idée physique qu'expriment les saisons. Eunomia, Dicé et Iréné, introduites au milieu de la civilisation grecque, y représentent l'ordre et l'harmonie qui règnent dans la nature, et dont l'imitation est le plus haut degré de perfection auquel puissent atteindre les institutions humaines.

Les charmes du printemps, les travaux joyeux de l'automne rapprochèrent nécessairement les Heures des Grâces, images de la sociabilité grecque, et dont la principale mission était de présider à l'harmonie des fêtes. En effet, en donnant au jus de la vigne sa force inspiratrice, les Heures contribuaient à rendre les séductions de la table plus entraînantes, la musique plus animée, l'esprit plus vif et plus gai. (Voy. O. Müller, *Orchom.*, S. 180.) Enfin, le soin de surveiller, ou, si l'on veut, de mûrir les actions des mortels, — car, dans le passage d'Hésiode cité plus haut, on peut remplacer ὡρεύουσι par ὡραίουσι, — est un trait qui rapproche les Parques des Heures, que nous venons de montrer en rapport avec les Grâces mythologiques. Dans ces divers groupes nous retrouverons toujours le développement de la même idée: l'administration de l'univers et certaines lois sous l'empire de certaines combinaisons pleines de sagesse et d'harmonie, mais soumises à la fatalité. (E. V.)

Note 6. *De l'étymologie du nom de Jupiter.* (Chap. I, p. 558.)

Nous avons déjà parlé, dans la note relative à Janus, de l'étymologie du nom de Jupiter; nous n'avons que peu de développements à ajouter à ce sujet.

Le génitif Διός du nom de Ζεύς appartient à la racine sanscrite *Div*, briller, d'où *Diou*, *Djou*, ciel, clarté, jour, *Diou-ti*, *Djou-ti*, beauté, *Diou-van*, soleil. De la racine *Div* est dérivé le mot latin *Dium*, l'air, le serein, et le grec ἔνδιον, *habitation en plein air, à la belle étoile*, qui répond au *sub dio* latin, nom qui a lui-même donné naissance au verbe ἐνδιάω et à l'adjectif ἔνδιος.

Ainsi le nom de Ζεύς, qui n'est qu'une forme de Διός (voy. livre **V**, sect. II, note 4), implique l'idée de clarté et de ciel. Zeus ou Jupiter, Ζευ-πατήρ, n'est donc que la personnification divine du ciel, antique divinité des Pélasges. Le nom de Dioné, Διώνη, que Héra ou Junon portait à Dodone, appartient au même radical que Διός. Dioné était la reine du ciel, dans cette ville où s'était conservé presque sous sa forme primordiale le culte des premiers habitants de la Grèce.

M. Benfey, à l'excellent ouvrage duquel nous empruntons ces étymologies (cf. Th. Benfey, *Griechisches Wurzellexicon*, tom. II, p. 206 sq.), fait dériver du même radical *div*, *dév*, ou *daiv*, avec le *vriddha*, auquel serait joint le suffixe *man*, le grec δαίμων et tous les mots qui en sont formés.

Déva a donné naissance au mot δειϜος, avec le digamma, qui, par la souscription du ι, a fait δεϜος; puis le δ se changeant en θ, a produit le mot θεός répondant au latin *deus*.

Ce dernier mot a fait naître à son tour de nombreux dérivés, parmi lesquels MM. Pott et Benfey placent le nom de θέσπις, prophète, et θέσπιος, prophétique.

En rapprochant ces diverses étymologies de celles que nous avons rappelées dans la note déjà citée, on est conduit à reconnaître l'identité d'origine de la croyance à l'Être suprême chez les peuples de souche indo-européenne. Et ce résultat n'est pas un des moins concluants en faveur de l'idée à laquelle tout nous ramène dans l'étude des religions de l'antiquité, celle d'un premier faisceau de croyances qui, nées dans le berceau commun de la civilisation humaine, dans l'Asie occidentale, se sont répandues de là en diverses contrées pour y subir des métamorphoses et des additions, suivant le génie de chaque race et les circonstances dans lesquelles elles se sont trouvées placées.

(A. M.)

Note 7. *Sur Jupiter considéré comme protecteur de l'hospitalité.*
(Chap. I, p. 569.)

Le savant traducteur de la Symbolique a cru devoir rejeter du texte, se proposant d'en reparler ailleurs, le détail des cérémonies par lesquelles l'hôte suppliant obtenait non-seulement l'hospitalité, mais l'expiation des crimes qu'il pouvait avoir commis. Nous rétablissons ici ce morceau de M. Creuzer, dont la véritable place est marquée dans les éclaircissements destinés à compléter l'exposition de ses doctrines.

L'auteur d'un meurtre, nous dit M. Creuzer, devait abandonner sa patrie, se sauver à l'étranger, poursuivi par la vengeance des hommes et des dieux. Le seul refuge qui lui fût offert, c'était celui qu'ouvrait à son malheur un droit en quelque sorte héréditaire, le droit de demander l'hospitalité. Ce droit était fondé sur l'alliance de deux pères de famille, qui déclaraient que cette alliance devait non-seulement exister à jamais entre eux, mais s'étendre à leur postérité, et avoir pour base une hospitalité réciproque. Rien de plus simple que le mode selon lequel s'opérait cette alliance. On divisait un morceau de bois ou de métal en deux parts ou portions; chacun des contractants en conservait une, qu'il représentait le jour où il voulait en appeler à l'hospitalité de son allié, qui ne pouvait se refuser, non-seulement à protéger son hôte, mais à le purifier, s'il en était besoin.

L'hôte suppliant et criminel s'approchait du foyer, car, chez les anciens, le foyer domestique éveillait les idées de droit et de protection. Les regards attachés sur la terre, il enfonçait dans le sol le glaive ou l'instrument avec lequel il avait commis le crime, donnant par là à connaître qu'il venait en suppliant (ἱκέτης); à l'instant le père de famille, et sans dire mot, égorgeait un cochon de lait encore à la mamelle, et frottait de son sang les mains de celui qui demandait l'expiation. On implorait ensuite Jupiter Miséricordieux (Μειλίχιος), puis on jetait au dehors de la maison tout ce qui avait pu servir à ces rites pieux, sauf la peau de l'animal, que l'on offrait au dieu en mettant le pied gauche en avant. Cette portion de la victime se nommait Διὸς κώδιον; et le même usage se retrouve dans les sacrifices offerts au Jupiter Ctésius, le dieu de la fortune et de la propriété. Des gâteaux offerts sur l'autel, des libations faites avec de l'eau, et des prières pour éloigner les furies et adoucir Jupiter, terminaient ces cérémonies expiatoires. C'est alors que le chef de la famille, qui représentait ici le père et le roi des dieux, voyant leur vengeance satisfaite, demandait au suppliant son nom, son origine; questions auxquelles celui-ci répondait en donnant la moitié du σύμβολον dont il était en possession. La vue seule de ce gage suffisait pour lui assurer à jamais une éclatante protection; et si les circonstances ne lui permettaient point de retourner, soit sous le toit paternel, soit même dans sa patrie, il pouvait s'établir chez son hôte, et y jouir de toutes les prérogatives d'un fils de la maison.

Considéré comme protecteur de l'hospitalité, Jupiter prenait différents surnoms, notamment ceux de ξένιος, protecteur des hôtes, de ἱκέσιος, protecteur des suppliants; et parmi ces noms il en est un surtout qui nous paraît mériter une mention spéciale, en ce qu'il fait de Jupiter un dieu pénate; nous voulons parler de l'épithète d'ἐφέστιος. Le Jupiter ἐφέστιος était un Jupiter domestique qui présidait au foyer, celui qu'invoquaient de préférence tous ceux qui vivaient en commun. Ἐφέστιον Δία προτείνουσιν οἱ συνοικοῦντες, disent les scholiastes de Sophocle et d'Euripide. C'était ce dieu qu'invoquait Crésus lorsqu'il se reprochait d'avoir reçu sous son toit protecteur l'homme qui venait de tuer son fils.

Le culte du Jupiter clément et miséricordieux, Milichius, florissait dans la Grèce; il y remonte à une haute antiquité. Suivant Pausanias (I, 37, 3), Thésée, après avoir tué divers brigands, entre autres Sinis, se fit purifier près d'un autel consacré à ce dieu, sur les bords du Céphise. Le même auteur nous apprend que l'on voyait à Sicyone une idole du Jupiter Milichius sous la forme d'une pyramide (II, 9, 6).

Enfin les Argiens avaient érigé à ce même Jupiter Milichius, et par les mains de Polyclète, une statue de marbre blanc en expiation du sang qui avait inondé leur ville dans une querelle entre citoyens (II, 20, 1).

Un des plus savants antiquaires de notre âge, le célèbre Visconti (*M. Pio Clem.*, t. VI, tavol. I), en traitant du caractère que les artistes donnaient à Jupiter, n'a point oublié cette épithète de Milichius. L'admirable buste d'Otricoli, maintenant au Vatican, et dont les traits respirent tant de sérénité et de douceur, lui paraît une image bien appropriée au dieu dont le sourire rendait les saisons douces et riantes, qui compatissait à l'infortune et savait pardonner au repentir. (E. V.)

Note 8. *Sur le Jupiter Ctésius, ses analogies et ses représentations figurées.* (Chap. I, p. 571.)

Dans ses savantes recherches sur le Jupiter Hercéus, le dieu protecteur de l'habitation et du foyer, M. Creuzer a cherché à soulever un coin du voile qui recouvre la religion des dieux domestiques chez les Grecs, ce qui l'a conduit à parler du Jupiter Ctésius.

Ce Jupiter appartient au même ordre d'idées que le Jupiter Hercéus. C'est une de ces personnifications divines dont la mission spéciale consistait à veiller sur chaque homme individuellement et sur son foyer domestique. Les Grecs leur donnèrent divers noms, tirés de la nature de leurs attributions; les Romains les rangèrent sous le nom générique de Pénates et de Lares (*Voy.* Denys d'Halicarnasse, *Archæolog.*, I, 67). Le Jupiter Ctésius était chargé de protéger les biens et la fortune; c'était le dieu de la propriété; c'était, qu'on nous permette cette expression qui rend encore mieux notre idée, le bon ange du coffre-fort, qualifications justifiées par son nom, ses rapports avec les autres dieux de la richesse, et la place affectée à ses images dans l'intérieur des maisons.

Et d'abord, ce mot de κτήσιος exprime l'idée de possession

et par conséquent de richesse. Lorsque Déjanire, dans les Trachiniennes, raconte qu'elle s'est servie de la laine d'une des brebis de son *propre troupeau*, elle s'exprime ainsi :

σπάσασα κτησίου βοτοῦ λάχνην (v. 693).

Eschyle, pour dépeindre la prévoyance du navigateur jetant à la mer, au milieu de la tempête, afin d'alléger son vaisseau, une riche cargaison, dont le poids devient un danger, fait dire au chœur :

καὶ πρὸ μὲν τὸν χρημάτων
κτησίων ὄγκον βαλών (*Agam.* 1005.)

Cette idée de possession, rattachée à d'autres idées plus générales dont nous allons parler plus bas, prit un corps, une âme, un visage; de là le Jupiter Ctésius, dispensateur de la fortune et de la propriété (Dio Chrysost., *Or.* I, p. 9).

En effet, cette notion d'un Jupiter de la richesse se reproduit plus d'une fois dans ce vaste ensemble des croyances grecques. Non loin de Lacédémone on montrait, sur les bords de l'Eurotas, le temple de Jupiter Plousios (Pausan. III, 19, 3), et sur les médailles de Nysa de Carie, ville fondée par les Lacédémoniens, on donnait à Jupiter le surnom de Πλουτολογής (Eckhel, *D. N.* II, p. 587). Or, d'où vient que le maître de l'Olympe, le dieu de l'éther, se trouve chargé spécialement de présider à la conservation des richesses terrestres?

Pour retrouver le germe de cette conception, il faut, selon nous, remonter à la théologie primitive des Grecs, dans laquelle Jupiter était armé d'un triple pouvoir, gouvernant à la fois le ciel, la terre et les enfers. Or, c'est précisément ce caractère tellurique et infernal qui en fait un dieu de la richesse.

Toute richesse, aux yeux des anciens, venait de la terre. Gê-Méter ou Déméter, de toutes les divinités la plus libérale, s'appelait Πανδώρα et Πλουτοδότειρα ; c'est ce qu'exprime clairement la légende qui la rendait mère de Plutus (Hesiod., *Theog.*, 969); et ce qu'il importe de remarquer, c'est que ce même Plutus se confond avec Hadès, l'un des démembrements du Jupiter primitif. On le substituait à Hadès dans les Thesmophories (Aristoph., *Thesm.*, 304. Cf. Gerh., *Prodr. myth.*, p. 53); c'était un dieu des enfers bienveillant, dont on retrouve l'expression manifestement accusée dans un autre Jupiter infernal, Milichius, également invoqué comme un dieu de la richesse (Xenoph., *Anab.*, VII, 8, 4. Cf. Lobeck, *Aglaoph.*, p. 1240). C'était l'une des formes de la puissance créatrice de la terre, et l'un des dérivés de l'Axiokersos de Samothrace (*Voy.* O. Müller, *Arch.*, p. 460). Cette idée reparaît encore dans la légende d'Hermès Chthonius ou Érichthonius. Ce dieu, instituteur de l'agriculture, devint plus tard le dieu du gain, car l'agriculture est la source de tout gain, et on le surnommait, ce qui va droit à notre sujet, Hermès-Ctésius.

Voilà ce qui nous explique pourquoi, en Attique, contrée où l'agriculture fut de tout temps en honneur, dans le bourg de Phyles, l'autel de Jupiter Ctésius se trouvait à côté de celui de Cérès Anésidora (qui envoie ses dons), de Minerve Tithroné, des Furies, et de Coré Protogoné (Paus. I, 31, 2).

Au reste, il est évident que cette association de divinités se rattachait aux mystères, et le rapprochement de Jupiter Ctésius et de Coré Protogoné nous conduit à parler d'un passage de Mnaséas, qui, tout en nous montrant le Jupiter Ctésius sous un jour nouveau, ne fait que confirmer les données que nous venons d'établir.

Selon Mnaséas (ap. Suid. et Phot. v. Πραξιδίκη), Ctésius était fils de Praxidicé et de Soter. Or, avec la moindre réflexion, nous serons ramenés au Jupiter, suprême ordonnateur du monde, dont nous parlions tout à l'heure.

Qu'est-ce que Praxidicé? C'est la divinité qui préside au commencement de toutes choses; c'est la déesse sortant des flots dévastateurs; c'est le symbole de l'idée créatrice. Elle a pour époux Soter (un des surnoms de Jupiter); ce dieu, sauveur et conservateur de l'ordre dans la nature physique, la rend mère du dieu de la possession, Ctésios; car de la création et de la conservation résulte la possession.

Par une de ces transformations si fréquentes dans la religion grecque, les personnifications destinées à exprimer des idées toutes physiques reçurent plus tard une signification nouvelle, un sens moral ou politique, que, dans le principe, elles étaient loin d'exprimer. C'est ainsi que Ctésius, le fils de Praxidicé, devenue la déesse de la justice et du bon droit, et de Soter, le conservateur, dont les statues, probablement à ce titre, ornaient les places et les marchés, fut constitué le gardien de la propriété.

Les anciens assignaient des places bien différentes, dans leurs demeures, aux images des dieux domestiques. Les unes ornaient et protégeaient l'entrée des maisons; d'autres décoraient l'atrium; d'autres enfin faisaient respecter la chambre à coucher.

Nous avons tout lieu de croire que l'image de notre Jupiter Ctésius se trouvait confinée dans une des parties retirées de l'habitation, le lieu où l'on conservait les provisions, τὸ ταμιεῖον, ce que nous appelons le cellier (Harpocr. et Suid., *sub v.* Κτήσιος). Assurément c'était une place convenable pour un dieu pénate, dont l'idée première reposait sur les richesses que donne la production agricole, et le témoignage d'Anticlide nous autorise à le penser; car on peut inférer de ce passage très-mutilé (ap. Ath., l. XI, p. 473) que la statue du dieu était placée dans un cados ou cadisque, vase que l'on appliquait à divers usages domestiques, et que ce vase, ou la statue du dieu, car on ne sait pas bien lequel, recevait pour ornement des laines de diverses couleurs (Cf. Gerhard, *Text zu ant. Bildwerk.* p. 37; Panofka, *Recherches sur les véritables noms des vases grecs,* p. 10).

Le passage d'Anticlide est tellement mutilé, et par conséquent si obscur, qu'il est assez difficile de savoir sous quels traits on représentait le Jupiter Ctésius. Tout ce qu'on peut présumer, c'est que l'on consacrait à ce dieu quelques figurines en terre cuite, d'une exécution négligée et d'un genre analogue aux statuettes que l'on retrouve dans les tombeaux de la grande Grèce.

M. Gerhard (*Ibid.*, p. 39) suppose que les anciens représentaient leur Jupiter Ctésius sous une forme juvénile, pareille à celle des Dioscures. Le Jupiter imberbe adoré à Ægium avec un Hercule également imberbe, et dont la statue restait toute l'année dans la maison du prêtre qu'on lui avait choisi (Paus., VII, 24, 2), lui paraît un Jupiter Ctésius. Il en est de même d'une autre statue, revêtue d'une robe de lin, que l'on adorait à Olympie (Paus., VI, 25, 5). Le savant auteur va même jusqu'à croire que cette expression θεοὶ κτήσιοι comprend, avec le véritable Jupiter Ctésius, le Jupiter Milichius, dont les images réunies étaient prises à témoin d'un serment (*voy.* Suidas, *sub v.* Διὸς κώδιον), et il croit pouvoir reconnaître ces deux images dans les statues ou statuettes que les Amphissiens vénéraient dans les mystères, désignés par eux sous le nom de mystères des *anactes enfants* (Paus., X, 38, 3).

L'antiquité ne nous a point légué de représentation bien authentique du Jupiter Ctésius, et, si je ne me trompe, le savant qui vient d'être cité n'a encore pu le découvrir que sur une terre cuite provenant de Viterbe, où l'on voit deux divinités assises avec un enfant au milieu d'elles. Selon lui, les deux divinités seraient Jupiter et Junon, et l'enfant, un Jupiter pénate ou *Genius jovialis,* lequel répond, dit-il, au Jupiter Ctésius des Grecs. (E. V.)

Note 9. *Ruines et topographie d'Olympie.* (Chap. I, p. 574.)

Un assez grand nombre de voyageurs et d'antiquaires, parmi lesquels nous devons citer Choiseul-Gouffier, Fauvel, Pouqueville, Stanhope, Cockerell, Gell et Leake, se sont occupés des ruines et de la topographie d'Olympie. Les documents qu'ils ont recueillis et les vues qu'ils ont émises, quoique souvent très-ingénieuses, ne peuvent entrer en comparaison avec les résultats obtenus par la commission scientifique de l'expédition de Morée; or, c'est dans le travail de cette commission, le plus récent de tous sur cette matière, que nous avons puisé les détails que nous croyons devoir reproduire dans cette note.

En suivant la route qui conduit de Pyrgos à Miraca, c'est-à-dire, en montant vers l'est, le long des coteaux sablonneux qui bordent la vallée de l'Alphée, après avoir traversé le lit encaissé du Cladée, on reconnaît à quelques ruines en brique l'emplacement d'Olympie, et l'on aperçoit le mont Cronius ou mont de Saturne, au pied duquel était situé l'Altis, dont la découverte du temple de Jupiter Olympien a fait reconnaître l'emplacement.

Comme chacun sait, ce n'était pas seulement le temple de Jupiter, cette merveille de l'art antique, que l'on voyait à Olympie; on y trouvait encore celui de Junon, le plus ancien édifice de toute la Pisatide, le Métroüm ou temple de la mère des dieux, l'Hippodrome, le Prytanée, la tombe d'OEnomaüs, la tombe d'Arcas, le Philippéum, le Léonidéum, etc.

De tant de monuments que reste-t-il? Rien ou presque rien. Il faut reléguer parmi les illusions de la science ce qu'ont dit quelques voyageurs, qui prétendaient avoir retrouvé la trace des anciens édifices d'Olympie. Le plus simple examen des lieux suffit pour le prouver. Lorsqu'on a traversé le lit du Cladée, on reconnaît une ruine romaine en brique, formant une salle carrée, dont la voûte est détruite. Plus loin, on remarque quelques vestiges d'antiquité de la même époque, mais dont on ne peut spécifier la destination; deux autres ruines romaines, aussi en brique, sont encore debout sur la rive de l'Alphée, à droite de Pyrgos ; et sur la route même se trouve une construction du moyen âge. C'est à quelques pas vers l'est qu'était situé le temple de Jupiter. Enfin, un peu plus loin et sur la droite, on aperçoit encore une autre ruine romaine en brique; le plan de cette ruine laisse reconnaître une salle octogone, et en contre-bas, le long d'un terrain à pic qu'entoure une plaine plus basse, sont attenantes à cette même salle octogone cinq ou six autres petites salles. Quelques auteurs ont pensé que ces salles pouvaient avoir servi à remiser les chars qui s'exerçaient dans l'hippodrome, et le terrain à pic, coupé en talus, leur a paru l'hippodrome lui-même; ce sentiment a soulevé de graves objections. Dans cette construction, trop mesquine pour l'importance des jeux olympiques, on n'a pu reconnaître la moindre analogie avec les *carceres*, tels qu'ils s'offrent dans les monuments destinés aux courses de chars, et l'on n'a pas voulu admettre non plus que le terrain signalé plus haut, et dont les irrégularités auraient dû frapper l'attention, soit l'ancien hippodrome d'Olympie. Selon toute apparence, ce n'est qu'un ancien lit de l'Alphée; et ce qui le prouve, c'est que l'Alphée coule dans une plaine où il laisse partout de pareilles marques de son passage. D'ailleurs, les fouilles que l'on a faites ont démontré que le sol antique était de dix à douze pieds plus bas que le sol moderne.

De toutes les ruines semées dans la vallée d'Olympie, une seule remonte à une époque antérieure aux Romains; c'est celle qui est située à l'ouest du mont Saturne. Cette ruine, que les voyageurs reconnaissaient pour être d'origine grecque, se distinguait entre toutes les autres par un fragment de colonne dorique, d'une grande dimension, et par les tranchées que les habitants des villages voisins y avaient faites afin d'en tirer de la pierre. M. Pouqueville, qui voyageait avec le plan de M. Fauvel, crut que c'était le temple de Junon. Mais MM. Gell et Cockerell trouvèrent des fragments qui s'accordaient trop bien avec les mesures que donne Pausanias, pour ne pas supposer que ces débris pouvaient appartenir au temple de Jupiter. Il était réservé aux membres de la commission de l'expédition de Morée, et à des artistes français, de démontrer ce que jusque-là on n'avait fait que soupçonner, c'est-à-dire que dans ce lieu était situé véritablement le temple de Jupiter Olympien.

Les fouilles opérées par le directeur de la section archéologique de la commission ont eu pour résultat la découverte des premières assises des deux colonnes du pronaos, d'un assez grand nombre de bas-reliefs ou de métopes, de deux colonnes de la décoration intérieure, d'une mosaïque grecque sous un pavement romain, exécutée avec les cailloux de l'Alphée. Cette mosaïque, composée de compartiments dont le milieu se divise en deux sujets d'une figure, représente un triton et une tritonide, l'un et l'autre entourés de méandres et de palmettes, le tout d'un grand caractère et d'une belle exécution. On a encore trouvé une autre mosaïque, mais d'une exécution plus grossière, laquelle régnait sous tout le portique du temple; un soubassement en marbre blanc, dont la place et les dimensions ont fait supposer que le piédestal pouvait être celui sur lequel étaient placés les chevaux de Cynisca. Des fragments de triglyphes, un morceau de cimaise de la corniche, et deux fragments de têtes de lion qui servaient pour l'écoulement des eaux, ont complété cette riche moisson. Nous ne parlerons pas de la découverte d'un grand nombre de tuiles de marbre, dont le toit du temple était orné, ainsi que des débris du marbre noir qui formait le pavé à la place où s'élevait le colosse de Phidias.

Dans un rapport très-remarquable sur les sculptures d'Olympie, M. Raoul-Rochette a signalé les résultats suivants. Ces sculptures consistent en fragments de bas-reliefs, au nombre d'environ dix-neuf, grands et petits, d'un assez grand volume et d'un assez bon état de conservation pour offrir une base solide à l'appréciation de l'antiquaire. C'est dans la partie postérieure du temple de Jupiter qu'ont été trouvés la plupart de ces bas-reliefs, et c'est de ce même côté qu'il faut placer les sculptures dont Pausanias indique le sujet et la disposition générale, lesquels s'accordent, ajoute M. Raoul-Rochette, avec tous les fragments qui ont pu être recueillis.

Le morceau principal représente la lutte d'Hercule contre le taureau de Crète. Dans un second fragment on voit le lion de Némée étendu et rendant le dernier soupir; un autre a trait au combat d'Hercule et de l'hydre. Plusieurs fragments d'une figure de femme, vêtue d'une tunique courte et armée d'un bouclier, ne peuvent se rapporter qu'au groupe d'Hercule et de l'amazone. En effet, selon Pausanias, les exploits d'Hercule ornaient le dessus des portes d'Olympie, et ils y étaient distribués par égale moitié, de manière que l'amazone et le taureau de Crète se trouvaient au-dessus de la porte de l'opisthodome.

Une autre fouille, ouverte à la porte opposée du même temple, où devaient se trouver les six autres travaux d'Hercule, a donné pour résultat des fragments du combat de ce héros contre Diomède, de la lutte contre le sanglier d'Érymanthe et de la victoire sur Géryon, ce qui fait en tout sept des travaux du demi-dieu.

Les investigations de nos artistes ont amené la découverte d'un fragment précieux qui avait échappé à l'attention de Pausanias; nous voulons parler d'une figure de Minerve en bas-relief, qui n'a souffert, dit le savant rapporteur, presque aucune dégradation. La déesse est assise sur un rocher; le mouvement de son bras fait supposer que, tenant un rameau d'olivier, elle le présentait très-probablement à Hercule.

(E. V.)

Note 10. *Sur l'origine de Junon.* (Chap. II, p. 59-600.)

C'est surtout dans le chapitre de Héré-Junon que se manifeste la pensée intime de M. Creuzer sur l'origine et les rapports des cultes de la Grèce. Son système à cet égard peut se résumer en deux mots : la Junon grecque, en général, dérive de la Héré de Samos, qui n'est elle-même qu'une émanation du culte de la grande déesse de Babylone, avec un regard éloigné à la Bhavani de l'Inde. Dans un système opposé, qu'il s'agit de faire connaître ici, la Junon de Samos serait fille de la Héré ou Héra d'Argos, dont la Junon pélasgique aurait fourni l'idée première.

O. Müller (*Dorier*, t. I, p. 395 sqq.) n'hésite pas à croire que le culte de Junon à Samos dérive, comme celui d'Épidaure, de Sparte et d'Égine, du culte de l'Argolide, et il tranche en faveur d'Argos une question longtemps débattue entre cette ville et Samos, celle de savoir laquelle de ces deux cités honora Junon la première. Nous pouvons nous appuyer sur une autorité plus imposante encore, sur la tradition elle-même de l'antiquité.

En effet, Pausanias raconte (VII, 4, 4) que le temple de Samos avait été érigé par les Argonautes, et qu'ils avaient apporté d'Argos la statue de la déesse. Nous avons encore le récit de Ménodote, dans lequel on voit qu'Admète, fille d'Eurysthée, vint d'Argos à Samos pour y être prêtresse dans le temple érigé à Junon par les Léléges et les nymphes.

Irrité du départ d'Admète, dit notre chroniqueur, mais surtout de ce qu'elle était devenue prêtresse de la Héra samienne, le peuple d'Argos chargea des pirates tyrrhéniens d'enlever le simulacre de la déesse, ce qui leur fut facile, le temple étant dépourvu de portes; mais au moment du départ, leur vaisseau ne pouvant bouger de place, ils s'empressèrent, saisis de crainte, de déposer sur le rivage l'idole de Junon. Admète ne trouvant plus cette idole à sa place, donne l'alarme; on la cherche, on la trouve sur le rivage, et les superstitieux Cariens, premiers habitants de Samos, croyant que ce simulacre s'était enfui spontanément, l'attachèrent à une touffe d'osier, dont Admète le débarrassa plus tard, le purifiant et le replaçant sur sa base.

Nous reproduisons cette légende en entier, parce qu'elle nous semble établir en faveur d'Argos l'antériorité du culte de Junon. Les Cariens, les Léléges, les pirates tyrrhéniens, tous les peuples qui figurent dans ce récit, nous reportent, comme l'a remarqué avec justesse M. Wieseler, dont nous aurons occasion d'apprécier un travail sur le mythe de Junon (*Real-Encyclop.* de Pauly, art. *Juno*), à la plus haute antiquité grecque.

Et cependant M. Creuzer s'est autorisé de ce même récit pour admettre l'origine orientale de Junon. Cette touffe d'osier dans laquelle Admète retrouve son idole, lui rappelle que les Tyriens désignent le saule par le nom de *Ada*, qui est celui de Junon chez les Babyloniens, et ceci le conduit à supposer que la Junon de Samos pourrait bien être originairement une Junon babylonienne ou phénicienne. Peut-être M. Creuzer aurait-il pu trouver dans les traditions de l'antiquité hellénique sur le saule ou l'osier, quelques faits pour le moins aussi concluants en faveur de l'origine pélasgique de notre déesse.

En premier lieu, on peut invoquer le culte que les Pélasges rendaient aux arbres, témoin les traditions sur Dodone. C'était le symbole de plusieurs de leurs divinités, et notamment de Junon, comme nous le verrons plus bas. La légende lacédémonienne sur l'idole de Diane Orthia qui se retrouve, comme celle de Junon, au milieu des osiers, exprime la même idée; mais Pausanias (III, 14) mentionne un fait qui nous donne une solution encore plus précise. A droite du dromos de Sparte, dit-il, on voit une statue d'Esculape, faite en bois d'agnus, qui est une espèce d'osier. Il y avait donc des statues d'osier, comme il y en avait d'érable, de chêne, de buis, de platane, de lotus, de figuier, etc.; ce qui nous autorise à supposer que les légendes sur cette idole de Junon, ainsi que la pratique de lier son image avec des osiers et de la délier ensuite, découlent du respect religieux des Pélasges pour les arbres. L'idole primitive de Junon était, selon toute apparence, l'ouvrage d'un vannier, ou peut-être encore, comme le présume Böttiger (*Kunstmytholog.* II, p. 231. Cf. Wieseler, *loc. cit.*), consistait simplement en une tête placée sur une corbeille d'osier.

Le peu que nous connaissons des témoignages de l'antiquité, relatifs à cette idole, concorde avec cette donnée. Clément d'Alexandrie (*Protrept.* p. 41, Potter.) et Callimaque (*ap.* Euseb. *Præpar. Evang.*, III, p. 99) en parlent comme d'un morceau de bois informe, σανίς, ξύλινον ἕδος, qui fut remplacé plus tard par une œuvre un peu moins barbare, sortie des mains de Smilis (l'homme du ciseau), personnage fabuleux suivant d'habiles critiques (O. Müller, *Handb. der Archæolog.*), et le Dédale de l'école éginétique, dont il personnifiait les tendances et le génie. Or, ce Smilis passait pour avoir fait une statue de Junon à Argos (Athenagoras, *Legat. pro Christ.*, p. 61), peut-être le type de celle de Samos, telle que nous la trouvons sur les monuments.

M. Wieseler s'est attaché à faire ressortir l'origine pélasgique de cette déesse dans le savant travail que nous avons déjà cité; et comme il y a mis une diligence singulière, il nous importe de faire connaître ses idées à nos lecteurs.

Junon est une divinité des Pélasges. Non-seulement le père de l'histoire lui donne le nom de pélasgique, mais son élévation au premier rang parmi les divinités helléniques en est la preuve manifeste. Si le culte de Junon n'eût point été un culte populaire chez les Pélasges, mais simplement un culte local, loin de se développer avec la civilisation hellénique, il serait tombé dans l'oubli. Or, c'est ce qui est arrivé à une foule de dieux, réduits au rôle de héros ou de génies, pour avoir subi le contre-coup des révolutions politiques ou des émigrations de race.

Dodone était le siége de la religion pélasgique, et c'est là qu'il faut chercher le culte primitif de l'épouse de Jupiter. Elle s'y nomme Dioné, nom qui peut se traduire par celui de Junon, si ce n'est point l'ancien nom de Junon lui-même; Ἥρα Διώνη παρὰ Δωδωναίοις, dit Apollodore (ap. *Schol.* Hom., *Od.* III, 91). Cette Dioné, aussi froide, aussi inanimée que ses grossières images, recevra plus tard le mouvement et la vie par le contact de la religion hellénique.

Et en effet, ce qui manquait aux Pélasges, c'étaient des idées précises sur les divinités. La personnification de Héra-Dioné, qui n'avait pour symboles que des arbres, des pierres ou des colonnes, se ressentit de ce vague fétichisme. Les grossiers habitants de l'Épire conçurent d'une manière confuse la notion d'une déesse exprimant l'action de la nature dans ses rapports avec la lune et la terre. Cette idée se manifeste en Arcadie, où Junon se présente, à l'époque pélasgique, comme une déesse-lune, ainsi que l'indique le culte que lui consacra Téménus, fils de Pélasgus. A Argos nous retrouvons également dans les traditions locales une Héra, déesse de la terre et de la lune. Io, qui joue ici un rôle important, n'est autre qu'une forme pélasgique de Junon. Le culte de Junon à Hermioné, où elle se confondait avec Déméter, les honneurs qu'on lui rendait sous le nom de Prosymna à Argos et dans l'Eubée, s'adressaient à la Junon tellurique de l'ancienne religion des Pélasges ; et si nous rapprochons les fêtes du Cithéron, nommées Dædala, puis la fondation du culte de Junon à Argos par Peirasus, des cérémonies pratiquées à Samos, nous reconnaîtrons que les idoles en chêne, en poirier sauvage et en osier consacré, sont un souvenir du culte des arbres à Dodone, car l'antiquité pélasgique voyait à juste titre dans la végétation le symbole de la fertilité de la terre.

Mais voici qu'un changement singulier s'opère dans ce mythe ; les idées vagues, les perceptions confuses sur lesquelles il repose, disparaissent pour faire place à des notions beaucoup plus nettes, et cette métamorphose est l'œuvre du premier essor de la civilisation grecque. La légende de Phoronée, fils d'Inachus, qui consacre pour la première fois des armes à Junon (Hygin., *Fab.* 274), fait entrer le mythe de Junon dans la vie politique. Toutefois cette transformation ne s'opère pas sans secousse ; partout le vieux culte pélasgique résiste contre la religion des dieux olympiens, religion nouvelle et envahissante. Quelquefois cette résistance se manifeste par une lutte acharnée, par de violents combats ; d'autres fois elle se termine par une alliance entre les deux religions ; c'est là l'origine du mariage de Junon et de Jupiter, hiérogamie dans laquelle nous trouvons plus d'un trait relatif au culte pélasgique de la nature.

Cette Junon du mont Thornax, recevant dans son sein Jupiter transformé en coucou, ce mythe particulier à l'Argolide, exprime de la manière la plus caractéristique et la plus naïve le naturalisme de la religion primitive ; car le cri du coucou, comme l'observe O. Müller (*Orchom.*, S. 395), annonçait en Grèce une de ces pluies qui fertilisent la terre et lui donnent une vie nouvelle. Mais avec le développement de la civilisation, la signification physique se perd, et l'idée intellectuelle et morale prenant de plus en plus d'extension, l'antique divinité pélasgique de la nature s'élève au rang d'épouse de Jupiter pour y présider à l'union légitime de l'homme et de la femme, et devenir exclusivement la déesse du mariage. Les légendes, comme celle de Samos, qui nous montrent le dieu et la déesse vivant en époux avant de l'être réellement, sont encore l'expression de cette alliance indécise entre les deux cultes dont nous parlions plus haut, et nous font connaître aussi que l'idée morale n'était point venue sanctifier l'union de Junon et de Jupiter.

On peut dire qu'en se prononçant contre l'origine asiatique de Junon, M. Wieseler s'est rangé du côté de la majorité. La plupart des savants qui se sont occupés de ce mythe, Kanne (*Mythologie*, S. 73, 81), Schwenck (*Etymolog. Andeutung.*, S. 62 et sqq.), Welcker (*Ibidem*, S. 276 et sqq.), Buttmann (*Mythologus*, S. 22, 24), Gerhard (*Text zu antik. Bildwerken*, S. 8, 9), sans compter O. Müller, dont l'opinion nous est déjà connue, inclinent plus ou moins vers l'origine pélasgique.

Nous pouvons leur adjoindre le docteur Heffter (*Mytholog. der Griech. und Römer, Brandenburg*, 1845), quoique cet érudit, qui appartient à l'école ultra-hellénique, ne cherche point dans le naturalisme pélasgique la notion primitive de Junon. En effet, à ses yeux, cette divinité n'exprime qu'une idée, celle du mariage qui jouait un si grand rôle dans la vie publique ou privée des Grecs ; c'est là, dit-il, ce qui lui conféra le rang suprême. M. Heffter, jetant un coup d'œil rapide sur la marche et le développement de ce mythe, lui donne pour berceau, non point l'Épire, où Dioné tenait auprès de Jupiter la place de Junon, mais la Piéride, et un peu plus tard la Thessalie. Les traditions de la vieille Iolcos assignent un rôle important à cette déesse. De cette ville son culte se répand à la suite des colonies par toute la Grèce. Déjà les Achéens l'avaient introduit en Argolide avant la domination dorienne, et dans le trajet de la Piéride à Argos, il s'établit en Béotie, en Eubée et en Attique. La Laconie, qui le reçut de l'Argolide, le transmit à son tour à la ville crétoise de Cnossus, où se célébrait l'union mystique de Junon et de Jupiter. Corinthe, Épidaure, Syracuse, Corcyre, Rhodes, si près de l'Orient, empruntent à l'Argolide les fêtes qu'elles célébraient en l'honneur de Junon; et même à Samos, regardée par ses habitants comme la véritable patrie de Junon, le culte de cette déesse fut calqué sur celui d'Argos.

Après M. Creuzer, nous ne voyons que Böttiger qui soit partisan déclaré de l'origine asiatique (*Kunstmythologie*, II, S. 14 et sqq.), ce qui est bien naturel, puisqu'il fait dériver la religion grecque tout entière de la Phénicie. Dans son système, Junon n'est autre que la déesse-lune Astarté, dont les navigateurs phéniciens transportent le culte sur tous les rivages de la Grèce. En Crète, la déesse s'absorbe dans la dynastie olympienne; à Samos, Astarté se manifeste sous les traits d'une déesse vierge qui revêt plus tard la forme mythique de la Héra crétoise. Enfin, à Argos, la voyageuse Astarté s'établit d'une manière plus durable qu'ailleurs. Inachus, père d'Io, personnifie l'arrivée des Phéniciens sur ce rivage, et la jalousie de Junon contre la jeune et belle Argienne exprime en langage mythique que la Héra crétoise veut renverser les autels de la phénicienne Astarté.

Ces idées sont ingénieuses; mais reposent-elles sur une véritable intelligence de la tradition primitive? Nous ne le croyons pas. Incontestablement la Junon de Samos s'est ressentie des influences syriennes ou assyriennes, puisqu'elle fut adorée principalement dans ce pays comme une déesse-lune. Mais ce fut, nous le croyons, à une époque tardive, ainsi que le prouvent tous les monuments qui la représentent parée du globe lunaire, et lorsqu'un panthéisme savant, celui des derniers défenseurs du paganisme, cherchait à couvrir d'un voile épais la grossière mais naïve figure de la Héra pélasgique. (E. V.)

Note 11. *Sur les images et les attributs de Junon.*
(Chap. II, p. 602, 615, 618.)

On peut croire les images de Junon très-nombreuses, et cependant il n'en est rien. Il serait difficile de trouver dans toutes les collections de l'Europe plus de cinquante statues de cette déesse. Et comment ne pas s'en étonner quand on songe aux Bacchus, aux Vénus, aux Mercures, aux Minerves, qui encombrent nos musées! A en juger par ce qui nous reste, la plastique grecque, si prodigue de ses figurines en terre cuite, paraît avoir oublié l'antique divinité de Samos et de l'Argolide ; toutes ses prédilections sont pour Cérès, Proserpine, Libéra, Aphrodite et Iacchus. Peu soucieux de reproduire l'image auguste de Junon, les peintres de vases n'admettent cette déesse que dans la scène érotique du jugement de Pâris. Auprès des graveurs en pierre fine de l'antiquité, l'épouse de Jupiter n'est pas plus heureuse. Seule, la numismatique reproduit, sans trop de parcimonie, l'image de Junon.

La beauté arrivée à sa maturité, la noblesse du geste, la fierté de la tête, la décence du costume, voilà ce qui nous fait reconnaître une statue de Junon. Reine de l'Olympe, elle tient le sceptre ; déesse protectrice de la destinée, une patère est dans ses mains pour faire connaître qu'elle est prête à recevoir les offrandes de ses adorateurs. A l'exception du cou et des bras, une tunique talaire dissimule entièrement ses charmes. Souvent un voile épais recouvre sa tête, et le diadème nommé par les Grecs stéphané est sa parure la plus habituelle. Autre est la coiffure de Junon sur les médailles : c'est une espèce de couronne élevée, décorée de fleurons et de palmettes, et nommée stéphanos. Nous parlerons plus bas de ses anciens simulacres, ainsi que du polus et du calathus dont sa tête est ornée.

Un antiquaire célèbre, O. Müller, a reconnu la déesse aux beaux bras, *Héré Leucolenos*, sur un des bas-reliefs de la cella du Parthénon (*Denkm. der alten Kunst*, pl. XXIII). De tous les monuments relatifs à Junon, échappés au temps, ce serait sans contredit le premier qu'il faudrait citer : c'est là le privilége de Phidias. Malheureusement nous avons des doutes. Nous n'osons point donner le nom de Héré à cette femme dépourvue du sceptre et de la stéphané, près d'une figure virile que rien n'autorise à prendre pour un Jupiter.

C'est au buste colossal de la villa Ludovisi que revient l'honneur de nous montrer la véritable Junon grecque. Ces grands yeux, signe caractéristique, cette bouche sérieuse, cette chevelure réunie sous un riche diadème pour encadrer de ses flots réguliers l'ovale le plus parfait, le calme imposant de cette chaste et sublime beauté, tout étonne, transporte et commande l'admiration. En présence de cette œuvre accomplie, les noms de Polyclète, d'Alcamène, de Praxitèle, qui tour à tour créèrent l'idéal de Junon, se pressent sur les lèvres du spectateur. Ce buste, avec celui du musée de Naples (H. Brunn, *Bulletino*, 1846, p. 120), et un troisième, qui du palais Pontini a passé au Vatican (Abeken, *Annal. de l'Instit. archéolog.*, 1838), marquent les phases principales de l'art grec, savant et rude dans la Junon de Naples, puissant et sublime dans le buste de la villa Ludovisi, élégant et fin dans la Junon du palais Pontini. Ceci nous dispense de rappeler la tête colossale qui se voit au musée de Florence (Winckelmann, IV, S. 336), le célèbre buste de Préneste (pl. des *Religions*, LXXII, n° 274 a), ceux d'Ardée (Hirt, *Bilderbuch*, S. 22), du Louvre, de Saint-Pétersbourg et les sept ou huit têtes de Junon réunies à la villa Ludovisi (Abeken, *Annal. de l'Instit. archéolog.*, t. X, p. 21).

Si ce n'était les bustes célèbres dont nous venons de parler, les statues de Junon venues jusqu'à nous pourraient faire croire que cette déesse n'excita que rarement dans l'antiquité l'enthousiasme des sculpteurs. Il n'en existe pas une seule qui soit comparable à notre admirable Vénus de Milo. Seule, ou presque seule, la Junon Barberine possède quelque mérite d'exécution, et par une sorte de fatalité, l'illustre Visconti, dont l'opinion est d'un si grand poids, est disposé à voir dans cette statue une Vénus ou une Proserpine d'une époque assez haute, au lieu d'une Junon (*Mus. Pio Clement.*, *tav.* II, I, p. 65). Remarquable par la largeur du style, la Junon de Berlin pourrait peut-être la remplacer dans l'estime des connaisseurs, mais la main du temps l'a cruellement mutilée; œuvre de sculpture fort inférieure, mais image hiératique, comme l'attestent les traces d'un modius, la Junon de Castel-Guido, l'antique Lorium (*Mus. Pio Clem.*, I, *tav.* 3), se recommande, surtout à ce titre, à l'attention des antiquaires et des curieux.

Laissons de côté la Junon Chiaramonti, reproduction vulgaire de quelque beau type (*Mus. Chiaramonti*, *tav.* 7); la Junon d'Otricoli, semblable à la Barberine, et qui n'est peut-être, comme elle, qu'une ancienne image de Vénus (Visconti, t. II, *tav.* 20); la Junon Capitoline (*Mus. Capit.*, III, *tav.* 82), médiocre quant à l'exécution, douteuse quant à la signification (Hirt, *Bilderbuch*, S. 22. Cf. O. Müller, *Handbuch der Archäolog.*, § 352); la Junon Farnèse, qui lui ressemble à certains égards, mais dont la pose est plus fière (Clarac, *Musée de sculpt.*); la Junon de Florence, trop complétement restaurée (*Galerie de Flor.*, III, 2), et un certain nombre de statues, parmi lesquelles il s'en trouve plus d'une que l'on pourrait reprocher à l'éditeur zélé du Musée de sculpture d'avoir rangée dans la catégorie des Junons : nous devons nous arrêter devant la Junon Lanuvienne ou Sospita. Avant d'être au Vatican, cette statue ornait le palais Paganica (*Mus. Pio Clem.*, I, *tav.* 21). Elle commande l'attention, parce qu'à travers les raffinements de l'art en progrès, on devine un type local, un de ces vieux types dont la sculpture plus naïve des Étrusques nous a conservé l'image. Jetons en même temps un regard sur cette Junon du Vatican, représentée allaitant un enfant, groupe fort rare reproduit dans la numismatique. Aux yeux de Winckelmann (*Monum. ined.*, I, 14), ce nourrisson serait Hercule, tandis que Visconti reconnaît ici Mars enfant. L'antiquaire italien interprète ce monument par la tradition selon laquelle Junon fécondée par une fleur donna naissance au dieu de la guerre (*Mus. Pio Clem.*, I, *tav.* 4).

On connaît le bas-relief du musée Capitolin, ornement d'un autel quadrilatère. Junon y apparaît debout devant Jupiter, auquel les dieux rendent hommage (pl. des *Religions*, LXXX, n° 249). L'art ionien a représenté la déesse assise près de Jupiter, assistant, comme on le suppose, à la mort de Sémélé (*Antiquit. of Ionia*, vignette de la pl. 4. Cf. O. Müller, *Denkm. der alten Kunst*). A côté de ce bas-relief, provenant de l'île de Chio, nous placerons comme contraste un monument du musée de Berlin (Gerhard, *Antike Bildwerke*, Taf. LXXXI), où l'on voit Junon témoin d'une autre scène, je veux dire de la chute de Vulcain, précipité du ciel dans l'île de Lemnos. Splendeur et décadence de l'art, voilà ce que nous offrent ces deux bas-reliefs. Le dernier touche à la barbarie. La tête couverte du modius, et semblable à une apparition, Junon Pronuba préside à un mariage sur le plus beau des sarcophages de la cour du Belvédère au Vatican (Gerhard, *Antike Bildwerke*, Taf. LXXIV).

Nous hésitons à signaler deux terres cuites du musée britannique, indiquées par M. de Clarac (*Musée de sculpt.*, pl. 420, n° 742 A) comme des statuettes de Junon. M. Abeken serait peut-être mieux fondé à reconnaître comme étant la représentation hiératique de cette déesse un certain nombre de terres cuites trouvées à Pæstum, aujourd'hui dans la collection de M. Sangeorgio Spinelli à Naples (*Annal. de l'Instit. archéolog.*, t. X, p. 24). Il se fonde sur ce que le voile dont elles s'enveloppent et les fruits qu'elles tiennent à la main rappellent l'œuvre de Polyclète; tandis que M. Gerhard croit saisir la véritable idée de l'artiste en rattachant ces représentations à Perséphone et Aphrodite (*Antike Bildwerke*, Taf. CXVII, S. 340).

L'habile et profond antiquaire de Berlin a bien mérité, au reste, de tous ceux qui s'occupent des monuments antiques de Junon, par la publication d'une terre cuite de Samos, œuvre grossière et primitive, selon toute apparence, mais qui est en droit par cela même d'exciter un intérêt plus vif (*Antike Bildwerke*, Taf. I). Ce monument représente la hiérogamie de Jupiter et de Junon : le dieu, la tête voilée, la déesse, coiffée du polus, les mains posées sur les genoux comme dans les types égyptiens, partagent le même trône. Ce souvenir d'une légende sacrée est fait pour éveiller notre intérêt, car nous ne connaissons point de monuments qui la retracent avec quelque certitude. Les archéologues, sur ce point, en sont réduits à former des conjectures. Or, pourquoi cette disette de symboles, lorsqu'il s'agit d'une tradition fameuse ? Serait-ce encore une de ces énigmes que l'étude de l'antiquité nous offre à chaque pas ?

L'antéfixe italiote, aujourd'hui au musée de Berlin, publié pour la première fois par M. Hirt (*Bilderbuch*, vignette, S. 22) et plus récemment par M. Panofka (*Terracott. des königlich. Mus. zu Berlin, Taf.* X), mérite, à d'autres titres, l'attention des savants.

Colorié en jaune, avec des retouches noires ou rouges, et du style le plus archaïque, il offre le masque d'une femme coiffée d'un casque, recouvert d'une peau de chèvre. Une large bandelette, espèce de stéphané grossière, sert de bordure à cette peau, dont les oreilles et les cornes surmontent le casque et forment un cimier rustique. Ce masque, selon M. Hirt, représente la Junon Lanuvienne. L'ingénieuse érudition de M. Panofka reconnaît ici la Junon Caprotine enfantée, comme la Junon Lanuvienne, par la même idée, celle d'une Junon Sospita.

Un autre monument très-archaïque nous a conservé, sous une forme différente, cette Junon Sospita. C'est un bas-relief en bronze de la Glyptothèque de Munich, où l'on voit la déesse couverte de sa peau de chèvre, s'appuyant, particularité digne de remarque, sur l'ancile ou bouclier sacré (O. Müller, *Denkmäl. der alten Kunst*). Les autres représentations en bronze de Junon connues jusqu'à ce jour se bornent à quelques figurines, à quelques bustes dont le caractère et les accessoires correspondent aux monuments en marbre. A cet égard, ce sont les musées de Naples, de Florence et le cabinet des médailles de France qui nous offrent la récolte la plus ample. On voit Junon sur les miroirs étrusques qui représentent le Jugement de Pâris (Gerhard, *Etrusk. Spiegel*, passim ; Welcker, *Annales de l'Institut archéolog.*, t. XVII, p. 206 ; et la note érudite de M. de Witte, *loc. cit.*, p. 209). Ces représentations, comme on peut s'y attendre, s'éloignent du type de Junon consacré dans les marbres et les peintures de vases. Si la déesse s'y montre nue, elle y paraît aussi vêtue. C'est enveloppée dans une tunique richement brodée et avec une stéphané radiée que se présente Junon sur un miroir d'Orvieto, conservé à notre cabinet des médailles, peut-être le plus beau de tous ceux qui représentent le jugement de Pâris, et par cela même le seul que nous citerons (*Annal. de l'Instit. archéolog.*, t. V, *tavol. d'agg.* F).

Nous l'avons déjà dit, ce mythe du jugement de Pâris plaisait singulièrement aux artistes ; c'est pour cela que nous voyons Junon sur les vases peints. Hors de là, on est fort en peine de retrouver les traits de la reine des dieux parmi la foule des personnages mythologiques que reproduit la céramographie. Si on y parvient, c'est à l'aide de rapprochements et de combinaisons qui, le plus souvent, ne prouvent qu'une chose, l'imagination et la science de l'interprète. Parmi le petit nombre de représentations qui ne laissent aucune prise au doute, nous en signalerons deux, l'une et l'autre relatives à la mort d'Argus. La première se voit sur un des vases les plus renommés de la collection Jatta. C'est un magnifique spécimen de cette image de Junon, que nous regrettons de ne pas voir plus souvent sur les vases peints. L'autre, presque barbare, orne une amphore archaïque de Bomarzo publiée par nous dans la Revue archéologique (15 août 1845). Deux coupes, provenant de Canino et de la collection Feoli, montrent chacune une Junon authentique, comme le prouve l'inscription Ηρη placée à côté de son image ; mais cette inscription enlève justement à ces deux figures leur signification purement mythologique ; elle marque la destination nuptiale de ces coupes, et c'est un témoignage de l'usage italiote qui donnait à la nouvelle épouse le nom grec de Héré (Gerhard, *Rapporto vol-*

cente, p. 38-41). Nul doute que la plus curieuse de toutes ces représentations ne se trouve sur le fameux cratère du musée britannique (pl. des *Religions*, CXLII, n° 275), où Junon apparaît enchaînée par Vulcain sur son trône et délivrée par Mars, composition dont le sujet est puisé dans quelque drame satyrique dont la trace est perdue.

Junon, dans la scène du jugement de Pâris, ne se distingue, si nous jetons les yeux sur les vases archaïques, par aucun attribut, de Minerve ou de Vénus. Le sceptre surmonté du coucou, le modius, symbole tellurique, le lion, image de la puissance et de la souveraineté, la désignent infailliblement sur les monuments d'une autre époque. Un vase de Pistici (*Mon. de l'Institut archéolog.*, III, pl. XVII) montre Junon, comme on représente Vénus, tenant coquettement un miroir. Un aryballos de la Grande-Grèce nous révèle une Junon bachique, car une panthère est à ses pieds, exemple frappant de l'étrange confusion d'idées dont les monuments mystiques, et surtout les vases, sont l'expression la plus habituelle (Gerhard, *Antike Bildwerke*, Taf. XLIII; cf. Welcker, *loc. cit.*).

L'image de Junon est peu commune sur les monuments de la glyptique. Il est facile de s'en convaincre en parcourant les collections d'empreintes et les recueils dactyliographiques même les plus complets. Peu de têtes de cette déesse sont antiques, parmi celles que l'on remarque dans les cabinets, et les rares pierres gravées qui reproduisent Junon ont le plus souvent un caractère astronomique. Parmi les bustes, je citerai particulièrement deux camées, l'un du cabinet des médailles de France, qui nous offre Junon la tête ceinte du stéphanos orné de palmettes, et avec l'égide (Lenormant et de Witte, *Nouvelle galerie mythologique*); l'autre du musée de Florence, représentant la déesse telle qu'on la voit sur les médailles d'Argos (*Collezione di impronte di Tomazo Cades*). Une pâte antique du musée de Berlin (Tölken, *Verzeichniss der ant. Steine der kœniglich-preussischen Gemmensammlung*, S. 105) montre la déesse avec la stéphané, des pendants d'oreilles et un voile. Junon, assise sur un trône, entourée du soleil, de la lune et des étoiles, se voit sur quelques pâtes de verre et pierres gravées (pl. des *Religions*, CXLII, n° 275 *d*; cf. Winckelmann, *Description des pierres gravées de la collection de Stosch*, p. 53, n° 251). Junon est aussi représentée portée sur l'aigle de Jupiter avec le sceptre dans ses bras (Tölken, *loc. cit.*, p. 105). Nous citerons encore une belle cornaline de la collection du docteur Nott, représentant Junon *Sospita* (*Impronte Gemmarie*, *l. c.*). Pour l'indication des pierres gravées qui ont rapport au mythe du jugement de Pâris, nous ne pouvons mieux faire que de renvoyer au savant travail de M. Welcker.

Nous arrivons à la numismatique, et, pour être plus clair et plus concis, groupons ces monuments autour des foyers principaux du culte de Junon.

Commençons par l'Épire, dont les forêts ombragèrent l'antique sanctuaire de la Héra pélasgique. Aussi voyons-nous sur les monuments numismatiques de cette contrée la tête de Junon accolée à celle de Jupiter Dodonéen (Cadalvène, *Recueil de médailles*, p. 139; Clarac, *Musée de sculpture*, pl. 1002). Entre tous se distingue une médaille d'argent de la plus belle fabrique, médaille du roi Pyrrhus d'Épire. Sa face porte la tête de Jupiter couronné de chêne; sur le revers on voit Junon-Dioné, comme M. Guigniaut la nomme à juste titre (*Explication des planches des Religions*, CXLII, n° 273 *a*), assise sur un trône, coiffée du modius, et tenant en main le sceptre ou la haste (cf. Combe, *Vet. pop. et reg. num. mus. Britann.*, p. 117, n° 2, vignette du frontispice).

Au reste, c'est ainsi qu'elle est représentée sur quelques médailles de l'Argolide appartenant à l'époque impériale, avec cette seule variante, qu'elle tient une patère (voyez une médaille en bronze d'Antonin le Pieux, Sestini, *Descriz. del mus. Fontana*, p. 62, n° 6). Les monnaies d'argent d'Argos, dont la face porte une tête de femme aux cheveux flottants, coiffée d'une couronne élevée enrichie de palmettes, sont réputées représenter Junon d'après l'idéal de Polyclète (pl. des *Religions*, LXXI, n° 273 *c*; cf. Cadalvène, *Recueil de médailles*,

p. 195; Eckhel, *Num. vet. anecd.*, *tab.* IX, n° 2, p. 135). Une médaille de Faustine d'un grand module, publiée par les éditeur du musée Chiaramonti (*tav.* I *a*), se rattache, soit aux fêtes de Junon à Argos, ainsi que cela résulte des témoignages de l'antiquité, car on y voit la prêtresse de Héré montée sur un char traîné par des bœufs pour se rendre au temple situé hors de la ville; soit à la légende sur Platée, fille d'Asopus, la fausse Junon, ce qui nous reporte aux monuments numismatiques de la ville de ce nom. En effet, les médailles de Platée présentent la tête de Héra toute pareille à celles des monnaies d'Argos, et on peut, si l'on veut, faire remonter ce type aux statues de Praxitèle et de Callimaque, qui ornaient le temple érigé à cette déesse dans la localité (Paus., IX, 2; voy. pl. des *Religions*, LXXI, n° 273 c). C'est à cette *Héra Nympheuoméné* ou *Pronuba* que le savant Eckhel (*Num. vet. anecd.*, *tab.* X, n° 19) rapporte une curieuse médaille de Lucius Verus, qu'il regarde comme unique, et qui porte au revers Junon assise sur une espèce de cortine, tenant de la main droite une patère et de la gauche un sceptre, avec cette inscription ΚΑΛΚΙΔΕΩΝ ΗΡΑ (Cf. Mionnet, IV, p. 362; O. Müller, *Denkm. der alten Kunst.*, *Taf.* V, n° 61, et surtout Neumann, *Numi veteres*, p. 70 sqq.).

Les médailles de Samos nous ont conservé les plus vieux simulacres de Junon. La déesse y paraît debout, les mains appuyées sur deux supports, la tête couverte d'une coiffure symbolique, et tout le corps enveloppé du long voile des fiancées, ἑανόν, pour rappeler, dit Varron (*ap.* Lact., *de Falsa Religione*, 17; cf. Eckhel, *Doct. N.*, II, p. 569), que ce fut à Samos qu'elle devint l'épouse de Jupiter. Parfois on remarque certaines variantes dans son costume et dans les accessoires symboliques dont elle est entourée. Ainsi, elle se montre le corps et la poitrine ornés de couronnes, ou de grands anneaux, le croissant orne sa tête, et au-dessus s'élève le modius. D'autres fois, elle est coiffée du polus surmonté de deux croissants. Une médaille la représente avec un calathus, surmonté d'une couronne murale, *Pyléon*. On la voit aussi ayant une amphore sur sa tête. Elle se présente de même, tantôt dans un temple tétrastyle, tantôt entre deux chiens, ou entre deux paons, tantôt ayant une étoile à droite, et le croissant de la lune à gauche, tantôt ayant ce même croissant sous les pieds. Enfin, un de ces monuments numismatiques nous montre auprès de l'idole de la déesse une femme que je suppose la prêtresse de Junon (voyez Gerhard , *Antik. Bildwerke*, *Taf.* CCCVIII, s. 395).

La numismatique de Crotone, de Pandosia et de Veseris, tient également une place importante parmi les représentations relatives au mythe de Junon, et prouve toute l'importance du culte qu'on lui rendait sous le nom de Lacinia, culte dont la renommée égalait presque celle des fêtes Olympiques (*Ath.*, XII). Les médailles de Crotone présentent la tête de Junon Lacinia, de face, ornée d'une couronne élevée (Mionnet, I suppl., p. 340). Une médaille de Pandosia des Bruttiens nous montre également la tête de Junon Lacinia, de face, les cheveux flottants, avec une couronne élevée (Mionnet, I suppl., p. 346). Une autre médaille de Veseris porte de même la tête de Junon avec des cheveux flottants et ornés d'une couronne de chaque côté de laquelle s'élance un cheval ailé (Millingen, *Ancient coins of Greek cities and kings* ; voy. pl. des *Religions*, LXXI, 273 d; cf. *Recherches sur Pandosia* par le duc de Luynes, *Annal. de l'Instit. archéolog.*, t. V, p. 16).

En voilà plus qu'il n'en faut pour faire connaître comment la religion de Junon se manifestait sur les médailles. Il serait donc aussi inutile que fastidieux d'indiquer toutes les monnaies autonomes ou impériales grecques auxquelles l'image de cette déesse servait de type. Les mêmes motifs nous engagent à omettre diverses représentations de Junon qui appartiennent plus spécialement aux religions de Rome et de l'Italie, telles, par exemple, que celles que l'on remarque sur les deniers des familles Cornuficia, Mettia, Papia, Procilia, Roscia, Thoria, etc., où l'on voit Junon Lanuvienne, ou, pour nous servir d'une expression plus appropriée, Junon *Sospita* ou *Sispita*. Enfin, nous nous bornerons à rappeler la Junon Lucine de la numismatique, qui se remarque au revers d'une médaille grand bronze de Julia Domna, et dont nous avons déjà dit un mot à nos lecteurs au sujet du groupe du musée Pio-Clementin (cf. Lenormant et de Witte, *Nouvelle Galerie mythologique*, p. 77, pl. X, n° 11); la Junon martiale représentée sur les médailles impériales de Trebonianus Gallus, assise, voilée, tenant des ciseaux à la main; la Junon Capitoline, revêtue d'une tunique talaire, s'appuyant sur une lance et ayant sur la gauche une oie, médaillon de bronze d'Antonin le Pieux (Lenormant et de Witte, *loc. cit.*, p. 75); enfin la Junon *Moneta*, type auquel les Romains assignaient une origine historique et qui se reproduit sur les deniers de la famille Carisia, représentant la tête de la déesse avec les instruments propres à frapper la monnaie (pl. des *Religions*, LXXI, n° 275), ou bien encore sur un médaillon de bronze d'Hadrien, qui nous montre Junon *Moneta* debout avec la corne d'abondance (Lenormant et de Witte, *loc. cit.*, p. 77, pl. X, n° 7).

Nous ne pouvons clore cet article sans dire un mot des diverses coiffures de Junon, question intéressante pour l'archéologue et même pour l'artiste.

Les auteurs anciens et modernes ont donné à ces coiffures les noms de polus, modius ou calathus, stéphanos, stéphané et sphendoné. On s'accorde à nommer stéphané cette espèce de diadème ou de couronne élevée par le milieu, amincie aux extrémités, que l'on observe sur la tête des statues de Junon, ornement féminin fabriqué, comme on suppose, avec une plaque de métal, et dont le marbre de la villa Ludovisi nous offre un magnifique spécimen. On reconnaît le stéphanos dans cette coiffure circulaire, ou couronne d'une largeur égale, qui pare la tête de Junon sur les médailles d'Argos, d'Élis, de Crotone, etc., etc. Enfin, le modius ou calathus orne la tête de Junon dans quelques peintures de vases et sur les médailles de Samos. Nous parlerons plus bas de la sphendoné; mais nous devons préalablement signaler le polus, coiffure qu'il est assez difficile de déterminer.

Le mot πόλος, qui signifie *in genere* un objet dont l'aspect est circulaire ou cylindrique, a pu servir, précisément en raison du vague qu'il laisse dans l'esprit, à désigner le modius des divinités asiatiques, la couronne tourelée de Cybèle, l'ornement d'une forme circulaire dont sont coiffées la Fortune et les idoles de Junon sur les médailles. On a cru voir également le polus sur la tête de Junon dans la célèbre peinture de vase publiée par Mazocchi (voyez plus haut), et sur la tête de Héra dans le groupe en terre cuite trouvé à Samos et dont nous avons déjà entretenu nos lecteurs.

M. Gerhard (*Text zu antiken Bildwerken*, S. 29) a vu dans le polus l'origine de la stéphané, et dans le stéphanos un modius en raccourci. Un autre savant antiquaire que nous avons déjà eu occasion de citer, M. Abeken (*Annal. de l'Institut archéolog. de Rome*, t. X, p. 24 sq.), suppose également que la stéphané et le stéphanos sont des modifications du polus. Or, le polus n'est autre lui-même que le modius des idoles, appelé polus à cause de sa forme circulaire, et rapproché de plus en plus de la forme d'une couronne; la stéphané de la Junon de la villa Ludovisi lui suggère surtout ces idées.

Toutefois, nos deux savants antiquaires paraissent se séparer sur un point, c'est la signification symbolique du polus.

Lorsque M. Gerhard voit le polus sur la tête de Junon, il reconnaît ici une sorte de hiéroglyphe de la voûte céleste, ayant le même sens que le croissant et les étoiles qui parfois accompagnent l'image de cette déesse. Il se fonde aussi sur le polus dont Atlas, le grand soutien du ciel, est coiffé, et sur le nimbe, si semblable au polus, des divinités solaires Bacchus et Apollon.

Aux yeux de M. Abeken, le polus est un symbole d'abondance. Les Grâces et les Heures qui se voyaient en relief sur le stéphanos de la Junon de Polyclète, diminutif de l'antique polus, faisaient allusion à la puissance fécondante de la terre et à la maturité des fruits. Le polus et ses dérivés, le stéphanos et la stéphané, caractérisent une divinité bienveillante et fécondante.

J'ai dit que M. Gerhard et M. Abeken paraissaient en opposition. Je me trompais, au fond ils sont parfaitement d'accord.

M. Gerhard (*loc. cit.*) conçoit Héré comme une divinité tellement complexe, qu'il admet sans difficulté que l'épouse du triple Jupiter de l'ancienne théologie puisse être envisagée à la fois comme une déesse de l'air et comme une divinité tellurique. A ce titre, et de même aussi parce qu'elle préside à la fertilité, elle peut avoir le front chargé du modius, ou bien de la couronne murale, comme on le voit sur les médailles d'Ægium (Gerhard, *Antike Bildwerke, Taf.* CCCIX, 3), d'Hiérapytna de Crète et de Cromnée en Paphlagonie (Mionnet, LI, p. 396; Lenormant et de Witte, *Nouvelle Galerie mythologique*, p. 89, pl. X, n° 11).

Cette idée d'une Junon terrestre, couronnée de tours, se trouve, comme le lecteur le sait, dans M. Creuzer. Mais, si notre savant auteur part de ce point pour assimiler Junon à la Cybèle phrygienne, M. Gerhard rattache sa Junon tellurique au système pélasgique, qui proclamait l'union de Jupiter et de Dioné-Gæa dans le sanctuaire de Dodone.

M. Creuzer reconnaît dans la sphendoné un symbole désignant Junon comme déesse de l'air. Mais la sphendoné, dont le nom rappelle l'idée et la forme d'une fronde, est-elle une coiffure spéciale et caractéristique de Junon? Si Visconti a appliqué à la stéphané le nom de sphendoné qui désignait, selon toute apparence, un tissu en forme de filet, cette opinion, comme ce grand antiquaire, si plein de bonne foi, l'a reconnu lui-même, n'est qu'une erreur (Suppl. au *Musée Pio Clement.*, t. I, p. 65 ed. de Milan). Maintenant la sphendoné ne pourrait être un symbole de l'air et du ciel qu'à raison de la forme ovale ou circulaire, qui lui était commune avec la stéphané, le stéphanos et le polus, ou à cause de son nom qui l'assimilait à la fronde. Il n'y a rien là de positif.

En terminant cet article, nous reviendrons sur un fait que nous avons signalé en commençant, sur la rareté comparative des images de Junon. Ce fait est d'autant plus curieux qu'il se représente dans le cycle des monuments relatifs au mythe de Jupiter. De cette coïncidence très-remarquable on peut conclure, à ce qu'il nous semble, que le couple semi-pélasgique et semi-crétois de Jupiter et de Junon n'entra point fort avant dans le domaine de l'art. Les idées sur lesquelles il reposait étaient trop générales, trop abstraites, trop complexes. D'autres mythes, au contraire, subissant toutes les influences de la superstition locale, touchant de près aux initiations, aux mystères, fournissant à la licence un thème facile et varié, et par là se trouvant engagés profondément dans la vie réelle, figurent sur les vases peints et les pierres gravées, dans des milliers de compositions dont Jupiter et Junon se trouvent exclus : si la numismatique a reproduit plus souvent leur image, c'est que cet ordre de monuments semble avoir eu le privilége de constater le culte officiel dans l'antiquité. (E. V.)

NOTE 12. *Analyse de quelques opinions sur l'origine de Neptune.*
(Ch. III, p. 713.)

Partisan déclaré du système qui recherche hors de la Grèce les sources de la religion hellénique, M. Creuzer envisage le nom de Neptune, et ce dieu lui-même, comme étant d'origine punique, ou tout au moins libyque. A cet égard, l'illustre auteur de la Symbolique n'a fait que reproduire une opinion déjà accréditée. Bochart, ainsi que le remarque M. Guigniaut, considère le nom de Ποσειδῶν comme un mot d'origine punique, qui signifie le large, l'étendu. Plus tard, nous trouvons **Münter** (*Religion der Karthager*, p. 57 et IV), qui admet l'origine libyque de Neptune. Il reconnaît quelques rapports entre Poseidon et Ὠγήν, ce dieu primitif, ἀρχαῖος θεός, indiqué par Suidas, et dont le nom d'Ὠκεανός semble dérivé. Quant à Böttiger, il ne fait entrer dans le mythe de Neptune l'élément libyque ou punique que pour une part très-minime, et selon son usage invariable, la Phénicie y joue le principal rôle. La légende suivant laquelle ce dieu de la mer créa le cheval n'est autre, d'après sa manière de voir, que le récit, dans le langage symbolique et figuré, d'un fait purement historique, je veux dire la venue du cheval en Grèce sur des vaisseaux phéniciens. Ce peuple navigateur et marchand, ayant transporté sur les côtes du Péloponèse, de l'Attique et de la Thessalie, une race de chevaux qu'il avait été chercher dans la Libye, les imaginations grecques s'emparèrent de ces circonstances; le capitaine de vaisseau phénicien, le marchand de chevaux africain devint un dieu de la mer, et le cheval son principal attribut.

K. O. Müller (*Prolegom. Mythol.*, S. 290) et M. Schwenck se sont prononcés contre ce système, mais Völcker est celui qui l'a combattu avec le plus de force. Son ingénieux ouvrage sur la famille de Japet contient un plaidoyer fort habile en faveur de l'origine grecque de Neptune (S. 133).

Un point sur lequel le savant mythologue insiste en commençant, c'est que, d'une part, Hérodote, laseu le autorité que l'on puisse invoquer en faveur de l'origine africaine de Neptune, ne nous donne nullement un nom libyque, et que, de l'autre, celui de Ποσειδῶν dérive d'une manière si positive des mots πόντος, πόντιος, πότος, ποταμός, servant à désigner la mer, les fleuves et l'eau en général, qu'il faut être singulièrement prévenu du système antihellénique, pour ne pas reconnaître que ce nom est essentiellement grec.

Aux yeux de Völcker, le cheval, considéré comme attribut de Neptune, ne prouve rien en faveur de son origine soit phénicienne, soit libyque. Aucun témoignage classique n'établit cette exportation des chevaux africains par les Phéniciens. Homère ne parle nulle part des chevaux de la Phénicie, de l'Égypte et de la Libye. Loin de là, c'est en Thessalie qu'une tradition, qui paraît ancienne, fait naître cet animal, sous la main de Neptune (Lucan. *Phars.*, VI, 396; Böttiger, *Amalth.*, II, p. 310).

« Il est singulier, dit Völcker, que, parce que le cheval est un attribut de Neptune, on se croie en droit de supposer qu'il vient de la Libye. N'est-il pas le symbole d'un grand nombre de divinités? n'était-il pas consacré au soleil, non-seulement en Grèce, mais chez presque tous les peuples? n'était-il pas également consacré aux fleuves? Si l'on a donné le cheval pour attribut aux dieux, c'est qu'il est le symbole de la rapidité. Enfin, s'il est placé dans les attributions du dieu de la mer, c'est parce qu'on a pu voir en lui l'emblème du navire à la course rapide. Lorsque les Arabes appellent le chameau *le navire du désert*, n'emploient-ils pas la même image? »

Nous passons sous silence les exemples nombreux sur lesquels l'habile mythologue appuie sa démonstration, exemples qui font autant d'honneur à son érudition qu'à son tact, mais qui ne jettent aucune lumière nouvelle sur la question qui nous occupe.

L'origine libyque du culte de Neptune et de la Minerve Tritogénie nous semble se rattacher à toute cette classe de fables qui naquirent dans la colonie grecque de Cyrène, et qui furent inventées dans le but de rattacher les divinités helléniques à celles de l'Égypte et de la Pentapole. Loin d'être originaire de la Libye, nous croyons au contraire que l'adoration du Poseidon hellénique y avait été apportée par les Minyens. Ce culte put y prendre un développement beaucoup plus considérable qu'il ne l'avait dans la mère-patrie, et c'est ce qui a peut-être contribué à accréditer l'idée adoptée par Hérodote.

Quant à l'origine phénicienne attribuée à Neptune, nous croyons qu'elle s'explique par l'existence, chez les Phéniciens, d'un dieu qui fut assimilé par les Hellènes à leur Poseidon et qu'Hestiæus, cité par Eusèbe, appelle Ζεὺς ἐνάλιος (?). Ce dieu était spécialement adoré à Béryte, et joue un rôle assez important dans la cosmogonie de Sanchoniathon (cf. Euseb., *Præp. evang.*, lib. I, c. 10; Sanchoniathon, ed. Orelli, p. 32). Cet auteur lui donne pour père *Pontos*, dont le nom indique une personnification de la mer. Pontos était aussi père de Sidon, ce qui donne à penser que le Poseidon phénicien était également la divinité spéciale de cette ville. Nous ne sommes pas éloigné de croire que ce dieu n'était qu'une forme de Baal-Melkarth invoqué comme dieu de la navigation (cf. Münter, *die Religion der Karthager*, p. 97)[1].

La relation qui existe entre Neptune et le cheval présente de graves difficultés. Historique chez Böttiger, métaphorique chez Völcker, elle peut s'offrir encore sous de nouveaux aspects. Serait-ce parce que le cheval vit dans les pâturages, lieux bas et humides, qu'il fut consacré aux fleuves? Est-ce par suite de cette idée que, dans certaines légendes, il fait jaillir des sources en frappant la terre du pied? ne devait-il pas alors appartenir nécessairement au dieu des eaux? Le mythe de Pégase nous démontre la relation intime qui existait dans la

---

[1] Les anciens ne nous ont point conservé le nom du Poseidon phénicien; un rapprochement qui n'a point encore été fait, tend à nous faire regarder ce nom comme étant celui de Cheth ; חת. En effet, il est dit dans la Genèse (X, 15) que Canaan engendra deux enfants, Sidon, צידן, et Cheth, חת. Or, Sanchoniathon donne Poseidon pour frère de Sidon (éd. Orelli, p. 32), et la légende grecque racontait que *Ceto*, κητώ, était un monstre marin que Neptune avait envoyé ravager les terres de Céphée, personnage phénicien dont le nom (voy. la note du livre IV) rappelle les idées de rivière et d'eau (cf. Apollodor., I, 2, 6). La forme de monstre marin convient parfaitement à un dieu marin, tel que pouvaient se le représenter les Phéniciens. La signification de ce nom paraît d'ailleurs être l'hébreu חת, qui signifie *terreur*, sens qui est conforme aux sentiments dont ce dieu des tempêtes pouvait être l'objet de la part des navigateurs phéniciens. Le dieu *Cheth* devait être la divinité nationale des Chéthéens, qui s'appelaient *fils de Cheth*, בני־חת, et dont il est tant question dans l'histoire d'Abraham (*Genes.*, XXIII, 3 et suiv.). Il est à remarquer à l'appui de l'opinion que nous venons d'émettre, que Sidon est représentée aussi par Sanchoniathon comme une *sirène*, c'est-à-dire un dieu, un monstre marin.

La légende du dieu phénicien Céto a été reproduite dans celle de Laomédon, où nous voyons Hésione jouer le même rôle qu'Andromède, et un autre monstre nommé aussi *Ceto*, envoyé par Poseidon pour se venger du roi troyen, comme il s'était vengé de Céphée.

Nous avons développé plus au long les idées que nous ne faisons qu'indiquer ici sur le Neptune phénicien, dans un travail spécial (voyez *Revue archéologique*, tome V, p. 545 sq.). (A. M.)

Symbolique des Grecs entre les idées de source, d'eau et de cheval. On peut croire encore que les vagues rapides, bondissantes et couronnées d'une crinière d'écume, ont pu faire songer à des coursiers frémissants et indomptés. Aujourd'hui même les habitants des côtes de la Méditerranée désignent par le nom de chevaux, *caballini*, les flots qui s'élèvent au-dessus de la surface de la mer lorsqu'elle grossit. L'antiquité nous offre des milliers d'exemples de ces assimilations, et pour n'en citer qu'une seule, il nous suffira de rappeler que les anciens nommaient les étincelles, les chiens du dieu du feu.

Si, au milieu du conflit d'opinions né de l'obscurité des mythes dont Poseidon a été le sujet, nous hasardions celle qui nous paraît offrir le plus de probabilité, nous dirions que ce dieu nous paraît, comme Jupiter, comme Junon, comme Minerve, une divinité essentiellement pélasgique à l'origine, mais, qu'ainsi que les autres dieux des Pélasges, il emprunta à des divinités étrangères, et notamment au dieu phénicien de la mer, des caractères et des attributs qui ont quelque peu altéré sa physionomie originelle. Dieu des eaux douces ou amères, identique à Ogen et à l'Océan, et étreignant comme lui la terre de ses ondes, égal de Jupiter, Poseidon descendit bientôt de ce rang auguste, pour ne plus occuper dans le culte des Grecs qu'une place assez secondaire.

La plupart des traits sous lesquels on représente Jupiter, reparaissent dans les images de Neptune. Les monuments de l'ancien style nous le montrent dans une attitude calme, vêtu d'une robe longue et soigneusement plissée. Mais, dans les œuvres des maîtres de la grande époque, Neptune paraît avoir perdu de la tranquille majesté qui le rapprochait du souverain des dieux. Ses formes sont accusées, ses mouvements énergiques, ses cheveux en désordre. Quelquefois une couronne de pin orne la tête du maître des mers, quelquefois aussi dans ses mains le sceptre remplace le trident.

Les monuments relatifs à Neptune ne sont pas très-nombreux, si on les compare aux représentations si multipliées de quelques autres divinités. Toutefois, nous trouvons encore dans ce qui nous reste diverses images reproduisant ce dieu avec ses attributs les plus essentiels et ses surnoms les plus caractéristiques.

Ainsi, par exemple, diverses médailles, peintures de vases, bas-reliefs, etc., nous montrent le Neptune Ἀσφάλιος, celui qui affermit la terre (v. pl. CXXX, n° 504); Ἐννοσίγαιος, celui qui l'ébranle (v. pl. CXXX, n° 506); Ἀρχιθάλασσος, celui qui commande à la mer (v. pl. CXIII, n° 507); Πετραῖος, celui qui féconde le rocher (v. pl. CXXIX, n° 508); Κέγχρειος, celui qu'on vénère dans le port de Cenchrée (v. pl. CXXIX, n° 505). Sur un célèbre camée du cabinet de Vienne, destiné à représenter l'isthme de Corinthe, on voit Poseidon entouré de deux couples de chevaux, qui font allusion aux jeux isthmiques célébrés en son honneur (voy. pl. CXXIX, n° 510). Un autre monument nous le montre lançant sur le géant Éphialtès le rocher de Nisyros qu'il vient de déraciner (voy. pl. CXXXI, n° 509). Quelques peintures de vases et des pierres gravées représentent les amours de Neptune et d'Amymone (v. pl. CXXX, n° 508 ; CXXIX, 508 b). Enfin, sur un curieux bas-relief de Saint-Vital à Ravenne, on voit le trône de Neptune entouré des divers attributs de ce dieu (voy. pl. CXXXII, n° 510).

L'art grec ne s'est point borné à représenter le souverain des eaux ; l'épouse de Neptune, la belle Amphitrite (voyez pl. CXXIX, n° 510 b ; ibid., n° 510 c), la néréide Thétis (n°⁸ 766, 767, 770, 800, 802), apparaissent sur les monuments. Palémon, le fils de Leucothoé (pl. CXXIX, 510 a), le vieux Nérée surtout (ibid., 510 a), ont fourni plus d'un motif aux artistes ; et un nombre considérable de peintures de vases ou de peintures murales, de terres cuites, de pierres gravées, de bas-reliefs de sarcophages, où l'on voit des Tritons et des Néréides (voy. pl. CXXXII, 511 ; pl. CXL, 512 ; pl. CCXLVIII, 414 ; pl. CV, 515, 516 ; pl. CXXXV, n° 517), Scylla et ses monstres, des hippocampes et des animaux marins fantastiques, attestent la fécondité des anciens artistes, leur goût et leur facilité d'invention.

(E. V. et A. M.)

NOTE 13. *De la Minerve Tritogénie ou Tritonide.*
(Chap. VIII, p. 712, 719.)

Les Grecs, qui avaient oublié l'acception primitive du mot *trit, trito,* avaient cherché à expliquer par le mot tête, τριτώ, le surnom de Tritogénie ou Tritonide donné à Minerve. Ce nom a un sens clair qui ressort du sens originaire de cette syllabe *trit,* laquelle se retrouve dans une foule de noms de lacs, de rivières, appartenant aux langues indo-européennes et à la langue grecque en particulier. Il y avait un fleuve appelé Triton en Béotie, un en Crète, près de Cnosse, un en Thessalie, un autre en Arcadie, près d'Aliphères [1]. Le Nil avait reçu des Grecs le nom de Triton [2]. Ce nom est dérivé du radical sanscrit *trit, tri,* rive, rivage, lequel est formé lui-même de *ri,* aller, et *ati,* au delà [3]. On trouve ce même radical avec sa véritable signification dans le nom d'Amphitrite, ἀμφι-τρίτη, *celle qui environne les rivages,* c'est-à-dire, *la mer,* épithète qui convient parfaitement à l'épouse de Poseidon. Le nom de Triton, donné à un dieu des eaux, identique peut-être dans l'origine à Poseidon [4], s'explique aussi très-naturellement par cette étymologie.

Les Minyens, qui avaient fondé une colonie en Libye, appliquèrent ce nom de Triton à un lac [5], conformément au véritable sens de ce mot. Plus tard, quand le culte de Minerve dans cette contrée eut acquis une certaine célébrité, on s'imagina que la déesse devait son surnom à ce lac, et on lui attribua en conséquence une origine libyenne.

Toutefois, bien que la majorité des mythographes aient cru que le surnom de Tritogénie avait trait à la naissance de

[1] Voy. *Revue archéologique,* tom. V, p. 550.
[2] Voy. Lycophron, *Schol. ad Alex.,* v. 567, p. 66, ed. Potter.
[3] Pott, *Etymologische Forschungen,* I, p. 288.
[4] *Revue archéologique,* l. c.
[5] Voyez Thrige, *Res Cyrenensium,* ed. Bloch, p. 286.

Minerve, sortie de la tête de Jupiter [1], plusieurs scholiastes et commentateurs anciens avaient reconnu l'étymologie exacte de ce mot. Santra, dans ses antiquités, citées par un scholiaste de Virgile [2], avait expliqué le nom de Tritonia par le mot *née des marais, déesse des marais*. Dans l'*Ionia* de l'impératrice Eudocie [3], on rapproche les noms de Triton et d'Amphitrite, comme ayant une étymologie commune, dans laquelle on reconnaît la syllabe *ri*, aller, couler.

Ainsi le surnom de Tritogénie signifiait que Minerve était *née des eaux*, circonstance qui rapproche cette déesse d'Aphrodite, et nous indique qu'elle était originairement une personnification de l'humidité, d'où ses rapports multipliés avec Poseidon-Neptune. Ce caractère lui est commun avec toutes les anciennes divinités féminines de l'Orient; il s'effaça peu à peu de la physionomie de Minerve, par un effet de la prédominance des autres caractères qui lui étaient aussi attribués. Nous ajouterons une dernière remarque : le nom d'*Onga* ou *Onca* que portait l'ancienne Minerve béotienne, celle dont l'origine était rapportée à Cadmus, semble être une forme féminine du nom d'*Ogen*, l'antique dieu de l'océan chez les Pélasges. Ce nom paraît, en effet, être d'origine sémitique, et congénère de l'hébreu אגם, *Agam*, *Ogom*, qui signifie *étang*. C'est un indice de plus en faveur du caractère que nous avons attribué à Minerve.

(A. M.)

[1] J. Lydus (*de Mensib.*, IV, p. 60, *ed. Bekker*) prétend que Minerve recevait le nom de Tritogénie, parce qu'elle représentait l'air aux différents états duquel présidait cette déesse.

[2] « *Tritonia... alii in Libya esse confirmant, quidam etiam paludem interpretantur, ut Santra antiquitatum libris.*» Schol. ad Æneid., II, v. 171, ap. Angel. Maium, *Classic. auctor. e vatic. codic.*, t. VII, p. 274 (in-8°, 1835).

[3] Villoison, *Anecdota græca*, tom. I, p. 343. Ἔνθεν Ἀμφιτρίτη· ὁ δὲ Τρίτων, εἴτουν ἀπὸ τῆς ῥύσεως οὕτως ὠνόμασται, πλεονάσαντος τοῦ Τ στοιχείου.,..

Note 14. *Sur quelques surnoms caractéristiques de Minerve.*
(Chap. VIII, p. 748.)

L'exposé de la religion de Minerve par M. Creuzer ne le cède en rien pour la richesse des matériaux, le nombre et la variété des aperçus, à la brillante théorie de l'illustre érudit sur le mythe de Jupiter. Avec un peu plus de critique dans le choix des documents, et un peu plus de netteté dans la forme, ce morceau remarquable ne laisserait rien à désirer.

Il résulte des doctrines de M. Creuzer que Minerve se lie avec la lumière, l'eau et les éléments, qu'elle personnifie dans presque toute sa légende; que les épithètes les plus caractéristiques, les surnoms les plus populaires de cette déesse se rattachent à des idées toutes physiques.

Ainsi donc, aux yeux du savant mythologue, les épithètes d'Hippia, de Coryphasia, d'Aléa, d'Itonienne, caractérisent Minerve comme déesse de la lumière, tandis que les surnoms d'Ogygienne, de Tritogénie, de Glaucopis, expriment ses rapports avec les eaux et les lacs.

Plusieurs des savants qui se sont occupés de la religion de Minerve, tels qu'O. Müller, Völcker et M. Gerhard, ont interprété ces épithètes en se plaçant à un point de vue différent de celui de M. Creuzer; nous allons indiquer le plus brièvement possible les résultats auxquels ils sont arrivés.

Par exemple, en ce qui touche l'épithète d'Aléa, M. Gerhard, et surtout Völcker, sont en opposition avec M. Creuzer. L'ingénieux auteur du livre sur la famille de Japet voit dans la Minerve Aléa une déesse nourricière, qui réunit en elle le caractère agraire et prolifique de Mercure et de Trophonius-Esculape. C'est une sorte de Cérès : son combat avec Neptune est un symbole de la lutte entre la terre et les eaux. Ce combat la rapprochait, dans la religion de l'Attique, d'une divinité tellurique, d'Hermès Érichthonius. Le nom d'Aléa lui-même exprime clairement une notion de cette nature, car il se tire du verbe $\mathring{\alpha}\lambda\omega$, *je nourris* (S. 131 sqq., 174).

M. Gerhard reconnaît dans Minerve Aléa une divinité des eaux et de la lumière, parce qu'elle est fille de Neptune et de l'océanide Coryphasia, et que ce nom de Coryphasia exprime la nature éthérée. Il la rapproche de Praxidicé, première et unique ordonnatrice du monde, laquelle, à certains égards, peut être associée à Thétis (*Text. zu antik. Bildw.*, S. 57).

Ce nom de Coryphasia, qui devient une épithète de Minerve elle-même, amène Völcker à une conclusion bien différente. Ce n'est point en qualité de fille de l'océanide Κορυφασία qu'elle porte ce surnom, c'est comme déesse nourricière. Κορυφὰς et Κορύβας ne sont que des variantes d'un seul et même mot, occasionnées par la permutation des labiales. Or, Κορύβας, fils de Jasion et de Cybèle, est un personnage phallique-tellurique qui se lie aux Corybantes, serviteurs de la terre, la grande productrice. Minerve elle-même était considérée comme la mère des Corybantes, ce qui fait d'elle une sorte de Cérès. Il est donc permis de croire que Minerve Coryphasia, fille de Neptune, était une allusion à la fécondation de la terre par les eaux (*lib. cit.*, S. 98, 172).

Pour M. Creuzer, Minerve Hippia est une divinité de la lumière; pour Völcker, cette épithète exprime la production. C'est du cheval Arion qu'elle se tire. Or, Arion jouait un rôle important dans la légende de Cérès. Arion, symbole de l'eau, principe fécondant, comme on peut l'induire de certaines traditions, Arion, véritable attribut du Neptune Genesius, Genethlius, Phytalmius, c'est-à-dire générateur, se rapproche de la Minerve nourricière et lui impose le surnom de Hippia. (*Mythol. Japet.*, S. 165, 171, 227, 234.)

La plupart des critiques n'ont vu dans le surnom d'Alalcoménéenne qu'une simple dénomination locale empruntée au bourg d'Alalcomènes, en Béotie, où la déesse avait un temple. K. O. Müller (*Orchom.*, S. 235) croit au contraire que c'est de cette épithète que le bourg tire son nom, quoiqu'il soit possible, ajoute-t-il, que les légendes sur une fille d'Ogygès, nommée Alalcoménie, ou sur l'autochthone Alalcoménès, aient eu quelques rapports avec cette épithète.

M. Creuzer, comme on s'en souvient, pénètre bien plus avant dans la question. Mettant le nom d'Alalcoménéenne, qui signifie la déesse persévérante dans le combat, en rapport avec la tradition sur Alalcoménie, fille d'Ogygès, il soupçonne que ce nom peut au fond avoir servi à rappeler la lutte de la terre et de l'eau en Béotie.

Deux traditions fort curieuses vont nous aider à développer cette idée.

Selon la première, rapportée dans le grand étymologiste (*s. v.* Γλαυκώπιον), on donnait dans les temps anciens le nom de Glaucopion à l'Acropole ou au temple de Minerve, à cause d'un certain autochthone nommé Glaucus. D'après la seconde, indiquée par Étienne de Byzance (*s. v.* Ἀλαλκομένιον), ce même nom de Glaucopion et l'épithète de Glaucopis, attribuée communément à Minerve, venaient de Glaucopus, fils d'Alalcoménès et d'Athénaïs, fille d'Hippobalès. O. Müller a rejeté cette dernière légende avec une sorte de dédain. Dans un travail publié, il y a quelques années (*Annales de l'Institut archéol.*, t. X, p. 144 sqq.), nous avons cru pouvoir tirer parti de la combinaison de ces deux traditions, pour établir une relation entre la Minerve Alalcoménéenne et le dieu marin Glaucus, lequel se rattachait, comme nous avons essayé de le démontrer, aux diverses localités de la Béotie. C'est un nouveau trait à ajouter au caractère marin de cette déesse. Les plus vieilles traditions nous représentent cette contrée comme un vaste marais, et nous voyons la Minerve Alalcoménéenne honorée d'une manière toute spéciale à l'embouchure du fleuve Triton, et non loin du lac Copaïs, c'est-à-dire dans les lieux où se retrouvaient les traces les moins équivoques d'une ancienne inondation. En voyant cette épithète rattacher Minerve à Ogygès, lequel personnifie l'invasion des eaux, la lier au surnom de Glaucopis, qui signifie la déesse des lacs, la mettre en rapport avec une des divinités marines les plus vénérées sur ces rivages, on est en droit de conclure que le nom d'Alalcoménéenne fait de Minerve une déesse de l'élément humide. Nous sommes d'autant plus fondé à le penser que nous pouvons faire ici l'application d'une remarque très-judicieuse d'O. Müller. La croyance où l'on était, dit ce profond mythologue (*Minervæ Poliadis sacra et ædes in arce Athenarum*), que Minerve agissait sur le développement des semences, non-seulement par la chaleur, mais encore par l'humidité, ce qui la met en rapport avec Vulcain et Neptune, explique très-bien pourquoi on l'adorait dans les endroits où il y avait un lac, par exemple à Cutilia dans la Sabine, à Larisse en Thessalie, à Phénée en Arcadie, enfin à Alalcoménium sur le lac Copaïs.

Au nombre des épithètes de Minerve, il en est quelques-unes qui ont donné lieu à certaines représentations intéressantes pour l'art et l'archéologie; par exemple, l'épithète d'Aléa. Une statue du casino Ruspigliosi à Rome paraît à M. Gerhard reproduire cette Minerve si fameuse en Arcadie. Il l'a publiée dans ses monuments inédits, et elle se trouve reproduite dans les planches des *Religions* (XCIV, n° 345). Nous citerons encore le surnom de Tritogénie. Un consciencieux archéologue allemand, M. Hermann Hettner (*Annal. de l'Institut archéol.*, t. XVI, p. 112 sqq., vol. IV, tav. 1), reconnaît Minerve Tritogénie dans un magnifique buste de Pallas, trouvé il y a peu d'années entre Pompéi et Castellamare. (E. V.)

NOTE 15. *Des idées émises par M. Creuzer sur la Minerve Coryphasia et Coria, et sur le caractère de cette déesse considérée comme l'auteur du salut spirituel.* (Chap. VIII, p. 787-788.)

Rien de plus confus que les mythes qui se rattachent à Minerve. M. Creuzer, en cherchant à débrouiller ce chaos, risquait de s'égarer au milieu des analogies sans nombre que ces mythes présentent entre eux. Le système qu'il bâtit sur le caractère de la Minerve Coryphasia et Coria, sur cette même divinité considérée comme l'auteur du salut spirituel, nous semble par-dessus tout le produit d'un amour des rapprochements qui ne se concilie pas toujours avec la vraie critique.

Minerve est, d'après notre auteur, l'esprit de lumière et de vie qui réside dans le soleil et la lune. C'est là une formule à la fois bien générale et bien absolue pour expliquer le caractère si mobile et les attributs si variés de cette déesse. Admettre que cette conception, si une et si simple, ait été le fondement sur lequel l'imagination des Grecs construisit l'édifice si vaste et si complexe de la mythologie *athénaïque*, c'est prêter au génie des Hellènes un caractère systématique et rigoureux qu'il n'eut jamais.

Comme Minerve a tour à tour été rapprochée des autres grandes divinités de la Grèce, comme elle partage avec Cybèle, Cérès, Proserpine, Vénus, les attributs de divinité de la production, de l'humidité fécondante, de la civilisation, du travail, on comprend que, sous quelque aspect qu'on l'envisage, il soit toujours possible de découvrir des traits qui s'accordent avec la signification qui lui a été arbitrairement prêtée. Mais à coup sûr, au milieu de ces attributs si divers, si opposés, les moins frappants sont ceux qui mettent Minerve en rapport avec le soleil et la lune, et l'on s'étonne que M. Creuzer ait précisément été prendre, entre les nombreuses interprétations que l'on peut donner de son type, celui qui repose sur ces vagues analogies. Aussi, pour établir ses idées, notre savant auteur a-t-il été contraint d'avoir recours à des rapprochements forcés et à des étymologies problématiques. Comment accepter une explication aussi conjecturale que celle que nous fournissent ces paroles de M. Creuzer : « C'est ainsi que nous trouvons une Coryphé, fille de l'Océan, de laquelle Jupiter eut la quatrième Minerve. Cela veut dire que du corps de la nature, Jupiter, que du faîte de la montagne sacrée qui le représente, semblent naître le soleil et la lune, et avec eux Minerve, le principe de lumière qui luit et brille en eux. » Le sens que l'illustre antiquaire trouve dans le nom de Céphale, qu'il rattache d'une manière fort arbitraire au mythe de Minerve, ne rentre-t-il pas dans le même abus de rapprochements?

Ne pouvant nous livrer ici à une étude critique des matériaux recueillis par la vaste érudition de notre auteur, nous devons nous borner à essayer de distinguer les éléments divers qu'il a confondus systématiquement.

Entre les nombreuses faces que présente le personnage de la Minerve hellénique, il en est trois qui sont plus tranchées que les autres. La première, à laquelle appartient la conception de la Minerve Tritogénie (voy. la note 13 de ce livre), met cette déesse dans un rapport direct avec le principe de l'élément humide ; elle lui assigne le caractère de divinité de l'agriculture. C'est dans cette catégorie que rentrent les types de la Minerve *Boudeia, Boarmia, Agripha,* et peut-être *Hippia*. La Thessalie, la Béotie, l'Attique, paraissent avoir été les premiers siéges du culte de cette Minerve, et par ses attributs elle offre une affinité frappante avec Cérès et Proserpine. La seconde face annonce chez Minerve un caractère guerrier et protecteur, qui est surtout sensible dans les Minerves Ageleia, Leitis, Laphria, Poliade, Alalcomène, Pylaïtis, etc. Sous ce second caractère, la déesse a plus d'une affinité avec Enyo et la Bellone latine. Le nom de Pallax ou Pallas la brandissante, qui lui est donné, se rapporte évidemment à ce rôle guerrier, et c'est avec ce caractère que Minerve était passée dans l'Étrurie, dont les vases représentent Mnerfa brandissant sa lance invincible. La troisième face n'apparaît que dans un âge relativement postérieur. Elle prend naissance dans le caractère chaste et virginal qui était attribué à Minerve, et elle en fait une divinité d'un esprit mâle et austère, la personnification de la sagesse, de la prudence et de la raison.

Il y a lieu de supposer que la première de ces trois faces est aussi la plus ancienne. Minerve, déesse de l'agriculture, des arts, des travaux domestiques, dut à ces attributs d'être adoptée comme la divinité tutélaire de certaines cités, et elle emprunta à ce nouveau rôle le caractère de déesse guerrière qui lui fut donné. Enfin, comme nous venons de le dire, le troisième aspect résulta du mélange des deux premiers.

Nous croyons, avec M. Creuzer, que la Coria des Arcadiens

n'était qu'une forme de la Minerve thessalo-béotienne. Par son nom elle rappelait le caractère virginal de celle-ci; par l'invention des chars qui lui était attribuée, elle se rattachait à l'Athéné Hippia. Mais, comme le mythe raconté sur sa naissance de la tête de Jupiter nous paraît être d'une origine plus récente et se rattacher à la troisième face sous laquelle elle s'est offerte à nous, nous ne saurions admettre qu'elle dût à cette circonstance le nom de Coryphasia. Il nous paraît beaucoup plus vraisemblable de croire que ce nom était tiré du promontoire de Coryphasium en Messénie, et qu'à l'instar de ceux d'*Aracynthias, Itonia, Suniade*, il était dérivé du lieu où la déesse était adorée. Nous savons d'ailleurs que, regardée comme protectrice des acropoles, cette déesse était invoquée sur les hauteurs, ainsi qu'en témoigne le surnom d'*Acræa* qui lui est également donné. Nous éloignons donc toute pensée qui tendrait à faire chercher dans la nymphe Coryphé l'idée symbolique de la tête de Jupiter; et il nous paraît beaucoup plus vraisemblable de voir dans ce nom un des surnoms de Coria, adorée comme Minerve, sur les cimes de l'Arcadie, ou sur les promontoires de l'Élide, circonstance que rappellerait, sous le voile de l'allégorie, la qualité de fille de l'Océan attribuée à cette nymphe.

Lorsque les philosophes néoplatoniciens entreprirent de rajeunir le polythéisme expirant, en recueillant et disposant les mythes antiques de façon à en faire découler des vérités morales et des enseignements métaphysiques qui avaient été inconnus aux premiers Hellènes, la figure de Minerve fut une de celles qui se prêtèrent le mieux à leur dessein. Il y avait dans la conception d'une divinité vierge, symbole de la sagesse et de la science, issue du cerveau de la divinité suprême, un germe fécond d'allégories spiritualistes. Déjà les Orphiques avaient donné au personnage de Minerve un rôle nouveau, en harmonie avec une théologie moins grossière. La fable de Métis cachait, sous une enveloppe poétique, une idée toute philosophique. Métis devint donc le principe générateur et fut identifié à Phanès et à Éricapæos (*Fragm. Orph.*, VI, 19, VIII, 2, Gesn.). Minerve, qui était née de l'union de Métis et de Jupiter, s'offrit comme le symbole de la sagesse divine. Les néoplatoniciens développèrent cette idée, à l'aide de conceptions apportées de l'Orient, conceptions d'après lesquelles l'activité et la sagesse de dieu étaient conçues comme des personnes distinctes de lui, mais avec lesquelles il avait eu une sorte de commerce, d'où était né l'univers. Cette conception était celle de la *Sacti* hindoue. Elle se laisse apercevoir sous des traits moins prononcés dans le livre juif de la Sagesse (*Voy.* Vacherot, *Histoire critique de l'école d'Alexandrie*, t. I, p. 135 et suiv.). Elle constitue le fond d'une bonne partie des doctrines gnostiques, où l'on voit la *Sophia* créer le monde et sauver les hommes (J. Matter, *Histoire du gnosticisme*, 2ᵉ édit., t. I, p. 377, t. II, p. 81 et *passim*). C'est à cette source orientale que l'école alexandrine alla puiser vraisemblablement les idées par lesquelles elle transforma la figure de Minerve. La relation intime qui existe entre les deux ordres de conceptions se laisse voir dans le système de Simon le magicien, où Minerve est appelée Σοφία παμμήτωρ, c'est-à-dire la sagesse divine, mère de toutes choses et conçue comme personne distincte (J. Matter, *Ibid.*, t. I, p. 276). L'empereur Julien, qui s'efforça de compléter la réforme du polythéisme tentée par les Alexandrins, nous a laissé le portrait de cette Minerve transcendentale, telle qu'elle était sortie du travail qui s'était effectué dans les esprits. « De même donc, dit-il, que le roi Apollon, par la simplicité de la pensée, communique avec le soleil, ainsi devons-nous croire que Minerve tenant de ce dernier sa propre substance et son intelligence parfaite, rapproche sans confusion et réunit tous les dieux autour du soleil, roi de tous les êtres, et que partant de l'extrémité de la voûte du ciel, et parcourant les sept cercles ou orbites jusqu'à la lune, elle y répand et fomente partout le principe vital pur et sans mélange. La même déesse encore remplit de son intelligence la lune, qui est le dernier des corps sphériques qui surveille les intelligences préposées au ciel, et qui, donnant des formes à la matière dont elle dispose, en élimine tout ce qui est sauvage, turbulent et désordonné. » (*Orat. in reg. solem, ad Sallust.*, p. 280).

Ainsi l'analogie des idées de Proclus, rappelées par M. Creuzer, avec les théories religieuses qui avaient cours au commencement de notre ère, dénote suffisamment le caractère comparativement moderne de cette *Minerve salutaire*, auteur du salut spirituel. C'est une conception qui date d'un âge intellectuel beaucoup plus avancé, dans lequel les divinités, au lieu d'être des personnifications des forces physiques de la nature, n'étaient plus que des incarnations des vertus et des énergies divines. Il y a dans les invocations à Minerve que cite notre auteur, quelque chose qui rappelle visiblement les invocations des chrétiens à l'esprit de Dieu, conçu sous la forme d'une personne distincte, au verbe de Dieu, auteur du salut universel.

(A. M.)

NOTE 16. *Sur le temple de Minerve Poliade, son culte et ses représentations.* (Chap. VIII, p. 759 sqq.)

O. Müller a essayé de traiter ce sujet sous le double point de vue de la mythologie et de l'archéologie. C'est un travail savant et consciencieux, le premier que l'on doive étudier quand on aborde ces questions.

L'idée fondamentale d'O. Müller, c'est que la Minerve Poliade de l'Attique, dont le temple, nommé par les anciens l'Érechthéion, se trouvait situé sur l'acropole, au nord du Parthénon, portait un caractère agraire et symbolique qui se manifestait dans ses relations avec Vulcain, Mercure Érichthonius et Neptune Érechthée, et tranche singulièrement sur les légendes héroïques dont se composait en grande partie la religion athénienne.

Il était bien naturel qu'une peuplade agricole cherchât à personnifier l'action de la température sur la fécondité du sol et l'accroissement des plantes. La grande déesse de l'Attique se ressentit tellement de cette influence, que plusieurs de ses épithètes et les noms de ses prêtresses, Πάνδροσος, la rosée, Ἔρση, la végétation, Ἄγραυλος, la terre cultivée, la rendent presque semblable à Cérès. En outre, et probablement par suite de la liaison entre les phénomènes atmosphériques, la Minerve, déesse de l'air, devient elle-même une Minerve lunaire; c'est ce qui résulte à la fois des textes et des monuments.

Athènes, à une époque très-reculée, célébrait la hiérogamie de Minerve et de Vulcain, c'est-à-dire l'action combinée de la chaleur atmosphérique et du feu terrestre dans ses rapports avec la végétation. Mais les Athéniens avaient à cœur la virginité de leur déesse; aussi modifièrent-ils un mythe qui portait une si grave atteinte à sa réputation de chasteté; cependant ils eurent beau faire, il en resta toujours quelques traces; la légende très-caractéristique d'Érichthonius, image du blé nouveau confié à la terre, procède évidemment de cette hiérogamie.

Nous ne reproduirons point ici la théorie d'O. Müller sur Minerve, considérée comme divinité des eaux, et à ce titre, adorée par les peuples qui habitaient au bord des lacs. Cette théorie, qu'il rattache à la Minerve Poliade de l'Attique, a été développée dans son livre sur l'origine des races grecques, où il lui donne pour fondement les traditions de la Béotie, dans lesquelles il est question d'une Athènes béotienne détruite par une inondation du lac Copaïs, et renouvelée plus tard dans une autre Athènes, qui fut celle de l'Attique. Minerve, devenue ainsi la personnification du principe humide, se rattache au Neptune Érechthée. L'auteur, du reste, ne fait qu'indiquer cette relation, sans essayer de l'approfondir. Voici comment il s'exprime à sujet : « Je ne suis point éloigné de ceux qui voudraient retrouver dans cette fable une allusion à la situation topographique d'Athènes. Cette ville était entourée, surtout dans la direction du port, de terrains bas et humides, où pâturaient les chevaux, terrains qui se couvrirent de riches plantations d'oliviers, lorsqu'ils eurent été desséchés, soit par l'ardeur du soleil, soit par la main des hommes, et tout nous porte à croire qu'un sens plus profond se cache sous ce mythe dont les Athéniens, plus soucieux de leur vanité que de laisser percer leurs origines religieuses, se sont appliqués à dénaturer la véritable signification. »

Voyons maintenant, en continuant de prendre O. Müller pour guide, comment se pratiquait le culte de Minerve et de Neptune Érechthée.

Une corporation, nommée la corporation des Étéobutades, était en possession de donner des prêtres au dieu et à la déesse; elle faisait partie de la tribu des agriculteurs, et, comme le nom l'indique, ceux qui la composaient exerçaient la profession de bouviers, rattachant, du reste, leur origine aux familles royales de l'Attique, puisqu'ils disaient descendre de Butès, père d'Érechthée et fils de Pandion. Ce sacerdoce n'eut pas, à son origine, l'autorité d'une institution religieuse; il prit naissance dans la dévotion privée, et ce n'est qu'avec le temps que la corporation des Étéobutades parvint à imprimer un caractère solennel et public à des rites particuliers. Toutefois, quoique étrangers jusqu'à un certain point à la noblesse de l'Attique, aux Eupatrides, ils n'en conservèrent pas moins le dépôt des traditions et des pratiques religieuses relatives à la Minerve et au Neptune de l'acropole, se transmettant d'âge en âge, jusqu'au temps des Romains, le droit de choisir le prêtre et la prêtresse de l'Érechthéion.

Déjà établi par les légendes mythiques et confirmé par les occupations de ses prêtres, voués à la vie rustique et pastorale, le caractère agraire de Minerve, selon O. Müller, se révèle encore dans certaines pratiques ou certaines fêtes, dont la plus importante, celle des Scirrophories, a fourni plus d'un trait aux grandes et petites Panathénées. Au jour consacré à cette fête, si semblable aux fêtes des frères Arvales, à Rome, le prêtre et la prêtresse de Minerve descendaient ensemble, suivis d'un grand concours de peuple, et se rendaient au lieu nommé Sciron, situé entre Athènes et Éleusis, pour y faire le premier labour de l'année.

L'époque de la fondation de l'Érechthéion se perd dans la nuit des temps. C'est, du reste, le seul temple d'Athènes dont parle l'auteur du catalogue des vaisseaux des Grecs dans l'Iliade. Incendié par les Perses, puis édifié de nouveau, il ne fut totalement terminé que sous l'archonte Dioclès dans la quatrième année de la quatre-vingt-douzième olympiade.

Cet édifice était divisé en deux parties séparées par un mur; l'une, regardant l'orient, formait le temple d'Érechthée; l'autre, tournée vers l'occident, se trouvait partagée en deux enceintes, dont la plus grande était réservée à Minerve, et la plus petite consacrée à Pandrose. Le charmant portique des cariatides ornait cette seconde enceinte. On entrait dans l'Érechthéion par un péristyle orné de six colonnes. La cella, de forme carrée, pouvait avoir environ vingt-quatre pieds de large, et l'on y voyait les autels de Neptune, de Butès et de Vulcain. Le sol dominait de huit pieds celui des autres parties de l'édifice, et dans l'espèce de crypte formée par cet exhaussement se trouvait, disait-on, le tombeau d'Érichthonius. Quatre colonnes décoraient le péristyle occidental, flanqué au nord par un portique héxastyle, et au sud par le portique des cariatides. C'était par ce portique que l'on arrivait au pandrosion, qui servait en quelque sorte de vestibule au temple de Minerve. C'est là que Cécrops était enseveli. Le sanctuaire de Minerve ne recevait de lumière que par le portique, et une lampe d'or, œuvre de Callimaque, dissipait les ténèbres du sanctuaire. L'habile artiste avait eu l'idée de fabriquer un canal, sous la forme d'une palme renversée, par lequel la fumée de cette lampe montait jusqu'au toit.

Cette lampe éclairait le xoanon de Minerve, haut de trois coudées et fait de bois d'olivier. Le vieux simulacre était revêtu du célèbre péplus que l'on portait en pompe dans les Panathénées, longue tunique tombant jusqu'aux talons, enrichie d'une large bande qui descendait de la ceinture en bas, toute pareille aux vêtements des femmes sur les vases d'une grande antiquité, et dont la célèbre statue du musée de Dresde, représentant Minerve, peut nous donner l'idée la plus exacte. Ce xoanon était tourné du côté du soleil levant, et Dion Cassius rapporte qu'à l'avénement d'Auguste à l'empire, la statue de la déesse se retourna spontanément du côté de l'occident. C'est dans ce lieu plein de mystère que rampait le serpent sacré, οἰκουρὸς ὄφις, qui représentait Érichthonius aux yeux des dévots.

Arrêtons-nous ici, car nous n'avons pas l'intention de reproduire une monographie dans tous ses détails, et renvoyons à O. Müller lui-même le lecteur qui voudrait ne rien perdre de cette description. D'ailleurs, il importe de ne point omettre quelques recherches plus récentes sur l'Érechthéion, ou tout au moins d'en consigner les principaux résultats. Ces recherches portent, comme la dissertation d'O. Müller, sur ce que nous appellerons la mythologie et l'archéologie de l'acropole.

Sur le premier point, nous avons à citer M. Rückert (*der Dienst der Athena, Hildburghausen*, 1829.) Ce savant, qui ne procède pas synthétiquement comme O. Müller, et qui pousse l'analyse jusqu'à la diffusion, place les prêtres de Minerve et de Neptune, c'est-à-dire les Étéobutades, parmi les chevaliers et les Eupatrides, et cela contrairement à l'opinion de l'illustre antiquaire de Göttingue. Il est vrai qu'il reconnaît que c'était à des travaux agricoles et à une aptitude particulière pour élever le bétail, que cette famille devait son nom; et c'est la signification qu'il donne aux divers personnages dont elle se composait, voyant dans Butès l'éleveur de bœufs, le bouvier; dans Chthonia, son épouse, le sol. L'union de Minerve et Neptune le frappe également; il reconnaît dans ce dieu, même à Athènes, un caractère purement agraire ou végétatif, indiqué dans quelques autres contrées de la Grèce par l'épithète de Phytalmius. Toutefois, si le dieu de la mer est adoré sur l'acropole à côté de Minerve, c'est parce qu'il a le pouvoir d'ébranler la terre; de là l'épithète d'Érechtheus sous laquelle il était invoqué, probablement dans les tremblements de terre; ce qui impliquait (et ici nous complétons la pensée de M. Rückert) certains rapports avec la protectrice de la cité.

M. Gerhard est plus explicite qu'O. Müller sur l'idole de la

Minerve Poliade. Il se croit autorisé à supposer qu'elle était assise, se fondant sur ce que cette attitude était celle de la Minerve Poliade de Troie, d'Érythres, de Phocée, de Chios, de Marseille et de Rome (*Text zu antiken Bildwerken*, S. 120.) M. Gerhard part d'un principe : c'est que les dieux protecteurs des cités grecques personnifiaient les puissances physiques. De là l'usage de les revêtir du péplus, c'est-à-dire, du costume des divinités qui présidaient à la génération, ce qui l'amène à penser que la Minerve Poliade d'Athènes, déesse génératrice, pouvait avoir eu pour attribut, pareillement à la Minerve d'Érythres, au lieu du casque et de la lance, le polos, image de la voûte céleste, et le fuseau, symbole de la puissance créatrice.

Cette réflexion nous ouvre un nouveau point de vue. Nous avons à examiner s'il nous reste quelques représentations de la Minerve Poliade de l'acropole, et quel est le principal caractère de ces représentations.

Et d'abord, une difficulté s'offre à l'esprit. Minerve, même au début des arts plastiques, et dans la ville d'Athènes, fut représentée sous des traits divers. Indépendamment de l'Athéné Polias, on eut l'Athéné Promachos, l'Athéné Sciras, le Palladium ; or, il est facile de confondre ces diverses images, ou de se méprendre sur la signification de leurs attributs. Nous en avons un exemple dans certains monuments votifs dont l'interprétation, après avoir été généralement acceptée, est très-contestée aujourd'hui.

Nous voulons parler de trois stèles sépulcrales, l'une du musée du Louvre, l'autre du musée britannique, la troisième, de la collection Blundel. Le bas-relief du Louvre, publié par Winckelmann dans ses monuments inédits, nous montre un guerrier offrant un sacrifice à Minerve. Le xoanon de la déesse est placé sur une colonne ; elle est armée ; et un serpent, auquel une victoire ailée offre des libations, entoure cette colonne de ses replis. La stèle du musée britannique nous offre un caractère analogue, puisqu'on y voit un guerrier et une femme versant à boire à un serpent. Seulement, un trophée remplace ici le xoanon de la déesse. Enfin, nous retrouvons sur le bas-relief Blundel le xoanon armé, la victoire ailée et le serpent. Il n'y manque que le guerrier, qui a disparu sans doute avec une portion du monument.

Dans ces trois stèles, O. Müller reconnaît un sacrifice offert à l'image sacrée tombée du ciel, au xoanon de bois d'olivier, en un mot, à notre Minerve Poliade (*Amalthea*, III, S. 148 et sqq.). C'est aussi l'opinion de Visconti; il l'a exprimée en parlant du bas-relief du Louvre (*Descript. des antiques*, n° 139); et elle a été reproduite par son continuateur (Clarac, *Description du Louvre*, n° 175). M. Raoul-Rochette (*M. inéd.*, p. 287), par des motifs qu'il serait trop long d'expliquer ici, est le premier qui ait contesté cette signification. D'autres motifs déterminent également M. Gerhard (*über die Minervenidole Athens*, Berlin, 1844) à rejeter l'interprétation d'O. Müller et de Visconti.

Dans la pensée de M. Gerhard, l'image de Minerve, telle qu'on la voit sur ces stèles, est celle de la Minerve du Parthénon; non pas, il est vrai, la Minerve de Phidias, non pas ce colosse d'or et d'ivoire, l'éternel honneur d'Athènes, mais la reproduction de l'antique idole que l'on vénérait dans un autre Parthénon, remplacé après l'incendie de la citadelle par le magnifique édifice d'Ictinus. Armée, debout, entourée d'un serpent, telle était la statue de Phidias. Il est permis d'en conclure que la vieille idole dont, selon toute apparence, elle n'était que la copie embellie, se trouvait armée et debout. Au reste, entre cette Athéné Parthénos et la Minerve Poliade, il existe une analogie que l'on peut déduire de la communauté de symboles, car l'une et l'autre ont le serpent pour attribut. Mais cette analogie ne va guère plus loin; il est évident que la Minerve Poliade se montrait dans une attitude fort peu guerrière, et qu'à la place du casque, le πόλος, dont le nom se rapproche de πόλις, lui servait de coiffure.

M. Gerhard (*loc. cit.*) a appliqué ce système à plusieurs monuments recueillis en Attique. Partant de ce point, que le xoanon de la citadelle ressemblait à la Minerve d'Érythres, il signale une statue de marbre provenant des ruines de l'Acropole, représentant Minerve assise, avec le Gorgonium sur la poitrine; statue très-mutilée, mais qui se complète, si on la rapproche d'une autre statuette provenant également de l'Attique. Cette figurine, aujourd'hui au musée de Berlin, est en terre cuite colorée, et représente Minerve assise, le front coiffé du polus, et la poitrine ornée du Gorgonium. On peut lui comparer une autre terre cuite recueillie à Agrigente, il y a quelques années, par les soins d'un infatigable antiquaire sicilien, M. Raphaël Politi. Enfin M. Gerhard reconnaît aussi la Minerve Poliade dans les figurines déposées au fond des tombeaux athéniens, où elles prennent place à côté de la déesse tellurique Gæa-Olympia, comme une amulette pour protéger les morts; et il justifie cette conjecture en signalant les rapports existant entre Minerve et les deux déesses d'Éleusis, rapports attestés par les prières qu'on leur adressait en commun.

A ces images, reproduisant le xoanon de Minerve, viennent se joindre d'autres représentations relatives au culte de cette déesse et aux légendes qui se lient au temple d'Érechthée. Nous citerons d'abord une des métopes du Parthénon sur laquelle Brönsted (*Voy. en Grèce*, t. II, p. 226) a cru reconnaître Érichthonius remettant à la prêtresse de Minerve le divin xoanon. La naissance d'Érichthonius, cette forme nouvelle de la hiérogamie de Vulcain et de Minerve, fait le sujet d'une des plus belles peintures de vases qui soient sorties des fouilles de Vulci (*Annal. de l'Inst. arch.*, I, p. 298 et suiv.); et deux groupes en marbre, l'un au musée de Berlin (Gerhard, *Berlin's ant. Bildwerke*, n° 4), l'autre provenant des dernières fouilles de l'acropole, nous montrent également Minerve avec Érichthonius. Deux beaux camées du cabinet des antiques de la bibliothèque nationale et quelques médailles d'Athènes, sur lesquelles on voit la dispute de Minerve et de Neptune, entrent également dans ce cycle figuré. Quant à la prêtresse du temple d'Érechthée, on la voit sur l'un des bas-reliefs du Parthénon, donnant à deux *Arrhéphores,* jeunes vierges consacrées à Minerve, la mission de porter dans les jardins de Vénus certains objets mystérieux et consacrés (O. Müller, *Denkmäler der alten Kunst, Taf.* XXIII, n° 115).

En terminant cet exposé, il est de notre devoir de signaler à nos lecteurs l'ouvrage de M. de Quast sur le temple d'Érechthée (*Das Erechtheion zu Athen*, Berlin, 1840), comme offrant un terme de comparaison très-neuf et très-curieux avec la dissertation d'O. Müller, par rapport aux dispositions architectoniques du temple de la Poliade. M. de Quast a reproduit deux inscriptions grecques qui ont éveillé chacune, à leur apparition, l'attention des érudits. La première, déjà ancienne, publiée pour la première fois par Chandler (*Inscript. græc.*, p. 11, n° 1), et commentée par Wilkins (*Atheniensia*, London, 1816), O. Müller (*Minerv. Pol. sacra*), et Bœckh (*Corp. Inscript. græc.*, I, n° 160), renferme ce que nous pourrions appeler des détails officiels sur l'achèvement de l'Érechthéion sous l'archontat de Dioclès, et désigne d'une manière précise quelles sont les portions qui doivent être achevées. La seconde inscription, recueillie en 1835 par le Dr Ross dans les ruines des Propylées, et dont un nouveau fragment a été publié par lui dans le *Kunstblatt* (1836, n° 60), présente le compte des sommes payées aux sculpteurs qui ont travaillé à orner et à décorer l'Érechthéion. Il en résulte que tous ces sculpteurs, loin de demeurer à Athènes, se trouvaient dispersés dans les diverses bourgades de l'Attique. Ce fait assez curieux peut jeter quelque lumière sur les mœurs privées des artistes athéniens.

Nous n'ajouterons plus qu'un mot. Depuis Homère jusqu'à Photius, poëtes, historiens, rhéteurs, grammairiens, voyageurs et géographes, tous ou presque tous ont signalé à l'attention publique le temple de Minerve Poliade, preuve bien frappante de la haute renommée dont jouissait ce sanctuaire, objet d'une si profonde vénération pour le peuple le plus ingénieux et le plus brillant de toute l'antiquité.

(E. V.)

ADDITION
AUX NOTES ET ÉCLAIRCISSEMENTS
SUR LE LIVRE SIXIÈME.

M. Creuzer, dans les *Nachträge* de sa troisième édition, qui correspondent à ce livre, a touché de nouveau un certain nombre de points concernant plusieurs des divinités de l'Olympe grec et romain, et précisément celles que nous avions nous-même remises en question. Nous ne croyons pouvoir mieux terminer la longue série de nos Éclaircissements sur le tome deuxième des *Religions de l'antiquité*, qu'en donnant ici une analyse de ces nouvelles remarques, qui n'en seront pas la partie la moins précieuse.

I.

Sur Jupiter en général, et en particulier sur le Jupiter de Dodone.

M. Creuzer a donné lui-même, avec quelques observations, une analyse de deux dissertations récentes sur l'oracle de Jupiter à Dodone, l'une par Joseph Arneth (*Das Tauben-Orakel von Dodona*, Wien, 1840), l'autre par E. V. Lasaulx (*Das Pelasgische Orakel des Zeus zu Dodona*, Würtzburg, 1840). Il n'en résulte rien de bien neuf sur ce sujet, qui d'ailleurs n'est pour nous qu'accessoire. Notre auteur se déclare, avec O. Müller et Lasaulx, pour la Dodone de Thesprotie, comme ayant été la Dodone primitive, sinon unique. Il repousse avec beaucoup de raison, selon nous, les rapprochements non moins surannés que hasardés, tentés par les auteurs des deux dissertations susdites, entre les traditions bibliques et les origines de l'oracle de Dodone; mais il tient aussi fortement que jamais, ce semble, à la fondation de cet oracle par une colonie venue d'Égypte en Épire [1]. Il examine de nouveau, avec M. Lasaulx, les différents modes de divination en usage à Dodone, et qu'Hérodote avait cru retrouver à Thèbes d'Égypte. Le fameux oracle par les bassins ou par le bassin, suivant les témoignages divers de Démon et de Polémon, qu'il essaye de concilier, en s'appuyant principalement sur l'explication d'O. Müller, devient pour lui la matière d'une polémique qui ne manque pas d'intérêt, contre le savant éditeur des fragments de Polémon, M. Preller [2]. Enfin, il remarque, toujours avec Lasaulx, qu'une divination naturelle existait à Dodone, conjointement avec la divination artificielle, les Péliades étant renommées, aussi bien que la Pythie de Delphes, pour leurs extases prophétiques, qui paraissent, surtout d'après le témoignage du rhéteur Aristide [3], avoir été analogues aux extases magnétiques.

Nous passons de l'oracle au dieu de Dodone, où M. Creuzer voit primitivement une divinité solaire, à raison même de son origine thébaïque et ammonienne, c'est-à-dire égyptienne [4]. C'est encore à ce titre de dieu du soleil, qui voit tout, qui produit à la lumière les pensées les plus cachées, qu'il reconnaît Zeus ou Jupiter, au sens homérique, comme l'auteur de tous les présages et de toutes les prédictions, dont Apollon lui-même, le prophète par excellence, ne fait que révéler les volontés [5]. Et toutefois notre auteur ne peut s'empêcher d'avouer que les oracles rendus à Dodone au nom de Jupiter embrassaient la nature entière, l'eau et le vent, les

[1] Cf. les Éclaircissements qui précèdent, p. 1046 et 1267.

[2] Polemonis Periegetæ Fragmenta, ed. L. Preller, XXX, p. 56-62. Cf. O. Müller dans l'*Amalthea* de Böttiger, I, p. 133; et Welcker ad Philostrati Imagines, ed. Jacobs, p. 566 sq.

[3] Tom. II, 13, Dindorf., coll. Platon. Phædr., p. 244 Bekker.

[4] Il cite en preuve une médaille d'argent d'Alexandre Ier d'Épire, dans Eckhel, Sylloge, VIII, 3, qui, au lieu de la tête laurée de Jupiter sur d'autres monnaies de ce roi, montre la tête du dieu Soleil, environnée de grands rayons et de boucles de cheveux crépus.

[5] Cf. Ed. Maetzner, de Jove Homeri, p. 34-43.

sons, les voix aussi bien que la lumière, et que le domaine tout entier des météores était le sien, tonnerre et éclairs, ouragans et torrents de pluie. Joignez-y les formidables ébranlements de la terre et les inondations qui la couvrent, et vous comprendrez, dit-il, le côté terrible du dieu de Dodone, qui ne doit pas faire perdre de vue le côté propice et bienfaisant de ce pouvoir suprême de la nature. La source de vie résidait en lui sous la forme de l'eau, sous la forme de l'Achéloüs ou de Dionysus, le dieu-taureau de Dodone [1], comme sous la forme de la lumière et sous celle du feu, dans l'Apollon de Delphes et de Délos. Tel était encore le *Zeus Peloros* des Pélasges de la Thessalie, qu'Hérodote prend pour Poseidon, qui présidait aux tremblements de terre, si redoutables dans cette contrée, et qui réunissait dans sa personne les trois attributions d'un dieu du tonnerre, d'un dieu des inondations, et de l'auteur de la fertilité [2]. A cette dernière notion se rattachait celle de Dionysus Chthonius ou souterrain, le même, au fond, qu'Aidoneus, roi des morts, qui n'était lui-même qu'un des aspects, et, pour ainsi dire, une des personnes du Jupiter multiple de Dodone.

Il suit de là que le Jupiter de Dodone était bien un dieu de la nature dans sa totalité, et qu'il réunissait les trois empires du monde, celui du ciel, comme dieu de l'éther et de l'Olympe; celui de la mer et des eaux en général, comme Poseidon, Achéloüs; celui des enfers, comme Aidoneus ou Dionysus Chthonius. Il répondait au triple Jupiter, au Jupiter à trois yeux (*Triopas* et Τριόφθαλμος) des Argiens et des Étoliens [3]. Dans la plus ancienne doctrine orphique, il se confondait avec le monde, aussi bien que dans le vieux dogme ita-

---

[1] Cf. Franz v. Streber, Sur le taureau à face humaine des médailles de la basse Italie et de la Sicile (en allem.), dans les Mém. de l'Acad. de Munich, 1836, p. 555; — et nos pl. CXXV, 526 *b*, CXXVI et CXXVII, 464-465 *a*, avec l'explicat., p. 217 et 192.

[2] Herodot., VII, 129. Cf. Panofka, *Ueber verlegene Mythen*, p. 19.

[3] Cf. O. Müller, *Dorier*, I, p. 61, et Panofka, *l. c.*, p. 18 sq.

lique du *Jupiter-Mundus*[1]. Plus tard, la théologie orphique, qui avait déjà presque à demi renoncé à l'unité de l'être divin, non-seulement recueillit tous les dieux au sein de Jupiter, mais souvent même les rapporta à tel ou tel d'entre eux. La religion homérique s'inquiète peu de l'origine du monde; elle réserve toute son attention pour l'extraction des dieux, leur parenté et leurs alliances; si elle laisse poindre un pressentiment de l'unité de dieu, c'est seulement quand elle nous montre les pouvoirs et les attributs de toutes les divinités concentrées en Jupiter, roi de l'Olympe. Les rapports de dieu et du monde, et l'idée d'un Jupiter ordonnateur libre et sage de celui-ci, ne furent saisis que beaucoup plus tard; c'est par cette dernière qualification, jointe à celle de père, et l'une et l'autre, chose remarquable, rattachées au dieu de Dodone, que Pindare désigna exclusivement la grande divinité des Hellènes[2]. Un autre lyrique, soit Bacchylide, soit Simonide, appelle Jupiter le meilleur des chefs[3], préparant ainsi les idées épurées du dieu national par excellence, que nous rencontrons ensuite chez les tragiques. Déjà chez Eschyle, adversaire constant des préjugés populaires, perce la notion d'une providence divine, dans le Jupiter tout-puissant, tout-agissant, tout-produisant, qu'il nous dépeint. Sophocle, préoccupé, comme déjà Eschyle, de l'unité de l'idée divine, et qui parle, aussi bien que lui, d'un Jupiter marin et d'un Jupiter infernal, nomme ce dieu collectif le souverain de l'univers[4]. Le panthéisme reparaît chez Euripide, qui représente Jupiter comme le feu-éther céleste, comprenant tous les éléments, embras-

---

[1] Varro ap. Augustin. de Civ. Dei, VII, 9. Cf. Lobeck, Aglaoph., p. 533.

[2] Pindar. ap. Dion. Chrysost. Orat. XII, p. 415 sq. Reiske. Cf. Pindar. Fragm., p. 571 Bœckh.

[3] Ἀρίσταρχος. Cf. Bacchylid. Fragm., p. 62, ed. Neue.

[4] Sophocl. Œdip. Tyr. 898 (903 Herm.). Cf., sur les idées des deux grands tragiques à cet égard, Welcker, *Æschyl. Trilogie*, p. 99 sqq., et Thudichum, dans sa traduction allemande des tragédies de Sophocle, surtout p. 241 sqq.

sant toutes les parties du monde physique; notion qui, développée par les stoïciens, s'introduisit à Rome, et qu'un savant de nos jours a entrepris de réhabiliter, comme la vraie notion du Jupiter olympien des Grecs [1].

II.

Sur Héra-Junon et sur quelques formes particulières de cette déesse.

Pour ce qui concerne Junon, M. Creuzer s'élève avec une grande force contre les fausses étymologies, les idées étroites et partielles que M. W. Heffter, après Böttiger [2], a mises en avant au sujet de cette déesse, qu'il considère trop exclusivement comme la divinité qui préside à l'hymen. Celui, dit notre auteur, qui n'accepte point la pensée de Welcker [3], à savoir que l'hymen de Zeus et de Héra est l'union féconde du ciel et de la terre; celui qui ne veut point reconnaître dans Héra une déesse antique de la nature, celui-là ne saurait être qu'un mythologue des plus prosaïques.

D'autres, heureusement, ont montré, poursuit M. Creuzer, tout ce qu'il y a de naïveté et de richesse à la fois dans les mythes qui se rapportent à la Héra grecque. Ils ont retrouvé, après nous, dans l'Argienne Io, ce qu'on peut appeler une épiphanie de cette déesse, spécialement adorée à Argos [4]; ils en ont retrouvé une autre dans Médée, révérée à Corinthe, où le culte de Héra *Acræa* était établi, révérée également à Iolcos, où l'on adorait de tout temps la Héra pélasgique [5]. Les rites du culte de Héra, les sentiments, les croyances qui s'y ratta-

---

[1] Cic. de Nat. D. II, 25, avec les remarques, p. 306-309 Creuzer. Cf. Éméric David, Jupiter, tom. II, p. 579.

[2] Dans l'*Allgemeine Schulzeitung*, Darmstadt, 1833, *Abtheil.* II, n° 59, p. 465-470; et dans sa *Mythologie der Griechen und Römer*.

[3] *Anhang zu Schwenck's Etymol. Myth. Andeut.*

[4] O. Müller, *Dorier*, I, p. 396; Panofka, *Argos Panoptes*.

[5] O. Müller, *ibid.*, et p. 267 sq.

chaient, donnèrent naissance aux légendes mythologiques, soit d'Io, soit de Médée. Une autre forme non moins antique, non moins remarquable, du culte de Junon, c'était la Héra *Thelxinia* adorée à Athènes, et dont le surnom rappelle les fameux Telchines, habitants de Rhodes, où une Héra *Telchinia*, qui doit être la même, était également adorée dans les villes de Ialysos et de Camiros [1]. M. Creuzer conjecture que cette Héra fut portée de Rhodes à Athènes, et introduite dans les cultes de l'Attique par les Pélasges Tyrrhènes ; qu'elle était originairement une déesse orientale de la lune, magicienne errante comme Médée, en rapport elle-même avec les Telchines, les puissances magiques de la mer, qui, dit-on, à Rhodes firent place aux Héliades, aux enfants du Soleil, quand Médée se fut éloignée d'eux.

III.

Sur Poseidon-Hippios et Consus, dieu des eaux et du conseil.

M. Creuzer a entrepris de rétablir l'unité de Poseidon-Hippios ou du Neptune équestre, et du dieu Consus, que plusieurs mythologues modernes considèrent comme deux divinités distinctes, et que Denys d'Halicarnasse lui-même incline à diviser [2]. Cette division paraît à notre auteur un produit de la réflexion scientifique, de l'analyse, qui avait perdu de vue le génie synthétique de la conscience religieuse des temps anciens.

Suivant l'opinion commune de l'antiquité, *Consus*, le dieu des conseils secrets, était le même que Neptune, dieu des eaux et de toutes les choses cachées en général [3]. Pour sai-

---

[1] Hesych., I, 1690, coll. Diodor. V, 55, p. 374 sq., et Lactant. Placid. Narrat., fab. X sqq., p. 837 Staver.

[2] Antiq. Rom., II, 31, p. 303 Reisk. *V.*, du reste, Hartung, *Relig. der Römer*, II, p. 87, et l'auteur de l'art. *Consus*, dans la *Real-Encyclop.* de Pauly.

[3] T. Liv. I, 9 ; Plutarch. Romul. 18, et Quæst. Rom. 48 ; Servius ad Æneid. VIII, 636, etc., etc.

sir cette identité, il faut d'abord se reporter au vieux culte grec de Poseidon *Phytalmios*, *Genesios*, *Genethlios*, *Patrogeneios*, nourricier, générateur, père, non-seulement des plantes, mais encore des hommes eux-mêmes, par la vertu des eaux. Ce Poseidon-là se rapproche singulièrement du Jupiter de Dodone et de la Thessalie, dieu du tonnerre et des eaux à la fois, et il ne se rapproche pas moins de Poseidon *Hippios*, analogue à l'Athéné *Hippia*, tous deux présidant aux coursiers qui paissent dans les lieux bas et humides, dans les pâturages bien arrosés, tous deux ayant en partage la sagesse aussi bien que la force et la rapidité. Rappelons-nous Pégase, le cheval ailé, faisant jaillir la source des Muses, elles-mêmes nymphes des eaux dans l'origine, et nous comprendrons que de l'eau, considérée comme l'élément primitif, durent sortir, aux yeux des anciens, les voix prophétiques et les pensées profondes; qu'un même dieu put être à la fois le dieu des eaux, le dieu des coursiers et celui des conseils secrets. Athéné Hippia, suivant une tradition, passait pour la fille de Poseidon et de l'Océanide Coryphé [1]. D'un autre côté, la célèbre légende arcadienne de Déméter-Erinnys faisait naître de cette déesse, métamorphosée en cavale, et du dieu des eaux la poursuivant sous la figure d'un cheval, outre le coursier Arion, une fille, *Despœna*, la maîtresse, la souveraine [2]. De même que sa mère, Déméter ou *Déô* était identique à la *Dia-Dea*, célébrée dans les hymnes des frères Arvales, et à l'*Ops Consiva* ou *Consivia*, que beaucoup tenaient pour le mystérieux génie de la ville de Rome [3]; de même la fille devait être regardée en Italie comme une reine des eaux, son père, le Neptune équestre, étant positivement qualifié de souverain des eaux [4]. Elle occu-

---

[1] Cic. de N. D. III, 25, *ibi* Creuzer.

[2] Pausan. VIII, 25 et 42, coll. 37.

[3] Festus in Opima, p. 305 Dacer.; Macrob. Saturn. III, 9, p. 436 Zeune. Cf. Marini *Atti*, etc., I, p. 10 sq., 126, 146, 365, et Creuzer ad Cic. de N. D., *ubi supra*.

[4] *Rex laticum*, Ascon. in Cic. Verrin., act. I, cap. 10.

paît la place de l'Athéné Hippia, donnée comme fille, tantôt de Jupiter et tantôt de Neptune, c'est-à-dire de Consus, dieu des eaux et des conseils à la fois, dieu sage et savant par excellence.

Les fêtes de Consus, les *Consualia*, tombaient le 21 août, et se liaient étroitement soit aux *Volcanalia*, qui avaient lieu le 23, soit au jour solennel dit *Opeconsiva dies*, le 25 [1]. Ainsi les anciens Romains rapprochaient à dessein les hommages qu'ils rendaient au dieu caché des eaux, au dieu du feu, et à la terre-mère qui porte les fruits, qui donne la nourriture, voyant dans celui-ci et dans le premier, à titre d'auteurs de la vie, les génies tutélaires de leur ville. Si maintenant nous nous souvenons que Janus aussi était regardé comme l'auteur de la vie et du genre humain, qu'il en recevait les épithètes de *Consivius* et de *Pater*, qu'en même temps il est dit le dieu conseiller [2], non-seulement nous retrouverons en lui jusqu'à un certain point le Neptune et le Consus que nous venons de voir, mais sa sœur Camaséné, cette fille des eaux, s'identifiera avec Ops *Consiva* ou *Consivia*, avec la Dia Dea, qui n'est autre que Déméter ou Cérès. Le nom de *Consus* peut venir de *conserere*, planter, engendrer, aussi bien que de *condere*, cacher. Dans la légende de la fondation de Rome, l'enlèvement des Sabines est représenté comme ayant eu lieu pendant les jeux célébrés à la fête de Consus; et cette légende s'explique par l'usage des Romains, qui, dès le temps de Romulus, se considérant comme prédestinés à l'empire du monde, au gouvernement de l'humanité, terminèrent les noces par un rapt symbolique de femmes [3]. Sur le même fondement des antiques religions de la nature repose la tradition

---

[1] Varro de Ling. lat. IV, 57, p. 202 Spengel. Cf. Veter. Kalendaria in Gruter. Thesaur., p. 133, et ap. Orelli Inscript. II, p. 396 et 411.

[2] Cf. livre V, sect. II, chap. III du texte de ce tome, et la note correspondante, dans les Éclaircissem., p. 1212 sq. *ci-dessus*.

[3] Cf. Roulez, Sur la légende de l'enlèvement des Sabines, dans la Revue encyclop. belge, tom. V, juillet 1834.

selon laquelle Pélops, pour obtenir Hippodamie dans la course des chars, sacrifie à Aphrodite, née du sein des eaux, ou bien seul, au milieu des ténèbres de la nuit, sur le bord de la mer, invoque le secours de Poseidon Hippios, qui lui apparut sous les traits de Jupiter faisant un signe de tête propice [1].

IV.

Hermès, l'esprit des eaux, le formateur et l'ordonnateur vivifiant.

Homère, dans le vingtième chant de l'Iliade (v. 34 sq.), place Hermès à la suite de Poseidon; et en effet ces deux divinités se rattachent étroitement l'une à l'autre dans certains cycles mythiques de l'antiquité. Pour s'en convaincre, il suffit de rapprocher quelques-unes des données éparses à travers le texte de cet ouvrage, ou rassemblées dans le chapitre de ce livre spécialement consacré à Hermès.

Rappelons d'abord l'Hermès Trophonius, ce dieu antique des Pélasges, envoyant la nourriture et la parole prophétique du sein de la terre, et surnommé pour cette raison *Eriounes, Eriounios* [2]. Trophonius avait pour fille *Hercyna*, c'est-à-dire *Orcina*, déesse des enfers et des sources souterraines, dont l'idole placée dans le temple qui lui était commun avec son père, portait dans sa main une oie, par conséquent un oiseau aquatique, sans parler du serpent, qui était aussi l'un de ses attributs [3]. Au même ordre d'idées et d'images appartient la naissance de Pan par l'œuvre d'Hermès, s'unissant sous la figure d'un bouc à Pénélope, dont l'attribut était un autre oi-

---

[1] Pindar. Olym. I, 115 (75) sqq., *ibi* Bœckh, Tafel et Dissen, coll. Pausan. V, 13.

[2] Cf. livre V, sect. I, chap. III, art. I, de ce tome, et la note 3 dans les Éclaircissem. de ce même livre, p. 1105 sq. *ci-dessus.*

[3] Pausan. IX, 39, 2; T. Liv. XLV, 27. Cf. O. Müller, *Orchom.*, p. 155; Gerhard, *Antike Denkm.*, p. 32, 80 sqq. et 194; Raoul-Rochette, Monum. inéd., I, p. 21 sq.

seau aquatique, le canard (*Penelops*), avec lequel on la trouve représentée sur les monuments, particulièrement sur les peintures de vases [1]. Il faut citer encore Ægipan, le bouc à la queue de poisson, qui, de concert avec Hermès, rend à Jupiter la force ravie au maître des dieux par Typhon, dans l'antre Corycien [2]; et le bélier marin, attribut de Pan aussi bien que d'Hermès sur les monnaies et sur les étendards romains, quelquefois uni au coquillage qui est le pectinite, parce qu'Ægipan, dans le combat des Titans, avait combattu les ennemis des dieux olympiens avec des coquilles marines [3]. L'on offrait à Hermès des poissons; des sources et des fontaines lui étaient consacrées et se voyaient dans ses temples [4]; il passait pour fils de Maïa, fille elle-même d'Atlas, qui habite au sein des mers; tout dénote en lui un dieu qui règne sur les eaux. Si nous songeons, en outre, que Maïa, sa mère, petite-fille de l'Océan, était la muse primitive et une prophétesse; que l'Hermès égyptien est dit fils du Nil, et que, génie bienfaisant (agathodæmon), il annonçait les inondations de ce fleuve, source de vie et de prospérité pour les hommes et pour les animaux; qu'enfin l'Hermès ithyphallique des Pélasges semble avoir été copié sur le Thoth de l'Égypte et avoir réuni toutes ses attributions, avoir été l'esprit de vie au physique et au moral, le formateur et l'ordonnateur du monde incarné en lui [5], nous accepterons sans difficulté, comme conclusion de toutes nos recherches sur Hermès, les paroles d'un savant et ingénieux archéologue : « Hermès, dit M. Gerhard [6],

---

[1] Herodot., II, 145. Cf. Panofka, *Verlegene Mythen*, p. 13 sq., et les figures.

[2] Apollodor., I, 6, 3, § 10, p. 38 Heyn.

[3] Hygin. Poet. Astron., II, 28, p. 480 Staver.

[4] Pausan. VII, 22, selon la lecture de Valckenaer, adoptée par Clavier; J. Lyd. de Mens., p. 238 Rœther.

[5] Cf. le chap. d'Hermès-Mercure, dans le texte de ce livre et de ce tome, p. 671 sqq.

[6] *Hermes auf Vasenbildern*, p. 4 sq., coll. *Auserlesene Vasenbilder*, où l'auteur rapporte, p. 73, n. 42, les épithètes de θαλάσσιος et ἐπά-

était, dans la vieille conception grecque de son culte phallique, un principe solaire opérant sur la terre et sur les eaux, un moteur divin de l'univers, dont l'harmonie trouva de bonne heure son emblème dans la lyre inventée par lui. »

Quant à nous, au point de vue où nous nous sommes placé, et en revenant sur les dieux qui viennent de passer sous nos yeux, Poseidon Hippios, Consus et Janus, nous avons peine à trouver une différence entre eux et Hermès-Mercure tel qu'il nous est apparu; si ce n'est toutefois que, dans le dernier, considéré comme Cadmilus, ressortent particulièrement les idées et les attributions d'ordonnateur, de médiateur et de formateur, ainsi que nous l'avons déjà dit. Du reste, il se rapproche surtout de Janus, en sa qualité d'esprit des eaux, d'épiphanie d'Oannès et de Vichnou, de source de la révélation sacrée et de la sagesse sacerdotale, et il partage avec lui sur les monuments la double tête ou la double face [1].

V.

Athéné, Aphrodite-Némésis, Érichthonius.

Aux anciens travaux sur ces êtres divins, sont venus se joindre, dans ces derniers temps, plusieurs monographies, entre lesquelles se distingue celle d'Émile Rückert sur le culte d'Athéné-Minerve [2], dont voici les principaux résultats, accompagnés de quelques remarques.

L'idée fondamentale du culte d'Athéna, c'est l'adoration de la toute-puissance, de la sagesse et de la bonté divine, représentée sous les traits de la fille forte, prudente et secourable

χτιος, données à Hermès, et le fait qu'il était représenté comme un dieu pêcheur, ainsi qu'on le voit, en compagnie de Neptune et d'Hercule, dans notre pl. CXCIII, 695, avec l'explicat., p. 309.

[1] Cf. la dissertation de Visconti et celle de M. E. Vinet, citées p. 1212, n. 2, *ci-dessus*.

[2] *Der Dienst der Athena*, etc., von Dr. Emil Rückert, Hidburghausen, 1829.

du monarque céleste. De là les noms divers de la déesse. Vierge invincible et tutélaire, c'était *Pallas*, protégeant et défendant les citadelles, les villes, les ports, ayant pour symboles le palladium, le gorgonium, le bouclier. Nourrice prévoyante et bienfaisante, c'était *Athéné* (de εὐθηνεῖν), qui conserve la vie et la santé par les sources salutaires et par d'autres moyens; qui soigne comme une tendre mère et fait prospérer les hommes, les animaux, les plantes; qui élève les génies locaux Érichthonius et Sosipolis [1]; qui est en rapport avec les divinités chthoniennes ou telluriques Déméter, Perséphoné, Hadès et Hermès. Ces deux différentes manières de considérer la déesse ayant été poétiquement rattachées l'une à l'autre, elle fut regardée comme conservatrice de l'ordre divin dans la nature, comme triomphant des puissances qui le troublent, comme ayant vaincu les Titans. Pleine de bonté et de bienveillance, elle entreprend d'instruire l'homme, elle lui montre toutes les inventions utiles, depuis celle du feu jusqu'à l'art de tisser et

---

[1] *Sosipolis*, qui, du reste, se rapproche beaucoup d'Érichthonius, était-il associé à Athéné? c'est ce qui n'est nullement certain. On trouve pour la première fois ce nom sur les médailles de Géla, au-dessus de la tête de taureau à face humaine (pl. CXXVII, 465 *a*, et l'explicat. p. 192 sq.), ce qui l'a fait appliquer à cette figure, où les uns voient Bacchus-Hébon, les autres Dionysus-Achéloüs, comme dieu de l'abondance, comme sauveur de la cité; les autres simplement un fleuve local. A Élis, il était associé à Ilithyia-Uranie, et une légende le représentait comme un enfant métamorphosé en serpent, qui avait sauvé les Éléens dans une guerre avec les Arcadiens (Pausan. VI, 20, 2 et 3). Il avait, en outre, à Élis une chapelle à gauche du temple de Tyché-Fortune, où, dans un tableau et d'après une vision en songe, il était figuré comme un petit enfant, avec un vêtement parsemé d'étoiles, et une corne d'abondance à la main (Pausan. VI, 25, 4). On peut consulter à ce sujet Böttiger, *Kleine Schriften*, I, p. 69; Raoul-Rochette, Peintures antiq. inéd., p. 194 et 122; et Panofka, *Terrakotten des königl. Mus. zu Berlin*, 1841, I, 1, 7. Ce dernier pense que le démon ou génie Sosipolis était identique à *Plutus*, dieu de la richesse, qu'une statue de Tyché portait comme un nourrisson dans ses bras. (Pausan. IX, 16, 1.)

de labourer, d'où vient qu'elle est associée à Héphæstus et à Prométhée. Un des arts qui exigent le plus de savoir et de prévoyance, de courage et d'audace, c'est l'art de construire des navires et de les diriger sur la mer; aussi la vierge sage et forte préside-t-elle à la navigation, conduit-elle le navigateur sur la route liquide, le sauve-t-elle des périls qui l'y attendent. En général, elle donne toute protection, tout conseil et secours, conçue qu'elle est de Métis et née de la tête de Jupiter. De là la gardienne des temples, *Pronæa*, devenue *Pronoia*, la Providence; de là son nom étrusco-romain de *Menerva*, ou la Sensée. Mais, douce et sage qu'elle est, quiconque l'insulte ou enfreint les lois divines qu'elle maintient, trouve en elle une justice sévère, une vengeance implacable; c'est pourquoi on l'apaise par des expiations et des purifications, quelquefois même par des sacrifices humains. Dans la majesté de ces fonctions et de ces attributs réunis, elle s'assied au sommet de l'Olympe, à côté de Jupiter, son père, et, seule entre les dieux, elle entre avec lui en partage de l'égide et de la foudre.

M. Klausen, en terminant cette analyse du travail de M. Rückert [1], fait observer avec raison que le côté physique de Pallas-Athéné y est complétement mis à l'écart. Et cependant, dit-il, si l'on recherche dans la croyance populaire l'origine d'une divinité quelconque, on s'assurera qu'elle ne put devenir une individualité personnelle sans se rattacher à une puissance de la nature révélée aux regards de l'homme. Le personnage d'Athéné paraît avoir pris naissance dans le culte du feu, du feu de l'éther surtout, qui revêtit les traits de cette déesse, quand, à la religion grossièrement symbolique des Pélasges, eut succédé la religion mythologique et héroïque des Hellènes.

M. Welcker, dans sa Trilogie d'Eschyle, a expliqué Athéné par le feu sortant de l'eau. Schwenck, dans ses Esquisses my-

---

[1] Dans l'*Allgem. Darmstädter Schulzeit.*, 1830, II, n. 61, p. 492 sqq.

thologiques, préfère l'interprétation de quelques anciens, qui voyaient dans Minerve, ou l'éther, ou la région supérieure et ignée de l'air. Pour Forchhammer [1], elle est la déesse de l'air pur et serein qui se communique à la terre féconde, et sans laquelle aucune de ses productions ne peut vivre ni prospérer. Quand les stoïciens reconnaissaient dans Athéné le principe divin qui pénètre et domine l'éther [2], ils faisaient au moins la part de l'idéal s'unissant au réel pour former la conception de cette divinité. G. Hermann [3], partant d'un point de vue complétement opposé, n'admet rien de réel, rien de physique dans Minerve, et n'y trouve, à peu près comme Rückert, qu'une déesse purement populaire et poétique, sage et vaillante à la fois, présidant aux arts de la paix comme à ceux de la guerre. Il explique en ce sens tous ses attributs, toutes ses épithètes, même la chouette et le surnom de *Glaucopis*.

Quant à Érichthonius, le nourrisson de Minerve, le fils de la terre ou l'autochthone par excellence, Forchhammer et Schwenck y voient toute production de la terre, dans le règne végétal et dans le règne animal. Mais que l'on prenne Érichthonius en ce sens purement symbolique, ou bien au sens historique, comme l'autochthone opposé à l'étranger Cécrops [4], il ne faut point oublier qu'Érichthonius est aussi le prototype du laboureur déchirant le sein de la terre, et se rapproche à cet égard d'Érysichthon, ce qui est vrai également d'Érechthée [5]. Du reste, χθόνιος, ἐριχθόνιος et ἐριούνιος sont

---

[1] *Hellenika*, p. 34, coll. 133 sq.
[2] Diogen. Laert. VII, 147.
[3] Dans sa dissertation *de Græca Minerva*, Lips., 1837, p. 11.
[4] C'est ce que fait Eustathe ad Iliad. B, 546, p. 229, quoiqu'il remarque là même que l'expression *autochthone* s'applique aussi à des productions sans vie, citant pour exemple αὐτόχθονα λάχανα.
[5] *V.* Étymol. M. p. 336, Lips., p. 371, Heidelb., où Érechthée et Érichthonius sont identifiés, comme ils l'étaient par Callimaque et probablement par la tradition antique. Cf. Schol. in Iliad. B, 547, et Schol. Aristoph. Vesp., 542.

synonymes. Érichthonius s'associe aux dieux Ériouniens, Hermès, Hadès-Pluton et Proserpine. Tous ces êtres divins sont de la même famille, et représentent à la fois les puissances souterraines qui nous envoient les biens de la terre, et les puissances infernales qui règnent sur les morts.

Érichthonius, dans la mythologie et dans l'art, se présente sous des formes diverses et successives. La plus ancienne forme est celle du serpent domestique consacré dans le temple d'Athéné [1], d'où les amulettes que l'on suspendait au cou des enfants nouveau-nés, et l'image d'un serpent aux pieds de la déesse sur les médailles d'Athènes. La seconde forme nous offre Érichthonius demi-homme et demi-serpent [2]. La troisième le présente entièrement métamorphosé, comme un bel enfant ou un jeune héros sous des traits purement humains. Même après l'introduction de cette dernière forme, l'on revint souvent, dans les cultes mystiques, à la forme antique et hiératique d'Érichthonius représenté comme un homme-serpent [3].

Un mot maintenant sur l'*Aphrodite-Némésis* des cultes de l'Attique, qui nous ramènera et à Minerve et à Érichthonius [4]. Némésis, déesse de la destinée, qui veillait sur les morts, et à la fête de laquelle on leur faisait des offrandes, se rattache aux divinités agraires et chthoniennes de l'Attique. La Némésis de Rhamnus reçut d'abord la figure d'Aphrodite, et elle portait une branche de pommier. Érechthée, dit-on, consacra son image, parce qu'elle était sa mère [5]. Ainsi voilà Érechthée-Érichthonius, le fils ou le nourrisson d'Athéné, donné pour le fils d'Aphrodite-Némésis. Il ne faut pas chercher ici

---

[1] Οἰκουρὸς δράκων. Cf. Hygin. Poet. Astron. II, 13, p. 447 Staver.

[2] Ἄνθρωπος δρακοντόπους, βρέφος δρακοντοειδές.

[3] Cf. Raoul-Rochette, lettre à M. de Klenze sur une statue de Héros Attique, p. 12.

[4] On peut consulter, au préalable, Demosth. adv. Spud., p. 1031 Reisk., coll. Harpocration, Suidas, in Νεμέσεια (la fête de Némésis), et Lexic. rhet. in Bekkeri Anecd. gr. I, p. 282.

[5] Suidas, p. 3199 Gaisf.; Photii Lex. gr., p. 416 Dobr., ed. Lips.

autre chose qu'un indice précieux de l'identité des deux déesses. La preuve en est fournie par une idole antique adorée dans l'Attique même, celle de Nicé-Athéna ou de Minerva-Victoria, tenant dans l'une de ses mains une pomme, et dans l'autre un casque [1]. C'était une Vénus guerrière, analogue à la déesse de la guerre chez les Perses, qui fut comparée avec Minerve. C'était, pour mieux dire, une divinité encore indéterminée de la nature, comme celle de Hiérapolis, nommée tantôt Héra et tantôt Aphrodite, et en qui l'on reconnaissait la cause de l'origine des choses dans l'élément primordial de l'eau [2]. Brœndsted a parfaitement saisi le génie de ces cultes antiques, quand il dit dans ses Voyages et Recherches en Grèce (II, p. 231) : « Les habitants de l'Attique eux-mêmes mirent en rapport l'éducation de leur Érichthonius, enfant de la terre, par la vierge divine, avec le culte qu'ils rendaient à la destinée, à *Mœra*, sous la forme d'une Vénus céleste. Ce qui le prouve, c'est la remarquable cérémonie des deux Arrhéphores, dans la nuit qui précédait la fête des Panathénées, cérémonie dont nous instruit le seul Pausanias (I, 27, 4). Si l'on compare ce passage avec un autre (I, 19, 37), on ne pourra douter que l'enceinte (περίβολος) où les Arrhéphores portaient par le passage souterrain l'objet mystique qui leur était inconnu aussi bien qu'à la prêtresse elle-même, ne fût en communication avec un sanctuaire d'*Aphrodite-Mœra*. C'est cette idée antique d'une Aphrodite grave, auguste, alliée à Mœra ou à la destinée, qui explique, à mon avis, qu'Agoracrite ait pu changer en une Némésis la statue qu'il avait faite pour le temple d'Aphrodite-aux-Jardins [3]. »

En général, et pour ramener à leur principe ces cultes, ces mythes, ces symboles si anciens et si caractéristiques, ils sont les expressions d'une disposition religieuse qui témoigne d'un empire irrésistible de la nature sur l'homme plongé et comme

---

[1] Heliodor. Perieget. ap. Harpocrat., p. 254 Gronov.
[2] Plutarch. Crass., cap. 17.
[3] V. Plin. H. N. I, 36, 5, p. 725 Hard.

abîmé en elle. Faible encore et aux prises avec les premières difficultés de l'existence, en proie à des peines et des dangers de toute sorte, l'homme avait enfin conquis des demeures fixes, il avait enfin appris le grand art de l'agriculture. En observant pour la première fois l'ordre constant qui règne dans la nature, le retour régulier des saisons et de la végétation qu'elles ramènent, les phases merveilleuses de cette végétation, des plantes et des moissons qui fleurissent, mûrissent et périssent tour à tour, il y vit des mystères divins qui le remplirent d'une secrète horreur. Il éprouva des sentiments qui le transportèrent d'enthousiasme, mais souvent aussi le poussèrent jusqu'aux confins du délire, comme on en trouve la preuve dans l'histoire des filles de Cécrops en Attique, et de celles de Prœtus en Argolide. L'homme de ces temps-là, l'homme de la nature, a pour mère la terre, d'où la terre-mère, Γῆ μήτηρ, Δαμάτηρ ou Δημήτηρ des Grecs primitifs. L'homme, le fils de la terre, doit, pour gagner sa nourriture, blesser sa mère; devenu laboureur, il déchire le sein de la terre. C'est là la première malédiction. Érichthonius, l'homme de la terre, le laboureur, est fils de Némésis, la vengeresse, la reine des morts, d'après laquelle la fête des morts et des âmes en Attique était appelée les Némésées. Cela signifie : le laboureur qui déchire le sein de la terre, retombe sur la terre, à l'état de cadavre, par une juste compensation qui est l'arrêt de Némésis; il vient de la terre quant à son corps, et il se nourrit des dons de la terre. Ces idées, ces souvenirs se retrouvent dans la Genèse (III, 14, 19), mais sous une forme plus simple que dans la tradition primitive des peuples polythéistes, quoique les légendes et les symboles de l'Attique nous présentent à leur manière le serpent, né de la terre, rampant sur la terre et mangeant la terre; l'homme, qui déchire le sein de la terre, rendu à cette terre d'où il est venu.

(C—r et J. D. G.)

FIN DU TOME DEUXIÈME.

www.ingramcontent.com/pod-product-compliance
Lightning Source LLC
Chambersburg PA
CBHW071405230426
43669CB00010B/1455